SONDERHEFT 38

DIE DIAGNOSEFÄHIGKEIT
DER SOZIOLOGIE

KÖLNER ZEITSCHRIFT FÜR SOZIOLOGIE
UND SOZIALPSYCHOLOGIE

SONDERHEFTE
Begründet durch *René König*

Herausgegeben von
Jürgen Friedrichs, Karl Ulrich Mayer und *Wolfgang Schluchter*

DIE DIAGNOSEFÄHIGKEIT DER SOZIOLOGIE

HERAUSGEGEBEN VON
JÜRGEN FRIEDRICHS,
M. RAINER LEPSIUS
UND KARL ULRICH MAYER

WESTDEUTSCHER VERLAG

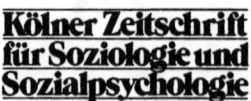

Kölner Zeitschrift für Soziologie und Sozialpsychologie

Begründet als „Kölner Zeitschrift für Soziologie"
durch *Leopold von Wiese* (1948–1954)
Fortgeführt als „Kölner Zeitschrift für Soziologie und Sozialpsychologie"
durch *René König* (1955–1985)

Herausgegeben von Prof. Dr. *Jürgen Friedrichs*, Universität zu Köln,
Prof. Dr. *Karl Ulrich Mayer*, Max-Planck-Institut für Bildungsforschung Berlin, und
Prof. Dr. *Wolfgang Schluchter*, Universität Heidelberg
Redaktionssekretär: Dr. *Heine von Alemann*, Forschungsinstitut für Soziologie
der Universität zu Köln

Beirat: Prof. Dr. *Marlis Buchmann*, ETH Zürich; Prof. Dr. *Hartmut Esser*, Universität Mannheim; Prof. Dr. *Alois Hahn*, Universität Trier; Prof. Dr. *Siegwart Lindenberg*, Universität Groningen; Prof. Dr. *Ilona Ostner*, Georg-August-Universität Göttingen; Prof. Dr. *Michael Schmid*, Universität der Bundeswehr, München; Prof. Dr. *Fritz Sack*, Universität Hamburg

REDAKTIONELLE BEMERKUNGEN

Briefe, Manuskripte und Besprechungsexemplare bitten wir nur an die Redaktion einzusenden. Unverlangt eingesandte Manuskripte und Rezensionsexemplare von Büchern können nicht zurückgeschickt werden. Die Hinweise zur Manuskriptgestaltung (am Ende des Heftes) sind zu beachten. Die Auswahl der Bücher zur Rezension behält sich die Redaktion vor. Unverlangt eingesandte Buchbesprechungen werden nicht veröffentlicht. Die KZfSS publiziert nur Originalbeiträge, die nicht bereits an anderer Stelle veröffentlicht wurden.

Zuschriften werden erbeten an:
Redaktion der Kölner Zeitschrift für Soziologie und Sozialpsychologie,
Forschungsinstitut für Soziologie, Lindenburger Allee 15, D-50931 Köln.
Telefon: (0221) 470-2518; Fax: (0221) 470-2974
E-mail: kzfss@uni-koeln.de; Internet: http://www.uni-koeln.de/kzfss/

Die KZfSS wird u.a. in den folgenden Informationsdiensten erfaßt: *Social Science Citation Index* und *Current Contents* des Institute for Scientific Information; *sociological abstracts; psychological abstracts; Bulletin signalétique; prd*, Publizistikwissenschaftlicher Referatedienst; *SRM*, social research methodology abstracts; *SOLIS*, Sozialwissenschaftliches Literaturinformationssystem; Literaturdatenbank *PSYNDEX*; Referatedienst *Psychologischer Index* u.a.m.

Verlag: *Westdeutscher Verlag GmbH*, Postfach 5829, D-65048 Wiesbaden.
Vertrieb (0611) 7878-151, Telefax (0611) 7878-423, **Abonnentenservice** (05241) 8019-67; **Anzeigen** (0611) 7878-281.
Über unsere Homepage http://www.westdeutschervlg.de können Sie sich über den Verlag und das Programmangebot informieren.
Geschäftliche Zuschriften, Anzeigenaufträge usw. nur an den Verlag.
Es gilt die Anzeigenpreisliste Nr. 7 vom 1. Januar 1998.
Jährlich erscheinen vier Hefte im Gesamtumfang von ca. 800 Seiten. Bezugspreise 1998: Jahresbezugspreis DM 178,–/öS 1299,–/sFr 158,–, Jahresabonnement für Studenten gegen Studienbescheinigung DM 115,–/öS 840,–/sFr 102,–, Einzelheft DM 46,–/öS 336,–/sFr 42,50, jeweils zuzüglich Versandkosten. Die angegebenen Bezugspreise enthalten die Mehrwertsteuer. Alle Bezugspreise und Versandkosten unterliegen der Preisbindung. Das Sonderheft des laufenden Jahrgangs wird je nach Umfang berechnet und den Jahresabonnenten bei Bezug im Jahr des Erscheinens mit einem Nachlaß gegen gesonderte Rechnung als Drucksache geliefert. Die Hefte sind durch jede Buchhandlung oder direkt beim Verlag zu beziehen. Abbestellungen müssen spätestens 3 Monate vor Ende des Kalenderjahres schriftlich erfolgen. Jede Verwertung außerhalb der engen Grenzen des Urheberrechtsgesetzes ist ohne Zustimmung des Verlags unzulässig und strafbar. Das gilt insbesondere für Vervielfältigungen, Übersetzungen, Mikroverfilmungen und die Einspeicherung und Verarbeitung in elektronischen Systemen. Die Zeitschrift und alle in ihr enthaltenen Beiträge und Abbildungen sind urheberrechtlich geschützt.

Satz: ITS Text und Satz GmbH, Herford

Der Westdeutsche Verlag ist ein Unternehmen der Bertelsmann Fachinformation GmbH.

© 1998 by Westdeutscher Verlag GmbH, Opladen

ISBN-13: 978-3-531-13297-6   e-ISBN-13: 978-3-322-83327-3
DOI: 10.1007/978-3-322-83327-3

INHALTSÜBERSICHT

Einleitung

Jürgen Friedrichs, M. Rainer Lepsius und Karl Ulrich Mayer
Diagnose und Prognose in der Soziologie 9

I. Politische Ordnung

Max Kaase
Die Bundesrepublik: Prognosen und Diagnosen der Demokratieentwicklung in der rückblickenden Bewertung 35

Erwin K. Scheuch
Das politische System der Bundesrepublik. Der Wandel des Gegenstandes und seiner Erforschung 56

II. Soziale Ungleichheit

Walter Müller
Erwartete und unerwartete Folgen der Bildungsexpansion 81

Horst Kern
Proletarisierung, Polarisierung oder Aufwertung der Erwerbsarbeit? Der Blick der deutschen Industriesoziologie seit 1970 auf den Wandel der Arbeitsstrukturen 113

Hanns-Georg Brose
Proletarisierung, Polarisierung oder Upgrading der Erwerbsarbeit? Über die Spätfolgen ‚erfolgreicher Fehldiagnosen' in der Industriesoziologie 130

Michael Vester
Was wurde aus dem Proletariat? Das mehrfache Ende des Klassenkonflikts: Prognosen des sozialstrukturellen Wandels 164

Rainer Geißler
Das mehrfache Ende der Klassengesellschaft. Diagnosen sozialstrukturellen Wandels 207

III. Wertewandel und Integration

Wolfgang Jagodzinski
Das diagnostische Potential von Analysen zum religiösen Wandel 237

Heiner Meulemann
Wertwandel als Diagnose sozialer Integration: Unscharfe Thematik, unbestimmte Methodik, problematische Folgerungen. Warum die wachsende Bedeutung der Selbstbestimmung kein Wertverfall ist 256

Rosemarie Nave-Herz
Die These über den „Zerfall der Familie" 286

Hans-Joachim Hoffmann-Nowotny
Die Integration ethnischer Minoritäten 316

IV. Soziale Bewegungen

Ute Gerhard
„Illegitime Töchter". Das komplizierte Verhältnis zwischen Feminismus und Soziologie 343

Ilona Ostner
Soziale Ungleichheit, Ressentiment und Frauenbewegung. Eine unendliche Geschichte? 383

Dieter Rucht
Ökologische Frage und Umweltbewegung im Spiegel der Soziologie 404

V. Informationsgesellschaft

Rudolf Stichweh
Die Soziologie und die Informationsgesellschaft 433

Die Autorinnen und Autoren 444

English Summaries 448

Einleitung

DIAGNOSE UND PROGNOSE IN DER SOZIOLOGIE*

Jürgen Friedrichs, M. Rainer Lepsius und Karl Ulrich Mayer

Zusammenfassung: Im ersten Abschnitt werden drei Positionen zum Diagnoseproblem dargestellt, die von „Protagonisten", „konstruktiven Skeptikern" und „Puristen" vertreten werden. Im zweiten Abschnitt wird am Beispiel der Analyse des Zusammenbruchs der sozialistischen Länder erörtert, in welchem Ausmaß es der Soziologie gelungen ist, diesen Prozeß zu diagnostizieren und zu erklären. Im dritten Teil wird die Frage behandelt, ob die Soziologie der ihr angesonnenen Aufgabe gerecht werden kann und sollte, Zeitdiagnosen der Gesellschaft zu geben. Dabei werden sowohl die außer- als auch die innerwissenschaftlichen Folgen derartiger Diagnosen erörtert. Der vierte Abschnitt enthält eine methodologische Diskussion der Probleme der Diagnose und Prognose. Ferner wird erörtert, ob die Soziologie in der Lage ist, die von Comte geforderten Aufgaben „savoir pour prévoir" zu leisten. Im fünften Teil wird dargestellt, unter welchen Umständen die Soziologie theoretisch fundierte Diagnosen und Prognosen geben kann und welchen Nutzen aus einer sorgfältigeren Variation der Kontextbedingungen auch schwache Prognosen haben können. Im letzten Abschnitt wird die Zusammenstellung dieses Sonderhefts erläutert, das aus Anlaß des 50jährigen Bestehens der „Kölner Zeitschrift für Soziologie und Sozialpsychologie" zusammengestellt wurde.

I. Problem

Die Soziologie als Fachwissenschaft ist mit drei zentralen Erwartungen konfrontiert. Sie soll, erstens, wahrheitsfähige, d.h. prinzipiell empirisch überprüfbare Aussagen über soziale Tatbestände treffen. Sie soll, zweitens, gesellschaftliche Wirklichkeit aus deren objektiven Bedingungszusammenhängen erklären und in ihren subjektiven Handlungszusammenhängen verstehen. Und sie soll, drittens, zum Selbstverständnis und zur Orientierung gegenwärtiger Gesellschaften sowie ihrer wahrscheinlichen (oder gar wünschenswerten) Zukunft maßgeblich beitragen. Diese dritte Aufgabe der gesellschaftlichen Diagnose und Prognose ist der kontroverse Gegenstand dieses Sonderheftes.

Die Koinzidenz des 50jährigen Bestehens der *Kölner Zeitschrift für Soziologie und Sozialpsychologie* und des 50jährigen Bestehens der zweiten deutschen Republik hat die Herausgeber der Zeitschrift veranlaßt, die Frage zu stellen, ob und wie die (west-)deutsche Soziologie ihre Diagnosefähigkeit für die Entwicklung nach dem Zweiten Weltkrieg er-

---

* Wir danken der Fritz Thyssen Stiftung für die finanzielle Förderung der Tagung „Diagnosefähigkeit der Soziologie", die vom 3.–5. April 1997 in der Werner-Reimers-Stiftung stattfand. Sie gab uns die Möglichkeit, mit einem Teil der Autoren drei Tage lang das Problem der Diagnosefähigkeit anhand der ersten Entwürfe ihrer Beiträge zu diskutieren. Diese Erörterungen haben erheblich dazu beigetragen, das Thema selbst zu präzisieren und die auf der Tagung vorgetragenen Texte durch Kommentare zu verbessern.

wiesen hat. Wir haben 15 Autorinnen und Autoren eingeladen, in Rückblick und Bewertung wichtige soziologische Studien gesamtgesellschaftlicher Entwicklung zu behandeln.

Umstritten ist das Thema vor allem deshalb, weil die nicht zu leugnende Diagnose*erwartung* an die Soziologie bei den Fachvertretern/innen auf eine unterschiedliche Bereitschaft trifft, dem nachzukommen. Drei Positionen lassen sich ausmachen: Protagonisten, konstruktive Skeptiker und Puristen.

Die *Protagonisten* halten Diagnosen gesellschaftlicher Entwicklung für ein notwendiges und dringendes Unterfangen, dessen Erfolg sie durch die begierige Rezeption – vor allem außerhalb des Faches – bestätigt sehen. Mehr noch, sie sehen in solchen Diagnosen die allen Einzelanalysen zwingend vorgeschalteten perspektivischen Filter. Der anzulegende kritische Maßstab sei überhaupt nicht oder nicht primär empirische Bestätigung oder Widerlegung, sondern die Qualität soziologisch inspirierter Gesellschaftsdeutung im Vergleich und in der Konkurrenz mit anderen, immer schon auf dem Markt angebotenen, in aller Regel schlechteren Diagnosen. Der Diagnoseverzicht komme der Abdankung der Soziologie als einer gesellschaftlich nützlichen Wissenschaft gleich; ohne auf die Gesamtgesellschaft oder wichtige Teilbereiche gerichteten projektiven Synthesen verlöre die Soziologie weithin ihre Berechtigung als Einzelwissenschaft.

Die konstruktiven Skeptiker teilen die Überzeugung von der genuinen Diagnoseaufgabe der Soziologie, halten sie auch für prinzipiell möglich und wissenschaftlich begründbar, sind aber kritisch gegenüber den bislang erreichten Leistungen. Nach ihnen wären durch erhöhte theoretische Anstrengungen und durch eine systematische Synthese empirischer Teilbefunde zumindest belastbare Orientierungsmodelle zu erzielen, die graduell durch theoretische Revision auf Grund abweichender empirischer Entwicklungen verbessert werden könnten. Einzuschränken wären überzogene Wahrheits- und Allgemeinheitsansprüche, aber mit Vorsicht vorgetragene Aussagen könnten auf der Grundlage analytischer Klarheit und empirischer Bodenhaftung zumindest in manchen Bereichen die angesonnenen Orientierungsleistungen erbringen.

Die Puristen halten Diagnosen gesellschaftlicher Entwicklung für ein publizistisches Geschäft, das sich prinzipiell wegen der Komplexität gesellschaftlicher Zusammenhänge und der historischen Kontingenz gesellschaftlicher Entwicklungen nicht wissenschaftlich fundieren lasse. Sie raten der Soziologie zu größerer Bescheidenheit und zur Absage an nicht einlösbare Versprechungen. Diagnosen könnten nicht mehr sein als Prognosen und diese setzten spezifizierte Erklärungsmodelle voraus. Theoretisch eingrenzen und empirisch absichern ließen sich gesamtgesellschaftliche Entwicklungen bestenfalls für die Vergangenheit, aber nicht für die Zukunft. Erklärungsmodelle erforderten grundsätzlich die Aufklärung von Mechanismen auf der Handlungsebene kollektiver und individueller Akteure und seien damit nur für eng eingegrenzte Teilbereiche möglich. Aber selbst Prognosen auf der Basis allgemeiner Handlungsmodelle und Theorien mittlerer Reichweite setzten relativ stabile gesamtgesellschaftliche Gleichgewichtszustände voraus.

Mit einer rückblickenden Aufarbeitung vergangener Diagnosen werden die Anhänger der drei genannten Positionen zwangsläufig unterschiedliche Erwartungen verbinden. Die Protagonisten werden nach einer Bestätigung der unabdingbaren und erfolgreichen Orientierungsleistung von Diagnosen suchen. Die konstruktiven Skeptiker werden am Beispiel gelungener und gescheiterter Diagnosen deren Chancen und Grenzen ausloten wollen. Und die Puristen werden Belege dafür finden wollen, daß das wissenschaftstheoretisch und wissenschaftlich nicht Begründbare auch seine Orientierungsversprechungen nicht erfüllen könne oder gar bei effektiver Orientierungsleistung sogar schädliche Folgen zeitige.

Wir wollen dem Urteil der Leser in dieser Hinsicht nicht vorgreifen. Es geht uns vielmehr darum, in dieser Einleitung Probleme aufzunehmen, die allen Beiträgen gemeinsam sind. Wir lassen uns dabei von folgenden Fragen leiten: 1. Woraus speist sich der Diagnoseanspruch an die Soziologie und welche Begründungen lassen sich aufführen, warum das Fach – wenn möglich – diesen Ansprüchen gerecht werden sollte? 2. Wie lassen sich Begriffe von Diagnose entfalten und in welchem Verhältnis stehen sie zu Prognose und Erklärung? 3. Wie könnte ein realistisches und begründbares Programm soziologischer Prognostik und Diagnostik aussehen?

Wir behandeln diese Fragen in den Abschnitten III und IV; der dritte Abschnitt widmet sich der Frage des Diagnoseanspruchs, der vierte dem Verhältnis von Diagnose und Prognose. Die Frage nach dem Programm wird in beiden Abschnitten behandelt, jedoch beschränken wir uns darauf, Vorschläge für Antworten zu geben, da wir es für die Aufgabe der Disziplin halten, hierüber eine Diskussion zu führen.

II. Eine Herausforderung: Der Zusammenbruch der sozialistischen Regime

Bevor wir uns diesen Fragen zuwenden, erscheint es sinnvoll, sich zunächst zu vergegenwärtigen, in welcher Situation wir uns heute mit der Diagnosefähigkeit der Soziologie befassen. Diese Situation ist u.E. durch zwei sich widersprechende Momente bestimmt. Das eine Moment ist die sozialwissenschaftliche Katerstimmung, die der völlig überraschende Zusammenbruch der osteuropäischen kommunistischen Herrschaftsregime hinterlassen hat.

Es scheint so, als ob die Unfähigkeit der Sozialwissenschaften, diese Entwicklung zu antizipieren, die Grenzen ihrer diagnostischen und prognostischen Erkenntnismöglichkeiten hinreichend demonstriert habe. Die inzwischen weitgehend erfolgte Aufarbeitung dieses Debakels ist daher für unser Thema von wesentlicher Bedeutung. Das andere Moment liegt darin, daß sich trotz des offensichtlichen theoretischen und empirischen Unvermögens in der Analyse der Entwicklung sozialistischer Gesellschaften Gesellschaftsdiagnosen zur Zeit erneut großer Beliebtheit erfreuen – und zwar in der öffentlichen Diskussion ebenso wie innerhalb der Sozialwissenschaften.

Nach dem Zusammenbruch der kommunistischen Herrschaftsregime hatte sich zunächst eine Debatte darüber entfaltet, ob denn das vernichtende Urteil über die Prognosefähigkeit der Sozialwissenschaften gerechtfertigt sei oder ob Analysen mit guten Prognosen nur übersehen wurden und kein Gehör fanden (vgl. die Sonderhefte von Theory and Society (1995) und des American Journal of Sociology (1996)). Tatsächlich finden sich in der Literatur überraschend hellsichtige und z.T. sogar zeitpunktgenaue Prognosen und vorausschauende Analysen des Niedergangs und Zusammenbruchs, so z.B. Andrew Walders (1986), Ivan Szelenyis (1986/87) Szenarios über die Entwicklung in Ungarn, die den Übergang zur freien Marktwirtschaft einschloß, Randall Collins (1978, 1986) Prognose des Zusammenbruchs der Sowjetunion auf der Grundlage von Aussagen über ethnische Konflikte im Rahmen einer geopolitischen Theorie oder Lutz Niethammers Interviews mit ostdeutschen Industriearbeitern aus dem Jahre 1987 (Niethammer u.a. 1991), sehr frühe Hinweise von Demographen über die sinkende Lebenserwartung in Osteuropa (Feshbach 1978, 1982) und Zbigniew Brzezinskis (1970, 1989) politisch einflußreiche Analysen. Ralf Dahrendorf hat in einer Vorlesung auf Grund von Annahmen über die Legitimitätserfordernisse politischer Herrschaft im Jahre 1965 vorhergesagt, daß das sowjetische Herrschaftssystem keine 40 Jahre überdauern würde und ein konservativer britischer Journalist, Bernard Levin, hat 1977 nicht nur den relativ gewaltfreien Übergang prognostiziert, sondern sogar mit dem Juli 1989 einen Zeitpunkt dafür angegeben (vgl. Lipset und Bence 1994: 200f.).

Trotz dieser einzelnen Belege gilt aber für den Zusammenbruch der Sowjetunion ganz überwiegend das, was Renate Mayntz für die DDR festgestellt hat: „Die Wende in der DDR und die deutsche Vereinigung waren für die Sozialwissenschaften in beiden deutschen Staaten eine Art Sputnik-Schock: Das, was da passiert ist, hat uns überrascht, und eigentlich dürften Sozialwissenschaftler von sich anbahnenden Ereignissen nicht auf diese Weise überrascht, ja überrumpelt werden" (Mayntz 1994: 21, vgl. auch: von Beyme 1995).

Die Diskussion über den Zusammenbruch der kommunistischen Herrschaftsregime hat sich dann im weiteren Verlauf darauf konzentriert, wie man sich das Prognosedebakel erklären kann und ob für zukünftige Entwicklungen Abhilfe denkbar sei (Hechter 1994, 1995; Nee und Lian 1994; Szelenyi und Szelenyi 1994). Für die Entwicklungen in Osteuropa wird zum einen darauf verwiesen, die politischen Einstellungen der Beobachter hätten deren Analysen und Prognosen weitgehend präformiert, so daß selbst Prognoseerfolge zufällig erscheinen müßten und nicht etwa überlegeneren theoretischen Grundlagen zuzuschreiben wären (Lipset und Bence 1994). Zum anderen wird konstatiert, daß sich zwar allgemeine Entwicklungen bei weniger verfälschten Daten, z.B. zur Wirtschaftsentwicklung, besser hätten voraussagen lassen und auch die Verlaufsbedingungen von Revolutionen sich zumindest post hoc theoretisch gut rekonstruieren ließen (Kuran 1995; Nee und Lian 1994; Opp 1997), die Prognose von historischen Einzelereignissen aber grundsätzlich außerhalb der Erkenntnismöglichkeiten der Sozialwissenschaften liege (Szelenyi und Szelenyi 1994; Tilly 1995). So kann man sich z.B. der Unvermeidbarkeit des ökonomischen und damit politischen Zusammenbruchs kaum entziehen, wenn man die Interviews nachliest, die Pirker, Lepsius, Weinert und Hertle mit den Wirtschaftsführern der DDR geführt haben (Pirker et al. 1995).

Theoretische Erklärungsmodelle erweisen sich dann am erfolgreichsten, wenn sie Teilbereiche und Teilprozesse mit Hilfe von akteurbezogenen Nutzenerwartungstheorien rekonstruieren können. So kann z.B. erklärt werden, unter welchen Bedingungen Funktionäre ihre Loyalität aufkündigen (Walder 1994) oder Unzufriedene ihre Unzufriedenheit öffentlich zu artikulieren wagen (Kuran 1995; Nee und Lian 1994; Opp 1997). Selbst dann, wenn solche Theorien früher zur Verfügung gestanden hätten, wären Prognosen aber kaum erfolgreicher gewesen, da die entscheidenden Veränderungen der internen Kontrollfähigkeiten und -neigungen vor allem exogenen Faktoren zuzuschreiben sind, z.B. der Veränderung der Ölpreise auf dem Weltmarkt oder der sprunghaft gewachsenen Bedeutung der Informationstechnologie (Hechter 1994: 163). Coleman (1995: 1617) prägte dafür den Ausdruck „contingently predictable".

Die Bilanz für die Diagnose- und Prognosefähigkeit der Soziologie kann daher jedenfalls für diesen exemplarischen historischen Vorgang nur als ernüchternd charakterisiert werden. Die angemessene Diagnose und entsprechende Prognose makrosoziologischer und makropolitischer Prozesse liegt außerhalb der Reichweite sozialwissenschaftlicher Forschung (Tilly 1984, 1995). Die Geschichte ist kontingent und es lassen sich ebensogute Gründe für die wahrscheinliche Stabilität und das fortdauernde Überleben sozialistischer Gesellschaften anführen wie für deren – mit Ausnahme von China und Nordkorea – erfolgtem Zusammenbruch (Szelenyi und Szelenyi 1994). Eine der optimistischeren Beurteilungen des Prognosedebakels für 1989 argumentierte damit, einer ihrer maßgeblichen Gründe liege darin, daß sich westliche Sozialwissenschaftler kaum ernsthaft mit den sozialistischen Gesellschaften befaßt hätten und dieses Geschäft marginalen Gruppen von Sowjetologen und Osteuropakundlern überlassen hätten, die z.T. durch ihre eigene Vergangenheit als Emigranten antikommunistisch voreingenommen und von Regierungsstellen abhängig oder durch ihre linken oder liberalen Voreinstellungen in entgegengesetzter Weise in ihrem Urteil beeinträchtigt gewesen wären. Mit Sicherheit gilt dies weithin für die DDR-Forschung.

Wenn dieses Argument zuträfe, dann müßten die Ergebnisse der Transformationsforschung gemessen an den Ausgangsprognosen erheblich besser aussehen, weil sich die Sozialwissenschaften in ihrer ganzen Breite und mit großem Potential den Prozessen der deutschen Vereinigung und der Transformation in den osteuropäischen Ländern zugewandt haben. Noch ist es zu früh, für diesen Fall die Bilanz zu ziehen. Es ist aber bereits abzusehen, daß das Resultat kaum besser sein wird, nicht zuletzt, weil auch in diesem Fall politische und normative Voreinstellungen schon die Theoriebildung bestimmen und unvoreingenommene Analysen eher die Ausnahme als die Regel sind (Mayer, Solga und Diewald 1997).

Angesichts dieser schon erfolgten oder bereits absehbaren Demonstrationen der engen Grenzen sozialwissenschaftlicher Erkenntnis muß es überraschen, in welchem Ausmaß und mit welchem Engagement Soziologinnen und Soziologen gerade in den letzten Jahren zeitdiagnostische Arbeiten vorlegen, Gesellschaftsdiagnosen aus Debatten außerhalb der Wissenschaft übernehmen oder sich an diesen für die Auswahl ihrer Forschungsthemen orientieren: „Postindustrielle Gesellschaft" (Bell 1975), „Moderne" (Habermas 1989), „Spätmoderne" (Hörning, Ahrens und Gerhard 1997), „Postmoderne" (Berger 1986), „Postfordismus" (Boyer und Durand 1997), „Kommunitarismus und Verantwortungsgesellschaft" (Etzioni 1997), „Risikogesellschaft" (Beck 1986), „Individualisierung" (Beck und Beck-Gernsheim 1994), „Pluralisierung" (Zapf 1987), „Wissensgesellschaft" (Stehr 1994), „Weltgesellschaft" (Luhmann 1997; Münch 1998), „Modernisierung" (reflexiv und nicht-reflexiv) (Beck, Giddens und Lash 1996), „funktional stratifizierte Gesellschaft" (Luhmann 1997), „Ende der Arbeitsgesellschaft" (Offe 1984), „Erlebnisgesellschaft" (Schulze 1992), „Chronologisierung und dreigeteilter Lebenslauf" (Kohli 1985), „Informationsgesellschaft", „global city" (Sassen, 1991), „Globalisierung" (Beck 1997), „Zeitpioniere" (Hörning, Gerhard und Michailow 1991), „Zivilgesellschaft", „Konfliktgesellschaft" (Heitmeyer 1997), „Postmodernisierung" (Inglehart 1998).

Es muß offenbar einen unabweisbaren gesellschaftlichen Orientierungsbedarf und daher einen attraktiven Markt für solche Diagnosen geben und/oder es muß eine starke innerprofessionelle Norm Geltung besitzen, gesamte Gesellschaften und ihre dominanten Entwicklungspfade auf den Begriff bringen und ableitungsgerecht konstruieren zu sollen.

III. Soziologie und Zeitdiagnosen: Ansinnen und Ansprüche

Es fällt leicht zu belegen, daß die Gesellschaft in der Form medienvermittelter Öffentlichkeit, aber auch die Politik einen schier unstillbaren Bedarf an einfachen diagnostischen Formeln hegt. Diese Erwartung richtet sich nicht nur, aber in einem besonders hohen Maße an die Soziologie. Die von Warnfried Dettling ausgelöste Debatte über die Situation der Soziologie, dokumentiert in der ZEIT (Fritz-Vannahme 1996), zeigt dies ebenso wie die in derselben Wochenzeitschrift laufende Serie über „Denker der Moderne" (u.a. Beck, Scharpf, Streeck).[1]

Daß aber auch die Soziologie als Fach die Aufgabe habe, gesellschaftliche Zeitdiagnosen und wichtige Entwicklungstendenzen aufzustellen, ist zumindest hierzulande kaum umstritten. Dies läßt sich am Beispiel der seinerzeitigen Rezeption von Ulrich Becks „Risikogesellschaft" leicht dokumentieren. Die grundsätzliche Zustimmung zum zeitdiagnostischen Genre reichte hier von Soziologen, die der Tradition der kritischen Theorie der Gesellschaft der Frankfurter Schule nahestehen, bis hin zu Soziologen, die sich dem wissenschaftstheoretisch strengen Programm des methodologischen Individualismus verpflichtet fühlen:

„Die Soziologie hat in den letzten Jahren Mut und Fähigkeit zur Gegenwartsdiagnose nur wenig erkennen lassen ... Das rasche Wuchern von neuen Etikettierungen unserer Gegenwart innerhalb des Fachs – von der postindustriellen über die Informations- zur Kommunikationsgesellschaft – bringt eher den Eindruck hektischer Suche als stabilisierter Gewißheit hervor; die Rede von der ‚neuen Ratlosigkeit' oder der ‚neuen Unübersichtlichkeit' bezeichnet mehr das Erkenntnisproblem als seine Lösung ... Mit *Ulrich Becks* Buch ‚Risikogesellschaft' meldet sich die professionelle *(sic!)* Sozialwissenschaft nun mit einem Paukenschlag in der öffentlichen Diskussion zurück ... All diese Einwände sollen aber nicht verdecken, wie befreiend und nützlich Becks Versuch ist, der theoretisch und empirisch oft vor sich hinlebenden Sozialwissenschaft den Atem des Zeitgeistes belebend einzuhauchen" (Joas 1988: 1/6).

„Angesicht der sprachlichen Brillanz des Buches hat den Rezensenten (fast) nicht gestört, daß man ‚eigentlich' Soziologie als Wissenschaft mit *einer* Etikettierung bzw. mit *einem* Begriff nicht betreiben kann ... Becks Buch hat das wirkliche Verdienst, das sich ankündigende Weiterziehen einer Kulturbedeutung (diesmal: der Industriegesellschaft) nachdrücklicher in die Aufmerksamkeit gehoben zu haben als das manch andere, nüchterne Analyse überhaupt vermocht hätte. Manchmal ist der Entdeckungszusammenhang und der Stil der Präsentation für den Fortgang einer eingefahrenen Diskussion doch bei weitem wichtiger als vieles andere aus dem vielleicht korrekteren, mit Sicherheit aber weniger bewegenden Arsenal der ‚normal science'" (Esser 1987: 811).

Daß Esser freilich in derselben Rezension und an anderer Stelle auf wissenschaftstheoretisch begründeten Wahrheitsregeln insistiert, zeigt zugleich die innere Widersprüchlichkeit zwischen der Sympathie für prinzipiell nicht falsifizierbare zeitdiagnostische Formeln einerseits und Minimalregeln wissenschaftlicher Aussagen andererseits: „Daher seien alle diese Versuche [typisierender Vereinfachungen von Gesamtgesellschaften] mit wohlwollender Milde betrachtet, wenn nur jene besonders verwerfliche Sünde nicht begangen wird: zu glauben,

---

1 In auffälligem Kontrast stehen dazu die sehr viel stärker fachwissenschaftlich orientierten Auswahl-, Beschreibungs- und Bewertungskriterien, die der ZEIT-Serie über Ökonomen zugrunde lagen. Bezeichnenderweise ist die letztere Serie auch im Wirtschaftsteil und nicht im Feuilleton publiziert worden.

daß mit der jeweiligen Etikettierung auch schon irgend etwas von den Vorgängen verstanden oder gut erklärt wäre. Die Benennung von Typen der Gesellschaft birgt darüber hinaus eine weitere Gefahr: Die Vermittlung der Illusion, als bilde die Gesellschaft als *nominal* benannter Typus auch eine eigene *reale* Einheit" (Esser 1993).

Wie ist nun das Beharren der Soziologie auf der Aufgabe der Gesellschaftsdiagnose zu verstehen, obgleich die Bedingungen der Möglichkeit solcher Diagnosen nachhaltig in Zweifel stehen? Wir möchten drei Gründe für ein solches Beharren diskutieren: a) die historische Herausbildung der Soziologie als Fach und die fortdauernde Wirkung der Gründerväter für ihr Selbstverständnis; b) der Wertbezug der Soziologie und die Unverzichtbarkeit von Antworten auf die „großen" Fragen der Stabilitätsbedingungen und der Transformation von Gesellschaften; c) die Grenzen der Autonomie der Soziologie als Fachwissenschaft.

a) Der enge Zusammenhang zwischen der Disposition zu Theorien der Gesellschaft und den Entstehungsbedingungen der Soziologie wird von Habermas folgendermaßen gesehen (1981: 19f.): „die Soziologie [ist] als eine Disziplin entstanden, die für das zuständig wurde, was Politik und Ökonomie auf ihrem Wege zur Fachwissenschaft an Problemen beiseite schieben. Ihr Thema sind die Veränderungen der sozialen Integration, die im Gefüge alteuropäischer Gesellschaften durch die Entstehung des modernen Staatensystems und durch die Ausdifferenzierung eines marktregulierten Wirtschaftssystems hervorgerufen wurden. Die Soziologie wird zur Krisenwissenschaft par excellence, die sich vor allem mit den anomischen Aspekten der Auflösung traditioneller und der Herausbildung moderner Gesellschaftssysteme befaßt ... Die Soziologie hat als einzige der sozialwissenschaftlichen Disziplinen den Bezug zu Problemen der Gesamtgesellschaft beibehalten. Sie ist immer auch Theorie der Gesellschaft geblieben". Obgleich Max Weber im Gegensatz zu Marx und Durkheim kaum methodologischer Holismus und Geschichtsphilosophie unterstellt werden kann, ist ein Teil seines Erbes nicht ohne Grund zeitdiagnostisch aufgenommen und weitervermittelt worden: nämlich der säkulare Prozeß der Rationalisierung und das eiserne Gehäuse bürokratischer Herrschaft.

Diese Denktraditionen sind bis heute wirksam geblieben. So bedeutet etwa Luhmanns radikale Abkehr von dem, was er „alteuropäisches Denken" nennt (eine wohlbegründete soziale Ordnung, eine eindeutige und legitimierte soziale Hierarchie, der Primat eines gesellschaftlichen Teilbereichs) keineswegs die Abkehr vom Anspruch auf Gesellschaftsdiagnose: von der Hypostasierung der autonomen Einzelgesellschaft wird nur der Schritt vollzogen zur Weltgesellschaft, von der Überakzentuierung sozialer Stände, Klassen und Schichten der Schritt zur Überakzentuierung funktionaler Systemdifferenzierung als ebenso dominantem Strukturprinzip.

b) Der zweite Begründungsstrang für Diagnosen in der Soziologie führt uns noch näher an den Geltungsbereich der Beiträge in diesem Band heran. Für die deutschen Soziologen der Generation, die nach dem Zweiten Weltkrieg tätig wurden (Fleck 1996), war eine Frage vorrangig: Welches sind die gesellschaftlichen Voraussetzungen und Erfolgschancen politischer Demokratie? Der damit formulierte Zusammenhang von materiellem Wohlstand, Gleichheit und Freiheit, von ökonomischer, sozialer und politischer Entwicklung ließe sich ohne diagnostischen Zugriff bestenfalls in abstrakten Begriffen und nur unter

Verzicht auf den notwendig beabsichtigten Praxisbezug abhandeln. Der Verzicht auf Diagnose müßte zugleich den Verzicht auf die Fragestellung und den Verzicht auf die gewollte gesellschaftspolitische Wirksamkeit nach sich ziehen. Der Soziologe tritt dann aber aus der Rolle des Fachwissenschaftlers heraus und wird zum Intellektuellen (Lepsius 1964). Der hier bezeichnete Problemkontext kann verständlich machen, warum Soziologen der Nachkriegsgeneration trotz ihrer eigenen scharfen Kritik an „Theorien der Gesellschaft" und publikumswirksam überzogenen Generalisierungen an der Diagnoseaufgabe der Soziologie festgehalten haben.

Die Transformation der Industriegesellschaft in den Dekaden nach der Ölkrise von 1973 und die Bedrohungen des Wohlfahrtsstaates stellen die Soziologie heute vor ähnliche Herausforderungen wie die Klassiker und die Nachkriegsgeneration: Wie kann man diese epochalen Übergänge begrifflich fassen, beschreiben und erklären? Wie kann man die Wertkonflikte zwischen der Effizienz des Wirtschaftssystems, der innergesellschaftlichen Integration und Solidarität sowie demokratischen Teilhabechancen soziologisch gehaltvoll und realitätsbezogen analysieren? Die erste Frage wird derzeit verhandelt unter den Stichworten der Überlebenschancen des „rheinischen Kapitalismus" (Boyer 1993; Rhodes 1997; Sabel und Zeitlin 1997; Soskice 1991; Streeck 1997), die zweite Frage im Hinblick auf die Folgen der Globalisierung und die Grenzen von Liberalisierung und Deregulierung (Beck 1997; Bourdieu 1996; Esping-Andersen 1996; Kaufmann 1997). Und auch in diesem Feld bleibt der Sprung zur Diagnose trotz inzwischen erheblich verbesserter empirischer und theoretischer Grundlagen offensichtlich ebenso unvermeidlich wie riskant.

c) Es gibt aber auch weniger aktualitätsbezogene Gründe, warum Zeitdiagnosen in der Soziologie auch nach dem Niedergang des Neo-Marxismus, trotz der Esoterik der Systemtheorie und trotz des Siegeszuges des methodologischen Individualismus auf der Tagesordnung bleiben werden. Die Soziologie kennzeichnet im Gegensatz zu den voll professionalisierten Fächern z.B. der Volkswirtschaftslehre, der Medizin oder der Jurisprudenz einen geringeren Grad an Homogenität zwischen den innerwissenschaftlichen Kriterien der Geltung wissenschaftlicher Befunde und den Außenkriterien ihrer Akzeptanz. Dadurch entsteht ein nicht kontrollierbares Leistungsdefizit zwischen Erwartungen an die soziologische Forschung und erreichbaren Ergebnissen. Weder verfügt die soziologische Profession über eine ausschließliche Interpretationskompetenz ihrer Geltungskriterien, noch kann sie Deutungsbedürfnisse von außen wirksam abwehren. Die Legitimation soziologischer Arbeit ergibt sich aus dem Bezug zu gesellschaftlichen Werten und Ordnungsvorstellungen, die zwangsläufig kontrovers und kontradiktorisch sind: „Die Legitimierungswerte der Soziologie sind insofern stets verflochten mit der komplexen Zeitkultur" (Lepsius 1990: 293f.).

Diesem Bezug zu nie ganz allgemein geteilten Wertvorstellungen und Ordnungsideen verdankt die Soziologie ihre potentielle öffentliche Aufmerksamkeit und ihre inner- und außerwissenschaftliche Verletzlichkeit. Der gesellschaftliche „Nutzen" der Soziologie liegt offenbar viel weniger in zuverlässiger Beschreibung und technologisch umsetzbarem Kausalwissen als in sinnstiftenden Orientierungsleistungen. Diese Art der „Verwendung sozialwissenschaftlichen Wissens" überwiegt selbst dann, wenn die dafür verwandten Wissensbestände in bester professioneller Absicht entstanden sind (Beck und Bonß 1989). Doch auch im fachlichen Binnenverhältnis – nicht zuletzt in ihrer Attraktivität für Studenten und in den bereits medienbestimmten internen Kommunikationschancen – scheint die Soziologie in fataler Weise stärker auf ihre Diagnoseansprüche als auf wissenschaftliche Geltungskriterien zu rekurrieren.

IV. Was können wir wissen?
Wissenschaftstheoretische und methodische Grundlagen von Diagnosen und Prognosen

Wenn Diagnosen in der Soziologie – wie oben entfaltet wurde – für das Selbstverständnis der Disziplin wichtig, für Antworten auf die „großen Fragen der Zeit" möglicherweise unverzichtbar und wünschenswert sowie ohnehin nicht aus der Welt zu schaffen sind, stellt sich aber dennoch die Frage, ob sie als begründbare wissenschaftliche Erkenntnis überhaupt möglich sind. Dies zu klären ist die Absicht des folgenden Abschnittes.

1. Diagnose

Diagnose ließe sich mit Wittgenstein definieren als Methode, herauszufinden und zu identifizieren, „was der Fall ist". Es handelt sich meist um eine Antwort auf eine tatsächliche oder fiktive Frage nach dem Zustand der Gesellschaft: Was hält die Gesellschaft zusammen? Verfällt die Familie? Wird die BRD eine demokratische Gesellschaft? Hier wird nun deutlich, daß es sich um Fragen handelt, die sich entweder auf eine Zustandsbeschreibung oder auf einen Prozeß bzw. sozialen Wandel richten. Im letzteren Falle erfordern die Antworten Zeitreihen und Aussagen über vergangene wie zukünftige Entwicklungen oder Trends.

Damit aber wird die Soziologie vor das Dilemma gestellt, Aussagen machen zu sollen, für die ihr häufig (vielleicht: immer) die theoretischen und die empirischen Grundlagen fehlen. Theoretisch deshalb, weil die Aussagen unter einer ceteris paribus-Klausel erfolgen müssen – aber eben die Konstanz dieser Randbedingungen weder gewiß ist, noch wir sie alle kennen. Methodisch deshalb, weil die Daten für die erforderlichen Zeitreihen meist fehlen. Es wird auch erkennbar, daß a) die Diagnose eine Theorie erfordert und b) fast untrennbar von einer Prognose ist, da die geforderte Aussage prognostische Elemente enthalten muß.

Eine Diagnose ist eine Menge singulärer Sätze. Sie können die Form haben: „Die Geburtenquote in Deutschland 1995 betrug X Prozent", „Die Wiederverheiratungsquote betrug X Prozent", „Die Zahl der Alleinerziehenden betrug X Prozent", „Die Zahl der Sozialhilfeempfänger betrug X Prozent" oder „Die Geburtenquote in Deutschland ist von X Prozent im Jahre 1980 auf X Prozent im Jahre 1995 gesunken", „Die Scheidungsziffer als Anzahl der Scheidungen auf 10.000 Ehen wird weiter steigen".

Das Beispiel führt zu drei Problemen. Erstens, welches ist der gemeinte Sachverhalt? Im Beispiel oben mag es sich um den Zustand der Familie handeln; dann wäre die Aussage über die Sozialhilfeempfänger nicht erforderlich. Zweitens, welche Aussagen gehören zusammen? Offenkundig ist dies bei der Aussage der Sozialhilfeempfänger nicht der Fall, doch warum? Drittens, welche Aussagen sind erforderlich, um einen Sachverhalt angemessen zu beschreiben? Führt also eine unangemessene Auswahl solcher singulärer Sätze zu einer falschen Beschreibung des gemeinten Sachverhalts?

Es ist offenkundig, daß die Diagnose als eine Beschreibung stets in der Gefahr ist, durch die Auswahl der singulären Sätze einseitig – und damit falsch – zu sein. Wir wollen diesen Fehler als „selektive Generalisierung" bezeichnen. Unter welchen Bedingungen aber tritt eine solche selektive Generalisierung nicht ein? Gibt es methodologische Regeln, diesen Fehler zu vermeiden? Die Antwort hierauf lautet: Es gibt keine absichtslose Beobachtung, sondern nur eine von Interessen oder Hypothesen geleitete. Das Interesse, eine spezifische These zu belegen, führt zu jenen diagnostischen Etiketten oder *Zeitdiagnosen* wie „Informationsgesellschaft", „Risikogesellschaft" oder der langen Reihe von Jugendstudien, bei denen wir nacheinander belehrt wurden, es gäbe eine „skeptische Generation", eine „unruhige Generation" oder eine „no-future Generation". Wir können unterstellen, in diesen Fällen habe weniger ein wissenschaftliches als ein publizistisches Interesse die Diagnose bestimmt.

So bleibt als zweite Möglichkeit, eine Diagnose zu formulieren, nur ein theoretischer Zugang. Die Diagnose ist dann entweder eine Erklärung eines Sachverhalts durch eine Reihe widerspruchsfreier, prinzipiell falsifizierbarer Hypothesen *oder* eine Prognose über den Wandel eines Sachverhalts, z.B. den Verfall der Familie, die aber ebenso auf Hypothesen beruht. In beiden Fällen hängt die Diagnose von der Kenntnis bzw. Berücksichtigung aller bekannten und den Sachverhalt beeinflussenden Bedingungen (Variablen) ab. Die Diagnose müßte demnach mindestens singuläre Aussagen über die bekannten unabhängigen Variablen enthalten. Da diese aber zu einem „Gesamtbild" wie in der Medizin zusammengeführt werden müssen, bedarf es der Gesetzesaussagen, weil nur sie die erforderliche Verbindung herstellen.

Wir haben hier den in der soziologischen Methodologie wenig bedeutsamen Begriff der „Diagnose" verwendet. Was damit gemeint sein kann, mag zunächst ein Blick auf dasjenige Fach, in dem dieser Begriff einen zentralen Stellenwert hat, die Medizin, zeigen. In einem Standardwerk der Medizin, dem Pschyrembel (1986), wird er folgendermaßen definiert:

„*Diagnose* (gr. Entscheidung): zweifelsfreie Zuordnung einer gesundheitlichen Störung zu einem Krankheitsbegriff; i.w.S. Bezeichnung für ein Symptom (z.B. akutes Abdomen bzw. eine Vermutung (sog. Verdachtsdiagnosen)" und
„*Diagnostik* (gr. fähig zu unterscheiden): Sammelbezeichnung für Verfahren, die zur Abklärung einer Krankheitsursache bzw. Beratungsursache angewendet werden, z.B. Befragung (Anamnese), körperliche Untersuchung, ggf. apparative und Laboruntersuchungen. Bei häufig auftretenden, typischen und meist gutartigen Erkrankungen wird in der Basisversorgung in der Regel ein sog. abwartendes Offenlassen (Klassifizierung mit Verzicht auf exakte Diagnose) praktiziert".

Zusammengenommen stellen beide Definitionen eine Reihe von Anforderungen an die Wissenschaft:
– ein Sachverhalt wird empirisch gemessen,
– er wird sodann in einer Klasse von Sachverhalten zugeordnet,
– diese Zuordnung kann vorläufig sein („Offenlassen").

Diagnose in der Medizin ist die Feststellung von k-Sachverhalten (Symptomen), die sodann einem Krankheitsbild zugeordnet werden können. Seine Diagnose besteht darin, wenige beobachtete Sachverhalte einer Klasse von $n < N$ Sachverhalten zuzuordnen. Nehmen wir ein einfaches Beispiel mit nur vier Variablen (A, B, C und D) und jeweils zwei Ausprägungen (liegt vor / liegt nicht vor), so ergibt sich eine Matrix mit zwölf Feldern; mindestens eines der Felder entspricht einer Krankheit.

Liegen A+, B– und C+ vor, und jedes Krankheitsbild ist durch n Symptome gekennzeichnet, so wird im folgenden Schritt geprüft, ob auch die restlichen Symptome vorhanden sind, durch die sich eine der noch verbleibenden Krankheiten bestimmen läßt. Ergibt sich D+, so mag die Diagnose „Tuberkulose" lauten. Das Beispiel läßt sich auch verwenden, um zu zeigen, unter welchen Bedingungen eine Innovation oder Entdeckung auftritt: Passen drei der vier Merkmalsausprägungen zu einer bekannten Krankheit, das – erforderliche – vierte jedoch nicht (und es liegen keine Meßfehler vor), wird man nach anderen auffälligen Merkmalen suchen. Gelingt dies, weil z.B. ein E+ regelmäßig vorliegt, wird man von einem neuen „Krankheitsbild" sprechen.

Der Diagnose liegt also eine bewährte und eventuell theoretisch begründete Klassifikation von Krankheiten vor, ferner eine Regel, mit deren Hilfe ein gegebenes Symptom – „Indikator" in der Sprache der Soziologie – einer dieser Klassen eindeutig zugeordnet werden kann. Dann ergibt sich nach erfolgter Zuordnung mit Hilfe weiterer theoretischer Annahmen eine Therapie. Ein Beispiel für ein Diagnoseinstrumentarium ist das von der Psychiatrie weltweit anerkannte DSM-III der American Psychiatric Association.

Ein solches Vorgehen läßt auch Kaplan (1964: 332ff.) als „pattern model of explanation" zu. Es stellt im Erkenntnisprozeß die Vorstufe zu einer deduktiven Erklärung dar: „something is explained, when it is so related to a set of other elements that together they constitute a unified system. We understand something by identifying it as a specific part of an organized whole" (ebd.: 333). Ungeachtet der Frage, ob es sich hier tatsächlich um eine Erklärung handelt, ist für unsere Analyse bedeutsam, daß es sich um die Beziehungen eines Elements zu anderen, bekannten, handelt. Wir müssen also, wie im Falle der medizinischen Diagnose, jenes „organized whole" oder „Muster" kennen.

Die Diagnose setzt also „Krankheitsbilder" *voraus*, denen eine gegebene Kombination von empirisch beobachtbaren Sachverhalten zugeordnet werden kann. Dieser Fall ist nun in der Soziologie nicht gegeben, denn es mag zwar nicht an Therapie-Ideen fehlen, wohl aber an den vorgängig validierten Krankheitsbildern. Wird unter einer soziologischen Diagnose eine Beschreibung des „Zustandes" der Gesellschaft verstanden, dann ist sie mit dem Vorgehen in der Medizin nicht zu vergleichen. Weil die etablierten Krankheitsbilder fehlen, bleibt zwangsläufig offen, welche beobachtbaren Sachverhalte eine sinnvolle Einheit bilden. Die „Einheit" ist eine hohe Korrelation von Merkmalen.

Da es nun aber unzweifelhaft Diagnosen in der Soziologie gibt – z.B. die „nivellierte Mittelstandsgesellschaft", die „Risikogesellschaft", die „skeptische Generation" u.ä. – wie sind sie dann möglich? Diagnosen sind Zustandsbeschreibungen. Unter dieser Definition lautet die radikale Antwort auf diese Frage: Es gibt in der Soziologie keine Diagnosen, die die methodologischen Anforderungen erfüllen. Die Kombination der Sachverhalte ist theorielos, der Name/das Etikett für den solcherart bezeichneten Zustand nur ein für die Öffentlichkeit eingängiger Name – sie sind soziologisch unterdeterminiert. Methodologisch tritt an die Stelle des „Krankheitsbildes" ein neues Konzept, das fast immer unzureichend bestimmt ist. Hierin liegt ihre assoziative Stärke, aber auch ihr theoretischer Mangel.

Nun sind in der Soziologie Diagnosen selten nur Zustandsbeschreibungen, sondern sie enthalten auch Hypothesen. Diese können sich a) auf die Zusammenhänge zwischen den Zuständen (Struktur), b) die Ursachen des Zustandes (Erklärungen) oder c) die Folgen des Zustandes (Prognosen) beziehen.

Eine Diagnose enthält somit implizit Theorien, die in manchen Fällen empirisch prüfbar sein können und dann einen Beitrag zum besseren Verständnis der Gesellschaft leisten könnten. In der Folge bliebe es der Forschung überlassen, das Konzept zu präzisieren und die mit dem Konzept verbundenen Hypothesen zu prüfen. Das kann in den seltensten Fällen gelingen, da die assoziierten theoretischen Aussagen meist widersprüchlich, die Indikatoren für quasi-empirische Aussagen beliebig und eine angemessene Theoriebildung von der Ausgangsdiagnose wenig übrig ließe. Diagnosen dienen also eher einer illusionären Pseudoerkenntnis als dem wissenschaftlichen Fortschritt. Sie befriedigen aber das Bedürfnis der Gesellschaft nach Selbstbeobachtung. Das theoretische Defizit jedoch führt zu einer Unterdefinition sozialer Sachverhalte und Probleme.

2. Diagnose und Prognose

Das Problem der Diagnose führt uns zu den Anfängen der Soziologie zurück: der Forderung von Auguste Comte, Aufgabe der Soziologie sei „savoir pour prévoir".[2] Zu Recht steht am Beginn das „savoir", nämlich die Fähigkeit, soziale Sachverhalte zu erkennen und angemessen zu beschreiben. Das setzt einen analytischen Apparat (Dimensionalanalyse, Begriffe), geeignete Forschungsmethoden und gesicherte empirische Befunde voraus. Die Diagnose setzt diese Einzelbefunde zu einer umfassenderen und geschlossenen Beschreibung zusammen.

Aber das „savoir" umfaßt mehr als die Diagnose, soll es zum „prévoir" führen: Prognosen. Hierzu benötigen wir gehaltvolle Theorien, um Prognosen formulieren zu können, diese wiederum, um politische Maßnahmen zu empfehlen, zumindest aber, um auf unerwünschte Entwicklungen hinzuweisen. Im letzteren Falle überlassen wir das „prevenir" anderen.

Ein gutes Beispiel dafür sind die Prognosen von Toffler (1980). Er behauptet unter anderem, mit der Ausbreitung der Computer würden a) das „papierlose Büro" eintreten und b) sich die Zahl der Tele-Heimarbeiter stark erhöhen. Beide Prognosen haben sich als falsch erwiesen – zumindest bis heute. Nehmen wir die letztere, weil sie den Fehler am deutlichsten zeigt: Toffler geht von einem Merkmal der Technologie aus, nämlich ihrer Möglichkeit, durch Telekommunikation unabhängig von der räumlichen Einheit eines Unternehmens arbeiten zu können. Das aber ist nur eine notwendige, nicht aber hinreichende Bedingung dafür, daß Beschäftigte außerhalb des Unternehmens, ihm aber zugehörig, in ihrer Wohnung für das Unternehmen arbeiten. Die Prognose vernachlässigt völlig alle anderen Bedingungen, die positiv oder negativ auf das behauptete Verhalten wirken. In formalisierter Form dargestellt, wobei A und D die spezifizierten, B und C die nicht-spezifizierten Bedingungen symbolisieren:

---

2 „So besteht der wahre positive Geist vor allem darin zu sehen, um vorherzusehen, zu erforschen, was ist, um daraus auf Grund des allgemeinen Lehrsatzes von der Unwandelbarkeit der Naturgesetze – das zu erschließen, was sein wird" (Comte 1956, zit. nach Jonas 1968: 198; vgl. auch Comte 1907: 228, 508f.).

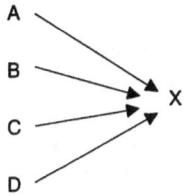

Eben weil Toffler die Bedingungen B und C – und es können noch weitere sein – vernachlässigt, hat sich seine Prognose nicht bestätigt.

Wie wir wissen, ist die Abfolge savoir – prévoir nicht ohne Probleme, was die Beiträge in diesem Band auch erneut belegen. Eine Prognose erfordert mindestens eine empirisch gehaltvolle Theorie. Diese Bedingung ist vielfach nicht erfüllt. An die Stelle des Wissens treten dann empirische Verallgemeinerungen, Intuition oder Rückgriffe auf unzureichend geprüfte Annahmen. Der Schritt von der Theorie zur Prognose ist in der Methodologie längst bekannt.

Formal gleicht die Prognose einer Erklärung (vgl. Hempel 1965: 173ff.; Nagel 1961: 37ff., 551): Aus einer Gesetzesaussage und Antezedensbedingungen wird ein Sachverhalt, das Explanandum, abgeleitet. Ein einfaches Beispiel mag dies verdeutlichen:

Wenn Y, dann X.	Wenn die Kilometerpauschale fortfällt, dann steigen die Mieten in der Stadt.
Y liegt vor.	Die Pauschale ist abgeschafft.
X wird eintreten.	Die Mieten in der Stadt steigen.

Die Prognose muß aber nicht eintreten, denn sie gilt nur unter bestimmten ceteris paribus-Bedingungen (vgl. Kaplan 1964: 350), unter anderem folgenden: 1. Die Zahl der Wohnungen in der Stadt bleibt konstant. 2. Der Ausbau des öffentlichen Nahverkehrs von der Stadt in das Umland substituiert den Pkw nicht. Beide Bedingungen müssen nicht, können aber gegeben sein, entsprechend wird die Prognose nicht nur eintreten oder nicht eintreten, sondern nur zu einem Teil eintreten. Selbst bei deterministischen Aussagen kann demnach, weil weitere Bedingungen nicht spezifiziert wurden, aber einen Einfluß auf das Explanandum haben, der Sachverhalt nur zu einem Grade eintreten.

Diese Unsicherheit gilt noch stärker, wenn es sich nicht um deterministische, sondern um probabilistische Aussagen handelt, wie sie überwiegend in der Soziologie zu finden sind. Die Gesetzesaussage lautet dann „Je ..., desto ...". Wenn aber beide Elemente relative Größen sind, so ist auch die Folgerung, das Explanandum, nur wahrscheinlich. Da wir die Wahrscheinlichkeit ihrerseits nicht bestimmen können (z.B. über die Häufigkeit des Eintreffens), ist auch die Prognose nur wahrscheinlich – ungeachtet des oben angeführten zusätzlichen Problems weiterer Bedingungen.

Die Schwierigkeit der Prognosen liegt – wie in der methodologischen Literatur hinreichend dargestellt – darin, daß sie strukturell den Erklärungen gleichen.[3] Wiederum

---

[3] Die von Hempel (1965: 231ff.) formulierte Strukturgleichheit von Erklärung und Prognose ist insofern einzuschränken, als nicht jede Prognose auch eine Erklärung ist, da Prognosen auch mit Hilfe von Symptomen erfolgen können, Erklärungen jedoch nur auf der Grundlage von Ursachen.

müssen bewährte Gesetzesaussagen vorliegen. Somit tritt erneut die Schwierigkeit auf, über solche Gesetzesaussagen verfügen zu können. Darüber hinaus besteht die Ungewißheit, ob die ceteris paribus-Bedingungen, denen auch jede Erkärung unterliegt, auch in Zukunft gelten werden: Die Anfangsbedingungen dürfen sich nicht oder nur in voraussagbarer Weise ändern, damit eine Prognose gültig ist (vgl. Opp 1995: 73ff.). Diese Bedingung macht Prognosen in der Soziologie höchst anfällig.

Um diese Schwäche zu umgehen, werden häufig nur „weichere" Formen verwendet: Vorhersagen oder Szenarien. Vorhersagen sind Aussagen über zukünftige Zustände auf der Grundlage, erkennbare Trends fortzuschreiben. Szenarien sind ebenfalls Fortschreibungen, berücksichtigen aber Variationen der Randbedingungen, ohne jedoch zu spezifizieren, warum bzw. unter welchen Umständen die Randbedingungen sich ändern. So lassen sich Szenarien der Entwicklung ostdeutscher Städte entwickeln, indem man drei Parameter variiert: die Migrationsrate, die Veränderung der Arbeitsplätze und die Einkommensstruktur bzw. die Steuereinnahmen der jeweiligen Kommunen (vgl. Kommission Zukunft Stadt 2000 1993 oder DIW u.a. 1993 mit ihren Aussagen über die Entwicklung von Leipzig oder anderer ostdeutscher Städte).

Es sind aber nicht nur die Randbedingungen, deren Veränderung die Qualität einer Prognose ausmacht. Bei der Prognose eines Prozesses entsteht das Problem, daß die Entscheidungen eines Akteurs von den Ergebnissen des Handelns anderer Akteure abhängen – also ein Kontexteffekt vorliegt. Allerdings liegen für diese Prozesse ausgearbeitete Theorien vor, so z.B. die Modelle kollektiven Handelns von Marwell et al. und die Schwellenwert-Modelle von Granovetter (Granovetter 1978; Granovetter und Soong 1988; im Bereich der Stadtforschung: Schelling 1978).

Noch problematischer ist der nächste Schritt von der Prognose zur Handlung. Zunächst einmal läßt sich mit guten Gründen bestreiten, daß er überhaupt der Wissenschaft auferlegt werden solle. Man kann sich hierzu auf das Postulat der Werturteilsfreiheit berufen, aber auch auf die Komplexität dieses Schrittes. „Vorherzukommen" bedeutet ja, Maßnahmen zu empfehlen oder gar zu ergreifen. Solche Maßnahmen beruhen ihrerseits auf weiteren Theorien, die den Zusammenhang zwischen der unabhängigen Variable, deren Manipulation man empfiehlt und ihrem Effekt auf eine Zielvariable, dem unerwünschten Zustand, spezifizieren. Ferner aber, und hierin liegt die Komplexität, hat die Manipulation der unabhängigen Variable auch Effekte auf andere als die Zielvariable. Diese Effekte, seien sie geplant oder ungeplant, können wir gemeinhin nur sehr begrenzt angeben. Von den sieben tatsächlichen Folgen kennen wir nur drei. Diese Unsicherheit oder Unkenntnis wiederum ist eine methodologische Begründung dafür, sich der Empfehlung von Maßnahmen zu enthalten.

Damit aber wird das Handeln entweder den Alltagstheorien der Politiker überlassen oder der Wissenschaftler überschreitet seine Sachkenntnis und gibt formal noch immer als Wissenschaftler mehr oder minder inspirierte Vorschläge ab. Das Problem ist aber noch komplizierter, weil es den Typ des Wissenschaftlers gibt, der aus Betroffenheit und/ oder politischer Überzeugung am Ende der Trias, nämlich dem „prévenir", beginnen möchte, jedoch den komplexen Weg zurück zum „savoir" nur bedingt oder gar nicht gehen will.

Vielleicht ist es ja so, daß die Soziologen mit ihren Diagnosen dramatisieren müssen, um aus der Diagnose ein politisches Problem werden zu lassen. Dann nämlich läßt sich auch begründen, warum Forschungen notwendig sind, was im nächsten Schritt dazu führt, aus den inzwischen bereitgestellten Fördermitteln auch Geld für die eigene Forschung zu erhalten. Dieses inzwischen als „Kassandrasyndrom" beschriebene Phänomen erfreut sich zwar auch in den Naturwissenschaften einiger Beliebtheit (z.B. Waldsterben, globale Erwärmung), ist aber nur in den Sozialwissenschaften fast die Regel (Weingart 1998).

3. Das Mehr-Ebenen-Problem

Was Prognosen weiter kompliziert, läßt sich im Rahmen des Mikro-Makro-Modells diskutieren. Ein Teil der bewährten soziologischen Theorien ist auf der Mikro-Ebene formuliert. Es könnte sogar sein, daß die mikrosoziologisch fundierten Theorien eine bessere Grundlage für makrosoziologische Prognosen sind, als makrosoziologische Theorien selbst. Hierfür lassen sich zwei Gründe anführen: Zum einen könnten diese Theorien weniger anfällig für Veränderung der Randbedingungen sein. Zum anderen ist es ja gerade die Behauptung des Mikro-Makro-Modells, daß sich makrosoziologische Sachverhalte – und hierzu gehören eben seit jeher Zeitdiagnosen – besser durch mikrosoziologische Theorien und die dazugehörigen Kontexteffekte und Aggregationsregeln erklären lassen. Die Schwierigkeit hierbei liegt nach dem Stand der Forschung weniger darin, die Kontexteffekte zu spezifizieren. Es ist vielmehr das Aggregationsproblem, für das wir geeignete Modelle benötigen. Hierauf hat bereits Coleman (1986) hingewiesen. Eng hiermit verbunden ist das Problem der nicht beabsichtigten Handlungsfolgen, wie vor allem die Arbeiten von Boudon (1979) zeigen. Die Folgen sind zu komplex und unsere Theorien noch nicht zureichend, um sie zu bestimmen. Ein Ausweg ist es, der Komplexität durch Simulationsmodelle gerecht werden zu wollen. Wie das Beispiel der drei Forrester-Modelle (u.a. Forrester 1969) zeigt, kann auch hier die Simulation keine angemessene Lösung bieten.

Wir hatten in den letzten 50 Jahren eine ungewöhnlich hohe Varianz von ökonomischen und sozialen Randbedingungen und von politischen Systemen. Diese müßten wir systematischer auswerten, um zu gesicherten Aussagen zu kommen. Das Instrument zur Selbstkontrolle unserer Prognosen kann nur sein, die zugrundeliegenden Annahmen so streng wie möglich zu explizieren und die Randbedingungen zu kontrollieren, unter denen diese Aussagen gelten. Nur dann läßt sich die Kontingenz reduzieren.

Ein systematisches Defizit scheint zu sein, daß die soziologischen Analysen sich sehr asketisch gegenüber der Sinnstruktur und der Kulturbedeutung verhalten. Unter diesem Gesichtspunkt erscheinen viele Analysen nicht richtig angesetzt. Zudem machen wir Aussagen auf sehr verschiedenen Ebenen. Von der individuellen, bis zu sehr hoch aggregierten. Je höher wir gehen, desto geringer wird die soziologische Kompetenz. Sobald beispielsweise in die Prognosen die wirtschaftliche Entwicklung einbezogen werden muß, sinkt die Fähigkeit der Soziologie zu angemessenen Prognosen. Zwar wird auch die Prognosefähigkeit der Wirtschaftswissenschaften nicht zu Unrecht bezweifelt, so daß nicht von ungefähr vom „Elend der Makroökonomie" gesprochen wird. Dennoch ist einzuräumen, daß die Makroökonomie (ähnlich wie die Demographie) über „accounting"-Schemata und Theoreme verfügt, die manche Prognose weniger aussichtslos machen als in der Soziologie. Am schwierigsten sind deshalb – im Gegensatz zu ihrer Beliebtheit – Zeitdiagnosen und „große Deutungen".

Die Soziologie ist dennoch in begrenzten Bereichen der Mikro- und Mesoebene nicht erfolglos. Sie muß sich allerdings die Frage stellen, ob es nicht ein Aggregationsniveau von Problemen gibt, für das die Soziologie nicht in der Lage ist, angemessene Diagnosen oder gar Prognosen zu erstellen. Damit ist auch die normative Frage verbunden, ob sie sich in solchen Fällen überhaupt als „zuständig" ansehen sollte. Eine solche Selbstbeschränkung muß mit dem Risiko leben, daß das Fach in der öffentlichen Wahrnehmung als defizitär angesehen wird.

V. Was können wir tun?

Prognosen sind Voraussagen über zukünftige Ereignisse oder Trends der Entwicklung. Es handelt sich um Hypothesen, die in einem zukünftigen Kontext falsifiziert oder (teilweise) bestätigt werden. Insoweit sind Prognosen nichts Besonderes. Für die Soziologie – wie für alle Sozialwissenschaften – gibt es gute wissenschaftstheoretische Gründe, vorsichtig zu sein. Aber die Soziologie formuliert mit jeder Hypothese direkt oder indirekt, gewollt oder ungewollt immer auch eine Prognose.

Direkt und gewollt gilt dies für die Wahlprognosen, die Voraussagen eines bestimmten Verhaltens für einen zukünftigen Zeitpunkt. Zumeist sind diese Prognosen innerhalb einer angebbaren Schwankungsbreite auch zutreffend, gelegentlich sind sie es nicht. Doch im allgemeinen kann man sagen, daß die Wahlforschung die Prognosefähigkeit der Soziologie bestätigt. Eine Reihe von Umständen bietet dafür gute Voraussetzungen. Es handelt sich um die Voraussage eines genau bestimmten, kurzfristig und regelmäßig eintretenden Verhaltens. Wie im vorangegangenen Abschnitt bereits ausgeführt, folgt daraus: Je unbestimmter und singulärer ein Verhalten und je offener der Zeitpunkt seines Eintretens ist, desto unsicherer ist das Ereignis, das prognostiziert werden soll. Beim Wahlverhalten kommt hinzu, daß die Verhaltensformen genau vorherbestimmt sind: wählen oder nicht wählen und wenn ja, dann zwischen bestimmten Parteien? Auch sind die Abgrenzungen der jeweils vorgesehenen Alternativen operationalisiert durch die Namen der Parteien und Spitzenkandidaten, deren symbolische Eigenschaften im Wahlkampf dramatisiert werden. Daraus ergibt sich: Eine Verhaltensprognose ist um so leichter möglich, je beschränkter und eindeutiger die Verhaltensalternativen vorgeprägt sind. Schließlich erfolgt das individuelle Wahlverhalten in einem institutionalisierten Kontext, der ihm durch die Aggregation zu Parteimandaten eine überindividuelle Bedeutung verleiht. Mikro- und Makroebene sind unmittelbar durch die Strukturierung des Wahlvorgangs miteinander verknüpft. Was immer die Individuen beabsichtigen, ob sie zur Wahl gehen oder nicht, am Ende kommt eine Mandatsverteilung zustande. Daraus läßt sich schließen: Eine Prognose ist um so sicherer, als die Individuen nicht auf das Ergebnis ihres Verhaltens unmittelbar reagieren können und das Verhalten in seinem Ergebnis institutionell festgestellt und festgehalten wird.

Angesichts des großen Interesses an Wahlprognosen werden die dafür als relevant angesehenen Daten einer methodisch zuverlässigen Dauerbeobachtung unterzogen. Die Datenlage ist gut, und der Wettbewerb der Institute führt zu einer beständigen Kontrolle der Erhebungstechnik und Auswertung. Gelegentliche Fehlprognosen erschüttern die Akzeptanz der Prognosemethoden nicht, zwingen aber zu ihrer Verbesserung.

Demgegenüber stehen die Klagen über die nicht vorausgesagten großen Ereignisse, z.B den im ersten Abschnitt erörterten Zusammenbruch des kommunistischen Systems (1989), aber auch der „Studentenrevolte" (1967). Die Alltagsannahmen über die Stabilität der Macht kommunistischer Herrschaftssysteme oder von einer depolitisierten Jugend zu Beginn der sechziger Jahre wurden durch die Ereignisse selbst, nicht durch sozialwissenschaftliche Prognosen erschüttert. Der „Zeitgeist" hatte beide Ereignisse nicht erwartet, er wurde von ihrem Eintreten überrascht. Und das gilt auch für die Sozialwissenschaften, die sich vom „Zeitgeist" darin nicht unterschieden. Wenn ein Problem nicht als diagnosewürdig erscheint, gibt es auch keine Prognosen über sein Eintreten. Die Prognosefähigkeit der Soziologie hängt daher auch damit zusammen, ob sie überhaupt eine Prognose wagt. Sie tut dies offenbar dann, wenn eine Vermutung über ein Ereignis besteht oder wenn ein Dauerinteresse an einer Entwicklung bereits verbreitet ist. Ohne Bestimmung eines Objekts, auf das sozialwissenschaftlich plausible Hypothesen angewendet werden können, gibt es auch keine Prognosen. Werden solche „Probleme" nicht institutionell inszeniert (wie bei Wahlen) oder durch Handlungszwang strukturiert (wie bei der Kriminalität), so verbleiben sie in der diffusen Zeitkultur. Um Anlaß für eine soziologische Prognose zu werden, müssen sie erst zu soziologischen Erkenntnisgegenständen verdichtet werden. Die Nichtprognose ist daher nicht schon der Beweis für das Unvermögen zur Prognose, sondern das Ergebnis der Unterdefinition eines Prognoseobjekts. Ist das Untersuchungsfeld überdies wie im Falle der DDR relativ unzugänglich und politisch geschlossen, so ist eine soziologische Prognose noch unwahrscheinlicher als eine ökonomische oder politische Entwicklungsvoraussage.

Eine mangelnde konstante Definition des Prognoseobjekts betrifft nun nicht nur singuläre Ereignisse, wie etwa die „Studentenrevolte" oder den Zusammenbruch des kommunistischen Herrschaftssystems, mit denen der „Zeitgeist" nicht rechnete. Auch aus Entwicklungen, die allgemein bekannt und als besorgniserregend angesehen werden, entwickeln sich nicht eindeutige Prognoseobjekte. Vor dreißig Jahren hätte man bei einer langandauernden Arbeitslosigkeit von 15 Prozent ein erhebliche Störung des politischen Systems prognostiziert. Die historische Analogie zur Wirtschaftskrise 1929 und der zeitliche Zusammenhang von Massenarbeitslosigkeit und raschen Wahlerfolgen des Nationalsozialismus hätte dem als Basis gedient. Warum wäre die Prognose von 1970 heute falsch? Und wie würde man heute die politischen Effekte der Massenarbeitslosigkeit im Jahre 2000 prognostizieren? Durch die Nichtanalyse von nicht eingetretenen Befürchtungen werden die Chancen zu einer Ausdifferenzierung von Faktoren für den Zusammenhang zwischen Arbeitslosigkeit und politischer Stabilität des Parteiensystems nicht genutzt. So haben wir weiterhin zwar Befürchtungen über die Wirkungen der Massenarbeitslosigkeit, aber keine theoretisch expliziten Hypothesen und daher auch keine Bestimmung der mobilisierenden oder stabilisierenden Konstellationsbedingungen ausgearbeitet. Das Argument ist das folgende: Abstinenz von soziologisch begründeten Prognosen und daher auch ein fehlender Zwang, den Mißerfolg solcher Prognosen theoretisch zu reflektieren, bringt die Soziologie selbst um strategische Erkenntnisgewinne. Die Soziologie teilt die Befürchtungen des „Zeitgeistes" und vergißt sie ebenso rasch, wenn sie nicht eintreten. Es sind also nicht nur von außen der Soziologie angesonnene Orientierungsbedürfnisse, es sind die Eigeninteressen der Soziologie, die sie zu Prognosen veranlassen.

Befürwortet werden natürlich nicht assoziative Spekulationen auf der Basis subjektiver

Wertpräferenzen. Gemeint sind Hypothesen über den Zusammenhang und die Wechselwirkungen von sozialen Faktoren unter Explikation der in den Randbedingungen enthaltenen Kontextvariablen. Der Gegenstand, auf den diese Hypothesen angewendet werden sollen, muß dabei inhaltlich bestimmt und in seinem zeitlichen Eintreten fixiert werden. Nur dann lassen sich aus den Fehlern von Prognosen Gewinne ziehen im Hinblick auf die soziologisch (nicht nur statistisch) erklärte Abhängigkeit der beobachteten Faktoren, auf die unterschiedliche Relevanz der verschiedenen Randbedingungen und auf die Wahrscheinlichkeit von Kontingenzen. Falsche Prognosen haben den Vorteil, daß sie zur Fehlersuche veranlassen, um die Prognose zu verbessern. Forschung bleibt auf ein Problem fixiert und kumuliert durch den eingeforderten Rechtfertigungszwang. Ohne Revisionszwang reihen sich konträre Einzelbefunde ohne gegenseitige Bezugnahme aneinander. In rascher Folge werden falsche Aussagen vergessen und durch neue ersetzt, ohne daß deswegen ein Erkenntnisfortschritt eintreten würde. Doch um dazu zu kommen, müssen konkrete Prognosen erst gestellt werden, die ihrem Charakter nach auch innerhalb eines erwartbaren Zeitraums falsifiziert werden können. Breite „Diagnosen unserer Zeit", „Ortsbestimmungen der Gegenwart" in loser Zusammenstellung von Impressionen und ohne Angabe der Wahrscheinlichkeit ihres Eintretens erfüllen diese Bedingungen nicht. Sie sind Beiträge zur „Zeitkultur", nicht aber zur Entwicklung soziologischer Analysekapazitäten.

Es gibt zahlreiche bewährte Hypothesen in der Soziologie, deren Gültigkeit man durch die Variation der Kontextbedingungen, unter denen sie zunächst aufgestellt wurden, präzisieren könnte. Dazu sind Prognosen nützlich. Aus der Variation der Kontextbedingungen und der Messung ihrer Interferenz auf die soziologische Hypothese können genauere Aussagen über die Interdependenz oder Indifferenz von sozialen Faktoren in komplexen Verhaltenskonstellationen gemacht werden. Soziale Bewegungen beispielsweise sind fluide Phänomene, die auf Dauer nicht bestehen bleiben. Die Hypothese lautet: Nach der Erschöpfung der zirkularen Stimulation in der Mobilisierungsphase durch personale Netzwerke und externe Ereignisse gehen sie in stabilere Formen über, entweder in Organisationen oder in Kleingruppen (Neidhardt 1985). Diese Hypothese ist plausibel anzuwenden sowohl auf die „Studentenbewegung" als auch auf die Bürgerrechtsbewegung im letzten Jahr des Bestehens der DDR. Beide sind als Bewegungen zu einem raschen Ende gekommen. Ein Teil ihrer Trägergruppen wollte sich nicht, ein Teil konnte sich nicht organisieren. Übriggeblieben sind Netzwerke und Kleingruppen von Angehörigen der Trägergruppen in einer geschlossenen Erinnerungsgemeinschaft von Generationsangehörigen. Hingegen sind die „Grünen" zu einem erheblichen Teil den Weg in die Organisation gegangen, haben eine Partei gegründet und haben auf Dauer außerhalb des ursprünglichen Mobilisierungsfeldes Personen rekrutieren können. Was sind die Kontextbedingungen, die den Übergang einer situativ mobilisierten Bewegung in eine dauerhafte Organisation wahrscheinlich machen? Wie hätte man etwa die Wahlerfolge der DVU in Sachsen-Anhalt zu prognostizieren? Unter welchen Kontextbedingungen haben sich aus den wiederholt aufgetretenen „rechten Protestbewegungen" keine dauerhaften politischen Organisationen gebildet? Auch diskontinuierlich auftretende Ereignisse verlieren ihren Überraschungseffekt, wenn die Wahrscheinlichkeit für ihr Auftreten aus dem in kulturellen und strukturellen Konstellationen enthaltenen Entwicklungspotential erschlossen werden kann.

Soziologische Prognosen scheitern mit der zunehmenden Höhe des sozialen, ökonomischen, politischen und kulturellen Aggregationsniveaus von Prozessen, auf die sie zielen.

„Gesamtgesellschaftliche" Prognosen sind deswegen besonders prekär, weil sie notwendigerweise den professionellen Kompetenzraum der Soziologie überschreiten. Ökonomische Entwicklungen, politische Entscheidungen, kognitive Orientierungsmuster haben ihre Eigendynamik. Ihr Einfluß auf soziale Prozesse wird im Rahmen der Soziologie nicht hinreichend erfaßt. Sie bleiben in den Randbedingungen zumeist unbestimmt oder erscheinen unter der ceteris paribus Klausel als Konstante. Auf niedrigeren Aggregatsebenen sind die im engeren Sinne soziologischen Prognosen professionell kontrollierbarer. Zu denken wäre an Voraussagen der folgenden Art. Je stärker westdeutsche Versorgungsstandards als Vergleichsgrößen von Ostdeutschen gewählt werden, desto stärker nimmt deren Unzufriedenheit zu, obgleich sich ihre Lage im ganzen verbessert hat. Wird die Unzufriedenheit mit der gegenwärtigen Lage mit der nur für die Ostdeutschen verfügbaren kollektiven Kategorie „DDR-Bürger" gedeutet, so bildet sich eine „DDR-Nostalgie" als zunehmend wirksame Interpretationshilfe. Die Westdeutschen verfügen über keine derartige kollektive Zurechnungskategorie, ihre Unzufriedenheit wird daher nicht kollektiv interpretiert. Die Isolierung von Kontextvariablen, eines der großen Probleme für Prognosen, läßt sich bei einer Verminderung des Aggregationsniveaus verbessern. Schließlich hat auch eine Konjunkturprognose einen eingeschränkten Geltungsanspruch.

Soziologische Kompetenz muß sich jedenfalls in einer Situation raschen sozialen und kulturellen Wandels dem Test durch Prognosen stellen, sonst bildet sie immer nur den einmal als ceteris paribus definierten Kontext ab und wird im Ergebnis zur Sozialgeschichte.

VI. Schluß

Unsere Überlegungen, genauer, die methodologischen Anforderungen an Diagnosen und Prognosen, führen zu einem eher skeptischen Urteil über Möglichkeiten der Soziologie, aufgrund ihres Erkenntnisstandes und ihren bewährten Theorien fundierte Diagnosen und Prognosen geben zu können. Damit steht die Anforderung an das Fach, Gegenwartsdiagnosen der Gesellschaft zu liefern, in einem beträchtlichen Kontrast, dem nachkommen zu können. Die oben bereits erwähnte unglückliche Debatte in der „ZEIT" im Jahre 1996 hat dies hinreichend belegt, ausgelöst durch einen Artikel von Warnfried Dettling, der sich nur als unerfüllte journalistische Sehnsucht nach Gesellschaftsdeutung verstehen ließ (vgl. Fritz-Vannahme 1996).

Ungeachtet dieser Skepsis bleibt dem Fach die Möglichkeit – und Aufgabe –, in der Vergangenheit erstellte Diagnosen und Prognosen einer kritischen Prüfung zu unterziehen. Hieraus lassen sich Erkenntnisse über die Randbedingungen der Diagnosen, über die Gründe des Eintreffens oder Scheiterns von Prognosen gewinnen. Solche Analysen tragen damit dazu bei, die vorhandenen und den Diagnosen und Prognosen zugrundeliegenden Theorien zu verbessern. Von den drei eingangs genannten Positionen zu dem Problem der Diagnose schwankt unsere zwischen jener des konstruktiven Skeptikers und des Puristen.

Auf eine derartige systematische Aufarbeitung richten sich die Beiträge dieses Bandes. Die Herausgeber haben den Autorinnen und Autoren die Aufgabe gestellt, für ihren Bereich der Soziologie eine Diagnose und/oder Prognose kritisch, d.h. methodologisch zu untersuchen. Die Aufforderung, Diagnosen und Prognosen in einem Teilbereich der Soziologie zu untersuchen, bedeutete für mehrere Autoren, auch sich selbst, ihre einschlägigen Publikationen, zum Gegenstand zu machen und ihr eigenes Werk ebenso kritisch zu betrachten wie das anderer Autoren.

Ferner ging es uns darum, jedes der ausgewählten Themen von möglichst zwei Autoren oder Autorinnen bearbeiten zu lassen, um die Vielfalt der Sichtweisen zu dokumentieren. Da es uns nicht gelungen ist, stets zwei Autoren/Autorinnen zu gewinnen, sind einige Themen nur einmal besetzt. Die Auswahl der Themen wurde unter dem Kriterium getroffen, daß sich die Probleme der Diagnose an ihnen besonders gut erörtern lassen. Es sind dies: die Entwicklung der Demokratie und die Forschungen zum politischen System der Bundesrepublik *(Max Kaase* und *Erwin K. Scheuch)*, die Bildungsexpansion *(Walter Müller)*, die Proletarisierungs-These *(Horst Kern* und *Hanns-Georg Brose)*, die Diagnosen des Klassenkonflikts *(Michael Vester* und *Rainer Geißler)*, Säkularisierung und Wertewandel *(Wolfgang Jagodzinski* und *Heiner Meulemann)*, die Integration von Minoritäten *(Hans-Joachim Hoffmann-Nowotny)*, die Diagnose eines Zerfalls der Familie *(Rosemarie Nave-Herz)*, die wechselvolle Geschichte der Frauenbewegung *(Ute Gerhard* und *Ilona Ostner)*, der Beitrag der Soziologie zur Analyse ökologischer Probleme *(Dieter Rucht)* sowie schließlich die Diagnose der Informationsgesellschaft *(Rudolf Stichweh)*. Alle Beiträge sollten sich auf die Bundesrepublik Deutschland beschränken, um einen besseren Vergleich zu ermöglichen.

Wir konnten nur eine begrenzte Zahl von Themen aufnehmen: Es gibt zweifellos weitere, die einer solchen Bearbeitung wert wären. Es würde die Herausgeber freuen, wenn auch solche weiteren Themen einer kritischen Analyse unterzogen würden und der Band insgesamt zu einer breiteren Diskussion der Diagnosefähigkeit der Soziologie führte.

Literatur

American Journal of Sociology, 1996: Vol. 101, Nr. 4 (January 1996). Chicago, IL: University of Chicago Press.
Beck, *Ulrich*, 1986: Risikogesellschaft: Auf dem Weg in eine andere Moderne. Frankfurt a.M.: Suhrkamp.
Beck, *Ulrich*, 1997: Was ist Globalisierung? Irrtümer des Globalismus – Antworten auf Globalisierung. Frankfurt a.M.: Suhrkamp.
Beck, *Ulrich*, und *Elisabeth Beck-Gernsheim* (Hg.), 1994: Riskante Freiheiten. Frankfurt a.M.: Suhrkamp.
Beck, *Ulrich*, und *Wolfgang Bonß* (Hg.), 1989: Weder Sozialtechnologie noch Aufklärung? Analysen zur Verwendung sozialwissenschaftlichen Wissens. Frankfurt a.M.: Suhrkamp.
Beck, *Ulrich, Anthony Giddens* und *Scott Lash*, 1996: Reflexive Modernisierung. Eine Kontroverse. Frankfurt a.M.: Suhrkamp.
Bell, *Daniel*, 1975: Die nachindustrielle Gesellschaft. Frankfurt a.M./New York: Campus.
Berger, *Johannes* (Hg.), 1986: Die Moderne – Kontinuitäten und Zäsuren. Sonderband 4 der Zeitschrift „Soziale Welt". Göttingen: Schwartz.
Beyme, *Klaus von*, 1995: Verfehlte Vereinigung – verpaßte Reformen? Zur Problematik der Evaluation der Vereinigungspolitik in Deutschland seit 1989. S. 41–68 in: *Everhard Holtmann* und *Heinz Sahner* (Hg.): Aufhebung der Bipolarität. Veränderungen im Osten. Rückwirkungen im Westen. Opladen: Leske + Budrich.
Boudon, *Raymond*, 1979: Widersprüche sozialen Handelns. Darmstadt/Neuwied: Luchterhand.
Bourdieu, *Pierre*, 1996: Warnung vor dem Modell Tietmeyer. Europa darf sich den neoliberalen Theorien des Bundesbankpräsidenten nicht unterwerfen. In: DIE ZEIT, Nr. 45, 1. November 1996, S. 2.

Boyer, Robert, 1993: The Economics of Job Protection and Emerging New Capital-Labor Relations. S. 69–125 in: *Christoph F. Buechtemann* (Hg.): Employment Security and Labor Market Behavior. Interdisciplinary Approaches and International Evidence. Ithaca, NY: IRL Press.
Boyer, Robert, und *Jean-Pierre Durand,* 1997: After Fordism. Basingstoke: Macmillan.
Brzezinski, Zbigniew, 1970: Between Two Ages: America's Rule in the Technetronic Era. New York: Viking Press.
Brzezinski, Zbigniew, 1989: The Grand Failure: The Birth and Death of Communism in the Twentieth Century. New York: Scribner.
Coleman, James S., 1986: Social Theory, Social Research, and a Theory of Action, American Journal of Sociology 91: 1309–1335.
Coleman, James S., 1995: Comment on Kuran and Collins, Symposium on Prediction in the Social Sciences, American Journal of Sociology 100: 1616–1619.
Collins, Randall, 1978: Long-Term Social Change and the Territorial Power of States, Research in Social Movements, Conflicts, and Change 1: 1–34.
Collins, Randall, 1986: Weberian Sociological Theory. New York: Cambridge University Press.
Collins, Randall, 1995: The Prediction in Macrosociology: The Case of the Soviet Collapse, Symposium on Prediction in the Social Sciences, American Journal of Sociology 100: 1552–1593.
Comte, Auguste, 1907: Soziologie. Bd. I, hg. von *Heinrich Waentig.* Jena: Gustav Fischer (zuerst 1869: Cours de philosophie positive. Paris).
Comte, Auguste, 1956: Rede über den Geist des Positivismus, hg. von *Iring Fetscher.* Hamburg: Meiner (zuerst: 1844: Discours sur l'esprit positiv. Paris).
DIW (Deutsches Institut für Wirtschaftsforschung) u.a., 1993: Mittel- und langfristige Entwicklungsperspektiven für deutsche Stadtregionen. Bonn: Bundesanstalt für Landeskunde und Raumordnung.
Esping-Andersen, Gøsta (Hg.), 1996: Welfare States in Transition: National Adaptations in Global Economies. Thousand Oaks, CA: Sage.
Esser, Hartmut, 1987: Literaturbesprechung „Ulrich Beck: Risikogesellschaft. Auf dem Weg in eine andere Moderne", Kölner Zeitschrift für Soziologie und Sozialpsychologie 39: 806–811.
Esser, Hartmut, 1993: Soziologie. Allgemeine Grundlagen. Frankfurt a.M./New York: Campus.
Etzioni, Amitai, 1997: Die Verantwortungsgesellschaft. Individualismus und Moral in der heutigen Demokratie. Frankfurt a.M./New York: Campus.
Feshbach, Murray, 1978: Population and Manpower Trends in the U.S.S.R. Paper prepared for Conference on the Soviet Union Today, sponsored by the Kennan Institute for Advanced Russian Studies. Woodrow Wilson International Center for Scholars, held in Washington D.C., April.
Feshbach, Murray, 1982: Issues in Soviet Health Problems. S. 203–227 in: U. S. Congress, Joint Economic Committee, Soviet Economy in the 1980s: Problems and Prospects, Part 2, 97th Congress, 2nd Session. Washington, D. C.: Government Printing Office, December 31, 1982.
Fleck, Christian (Hg.), 1996: Wege zur Soziologie nach 1945: Autobiographische Notizen. Opladen: Leske + Budrich.
Forrester, Jay W., 1969: Urban Dynamics. Cambridge, MA: MIT Press.
Fritz-Vannahme, Joachim (Hg.), 1996: Wozu heute noch Soziologie? Opladen: Leske + Budrich.
Granovetter, Mark, 1978: Threshold Models of Collective Behavior, American Journal of Sociology 83: 1420–43.
Granovetter, Mark, und *Roland Soong,* 1988: Threshold Models of Diversity: Chinese Restaurants, Residential Segregation, and the Spiral of Silence. S. 69–104 in: *Clifford C. Clogg* (Hg.): Sociological Methodology, Vol. 18. San Francisco: Jossey-Bass.
Habermas, Jürgen, 1981: Theorie des kommunikativen Handelns. Band 1. Frankfurt a.M.: Suhrkamp.
Habermas, Jürgen, 1989: Der philosophische Diskurs der Moderne. (Zwölf Vorlesungen). Frankfurt a.M.: Suhrkamp.
Hechter, Michael, 1994: Theoretical Implications of the Demise of State Socialism, Theory and Society 23: 155–167.
Hechter, Michael, 1995: Introduction: Reflections on Historical Prophecy in the Social Sciences, Symposium on Prediction in the Social Sciences, American Journal of Sociology 100: 1520–1527.

Heitmeyer, Wilhelm (Hg.), 1997: Bundesrepublik Deutschland – auf dem Weg von Konsens- in die Konfliktgesellschaft? Frankfurt a.M.: Suhrkamp.
Hempel, Carl G., 1965: Aspects of Scientific Explanation. New York: Free Press.
Hörning, Karl H., Daniela Ahrens und *Anette Gerhard*, 1997: Zeitpraktiken. Experimentierfelder der Spätmoderne. Frankfurt a.M.: Suhrkamp.
Hörning, Karl H., Anette Gerhard und Matthias Michailow, 1991: Zeitpioniere: Flexible Arbeitszeiten – neuer Lebensstil. 2. Aufl. Frankfurt a.M.: Suhrkamp.
Inglehart, Ronald, 1998: Modernisierung und Postmodernisierung: kultureller, wirtschaftlicher und politischer Wandel in 43 Gesellschaften. Frankfurt a.M.: Campus.
Joas, Hans, 1988: Das Risiko der Gegenwartsdiagnose, Soziologische Revue 11: 1–6.
Jonas, Friedrich, 1968: Geschichte der Soziologie. Bd. II. Hamburg: Rowohlt.
Kaplan, Abraham, 1964: The Conduct of Inquiry. San Francisco: Chandler.
Kaufmann, Franz-Xaver, 1997: Geht es mit der Integrationsfunktion des Sozialstaates zu Ende? S. 135–153 in: *Stefan Hradil* (Hg.): Differenz und Integration: Die Zukunft moderner Gesellschaften. Verhandlungen des 28. Kongresses der Deutschen Gesellschaft für Soziologie in Dresden 1996. Frankfurt a.M./New York: Campus.
Kohli, Martin, 1985: Die Institutionalisierung des Lebenslaufs. Historische Befunde und theoretische Argumente, Kölner Zeitschrift für Soziologie und Sozialpsychologie 37: 1–29.
Kommission Zukunft Stadt 2000, 1993: Zukunft Stadt 2000. Bonn-Bad Godesberg: Bundesministerium für Raumordnung, Bauwesen und Städtebau.
Kuran, Timur, 1995: The Inevitability of Future Revolutionary Surprises, Symposium on Prediction in the Social Sciences, American Journal of Sociology 100: 1528–1551.
Lepsius, M. Rainer, 1964: Kritik als Beruf. Zur Soziologie der Intellektuellen, Kölner Zeitschrift für Soziologie und Sozialpsychologie, 16: 207–217 (wiederabgedruckt in: *Jürgen Friedrichs, Karl Ulrich Mayer* und *Wolfgang Schluchter* (Hg.): Soziologische Empirie und Theorie. Opladen: Westdeutscher Verlag 1997).
Lepsius, M. Rainer, 1990: Gesellschaftsanalyse und Sinngebungszwang. S. 286–298 in: *M. Rainer Lepsius:* Interessen, Ideen und Institutionen. Opladen: Westdeutscher Verlag.
Lipset, Seymour Martin, und *Gyorgy Bence*, 1994: Anticipations of the Failure of Communism, Theory and Society 23: 169–210.
Luhmann, Niklas, 1997: Die Gesellschaft der Gesellschaft (Erster Teilband). Frankfurt a.M.: Suhrkamp.
Mayer, Karl Urlich, Heike Solga und *Martin Diewald*, 1997: Kontinuitäten und Brüche in den Erwerbs- und Berufsverläufen nach der deutschen Vereinigung. S. 73–113 in: *Doris Beer, Christian Brinkmann, Axel Deeke* und *Sabine Schenk* (Hg.): Der ostdeutsche Arbeitsmarkt in Gesamtdeutschland: Angleichung oder Auseinanderdriften? Opladen: Leske + Budrich.
Mayntz, Renate, 1994: Die deutsche Vereinigung als Prüfstein für die Leistungsfähigkeit der Sozialwissenschaften, BISS Public 4: 21–24.
Münch, Richard, 1998: Globale Dynamik, lokale Lebenswelten: der schwierige Weg in die Weltgesellschaft. Frankfurt a.M.: Suhrkamp.
Nagel, Ernest, 1961: The Structure of Science. New York: Harcourt, Brace and World.
Nee, Victor, und *Peng Lian*, 1994: Sleeping with the Enemy: A Dynamic Model of Declining Political Commitment in State Socialism, Theory and Society 23: 253–296.
Neidhardt, Friedhelm, 1985: Einige Ideen zu einer allgemeinen Theorie sozialer Bewegungen. S. 193–204 in: *Stefan Hradil* (Hg.): Sozialstruktur im Umbruch. Opladen: Leske + Budrich.
Niethammer, Lutz, Alexander von Plato und *Dorothee Wierling*, 1991: Die volkseigene Erfahrung: eine Archäologie des Lebens in der Industrieprovinz der DDR. Berlin: Rowohlt.
Offe, Claus, 1984: „Arbeitsgesellschaft": Strukturprobleme und Zukunftsperspektiven. Frankfurt a.M./New York: Campus.
Opp, Karl-Dieter, 1995: Methodologie der Sozialwissenschaften. 3. überarb. Aufl. Opladen: Westdeutscher Verlag.
Opp, Karl-Dieter, 1997: Die enttäuschten Revolutionäre: Politisches Engagement vor und nach der Wende. Opladen: Leske + Budrich.

Pirker, Theo, M. Rainer Lepsius, Rainer Weinert und *Hans-Hermann Hertle*, 1995: Der Plan als Befehl und Fiktion. Wirtschaftsführung in der DDR. Gespräche und Analysen. Opladen: Westdeutscher Verlag.
Pschyrembel (1986): Pschyrembel Klinisches Wörterbuch. 255. Aufl. Berlin-New York: de Gruyter.
Rhodes, Martin, 1997: Globalisation: Labour Markets and Welfare States: A Future of „Competitive Corporatism"? EUI Working Paper 36. Florence: European University Institute.
Sabel, Charles F., und *Jonathan Zeitlin* (Hg.): 1997: World of Possibilities: Flexibility and Mass Production in Western Industrialization. Cambridge: Cambridge University Press.
Sassen, Saskia, 1991: The Global City. Princeton, NJ: Princeton University Press.
Schelling, Thomas C., 1978: Micromotives and Macrobehavior. New York: Norton.
Schelsky, Helmut, 1957: Die skeptische Generation: Eine Soziologie der deutschen Jugend. Düsseldorf: Diederichs.
Schulze, Gerhard, 1992: Die Erlebnisgesellschaft: Kultursoziologie der Gegenwart. 2. Aufl. Frankfurt a.M./New York: Campus.
Soskice, David, 1991: The Institutional Infrastructure for International Competitiveness: A Comparative Analysis of the UK and Germany. S. 45–66 in: *Anthony B. Atkinson* und *Renato Brunetta* (Hg.): Economics for the New Europe. London: MacMillan.
Stehr, Nico, 1994: Arbeit, Eigentum und Wissen: Zur Theorie von Wissensgesellschaften. Frankfurt a.M.: Suhrkamp.
Streeck, Wolfgang, 1997: German Capitalism: Does it Exist? Can it Survive?, New Politial Economy 2: 234–256.
Szelenyi, Ivan, 1986/87: The Prospects and Limits of the Eastern European New Class Project, Politics and Society 7: 103–144.
Szelenyi, Ivan, und *Balazs Szelenyi,* 1994: Why Socialism Failed: Toward a Theory of System Breakdown – Causes of Disintegration of East European State Socialism, Theory and Society 23: 211–231.
Theory and Society: Renewal and Critique in Social Theory, 1995: Volume 24/5, October 1995. (Special Issue on Circulation vs. Reproduction of Elites during the Postcommunist Transformation of Eastern Europe. Edited by I. Szelényi, E. Wnuk-Lipi ski und D. Treiman.) Dordrecht: Kluwer Academic Publishers.
Tilly, Charles, 1984: Big Structures, Large Processes, Huge Comparisons. New York: Russell Sage Foundation.
Tilly, Charles, 1995: To Explain Political Processes. Symposium on Prediction in the Social Sciences, American Journal of Sociology 100: 1594–1610.
Toffler, Alvin, 1980: Die Zukunftschance. München: Bertelsmann.
Walder, Andrew, 1986: Communist Neo-Traditionalisms. Berkeley: University of California Press.
Walder, Andrew, 1994: The Decline of Communist Power: Elements of a Theory of Institutional Change, Theory and Society 23: 297–323.
Weingart, Peter, 1998: Science and the Media. Unveröffentlichtes Manuskript. Bielefeld. Erscheint in: Science and Public Policy.
Zapf, Wolfgang, 1987: Individualisierung und Sicherheit: Untersuchungen zur Lebensqualität in der Bundesrepublik Deutschland. München: Beck.

I.
Politische Ordnung

DIE BUNDESREPUBLIK:
PROGNOSEN UND DIAGNOSEN DER DEMOKRATIEENTWICKLUNG IN DER RÜCKBLICKENDEN BEWERTUNG

Max Kaase

Zusammenfassung: Die Thematik „Prognosen und Diagnosen der Demokratieentwicklung in der rückblickenden Bewertung" wird zunächst in einem allgemeinen demokratietheoretischen Zusammenhang verortet; dabei wird zwischen der Frage der Bedingungen von Wandel und Persistenz politischer Ordnungen unterschieden. Nach einem Exkurs zur Methodologie der Behandlung von Mehrebenenproblemen, wie sie die Demokratieforschung eines darstellt, und einigen Überlegungen zur Abgrenzung von Prognose und Diagnose in den Sozialwissenschaften, wird im Hauptteil des Beitrages zunächst die sehr stark durch die amerikanische Besatzungsmacht geprägte Genese der allerdings nicht in der universitären Soziologie angesiedelten Mikrodemokratieforschung dargestellt. Es folgt eine in fünf Teilbereiche gegliederte Analyse des Beitrags der westdeutschen (politischen) Soziologie zur Demokratieproblematik allgemein sowie zu den Detailthemen Legitimationskrise, politischer Extremismus mit dem Spezialfall der NPD, Eliteforschung und partizipatorische Revolution. Abgeschlossen wird der Beitrag mit einem kurzen Resümee des Standes der internationalen Demokratieforschung und einer zusammenfassenden Bewertung der Prognose- und Diagnosefähigkeit der deutschen Soziologie im Feld der Demokratieforschung.

I. Einführung

Samuel Huntington (1991) hat die wechselvolle Geschichte der Diffusion liberal-demokratischer Systeme kennzeichnenderweise unter dem Titel „The Third Wave" analysiert. Er weist damit darauf hin, daß auf längere Sicht politischer Regimewechsel eine gar nicht so seltene Erscheinung ist und daß es sich, wie die bittere Erfahrung des Niedergangs der Weimarer Republik belegt, um keine Einbahnstraße in Richtung Demokratisierung handelt. Diese Situation mag sich allerdings mit dem Verlöschen des Kommunismus als ernsthafter alternativer Ordnungsoption zur westlichen Demokratie nachhaltig geändert haben. Jedoch ist am Ende des 20. Jahrhunderts noch nicht absehbar, ob die Transitionen in Mittel- und Osteuropa neue Mischformen quasi-demokratischer Ordnungen hervorbringen werden oder ob sogar Rückbildungen zu irgendeiner Form autoritärer oder totalitärer politischer Herrschaft zu verzeichnen sein werden.

Für die folgenden Überlegungen ist es notwendig, die institutionellen und prozeduralen Kernelemente der deutschen demokratischen politischen Ordnung, wie sie auf der Grundlage der Verfassung der Bundesrepublik Deutschland entstanden sind und sich seither entwickelt haben, in die internationale demokratietheoretische Diskussion einzubetten. Dabei erscheint es sinnvoll, sich auf Robert A. Dahl (1989: 220) zu beziehen, der Polyarchie (als die „realistische" kontemporäre Ausbildung von Demokratie) bezeichnet als „a political order which is distinguished at the most general level by two broad characteristics: Citizenship is extended to a relatively high proportion of adults, and the rights of citizenship include the opportunity to oppose and vote out the highest officials in government". Diese sehr allgemeine Konzeptualisierung entspricht im übrigen in ihrem zweiten Element dem zentralen einheitlichen binären Code der Politik nach Luhmann (1986: 170).

Dahl (1989: 221) konkretisiert seine allgemeinen Definitionselemente in sieben Kategorien:

1. Regierungskontrolle durch Inhaber von Wahlämtern;
2. freie, faire und regelmäßige Wahlen;
3. allgemeines (inklusives) Wahlrecht;
4. passives Wahlrecht;
5. Bürgerrechte, darunter vor allem garantierte Meinungsfreiheit;
6. Pluralität des Meinungsbildungsprozesses;
7. Vereinigungsfreiheit.

In zahlreichen demokratietheoretischen Kontroversen seit den sechziger Jahren ist dieses liberal-pluralistische Konzept von Demokratie als zu eng bemängelt worden, so z.B. unter der Perspektive der ihm immanenten Begrenzung der partizipativen Rechte der Bürger (Pateman 1970). In ganz grundsätzlicher Weise hat auch Habermas (1992: 383–390) mit seiner diskurstheoretisch unterfütterten deliberativen Demokratietheorie die Dahlschen Vorstellungen kritisiert (für eine Gegenüberstellung zentraler Elemente der liberalen und deliberativen Demokratietheorie siehe Gerhards 1997). Diese Debatten sind jedoch für diesen Beitrag nicht von Bedeutung, der die politisch-institutionelle und politisch-kulturelle Dimension der (west)deutschen Nachkriegsdemokratie sowie ihre liberal-pluralistische Typisierung (Fuchs 1997) als gegeben und analytisch tragfähig ansieht. Denn die relevante Frage ist ja, inwieweit diese politische Ordnung Gegenstand systematischer Bestands- und Entwicklungsanalysen seitens der deutschen Soziologie geworden ist, und mit welchen Akzentsetzungen.

II. Methodologische Vorüberlegungen

„Die größten Schwierigkeiten bei dem Versuch, ganze Gesellschaften als Sozialsysteme zu analysieren, hat eine sich als Erfahrungswissenschaft verstehende Soziologie ... bei der Untersuchung einer einzelnen Gesellschaft" (Scheuch 1969: 166). In dieser auch heute im Prinzip noch zutreffenden Feststellung sind zwei Probleme versteckt, die einer kurzen Erläuterung bedürfen. Wenn zum einen von Sozialsystemen als ganzen Gesellschaften gesprochen wird, so ist hiermit die Frage nach der für die Demokratieforschung angemessenen Einheit der Analyse gestellt. In makropolitischer Perspektive liegt dabei auf der Hand, daß es sich im allgemeinen um Nationalstaaten handeln wird. Denn Nationalstaaten besitzen trotz vielfältiger institutioneller Binnendifferenzierungen (z.B. Föderalismus) und Transnationalisierungsprozessen (z.B. Europäische Union) weiterhin zentrale Regelungskompetenzen, die auch den Bereich der Staatsbürgerschaft berühren und damit ein formales Kriterium für die Abgrenzung von Inklusion und Exklusion zur Verfügung stellen. Zum zweiten bedeutet das Plädoyer von Scheuch für eine *erfahrungswissenschaftliche* Soziologie, daß es in den Demokratieanalysen darum gehen muß, die gestellten Fragen auf empirischer Grundlage und nicht nur spekulativ/interpretativ zu beantworten.

Die Strukturanalyse einer individuellen Politie zu *einem* Zeitpunkt kann durchaus Einblicke in die Beziehungen zwischen horizontalen und vertikalen Systemelementen eröffnen. Sie läßt jedoch keine Schlußfolgerung bezüglich deren kausaler Vernetzung zu. Hierfür sind, betrachtet man lediglich eine Gesellschaft, auf jeden Fall *längsschnittliche* Informationen vonnöten, und zwar idealerweise für alle Systemebenen und Systemelemente in Form einer Mehrebenenanalyse.

In der empirischen Demokratieforschung hat sich aus forschungspraktischen Gründen – es fehlen die Daten für dynamische Mehrebenenanalysen – nun der längsschnittliche internationale Vergleich als der unter den gegebenen Bedingungen beste methodische Zugang bewährt, wie das von Scheuch schon vor längerem (Scheuch 1969: 167–81) propagiert worden war. Angesichts des Umstandes, daß die Mesoebene der intermediären Strukturen lange Zeit in der empirischen Politikforschung gesamtgesellschaftliche und selten regional wie komparativ angelegte Parteien- und Gewerkschaftsforschung bedeutet hat [das kann sich nach dem von Putnam (1993; 1995) in Anlehnung an Coleman (1990: 300–321) auf die Tagesordnung gebrachten Thema des Sozialkapitals ändern] und die Bearbeitung der Mikroebene wegen des Fehlens von komparativen Daten gerade im Bereich der längsschnittlich erfaßten Einstellungen zur Demokratie stark defizient ist (für einen Überblick siehe Kaase und Newton 1995), kann nicht überraschen, daß die komparative empirische Demokratieforschung weitgehend Makrostrukturen in den Blick genommen hat (klassisch hierfür inzwischen Powell Jr. 1982; Lijphart 1984).

So wird es eines der großen Ziele der empirischen Demokratieforschung bleiben, die Interaktion der institutionellen Makroebene, der intermediären Mesoebene und der individuellen Mikroebene über Zeit zu analysieren und auf diese Weise zu belastbaren Aussagen über das relative Gewicht der verschiedenen Einflußgrößen für den Wandel bzw. die Persistenz politischer Ordnungen zu gelangen. Diese Mehrebenenproblematik ist in dem kleinen Ausschnitt der deutschen Soziologie, in dem man sich überhaupt mit solchen Fragen befaßt hat, schon vor längerem unter der Fragestellung der Indifferenz von Systemelementen (die allerdings auch horizontale Beziehungen einschließt) (Scheuch 1988: 35) bzw. der Interdependenzannahme (Lepsius 1993a: 11–18) thematisiert, allerdings empirisch nicht ausgefüllt worden. Bei den genannten Autoren läßt sich jedoch aus ihrer Argumentation implizit oder explizit ableiten (z.B. Lepsius 1990: 63–64), daß sie der Makroebene der politischen Struktur gegenüber der Mikroebene der politischen Kultur (Almond und Verba 1963; Kaase 1983) die größere Bedeutung für die Persistenz von Demokratien beimessen.

Im übrigen ist auf eine wichtige analytische Differenzierung hinzuweisen. Die empirische Demokratieforschung hat sich stets mit zwei unterschiedlichen Fragen beschäftigt: 1. Was sind die Bedingungen, unter denen ein Systemwechsel von einer demokratischen zu einer nichtdemokratischen Ordnung (für Deutschland z.B. Lepsius 1978; allgemeiner Berg-Schlosser 1995) bzw. von einer nichtdemokratischen zu einer demokratischen Ordnung (z.B. O'Donnell, Schmitter und Whitehead 1986, sowie die zahlreichen Transformationsanalysen im Zusammenhang mit den Systemwechseln um 1990 in Mittel- und Osteuropa) stattfindet?; 2. Was sind förderliche Bedingungen für die Persistenz politischer Systeme? In diesen Bereich fallen makropolitische Längsschnittanalysen (Przeworski et al.

1996; Przeworski und Limongi 1997), aber auch Mikrostudien, die in der systemtheoretischen Tradition von David Easton stehen (z.B. Fuchs 1989; Westle 1989).

Abschließend zu diesen Vorüberlegungen darf nicht außer Betracht bleiben, daß sich aus dem Niedergang der kommunistisch-totalitären Option einer politischen Ordnung neue Akzentsetzungen für die Demokratieforschung z.T. bereits ergeben haben und sich künftig weiter ergeben werden. Damit ist der Anschluß an eine Diskussion erreicht, die sich bereits in den achtziger Jahren mit den internen Strukturbedingungen für leistungsfähige, kreative und legitime Demokratien befaßt hat (diese Überlegungen gehen insbesondere auf Olson 1982 zurück; in der deutschen Soziologie hat sich vor allem Weede mit dieser Problematik befaßt; siehe hierzu grundlegend Weede 1990; des weiteren 1996). Erste Schlußfolgerungen aus den Regimewechseln 1989/90 für die Entwicklungsperspektiven liberal-pluralistischer Demokratien haben z.B. mehrere Autoren in dem Januarheft 1995 des Journal of Democracy unter der Überschrift „Democracy's Future" gezogen. Dazu gehört nicht nur, welche Effekte der Wegfall der kommunistischen Alternative von politischer Herrschaftsorganisation auf die innere Verfassung der Demokratie haben wird, sondern auch, welche existenten Demokratiemodelle sich als mehr oder weniger attraktiv erweisen werden und welche Unterschiede in ihrer Leistungsfähigkeit bestehen (Lijphart 1994; Kaase 1995; Schmitter 1995; Fuchs 1997; 1998).

III. Disziplinäre Grenzen, Prognose und Diagnose in den Sozialwissenschaften

1. Zur disziplinären Einbettung der Demokratieforschung

Martin Irle hat in seinem „Lehrbuch der Sozialpsychologie" (1974: 13–16) die Bemühungen ironisiert, wissenschaftliche Gegenstände für die Forschung in ein disziplinär definiertes Prokrustesbett zu zwingen. Den Problemen der disziplinären Verengung des Blickwinkels versucht man seit langem mit dem Konzept von Interdisziplinarität beizukommen. Es ist allerdings zweifelhaft, ob der stark rituelle Charakter dieser Forderung in den Sozialwissenschaften und anderswo tatsächlich zu einer engeren, regelmäßigen Kooperation von traditionellen Disziplinen geführt hat und ob daraus Quantensprünge in der Erkenntnisgewinnung resultierten. Inzwischen haben in den Sozialwissenschaften vor allem die problemorientierte Forschung (policy driven research), aber auch ganz allgemein der Wissenschaftsfortschritt in vielen Bereichen (z.B. Biowissenschaften) neue, fachübergreifende Wissensgebiete kreiert. So kann nicht verwundern, daß der zeitgenössische Wissenschaftsdiskurs sich nunmehr mit dem Konzept der Transdisziplinarität immer weiter – und zum Teil schon institutionell verfaßt – von den etablierten disziplinären Grenzziehungen weg entwickelt.

Für die Problemstellung der Demokratieentwicklung und den Beitrag der Soziologie hierzu ist nun allerdings durchaus von Bedeutung, ob man diese disziplinäre Vorgabe (etwa im Sinne von Lepsius 1961: 5 in der DFG-Denkschrift) ernst nimmt oder ob man die Thematik, die in ihrer institutionellen Dimension sicherlich in erster Linie der Politischen Wissenschaft zuzurechnen ist, von Anfang an als eine solche auffaßt, die interdisziplinär zu fundieren ist. Mit dem Feld der Politischen Soziologie, das Themen der Politikwissenschaft und Theorien wie Methoden – zumindest weitgehend – der Soziologie entlehnt (Lepsius 1961: 7), ist jedenfalls eine Spezifizierung gewonnen, die dem Charakter der Demokratisierungsproblematik besonders entgegenkommt (siehe hierzu Stammer und Weingart 1972 sowie die Entwicklungsanalyse von Ludz 1979 zur Politischen Soziologie im Nachkriegsdeutschland). Diese Aussage findet ihre Bestätigung im übrigen in dem Umstand, daß bedeutende Vertreter dieser Forschungsrichtung, wie etwa Seymour Martin Lipset oder Stein Rokkan, stets sowohl in der Soziologie als auch in der Politischen Wissenschaft zuhause waren. Hinzu kommt, daß die regelmäßige Nutzung von Methoden der Empirischen Sozialforschung gleichsam selbstverständlich auch eine Annäherung an Probleme und Theorien der Soziologie [und (Sozial-)Psychologie] nach sich gezogen hat.

Insofern besitzt die Entscheidung, aus den folgenden Betrachtungen die Politische Wissenschaft auszublenden, an der Sache gemessen eine gewisse Künstlichkeit. Sie ergab sich aus der Zielsetzung, in diesem Sonderheft vor allem die Soziologie als verfaßtes Fach ins Visier zu nehmen. Andererseits reicht das Argument der Arbeitsteilung zwischen den Fächern kaum aus, um das im folgenden dokumentierte Desinteresse weiter Teile der deutschen Soziologie an den Entwicklungschancen der bundesrepublikanischen Demokratie *als politisch-institutioneller Ordnung* zu erklären.

2. Diagnose und Prognose

Eine Betonung der *Diagnose-* gegenüber der *Prognose*fähigkeit der Soziologie soll zum Ausdruck bringen, daß in bezug auf Gesellschaft und die in ihr lebenden Menschen die mechanistische Vorstellung von Prognosen als abgesicherten Aussagen über künftige Entwicklungen unangemessen wäre, und zwar in prinzipieller Weise. „Damit stelle ich zugleich das Postulat einer einheitlichen wissenschaftlichen Methode und die damit verbundene Auffassung infrage, daß Vorhersagefähigkeit für alle Wissenschaften ungeachtet ihres Gegenstands das Kriterium für Reife ist. ... Es ist die Eigenart des Gegenstandes, die das Erklärungspotential der Sozialwissenschaften einschränkt" (Mayntz 1995: 4). Hierfür werden von Mayntz drei Gründe angeführt: Multikausalität, Nichtlinearität und Interferenz (d. h. die ungeplanten und nicht einkalkulierten Wechselwirkungen von gesellschaftlichen Teilprozessen).

Entsprechend wird man die Leistungsfähigkeit der Sozialwissenschaften in erster Linie an der Diagnose bestehender gesellschaftlicher Verhältnisse gemessen sehen wollen. Zu fragen ist also, ob sich eine zu einem bestimmten Zeitpunkt auf der Grundlage soziologischer Analyse gegebene Diagnose eines gesellschaftlichen Zustands und der Extrapolation der aus ihr abgeleiteten Entwicklung ex post (in hindsight) als tragfähig erwiesen hat oder nicht. Für den Fall der Bundesrepublik würde das bedeuten zu klären, in welchem Umfang Spekulationen über die Festigung bzw. über den Niedergang der bundesrepublikanischen Demokratie durch die reale Entwicklung bestätigt worden sind.

Dabei ist zu beachten, daß die dichotom konstruierte Variable Persistenz ja/nein nur die Grobstruktur politischer Ordnungen erfassen kann. Je nach Perspektive ergibt sich vielmehr eine Vielzahl von Differenzierungsoptionen, z.B. in bezug auf Grad und Natur der Legitimität, institutionelle Wandlungsfähigkeit, Gerechtigkeit, Partizipationschancen, Extremismus, Performanz oder Sozialstaatlichkeit, Optionen, deren Einlösung durch empirische Forschung allerdings erst am Anfang steht.

IV. Soziologie und Demokratieanalysen im westlichen Nachkriegsdeutschland

1. Empirische Sozialforschung in der Konstitutionsphase der Bundesrepublik

Mit der Kapitulation im Mai 1945 endete die totalitäre Herrschaft der Nationalsozialisten, und es stellte sich, für Deutschland und für die vier Besatzungsmächte, die Frage der künftigen politischen Ordnung dieses Landes. Der Weg zur westdeutschen Bundesrepublik mit der Verabschiedung der liberal-pluralistischen Verfassung des Grundgesetzes und der ersten Bundestagswahl 1949 ist hier nicht weiter zu thematisieren. Für die deutsche Soziologie ist die Periode 1945–1955 jedoch insofern von Interesse, als der Demokratisierungsimpetus vor allem der amerikanischen, aber auch der englischen Besatzungsmacht unter anderem seinen Ausdruck in einer kontinuierlichen Begleitung des politischen Transitionsprozesses durch Umfrageforschung gefunden hat (Braun und Articus 1984; Kutsch 1995).

Diese Forschung fand insbesondere in der amerikanisch besetzten Zone statt; ihr Träger war zwischen 1945 und 1949 zunächst die 1945 eingerichtete Opinion Survey Section im Rahmen des Office of Military Government, United States (OMGUS; die dabei entstandenen 72 größeren Studien, deren Daten leider nicht mehr existieren, sind in Merritt und Merritt 1970 dokumentiert). Mit der Gründung der Bundesrepublik 1949 wurden diese Organisation und Aktivitäten in den Reactions Analysis Branch unter der Leitung von Leo P. Crespi im Rahmen des United States High Commissioner for Germany (HICOG) überführt: Er existierte in dieser Form bis 1955; in dieser Zeit wurden weit über 100 Umfragen, nun das gesamte Gebiet der Bundesrepublik einschließend, durchgeführt (die Ergebnisse haben Merritt und Merritt 1980 dargestellt; die Daten sind bedauerlicherweise ebenfalls verlorengegangen).

Aus einer von Merritt (1995) vorgelegten zusammenfassenden Analyse dieser Forschungsaktivitäten der amerikanischen Besatzungsmacht in Deutschland wird zum einen die Demokratisierungsphilosophie Amerikas in bezug auf Deutschland deutlich (siehe dazu auch Oberreuter und Weber 1996). Zum anderen läßt sich auch der Beitrag zur Demokratisierung des westlichen Nachkriegsdeutschlands erkennen, der damals der Empirischen Sozialforschung seitens der Amerikaner zugeschrieben wurde. Diese Position hat Leo P. Crespi auf der ersten großen Tagung der akademischen und privatwirtschaftlichen Sozialforschung im Nachkriegsdeutschland, die vom 14. bis 16. November 1951 in Weinheim stattfand, wie folgt formuliert (Crespi 1952):

„We have tried to provide aid not only because of a general interest in helping scientific colleagues, but also because we feel that public opinion research has so much to contribute to really democratic functioning of social institutions. It is our belief that the understanding that polling can provide of the values, fears, aspirations, and confusions of the rank and file of a citizenry has much to offer to any government that would be for the people and by the people."

Und drittens schließlich belegen die in den genannten Studien berichteten Befunde zu den politischen Einstellungen der Bürger im Nachkriegsdeutschland das Ausmaß, in dem die 1949 neubegründete politische Institutionenordnung der Bundesrepublik auf das Erbe autoritärer und totalitärer Denkweisen traf, die erst in einem langwierigen Prozeß überwunden werden mußten. Systematisch betrachtet, läßt sich aus dieser Ausgangskonstellation ableiten, daß nichtdemokratische Orientierungen der Bürger nicht automatisch auf eine demokratische Institutionenordnung durchschlagen, sondern daß ein solcher Ebenentransfer wichtiger Zusatzbedingungen bedarf, um eine demokratiebedrohende Wirkung zu entfalten. Insofern bestätigt sich vor allem für die Konstitutionsphase der Demokratie in Deutschland die von Scheuch und Lepsius geteilte Indifferenzannahme von politischer Struktur und Kultur.

2. Zur soziologischen Demokratieforschung in der Konsolidierungsphase der Bundesrepublik

Von einer systematischen, empirisch fundierten soziologischen Demokratieforschung mit vergleichendem und quantifizierendem Zugang konnte in der Bundesrepublik lange Zeit nicht gesprochen werden. Sofern zu dieser Thematik überhaupt gearbeitet wurde – ein eher seltener Fall –, standen makrosoziologische Analysen mit historischer Orientierung im Mittelpunkt, die zwar in die internationale Literaturdiskussion eingebunden und dort auch vermittelt waren (etwa Lepsius 1978), den internationalen Vergleich jedoch weitgehend ad hoc betrieben. Die Einbettung in die Analysen zu den Demokratisierungsprozessen in Europa (z.B. Lipset 1961; Lipset und Rokkan 1967) erfolgte überwiegend interpretativ und nicht auf der Grundlage eigener empirischer Forschung. Entsprechend lag das Schwergewicht der Betrachtung auf der institutionellen Perspektive. Die deutsche Demokratie galt als oktroyiert und nicht als gewachsen, und als entsprechend problematisch für deren Erfolgsaussichten wurde die Fortdauer politischer Traditionen des Kaiserreichs, der Weimarer Republik und des Dritten Reichs eingeschätzt. Diese Sichtweise wird besonders deutlich bei der großen Untersuchung von Dahrendorf (1965) zu „Gesellschaft und Demokratie in Deutschland". In seiner Analyse dominieren, immer prononciert die nationalsozialistische „Episode" im Blick, die historischen Reminiszenzen an autoritäre Sozialisationsagenturen, an das Fehlen von politischem Bürgerengagement mit der Neigung zu den „privaten Tugenden" und, mit besonderem Gewicht, an die fehlende Konfliktorientierung der Deutschen sowie, im Anschluß an die Analyse von Zapf (1965), die Existenz einer von ihm als „Kartell der Angst" bezeichneten Befindlichkeit der nachkriegsdeutschen Eliten:

„Die fehlende soziale Bindung schwächt das Selbstbewußtsein der Eliten, das ohnehin daran leidet, daß sie sämtlich eine Geschichte abhängiger Führung hinter sich haben, die sie an eine dominante Führungsgruppe band. So wird die politische Multiformität nicht in einer Konkurrenz der Interessen und Personen wirksam, sondern die divergierenden Eliten verbinden sich in einem Kartell der Angst. Indem sie je für sich Sicherheit und Schutz ihrer einmal erworbenen Stellung suchen, nehmen sie dem politischen Konflikt seine Dynamik. Die deutsche politische Klasse regiert ihre Gesellschaft gleichsam wider Willen" (Dahrendorf 1965: 306).

Mit Dahrendorf teilten im übrigen Zapf (1965: 199–200) und Scheuch (1988: 67–77) die Sorge über die Folgen für die deutsche Demokratie angesichts einer segmentierten, über keine gemeinsame Sozialisationserfahrung verfügenden Elite.

Insgesamt dominiert bei Dahrendorf eine skeptische Perspektive, vor allem bezüglich zweier von ihm abschließend gestellter Fragen nach der Belastbarkeit der die Bundesrepublik von 1949 bis 1965 positiv auszeichnenden politischen Wandlungen und nach der Zukunft der Freiheit in Deutschland aus den oben genannten Gründen. Obgleich Scheuch sich hierzu nicht explizit äußert, überwiegt auch bei ihm eine eher pessimistische Erwartung:

„Then might anti-democratic systems still be compatible with the value system of the German elite? In principle, yes; but not in practice. While it is true that in Germany even democracy has an authoritarian flavor, there are a number of corrective elements against a truly non-democratic movement" (Scheuch 1988: 92).

Das größte Gewicht mißt er hierbei der Einbindung der Bundesrepublik in einen internationalen, wertorientierten Kontext bei, und zwar ganz besonders über das Korrektiv der internationalen Öffentlichkeit für dort als demokratiegefährdend wahrgenommene Entwicklungen, ein Korrektiv übrigens, dessen Funktionsfähigkeit die Entwicklung bis zum heutigen Tage immer wieder belegt hat.

Sowohl Dahrendorf als auch Scheuch basieren ihre Ambivalenz bezüglich der Entwicklungschancen der deutschen Demokratie also auf komplexen Ursachenbündeln. Beiden gemeinsam ist der Zweifel an der demokratischen Gesinnung eines Teils der deutschen Bevölkerung und vor allem der Nachkriegseliten mit den „Erinnerungen und Überlebseln des aktiven Autoritarismus der Vergangenheit" (Dahrendorf 1965: 473). Dieses einer wohl nicht zuletzt lebensweltlichen Prägung vieler Soziologen durch Erfahrungen des Dritten Reichs, des Zweiten Weltkriegs und der unmittelbaren Nachkriegszeit entstammende distanzierte Urteil (Fleck 1996) kommt insbesondere bei Dahrendorf nicht zuletzt in der Klage über die fehlende Bejahung öffentlicher Tugenden durch die Bürger zum Ausdruck, die vor allem über ein die formale Beteiligung an politischen Wahlen übersteigendes politisches Engagement eingefordert wird (ähnlich Habermas et al. 1967 für die deutsche Studentenschaft). In engem Zusammenhang hierzu wird schließlich auch „die autoritäre Aversion gegen soziale Konflikte" (Dahrendorf 1965: 472) der Bürger ins Feld geführt (siehe hierzu Kaase 1971; 1997).

Zwar hat Lepsius im Gegensatz zu Dahrendorf und Scheuch keine eindeutige Position zur Zukunft der deutschen Demokratie bezogen. Keinen Zweifel hat er jedoch daran gelassen, daß das Verhältnis von Sozialstruktur und politischer Struktur, von sozialem und politischem (institutionellem) Wandel, zu den Kernbereichen der Soziologie zählt (Lepsius 1993a: 24). Man wird ihn jedoch, wie schon gesagt, vermutlich nicht falsch interpretieren, wenn man schlußfolgert, daß er seine Hoffnung auf eine stabile Demokratie in Deutschland in erster Linie auf ein funktionsfähiges Institutionensystem gründet, ein Aspekt einer bei allen drei genannten Autoren präsenten, wenn auch impliziten Mehrebenenbetrachtung, der allerdings bei Lepsius bis heute stets ein besonderes Gewicht behalten hat.

Die bisherige Retrospektive auf die deutsche Nachkriegssoziologie und ihr demokratietheoretisches Engagement für die politische Ordnung der Bundesrepublik kennzeichnet diesen Bereich zunächst einmal als ein Spezialinteresse weniger Autoren, wobei nicht zufällig gerade diese Soziologen in besonderer Weise durch eine internationale Einbettung und eine komparative Analyseperspektive charakterisiert werden können. Nicht übersehen werden darf allerdings, daß in der deutschen Nachkriegssoziologie über das politisch-institutionelle System im engeren Sinne hinaus zunehmend eine Übertragung demokratietheoretischer Konzepte und formaldemokratischer Entscheidungsverfahren auf andere gesellschaftliche Bereiche diskutiert wurde. Dies gilt etwa für die betriebliche Mitbestimmung (z.B. in Untersuchungen zum Gesellschaftsbild der Arbeiterschaft; siehe dazu Popitz et al. 1957; Kudera et al. 1979), aber auch für die Familien- und Sozialisationsforschung (siehe hierzu zusammenfassend Wurzbacher 1987). *Solchen Ansätzen und Untersuchungen ist jedoch gemeinsam, daß sie keinen systematischen Zusammenhang zur Problematik der Demokratie als politischer Ordnungsform, ihren Konstitutionsbedingungen sowie dem Verhältnis zwischen vorpolitischen und genuin politischen Strukturen (im Sinne des politischen Institutionensystems und der in ihm ablaufenden Deliberations- und Entscheidungsprozesse) und individuellen Orientierungen (als Summe von Einstellungen und Verhaltensweisen) herstellen.* Diese Situation änderte sich allerdings grundlegend, wenn auch nicht auf Dauer, mit der Emergenz gravierender politischer Konflikte im Gefolge der großen Koalition von CDU/CSU und SPD zwischen 1966 und 1969 (Notstandsgesetzgebung, Studentenprotest), die mit dem Wechsel zu einer sozialliberalen Koalition 1969 zu einem Ende kamen und eine für die Bundesrepublik hochbedeutsame Zäsur darstellen.

3. Spätkapitalismuskritik und die Legitimationsdebatte

Die Erschütterung der jungen Bundesrepublik durch die Studentenbewegung der späten 60er Jahre hat auch die Sozialwissenschaften stark beeinflußt, wie die Dokumentationen des 16. Soziologentages 1968 in Frankfurt am Main (Adorno 1969), des 17. Soziologentages in Kassel 1974 (Lepsius 1976; man beachte die sechsjährige Pause zwischen den beiden Veranstaltungen) sowie der Jahrestagung der deutschen Vereinigung für Politische Wissenschaft 1975 in Duisburg unter dem Titel „Legitimationsprobleme demokratischer Systeme" (Kielmansegg 1976; Ebbighausen 1976) zeigen. In dieser Zeit liegt auch die Geburtsstunde der Kontroversen über die Spätkapitalismusproblematik und die Legitimitätskrise der liberalen Demokratien, welche nicht nur die wissenschaftliche, sondern teilweise auch die öffentliche Tagesordnung in der Bundesrepublik für einige Zeit bestimmt haben.

Es ist hier nicht möglich, diese Debatten in ihren Verästelungen nachzuzeichnen. Vielmehr genügt der Hinweis darauf, daß es zu einer raschen Diffusion dieser Thesen kam, die makrostrukturell im wesentlichen auf die Natur der kapitalistischen Produktionsverhältnisse und auf die Bestimmtheit des spätkapitalistischen Staates durch diese zurückgeführt wurden (Narr und Offe 1975). Interessant hierbei ist, daß die Thematik ihren Niederschlag sowohl in einer linken, systemkritischen (z.B. Offe 1972; Habermas 1973) als auch als Reaktion – unter dem Etikett „Unregierbarkeit" – einer konservativen Variante (Hennis, Kielmansegg und Matz 1977, 1979; Rose 1980; hierzu kritisch Offe 1979) gefunden hat (zu dieser Entwicklung siehe zusammenfassend Westle 1989: 40–47; Kaase und Newton 1995: 17–39).

Die Debatte um die Legitimationskrise der liberal-pluralistischen Demokratien bezog, wie gesagt, selbstverständlich auch die Bundesrepublik ein und wurde von dort beheimateten Sozialwissenschaftlern stark beeinflußt. Interessant ist sie besonders unter zwei Aspekten: Sie trug insofern dem Mehrebenencharakter des Phänomens Rechnung, als sie makrostrukturelle, institutionelle Gegebenheiten (dabei besonders die Logik des Parteienwettbewerbs, die zwangsläufig zu immer mehr Versprechungen an den Populus führen) und mikrostrukturelle Aspekte (nämlich die These von den kontinuierlich durch die spätkapitalistische Staatslogik geweckten und gesteigerten Ansprüchen, die letztlich durch den

Staat nicht mehr erfüllt werden könnten) miteinander verband. Typisch für diese Diskussionsstränge war jedoch, daß ihnen – bei beiden Seiten des ideologischen Spektrums – die empirische Unterfütterung fehlte, und zwar sowohl aus rein deutschem als auch aus international vergleichendem Blickwinkel. Aufschlußreich ist hier im übrigen – pointiert formuliert – die implizite oder explizite Begründung der linken Kritiker: Die Natur kapitalistischer Produktionsverhältnisse verhindere die Ausbildung eines sachadäquaten Problembewußtseins bei der Bevölkerung und mache daher auch dessen Erforschung überflüssig (z.B. Adorno 1969: 24–26; Narr und Offe 1975).

Dabei hätte zum einen durchaus die Möglichkeit bestanden, an eine zu dieser Thematik – allerdings unter der etwas neutraleren Bezeichnung von „trust in government" (z.B. Miller 1974) – in den USA laufende Debatte anzuknüpfen (siehe dazu Westle 1989: 91–105; zusammenfassend Lipset und Schneider 1987).

Noch plausibler wäre jedoch ein Rekurs auf die 1963 von den amerikanischen Sozialwissenschaftlern Gabriel A. Almond und Sidney Verba unter dem Titel „The Civic Culture" veröffentlichten Ergebnisse einer fünf Länder vergleichenden Untersuchung auf der Grundlage von (mit Ausnahme von Mexiko) repräsentativen Bevölkerungsumfragen gewesen. Dort hatten diese Autoren als entscheidendes Problem für die Zukunft der deutschen Demokratie die fehlende Identifikation der Deutschen mit ihren demokratischen Institutionen und die Dominanz der Orientierungen auf die materiellen Leistungen (outputs) des politischen Systems benannt (Almond und Verba 1963: 360–374).

Diese Untersuchung fand – man möchte fast sagen bezeichnenderweise – lange Zeit wenig Interesse in Deutschland (sie ist übrigens bis heute nicht in die deutsche Sprache übertragen worden); bei Dahrendorf (1965) kommt sie überhaupt nicht vor, Lepsius kennt sie, beachtet sie aber wegen ihrer mikroanalytischen Orientierung kaum, und auch für Scheuch ist sie in erster Linie aus methodischen Gründen von Interesse (Scheuch 1968). Tatsächlich setzt die Studie jedoch konzeptionell insofern einen entscheidenden Schwerpunkt für die spätere Forschung zur politischen Legitimität in Deutschland, als sie – bezogen auf die Kategorien von Easton (1965; 1975) – auf das Problem der Konfundierung von Akzeptanz von politischen Herrschaftsträgern und politischem Regime in frühen Phasen der Demokratisierung hinweist (siehe hierzu auch Boynton und Loewenberg 1973). Tatsächlich zeigt eine Vielzahl inzwischen verfügbarer Untersuchungen, daß der Wechsel 1969 von einer christdemokratisch geführten Großen Koalition zu einer sozialliberalen Bundesregierung – ganz im Sinne von Huntington (1991), aber auch wie bereits von Dahrendorf (1965: 482) angemerkt – die entscheidende Zäsur für die Ablösung der Akzeptanz der Demokratie *als politischer Ordnung* von der *Performanz der Regierung* darstellt (die Bedeutung der dieser Ablösung vorausgehenden Periode von 1965 bis 1969 für den sozialen Wandel in Deutschland wird auch durch die umfassende Untersuchung von Meulemann 1996 zum Wertewandel im vereinigten Deutschland belegt).

Die empirische Demokratieforschung in Deutschland hat der Diskussion über die Legitimitätskrise allerdings insofern einiges zu verdanken, als sie den systematischen Anschluß an die Thesen von Almond und Verba aus den sechziger Jahren stimulierte: Als erster versuchte sich Kaase (1979) – jedoch erst zu einem Zeitpunkt, als die Thematik „Legitimitätskrise" bereits wieder weitgehend von der sozialwissenschaftlichen Tagesordnung verschwunden war – an einer wegen der unbefriedigenden Datenlage vorläufigen *mikrosoziologischen* Überprüfung der These, für die er allerdings keine empirischen Belege finden konnte. Aus diesem Sachinteresse entstand auf der Grundlage des Political Action Projektes (Barnes, Kaase et al. 1979; Jennings, van Deth et al. 1990) im Rahmen des Sonderforschungsbereichs 3 „Mikroanalytische Grundlagen der Gesellschaftspolitik" der Universitäten Frankfurt am Main und Mannheim (Hauser, Ott und Wagner 1994) ein systematisches Forschungsprogramm, das die vorläufigen Befunde von Kaase auf differenzierterer Grundlage für die Bundesrepublik bestätigte und damit der deutschen Demokratie eine positive Entwicklungsprognose stellte (Fuchs 1989; Westle 1989). Inzwischen liegt auch eine international vergleichende empirische Untersuchung auf der Basis der Eurobarometerdaten 1974 bis 1990 für zwölf Mitgliedsländer der Europäischen Union vor – die „Beliefs in Government"-Studie –, welche die These von der Legitimitätskrise der Demokratie in entwickelten Industrieländern endgültig in das Reich der sozialwissenschaftlichen Fabel verbannt hat (Fuchs, Guidorossi und Svensson 1995).

4. Ausgewählte Teilaspekte der Demokratieproblematik

a) Politischer Extremismus: Der Spezialfall der NPD 1966–1969. Die im Abschnitt IV.1 behandelten Demokratieanalysen, aber auch die bereits erwähnten Selbstbiographien zahlreicher Soziologen der Nachkriegszeit (Fleck 1996), lassen keinen Zweifel an der überragenden Bedeutung, welche die intellektuelle Auseinandersetzung mit dem Nationalsozialismus für viele deutsche Nachkriegssoziologen und auch für die soziologische Konzeptualisierung der Demokratieproblematik in Deutschland gehabt hat. Diese Aussage darf nicht in Gegensatz zu dem Sachverhalt gesehen werden, daß die Soziologie in der Bundesrepublik *insgesamt* dieser Thematik lange Zeit, aus welchen Gründen auch immer, weitgehend ausgewichen ist (eine Ausnahme ist Lepsius; siehe hierzu etwa Lepsius 1978 sowie eine Reihe von Beiträgen in Lepsius 1993b) und dieses Feld überwiegend der Zeitgeschichte überlassen hat.

Die Sozialistische Reichspartei (SRP), eine Art regionaler Nachfolgepartei der NSDAP, war durch das Bundesverfassungsgericht am 23. Oktober 1952 als verfassungswidrig verboten worden. Gleiches gilt für die Kommunistische Partei Deutschlands (KPD) mit Urteil vom 17. August 1956. Danach entwickelte sich das Parteiensystem der Bundesrepublik, nicht zuletzt unterstützt durch eine erfolgreiche Wirtschaftsentwicklung, zunächst ohne nennenswerte Erfolge neugegründeter links- oder rechtsradikaler Parteien und konsolidierte sich als Drei-Parteien-System. Erst im Gefolge der ersten größeren Wirtschaftskrise in der Bundesrepublik 1966 und der Ablösung der von Bundeskanzler Ludwig Erhardt geführten konservativ-liberalen Koalition durch eine Große Koalition von CDU/CSU und SPD erzielte die zwischen 1966 und 1969 plötzlich auf der politischen Szene auftauchende, 1964 als Nachfolgepartei vor allem der rechten Deutschen Reichspartei (DRP) gegründete Nationaldemokratische Partei Deutschlands (NPD) bei sieben Landtagswahlen geradezu spektakuläre Stimmenergebnisse (zwischen 5,8 Prozent in Schleswig-Holstein 1967 und 9,8 Prozent in Baden-Württemberg 1968). Zwar verlor die NPD nach ihrem mit 4,3 Prozent der Zweitstimmen vergeblichen Anlauf, 1969 in den Bundestag einzuziehen, schlagartig wieder die Unterstützung der Wähler und damit die gewonnene politische Bedeutung. Die Wahlerfolge der NPD gleichsam aus dem Nichts hatten jedoch nicht nur die deutsche und vor allem internationale Öffentlichkeit nachhaltig aufgestört, sondern veranlaßten auch einige Soziologen zu beachtlichen Theorie- und Forschungsanstrengungen. Insgesamt wurde das Phänomen NPD von der deutschen Soziologie jedoch überwiegend und eher beiläufig als eine Bestätigung und Verschärfung der bestehenden Legitimationskrise der deutschen Demokratie als spätkapitalistischem System gedeutet.

Der Schwerpunkt der soziologischen Analysen zum Rechtsextremismus lag unter der Leitung von Erwin K. Scheuch bei einer Gruppe jüngerer Kölner Sozialwissenschaftler, die sich auf einem auch noch heute beeindruckenden theoretischen Niveau (insbesondere Scheuch und Klingemann 1967) mit dem Rechtsextremismus auseinandergesetzt und diesen sogar in ein „Prognosemodell" überführt hat (Scheuch und Klingemann 1967: 27–29; ferner Klingemann 1971; Klingemann und Pappi 1972; Scheuch 1974; Herz 1975). Diese Analysen identifizierten den Rechtsextremismus als eine quantitativ begrenzte Erscheinung, als eine „normale Pathologie von Industriegesellschaften". Auch das Aufkommen des Linksextremismus, einschließlich seiner terroristischen Variante der Roten Armee Fraktion und der sich z.T. gegenseitig bedingenden linken und rechten Gewalt, sowie der dritten Welle rechtsradikaler Wahlerfolge zwischen 1989 und 1993 der Partei der Republikaner, haben diese Interpretation nicht mehr in Frage gestellt, so daß in der entsprechenden Forschung die Grundsatzfrage nach der Persistenz der westdeutschen Demokratie schon nicht mehr zentral aufgeworfen wurde. Bisher hat sich diese Diagnose als weitgehend zutreffend erwiesen.

b) Eliteforschung in Deutschland. Dahrendorf wie Scheuch hatten, wie schon gesagt, der Frage der demokratischen Gesinnung der Eliten für den Bestand der deutschen Nachkriegsdemokratie eine große Bedeutung beigemessen. 1967 vermuteten Habermas et al. in ihrer Untersuchung Frankfurter Studenten (als potentiellen Eliten) hierzu: „Soweit es an der politischen Initiative der Studenten, dem wirksamen staatsbürgerlichen Einsatz *ihrer* (Heraushebung im Original) Kräfte liegt, werden antidemokratische Tendenzen stärker auf Unterstützung denn auf Widerstände rechnen dürfen" (Habermas et al. 1967: 231). Diese Skepsis, die von Dahrendorf (1965) formulierten Thesen zur mangelnden Konfliktfähigkeit in Deutschland sowie der konkrete Anlaß der studentischen Proteste 1967/68 hatten Kaase und Wildenmann zu dem Versuch veranlaßt, das Demokratiepotential der deutschen Studentenschaft repräsentativ zu erfassen (Wildenmann und Kaase 1968; Kaase 1971). Zusätzlich war 1968 in Mannheim unter der Leitung von Rudolf Wildenmann erstmals eine umfassende Befragung der bundesrepublikanischen Elite durchgeführt worden, die u.a. demokratische Einstellungen zum Thema hatte (Roth 1976) und die Mannheimer Tradition deutscher Elitestudien begründete (aus den Jahren 1972 und 1981; zu beiden Studien siehe Hoffmann-Lange 1992; für die erste gesamtdeutsche, noch von Wildenmann initiierte und dann nach seinem Tode bei Bürklin in Potsdam angesiedelte Elitestudie von 1995 siehe Bürklin 1997a, 1997b; Bürklin, Rebenstorf et al. 1997; Welzel 1997).

Die Mannheimer Studien zeigten sämtlich, daß – wenn man die zugrundeliegenden Operationalisierungen akzeptiert – die (im Falle der Studenten künftigen) deutschen Nachkriegseliten eine hohe Akzeptanz der Demokratie aufwiesen und daher die ursprüngliche Skepsis gegenüber ihrer demokratischen Haltung jedenfalls ab den späten 60er Jahren nicht mehr gerechtfertigt war (siehe dazu auch von Friedeburg et al. 1968: 216–237). Auf dieser empirischen Grundlage formulierte Kaase 1971:

„Da der Einfluß der Eliten auf die Meinungsbildung der Bevölkerung erheblich ist, ergeben sich bei der hohen Wahrscheinlichkeit des Aufrückens von heute noch potentiellen in die wirkliche Elite (im Sinne der Einflußmöglichkeit auf wesentliche Entscheidungen) durchaus positive Perspektiven für die zukünftigen Demokratisierungschancen, die auch nicht wesentlich dadurch gemindert werden, daß sich in das grundsätzlich egalitäre Demokratieverständnis bei einer Minderheit der Studentenschaft durchaus elitäre Züge mischen" (Kaase 1971: 216).

Die Potsdamer Elitestudie von 1995 hat zunächst einmal die auf der Grundlage der genannten früheren Untersuchungen formulierte Aussage, daß in den deutschen Eliten ein antidemokratischer Affekt nicht mehr auffindbar sei, in vollem Umfang bestätigt. Diese Schlußfolgerung läßt sich nicht zuletzt aus dem Umstand rechtfertigen, daß diese Problematik in der Potsdamer Untersuchung überhaupt kein Thema mehr ist, auch nicht für die in das politische System der Bundesrepublik nach der deutschen Vereinigung rekrutierten Positionsinhaber aus den neuen Bundesländern. Allerdings wirft die Studie ein interessantes Schlaglicht auf eine andere demokratietheoretische Problematik. Es zeigt sich nämlich, daß – überdurchschnittlich ausgeprägt bei den aus den neuen Bundesländern stammenden Eliten – inzwischen ein im Westen zunächst im wesentlichen repräsentativ geprägtes Demokratieverständnis inzwischen durch ein plebiszitär orientiertes Demokratiekonzept zumindest ergänzt, in sektorspezifischen Teilen sogar abgelöst worden ist (Bürklin 1997b; dies ist wohl nicht zuletzt ein Ergebnis des „Marsches durch die Institutionen" der durch die Studentenproteste geprägten jüngeren Elitemitglieder). Dieser Befund wirft z.B. interessante verfassungspolitische Fragen auf; er ändert allerdings nichts an der Tatsache, daß über die prinzipielle Akzeptanz der politischen Ordnungsform Demokratie in Deutschland ein nahezu einhelliger und dezidierter Konsens besteht (für eine Diskussion dieser Problematik auf der Grundlage von Daten aus repräsentativen Bevölkerungsumfragen siehe Fuchs 1997).

c) Die „partizipatorische Revolution". In das im vorigen Abschnitt gezeichnete Bild ordnen sich die Ergebnisse längsschnittlicher Bevölkerungsumfragen zu einem besonderen Aspekt der Legitimitätsproblematik ein: das außerparlamentarische politische Engagement, das in den Studentenprotesten seinen ersten Höhepunkt fand und inzwischen größere Teile der Bevölkerung aller westlichen Demokratien erfaßt hat. Nicht zuletzt mangels zuverlässiger empirischer Informationen herrschte zunächst große Unsicherheit, wie diese Aktionen demokratietheoretisch zu bewerten seien: als erster Schritt der Abkehr von den westlichen Demokratien hin zu einer anderen Ordnungsform (so vermuteten z.B. Bergmann et al. 1969: 87) oder als eine Tendenz in Richtung der Ausweitung des politischen Aktionsrepertoires der Bürger? Die international vergleichend (acht Länder) angelegte Political Action Studie 1974–1976 (Barnes, Kaase et al. 1979: 523–536) hatte diagnostiziert, daß die in den siebziger Jahren erkennbar gewordene politische Repertoireausweitung für die europäischen Demokratien keine Bedrohung, sondern im wesentlichen eine Bereicherung der liberalen Demokratie darstellte, und daß sich dieser Prozeß fortsetzen würde. Die Entwicklung der achtziger Jahre hat diese Einschätzung bestätigt (zusammenfassend hierzu Topf 1995) und schließlich zu einer Legitimitätserhöhung durch – nicht zuletzt – institutionellen Wandel geführt. Auch in diesem Fall haben sich also die Krisenszenarios nicht bestätigt, wohl aber die positive Einschätzung der Innovationsfähigkeit liberaler Demokratien (Kaase und Newton 1995: 150–172).

V. Zur zeitgenössischen internationalen Demokratieforschung

In dem Maße, in dem die (alte) Bundesrepublik sich entgegen vieler Prognosen als eine stabile Demokratie erwies, nahm das Interesse an der Behandlung der grundsätzlichen Persistenzfrage ab und an Teilaspekten des demokratischen Prozesses (z.B. Parteien, soziale Bewegungen, policies, Parlament) zu. Dennoch existiert, wie eingangs bereits erwähnt, zumindest international durchaus eine kontinuierliche, makropolitisch orientierte Demokratieforschung, die sich jedoch längere Zeit im Vergleich von Demokratien auf deren institutionelle und prozedurale Binnenaspekte konzentrierte (Powell Jr. 1982; Lijphart 1984; Weil 1989). Im Prinzip ging es hierbei mehr um die empirische Analyse unterschiedlicher Varianten demokratisch-institutioneller Formen und um deren Leistungsfähigkeit als um die Wiederaufnahme des frühen Fadens der Demokratieforschung (z.B. Lipset 1961), welche Bedingungen für die Entwicklung und Stabilisierung von Demokratien förderlich seien. In diesen Analysen spielte die Bundesrepublik keine Sonderrolle mehr; sie war offenbar unauffällig genug geworden, um als „normale", inzwischen etablierte Demokratie wahrgenommen zu werden.

Mit den politischen Systemtransitionen in Europa (Spanien, Portugal, Griechenland) sowie in Südamerika von autoritären zu demokratisch verfaßten Politien gewann die vergleichende Demokratieforschung ein neues Thema und einen frischen Impetus (siehe dazu paradigmatisch O'Donnell, Schmitter und Whitehead 1986 und die anderen zu dieser Untersuchung gehörenden Bände; ferner die vier von Diamond, Linz und Lipset 1989 beim Verlag Lynne Rienner herausgegebenen Bücher zu „Democracy in Developing Countries"). Nicht überraschen kann, daß die Welle der Transitionen in Mittel- und Osteuropa vom totalitären Kommunismus zur Demokratie der vergleichenden Demokratisierungsforschung noch einmal neuen Auftrieb gegeben hat; in der Darstellung der Ergebnisse steht sie dabei allerdings erst am Anfang (pars pro toto seien hier erwähnt Przeworski 1991; Przeworski et al. 1995; Linz und Stepan 1996; Brachet-Marquez 1997; für die deutsche Vereinigung siehe Kaase et al. 1996).

Insgesamt hat sich diese Forschung weit von den Anfängen entfernt, in denen die Frage nach der sozialstrukturellen Fundierung demokratischer Regierungsweise im Mittelpunkt stand. Seymour Martin Lipset, der an diesen Anfängen entscheidend mitbeteiligt war, hat hierzu 1994 in seiner Presidential Address 1993 an die American Sociological Association eine exzellente Zusammenfassung präsentiert (siehe zur Thematik ferner die von Marks und Diamond 1992 herausgegebene Festschrift für Lipset; weiter Diamond und Plattner 1993; Przeworski et al. 1996; Przeworski und Limongi 1997). Das vielleicht wichtigste Ergebnis dieser Zusammenfassung ist, daß für die Entstehung und Persistenz von Demokratien eine Vielzahl von Faktoren in Rechnung gestellt werden muß und daß hierbei auch kulturelle Aspekte eine wichtige Position einnehmen. Im übrigen hatte schon Tatu Vanhanen (1990) in seiner Untersuchung des Demokratisierungsprozesses 1980–88 in 147 Staaten darauf verwiesen, daß der Übergang zu einem demokratischen politischen System entscheidend vom Prozeß der Dispersion der Machtressourcen in einer Gesellschaft abhängt (für eine neuere Analyse für nunmehr 172 Staaten siehe Vanhanen 1997).

Mit der größeren historischen und empirischen Tiefe der Arbeiten ist inzwischen eine zuverlässige Grundlage für makropolitische Demokratieanalysen entstanden. Wie verschiedene Untersuchungen zeigen, werden damit interessante und vorher nicht beachtete Differenzierungen möglich. So kommt z.B. Gasiorowski (1995) anhand der Betrachtung der Wirkung von inflationsinduzierten Krisen zu dem Ergebnis, daß bestimmte Größen offenbar kontext- und zeitabhängig ganz unterschiedliche Effekte auf Demokratisierungsprozesse und auf die Persistenz von Demokratien entfalten können. Przeworski und Limongi (1997) wie vor ihnen schon O'Donnell, Schmitter und Whitehead (1986) zeigen, daß eine akteurszentrierte Perspektive und nicht ökonomische Strukturen für den Übergang zu einer Demokratie das größere Erklärungspotential besitzt. Ist ein solcher Übergang einmal erfolgt, so beobachten sie, spielen allerdings positive wirtschaftliche Rahmenbedingungen eine wichtige Rolle für die Persistenz von Demokratien (sic Bundesrepublik!).

VI. Abschließende Bemerkungen:
Zur Diagnose- und Prognosefähigkeit der Soziologie für die Entwicklung der Demokratie in der Bundesrepublik

Insgesamt, so das Ergebnis der vorgelegten Analyse, hat sich die deutsche (politische) Nachkriegssoziologie nur am Rande der politischen Demokratieproblematik systematisch angenommen, und zwar zunächst bevorzugt unter makrostrukturellem Blickwinkel; die Beiträge von Dahrendorf, Lepsius und Scheuch sind angesprochen worden. Die Zusammenarbeit von Scheuch und Wildenmann im Rahmen der Wahlstudie 1961 (Scheuch und Wildenmann 1965) in Köln hat dann in Köln und Mannheim zu einem bis heute wirksamen Engagement von Sozialwissenschaftlern in der Demokratieforschung geführt, die sowohl in der Soziologie als auch in der Politischen Wissenschaft verankert sind und vor allem einer mikropolitischen Perspektive verpflichtet sind (zu nennen sind hier u.a. Klingemann, Pappi und der Verfasser).

Ganz prinzipiell wird bei Problemstellungen hoher Komplexität, wie sie die Demokratieforschung zu behandeln hat, in besonderer Weise die Schwäche der Soziologie erkennbar, dynamische mehrebenenorientierte Forschungsdesigns zu entwickeln und zu implementieren. Gelegentliche und bisher wenig erfolgreiche Versuche in diese Richtung werfen sogar die Frage auf, ob die Sozialwissenschaften hier nicht theoretisch wie methodologisch überfordert sind. Möglicherweise stellt die Konzipierung eines theoriegeleiteten Sets von Einzelfallstudien in einer solchen Situation einen akzeptablen Kompromiß, vielleicht sogar die bessere Lösung dar (King, Keohane und Verba 1994).

Wenn es also – so jedenfalls das zusammenfassende Urteil – in der Breite an Beiträgen der deutschen Soziologie zur politischen Dimension der Demokratie- und Demokratisierungsproblematik fehlt, so sind dennoch Differenzierungen angebracht, von denen drei im folgenden kurz angesprochen werden sollen. Zum ersten hat sich gezeigt, daß eine systematische Verbindung von Theorie und Empirie am ehesten – wenn überhaupt – geeignet ist, zu belastbaren Aussagen über künftige Entwicklungen zu gelangen. Besonders wichtig in diesem Zusammenhang ist ein langer Atem bei der Sammlung der erforderlichen Daten; der internationale Vergleich, Längsschnittlichkeit und Kumulativität sind hier relevante Stichworte. Die fünf Bände der „Beliefs in Government"-Serie (Kaase und Newton 1995) deuten zumindest das analytische Potential an, das sich aus der Beachtung dieser Stichworte ergeben kann.

Mit diesem Aspekt eng verbunden ist der auf den Sozialwissenschaften ruhende Deutungsdruck für aktuelle Entwicklungen durch die Öffentlichkeit und hier besonders Politik und Massenmedien. Hamilton und Wright (1986) haben in ihrer ex post Analyse von Daten zu wichtigen gesellschaftlichen Kontroversen in den USA gezeigt, daß bei kurzfristigen ad hoc-Reaktionen auf aktuelle Ereignisse die große Gefahr besteht, bestimmte beobachtete Sachverhalte nicht nur falsch zu bewerten, sondern auch in ihrer Bedeutung weit zu überschätzen. Dieser Gefahr kann zumindest dann weitgehend entgangen werden, wenn – siehe oben – längsschnittliche theoriegeleitete Forschung vorliegt, an die angeknüpft werden kann (das macht z.B. für die Mikroebene den Wert der Allgemeinen Bevölkerungsumfrage für die Sozialwissenschaften – ALLBUS – und ihrer internationalen Variante, des International Social Survey Programme – ISSP – aus).

Wie steht es nun, vor diesem Hintergrund, mit der Diagnose- und Prognosefähigkeit der Soziologie bezüglich der Demokratieproblematik? Wie die vor allem in die politische Konsolidierungsphase der „alten" Bundesrepublik fallenden Diagnosen von Lepsius und Scheuch sowie – mit einem etwas größeren Prognoseanteil – von Dahrendorf belegen, führt ein sachangemessenes, theoretisch abgesichertes Analyseraster zu durchaus angemessenen Diagnosen der deutschen Demokratie für diese Periode, mit allen Einschränkungen, die sich aus den je spezifischen Forschungsinteressen des jeweiligen Protagonisten ergeben. Wenn man bereit ist, den Prognosebegriff eher locker zu verwenden, so ist die These von der Legitimationskrise der westlichen Demokratien, welche in den siebziger Jahren die Diskussionsszene zur Demokratieproblematik beherrschte, sicher das eklatanteste Beispiel für eine Fehlprognose der Soziologie; ideologische Voreingenommenheit, selektive oder empirisch nicht zuverlässig abgesicherte Realitätswahrnehmung und theoretische Fehlspezifikation sind schlechte Voraussetzungen für eine unter dem Diagnose-/Prognoseaspekt leistungsfähige Soziologie.

Im übrigen steht bereits jetzt fest, daß das von Fukuyama (1992) angesprochene Ende der Geschichte nicht das Ende der Diskussion über die Regierungsform der liberal-pluralistischen Demokratie und damit der Forschung eingeläutet hat. Schon 1974 hatte Huntington gefragt: Postindustrial politics: how benign will it be? Nach dem Abgesang des totalitären Kommunismus lautet das Thema nun: Democracy's Victory and Crisis (Hadenius 1997).

Literatur

Adorno, Theodor W. (Hg.), 1969: Spätkapitalismus oder Industriegesellschaft? Verhandlungen des Sechzehnten Deutschen Soziologentages. Stuttgart: Ferdinand Enke Verlag.

Adorno, Theodor W., 1969: Einleitungsvorlesung zum 16. Deutschen Soziologentag. S. 12–26 in: *Theodor W. Adorno* (Hg.): Spätkapitalismus oder Industriegesellschaft? Verhandlungen des Sechzehnten Deutschen Soziologentages. Stuttgart: Ferdinand Enke Verlag.

Almond, Gabriel A., und *Sidney Verba,* 1963: The Civic Culture. Princeton: Princeton University Press.

Barnes, Samuel H., Max Kaase et al., 1979: Political Action. Mass Participation In Five Western Democracies. Beverly Hills: Sage.

Berg-Schlosser, Dirk, 1995: Das Scheitern der Weimarer Republik – Bedingungen für Demokratie im europäischen Vergleich, Historische Sozialforschung 20: 3–30.

Bergmann, Joachim, et al., 1969: Herrschaft, Klassenverhältnis und Schichtung. S. 67–87 in: *Theodor W. Adorno* (Hg.): Spätkapitalismus oder Industriegesellschaft? Verhandlungen des Sechzehnten Deutschen Soziologentages. Stuttgart: Ferdinand Enke Verlag.
Boynton, G. R., und *Gerhard Loewenberg,* 1973: Der Bundestag im Bewußtsein der Öffentlichkeit, Politische Vierteljahresschrift 14: 3–25.
Brachet-Marquez, Viviane, 1997: Democratic Transition and Consolidation in Latin America: Steps Towards a New Theory of Democratization, Current Sociology 45: 15–53.
Braun, Hans, und *Stephan Articus,* 1984: Sozialwissenschaftliche Forschung im Rahmen der amerikanischen Besatzungspolitik 1945–1949, Kölner Zeitschrift für Soziologie und Sozialpsychologie 36: 703–737.
Bürklin, Wilhelm, 1997a: Einstellungen und Wertorientierungen ost- und westdeutscher Eliten 1995. Gesellschaftliches Zusammenwachsen durch Integration der Elite? S. 235–261 in: *Oscar W. Gabriel* (Hg.): Politische Orientierungen und Verhaltensweisen im vereinigten Deutschland. Opladen: Leske + Budrich.
Bürklin, Wilhelm, 1997b: Demokratische Einstellungen im Wandel: Von der repräsentativen zur plebiszitären Demokratie? S. 391–419 in: *Wilhelm Bürklin, Hilke Rebenstorf* et al.: Eliten in Deutschland. Rekrutierung und Integration. Opladen: Leske + Budrich.
Bürklin, Wilhelm, Hilke Rebenstorf et al., 1997: Eliten in Deutschland. Rekrutierung und Integration. Opladen: Leske + Budrich.
Coleman, James S., 1990: Foundations of Social Theory. 2. Auflage. Cambridge/London: The Belknap Press of Harvard University Press.
Crespi, Leo P., 1952: America's Interest in German Survey Research. S. 215–217 in: *Institut zur Förderung öffentlicher Angelegenheiten* (Hg.): Empirische Sozialforschung. Frankfurt a.M.: Institut zur Förderung öffentlicher Angelegenheiten.
Dahl, Robert A., 1989: Democracy and Its Critics. New Haven: Yale University Press.
Dahrendorf, Ralf, 1965: Gesellschaft und Demokratie in Deutschland. München: Piper (zitiert wird aus der Sonderausgabe 1968).
Diamond, Larry, und *Marc F. Plattner* (Hg.), 1993: The Global Resurgence of Democracy. Baltimore: The Johns Hopkins University Press.
Easton, David, 1965: A Systems Analysis of Political Life. New York: John Wiley.
Easton, David, 1975: A Re-Assessment of the Concept of Political Support, British Journal of Political Science 5: 435–457.
Ebbighausen, Rolf (Hg.), 1976: Bürgerlicher Staat und politische Legitimation. edition suhrkamp 681. Frankfurt a.M.: Suhrkamp.
Fleck, Christian, 1996: Wege zur Soziologie nach 1945. Biographische Notizen. Opladen: Leske + Budrich.
Friedeburg, Ludwig von, et al., 1998: Freie Universität und politisches Potential der Studenten. Über die Entwicklung des Berliner Modells und den Anfang der Studentenbewegung in Deutschland. Neuwied und Berlin: Luchterhand.
Fuchs, Dieter, 1989: Die Unterstützung des politischen Systems der Bundesrepublik Deutschland. Opladen: Westdeutscher Verlag.
Fuchs, Dieter, 1997: Wohin geht der Wandel der demokratischen Institutionen in Deutschland? Die Entwicklung der Demokratievorstellungen der Deutschen seit ihrer Vereinigung. S. 253–284 in: *Gerhard Göhler* (Hg.): Institutionenwandel. 15. Sonderheft der Zeitschrift Leviathan. Opladen: Westdeutscher Verlag.
Fuchs, Dieter, 1998: Kriterien demokratischer Performanz in liberalen Demokratien, in: *Michael Th. Greven* (Hg.): Demokratie – eine Kultur des Westens? 20. Wissenschaftlicher Kongreß der Deutschen Vereinigung für Politische Wissenschaft. Opladen/Wiesbaden: Westdeutscher Verlag (im Erscheinen).
Fuchs, Dieter, Giovanna Guidorossi und *Palle Svensson,* 1995: Support for the Democratic System. S. 323–353 in: *Hans-Dieter Klingemann* und *Dieter Fuchs* (Hg.): Citizens and the State. Beliefs in Government Vol. 1. Oxford: Oxford University Press.
Fukuyama, Francis, 1992: Das Ende der Geschichte. Wo stehen wir? München: Kindler.

Gasiorowski, Mark J., 1995: Economic Crisis and Political Regime Change: An Event History Analysis, American Political Science Review 89: 882–897.

Gerhards, Jürgen, 1997: Diskursive versus liberale Öffentlichkeit. Eine empirische Auseinandersetzung mit Jürgen Habermas, Kölner Zeitschrift für Soziologie und Sozialpsychologie 49: 1–34.

Habermas, Jürgen, 1973: Legitimationsprobleme im Spätkapitalismus. edition suhrkamp 623. Frankfurt a.M.: Suhrkamp.

Habermas, Jürgen, 1992: Faktizität und Geltung. Beiträge zur Diskurstheorie des Rechts und des demokratischen Rechtsstaats. Frankfurt a.M.: Suhrkamp.

Habermas, Jürgen, Ludwig von Friedeburg, Christoph Oehler und *Friedrich Weltz*, 1967: Student und Politik. Eine soziologische Untersuchung zum politischen Bewußtsein Frankfurter Studenten. 2. Auflage (1. Auflage 1961). Neuwied und Berlin: Luchterhand.

Hadenius, Axel, 1997: Democracy's Victory and Crisis. Cambridge: Cambridge University Press.

Hamilton, Richard F., und *James D. Wright*, 1986: The State of the Masses. New York: Aldine.

Hauser, Richard, Notburga Ott und *Gert Wagner* (Hg.), 1994: Mikroanalytische Grundlagen der Gesellschaftspolitik. 2 Bände. Berlin: Akademie-Verlag.

Hennis, Wilhelm, Peter Graf Kielmansegg und *Ulrich Matz* (Hg.), 1977: Regierbarkeit. Band 1. Stuttgart: Kohlhammer.

Hennis, Wilhelm, Peter Graf Kielmansegg und *Ulrich Matz* (Hg.), 1979: Regierbarkeit. Band 2. Stuttgart: Kohlhammer.

Herz, Thomas A., 1975: Soziale Bedingungen für Rechtsextremismus in der Bundesrepublik Deutschland und in den Vereinigten Staaten. Meisenheim am Glan: Verlag Anton Hain.

Hoffmann-Lange, Ursula, 1992: Eliten, Macht und Konflikt in der Bundesrepublik. Opladen: Leske + Budrich.

Huntington, Samuel P., 1974: Postindustrial Politics: How Benign Will It Be?, Comparative Politics 6: 163–191.

Huntington, Samuel P., 1991: The Third Wave. Democratization in the Late Twentieth Century. Norman/London: The University of Oklahoma Press.

Irle, Martin, 1974. Lehrbuch der Sozialpsychologie. Göttingen/Toronto/Zürich: Verlag für Psychologie/Dr. C. F. Hogrefe.

Jennings, M. Kent, Jan W. van Deth et al., 1990: Continuities in Political Action: A Longitudinal Study of Political Orientations in Three Western Democracies. Berlin/New York: Walter de Gruyter.

Kaase, Max, 1971: Demokratische Einstellungen in der Bundesrepublik Deutschland. S. 119–326 in: *Rudolf Wildenmann* (Hg.): Sozialwissenschaftliches Jahrbuch für Politik, Bd. 2. München: Günter Olzog Verlag.

Kaase, Max, 1979: Legitimitätskrise in westlichen demokratischen Industriegesellschaften: Mythos oder Realität. S. 328–350 in: *Helmut Klages* und *Peter Kmieciak* (Hg.): Wertewandel und gesellschaftlicher Wandel. Frankfurt a.M./New York: Campus.

Kaase, Max, 1983: Sinn oder Unsinn des Konzepts „Politische Kultur" für die Vergleichende Politikforschung. Oder auch: Der Versuch, einen Pudding an die Wand zu nageln. S. 144–171 in: *Max Kaase* und *Hans-Dieter Klingemann* (Hg.): Wahlen und politisches System – Analysen aus Anlaß der Bundestagswahl 1980. Opladen: Westdeutscher Verlag.

Kaase, Max, 1995: Demokratie im Spannungsfeld von politischer Kultur und politischer Struktur. S. 199–220 in: *Werner Link, Eberhard Schütt-Wetschky* und *Gesine Schwan* (Hg.): Jahrbuch für Politik, 5, Halbband 2. Baden-Baden: Nomos Verlag.

Kaase, Max, 1997: Conflict, Consensus and Democracy, German Politics 6: 1–28.

Kaase, Max, und *Kenneth Newton*, 1995: Beliefs in Government. Beliefs in Government Vol. 5. Oxford: Oxford University Press.

Kaase, Max, Andreas Eisen, Oscar W. Gabriel, Oskar Niedermayer und *Hellmut Wollmann*, 1996: Politisches System. Berichte zum sozialen und politischen Wandel in Ostdeutschland, Band 3. Opladen: Leske + Budrich.

King, Gary, Robert O. Keohane und *Sidney Verba*, 1994: Designing Social Inquiry: Scientific Inference in Qualitative Research. Princeton: Princeton University Press.

Kielmansegg, Peter Graf (Hg.), 1976: Legitimationsprobleme politischer Systeme. Sonderheft 7 der Politischen Vierteljahresschrift. Opladen: Westdeutscher Verlag.
Klingemann, Hans-Dieter, 1971: Politische und soziale Bedingungen der Wählerbewegungen zur NPD. Fallstudie Baden-Württemberg. S. 563–627 in: *Rudolf Wildenmann* (Hg.): Sozialwissenschaftliches Jahrbuch für Politik, Band 2. München/Wien: Günter Olzog Verlag.
Klingemann, Hans-Dieter, und *Franz U. Pappi,* 1972: Politischer Radikalismus. München: Oldenbourg.
Kudera, Werner, Werner Mangold, Konrad Ruff, Rudi Schmidt und *Theodor Wentzke,* 1979: Gesellschaftliches und politisches Bewußtsein von Arbeitern. Frankfurt a.M.: Europäische Verlagsanstalt.
Kutsch, Arnulf, 1995: Einstellungen zum Nationalsozialismus in der Nachkriegszeit, Publizistik 40: 415–447.
Lepsius, M. Rainer, 1961: Denkschrift zur Lage der Soziologie und der Politischen Wissenschaft. Im Auftrage der Deutschen Forschungsgemeinschaft. Wiesbaden: Franz Steiner Verlag.
Lepsius, M. Rainer (Hg.), 1976: Zwischenbilanz. Verhandlungen des Siebzehnten Deutschen Soziologentages. Stuttgart: Ferdinand Enke Verlag.
Lepsius, M. Rainer, 1978: From Fragmented Party Democracy to Government by Emergency Decree and National Socialist Takeover: Germany. S. 34–79 in: *Juan J. Linz* und *Alfred Stepan* (Hg.): The Breakdown of Democratic Regimes: Europe. Baltimore/London: The Johns Hopkins University Press.
Lepsius, M. Rainer, 1990: Die Prägung der politischen Kultur der Bundesrepublik durch institutionelle Ordnungen. S. 63–84 in: *M. Rainer Lepsius:* Interessen, Ideen und Institutionen. Opladen: Westdeutscher Verlag.
Lepsius, M. Rainer, 1993a: Demokratie in Deutschland als historisch-soziologisches Problem. S. 11–24 in: *M. Rainer Lepsius:* Demokratie in Deutschland. Göttingen: Vandenhoeck & Ruprecht (zuerst erschienen 1969: S. 197–213 in: *Theodor W. Adorno* (Hg.): Spätkapitalismus oder Industriegesellschaft? Verhandlungen des Sechzehnten Deutschen Soziologentages. Stuttgart: Ferdinand Enke Verlag).
Lepsius, M. Rainer, 1993b: Demokratie in Deutschland. Soziologisch-historische Konstellationsanalysen. Göttingen: Vandenhoeck & Ruprecht.
Lijphart, Arend, 1984: Democracies. Patterns of Majoritarian and Consensus Government in Twenty-One Countries. New Haven/London: Yale University Press.
Lijphart, Arend, 1994: Democracies: Forms, Performance and Constitutional Engineering, European Journal of Political Research 25: 1–17.
Linz, Juan J., und *Alfred Stepan,* 1996: Problems of Democratic Transition and Consolidation. Southern Europe, South America, and Post-Communist Europe. Baltimore: The Johns Hopkins University Press.
Lipset, Seymour Martin, 1961 (zuerst 1959): Political Man. The Social Bases of Politics. Garden City: Anchor Books Edition.
Lipset, Seymour Martin, 1994: The Social Requisistes of Democracy Revisited. Presidential Address to the 1993 Meeting of the American Sociological Association, American Sociological Review 59: 1–22.
Lipset, Seymour Martin, und *Stein Rokkan,* 1967: Cleavage Structures, Party Systems and Voter Alignments: An Introduction. S. 1–64 in: *Seymour Martin Lipset* und *Stein Rokkan* (Hg.): Party Systems and Voter Alignments. New York: The Free Press.
Lipset, Seymour Martin, und *William Schneider,* 1987: The Confidence Gap. Business, Labor and Government in the Public Mind. Überarbeitete Auflage. Baltimore: The Johns Hopkins University Press.
Ludz, Peter Christian, 1979: Die Bedeutung der Soziologie für die Politische Wissenschaft. S. 264–293 in: *Günther Lüschen* (Hg.): Deutsche Soziologie seit 1945. Sonderheft 21 der Kölner Zeitschrift für Soziologie und Sozialpsychologie. Opladen: Westdeutscher Verlag.
Luhmann, Niklas, 1986: Ökologische Kommunikation. Kann die moderne Gesellschaft sich auf ökologische Gefährdungen einstellen? Opladen: Westdeutscher Verlag.

Marks, Gary, und *Larry Diamond* (Hg.), 1992: Reexamining Democracy. Essays in Honor of Seymour Martin Lipset. Newbury Park/London/New Delhi: Sage Publications.
Mayntz, Renate, 1995: Historische Überraschungen und das Erklärungspotential der Sozialwissenschaften. Heidelberger Universitätsreden 9. Heidelberg: C. F. Müller-Verlag.
Merritt, Richard L., 1995: Democracy Imposed. U.S. Occupation Policy and the German Public, 1945-1949. New Haven: Yale University Press.
Merritt, Anna J., und *Richard L. Merritt*, 1970: Public Opinion in Occupied Germany. The OMGUS Surveys 1945-1949. Urbana/Chicago/London: The University of Illinois Press.
Merritt, Anna J., und *Richard L. Merritt*, 1980: Public Opinion in Semisovereign Germany. The HICOG Surveys 1949-1955. Urbana/Chicago/London: The University of Illinois Press.
Meulemann, Heiner, 1996: Werte und Wertewandel. Zur Identität einer geteilten und wieder vereinten Nation. Weinheim/München: Juventa Verlag.
Miller, Arthur H., 1974: Political Issues and Trust in Government: 1964 – 1970, American Political Science Review 68: 951-972.
Narr, Wolf-Dieter, und *Claus Offe*, 1975: Einleitung. S. 9–46 in: *Wolf-Dieter Narr* und *Claus Offe* (Hg.): Wohlfahrtsstaat und Massenloyalität. Köln: Kiepenheuer und Witsch.
Oberreuter, Heinrich, und *Jürgen Weber* (Hg.), 1996: Freunde oder Feinde? Die Alliierten und die Demokratiegründung in Deutschland. München/Landsberg am Lech: Günter Olzog Verlag.
O'Donnell, Guillermo, Phillippe C. Schmitter und *Lawrence Whitehead* (Hg.), 1986: Transitions from Authoritarian Rule. Comparative Perspectives. Baltimore/London: The Johns Hopkins University Press.
Offe, Claus, 1972: Strukturprobleme des kapitalistischen Staates. edition suhrkamp 549. Frankfurt a.M.: Suhrkamp.
Offe, Claus, 1979: ‚Unregierbarkeit'. Zur Renaissance konservativer Krisenstrategien. S. 294–318 in: *Jürgen Habermas* (Hg.): Stichworte zur geistigen Situation der Zeit, Bd. 1. Frankfurt a.M.: Suhrkamp Verlag.
Olson, Mancur, 1982: The Rise and Decline of Nations. Economic Growth, Stagflation and Social Rigidities. New Haven: Yale University Press.
Pateman, Carole, 1970: Participation and Democratic Theory. Cambridge: Cambridge University Press.
Popitz, Heinrich, Hans Paul Bahrdt, Ernst August Jüres und *Hanno Kesting*, 1957: Das Gesellschaftsbild des Arbeiters. 5. Auflage 1977. Tübingen: J.C.B. Mohr (Paul Siebeck).
Powell, G. Bingham Jr., 1982: Contemporary Democracies. Participation, Stability and Violence. Cambridge: Harvard University Press.
Przeworski, Adam, 1991: Democracy and the Market. Political and Economic Reforms in Eastern Europe and Latin America. Cambridge: Cambridge University Press.
Przeworski, Adam, et al., 1995: Sustainable Democracy. Cambridge: Cambridge University Press.
Przeworski, Adam, Michael Alvarez, José Antonio Cheibub und *Fernando Limongi*, 1996: What Makes Democracies Endure?, Journal of Democracy 7: 39-55.
Przeworski, Adam, und *Fernando Limongi*, 1997: Modernization. Theories and Facts, World Politics 49: 155-183.
Putnam, Robert D., 1993: Making Democracy Work. Civic Traditions in Modern Italy. Princeton: Princeton University Press.
Putnam, Robert D., 1995: Bowling Alone. America's Declining Social Capital, Journal of Democracy 6: 65-80.
Rose, Richard (Hg.), 1980: Challenge to Governance. Studies in Overloaded Polities. Beverly Hills/London: Sage.
Roth, Dieter, 1976: Zum Demokratieverständnis von Eliten in der Bundesrepublik Deutschland. Bern/Frankfurt a.M.: Lang und Lang.
Scheuch, Erwin K., 1968: The Cross-cultural Use of Sample Surveys: Problems of Comparability. S. 176–209 in: *Stein Rokkan* (Hg.): Comparative Research Across Cultures and Nations. Paris/The Hague: Mouton.

Scheuch, Erwin K., 1969: Methodische Probleme gesamtgesellschaftlicher Analysen. S. 153–182 in: *Theodor W. Adorno* (Hg.): Spätkapitalismus oder Industriegesellschaft? Verhandlungen des Sechzehnten Deutschen Soziologentages. Stuttgart: Ferdinand Enke Verlag.

Scheuch, Erwin K., 1974: Politischer Extremismus in der Bundesrepublik. S. 433–469 in: *Richard Löwenthal* und *Hans-Peter Schwarz* (Hg.): Die zweite Republik. Stuttgart: Seewald-Verlag.

Scheuch, Erwin K., 1988: Continuity and Change in German Social Structure, Historische Sozialforschung 13: 31–121 (zuerst 1967 als vervielfältigtes Manuskript).

Scheuch, Erwin K., und *Hans-Dieter Klingemann*, 1967: Theorie des Rechtsradikalismus in westlichen Industriegesellschaften, Hamburger Jahrbuch für Wirtschafts- und Gesellschaftspolitik, 12: 11–29.

Scheuch, Erwin K., und *Rudolf Wildenmann* (Hg.), 1965: Zur Soziologie der Wahl. Sonderheft 9 der Kölner Zeitschrift für Soziologie und Sozialpsychologie. Köln/Oplanden: Westdeutscher Verlag.

Schmitter, Philippe C., 1995: Democracy's Future: More Liberal, Preliberal, or Postliberal?, Journal of Democracy 6: 15–22.

Stammer, Otto, und *Peter Weingart*, 1972: Politische Soziologie. München: Juventa.

Topf, Richard, 1995: Beyond Electoral Participation. S. 52–92 in: *Hans-Dieter Klingemann* und *Dieter Fuchs* (Hg.): Citizens and the State. Beliefs in Government Vol. 1. Oxford: Oxford University Press.

Vanhanen, Tatu, 1990: The Process of Democratization. A Comparative Study of 147 States, 1980–88. New York: Crane Russak.

Vanhanen, Tatu, 1997: Prospects of Democracy. A Study of 172 Countries. London: Routledge.

Weede, Erich, 1990: Wirtschaft, Staat und Gesellschaft. Zur Soziologie der kapitalistischen Marktwirtschaft und der Demokratie. Tübingen: J.C.B. Mohr (Paul Siebeck).

Weede, Erich, 1996: Legitimacy, Democracy and Comparative Economic Growth Reconsidered, European Sociological Review 12: 217–225.

Weil, Frederick D., 1989: The Sources and Structure of Legitimation in Western Democracies: A Consolidated Model Tested With Time-Series Data In Six Countries since World War II, American Sociological Review 54: 682–706.

Welzel, Christian, 1997: Demokratischer Elitenwandel. Die Erneuerung der ostdeutschen Elite aus demokratie-soziologischer Sicht. Opladen: Leske + Budrich.

Westle, Bettina, 1989: Politische Legitimität – Theorien, Konzepte, empirische Befunde. Baden-Baden: Nomos.

Wildenmann, Rudolf, und *Max Kaase*, 1968: Die unruhige Generation. Universität Mannheim: als Manuskript vervielfältigt.

Wurzbacher, Gerhard, 1987: Zur bundesdeutschen Familien- und Sozialisationsforschung in den Nachkriegsjahren, Zeitschrift für Soziologie 16: 223–231.

Zapf, Wolfgang, 1965: Wandlungen der deuschen Elite. Ein Zirkulationsmodell deutscher Führungsgruppen 1919–1961. Münden: R. Piper Co. Verlag.

DAS POLITISCHE SYSTEM DER BUNDESREPUBLIK

Der Wandel des Gegenstandes und seiner Erforschung

Erwin K. Scheuch

Zusammenfassung: Die Diagnosefähigkeit der politischen Soziologie wird an fünf Forschungsfeldern untersucht: 1. In der unmittelbaren Nachkriegszeit gab es eine große Dichte von Umfragen, deren Thema die Einstellung zum früheren NS-Regime und die Umorientierung hin zu einem Nachkriegsdeutschland war. Später war die Ideologie für das Durchsetzen und den Bestand des Regimes nur für eine Minderheit wichtig. 2. Die größte Kontinuität empirischer Forschung läßt sich bei der Analyse von Wahlen beobachten. Die Fülle dieser Untersuchungen hat zwar theoretisch weniger erbracht als erhofft wurde, erlaubt jedoch eine Fülle von beschreibenden Aussagen über den sozialen Wandel. 3. Ein Schwerpunkt ist die „Demokratieforschung", die zahlreiche Befunde über die Bedeutsamkeit der „Zivilgesellschaft" für das Funktionieren formaler Ordnung einer Demokratie erbrachte. 4. Die Extremismusforschung begann als Erforschung des Rechtsextremismus, wurde dann ergänzt durch die Erforschung sozialer Bewegungen mit vorwiegend „linker" Thematik. Entscheidend für Entstehen und die Stabilisierung solcher Minoritäten sind die Netzwerke des unmittelbaren Nahbereichs. 5. Die Untersuchung der Einflußeliten in der Bundesrepublik umfaßt retrospektive Untersuchungen über Eliten im NS-Staat, vergleichende Untersuchungen über Eliten im östlichen und westlichen Teil Deutschlands, ferner Studien zu gemeindlichen Machtstrukturen. Die deutsche Elite erweist sich dabei als relativ zerklüftet. Insgesamt zeigt sich in der Rückschau, wie blutleer in den meisten Veröffentlichungen die Politik als Prozeß wiedergegeben wird und wie sehr normative Demokratiemodelle die Deutung der Befunde bestimmen.

Prognosen können viele Wissenschaften nur sehr eingeschränkt abgeben. Die Geologie weiß nicht zu sagen, wo und wann das nächste Erdbeben auftreten wird; die Meereskunde kann viele Strömungen nicht voraussagen; und über das Wetter des nächsten Tages kann die Meteorologie nur Wahrscheinlichkeiten mitteilen. Setzt sich ein Nexus aus einer Vielzahl von Einflußkräften zusammen, die untereinander auch einmal auf vielfältige Weise in Beziehung stehen, so helfen Laboruntersuchungen mit der Isolierung von Faktoren gewöhnlich nicht weiter. Schon John Stuart Mill hatte für die Sozialwissenschaften die Beobachtung und dabei den Vergleich als Königsweg benannt.

Die Diagnosefähigkeit ist ein behutsameres Kriterium als die Prognose. Hier wird nur gefordert, einen Zustand begründet identifizieren zu können bzw. einen Ablauf als Folge allgemeinerer Einflußkräfte, also über den Einzelfall hinausgehend, zu erklären. Hieran soll die Aussagefähigkeit der politischen Soziologie bzw. der Politologie – auf die Akzentunterschiede wird noch verwiesen – beurteilt werden.

Zwei Einschränkungen sind dabei bedacht worden: Einmal soll es um die Entwicklung in Deutschland gehen und zum anderen um empirische Vorgehensweisen. Die erste Einschränkung folgt aus dem gewaltigen Umfang einschlägiger Arbeiten in anderen entwickelten Ländern, insbesondere in den USA; jeder auch dahin zielende Versuch hätte den Rahmen eines Artikels gesprengt. Die zweite Einschränkung auf Empirie ergibt sich aus meinem sehr begrenzten Interesse an „think pieces" und daraus folgend aus dem nur begrenzten Wissen um diese. Es wird ersichtlich werden, daß noch viel zu berücksichtigen verbleibt.

I. Auf dem Weg zur Neugründung

Vor Gründung der Bundesrepublik als einem neuen, jetzt demokratisch verfaßten politischen System, gab es bekanntlich ein Interregnum, das man in etwa mit den Zeiträumen Ende 1944 als weitgehendem Zerfall der NS-Ordnung und 1949 als Wieder-Etablierung eines gesellschaftlichen Systems zeitlich eingrenzen kann. Während des Interregnums war das, was dann die Bundesrepublik wurde, Untersuchungsobjekt durch ausländische Forscher. Insbesondere die von Amerikanern unternommenen Untersuchungen waren zum Teil Forschung auf hohem intellektuellen und methodischen Niveau. Ich möchte hier einige Untersuchungen hervorheben:

– Der „Strategic Bombing Survey", dessen Umfragen bereits vor der Kapitulation des Deutschen Reiches begannen. Mit höchstem methodischen Aufwand wurden sozialpsychologische Tests benutzt, um die politische Mentalität der Deutschen zu charakterisieren (Government Printing Office 1947). In diesem umfangreichen Bericht, der in Deutschland praktisch unbekannt blieb, kamen die Autoren zu der heute recht selbstverständlichen Schlußfolgerung, daß nur eine Minderheit von höchstens 15 Prozent als ideologische Nazis zu bezeichnen waren. Erst später wurde verschiedentlich wiederentdeckt, was sich bereits damals ergab, daß für das Funktionieren eines repressiven Regimes eine Minderheit von Ideologen, unterstützt von Opportunisten, ausreicht.

– Die OMGUS-Surveys der Militärregierung zwischen 1945 und 1949, die vom Ehepaar Merritt in Kurzform referiert werden (Merritt und Merritt 1970). Schwerpunktthema war die Einstellung der Deutschen zu den Alliierten und zum NS-Regime. Hierbei gab es sehr interessante Ergebnisse – wie beispielsweise 1945 die Bereitschaft der Deutschen, bei einem Paar-Vergleich zwischen dem NS-Regime als nationalem Sozialismus und dem Kommunismus dem letzteren den Vorzug zu geben. Später konnte im Rahmen der Neuen Linken die Vorstellung propagiert werden, der Antikommunismus der Deutschen sei ein Relikt der NS-Zeit. Die OMGUS-Untersuchungen widerlegen dies eindeutig (Scheuch 1992b). Allerdings zeigen sie auch, daß das Dritte Reich als „Idee" viel weniger entschieden abgelehnt wurde denn als die tatsächliche Verwirklichung (Scheuch und Scheuch 1991). In diesen Berichten wird deutlich, daß zunächst das Land in lokale Gemeinden zerfiel und erst mit der Wiederherstellung einer elementaren Versorgung größere Zusammenhänge zu interessieren begannen (Scheuch 1992a: 12f.). Damit sank übrigens auch die Bereitschaft weiter ab, im nationalen Sozialismus immer noch eine nicht gänzlich abzulehnende Idee zu sehen (Scheuch und Scheuch 1991: 188f.).

– Die HICOG – High Commission Germany – Surveys 1949–1955 setzten die Tradition der OMGUS-Dauerbeobachtung der deutschen Bevölkerung fort (Merritt und Merritt 1980). Während von den OMGUS-Berichten im Zentralarchiv für empirische Sozialforschung, Köln, nur ein Teil seit den achtziger Jahren zugänglich wurde, sind die Untersuchungsberichte über die HICOG-Umfragen dort vollständig vorhanden. Besonders eindrucksvoll hierin ist der Wandel der Prioritäten bei Problemen und Hoffnungen sowie das Umpolen der Sympathien von Regimen der Vergangenheit hin zur Neugründung Bundesrepublik. Hier wird nachprüfbar, wie die deutsche Bevölkerung auf ein umfangreiches und ehrgeiziges Experiment, die Umerziehung (re-education), reagierte (Zink 1957). Auch die Entnazifizierung kann als Experiment verstanden werden, auf das die Bevölkerung differenziert antwortete (Korman 1952).

Die bisher erwähnten, recht umfangreichen Beobachtungen blieben in der deutschen politischen Soziologie und Politologie, erst recht aber in der Öffentlichkeit, fast völlig unbeachtet. Bis in die frühen achtziger Jahre war ja auch über die Schriften der Merritts nur ein begrenzter Zugang möglich. Inzwischen allerdings ist die Datenlage völlig anders. Heute ist die Sozialwissenschaft in Deutschland in die Lage versetzt worden, ein ziemlich dunkel gebliebenes Stück neuerer Geschichte mit moderner Sozialforschung aufzubereiten.[1]

Die Aussagekraft dieser Untersuchungsreihen ist bisher wenig erkannt worden. Bekannter wurden zu ihrer Zeit eine Reihe von Monographien, oft auf der Grundlage eigener Primärforschungen, zunächst nur durch ausländische, vor allem amerikanische Forscher. Schon während der Zeit des NS-Regimes hatte es in den USA eine ganze Reihe von Untersuchungen mit der Problemstellung gegeben: Wie war es möglich, daß sich ein Regime wie das der Nationalsozialisten in Deutschland durchsetzen konnte? Nach 1945 kam dann noch als Fragestellung hinzu: Könnte der Nationalsozialismus in Deutschland wieder einmal Fuß fassen? Zur Beantwortung der zweiten Frage waren allerdings die Aussagen zur ersten Problemstellung eher hinderlich.

Gewiß gab es einige Veröffentlichungen bis zum Kriegsende, die zum Verständnis tatsächlicher Vorgänge in Deutschland auch heute noch lesenswert sind. Dazu gehört die Analyse der letzten Wahlen in Schleswig-Holstein von Rudolf Heberle, in der er nachweist, daß für den rasanten Stimmengewinn der NSDAP beim Landvolk nicht massive Änderungen in den politischen Ansichten und Wertvorstellungen der Wähler verantwortlich waren (Heberle 1945). Vielmehr wechselten aus wirtschaftspolitischen Gründen die Funktionäre des Landvolks zu den Nazis über, und die Bauern folgten wie üblich ihren Funktionären. Die NS-Propaganda präsentierte das Reich der Nationalsozialisten als zentral geführte und durchorganisierte Einheit. Franz Neumann konnte zeigen, daß im Gegenteil die Zustände ziemlich anarchisch waren, wobei die Größen des zweiten Gliedes veritable Kriege gegeneinander führten (Neumann 1944). Vorherrschend war jedoch in den amerikanischen Sozialwissenschaften eine Übernahme der NS-Propaganda als Sachbeschreibung und die Vorstellung eines deutschen Sonderwegs hin zum NS-Staat als zwangsläufiger Entwicklung. Verbreitet war die Perspektive, den Deutschen eine besondere Persönlichkeitsstruktur als ihren Nationalcharakter zu unterstellen. Zugang hierzu sollten vorrangig die Sozialpsychologie und die Psychiatrie erlauben (Allport, Bruner und Jandorf 1941; Erikson 1942).

In Veröffentlichungen nach 1945 wurde insbesondere die deutsche Familie für das

---

[1] Ein Vergleich mit der Entwicklung von Reaktionen auf die Vereinigung ab 1989 wäre instruktiv für eine Soziologie des Wandels; die Daten sind durch die Arbeiten der Gruppe KSPW unter der Leitung von Hans Bertram verfügbar (siehe hierzu Brislinger, Haustein und Riedel 1997).

NS-System verantwortlich gemacht, weil dort Kinder auf autoritäre Weise erzogen würden. Die Frankfurter Schule in ihrem amerikanischen Exil hatte ein Vorherrschen „autoritärer Persönlichkeiten" in Deutschland behauptet, wofür nebeneinander der Spätkapitalismus und die deutsche Kultur verantwortlich seien – letztere als differentia specifica, warum es in anderen spätkapitalistischen Ländern nicht zu einem NS-Regime gekommen sei. Diese „Psychiatrie-These" wurde in weit beachteten Veröffentlichungen mit Fallstudien aus Deutschland unterfüttert (vor allem Schaffner 1948). Deutsche Filme wurden psychoanalysiert (Krakauer 1947), ebenso die Stücke des volkstümlichen Theaters (McGranahan 1948), und alles wurde zu Belegen für einen abartigen Nationalcharakter der Deutschen. Selbst die deutsche Sprache erschien in psychiatrischer Analyse als Beleg für Charaktereigenschaften, welche den NS-Staat erklärten (Thorner 1945).

Inzwischen wird der Begriff des Nationalcharakters in den Sozialwissenschaften kaum noch verwendet, und auch der Versuch, soziale und politische Strukturen aus gehäuft vorkommenden psychischen Dispositionen von Individuen abzuleiten, erscheint als obsolet. Soziales soll durch Soziales erklärt werden, ermahnt bereits Emile Durkheim, und tatsächlich erweisen sich solche Analysen des NS-Regimes als fruchtbarer (ein Musterbeispiel hierfür ist Parsons 1949). Eine Gruppe von Sozialwissenschaftlern um Helmut Schelsky war durch Schriften wie „Fatherland" provoziert, der Zustandsbeschreibung von Schaffner eine differenziertere Sachdarstellung entgegenzusetzen (Schelsky 1953). Tatsächlich hatte bereits Rodnick gezeigt, daß in deutschen Familien keineswegs schroffe Erziehungsstile vorherrschten, sondern eine eher drückende Wärme (Rodnick 1948). Wichtiger als dieser Nachweis, mit dem noch nicht der Denkansatz der Psychiatrisierung des NS-Regimes als irrig erkennbar ist, sind jedoch Untersuchungen des Alltags im NS-Staat (Boberach 1965).

Als Hitler von Konservativen zur Teilhabe an der Macht eingeladen wurde, hatte er in der letzten freien Wahl nur etwas über 32 Prozent der Stimmen erhalten (Bullock 1964). Das Ergreifen der ganzen Macht erfolgte zum Teil äußerlich legal, jedenfalls in Schritten, die wohl bis etwa 1936 Menschen, die jeweils die freundlichste Interpretation als die am wenigsten störende bevorzugen, Raum für Fehldeutungen beließen. Jedenfalls ergaben die Untersuchungen der Machtübernahme in einer deutschen Kleinstadt durch einen amerikanischen Zeitgeschichtler, daß vorherrschend nicht eine ideologische Konversion zu beobachten war, sondern ein Sich-Arrangieren (Allen 1966). Wie haltlos die Darstellung der ideologischen Ausrichtung der Bevölkerung war, die Goldhagen in seiner „Kampfschrift" gibt (Goldhagen 1996) – wobei er offensichtlich die für Aussagen über die deutsche Bevölkerung relevantesten Quellen durchweg nicht kennt –, wird an der Reaktion auf die „Reichskristallnacht" 1938 deutlich. Aus verläßlichen Quellen geht hervor, daß dieses bis dahin schwerste Progrom in der Bevölkerung gegen die Nazis einen Wutsturm auslöste (Allen 1981: insb. 398f.).

Verhalten ist kontingent, u.a. abhängig von den Randbedingungen. In einer hochdifferenzierten Gesellschaft hat fast jeder ein Repertoire von Verhaltensweisen, und die Umstände bestimmen mit, welches Programm abläuft. Dabei ist Konfliktvermeidung ein wichtiges Ziel für viele. Richard Grunberger zitiert zustimmend die Beschreibung Heinrich Heines über die Reaktion der Bevölkerung Düsseldorfs auf die neue französische Besatzung. Sie gab sich eine neue Mimik, zog ihre Sonntagskleider an, sah einander auf französische Weise an und grüßte sich mit „Bonjour" (Grunberger 1971: 43).

Die Untersuchungen einzelner Aspekte des NS-Regimes bestätigen die Nachrangigkeit ideologischer Bestimmungsgründe für das Sich-Einrichten der Mehrheit im NS-Staat (Mann 1980). In Köln wurden Aktenanalysen mit Computer-Techniken über die Praxis des Verfolgens durch die Gestapo durchgeführt (Mann 1987). Auch hier ist die Öffentlichkeit weitgehend irregeführt durch die NS-Propaganda: In erheblichem Ausmaß war die Gestapo ein Versorgungswerk für alte Kämpfer, kriminaltechnich ineffizient. Sie war aber insofern ein wirksames Element der Repression, als das Thomas-Theorem zutraf: Wenn Menschen eine Sache für real halten, dann ist dieser an sich haltlose Glaube real in seinen Folgen (Reuband 1995). Das Nazi-Reich befand sich während der ganzen Zeit seiner zwölfjährigen Existenz im Fluß und hatte als Realität wenig zu tun mit den Opern der Reichsparteitage (Schoenbaum 1980).

Inzwischen verfügen wir über Material, mit dem wir einen weiteren Umbruch, und diesen noch wesentlich vollständiger, mit sozialwissenschaftlichen Verfahren auch quantitativ untersuchen können (Bertram 1995). Über 40 Jahre existierte mit der DDR ein zentralistisch-totalitärer Staat, der den Anspruch erhob, den neuen Menschen zu schaffen, die allseits gebildete sozialistische Persönlichkeit. Sehr tief hat das nicht gewirkt – was wiederum zeigt, wie irrig vom Ansatz her die psychiatrische Analyse des NS-Staates war (Reuband 1995).

Sowohl der Systemumbruch zum NS-Staat, wie auch der Umbruch 1944–1948, und schließlich die 1990 einsetzenden Veränderungen in den neuen Bundesländern, bieten Gelegenheit für eine makroanalytische Untersuchung über das Zusammenhängen von Teilen des Sozialsystems, ermöglichen ein quantitatives Erfassen von „loose couplings". Bisher ist diese Chance noch wenig genutzt worden. Das mag auch an dem Erfolg der Faschismus-Theorie des DDR-Parteimarxismus liegen. Sie war in der Bundesrepublik publizistisch sehr erfolgreich, wie die bis zu zehn Auflagen der unbrauchbaren Schriften von Reinhard Kühnl belegen (Kühnl 1976; nach gleichem Strickmuster 1988). Die politische Soziologie und die Politologie haben sich hiergegen nicht wirksam wehren können.

II. Der Aufstieg der Wahlforschung

Eine eigene, nun aber von deutschen Wissenschaftlern bestimmte kontinuierliche Erforschung des politischen Systems als Demokratie ist für das Ende der fünfziger Jahre anzusetzen. Vorher gab es gewiß auch einzelne empirische Untersuchungen, von denen hier die Untersuchung der Bundestagswahl 1953 (Hirsch-Weber, Schütz et al. 1957) und die Wählerforschung in Heidelberg (Faul 1960) besonders hervorgehoben sein sollen. Das blieben jedoch weitgehend Episoden. Die Dauerbeobachtung wanderte von der US-Militärregierung zu der noch jungen Umfrageforschung (Merritt 1995). Hier wurden in erster Linie wichtig die Untersuchungen von DIVO – der verselbständigten Feldabteilung des „Reactions Analysis Staff" der Militärregierung, das Allensbacher Institut für Demoskopie von Elisabeth Noelle-Neumann, das von besonderer Bedeutung für die Politik der damaligen CDU wurde, sowie das EMNID-Institut als Konkurrent der Allensbacher Forscher.

Diese Institute verwendeten zwar die an akademischen Institutionen entwickelten Verfahrensweisen, stellten in ihrer Arbeit aber durchweg keinen Bezug zur sozialwissenschaftlichen Theorie her. Das war ja auch nicht die Absicht ihrer Tätigkeit. Das Publikum für die Datensammlung und die daraus abgeleiteten Schlußfolgerungen waren eine interessierte, wenngleich auch zunächst skeptische Öffentlichkeit und vor allem politische Institutionen. Die Hochschulforschung wurde von dieser Entwicklung anfangs wenig beeinflußt. Dennoch kann man in ihr eine gesellschaftlich wichtige Rückwirkung akademischer Entwicklungen sehen, weil ohne die Methodenentwicklung in Amerika im Zusammenspiel zwischen Universitäten und kommerzieller Forschung sich Wahlkämpfe und Politik in Deutschland anders entwickelt hätten.

Eigentlicher Beginn einer kontinuierlich auf Empirie basierenden politischen Soziologie bzw. Politologie war die Kölner Wahlstudie 1961. Dies war in der Planung und der Datenerhebung ein viel ehrgeizigeres Unterfangen als dann später in den Veröffentlichungen umgesetzt werden konnte. Die beiden treibenden Kräfte waren Rudolf Wildenmann als Politologe und ich als Soziologe. Über Wildenmann ging insbesondere die britische Wahlforschung in die Planungen ein, wie sie sich um David Butler in den „Nuffield-Studien" entwickelt hatte (Butler 1958). Peter Pulzer und Uwe Kitzinger kamen aus England in das Wahlstudienteam. Ich selber war besonders vertraut mit den amerikanischen Entwicklungen – den älteren um Paul Lazarsfeld, aber auch den damals in Amerika dominierenden Untersuchungen im Stil des Instituts der Universität von Michigan in Ann Arbor. Wichtig waren hier die Arbeiten von Samuel Eldersfield, Angus Campbell und Robert E. Miller (Campbell 1954). Daneben war unser Denken auch beeinflußt durch die Arbeiten von Robert Dahl (1956) und Robert Lane (1959) sowie die älteren Veröffentlichungen von Hadley Cantril (1958); Stein Rokkan (1966) war ebenso bekannt wie François Goguel (1954). Schließlich stießen zu unserem Team noch Charles Forster und Juan Linz aus den USA.

Es war möglich, um uns eine ganze Schar jüngerer Sozialwissenschaftler zu versammeln, die dann später der Kern des empirisch orientierten politisch-soziologischen Diskurses wurden. Wir glaubten von uns, völlig auf der Höhe der Zeit eine Wahlstudie organisieren zu können, wie sie zu diesem Zeitpunkt in keinem Land besser gemacht worden wäre. Aus diesem gewaltigen Selbstvertrauen entstand ein überkomplexes Forschungsdesign:

1. Es gab acht Repräsentativbefragungen in der Bundesrepublik: drei davon im ganzen Bundesgebiet vor, während und nach dem Wahlkampf im Sommer 1961, eine Repräsentativbefragung in Nordrhein-Westfalen im Juli 1962 sowie Paneluntersuchungen in vier Wahlbezirken.
2. Während des Wahlkampfes wurden nahezu 250 Politiker in ausgedehnten Interviews befragt sowie parallel hierzu Interessenvertreter und Journalisten.
3. Wir veranstalteten eine sehr umfangreiche Inhaltsanalyse von Zeitungen. Während 40 Tagen wurden für eine Anzahl Zeitungen alle wahlkampfrelevanten Einheiten in 80 Kategorien verschlüsselt. Gleichzeitig wurde eine Analyse von Fernsehsendungen vorgenommen.
4. In Anlehnung an Techniken der englischen Gruppe „Mass Observation" (Madge 1953) wurden Wähler in ausgewählten Situationen beobachtet (zum Beispiel Gespräche in Verkehrsmitteln, Reaktionen auf Fernsehübertragungen in Gasthäusern). Hinzu kamen Beobachtungsuntersuchungen über das Verhalten von Politikern in den vier Wahlkreisen.

Leitgedanke des Forschungsplanes für diese verschiedenen Aspekte des Wahlkampfes und der Wahl selber war die Frage nach den Grenzen von „Stabilität" und „Wandlungsfähigkeit".

Jedes der Elemente im Gesamtprozeß hatte nach unserer Annahme nur einen begrenzten Reaktionsspielraum; keines der Elemente wird jedoch in seinem Verhalten durch die Reaktionsweisen anderer Elemente völlig determiniert. Aus dieser Begrenztheit in der Interrelation erhalten die verschiedenen Elemente eine bestimmte Autonomie als Teile eines Systems (Scheuch und Wildenmann 1965: 17).

Wäre das ganze Projekt so abgewickelt worden wie konzipiert, dann wäre es eigentlich keine Wahlstudie geworden, sondern eine Analyse des politischen Systems in dem „Aggregatzustand" Wahlkampf. Aus zwei Umständen konnte die Auswertung der Konzeption nicht entsprechen. Einmal erwies sich die Finanzierung als ungemein schwierig, weil die Deutsche Forschungsgemeinschaft zwar Teile der Empirie finanzierte, aber die Mittel für die Umfragen verweigerte. So kam es zu einem richtigen Zusammenstoppeln von Geldgebern bis hin zu publizistischen Einheiten wie dem Zweiten Deutschen Fernsehen. Die Auswertung mußte größtenteils improvisiert erfolgen; das bei weitem meiste Geld war bereits mit den verschiedenen Erhebungen verbraucht worden. Und völlig unterschätzt wurde bei der Konzeption der Untersuchung die benötigte Zeit, was dann vor allem zur Folge hatte, daß sich aus Karrieregründen das Team im Laufe der Jahre über verschiedene Länder der westlichen Welt verstreute.

Wenn auch rückschauend bekannt werden muß, daß die Hauptpublikation „Zur Soziologie der Wahl" dem Material nur sehr eingeschränkt gerecht wurde und daß insbesondere eine empirische Darstellung des Systems als zusammenhängender Kontext erst gar nicht ernsthaft versucht werden konnte, so brachte doch dieses Projekt einige in die Zukunft wirkende Erkenntnisse:

1. Es wurde deutlich, daß eine Empirie, die als Mehr-Ebenen-Analyse angelegt ist, einer ganz anderen institutionellen Abstützung als durch ein Projektteam bedarf.
2. Für eine zufriedenstellende Mehr-Ebenen-Analyse war damals die Methodologie viel zu unvollständig entwickelt; sie ist auch heute noch nicht befriedigend.
3. Es gelang die Thematisierung von Wahlverhalten als eines Sonderfalls allgemeinen Sozialverhaltens statt nur einer Betrachtung als spezifisch politisches Handeln.
4. Es entstand ein Team mit einer geteilten Perspektive, die es ermöglichte, empirische Forschung zu politischen Themen innerhalb eines invisible college weiter zu führen.
5. Die Techniken zur Analyse von Wahlen und Umfragen zu diesem Thema wurden standardisiert und einer größeren Anzahl jüngerer Forscher vertraut gemacht.

Doch zerstreute sich das damalige Team auch thematisch. Dafür gab es einen guten Grund: Die Professionalisierung der Wähleranalysen war gelungen und darüber hinaus als Handwerk auch für Nichtwissenschaftler erlernbar. Zunehmend drängten Journalisten und Meinungsforscher an Wahlabenden die Sozialwissenschaftler aus den live-Sendungen im Fernsehen. Heute stabilisieren sich wenige Stunden nach Wahlschluß die Hochrechnungen. Noch 1961 zeigte sich der Regisseur der Sendung am Wahlabend entsetzt, daß von den zum Kommentieren eingeladenen Sozialwissenschaftlern gesagt werde, welche sozialen Korrelate es zur Wahlentscheidung gebe. Jetzt erklären Journalisten etwas, was 1961 als besonders anspruchsvoll galt, nämlich Bilanzen von Wählerwanderungen. Mit ihrem methodischen Instrumentarium für quantitative Analysen haben die Politische Soziologie und die Politologie das Denken über Politik und darüber hinaus die Konsumwelt nachhaltig verändert.

Inhaltlich hat die Wahlforschung für die Sozialwissenschaften allgemein wohl weniger erbracht, als zunächst erhofft wurde. Zu Beginn waren zwei Perspektiven vorherrschend: Wählen als Ausdruck dessen, was im politischen Milieu für richtig angesehen wurde, und Wählen als Ausdruck einer Interessenlage. Insbesondere die Konzeption von Paul Lazarsfeld, der Parteipräferenz als eine gewissermaßen mit der Muttermilch eingesogene lebenslange Vorliebe für die der eigenen Klassenlage entsprechende Partei auffaßte, läßt noch die Neigung des Autors zum Austro-Marxismus erkennen. Fruchtbarer war die Konzeption „cross pressure" als Erklärung des Wechselwählens (Berelson, Lazarsfeld und McPhee 1954). Sie erwies sich auch für Deutschland als aussagekräftig und läßt sich über die Anwendung auf Wählerverhalten hinaus verallgemeinern.

Im Laufe der Zeit hat sich in der Profession jedoch der Ansatz der Wahlforscher aus Michigan durchgesetzt, der keine Theorie ist, sondern ein Paradigma (Burdick und Brodbeck 1959). Hiernach werden Wahlen entschieden im Einflußdreieck: Parteiidentifikation des Wählers – Wahlkampfthemen – Wirkung des Kandidaten. Das Modell ist zur Erklärung der Stimmenschwankungen von Wahl zu Wahl recht nützlich, für die Theorie in den Sozialwissenschaften aber belanglos. Belangvoll wäre es, das Entstehen und Stabilisieren von Parteiidentifikation zu erklären, was durchweg als „politische Sozialisation" und Koborteneffekte verstanden wird (Hyman 1959).

Sehr belangvoll ist auch die Konzeption der Schlüsselwahlen (realigning election), in denen ganze Gruppen ihre Parteiidentifikation umpolen (Lipset und Rokkan 1967). Die Wahlen 1957 und 1972 in der Bundesrepublik und die im März 1990 in der Noch-DDR werden als solche Schlüsselwahlen gedeutet – was sie aber damit noch nicht erklärt.

Eine solche Erklärung wird von Ökonomen versucht, welche die Theorie vom interessengeleiteten Wählen, womit materielle Interessen gemeint werden, als ökonomische Theorie der Politik weiterführen; als Begründer gilt Anthony Downs (1957). Mit der Bezeichnung als Rational Choice-Theorie des Wählens ist dieser Ansatz inzwischen im Sinne der Mikroökonomik stark mathematisiert worden (Großman 1993). Diese Richtung hat auch in Deutschland Anhänger, hat aber nichts Erkennbares für die Theorie in den Sozialwissenschaften beigetragen.

Der Hauptnutzen der Wählerforschung dürfte in der Entwicklung einer enormen Datenbasis bestehen: Für alle Bundestagswahlen seit 1949, mit Ausnahme der Wahl 1957, liegen jetzt die Daten aussagekräftiger Wahlstudien vor, die als Zeitreihen ausgewertet werden können (Mochmann, Oedegaard und Maurer 1998). Sie zeigen, daß es tatsächlich ein Verblassen der Bindekräfte der Parteien und dessen gibt, was M. Rainer Lepsius „sozial-moralische Milieus" nennt, daß auch für Teile der Bevölkerung ein Wertewandel auszumachen ist, und daß zugleich strukturelle Wandlungen großen Umfangs stattfanden: Die Akademisierung der Gesellschaft, die große Zunahme von Dienstleistern, Veränderungen in der Stellung der Frau, Verringerung der Abstände in den wirtschaftlichen Lagen für die mittleren zwei Drittel der deutschen Gesellschaft (Braun und Mohler 1998; Statistisches Bundesamt 1997; Schäfers und Zapf 1998). Solche Veränderungen im Zeitablauf sind über Wahlen besonders gut zu erfassen, weil hier die abhängige Variable präziser auszumachen ist als bei den meisten anderen Untersuchungsgegenständen empirischer Sozialforschung. So erweist sich gerade die Wahlforschung als ein Gebiet, das zwar weniger zur sozialwissenschaftlichen Theorie beigetragen hat, als erhofft wurde, aber auch als ein Arbeitsfeld mit sehr hoher diagnostischer Kompetenz.

III. Demokratie-Forschung

In den sechziger Jahren entwickelte sich im Zusammenspiel zwischen akademischer Forschung und kommerziellen Umfrageinstituten eine vielfältige Empirie. Hier werden in der Rückschau Unterschiede in den Paradigmen derjenigen, die den Mitgliedsausweis „Politologe" führen, und jenen, die sich offiziell „politische Soziologen" nennen, deutlich – auch wenn weitestgehend die gleiche Empirie benutzt wird. Die Politologie versteht sich doch vorwiegend als Demokratiewissenschaft, ähnlich der politischen Bildung dieser Zeit. In diesem Sinn benutzen sie Modelle für das Funktionieren einer Demokratie, an welchen die in der Empirie ermittelte Wirklichkeit gemessen wird. Politologie als Demokratie-Forschung wurde ab Mitte der sechziger Jahre ein dominantes Paradigma – während einer in akademischen Einrichtungen zunehmend unruhiger werdenden Zeit.

Die Explosion der Unruhen ab 1967, in der Literatur als „Studentenbewegung 1968" behandelt, war äußerst störend für eine Weiterentwicklung insbesondere im Geist der politischen Soziologie. Die Aktivisten dieser „Studentenrevolte" drängten auf eine Moralisierung aller Forschungsperspektiven (Scheuch 1968a), und das bekam der empirischen Forschung nicht gut. Sie entwickelte sich zwar technisch weiter, insbesondere in den Verfahren der Analyse, war aber in ihrer Aussagekraft zu sehr beschränkt durch die jeweiligen Aufgeregtheiten des Tages. In den forschungsleitenden Paradigmen verlagerte sich der Akzent auf das, was im Marxismus „Überbau" geheißen wird. Eine Krise der Demokratie wurde gesucht als Folge des Wertewandels oder doch als Fehlen desselben.

Die Konzentration der Politologie auf Demokratieforschung und die Art der Thematisierung – wie nahe ist Deutschland dem Klassenziel Demokratie? – ist auch mindestens gleichgewichtig vor dem Hintergrund des Zeitgeistes in den amerikanischen Sozialwissenschaften zu deuten. Schon vor 1945 wurden in den USA die vorwissenschaftlichen wie auch wissenschaftlichen Erörterungen über Deutschland von der Fragestellung bestimmt: Wie ist die Herrschaft der Nationalsozialisten ausgerechnet in Deutschland möglich gewesen? Diese Tatsache widersprach den herrschenden Theorien des sozialen Wandels, und so waren ad-hoc-Theorien zur Erklärung eines „Sonderweges" der deutschen Modernisierung erwünscht. Die in der wissenschaftlichen Öffentlichkeit der USA zunächst vorherrschenden Konzeptionen unterstellten einen Determinismus, der von Luthers judenfeindlichen Äußerungen direkt zu Hitler führen sollte. Letztes Beispiel dieser durchweg nur „kulturologischen" Begründungen ist Daniel Goldhagens Buch, in dem „ordinary Germans" – so der Untertitel im Englischen – als willige Henker (so die korrekte Übersetzung von „Executioners") vorgestellt werden (Goldhagen 1996). Goldhagen gründet seine Aussagen auf der Vorgehensweise der „dichten Beschreibung" nach Clifford Geertz (1973), die als Gegensatz zu einer quantitativ begründenden Sozialwissenschaft empfohlen wird.

Wie sehr die damalige Lehre vom Deutschland als Gesellschaft der pervertierten Moderne bis heute nachwirkt, wird gerade an der Dissertation von Goldhagen deutlich: Seine Betreuer waren die „Kulturologen" Stanley Hofman und Sidney Verba. Auch in Deutschland ging die Demokratiewissenschaft zunächst von den Unterstellungen dieser von-Luther-bis-Hitler-Lehre aus und suchte in der kulturellen Dimension einer Gesellschaft die Erklärung für Erfolg und Stabilität einer Demokratie, die von externen Mächten wie ein Oktroy eingeführt worden war (Merritt 1995). Hierbei wurde vor allem bei Max Kaase und seinen Kollegen an den Begriff der Civic Culture angeknüpft (Almond und Verba

1963). In der Rückschau scheint mir das ein viel zu enges Verständnis des Nexus zu sein, der zur Machtübernahme durch Hitler und zum Funktionieren eines NS-Systems führte – aber es war angesichts der Spätwirkungen der von-Luther-bis-Hitler-Lehren in den USA eine unausweichliche Thematik.

Zunächst wurde diese Demokratieforschung in Deutschland durch die vorwissenschaftliche Frage geleitet: Wird das formale System der Demokratie halten, und wird das schließlich zu einem wirklichen demokratischen Bewußtsein bei den großen Mehrheiten führen, nachdem international vergleichende Untersuchungen immerhin zeigten, daß es kulturelle Besonderheiten der Wucht, die die Neigung zu einem deutschen Sonderweg erklären könnten, nicht gibt?

Beim Ansatz der politischen Soziologie ist ein Demokratiemodell als Maßstab für Wirklichkeit durchweg nicht erkennbar. Es werden Demokratien auch vergleichend untersucht, wobei Vielfalt und Wandelbarkeit mehr beeindrucken als Identitäten. Demokratieforschung im Gegensatz zur Demokratiewissenschaft könnte diese Tradition benannt werden.

Das wichtigste Projekt der Demokratiewissenschaft ist m.E. das in Deutschland von Max Kaase geleitete Projekt mit der Bezeichnung „Political Action". Für die Entwicklung der Sozialwissenschaften hatte es eine ähnliche Bedeutung wie die Wahlstudie 1961. Mit diesem Projekt aus den Jahren 1974 bis 1976 entstand wiederum eine Scientific Community, in diesem Fall aber eine internationale (Barnes und Kaase 1979). Zwei intellektuelle Leitmotive haben dieses Projekt bestimmt: einmal die Tradition der Partizipationsforschung insbesondere der fünfziger Jahre, wo der Grad der Partizipation als Indiz für die Demokratisierung einer Gesellschaft verstanden wurde (kritisch hierzu Jones 1954). Das zweite Leitmotiv war der Versuch, die im Gefolge der 68er Revolten ausgebildeten vielen Protestbewegungen demokratie-theoretisch einzuordnen.

Auch bei diesem Projekt hatte man sich zunächst mehr vorgenommen, als später umsetzbar war. Wie in der Wahlstudie hätten es die Forscher vorgezogen, Umfragedaten mit Aggregatdaten und mit Ereignisreihen zu verbinden. Letzteres wäre in der Tat eine aufschlußreiche Hilfe bei der Interpretation von Umfrageergebnissen. Aber das hätte sicherlich die Ressourcen überlastet. Auch so ist die Acht-Länder-Untersuchung „Political Action" empirisch eine gewaltige Leistung.

Das ist sie allerdings als Teil der Politologie. Bereits an dieser Untersuchung wird eine gewisse Distanz gegenüber einer eher soziologischen Schauweise erkennbar. Auffällig ist der Akzent auf Wertungen, und mit Zustimmung wird beispielsweise ein Satz von Yuchtman zitiert: „Die objektive Situation einer Person in einem soziöökonomischen Kontext hat nur eine begrenzte Bedeutung für die Wahrnehmung ökonomischen Wohlergehens und auch für die anderen Aspekte ihres psychischen Wohlbefindens" (Yuchtman 1976).

Wir selbst haben Probleme mit dieser Partizipationsforschung und zwar grundsätzlicher Art: In den fünfziger Jahren wurde eine möglichst hohe Partizipation als Indiz für das Wohlbefinden eines demokratisch-politischen Systems gedeutet. Hier neigen wir eher der reservierten Haltung von Huntington zu, der in hohen Partizipationsraten eine Erhöhung der Nervosität eines politischen Systems sieht und daraus folgend eine Minderung der Qualität von Sachentscheidungen (Huntington 1991). Zusätzlich halten wir es für problematisch, die unterschiedlichen Systemwirkungen verschiedener Formen von Partizipation zu übergehen. Die im Vordergrund der „Political Action"-Untersuchung stehenden sogenannten „unkonventionellen Partizipationsformen" eignen sich nicht für Mehrheiten in der Bevölkerung, prämiieren Minderheiten, die damit die Mehrheitsmechanismen wie Wahlen und Plebiszite neutralisieren können und wollen. Eine Sitzblockade oder das gewaltsame Umfunktionieren einer öffentlichen Versammlung sind eben Einflußmöglichkeiten für sich elitär verstehende Minderheiten, wogegen zusätzliche plebiszitäre Elemente die Mediatisierung der Bevölkerung durch die Mechanismen einer repräsentativen Demokratie konterkarieren können. Die Vernachlässigung plebiszitärer Ergänzungen für repräsentative demokratische Mechanismen und die meist implizite Hochschätzung für Formen der Minderheitenpartizipation läßt im nachhinein diese empirisch so gehaltvolle Studie ideologieverdächtig werden.

Ein Teil des Personenkreises, der sich für die Untersuchung „Political Action" zusammenfand, hat dann ab 1986 die nächste bedeutsame große internationale Untersuchung mit der Thematik „Beliefs in Government" entwickelt. War bei der „Political Action"-Studie eine deutsch-amerikanische Zusammenarbeit bestimmend, die auf deutscher Seite insbesondere von Max Kaase geprägt wurde, so wurde diese Allianz bei der „Beliefs in Government"-Studie noch erweitert um eine Zusammenarbeit mit englischen Kollegen. „Beliefs in Government" sieht in den Vorstellungen, die Menschen über die politischen Institutionen haben, eine entscheidende Dimension für das Funktionieren eines politischen Systems. Insgesamt fanden sich elf Organisationen zur Durchführung dieses Projektes zusammen, wobei die European Science Foundation eine organisatorische Grundlage bot.

Die fünf Bände von „Beliefs in Government" sind der vielleicht bisher umfangreichste Beleg für die Leistungsfähigkeit von Sekundäranalysen (Kaase, Newton und Scarbrough 1995). Damit ist diese Untersuchung aber auch ein Nachweis für die Wirksamkeit der in den letzten Jahrzehnten entstandenen Infrastruktur für eine vergleichende Empirie sowohl über Grenzen wie auch über Zeit hinweg. Die European Science Foundation ist eben wirkungsvoller als es der damalige und inzwischen nicht mehr existente International Social Science Council als NGO (Nicht-Regierungs-Organisationen) der UNESCO war. Und das ganze Unterfangen setzt ein System von Datenarchiven voraus, wie es sich erst seit Mitte der siebziger Jahre entwickeln konnte. Es ist zu hoffen, daß diese Bände als Ermutigung für weitere umfangreiche Datenanalysen dienen werden, die mit diesem neuen Instrumentarium, ergänzt durch regelmäßige internationale Erhebungen wie das Eurobarometer und das ISSP, intellektuell ehrgeizige Projekte entwickeln können.

„Beliefs in Government" ist voll von interessanten Einzelheiten wie etwa der Diskussion der drei Wählertypen Westeuropas – strukturelles Wählen, wertorientiertes Wählen, Wählen nach Spannungslinien – oder die Bedeutung der Massenmedien für Wahlentscheidungen des Typs „Low Information Rationality" (Popkin 1991). Im Zentrum des Interesses steht aber eine Auseinandersetzung mit der Frage, wie der als zweifelsfrei unterstellte Wertewandel am ehesten charakterisiert werden kann. Ronald Inglehart hat in zahlreichen Untersuchungen eine Wandlung von dem, was er materialistische Orientierung nennt, hin zu einer postmaterialistischen Orientierung postuliert (Inglehart 1977, 1990). Postmaterialisten kann man vielleicht am ehesten als „bürgerliche Grüne" kennzeichnen, für die die traditionellen Inhalte der Politik nur geringe Attraktivität haben. Der postmateriellen Orientierung entspricht das, was in den Vereinigten Staaten „New Politics" genannt wurde, die Politik der weichen Themen, an den Wähler gebracht über symbolische Handlungen (Edelmann 1964; Kariel 1971). Nach „Beliefs in Government" dürfte der tatsächlich eingetretene Wandel anders zu deuten sein, nämlich als eine Vermischung des Weiterwirkens für unsere Kultur traditioneller Wertorientierung mit einer Mentalität, bei der höchster Wert die Selbstverwirklichung sein soll. Allerdings hegt dieser Betrachter die Vermutung, daß es sich bei dem Postmaterialismus weniger um einen Wertewandel als eher um eine Erweiterung des Einstellungsrepertoirs für Momente „schönen Wetters" in Wirtschaft und Gesellschaft handelt.

IV. Extremismusforschung

Ganz frei von der Unsicherheit, ob die damals noch junge Demokratie in Deutschland belastbar sein würde, war aber auch die Forschung im Umkreis der politischen Soziologie im engeren Sinne nicht. Daraus erklärt sich ab Mitte der sechziger Jahre das Interesse an der Extremismus-Forschung sowie am Funktionieren kleinerer politischer Parteien. Hatte Anfang der fünfziger Jahre noch der Überraschungserfolg der SRP die Sozialwissenschaftler erschreckt, so war inzwischen die Erwartung vorherrschend, solche Mechanismen wie eine die Demokratie verteidigende Publizistik und die Wahlgesetze mit ihrer Fünf-Prozent-Klausel ließen extremistischen Parteien keine wesentlichen Chancen. Mit den plötzlichen Erfolgen der NPD, die in einem Fall aus dem Stand auf elf Prozent kam, wurde insbesondere in Köln eine kontinuierliche Extremismusforschung ausgelöst (Klingemann und Pappi 1972). Zwei Beobachtungen scheinen in der Retrospektive von bleibender Bedeutung zu sein:

a) Selbst bei extremistischen Parteien spielen als Motiv für die Wahlentscheidung ideologische Elemente für die Mehrzahl ihrer Wähler eine durchaus untergeordnete Rolle. Politik und Publizistik verwechseln die Rhetorik der Parteiführer mit den Motiven der Protestwähler (Herz 1975).
b) Wir konnten in der Publizistik und bei Parteiführungen schließlich Verständnis für unsere Behauptung finden, ein Beschimpfen der Wähler dieser NPD als Nazis könnte einige von ihnen tatsächlich für die NS-Ideologie öffnen, wiewohl diese Wähler zunächst außer Protest nicht viel ausdrücken wollten (Falter 1994).

So konnten wir denn auch prognostizieren, daß die Erfolge nicht von Dauer wären – nicht zuletzt, weil es am organisatorischen Unterbau fehle (Klingemann und Pappi 1972). Über Medien sind durch Wahlkampf zwar erhebliche Prozente an Wählern zu mobilisieren, aber sie lassen sich nicht mit einiger Dauer halten (siehe in den USA Ross Perot). Wir glauben, daß die relative Souveränität, mit der seither auf punktuelle Siege extremistischer Parteien öffentlich reagiert wird, auch durch diese Extremismusforschung mitbewirkt wurde.

Von linker Seite ist der theoretische Ansatz von Klingemann und Scheuch, in extremistischen Reaktionen der Wählerschaft eine „normale Pathologie" von Industriegesellschaften zu sehen, als provokant behandelt worden (Scheuch und Klingemann 1967). Dabei war das nichts anderes als die Fortführung des Gedankens von Emile Durkheim, daß das Unsichtbarwerden von Störungen bei einer Gesellschaft ebenso pathologisch sei wie offensichtliche Störungen. Sich wandelnde Gesellschaften bewirken Spannung. Die führen zu Reaktionen, die im Sinne des Gesamtsystems als pathologisch zu qualifizieren sind, dies wiederum reaktiviert das Wertesystem gegen solche Pathologien. Letzteres ist dann ein therapeutischer Effekt (Scheuch 1974). Offensichtlich ist dieses Maß an Distanziertheit bei der Betrachtung höchst unerfreulicher politischer Vorkommnisse immer noch eine Überforderung für Nichtwissenschaftler (Lübbe 1987).

Die linksextremistischen Gruppierungen wurden sehr viel weniger mit quantitativen Verfahren analysiert. Dennoch gibt es einige gesicherte Erkenntnisse. Weder bei den Linksextremen noch bei den Rechtsextremen dominieren Personen in wirtschaftlich besonders ungünstigen sozialen Lagen. Zweifelsfrei wirken in den Anfangsphasen extremistische Bewegungen besonders anziehend auf junge Männer. Ist das organisatorische Gefüge extremistischer Gruppen eher locker, dann ist beim Ausbleiben dauerhafter Erfolge die Zugehörigkeit zu einer extremistischen Gruppe für die meisten nur eine Episode auf dem Lebensweg. Wer allerdings eintaucht in enge Gruppenbezüge (strong ties im Sinne der Netzwerk-Theorie), der bleibt auch für sein weiteres Leben geprägt. Das zeigte sich schon bei der deutschen Jugendbewegung der Zwischenkriegszeit (Becker 1946) und wiederholte sich jetzt im „langen Marsch durch die Institutionen" der 68er-Generation.

Wichtige Aufklärung für die politische Öffentlichkeit konnte durch quantitative Forschung über die Grünen geleistet werden. Während das Gefüge der politischen Parteien in Westeuropa von dem Selbstverständnis der Wähler bestimmt wird, wo sie sich bzw. ihre Bezugsgruppe auf dem Links-Rechts-Kontinuum einordnen, wird mit den Grünen wieder einmal eine weitere Dimension der politischen Verortung wirksam. Sie wird von Bürklin als Gegensatz Idealismus vs. Realismus gedeutet, während ich die Benennung Romantik vs. Rationalismus vorziehe. Jedenfalls ist Bürklin zuzustimmen, daß dies ein Gegensatz ist, der in allen Parteien auszumachen ist und in Deutschland eine bis ins 18. Jahrhundert zurückreichende Tradition hat (Bürklin 1984). Bis zur Parlamentarisierung der Bewegung ging es im Kern nicht darum, daß eine weitere Gruppe auf politische Repräsentanz drängte, sondern um Herrschaftskonkurrenz: Hat jetzt noch eine sich technisch-rational rechtfertigende Führungsschicht ein Deutungsmonopol, so soll an deren Stelle nun eine Führungsschicht treten, die sich durch Moral und besseres Menschsein auszeichnet. Mit der Beteiligung an Regierungen dürften die Ansprüche der Grünen dann auf die einer linken Dienstleister-Partei schrumpfen.

Die Grünen sind bis heute ein Zwitter zwischen politischer Partei und sozialen Bewegungen. Letztere waren in den protestantischen Demokratien schon immer eine Ergänzung des Systems parlamentarisierter Parteien, und ihre Sichtbarkeit seit 1968 kann somit als weiterer Abschnitt auf dem Weg einer Normalisierung der Demokratie in Deutschland verstanden werden. Insbesondere in den USA haben Bewegungen wie die der Abolitionists oder der Prohibitionists systemprägend auf die Parteien gewirkt. Dies ist auch in Deutschland so, wie aus der Wirksamkeit der Anti-Kernkraft-Bewegung auf die SPD ersichtlich ist. Anläßlich der Agitation gegen die Volkszählung 1987 wurden in Köln Anhänger und Gegner der folgenden Bewegungen untersucht: Anti-Atomkraft; Friedensbewegung; Feminismus; Schwulen-Lesben; Tierversuchsgegner; Alternative Szene. Dabei fand sich allgemein ein hohes Maß an Homogenität der Ansichten in den Netzwerken der unmittelbaren Umgebung (Scheuch, Gräf und Kühnel 1989: Abschnitt 4. 4). Damit wurde eine Diagnose anläßlich der Wahlstudie 1961 bestätigt: Die Wirkung der Medien wird nicht zuletzt dadurch mediatisiert, daß der ideologisch oft homogene Nahbereich Ansichten und Verhaltensweisen stabilisiert (siehe „Die Sichtbarkeit politischer Einstellungen im alltäglichen Verhalten", Scheuch 1965). Auch in modernen Gesellschaften müssen wir als Normalfall unterstellen, daß Menschen in Beziehungsnetzen leben, aber dieser Aspekt bleibt mit wenigen Ausnahmen in der Forschung unberücksichtigt (Noelle-Neumann 1980). Inzwischen ist der Gegenstand „soziale Bewegungen" mit der Initiative von Friedhelm Neidhardt zu einem eigenen Forschungsgebiet geworden.

V. Machtstrukturen und Eliten

Die bis hierhin besonders herausgestellten Themenbereiche sind in der Rückschau wohl die wichtigsten für empirisch begründete Untersuchungen mit Bezug auf das gesamte politische System. Daneben sind aber zwei weitere Forschungstraditionen stärker zu beachten als dies in der Profession insgesamt bisher der Fall war: Elitestudien und die Untersuchung gemeindlicher Machtstrukturen. Methodisch und sachlich sind beide Topoi miteinander verwandt: Für beide ist die Abgrenzung des zu untersuchenden Personenkreises forschungstechnisch und auch begrifflich schwierig.

Vorherrschend ist bei Elitestudien das, was bei Untersuchungen gemeindlicher Machtstrukturen als eigene Vorgehensmöglichkeit neben anderen „Positionstechnik" heißt. Hier werden im ersten Schritt Positionen ausgewählt, deren Inhaber auf die eine oder andere Weise gegenüber den anderen Menschen eines Systems herausgehoben sind. In einem zweiten Schritt werden dann Sozialmerkmale dieser Personen ermittelt. Kritiker nennen dies eine Sozialstatistik von Amtsinhabern, wobei offen bleibt, zu welchem Grad eine formale Ordnung, die sich in Positionen spiegelt, und tatsächlicher Einfluß sowie Prestigeordnungen übereinstimmen; gerade bei der Untersuchung gemeindlicher Machtstrukturen wurden dann noch andere Verfahren entwickelt wie der Reputationsansatz und die Analyse von Streitfragen (issue approach). Man muß der Tradition der Eliteforschung in Deutschland den Vorwurf machen, daß diese methodischen Reflexionen bei den Gemeindeuntersuchungen beim Forschungsgegenstand Führungsschicht nur ungenügend eingearbeitet wurden.

Die ersten Untersuchungen in der eigentlichen Nachkriegszeit hatten verständlicherweise als Thema die Nazi-Elite bzw. deren Weiterwirken. Die Berichte erschienen in englischer Sprache und waren an das heimische Publikum adressiert (Lerner 1951). Mit Daniel Lerner kam dann später ein erfahrener Sozialforscher nach Deutschland, der mit Kölner Partnern die erste große Elite-Untersuchung gemeinsam durchführte, bei der eine Kombination von Positions- und Reputationstechnik benutzt wurde. Wir fanden eine starke sektorale Zerklüftung und vorherrschend ein Selbstverständnis als Funktionseliten. Diese Untersuchung einer nationalen politischen Elite blieb allerdings in der Profession weitgehend unbekannt. Ein Hauptgrund dafür war, daß ein Abschlußbericht für einen Sammelband über Deutschland angefertigt worden war, den der vorgesehene Herausgeber Henry Kissinger nach seiner Ernennung zum Außenminister der USA lieber nicht erscheinen ließ (die Ergebnisse wurden erstmals für ein allgemeines Publikum referiert in: Scheuch 1988).

Als Beginn der empirischen „deutschen Eliteforschung" darf die Untersuchung von Wolfgang Zapf 1965 gelten, der damals noch Assistent bei Ralf Dahrendorf war (Zapf 1965). Die Vorgehensweise war die bei politologischen Untersuchungen in Deutschland übliche Positionstechnik. Auf der Grundlage einer großen Fallzahl wurde für die Fachöffentlichkeit eine Heterogenität des Führungspersonals berichtet, die vorwissenschaftlich wohl kaum vermutet worden wäre.

Die Weiterentwicklung dieser Sozialstatistik von Positionen ist entscheidend verbunden mit dem Namen Rudolf Wildenmann. 1968, 1972 und vor allem 1981 leitete er Eliteforschungen, die auch heute noch für ein Verständnis der Struktur unserer Führungsschicht unerläßlich sind. Bedauerlicherweise wurden die Ergebnisse nicht mit der Wirksamkeit mitgeteilt, die dem Wert der Befunde entsprochen hätte. Insbesondere die Veröffentlichung der Untersuchung 1981 zog sich sehr lange hin. Allerdings muß der späten Veröffentlichung von Hoffmann-Lange (1992) auch das Lob ausgesprochen werden, daß hier sehr moderne Analysetechniken verwandt wurden (Block-Modellierung), mit denen aus den Daten vielleicht mehr herausgeholt wurde, als sie verläßlich hergeben konnten.

Eine Krönung dieser Entwicklung ist dann die erste gesamtdeutsche Elite-Studie (mit Positionstechnik) von Wilhelm Bürklin (Bürklin, Rebenstorf et al. 1997). Auch hier wird wieder die Unterschiedlichkeit von Rekrutierung und Merkmalen nach Sektoren deutlich. In dem Erfinden immer neuer elitärer „Kreise", Gesprächszirkel und in dem Versuch, gesellschaftliche Ereignisse zu lancieren (Ball des Sports, Bundespresseball), kann das Bemühen gesehen werden, auch für Deutschland so etwas wie ein Establishment zu entwickeln – wie es Dahrendorf für England als Vorbild beschrieb.

Ein anderer Untersuchungskontext, der sich in Köln entwickelte, nachdem dort die Wahlforschung nicht mehr im Zentrum der Aufmerksamkeit stand, konnte nicht Schule-bildend wirken. Nach meiner Beteiligung an der Lerner-Untersuchung analysierte ich 1968 die Wirtschaftselite auf der Grundlage der Personalakten von über 800 Personen auf der Vorstandsebene (Scheuch 1968b). Eine solche Untersuchung wäre heute wegen der Datenschutzbestimmungen völlig ausgeschlossen. Mobilität und Karriereverläufe waren Schwerpunkte dieser in der Profession weitgehend unbekannt gebliebenen Auswertung. Der Befund, daß bei der deutschen Wirtschaftselite beamtenähnliche Karriereverläufe und Arbeitsweisen vorherrschen, wurde in späteren Untersuchungen bestätigt.

Von eigenen späteren Erhebungen sei hier nur noch die bei Wirtschaftsführern und den Abgeordneten des Zwölften Deutschen Bundestages im Jahre 1994/95 erwähnt (Scheuch und Scheuch 1995). Aufgrund der Auszählung aller Protokolle des XII. Deutschen Bundestages (des ersten gesamtdeutschen Parlaments) und nach einer Befragung wurde die sehr hohe Hierarchisierung unter den Abgeordneten erkennbar. Nicht zuletzt die Medien fördern ein Starsystem auf der Grundlage des Amtsbonus. Die meisten der Abgeordneten sind dagegen in erster Linie Wahlkreispfleger für ihre Partei. Die Vorstellung, in Bonn kontrolliere das Parlament die Regierung, ist ebenso unangemessen wie die Ansicht, Regierungsentscheidungen fielen vorwiegend im Kabinett. Bestimmend für den politischen Alltag ist eine extreme Hektik, aber bei über 800 Gesetzen, die in der XII. Legislaturperiode verabschiedet wurden, wissen die Abgeordneten inhaltlich meist nicht, was sie beschließen. Auch hier war die Publikation der Untersuchung als populäres Taschenbuch der Sichtbarkeit von Ergebnissen in der Profession wohl nicht förderlich.

Wichtiger könnte ein Seitenzweig dieser Mischung aus Identifizierungstechniken hin zur Analyse historischer Verläufe werdem. Heinrich Best verglich die Struktur der Assemblé Nationale mit den Deutschen Reichstagen, beginnend mit 1848. In beiden Fällen handelt es sich um Parlamente von Juristen – bei völlig unterschiedlicher Einbindung in den

Staat. Diese historische Orientierung könnte Traditionen begründen, weil über größere Zeiträume hinweg betrachtet ein hoher Erkenntnisgewinn wahrscheinlich ist. Für mich jedenfalls ergibt eine Focussierung auf die mindestens drei Systembrüche im Deutschland des 20. Jahrhunderts, daß das, was Dahrendorf Werteliten nennt, bei einem Regime-Bruch weitaus eher ausgewechselt wird als die Funktionseliten. Hier ist eine weitgehende Konstanz die Regel, sogar bei dem Umbruch von Weimar zum NS-Staat.

In der unmittelbaren Nachkriegszeit regten die Amerikaner Gemeindestudien als eine Art soziales Mikroskop der Soziologie und der Politologie an. Die beiden wichtigsten institutionellen Anstöße waren einmal die mit dem UNESCO-Institut für Sozialforschung in Köln verbundenen Erhebungen sowie andererseits die Darmstadt-Studien. Trotz dieser besonderen Förderung gerade dieser Art von Sozialforschung erlangten die Gemeindestudien bei uns nie die Bedeutung, die sie in der amerikanischen Sozialwissenschaft haben. Oft lassen sich durch eine Analyse, die sich selbständig auf eine Gemeinde beschränkt, Machtstrukturen sehr viel vielfältiger erfassen als für einen Gesamtstaat. Die wichtigsten Erkenntnisse der empirischen Forschung über Machtstrukturen beruhen deshalb auch auf Gemeindestudien (als Beispiele: Kevenhörster 1977; Siewert 1979; Scheuch und Scheuch 1992).

Für Deutschland sei die Untersuchung der Kleinstadt Jülich durch Franz Urban Pappi hervorgehoben (Pappi 1973). Sie ist nach Design, Technik ihrer Durchführung und der Analyse mit das Vorzüglichste, was es in irgend einer Sprache gibt. Hier wird sehr anschaulich, wie sich je nach Streitfragen die aktiv werdenden Koalitionen verändern und auch – selbstverständlich – andere Teile der Bevölkerung in einen Entscheidungsprozeß einbezogen sind. Selbst in einer Kleinstadt wie Jülich mit ca. 45.000 Einwohnern ist die Führungsschicht stark zerklüftet. Das Bild von „den oberen Zehntausend" in populären Massenmedien trifft für Deutschland nicht zu.

In einer Hinsicht scheinen Gemeindestudien als soziales Mikroskop zu enttäuschen: Es gelang nicht, einen engen Bezug zwischen strukturellen Faktoren (wirtschaftliche Grundlage, Zusammensetzung der Bevölkerung, geographische Lage) und Entscheidungsstrukturen nachzuweisen (Clark 1968). Diese Erfahrung läßt sich aber auch positiv deuten und fügt sich in die Perspektive ein, daß Handeln meist nicht deterministisch zu erklären ist, sondern als kontingent aufgefaßt werden muß. Strukturelle Vorgaben werden je nach historischen Vorläufen unterschiedlich relevant, und als relevant gedeutete Umstände wirken durch unterschiedlich strukturierte Entscheidungsräume verschieden. Makro-Gebilde sind eben viel komplexer als früher vermutet – wenigstens dann, wenn Handlungsspielräume gegeben sind.

VI. Weitere Themen und Schlußbemerkungen

Insbesondere Politologen haben als weiteren Schwerpunkt in empirischen Untersuchungen – nach der Zahl der Untersuchungen und deren Gewicht in der Profession – politisch relevante Institutionen erforscht. Es gibt eine umfangreiche Parteienforschung, die üblicherweise aus der Sicht des Berufspolitikers bzw. orientiert am Modell der repräsentativen Demokratie erfolgt (Jäger 1994). Hier gibt es eine Fülle von Befunden über soziale Zusammensetzung, dann über die Arbeitsweise in den Institutionen, weniger bereits über Karrieren, aber nur zu wenige über tatsächliche Entscheidungsverläufe.

Einem Soziologen muten viele dieser Untersuchungen wie eine biologische Analyse von Damen ohne Unterleib an. Sie sind durchweg wenig erhellend für politische Auseinandersetzungen als Machtkämpfe und Streitigkeiten um Karrieren; die finanziellen Gesichtspunkte werden nur gelegentlich aufgegriffen (dagegen Arnim 1996, 1997; ferner Landfried 1990). Vor allem werden Korruption, Durchstechereien und Ämterpatronage nur selten thematisiert, obwohl all dieses integraler Teil auch eines demokratischen Systems ist und das Verhalten sehr vieler Politiker ohne Kenntnisse dieser Schattenwelt nicht angemessen gedeutet werden kann (Roth 1997). Es hat den Anschein, als ob vor allem Politologen in Korruption, Durchstechereien und Ämterpatronage nur vereinzelte Fehlentwicklungen sehen, die nicht ausgeleuchtet werden sollten, weil sonst das System Demokratie Schaden nehmen könnte. Wir untersuchten diese Schattenwelt als System und stellten dies mit Namen, Orten, Zeitpunkten und Beträgen in einem Taschenbuch vor, das in der Öffentlichkeit viel beachtet wurde (Scheuch und Scheuch 1992). Die Profession der Politologen reagierte dagegen nicht oder gefiel sich als Apologeten, z.B. Klaus von Beyme oder Werner Patzelt.

Jedenfalls ist für mich in der Rückschau beeindruckend, wie blutleer in den meisten Darstellungen Politik als Prozeß wiedergegeben wird, wie sehr Demokratiemodelle statt die Realität Ausgangspunkt sind. Beispielsweise haben die Arbeitsweisen von Parlament und Regierung im heutigen Bonn wenig mit den Modellen gemein. Die tatsächliche Macht der Regierungskoalition wird durch ein Geistergremium, genannt Koalitionsrunde, ausgeübt. Über 60 Abgeordnete sind gleichzeitig Mitglied der Regierung und Parlamentarier (und beziehen aus beiden Positionen Einkünfte), und die Opposition hat den Bundesrat zur zweiten Kammer umgebildet, mit der die Ergebnisse der ersten Kammer blockiert werden können (dagegen Fritz W. Scharpf mit seinem Begriff „Politikverflechtung" (Scharpf et al. 1976)). Insbesondere Politologen pflegen solche Entwicklungen auszublenden.

In der Öffentlichkeit besteht ein großer Bedarf an Diagnosen, mit denen die Zeit auf einen Nenner gebracht werden kann. Hier sind die Sozialwissenschaften gefordert als Instanz, die Fehldiagnosen korrigiert. Für die großen Diagnosen der Nachkriegszeit, die flächendeckend wirksam wurden, konnte diese Funktion aber nur ungenügend durchgesetzt werden. Nur kurze Zeit waren die Sozialwissenschaften prominent in Medien für ein allgemeines Publikum vertreten. Wo sie andere Fächer beeinflußten, wie die Pädagogik mit solchen Thesen wie der von der alles formenden „schichtspezifischen Sozialisation" oder das Verständnis von Handeln als Rollenspiel, wirkten sie eher wie Gegenaufklärung.

Für die fünfziger Jahre war charakteristisch ein Verständnis des sozialen Wandels unserer Gesellschaft als „Vermassung". Vertreter dieser These konnten sich auf populäre Philosophen berufen wie Ortega y Gasset oder Salvador de Madriaga. Dieses Zeitverständnis ist inzwischen abgelöst worden durch eine gegenteilige Aussage, die mit dem Namen Ulrich Beck verknüpft ist: die These vom Auseinanderlaufen der Gesellschaft in Individuen. Wird noch berücksichtigt, daß wir in den Sozialwissenschaften Verhalten als kontingent deuten, daß wir also bei Individuen ein Repertoire an Verhaltensweisen orten, so gäbe es dann mehr Individualisten als Individuen. Bei Politikern ist diese Zeitdiagnose gegenwärtig sehr erfolgreich, und die Profession ist offensichtlich uneinig, ob sie wissenschaftlich haltbar ist. Letzteres ist um so bemerkenswerter, als bei Zutreffen dieser Diagnose die Sozialwissenschaften einzustellen wären; ihnen wäre der Gegenstand abhanden gekommen.

Große Bedeutung hat in der Öffentlichkeit die Deutung des Einflusses der Massenmedien und hier insbesondere des Fernsehens. Hier ist zweifellos die Unterhaltung die wichtigste Funktion, woraus dann Neil Postman seine These ableitet, wir amüsierten uns zu Tode (Postman 1985). Ein Parteitag der CSU ließ sogar Postman diese Deutung gewissermaßen parteiamtlich vortragen. Es ist nicht deutlich geworden, daß die Profession auf Forschungsergebnisse verwiesen hätte, wonach die Medien das erhebliche Informationsniveau heute in Deutschland mitbestimmen. Gegenwärtig ist der Leiter des Instituts für Freizeitforschung der Tabakfirma BAT, Horst Opaschewski, öffentlich-wirksam mit seiner These, die Menschen interessierten sich vor allem nur noch für ihre Freizeit. Daß es einen Trend zur Betonung des Privatlebens gibt, ist unbestritten, aber der ist auch begleitet von einem hohen Interesse an öffentlichen Angelegenheiten.

Verantwortlich für diese begrenzte Wirksamkeit der Sozialwissenschaften, Zeitformeln zu korrigieren, sind wohl auch die Publikationsweisen. Dabei hat in ihrer Frühzeit die Sozialwissenschaft sowohl in Amerika (mit Edward Alsworth Ross) wie in England (Herbert Spencer) oder auch in Deutschland (Georg Simmel, Ferdinand Tönnies) eine große Wirksamkeit bei großen Teilen der Bevölkerung gehabt, die den sozialen Wandel ihrer Zeit verstehen wollten.

Wirksamer waren zum Teil Politologie und politische Soziologie bei Fehldiagnosen innerhalb des Faches selbst. Die unsinnige Begrifflichkeit „Spätkapitalismus", die von der sogenannten Frankfurter Schule propagiert wurde, konnte daran gehindert werden, sich allgemein durchzusetzen. Die These von der Unregierbarkeit, die während der siebziger Jahre unter Sozialwissenschaftlern weit verbreitet war, erweist sich im Rückblick nur als begrenzte Steuerbarkeit einer Gesellschaft durch politische Instanzen. Regiert wurde selbstverständlich! Eine der krassesten Fehldiagnosen war die Behauptung eines Legitimationsdefizits der Demokratie in der Bundesrepublik. Selbst bei massivem Fehlverhalten durch Politiker ist die Demokratie als Rahmen für politische Prozesse seit Mitte der fünfziger Jahre nie fraglich gewesen.

Politische Soziologie und Politologie, als Empirie betrieben, gehören zu den wichtigsten Erkenntnisquellen einer Gesellschaft über sich selbst. Wenn sie über real existierende Gesamtsysteme so wenig aussagen, wenn sie dem Zerbröseln einer Ordnung wie der des Kommunismus gegenüber in Erklärungsnotstand geraten, dann liegt das an der Schwierigkeit des Gegenstandes. Man muß eben weitermachen, kann sich dabei aber inzwischen auf Erkenntnisse und Infrastruktur stützen, wie das noch vor 30 Jahren unvorstellbar gewesen wäre. Allerdings war damals auch kaum vorstellbar, wie schwierig empirisch fundierte Makroanalysen sind.

Literatur

Allen, William S., 1966: „Das haben wir nicht gewollt!" Die nationalsozialistische Machtergreifung in einer Kleinstadt 1930-1935. Gütersloh: Bertelsmann.
Allen, William S., 1981: Die deutsche Öffentlichkeit und die Reichskristallnacht. S. 397-411 in: *Detlev Peukert* und *Jürgen Reulecke* (Hg.): Die Reihen fast geschlossen - Beiträge zur Geschichte des Alltags unterm Nationalsozialismus. Wuppertal: Peter Hammer Verlag.

Almond, Gabriel, und *Sidney Verba,* 1963: The Civic Culture. Political Attitudes and Democracy in Five Nations. Princeton: Princeton University Press.
Allport, Gordon W., Jerome S. Bruner und *E.M. Jandorf,* 1941: Personality under Social Catastrophe – Ninety Life Histories of the Nazi Revolution, Character and Personality 10: 1–22.
Arnim, Hans Herbert von, 1996: Die Partei, der Abgeordnete und das Geld. München: Knaur.
Arnim, Hans Herbert von, 1997: Fetter Bauch regiert nicht gern. München: Kindler.
Barnes, Samuel, Max Kaase et al., 1979: Political Action – Mass Participation in Five Western Democracies. Beverly Hills: Sage.
Becker, Howard P., 1946: German Youth – Bond or Free. New York: Oxford University Press (deutsch 1949: Vom Barette schwankt die Feder. Die Geschichte der deutschen Jugendbewegung. Wiesbaden: Der Greif.).
Berelsen, Bernard, Paul F. Lazarsfeld und *William McPhee,* 1954: Voting. Chicago: The University of Chicago Press.
Bertram, Hans, 1995: Ostdeutschland im Wandel – Lebensverhältnisse und Politische Einstellung. Opladen: Leske + Budrich.
Best, Heinrich (Hg.), 1989: Politik und Milieu. St. Katharinen: Scripta Mercaturae Verlag.
Best, Heinrich, 1990: Die Männer von Bildung und Besitz. Struktur und Handeln parlamentarischer Führungsgruppen in Deutschland und Frankreich 1848/49. Düsseldorf: Droste.
Beyme, Klaus von, 1971: Die politische Elite in der Bundesrepublik Deutschland. München: Piper.
Bisslinger, Evelyn, Brigitte Haustein und *Bernhard Riedel,* 1997: Empirische Sozialforschung aus der DDR und den neuen Bundesländern 1968 bis 1996. Köln: Eigenverlag Zentralarchiv für empirische Sozialforschung.
Braun, Michael, und *Peter H. Mohler* (Hg.), 1998: Blickpunkt Gesellschaft Bd. 4 – Soziale Ungleichheit in Deutschland. Opladen: Westdeutscher Verlag.
Bürklin, Wilhelm P., 1984: Grüne Politik. Opladen: Westdeutscher Verlag.
Burdick, Eugene, und *Arthur J. Brodbeck,* 1959: American Voting Behavior. Glencoe, IL: Free Press.
Butler, David E., 1958: The Study of Political Behaviour. London: Hutchinson.
Campbell, Angus, Gerald Gurin und *Warren Miller,* 1954: The Voter Decides. Evanston: Row, Petersen, and Co.
Cantril, Hadley, 1958: The Politics of Despair. New York: Basic Books.
Clark, Terry N. (Hg.), 1968: Community Structure and Decision Making. San Francisco: Chandler.
Dahl, Robert, 1956: A Preface to Democratic Theory. Chicago: Chicago University Press.
Downs, Anthony, 1957: An Economic Theory of Democracy. New York: Harper & Row.
Edelman, Murray, 1964: The Symbolic Uses of Politics. Urbana: University of Illinois Press.
Deutsch, Karl W., und *Eric A. Nordlinger,* 1968: The German Federal Republic. In: *Roy C. Macridis* und *Robert E. Ward* (Hg.): Modern Political Systems – Europe. Englewood Cliffs NJ: Prentice Hall.
Erikson, Erik H., 1942: Hitler's Imagery and German Youth, Psychiatry 5: 475–493.
Falter, Jürgen W., 1991: Hitlers Wähler. München: Beck.
Falter, Jürgen W., 1994: Wer wählt rechts? München: Beck.
Faul, Erwin (Hg.), 1960: Wahlen und Wähler in Westdeutschland. Villingen/Schwarzwald: Ring-Verlag.
Gabriel, Oscar W., Oskar Niedermayer und *Richard Stöss* (Hg.), 1997: Parteiendemokratie in Deutschland. Bonn: Bundeszentrale für politische Bildung.
Geertz, Clifford, 1973: Thick Description: Toward an Interpratative Theory of Culture. In: *Ders.:* The Interpretation of Cultures. New York: Basic Books.
Goguel, François, 1954: Nouvelles études de sociologie électoral. Paris: Colin.
Goldhagen, Daniel Jonah, 1996: Hitler's Willing Executioners. New York: Alfred A. Knopf.
Greenacre, Michael, und *Jörg Blasius,* 1994: Correspondence Analysis. London: Academic Press.
Grofman, Bernard R. C., 1993: Information, Participation, and Choice – an Economic Theory of Democracy in Perspective. Ann Arbor: University of Michigan Press.
Grunberger, Richard, 1971: The 12-year Reich – A Social History of Nazi Germany 1933–1945. New York: Holt, Rinehart and Winston.
Heberle, Rudolf, 1945: From Democracy to Nazism. Baton Rouge: Lousiana State University Press.

Herz, Thomas A., 1975: Soziale Bedingungen für Rechtsextremismus in der Bundesrepublik Deutschland und in den Vereinigten Staaten. Meisenheim: Hain.
Hildebrand, Klaus, 1987: Das Dritte Reich. 3. Aufl. München: Oldenbourg.
Hirsch-Weber, Klaus, Klaus Schütz et al., 1957: Wähler und Gewählte. Eine Untersuchung der Bundestagswahlen 1953. Berlin: Franz Vahlen.
Hoffmann, Reiner et al. (Hg.), 1994: Problemstau – politischer und sozialer Wandel in den neuen Bundesländern. Köln: Bund Verlag.
Hoffmann-Lange, Ursula, 1990: Eliten in der modernen Demokratie, Der Bürger im Staat, Heft 40.
Hoffmann-Lange, Ursula, 1992: Macht und Konflikt in der Bundesrepublik. Opladen: Leske + Budrich.
Hoffmann-Lange, Ursula, Helga Neumann und *Bärbel Steinkemper*, 1980: Konsens und Konflikt zwischen Führungsgruppen in der Bundesrepublik. Frankfurt: Lang.
Huntington, Samuel P., 1991: The Third Wave: Democratization in the Late Twentieth Century. Norman, OH: University of Oklahoma Press.
Hyman, Herbert H., 1959: Political Socialisation. Glencoe, IL: Free Press.
Inglehart, Ronald, 1990: Culture Shift in Advanced Industrial Societies. Princeton: Princeton University Press.
Jäger, Wolfgang, 1994: Wer regiert die Deutschen? Osnabrück: Fromm Verlag.
Jones, W. H. Morris, 1954: In Defense of Political Apathy, Political Studies 2: 25–37.
Kaase, Max, Kenneth Newton und *Elinor Scarbrough*, 1995: Beliefs in Government. 5 Bde. Oxford: Oxford University Press.
Kariel, Henry S. (Hg.), 1971: Frontiers of Democratic Theory. Chicago: Markham.
Kevenhörster, Paul (Hg.), 1977: Lokale Politik unter exekutiver Führerschaft. Meisenheim: Hain.
Klingemann, Hans Dieter, und *Franz Urban Pappi*, 1972: Politischer Radikalismus in der Bundesrepublik. München: Oldenbourg.
Klingemann, Hans-Dieter, Richard Stöss und *Bernhard Weßels* (Hg.), 1991: Politische Klasse und politische Institutionen. Opladen: Westdeutscher Verlag.
Klingemann, Hans-Dieter, und *Max Kaase* (Hg.), 1994: Wahlen und Wähler. Opladen: Westdeutscher Verlag.
Knemeyer, Franz-Ludwig, und *Katrin Jandl*, 1991: Parteien in der kommunalen Selbstverwaltung, Kommunalforschung für die Praxis, Heft 28.
Korman, John G., 1952: U.S. Denazification Policy in Germany 1945–1950. Bad Godesberg: Historical Division, HICOG.
Krakauer, Siegfried, 1947: From Caligary to Hitler. Princeton, NJ: Princeton University Press.
Kühnl, Reinhard, 1976: Formen bürgerlicher Herrschaft: Liberalismus-Faschismus. 10. Aufl. Reinbek: Rowohlt.
Landfried, Christine, 1990: Parteifinanzen und politische Macht. Baden-Baden: Nomos.
Lane, Robert, 1959: Political Life. Glencoe, IL: Free Press.
Lazarsfeld, Paul F., Bernard Berelson und *Hazel Gaudet*, 1948 (zuerst 1944): The People's Choice. New York: Duell, Shoane, and Peace.
Leif, Thomas (Hg.) 1992: Die politische Klasse in Deutschland. Bonn: Bouvier.
Lepsius, M. Rainer, 1993: Demokratie in Deutschland. Göttingen: Vandenhoeck & Ruprecht.
Lerner, Daniel, 1951: The Nazi Elite. Stanford: Stanford University Press.
Lipset, Seymour M., und *Stein Rokkan*, 1967: Party Systems and Voter Alignments – Cross-national Perspectives. New York: Free Press.
Lübbe, Hermann, 1987: Politischer Moralismus. Berlin: Siedler.
Madge, John, 1953: The Tools of Social Science. London: Longmans.
Mann, Reinhard (Hg.), 1980: Die Nationalsozialisten. Stuttgart: Klett-Cotta.
Mann, Reinhard, 1987: Protest und Kontrolle im Dritten Reich – Nationalsozialistische Herrschaft im Alltag einer Rheinischen Großstadt. Frankfurt a.M./New York: Campus.
Mc Granahan, D.V., 1948: German and American Traits Reflected in Popular Drama, Human Relations 1: 429–455.
Merritt, Anna J., und *Richard L. Merritt*, 1970: Public Opinion in Occupied Germany: The OMGUS-Surveys 1945–1949. Urbana, IL: University of Illinois Press.

Merritt, Anna J., und *Richard L. Merrritt*, 1980: Public Opinion in Semisovereign Germany: The HICOG-Surveys 1949-1955. Urbana, IL: University of Illinois Press.
Merritt, Richard L., 1995: Democracy Imposed. New Haven: Yale University Press.
Meulemann, Heiner, 1996: Werte und Wertewandel. Weinheim: Juventa.
Milbrath, Lester W., 1965: Political Participation. Chicago: Rand McNally.
Milosz, Czeslov, 1953: The Captive Mind. New York: Alfred Knopf.
Mochmann, Ekkehard, und *Erwin K. Scheuch*, 1987: Infrastruktur für die Sozialforschung. Köln: Zentralarchiv für empirische Sozialforschung.
Mochmann, Ekkehard, Ingvill C. Oedegaard und *Reiner Maurer* (Hg.), 1998: Inventory of National Election Studies in Europe 1945-1995. Bergisch-Gladbach: Edwin Feger Verlag.
Neumann, Franz L., 1944: Behemoth. The Structure and Practice of National Socialism. New York: Oxford University Press.
Noelle-Neumann, Elisabeth, 1980: Die Schweigespirale. München: Piper.
Noll, Hans Herbert, 1997: Sozialberichterstattung in Deutschland. Weinheim: Juventa.
Oberndörfer, Dieter, und *Karl Schmitt*, 1991: Parteien und regionale politische Traditionen in Deutschland. Berlin: Duncker & Humblot.
Pappi, Franz Urban, 1973: Sozialstruktur und soziale Schichtung in einer Kleinstadt, Kölner Zeitschrift für Soziologie und Sozialpsychologie 25: 23-74.
Parsons, Talcott, 1949: Essays in Sociological Theory – Pure and Applied. Glencoe: Free Press.
Popkin, Samuel L., 1991: The Reasoning Voter. Chicago: University of Chicago Press.
Postman, Neil, 1985: Wir amüsieren uns zu Tode. Frankfurt a.M.: Suhrkamp.
Pulzer, Peter J., 1966: Die Entstehung des Politischen Antisemitismus in Deutschland und Österreich. Gütersloh: Bertelsmann.
Reuband, Karl-Heinz, 1995: Autoritarismus und Familie. Zum Wandel familialer Sozialisationsbedingungen Jugendlicher in Ost- und Westdeutschland, S. 221-242 in: *Karl-Heinz Reuband, Franz Urban Pappi* und *Heiner Best* (Hg.): Die deutsche Gesellschaft in vergleichender Perspektive. Festschrift für Erwin K. Scheuch zum 65. Geburtstag. Opladen: Westdeutscher Verlag.
Reuband, Karl-Heinz, 1995: Die populäre Einschätzung der Gestapo. Wie allgegenwärtig war sie wirklich? S. 417-436 in: *Gerhard Paul* und *Klaus M. Mallmann* (Hg.): Die Gestapo – Mythos und Realität. Darmstadt: Wissenschaftliche Buchgesellschaft.
Rodnick, David, 1948: Post-War Germans – an Anthropologist Account. New Haven: Yale University Press.
Rohe, Karl, 1992: Wahlen und Wählertraditionen in Deutschland. Frankfurt a.M.: Suhrkamp.
Rokkan, Stein, und *Henri Valen*, 1960: Parties, Elections, and Political Behaviour in the Northern Countries. S. 103-136 in: *Otto Stammer* (Hg.): Politische Forschung. Köln: Westdeutscher Verlag.
Roth, Roland, und *Dieter Rucht* (Hg.), 1987: Neue soziale Bewegungen. Bonn: Bundeszentrale für politische Bildung.
Roth, Jürgen, 1997: Der Sumpf – Korruption in Deutschland. München: Piper.
Scharpf, Fritz W., Bernhard Reissert und *Fritz Schnabel*, 1976: Politikverflechtung. Theorie und Empirie des kooperativen Föderalismus in der Bundesrepublik. Kronberg: Scriptor.
Schäfers, Bernhard, und *Wolfgang Zapf* (Hg.), 1998: Handwörterbuch zur Gesellschaft Deutschlands. Opladen: Leske + Budrich.
Schaffner, Bertram, 1948: Fatherland. A Study of Authoritarianism in the German Family. New York: Columbia University Press.
Schelsky, Helmut, 1953: Wandlungen der deutschen Familie in der Gegenwart. Dortmund: Ardey-Verlag.
Scheuch, Erwin K., 1965: Die Sichtbarkeit politischer Einstellungen im alltäglichen Verhalten. S. 169-214 in: *Erwin K. Scheuch* und *Rudolf Wildenmann* (Hg.): Zur Soziologie der Wahl. Sonderheft 9 der Kölner Zeitschrift für Soziologie und Sozialpsychologie. Opladen: Westdeutscher Verlag.
Scheuch, Erwin K. (Hg.), 1968a: Die Wiedertäufer der Wohlstandsgesellschaft. Köln: Markus Verlag.
Scheuch, Erwin K., 1968b: Einkommen und Situation von Führungskräften in Deutschland. Köln: vervielfältigtes Manuskript.

Scheuch, Erwin K., 1974: Politischer Extremismus in der Bundesrepublik. In: *Richard Löwenthal* und *Hans-Peter Schwarz* (Hg.): Die zweite Republik. Stuttgart: Seewald.
Scheuch, Erwin K., 1988: Continuity and Change in German Social Structure, Historical Social Research 13: 31–121.
Scheuch, Erwin K., 1992a: Der Umbruch nach 1945 im Spiegel der Umfragen. S. 9–25 in: *Uta Gerhardt* und *Ekkehard Mochmann* (Hg.): Gesellschaftlicher Umbruch 1945–1990. München: Oldenbourg.
Scheuch, Erwin K., 1992b: Zeitenwende, BISS-public 2: 63–78.
Scheuch, Erwin K., Lorenz Gräf und *Steffen Kühnel*, 1989: Volkszählung, Volkszählungsprotest und Bürgerverhalten. Stuttgart: Metzler-Poeschel.
Scheuch, Erwin K., und *Hans-Dieter Klingemann*, 1967: Theorie des Rechtsradikalismus in westlichen Industriegesellschaften, Hamburger Jahrbuch für Wirtschafts- und Gesellschaftspolitik 12: 11–29.
Scheuch, Erwin K., und *Ute Scheuch*, 1991: Wie deutsch sind die Deutschen? Bergisch-Gladbach: Lübbe.
Scheuch, Erwin K., und *Ute Scheuch*, 1992: Cliquen, Klüngel und Karrieren. Reinbek: Rowohlt.
Scheuch, Erwin K., und *Ute Scheuch*, 1995: Bürokraten in den Chefetagen. Reinbek: Rowohlt.
Scheuch, Erwin K., und *Ute Scheuch*, 1997: Führungskräfte in Politik, Wirtschaft und Gesellschaft. Essen: Union der leitenden Angestellten (Schriftreihe Nr. 35).
Scheuch, Erwin K., und *Rudolf Wildenmann* (Hg.), 1965: Zur Soziologie der Wahl. Sonderheft 9 der Kölner Zeitschrift für Soziologie und Sozialpsychologie. Opladen: Westdeutscher Verlag.
Schoenbaum, David, 1980: Die braune Revolution – eine Sozialgeschichte des Dritten Reiches. München: dtv.
Siewert, Hans-Jörg, 1979: Lokale Elitesysteme. Meisenheim: Hain.
Simon, Klaus, 1988: Repräsentative Demokratie in großen Städten. Melle: Knoth.
Statistisches Bundesamt (Hg.), 1997: Datenreport 1997. Bonn: Bundeszentrale für politische Bildung.
Thorner. I., 1945: German Words, German Personality, and Protestantism, Psychiatry 8: 403–417.
Tormin, Walter, 1967: Geschichte der deutschen Parteien seit 1848. 2. Aufl. Stuttgart: Kohlhammer.
Union der Leitenden Angestellten (Hg.), 1997: Führungskräfte in Politik, Wirtschaft und Gesellschaft. Ergebnisse einer Enquête der Union der Leitenden Angestellten. Unter wissenschaftlicher Beratung von *Erwin K. Scheuch* und *Ute Scheuch*. Schriftenreihe, Nr. 35.
United States, Strategic Bombing Survey, Morale Division, 1947: The Effects of Strategic Bombing on German Morale. 2 Bände. Washington DC: US Government Printing Office.
Verba, Sidney, und *Norman H. Nie*, 1972: Participation in America: Political Democracy and Social Equality. New York: Harper & Row.
Wildenmann, Rudolf, 1982: Unsere oberen Dreitausend, Die Zeit, Nr. 10 und 11, 1982.
Yuchtman, Ephraim, 1976: Effects of Psychosocial-Psychological Factors on Subjective Economic Welfare. In: *Burkhard Strümpel* (Hg.): Economic Means for Human Needs. Ann Arbor: Institute for Social Research.
Zapf, Wolfgang, 1965: Wandlungen der deutschen Elite. Ein Zirkulationsmodell deutscher Führungsgruppen 1919–1961. München: Piper.
Zink, Harold, 1957: The United States in Germany 1945–1955. Princeton, NJ: van Nostrand.
Zoll, Ralf, 1974: Wertheim III. München: Juventa.

II.
Soziale Ungleichheit

ERWARTETE UND UNERWARTETE FOLGEN DER BILDUNGSEXPANSION*

Walter Müller

Zusammenfassung: Die Bildungsexpansion wird in der Literatur mit einer Vielzahl von Folgen in den unterschiedlichsten gesellschaftlichen Bereichen verbunden. Der Beitrag untersucht diese Zusammenhänge vor allem für zwei ausgewählte Bereiche: die Entwicklung der sozialen Ungleichheit der Bildungsbeteiligung im Zuge der Bildungsexpansion und die Entwicklung der Folgen von erworbenen Bildungsqualifikationen für die Erwerbschancen und die berufliche Plazierung von Bildungsabsolventen im Beschäftigungssystem. Für diese Bereiche werden die vorweggenommen oder nachträglich gemachten weitreichenden Aussagen einzelner Soziologen, die als diagnostische Zeitdeutungen verstanden werden können, den vorhandenen, jedoch begrenzten Erkenntnissen empirischer soziologischer Forschung gegenübergestellt. Der Autor kommt zu dem Ergebnis, daß sich die „Diagnosefähigkeit der Soziologie" in den untersuchten Bereichen kaum als tragfähig erwiesen hat. Dies liegt zum Teil an der kaum überwindbaren Schwierigkeit, den Beitrag einer Einzelentwicklung in vielfach interdependenten sozialen Veränderungsprozessen präzise zu bestimmen, zum Teil aber auch an den inhärenten argumentativen Schwächen von Diagnosen.

I. Einleitung

Die starke Erweiterung der Bildungsbeteiligung ist eine der säkularen Entwicklungen, die in der Nachkriegszeit in praktisch allen entwickelten Gesellschaften zu beobachten ist. Sie ist mit mehreren der Entwicklungen verbunden, die in anderen Beiträgen dieses Sonderheftes diskutiert werden, so z.B. mit dem Interesse für Politik und den veränderten Formen der politischen Partizipation, mit dem Wandel der Erwerbsarbeit und der Klassenstrukturen, mit der Frauenbewegung und der veränderten Rolle der Frauen in der Gesellschaft, mit dem Wandel in der Familie, der Säkularisierung, der Informationsgesellschaft und möglicherweise mit weiteren Elementen des sozialen Wandels. Ulrich Beck (1986: 128) etwa sieht ein ganzes Arsenal weiterer Folgen des „Massenkonsums höherer Bildung". Er hat „einen *Riß zwischen den Generationen* in Nachkriegsdeutschland entstehen lassen, der erst ganz allmählich in seiner Breiten- und Tiefenwirkung auf das Verhältnis

---

* Ich danke den Herausgebern des Bandes für die Einladung zum Nachdenken über den Gegenstand dieses Beitrages sowie Martin Elff, Susanne Steinmann und Gunnar Otte für hilfreiche Reaktionen und Anregungen auf erste Fassungen des Aufsatzes. Marcel Ferner, Stefanie Neurauter und Gunnar Otte danke ich für Mitarbeit bei der Herstellung des Manuskriptes. Der Beitrag ist Teil des von der DFG am Mannheimer Zentrum für Europäische Sozialforschung geförderten Projektes „Bildungsexpansion und soziale Reproduktion in Europa". Teilweise ist er während meines Aufenthaltes als Fellow am Netherlands Institute for Advanced Study in the Humanities and Social Sciences, Wassenaar, im Jahre 1996/1997 entstanden.

zwischen den Geschlechtern, das Erziehungsverhalten der Eltern, auf die politische Kultur (neue soziale Bewegungen) sichtbar wird." Der Massenkonsum höherer Bildung wird verstanden als einer der zentralen Faktoren des Abschieds von den klassenstrukturellen Bindungen sowie der Verdrängung traditioneller Orientierungen, Denkweisen und Lebensstile. In der zunehmenden Bildung werden entscheidende Voraussetzungen gesehen für die objektive und subjektive Individualisierung, weil „formalisierte Bildungsprozesse nur durch das ‚individualisierende Nadelöhr' von Prüfungen, Klausuren und Testverfahren zu absolvieren [sind], die ihrerseits Zugang zu individualisierten Bildungspatenten und Arbeitsmarktkarrieren eröffnen".

Geht man diesen Sachverhalten gründlicher nach, stellt sich eine zu Zurückhaltung mahnende Erkenntnis ein. Auf den ersten Blick erscheinen Bezüge dieser Art offensichtlich und sind schnell hergestellt. Viel schwieriger aber ist es, präzise zu zeigen, in welchem Ausmaß die genannten Phänomene überhaupt zutreffen, welche davon wirklich als Folgen des „Massenkonsums höherer Bildung" gelten können, welche eher Ursachen denn Folgen der Expansion sind oder inwieweit andere Faktoren die entscheidenden Ursachen sind und die Zusammenhänge mit der Bildungsexpansion ein mehr oder weniger zufälliges historisches Korrelat oder allenfalls ein vermittelndes Moment darstellen.

Insofern suggeriert der Titel des Beitrages einen Kenntnisstand, der in vielen Punkten nicht wirklich erforscht, in anderen noch nicht sicher erwiesen oder umstritten ist. Er suggeriert, es sei klar zu benennen, was als Folge der Bildungsexpansion erwartet wurde und welche tatsächlich eingetretenen Folgen nicht vorhergesehen wurden. Gerade für den Ausweis unerwarteter Folgen wäre gesichertes Zuschreibungswissen unabdingbar. Für die erwarteten Folgen gilt, daß das, was als Konsequenz der Bildungsexpansion postuliert oder antizipiert wurde, erheblich im Zeitverlauf variiert. Folgen, die zu einem Zeitpunkt erwartet wurden, galten manchmal kurz danach als unwahrscheinlich oder wurden von anderen Autoren mit umgekehrtem Vorzeichen versehen. Zu unterschiedlichen Zeitpunkten stehen diese Fragen nicht nur unterschiedlich im Zentrum der wissenschaftlichen Aufmerksamkeit, sondern werden teilweise auch so unterschiedlich beantwortet, daß die Lektüre der Literatur manchmal den Eindruck erweckt, die Rede sei jeweils entweder von unterschiedlichen Gesellschaften oder es hätten geradezu revolutionäre Umbrüche stattgefunden.

Die Diskussion um die Bildungsexpansion und ihre Folgen ist auch dadurch gekennzeichnet, daß oft analytische Aussagen mit normativen Überlegungen und Wertäußerungen vermischt sind. Häufiger als in anderen Teilen der Soziologie ist hier die Forschung aus politischen Überzeugungen motiviert, weil sie durch ihre enge Verbindung mit der Ungleichheitsproblematik ein Gebiet betrifft, das nach wie vor einen Kern des politischen Interessenstreites ausmacht. Wie meistens in solchen Fällen trägt dies nicht unbedingt zur Konzentration auf die unvoreingenommene wissenschaftliche Analyse und die Unparteilichkeit der Folgerungen bei. Zumindest fallen Folgerungen oftmals bestimmter und im Hinblick auf die Argumentation geradliniger aus als durch den Stand des – in der Regel mit vielen Einschränkungen zu versehenden – analytischen Wissens gerechtfertigt wäre. Genau diese zuspitzende, größere Zusammenhänge anvisierende Argumentationsweise, die mutig die ungeklärten Einzelheiten zurückstellt und durch mehr oder weniger gesicherte oder plausible Annahmen überbrückt, kennzeichnet oft den Begründungsstil von Diagnosen.

Ich werde mich deshalb auf einen engen Ausschnitt des umfassenderen Problemzusammenhangs konzentrieren, nämlich auf die Diskussion der Bildungsexpansion selbst und ihre unmittelbaren Verbindungen zur Arbeitswelt und den Strukturen gesellschaftlicher Ungleichheit. Die Diskussion dieser Fragen hat mit wenigen Ausnahmen drei Fixpunkte: Zum einen gibt es den makroökonomischen Aspekt von Bildung als Humankapital mitsamt der Effizienzproblematik der gesellschaftlich optimalen Nutzung einer teuren, aber durch Mitteleinsatz – unter Verzicht auf alternative Nutzungsmöglichkeiten – vermehrbaren Produktionsressource (dazu ländervergleichend z.b. Papadopoulos 1993). Zum zweiten findet sich – teilweise mit dem ersten verbunden – die Mikrosicht auf die individuellen Bildungssubjekte: die Frage der Nutzung der erworbenen Bildungsqualifikationen auf dem Arbeitsmarkt. In Deutschland mit seiner ausgesprochenen Berechtigungstradition ist diese Diskussion massiv überfrachtet mit der Frage der bildungs*status*-adäquaten Beschäftigung. Die dritte Frage befaßt sich mit der sozial gleichen oder ungleichen Verteilung von Bildung zwischen Individuen und sozialen Gruppen. Da mir die Kenntnisse über die Konsequenzen der Bildungsexpansion auf der Makroebene der gesellschaftlichen Erträge noch ungesicherter erscheinen als auf der Mikroebene, werde ich mich vor allem mit dem zweiten und dem dritten Punkt befassen. Anschließend werde ich ergänzend und nur in Stichworten einige Forschungsprobleme im Hinblick auf Konsequenzen der Bildungsexpansion für den kulturellen und politischen Bereich erwähnen. Zum Schluß werde ich dann kurz darauf eingehen, was wir aus den vorausgehenden Beobachtungen und Überlegungen zur Diagnosefähigkeit der Soziologie lernen können. Zunächst erscheint es aber nötig, zumindest in Stichworten den Ausgangspunkt der Debatte um die Bildungsexpansion in Erinnerung zu rufen, weil die frühen Thematisierungen in erheblichem Maß die Ausrichtung des weiteren Diskussions- und Forschungsverlaufes bestimmt haben.

II. Ausgangspunkte der Diskussion

Die westdeutsche Gesellschaft, die in der Mitte der 50er Jahre den realgesellschaftlichen Hintergrund für die beginnende Diskussion um das Bildungswesen bildet, hat eine heute kaum noch vorstellbare Bildungsstruktur. Über 80 Prozent der Bevölkerung verfügt höchstens über eine Volksschulbildung, die bei vielen nur sechs bis sieben Jahre dauerte; etwa 5 Prozent besitzen das Abitur oder ein Universitätsstudium; die restlichen 15 Prozent eine schulische Ausbildung zwischen Volksschule und Abitur. Auch von den Schülern der damaligen Zeit schlägt höchstens ein Viertel des Geburtsjahrgangs überhaupt einen weiterführenden Bildungsweg via Realschule oder Gymnasium ein; etwa drei Viertel schließen ihre Allgemeinbildung auf dem Niveau einer noch überwiegend achtjährigen Hauptschule ab. Große Teile der Erwerbsbevölkerung sind in Bereichen beschäftigt, in denen Bildung kaum eine Rolle spielt: etwa ein Fünftel in der Landwirtschaft, etwa 10 Prozent als kleinere Selbständige und mithelfende Familienangehörige außerhalb der Landwirtschaft; die weitaus größte Erwerbstätigengruppe sind die Arbeiter, zu einem großen Anteil als Ungelernte beschäftigt. Die Zahl der Angestellten und Beamten ist kaum größer als die Zahl der noch in der Landwirtschaft Arbeitenden.

Vor diesem Hintergrund ist es aufschlußreich, kurz die Beiträge zu charakterisieren, die in der bildungssoziologischen Literatur in der Regel als zentrale Referenzen für die

Auslösung der öffentlichen und fachwissenschaftlichen Auseinandersetzung mit Bildung gelten. Sie können durchaus als Beispiele früher Diagnosen gesehen werden, sowohl im Hinblick auf die Behandlung eines Phänomens als zentrales gesellschaftliches Zeitproblem als auch im Hinblick auf die Prägnanz, mit der die jeweilige Deutung des Problems pointiert zugespitzt wird.

Die Diskussion beginnt 1956 mit Helmut Schelskys Gutachten für den Deutschen Ausschuß für das Erziehungs- und Bildungswesen „Soziologische Bemerkungen zur Rolle der Schule in unserer Gesellschaftsverfassung". Aus dieser Schrift wird in der Regel die Passage zitiert, in der Schelsky die Schule als „primäre, entscheidende und nahezu einzige soziale Dirigierungsstelle für den Rang, Stellung und Lebenschancen des einzelnen in der Gesellschaft" (S. 17f.) bezeichnet und in der er darauf hinweist, daß in der hochmobilen modernen Leistungsgesellschaft ein primärer sozialer Ordnungsgrundsatz „die soziale Stellung nach Leistung" und „die Zuteilung der sozialen Stellung nach Begabung" sei. Diese Formulierungen können gelesen werden als unkritische Übernahme von affirmativen Thesen der funktionalistischen Schichtungstheorie. Eine genauere Durchsicht des Textes von Schelsky zeigt aber, daß er zwar die Aussage von der Schule als sozialer Dirigierungsstelle für Lebenschancen als empirisches Faktum akzeptiert, diesem Sachverhalt aber in hohem Maße gesellschaftskritisch gegenübersteht. „Die Schule rückt in den Rang einer bürokratischen Entscheidungsapparatur über Sozialansprüche der Familie" (S. 18). Sie entscheidet de facto über die völlig privaten Lebensansprüche und spielt „die Rolle einer Art Zuteilungsamtes in einer Sozialchancen-Zwangswirtschaft" (S. 19). Und ganz im Gegensatz zu einem Verständnis der Schule als Institution einer offenen Gesellschaft und Kanal sozialen Aufstiegs vertritt Schelsky dezidiert die Ansicht: „Die Schule wird so *zum zentralen gesellschaftlichen Mittel für den sozialen Abstieg der Familien* in der modernen Gesellschaft" (S. 20, kursiv im Original). Die Schule ist nach Schelsky in diese Funktion geraten, weil in der „nivellierten Berufsgesellschaft", die zwar „weitgehend schichtenunspezifisch, dagegen hochmobil geworden ist", frühere Möglichkeiten der Statussicherung für die Familien entfallen sind, „jede Familie jeweils am Rand eines sozialen Aufstiegs oder Abstiegs [steht], einzige soziale Zuweisungs-Chance durch Berufsqualifikationen, daher allgemeines soziales Aufstiegsstreben als Sicherungsfunktion über die Berufsausbildung" (S. 17, Stichwortformulierungen sic im Text). Weil das Aufstiegsstreben in den Familien universal geworden sei, sei die soziale Hauptfunktion der Schule gar „*nicht mehr die Auslese* der Begabten, ... sondern mindestens ebenso wichtig ... die *Abweisung* vieler als berechtigt empfundener sozialer Ansprüche" (S. 19). Für alle diese Aussagen fehlt jede konkrete empirische Fundierung.[1]

Schelsky sieht die Schule in dieser Aufgabe bei weitem überfordert. Sie steht auch seinem, von seiner Familiensoziologie geprägten Verständnis der Funktionen der Schule diametral entgegen. Er fordert Reformmaßnahmen, die „zur Konkordanz aller erzieherischen Kräfte ... auf der Grundlage intimer, kleingruppenhafter Sozialbeziehungen" die Schule wieder stärker an die Erziehungsfunktion und an die Familie heranführen. Die Schule muß wieder zu einem Vertreter der Interessen des Elternhauses und „vertrauten Helfer in seinen familiären Aufgaben" (S. 26) werden. Von der Selektion für das Beschäftigungssystem und anderen öffentlichen gesellschaftspolitischen Aufgaben muß sie dagegen

---

[1] Mit Ausnahme eines Hinweises auf eine Studie zur „Arbeitslosigkeit und Berufsnot der Jugend".

entlastet werden. Letztlich nur um die Schule von diesem Druck zu befreien, ist Schelsky bereit, eine Erweiterung der Bildungsmöglichkeiten hinzunehmen und empfiehlt die Öffnung der Aufstiegsschulzweige, obwohl dies – für Schelsky unzweifelhaft – mit einer Senkung der Standards verbunden sein wird. Das verstärkte Angebot auf dem Markt werde zur Lockerung des Berechtigungswesens beitragen und auf diese Weise von der schädlichen Selektionsfunktion entlasten. Als noch wichtigeres Reformelement als die Erweiterung der weiterführenden Bildungsgänge sieht Schelsky aber eine Ausweitung der allgemeinen Grundbildung auf neun Jahre. Dieses neunte Schuljahr sollte aber vor allem berufsorientiert ausgerichtet sein. Es sollte möglichst viele junge Menschen mit hauptsächlich praktischen Fähigkeiten auf das Erwerbsleben vorbereiten und deshalb auch nicht an die Hauptschule angehängt, sondern besser in die Berufsschulen integriert werden.

Das zweite wichtige Dokument, Pichts (1964) Proklamation der „deutschen Bildungskatastrophe", ist als Aufschrei mit Blick auf die damals offensichtlichen oder absehbaren Mängelprobleme im Bildungswesen motiviert. Vor allem die Unterausstattung vieler Schulen, der eklatante Lehrermangel und die Gefahr des hoffnungslosen Zurückfallens Deutschlands in der internationalen Konkurrenz werden beschworen.[2] „Bildungsnotstand ist wirtschaftlicher Notstand". Bei Picht und bei Edding (1963), auf den er sich stützt, steht die bildungsökonomische Annahme im Vordergrund, daß Deutschland nur durch Investitionen in den quantitativen Ausbau der höheren Bildung das wirtschaftliche Wachstum und die Fortsetzung der Erfolge der Wirtschaftswunderjahre sichern kann. Die bildungspolitische Ausrichtung ist primär auf die Erhöhung der Abiturientenzahlen ausgerichtet, denn dies verspricht am ehesten eine Lösung des zentralen Problems des Lehrermangels. Die zunächst als Artikelserie in der Wochenzeitschrift „Christ und Welt" erschienenen Beiträge von Picht sind primär ein politisches Manifest. Mit den vielen Leserzuschriften und der breiten Auseinandersetzung, die es auslöste, hatte es wahrscheinlich durchaus Wirkung für eine beschleunigte Mobilisierung von Ressourcen für Bildung. Dem Dokument fehlt aber jede soziologische Vertiefung im Hinblick etwa auf die Folgen der Bildungsexpansion für die soziale Ungleichheit der Bildungschancen oder – verständlicherweise – die Absorption der Hochschulabsolventen auf dem Arbeitsmarkt.

Nur ein Jahr später warnt Dahrendorf (1965) vor dem Katastrophenszenario und vor allem dem primär ökonomischen Nexus. Bildungspolitik ist „unendlich viel mehr als eine Magd der Wirtschaftspolitik." Bildung rückt in den Rang einer Grundvoraussetzung für die Entstehung und Sicherung einer demokratischen Gesellschaft mündiger Bürger. „Bildung ist Bürgerrecht." Die Forderung nach mehr Bildung ist hinreichend und allein durch das in der Verfassung abgesicherte soziale Grundrecht auf Bildung begründet. Im krassen Gegensatz zu Schelsky, der dieses Recht rein *formal* verstanden wissen will und sich mit einigem Zynismus Gedanken darüber macht, wie der (schädliche) Anspruch auf die materielle Umsetzung dieses Rechts in Grenzen gehalten werden kann, fordert Dahrendorf genau dieses ein. Bei der Erfüllung welcher Kriterien solche *materielle* Chancengleichheit auf Bildung verwirklicht ist, bleibt dagegen offen. Klar ist nur: *Chancen*gleichheit meint nicht *Gleichheit* von Bildung; aber offensichtlich ist die Gesellschaft bei den zwischen

---

2 Als heute kaum noch vorstellbare Bedingungen beschreibt Picht unter anderem die Situation von Schulklassen mit 60–70 Schülern, die sich wegen des Geburtenbooms noch zu verschlimmern drohte.

sozialen Gruppen bestehenden Unterschieden der Bildungsbeteiligung weit von einem Zustand der Chancengleichheit entfernt. Systematisch in bezug auf das Motiv des Grundrechts auf Bildung leitet Dahrendorf die Art der Bildungsexpansion ab, die der Verwirklichung des Rechts dienen kann. Erstrangiges Ziel ist die Erhöhung der Beteiligung im *allgemeinbildenden* Zweig (Verdoppelung der Abiturientenquote), denn es geht um mehr *Bildung*. Verbesserungen im *berufsbezogenen Ausbildungs*sektor müssen zurückstehen. Die Befriedigung eines ohnehin nicht genau bestimmbaren Bedarfes der Ökonomie ist explizit nicht Ziel, allenfalls ein nützliches Nebenprodukt.

Konsequenterweise ist Dahrendorf auch nicht an den Verwertungschancen von mehr Bildung auf dem Arbeitsmarkt interessiert. Im Gegenteil, und in diesem Punkt ist er mit Schelsky einig, der Nexus zwischen Berufswelt und Ausbildung ist zu durchbrechen. Die Absolventen müssen sich möglicherweise mit weniger privilegierten Berufsperspektiven abfinden. Von der Expansion wird aber eindeutig ein Abbau der Ungleichheit der Bildungschancen erwartet. Erst an dieser Stelle wird die Argumentation analytisch: Sie betrifft die angenommenen ungleichheitsgenerierenden Mechanismen und die Frage, wie diese durch Expansion verändert werden. Die empirische Evidenz, auf die sich Dahrendorf im wesentlichen stützt, liegt in den bekannten vier Merkmalen der unterproportionalen Bildungsbeteiligung, die Peisert (1967) ausweist: Arbeiterkind, Mädchen, ländliche Region und katholische Konfession. Diesen regelmäßigen Aggregatphänomenen wird eine vereinheitlichende theoretische Interpretation übergestülpt, die mit selektiven Zitaten aus qualitativen Befragungen und Motivergründungen empirisch belegt wird. In allen vier Kategorien der Unterrepräsentation erkennt Dahrendorf eine in Deutschland noch verbreitete „Tradition der Unmündigkeit". Sie äußert sich auf jeweils spezifische Weise in der Distanz der Eltern von den Bildungseinrichtungen und „der traditionalen Bescheidung auf engere Bereiche" und verweist auf den „grundlegenden Modernitätsrückstand der deutschen Gesellschaft" (S. 79). Diese traditionalen, in der Gesellschaft verwurzelten Einstellungen der Eltern können und müssen – u.a. durch entsprechend ausgerichtete Aufklärung und Bildungswerbung – verändert und dadurch die Motivation für Bildung gefördert werden. Die Schule muß dann verstärkt die unterschiedlichen sozialen Voraussetzungen der Schüler auffangen.[3] Auf diese Weise wird eine Bildungsexpansion sowohl die Gesellschaft modernisieren als auch einen Beitrag zur Verringerung von Bildungschancenungleichheit leisten.

Gesellschaftsdiagnose, mehr oder weniger empirisch geprüfte Annahmen über die Realität und ihre Deutung, allgemeine und bildungsbezogene politische Ziele und die Vorstellungen über die spezifische Ausgestaltung und die Wirkungen der Bildungsexpansion sind bei Schelsky wie bei Dahrendorf in einem in satten Pinselstrichen gezogenen und mehr oder weniger konsistenten Argumentationsmuster verwoben. Bei Schelsky ist es eine rückwärtsgerichtete, an traditionellen Familienwerten orientierte Gesellschaftsphilosophie, die im Grundtenor den Niedergang der Bildungsbürgerlichkeit und der alten Ständeordnung bedauert, das neue Aufstiegsstreben sozialkritisch betrachtet und weiterhin auf die traditionellen Arbeitstugenden des kleinen Mannes und auf seine alten handwerklichen

---

3 Auch an dieser Stelle könnte das Verständnis der Schule kaum unterschiedlicher zu Schelsky ausfallen. Während der Familiensoziologe Schelsky traditionsorientiert sie eher zu einer Dienerin in den Erziehungsaufgaben der Familie zurückentwickeln will, versteht sie Dahrendorf als moderne Gegenkraft zur Familie, die zur Auflösung traditioneller Bindungen beitragen kann.

und industriellen Berufsfertigkeiten baut. Bei Dahrendorf ergibt sich die Einheit seines Bildes und die Dramaturgie aus der sozialliberalen gesellschaftspolitischen Vision des Verfassers, die ihn schon wenige Jahre zuvor in seinem Buch „Gesellschaft und Demokratie in Deutschland" leitet, in dem er noch wesentlich weitergehende Diagnosen über die Modernitätsrückstände der deutschen Gesellschaft, ihre Folgen und Wege ihrer Bewältigung gibt. In „Bildung ist Bürgerrecht" erscheint nun die – in spezifischer Weise auszugestaltende – Bildungsexpansion als ein zentraler Schritt auf dem Weg zu einer modernen Gesellschaft, die vor allem der Absicherung von Demokratie und Freiheit dient. Sie bringt die Realisierung der Bürgerrechte ein Stück voran und trägt zum Abbau der Modernitätsrückstände bei. Das Problem ist nur, daß dieser politisch genährte Konsistenzimpetus die Analyse genau an der Stelle schwach und letztlich wohl auch falsch werden läßt, an der die systematische soziologische Prüfung von Hypothesen einsetzen müßte. Viel zu schnell und mit heute windig erscheinender Empirie werden die Ungleichheiten der Bildungsbeteiligung als Rückstände traditioneller Unmündigkeit gedeutet, die – wenn aufgelöst – auch zu einer Egalisierung der Bildungsbeteiligung führen. Dahrendorf übersieht, daß eine allgemeine Erweiterung der Bildungsgelegenheiten ohne – von ihm eher kritisch beurteilte – massive selektive Anreize und Hilfen für die bildungsfernen Gruppen auch mit einer Steigerung der Bildungsbeteiligung bildungsnäherer Gruppen verbunden sein wird. Die mit der einseitigen Ausrichtung auf die Bürgerrechte verbundene bewußte Ausblendung der ökonomischen Erträge von Bildung verstärkt diese Fehleinschätzung. Rückwirkungen der Bildungserträge auf die sozial selektive Bildungsbeteiligung werden nicht bedacht. So liegt beispielsweise die Annahme nahe, daß eine Entwicklung, bei der höhere Bildung zunehmend zur Voraussetzung für den Zugang zu vorteilhaften Positionen wird, die Bildungsanstrengungen der bildungsnahen Gruppen zumindest ebenso verstärkt wie die der bildungsfernen. Und eine Entwicklung, in der die Bildungserträge unsicherer werden, wird eher Gruppen von Bildungsinvestitionen zurückhalten, die über geringere diskretionäre Mittel für solche Zwecke verfügen.

Ohne im einzelnen die Wirkungsgeschichte explizieren zu können, wird national wie international Bildungsausbau zum großen gesellschaftlichen Reformprojekt. Zumindest wird in der wissenschaftlichen und öffentlichen Diskussion erwartet, daß mit der *Mobilisierung von Bildungsreserven* und mit Reformmaßnahmen im Bildungswesen die soziale Ungleichheit der Bildungsbeteiligung abgebaut und die gesellschaftliche Durchlässigkeit erhöht werden könne.[4] Mit Ausnahme der neo-marxistischen Kritik ist das Verständnis der Bildungseinrichtungen als Institutionen, die soziale Mobilität fördern, weit verbreitet. Ohne daß es damals für Deutschland entsprechende Untersuchungen gegeben hätte,[5] finden sich in der Literatur der Zeit zahlreiche Formulierungen, die mit der Aussage Dahrendorfs (1959: 59) übereinstimmen: „it is the stubborn tendency of modern societies

---

4 Für eine der besten Beschreibungen der öffentlichen Diskussion, der politischen Auseinandersetzungen, der konkreten Maßnahmen zur Bildungsmobilisierung und der institutionellen Umsetzung von Reformen sei auf von Friedeburg (1989) verwiesen.
5 Boltes (1959) „Sozialer Aufstieg und Abstieg" in Schleswig-Holstein enthält zwar aufschlußreiche Tabellen sowohl zu den herkunftsspezifischen Bildungschancen als auch zur Bedeutung von Ausbildung für die berufliche Plazierung, aber wie im Zusammenwirken beider Prozesse soziale Mobilität oder Immobilität generiert wird, ist nicht explizit analysiert. Belege zu den in der Literatur der Zeit verbreiteten Vorstellungen finden sich bei Müller (1975: 150–155).

to institutionalize intergenerational mobility by making a person's social position dependent on his educational achievement".

Die in der Folgezeit einsetzenden Bemühungen der empirischen Erforschung dieser Zusammenhänge haben dann gezeigt, daß diese von komplexer Natur sind, empirisch nicht einfach zu erfassen und in den Befunden teilweise auch empfindlich von den gewählten Verfahren abhängen. Als Folge davon und auch als Konsequenz methodologischer Entwicklungen hat sich die Forschung ausdifferenziert und sich der gründlicheren Analyse von Einzelaspekten zugewandt. Dies sei im folgenden an einer knappen Rekonstruktion der Forschungsentwicklung in den zwei Bereichen verdeutlicht, die in der Diskussion um Folgen der Bildungsexpansion im Vordergrund standen: Dies betrifft zunächst die Entwicklung der Bildungsungleichheit und ihrer Bedeutung für die soziale Mobilität; danach den Nexus zwischen erworbener Bildung und beruflicher Position. Vor allem der zweite Aspekt wird Gelegenheit geben, auf weitere Versuche soziologischer Diagnosen einzugehen.

III. Zur empirischen Analyse der Bildungsungleichheit und sozialer Mobilität

Dahrendorf (1959, 1965), Bolte (1959) und mehrere andere Autoren sehen Bildung noch fast fraglos als entscheidenden Mobilitätskanal und unterstellen, daß über Bildungsexpansion die soziale Ungleichheit der Bildungsbeteiligung abgebaut und als Folge auch die Ungleichheiten in den beruflichen Zukunftsperspektiven von Kindern unterschiedlicher sozialer Herkunft geringer würden. Im Unterschied dazu kommen schon die ersten empirischen Studien, die diese Zusammenhänge für Deutschland explizit zu prüfen versuchen, zu sehr zurückhaltenden Einschätzungen. Müller (1975) findet, daß für die Plazierung in der beruflichen Statushierarchie die Bedingungen der sozialen und familiären Herkunft – wenn vollständig in Rechnung gestellt – insgesamt deutlich gewichtiger sind als der davon unabhängige und eigenständige Effekt der Bildung. In gleicher Richtung dämpfen Müller und Mayer (1976) in einem, später von Rainer Geißler (1978) heftig kritisierten Gutachten für den Deutschen Bildungsrat optimistische Erwartungen eines hohen Egalisierungspotentials in der Bildungsbeteiligung durch Bildungsexpansion und eines dadurch erreichbaren Abbaus sozialer Immobilität. Sie gehen davon aus, daß als Konsequenz berufsstrukturellen Wandels der Nexus zwischen Bildungssystem und Beschäftigungssystem insgesamt eher enger werden könnte, als daß er lockerer werden sollte. Das Hauptargument für diese Erwartung ist ein makrosoziologisch strukturelles. Im Erwerbssystem werden die Bereiche zunehmend kleiner, bei denen die Allokation nur in geringem Maße bildungsgesteuert ist (die Landwirtschaft und andere Formen selbständiger Erwerbstätigkeit). Die professionalisierten und die bürokratisch-großbetrieblichen Arbeitsverhältnisse mit ihren eher bildungsmeritokratischen Rekrutierungsmustern dehnen sich dagegen aus. Selbst wenn für einzelne Individuen Bildungsabschluß und spätere Erwerbsposition nur noch abgeschwächt in Verbindung stehen, kann deshalb im Aggregat der Nexus sogar stärker werden. Deshalb bestehen keine großen Hoffnungen auf eine deutliche Erhöhung der intergenerationalen sozialen Mobilität durch Bildung, auch wenn sich durch Reformen die soziale Ungleichheit der Bildungsbeteiligung verringern ließe. Dies ist der Fall, weil Bildung in hohem Maß ihr vorausgehende ungleiche Bedingungen vermittelt und ihr davon unabhängiger, autonomer Effekt bei der beruflichen Statusplazierung gering ist. Über diesen

Reproduktionsmechanismus profitieren zudem vor allem die relativ besserstehenden Herkunftsgruppen, wenn die Rekrutierung in zunehmend mehr Positionen bildungsmeritokratisch erfolgt.

Nach diesen und anderen in der ersten Hälfte der 70er Jahre veröffentlichten Untersuchungen schwindet in der Folge neuer Themen in der soziologischen Ungleichheitsforschung die Diskussion um die Bildungsungleichheit.[6] Auch in der öffentlichen Diskussion flacht die generelle Reformeuphorie ab. Die weitgesteckten bildungspolitischen Reformprojekte der frühen 70er Jahre können aus verschiedenen Gründen nicht durchgesetzt werden und finden keinen Erfolg. Erst mit Beginn der 90er Jahre entstehen mehrere empirische Studien und Überblicksaufsätze. Sie stellen übereinstimmend eine allgemeine Niveauanhebung in der Bildungsbeteiligung sowie den Abbau der Ungleichheit zwischen den Geschlechtern und Konfessionen (Eigler u.a. 1980) fest. Im Hinblick auf die Ungleichheit zwischen Regionen findet die bisher überzeugendste Analyse von Henz und Maas (1995) ebenfalls einen klaren Abbau – wenn auch nicht eine völlige Auflösung – der Stadt/Land-Disparitäten. Damit bleibt von der berühmten Kurzformel von Peisert (1967) vor allem die Ungleichheit nach sozialer Herkunft. Sie wird gegenwärtig noch kontrovers diskutiert.

Zunächst scheinen die Befunde die These unveränderter Ungleichheitsrelationen nach sozialer Herkunft zu bestätigen (Mayer, Henz und Maas 1991; Köhler 1992; Meulemann 1992; Blossfeld 1993). Diese Befundlage erscheint um so überzeugender, als sie übereinstimmt mit einem Stand der Forschung, der „persistent inequalities" als allgemeines Entwicklungsmuster in den industrialisierten Ländern mit nur wenigen Ausnahmen ausweist (Blossfeld und Shavit 1993). Mehrere neuere Arbeiten kommen jedoch für Deutschland mit Daten aus so unterschiedlichen Erhebungen wie dem Mikrozensus, dem sozio-ökonomischen Panel, dem Allbus und der Lebensverlaufsstudie des MPI für Bildungsforschung zu dem weitestgehend übereinstimmenden Ergebnis einer *verringerten* Abhängigkeit der Bildungsbeteiligung von sozialen Herkunftsbedingungen (Müller und Haun 1994; Henz und Maas 1995; Schimpl-Neimanns 1998). Müller und Haun sowie Henz und Maas versuchen auch zu klären, weshalb ihre Befunde Ungleichheitsabbau und nicht Konstanz wie andere Arbeiten indizieren. Wichtige Gründe dafür sind, daß ihre Analysen den Blick auf längere Zeiträume ermöglichen. Sie basieren auf teilweise größeren Stichproben mit sichereren Messungen und verwenden mit den odds-ratios ein Maß, das im Unterschied zu anderen Maßen nicht abhängig ist von der zu untersuchenden Bildungsverteilung.[7]

Gegen die verwandten komplexen multivariaten Modelle wird manchmal der Einwand der Unanschaulichkeit erhoben. Deshalb sei an zwei anschaulichen Beispielen die Größenordnung des Abbaus der sozialen Bildungsungleichheit illustriert. Erstens hat sich nach einem globalen Maß die Ungleichheit nach sozialen Herkunftsbedingungen in ähnlichem Ausmaß verringert wie die Ungleichheit zwischen den Geschlechtern.[8] Zweitens läßt sich

---

6 Ausnahmen sind u.a. die Arbeiten von Meulemann (1985) und Handl (1985).
7 Zur Diskussion der unterschiedlichen neueren Analysen vgl. auch Krais (1996), zur Diskussion der Folgen unterschiedlicher Variablenoperationalisierungen und statistischer Modelle vgl. Handl (1984, 1985), Henz (1994), Müller und Haun (1994).
8 Vgl. dazu Müller und Haun (1994: 26–27). Daß in den meisten Bildungsstufen kaum noch Unterschiede in der Beteiligung von Jungen und Mädchen, jedoch nach wie vor große Unterschiede zwischen sozialen Herkunftsbedingungen bestehen, liegt daran, daß die Geschlechterunterschiede auch vor der Bildungsexpansion wesentlich geringer waren als die Unterschiede zwischen sozialen Klassen.

die Verringerung der Ungleichheit nach sozialen Klassen in einer einfachen Zahl zusammenfassen. Nach einer Hochrechnung haben in den Geburtsjahrgängen 1950-1959 (unter den für diese Geburtsjahrgänge real bestehenden Chancenverhältnissen) in Westdeutschland ca. 60-65.000 Kinder ungelernter Arbeiter ein Hochschulstudium absolviert. Hätten (bei gleichen realen Zahlen von Kindern ungelernter Arbeiter und insgesamt vergebenen Hochschulzeugnissen) für diese Geburtsjahrgänge Chancenrelationen zwischen den sozialen Klassen bestanden, wie sie noch für die Geburtsjahrgänge der Zwischenkriegszeit galten, hätten die Kinder ungelernter Arbeiter nur ca. 40.000 der vergebenen Hochschuldiplome erhalten.[9] Der durch die veränderten Chancenrelationen erreichte Gewinn an Hochschulzeugnissen bei Kindern von Facharbeitern dürfte noch größer sein. Aus neueren Befunden der Mobilitätsforschung (Hall 1997; Hartmann 1998) liegt die Folgerung nahe, daß mit der verringerten sozialen Ungleichheit in der Bildungsbeteiligung auch ein sozial weniger selektiver Zugang zu vorteilhaften Positionen insbesondere in der oberen Dienstklasse verbunden war.[10]

Auch in der weiteren internationalen Perspektive scheint die Befundlage keineswegs so einhellig wie von Blossfeld und Shavit (1993) resümiert. Neuere Arbeiten zeigen, daß neben Deutschland, den Niederlanden und Schweden auch in Frankreich (Brauns 1998), Italien (Shavit und Westerbeek 1998) und je nach untersuchtem Bildungsaspekt auch in Großbritannien (Jonsson und Mills 1993a, 1993b) Bildungsungleichheiten abgenommen haben. Damit ist also die Debatte nicht abgeschlossen, wie die Analyse von Shavit und Blossfeld anzudeuten schien. Es wird zur Aufgabe der Forschung, systematisch die Gründe für die in verschiedenen Ländern unterschiedlichen Entwicklungen zu verstehen. Die festgestellte Verringerung bedeutet natürlich nicht, daß alle sozialen Ungleichheiten in der Bildungsbeteiligung verschwunden sind. Sie sind nach wie vor groß. Die Mechanismen der sozialen Reproduktion von Bildungsungleichheit sind sehr stark, und in Deutschland sind die Ungleichheiten weiterhin größer als in Ländern wie beispielsweise Schweden. Dennoch muß man sich fragen, weshalb der von unterschiedlichen Autoren mit unterschiedlichen – und den besten verfügbaren – Quellen nachgewiesene Wandel nicht zur Kenntnis genommen wird. Im Hinblick auf die politische Durchsetzung von Maßnahmen zur Ungleichheitsbegrenzung kann es nicht förderlich sein, der Vorstellung der Unveränderbarkeit der Ungleichheitsrelationen Vorschub zu leisten.

Hat damit die Bildungsexpansion die in sie gesetzten Erwartungen eines Abbaus der Ungleichheit der Bildungsbeteiligung doch erfüllt? Hat sie im Hinblick auf alle vier von Peisert und Dahrendorf identifizierten Beteiligungsdefizite von Geschlecht, Konfession, ländlicher Region und sozialer Lage Fortschritte durch mehr Gleichheit gebracht? Hat

---

9 Diese Schätzungen basieren auf den in Jonsson, Mills und Müller (1996: 196) in Tabelle 5.3 mitgeteilten Simulationsergebnissen. Dabei werden folgende Annahmen gemacht. Von den ca. 8 Millionen Angehörigen der Geburtsjahrgänge 1950-59 waren 15 Prozent Kinder ungelernter Arbeiter. Von diesen haben real 5,5 Prozent ein Hochschuldiplom erhalten. Hätten diese Kinder ihre Bildungslaufbahn unter unveränderter absoluter Zahl von Ausbildungs- und Studienplätzen, aber bei den für die Geburtsjahrgänge 1916-1929 geltenden relativen Chancenverhältnissen zwischen sozialen Klassen vollzogen, hätten nur 3,3 Prozent von ihnen ein Hochschuldiplom erhalten.

10 Auch die Befunde von Berger (1996) weisen in Richtung erhöhter sozialer Mobilität. Seine Ergebnisse erscheinen mir aber aus methodischen Gründen, die zu diskutieren hier kein Raum ist, nicht schlüssig.

sich die Dahrendorfsche Diagnose oder Prognose erfüllt, daß mit der Erhöhung der Abiturientenquote auch ein Abbau der Traditionsbestände von Unmündigkeit erreicht und das Bürgerrecht auf Bildung materiell verwirklicht wird? Diese Fragen können allenfalls sehr eingeschränkt mit ja beantwortet werden, bezieht man sie wirklich auf den Mechanismus der *Expansion* im Sinne der Erweiterung von Bildungsgelegenheiten und auf die Beseitigung von Traditionsbeständen der Unmündigkeit in der Zeit nach 1965. Wie steht es damit im einzelnen bei den vier Defizitfaktoren?

Auf die Konfessionszugehörigkeit will ich nicht eingehen, denn es ist nicht sicher, inwieweit sie überhaupt nach angemessener Kontrolle der sozialen und regionalen Lage des Elternhauses als eigenständiger Faktor bestand. Für die Verringerung der Beteiligungsdefizite auf dem Land erscheinen das erweiterte Bildungsangebot in den ländlichen Regionen oder die bessere Erreichbarkeit von Bildungseinrichtungen und der damit erleichterte Zugang zu Bildung für die dortige Bevölkerung als überzeugende Erklärung. Für das Geschlecht besteht kein Zweifel, daß die Ungleichheit abgebaut wurde, aber es ist unwahrscheinlich, daß die Erweiterung der Bildungsgelegenheiten der zentrale Faktor für diese Entwicklung war. Der entscheidende Impuls dürfte in der Entfaltung des neuen und emanzipierteren Verständnisses der Rolle der Frau zu finden sein. Sie hätte wahrscheinlich auch unabhängig von einer Erweiterung der Bildungsgelegenheiten zu einer Egalisierung der Bildungsbeteiligung zwischen den Geschlechtern geführt. So sind die Veränderungen im Rollenbild der Frau gewiß ein Element der Modernisierung und des Abbaus von Traditionalismus, nur sind sie wahrscheinlich eher Ursache denn Folge der erhöhten Bildungsbeteiligung.

Allenfalls begrenzt mit dem Abbau von Traditionsbeständen und der Expansion der Bildungsgelegenheiten ist nach derzeitigem Kenntnisstand die Verringerung der sozialen Beteiligungsungleichheiten verbunden, besonders im Hinblick auf den Zugang zur Hochschulbildung. Der Abbau dieser Ungleichheit ist ein wesentlich längerfristigerer Prozeß (Müller und Haun 1994; Henz und Maas 1995). Er war im wesentlichen bereits vollzogen, als Dahrendorf sein Plädoyer schrieb. Soweit heute zu erkennen ist, verringerte sich die soziale Ungleichheit im Zugang zu Abitur und Hochschulbildung vor allem in den ersten zweieinhalb Nachkriegsjahrzehnten, nach den 60er Jahren dagegen – wenn überhaupt – so doch in wesentlich geringerem Ausmaß als zuvor. So haben der beschleunigte Ausbau der Bildungsinstitutionen seit der zweiten Hälfte der 60er Jahre und die ergriffenen – allerdings sehr begrenzten – Maßnahmen zum sozialen Ausgleich der Bildungsbeteiligung die soziale Selektivität auf dem Weg zur Universität kaum verringert. Sie haben vielleicht verhindert, daß sie größer wurde. Aber auch schon in den 50er und 60er Jahren ist die Beteiligung an den weiterführenden Schulen deutlich angestiegen. Auch in dieser Phase erfolgte also die Ungleichheitsreduktion unter Bedingungen eines expandierenden Systems. Es ist damit nur schwer zu bestimmen, welche Rolle die Expansion der Bildungsgelegenheiten bei der sozialen Egalisierung der Hochschulbildung genau gespielt hat.[11]

---

11 Einzig die Ergebnisse von Schimpl-Neimanns (1998) zeigen bis zum Ende der 80er Jahre einen kontinuierlich verringerten Einfluß der Klassenzugehörigkeit der Familie auf den Gymnasiumsbesuch der Kinder. Aber damit weiß man noch nicht, welches die *Ursachen* für die abnehmende Bedeutung der sozialen Herkunft für die Bildungslaufbahn der Kinder sind. Zu einer gründlicheren Diskussion der Probleme der Erklärung der verringerten Bildungsungleichheit vgl. Müller und Haun (1994). Daß die Bildungsexpansion lange vor der erklärten Bildungskatastrophe

Im Unterschied zum allenfalls noch sehr begrenzten sozialen Ausgleich in den obersten Etagen des Bildungssystems sind die sozialen Disparitäten im Erwerb der Mittleren Reife auch nach den 60er Jahren bis in die Gegenwart hinein weiterhin deutlich geringer geworden. Dabei war der Ausbau der Realschulen sicher nicht unbeteiligt. Daß vor allem dieses Angebot vermehrt auch von Arbeiterkindern angenommen wurde, liegt wahrscheinlich vor allem an den sich ändernden Anforderungen bei der Lehrstellenvergabe. Arbeiterfamilien haben erkannt, daß der Zugang zu den von ihnen traditionell besetzten Berufsbereichen ein erweitertes Allgemeinbildungsniveau voraussetzt. Mit der Mittleren Reife ist dies ein Niveau, das ohne hohe Kosten und Risiken erreichbar ist. Wenn diese Deutung richtig ist, konnte die Bildungsexpansion bestenfalls in einem sehr begrenzten Ausmaß zum Abbau der Traditionsbestände im Arbeitermilieu führen. Ohne massive Maßnahmen zum Chancenausgleich vollzog sich die Bildungsexpansion jedenfalls seit den 70er Jahren in einer Weise, daß sie Traditionsbestände im Arbeitermilieu eher zu konservieren half.

IV. Bildungsexpansion und Arbeitsmarkt

Bei der in Deutschland so starken Ausprägung des Berechtigungswesens und Berechtigungsdenkens wundert es nicht, daß das Argument ungesicherter Verwertungschancen von Bildung auf dem Arbeitsmarkt den Reformern schon in der Frühphase der Bildungsexpansion entgegengehalten wird. Schon Picht und Dahrendorf setzen sich mit entsprechenden Einwänden auseinander. Die Debatte wird verstärkt durch die zeitweise intensiv verfolgten Bemühungen, möglichst genau den Bedarf von Arbeitskräften bestimmter Qualifikationen zu schätzen und vorherzusagen (vgl. Hüfner und Naumann 1971). Die Zunahme der Arbeitslosigkeit auch unter Hochschulabsolventen seit Ende der 70er Jahre schiebt die Verwertungsfrage dann in den Vordergrund der Diskussion. Während die Bildungsexpansion selbst in vollem Gange ist und sich weiter fortsetzt, sieht die sozialwissenschaftliche Deutung diesen Prozeß zunehmend ambivalent. Auf der einen Seite steht die fast alle Erwartungen übertreffende Erhöhung des Bildungsniveaus. Auf der anderen Seite ist die Diskussion bestimmt durch das Hervorheben der individuellen und gesellschaftlichen Kosten der Bildungsexpansion. In der Literatur häufig verwendete Begriffe sind jeweils mit einer spezifischen inhaltlichen Trendaussage verbunden.

Das Verständnis von Bildungsexpansion als Bildungs*inflation* hebt auf eine Entwicklung ab, in der der Bildungserwerb von Individuen als weit über dem Qualifikationsbedarf des Arbeitsmarktes liegend angenommen wird und in der die meritokratische Logik (Lutz 1991) mit ihren paradoxen Effekten (Boudon) voll durchschlägt. Die Übernachfrage nach Bildung kommt in Gang, weil die gesellschaftliche Positionshierarchie relativ inflexibel ist. Die besten Plätze in dieser Hierarchie kann nur erreichen, wem es gelingt, sich *vor* den Mitkonkurrenten in der Labour Queue (Thurow 1975) einzuordnen. Das sicherste

---

begann, zeigen Kohortenanalysen zahlreicher Untersuchungen. Der starke Anstieg der Studierendenzahlen seit den 80er Jahren ist dagegen neben den bekannten demographischen Folgen des Nachkriegsgeburtenbooms zum Teil auch bereits eine Sekundärfolge der frühesten Etappen der Bildungsexpansion: Die heutigen und zukünftigen Studierenden stammen zunehmend aus Familien, deren Eltern der Generation der beginnenden Bildungsexpansion angehören. Die intergenerationale Bildungsreproduktion trägt bereits seit einigen Jahren zur weiteren Erhöhung der Bildungsnachfrage bei (dazu Köhler 1992).

Mittel dafür ist Bildung, und in einem Teufelskreis wird zunehmend mehr davon benötigt. Ein letztlich verschwenderischer, sowohl gesellschaftlich als auch individuell nutzloser *Verdrängungs*wettbewerb von oben nach unten wird in Gang gesetzt.

Die Vorstellung von der *Entkoppelung* von Bildungssystem und Beschäftigungssystem unterstellt, daß in einem Zustand des Überflusses von Qualifikationen gegenüber der Nachfrage andere Kriterien als Bildung den Zugang zu vorteilhaften Positionen steuern werden. Offe (1975) verweist bereits in den frühen 70er Jahren darauf. In den Worten Geißlers (1978: 482): „Was viele besitzen, kann nicht das ausschlaggebende Kriterium für die Verteilung von Privilegien an wenige sein". Beck (1986: 244) folgert: *„Im Zuge dieser Entwicklung hat das Bildungssystem in den siebziger Jahren seine statusverteilende Funktion eingebüßt:* Ein Abschluß allein reicht nicht mehr hin, um eine bestimmte Berufsposition und damit ein bestimmtes Einkommen und Ansehen zu erreichen. ... hinzukommen müssen ‚Auftreten', ‚Beziehungen', ‚Sprachfähigkeit', ‚Loyalität' – also *extra*funktionale Hintergrundkriterien einer Zugehörigkeit zu ‚sozialen Kreisen', die durch die Bildungsexpansion gerade überwunden werden sollte" (Beck 1986: 139). *„Das Bildungssystem hat die tatsächliche Statuszuteilungsfunktion an die betrieblichen Personalabteilungen bzw. -chefs verloren"* (Beck 1986: 244).[12]

Schließlich gewinnen angenommene Konsequenzen der Bildungsexpansion eine bedeutende Rolle in einer neuen Generaldiagnose der Gesellschaft als *individualisierte Risikogesellschaft*. Die mit dem Überangebot an hohen Qualifikationen gestiegene Arbeitslosigkeit auch unter den Hochqualifizierten generalisiert nun für die gesamte Bevölkerung das Modell des *individualisierten* Lebenslaufs, der sich durch Risikohaftigkeit, zunehmende Entscheidungszwänge und subjektive Biographiekonstruktionen auszeichnet.

Es ist aufschlußreich, diese weitreichend generalisierenden Deutungen mit dem einschlägigen empirischen Wissen zu vergleichen, das zum Zeitpunkt der Formulierung der Diagnosen zur Verfügung stand. Blossfeld (1985)[13] kommt in seiner akribischen Analyse von Daten der Volkszählung 1970 und je eines Mikrozensus Ende der 70er und zu Beginn der 80er Jahre zu differenzierten Befunden eines parallelen Upgradings der Bildungsbeteiligung und des berufsstrukturellen Wandels. Dabei ist allerdings das Upgrading der Bildungsstrukturen der Bevölkerung etwas schneller als der entsprechende Wandel bei den Berufsstrukturen. Grosso modo bleiben nach Blossfelds Befunden die großen Strukturen in den Verbindungen zwischen bestimmten Qualifikationen und beruflichen Stellungen weitgehend unverändert. Es findet allerdings eine gewisse Verdrängung insbesondere der Hauptschulabsolventen durch Realschulabsolventen statt. Unter anderem stellt Blossfeld (1985: 85) fest: „Insgesamt konnten sich die Hochschulabsolventen auch noch zu Beginn der achtziger Jahre in den traditionellen akademischen Kernberufen, das heißt also weitgehend ‚ausbildungsadäquat' plazieren." Bei den Fachhochschulabsolventen wird zunächst auf die institutionellen Veränderungen durch den Ausbau der Fachhochschulen und die Schwierigkeit des Datenvergleichs hingewiesen. Dann wird festgehalten: „Besonders ausgeprägt verändern sich die Berufschancen zugunsten der Semiprofessionen ... Im Beschäftigungssystem ist dieser Prozeß in vielen Berufen mit einer zunehmenden Professionalisierung verbunden" (ebd.: 86). Bei den Hauptschulabsolventen sind im Sinne einer Ver-

---

12 Zu einem ähnlichen Katalog vgl. Geißler (1978).
13 Die meisten der im folgenden referierten Ergebnisse von Blossfeld waren schon in den Jahren 1983 und 1984 in Zeitschriftenaufsätzen veröffentlicht.

schlechterung der Berufsperspektiven aus den präsentierten Daten folgende Befunde zu entnehmen: In den 12 Jahren zwischen 1970 und 1982 nimmt unter den Hauptschulabsolventen mit einer beruflichen Lehre der Anteil derjenigen, die in qualifizierten nichtmanuellen Positionen beschäftigt sind, von 34 auf 27 Prozent ab. Ein entsprechender Anstieg erfolgt bei den unterschiedlichen Niveaus von manuellen Berufen. Bei den Hauptschulabsolventen ohne Lehre nimmt der Anteil der in qualifizierten nicht-manuellen Berufen Beschäftigten von 18 auf 12 Prozent ab. Dabei ist aber zu berücksichtigen, daß in dem untersuchten Zeitraum der Anteil der Hauptschulabsolventen von 74 Prozent im Jahre 1970 auf 51 Prozent im Jahre 1982 abgenommen hat. Die begrenzte Verschlechterung der beruflichen Perspektiven bezieht sich also auf eine Population, die um ein Drittel kleiner geworden ist. Handl (1986) kommt zu dem Befund, daß der berufliche Ertrag von höherer Bildung *leicht* abnimmt, wobei er deutlich auf methodische Probleme dieser Aussage hinweist, die mit teilweise unterschiedlichen Meßverfahren zu tun haben.

Unabhängig davon, ob diese empirische Evidenz die reale Entwicklung wirklichkeitsgerecht nachzeichnet, ist interessant, was daraus in der deutend diagnostischen Interpretation wird. Diese liest sich bei explizitem Verweis auf die zitierten Quellen als Grundlage der eigenen Aussagen dann so: „Wie empirisch-statistische Analysen zeigen, haben sich im Zuge der Bildungsexpansion in den siebziger Jahren insbesondere die Beschäftigungschancen von *Hauptschulabgängern* dramatisch verschlechtert. Die Türen zum Beschäftigungssystem sind in diesen unteren Gängen des Bildungssystems ... inzwischen fast vollständig verschlossen ... Auch bei Absolventen von *Fachhochschulen* ... verschlechtert sich die Situation mit Beginn der 80er Jahre schlagartig. ... Insbesondere aber für *Hochschulabsolventen* öffnet sich seit den 80er Jahren die Schere zwischen den Abgängerzahlen ... und den verfügbaren Stellen dramatisch ... die Beschäftigungssituation für Jungakademiker [hat sich] rapide verschlechtert" (Beck 1986: 239–240).

„Bei (weitgehend) konstanten institutionellen Binnenstrukturen und Organisationsprämissen hat im Übergang in die 80er Jahre das Ausbildungssystem in der Bundesrepublik in diesem Sinne eine ‚*Bedeutungszäsur*' durchlaufen. Das über sie hinausweisende Berufsziel ging verloren, Ausbildung ist ziellos, zu einem Irrgarten uneingelöster Versprechen und offen hervorbrechender Widersprüche geworden" (Beck 1985: 315).

Der Verlust der Zuweisungsfunktion von Bildung zu beruflichem Status und die „Verlagerung der effektiv statuszuweisenden Funktion aus dem Bildungs- in das Beschäftigungssystem" ist ausgemachte Sache. „Im Niemandsland zwischen ‚hinreichender' und ‚notwendiger' Bedingung hat das Bildungssystem seine ihm immerhin seit der Aufklärung zugeschriebene, in den 60er Jahren beschworene Funktionsbestimmung – öffentliche kontrollierbare Verteilung sozialer Chancen – verloren!" (Beck 1985: 317).

Ähnlich prägnante Thesen finden sich in einem – vor hochrangigem Publikum unter Anwesenheit von Bundesministern gegebenen – Vortrag von Burkart Lutz (1991) im Hinblick auf krisenhafte, gesellschaftsgefährdende Problematiken bei der Entwicklung der *Berufs*bildung. Es werden große Grundströmungen des gesellschaftlichen Qualifizierungsbedarfs skizziert, die als „unverzichtbare Voraussetzungen für das Überleben und den Wohlstand unserer Gesellschaften" (Lutz 1991: 31) zu betrachten seien. Interessanterweise kommt Lutz aber zu ganz anderen Schlußfolgerungen. Ganz im Gegensatz zu Beck skizziert er die „im Grenzfall überlebensbedrohende – Gefahr für alle modernen Gesellschaften" (ebd.: 32), die sich aus der meritokratischen Logik ergibt. Sie besteht darin, daß vorteilhafte berufliche Positionen zunehmend nach der Hierarchie von allgemeinbildenden Bildungszertifikaten vergeben werden, daß es zu einer immer schärferen Auslese beim Zugang zu den Abschlüssen der höheren Bildung kommt und daß Ausbildungsgänge, die berufliche Qualifikationen vermitteln, zunehmend entwertet werden.

Bei der Analyse der Folgen der Bildungsexpansion für die beruflichen Verwertungschancen von Ausbildung dauert es besonders lange, bevor ein empirisch abgesichertes Bild dieser Konsequenzen gewonnen werden kann. Personen, die 1965, als die Bildungswerbung einsetzte, eingeschult wurden, sind heute immer noch jünger als 40 Jahre und können somit erst jetzt über einen erheblichen Teil ihrer Berufslaufbahn beobachtet werden. Die Attribuierung von Ergebnissen auf die Faktoren, die den Verlauf der Berufslaufbahn bedingen, ist zudem unsicher, weil Wirkungen der Bildungsexpansion schwer zu trennen sind von anderen zeitgleich ablaufenden Prozessen, wie der sich schubweise vergrößernden Nachfragelücke auf dem Arbeitsmarkt oder den sich durch den technologischen Wandel ergebenden strukturellen Verschiebungen in der Nachfrage. Es gibt bislang kaum Forschung, die diese Problematik angemessen berücksichtigt. Bezogen auf ein Gesamtbild des Arbeitsmarktes verfügen wir hinsichtlich der jüngeren Entwicklung nach wie vor praktisch ausschließlich über Informationen, die das zustandegekommene Matching zwischen Qualifikationen und beruflichen Positionen im Zeitverlauf beschreiben, ohne daß im einzelnen die Mechanismen isoliert wären, mit denen die zu beobachtenden Zuordnungen zu erklären wären. Wenn im folgenden einige neuere Befunde der Forschung referiert werden, muß man sich der dadurch bedingten Grenzen der Aussagen bewußt sein.

Insgesamt zeichnen diese Befunde ein Bild, das weder Begriffe von Bildungsinflation oder von Entkoppelung zwischen Bildungs- und Beschäftigungssystem rechtfertigt noch die Vorstellung von Strukturbrüchen oder Zäsuren. Eine sehr allgemeine Charakterisierung würde eher nahelegen, von einem hohen Grad an Stabilität in den prägenden Grundstrukturen auszugehen. Eine solche Aussage muß aber sogleich durch den Hinweis auf bedeutsame Differenzierungen im Detail ergänzt werden. Diese folgen aber kaum einem allgemeinen Muster, sondern fallen je nach beobachteter Dimension unterschiedlich aus und können nach Segmenten im Bildungs- und Beschäftigungssystem in unterschiedlicher Richtung variieren.

Insbesondere die langandauernde Massenarbeitslosigkeit und ihre Folgen auch für die Absorption von Hochschulabsolventen hat im Vergleich zu den Wachstums- und Boomjahren der Nachkriegszeit für große Teile der Bevölkerung zu einem entscheidenden Wandel in der Sicherheit ihrer Erwerbsgrundlagen geführt. Die Arbeitslosigkeit ist das zentrale Grundproblem der Zeit und soll in keiner Weise unterschätzt werden. Offensichtlich hat die Arbeitslosigkeit auch Rückwirkungen auf das Bildungsverhalten, und sie hat für viele Absolventen den Übergang vom Bildungs- in das Beschäftigungssystem in hohem Maß durch verlängerte, verunsichernde und streßbelastete Such- und Plazierungszeiten verändert. Aber diese Phänomene sind nicht Folgen der Bildungsexpansion, sondern sind von ihr zu trennen. Wenn der Forschungsstand zum Verhältnis von Bildung und Arbeitslosigkeit eines deutlich macht, dann ist es der immer wieder bestätigte Befund einer starken Verringerung, wenn auch nicht völligen Vermeidung des Arbeitslosigkeitsrisikos durch Bildung.

In der langfristigen Entwicklung ist der Zusammenhang zwischen erworbener Bildung und dem Statusniveau der beruflichen Erstplazierung enger geworden. Beruflicher Status läßt sich heute wesentlich besser durch Bildungsabschlüsse vorhersagen als noch in der

Vorkriegszeit oder im ersten Nachkriegsjahrzehnt. Mehrere Einzelentwicklungen haben dazu beigetragen: 1. Die Unterschiede in den beruflichen Statuserträgen von Absolventen verschiedener Ausbildungsgänge – vor allem zwischen Hochschulabsolventen und anderen Bildungsgängen – sind größer geworden. 2. Zunehmend größere Anteile der Mitglieder einer Berufseintrittskohorte haben eine Hochschulausbildung, deren Erträge besonders stark von den Erträgen anderer Bildungsgänge abweichen. 3. Vor allem bei den Hochschulabsolventen sind die Statusperspektiven langfristig homogener und nicht individualisierter geworden. Diese Zunahme der Vorhersagbarkeit von beruflichem Status durch Bildung ist besonders ausgeprägt bis Ende der 60er Jahre. Seither verbleibt sie mehr oder weniger konstant auf hohem Niveau.[14]

Für die jüngste Entwicklung – von den 80er in die 90er Jahre –, in der verstärkt die Kinder der Bildungsexpansion auf den – insgesamt äußerst schwierigen – Arbeitsmarkt getreten sind, zeigt eine neuere Studie, daß sich in Teilen ein Trend fortsetzt, den schon Blossfeld (1985) beobachtet hat (Brauns, Müller und Steinmann 1997). Für die Absolventen einiger Ausbildungsgänge werden die erreichten beruflichen Positionen ungünstiger. Die Verschlechterung der Plazierungschancen ist aber wiederum sehr graduell. Vor allem die Verwertungschancen des Abiturs sind auf dem Arbeitsmarkt gesunken.[15] Für die Universitätsabsolventen dagegen bestätigt sich der schon von Teichler (1987) herausgearbeitete Befund relativer Stabilität: Sie sind von verschlechterten Verwertungschancen am wenigsten betroffen, und für die Absolventen der Fachhochschulen haben sich in Übereinstimmung mit der institutionellen Aufwertung dieser Einrichtungen die beruflichen Plazierungsperspektiven *verbessert*. Insgesamt heben sich die Hochschulabsolventen der 90er Jahre im Hinblick auf die erreichte Klassenposition wenigstens ebenso stark von allen übrigen Bildungsgruppen ab wie in den 80er Jahren. Relativ zu anderen Bildungsgruppen haben sich die Chancenvorteile der Hochschuldiplomierten im Wettbewerb um vorteilhafte Positionen verbessert. Die Auseinanderentwicklung der beruflichen Perspektiven ist kein massiver Trend, aber sie ist erkennbar vorhanden. Ein wesentlicher Grund für die nach wie vor vorteilhaften Plazierungschancen der Hochschulabsolventen ist das fortgesetzte Upgrading der Berufsstruktur, das sich besonders auch bei den erwerbstätigen Frauen zeigt.

Überwiegend Konstanz kennzeichnet auch die Entwicklung der *Einkommens*relationen zwischen verschiedenen Bildungsgruppen. Allenfalls deutet sich an, daß bei Hochschulabsolventen die Einstiegsphase mit niedrigeren Einkommen und das Einpendeln der Einkommen auf das hergebrachte Niveau etwas länger dauert (Bellmann, Reinberg und Tessaring 1994).[16] Interessant ist aber die weitere Beobachtung einer sich abzeichnenden Verschiebung in der Lage einzelner Bildungsgruppen zum Durchschnittseinkommen (Butz

---

14 Vgl. dazu Mayer und Blossfeld (1990); Müller (1998b).
15 Als Beispiel für die ausgeprägtesten Verschlechterungen kann auf die Abiturienten hingewiesen werden, die ohne weitere abgeschlossene Ausbildung erwerbstätig sind. Aus dieser Gruppe waren nach dem Mikrozensus 1982 in der Alterskohorte der 25–34jährigen Männer ca. 20 Prozent in nichtmanuellen Routinetätigkeiten oder als ungelernte Arbeiter beschäftigt, 1993 waren es 30 Prozent. Bei den Frauen betragen die entsprechenden Zahlen 31 und 36 Prozent. Bei den übrigen Bildungsgruppen sind „Statusverluste" in der Regel geringer.
16 Dieser Befund zur Einkommensentwicklung seit 1976 aus Daten des Mikrozensus und der Beschäftigtenstatistik steht allerdings in Kontrast zu einem Ergebnis von Hannan, Schömann und Blossfeld (1990), die für den Zeitraum von 1950–1975 aus Daten der Berliner Lebensverlaufsstudie deutlich abnehmende Einkommensrenditen finden.

1998). In der Folge der Bildungsexpansion ist durch die wesentliche Vergrößerung des Beschäftigtenanteils der Hochschulabsolventen mit nach wie vor ausgeprägt überdurchschnittlichen Einkommen das allgemeine Durchschnittseinkommen angestiegen. Dies läßt nun Bildungsgruppen, die vor der Bildungsexpansion und dem Upgrading der Berufsstruktur noch Einkommen über dem allgemeinen Einkommensmittelwert erzielten, darunter abfallen. Ohne daß es zu Veränderungen in den Einkommensabständen zwischen den Bildungsgruppen gekommen wäre, laufen durch den Wandel in der Struktur der Einkommensbezieher den Beschäftigten mit niedrigen und mittleren Qualifikationen die Durchschnittseinkommen davon.[17]

In groben Zügen finden sich die in Deutschland beobachteten Entwicklungen auch in anderen Ländern. Wie in Deutschland besetzen auch in Frankreich und England die Absolventen tertiärer Bildungsgänge weiterhin die vorteilhaftesten Positionen des Arbeitsmarktes und haben den Vorsprung im Vergleich zu anderen Bildungsgängen zumindest halten, wenn nicht ausbauen können. Allerdings sind weitere Entwicklungen in diesen Ländern nicht völlig einheitlich. Sie variieren nach unterschiedlichen Traditionsbeständen in der Profilierung der einzelnen Ausbildungsgänge und ihrer im Zuge der Bildungsexpansion vollzogenen Veränderung im institutionellen Gerüst der jeweiligen Bildungssysteme (Brauns, Müller und Steinmann 1997).

Es ist keineswegs ausgemacht, wie diese Veränderungen insgesamt zu charakterisieren sind. Keine der Kurzformeln, die die Diskussion beherrschen, wird der Differenziertheit der Entwicklungen gerecht. Die Befunde scheinen selbst moderate Formulierungen wie die These von Weymann (1987: 4) kaum zu rechtfertigen, nach der „ein Teil der im Bildungssystem relativ ‚transparenten und chancengleichen' Selektionsprozesse ausgelagert und in das Beschäftigungssystem überwiesen" wurde. Auch die häufig wiederholte Formulierung, höhere Bildung sei zunehmend notwendiger und doch immer weniger hinreichend, ist nach den dargestellten Befunden zumindest in ihrem zweiten Teil fragwürdig. Nicht jede und jeder erreicht mit einem akademischen Studium eine glanzvolle berufliche Karriere, aber an den überdurchschnittlichen Karriereperspektiven der Hochschulabsolventen hat sich im Zuge der Bildungsexpansion bislang wenig geändert. Der wichtigste Aspekt, der sich auch für die Hochschulabsolventen geändert hat, ist das höher gewordene Risiko von Arbeitslosigkeit. Aber dies ist nicht von der Zunahme von Bildung verschuldet, sondern dem Arbeitsmarkt anzulasten.

Die Verdrängungsmetapher kommt der Realität vielleicht noch am nächsten, weil die Höchstqualifizierten mehr oder weniger unverändert gute Verwertungschancen haben, während die graduelle Verschlechterung unterhalb des Hochschulbereiches dadurch zustande kommt, daß die ehemals besten erreichbaren Positionen dieser Absolventen nun von Inhabern einer höher bewerteten Ausbildung eingenommen werden. Für die Verdrängungsmetapher könnte mit Matching-Modellen in Anlehnung an Thurow (1975) auch ein Ablaufmechanismus theoretisch klar bestimmt werden. Aber niemand hat bislang genau beziffert, wie groß der Anteil der Erwerbstätigen mit mittleren und niedrigen Qualifikationen ist, die als Folge des gewachsenen Anteils von Konkurrenten mit höheren Quali-

---

17 So lag nach den Ergebnissen von Butz (1998) 1982 das Einkommen von Absolventen mittlerer Ausbildungsgänge (z.B. mittlere Reife und Berufslehre) noch über dem allgemeinen Einkommensdurchschnitt, 1995 aber deutlich darunter.

fikationen nicht mehr die Positionen erreichen, die ihnen vor der erhöhten Bildungsbeteiligung offenstanden. Eine präzise Bestimmung ist wohl auch deshalb bislang nicht erfolgt, weil keineswegs einfach auszumachen ist, wer als „verdrängt" gelten soll. Gehören die Absolventen einer Lehre in einem technikorientierten Facharbeiterberuf dazu, wenn als Voraussetzung für diese Lehre an Stelle des Hauptschulabschlusses nun in der Regel die mittlere Reife gefordert wird, weil sich im Zuge des technologischen Wandels die Anforderungen tatsächlich erhöht haben? Solange nicht geklärt ist, in welchem Ausmaß sich die qualifikatorischen Anforderungsprofile realiter verändert haben und in welchem Ausmaß als bloße Reaktion auf die Verfügbarkeit größerer Zahlen höher qualifizierter Schulabsolventen, verdecken die einprägsamen Vokabeln – manchmal irreführend – eher Nichtwissen, als daß sie erhellend sind.

Da sich die Berufsperspektiven der einzelnen Absolventengruppen und die relativen Abstände zwischen den Gruppen nicht grundlegend gewandelt haben, sei hier nochmals auf das verwiesen, was sich im Zuge der Bildungsexpansion tatsächlich in von niemandem erwarteter Geschwindigkeit verändert hat. Dies sind die Bildungsverteilung und die weitreichende Niveauanhebung. In Zahlen gab es:

1970	weniger als	10% Abiturienten, davon die meisten mit späterem Hochschulabschluß,
	ca.	15% Absolventen der Mittleren Reife,
	ca.	75% Hauptschulabsolventen, darunter 20% ohne Berufslehre.
1995	ca.	30% Abiturienten, darunter ca. 15% mit späterem Hochschulabschluß,
	ca.	35% Absolventen der Mittleren Reife,
	ca.	35% Hauptschulabsolventen, darunter ca. 10% ohne Berufslehre.

1970 bestand also noch eine Situation, in der man mit einem Hauptschulabschluß zur überwiegenden Mehrheit der Bevölkerung gehörte. Ein Fünftel erhielt auch keine Berufsausbildung. 1995 haben sich beide Anteile massiv verringert. Wesentlich weniger Personen beginnen nach einem Hauptschulabschluß und teilweise ohne berufliche Lehre ein Erwerbsleben mit sehr begrenzten Perspektiven. Gemessen an diesen massiven Veränderungen in den Bildungsverteilungen sind die Berufsperspektiven der Absolventen der einzelnen Ausbildungsgänge erstaunlich stabil geblieben. Die Verteilungsveränderungen haben aber eine Reihe anderer Implikationen, auf die teilweise schon von anderen Autoren hingewiesen wurde. Die Bildungsverteilung ist 1995 *ungleicher* geworden (Mayer 1991): 1970 gab es noch die starke Konzentration auf den Hauptschulabschluß, 1995 dagegen eine größere Streuung auf unterschiedliche Abschlüsse, die bei Verwendung einer differenzierteren Bildungsklassifikation noch stärker zum Ausdruck käme. Zweitens ist mit der Verteilungsveränderung ein Wandel in der sozialen Homogenität der Bildungsgruppen verbunden. Die unteren Bildungsgruppen – besonders die Hauptschulabsolventen ohne Lehre – werden zu einer wesentlich selektiveren Population.[18] Die Gruppen mit höherer Bildung sind dagegen offensichtlich heterogener geworden. Der Anteil von Kindern bildungsferner sozialer Herkunft an den Gymnasien und Hochschulen hat zugenommen. Die soziale Ex-

---

18 Eine Reihe von Problemen im Schulalltag der Hauptschule ist sicher damit verbunden. Diese sind teilweise so groß, daß ein erheblicher Reformdruck ausgelöst wird und sich die Frage stellt, wie lange die Hauptschule als gesonderte Einrichtung noch bestehen kann. Diese allmähliche Erodierung der Hauptschule ist eine der von kaum jemandem vorhergesehenen Folgen der Bildungsexpansion.

klusivität dieser Einrichtungen ist geringer geworden (Köhler 1992; Meulemann 1992). (Diese sich verändernden Selektivitäten erschweren im übrigen zusätzlich die Interpretation der Veränderungen in den beruflichen Perspektiven der einzelnen Absolventengruppen). Drittens ist mit den Verteilungsveränderungen auch eine Verstärkung der Sortierwirkungen des Bildungssystems verbunden. Nach der Expansion segmentiert es die Absolventenpopulation in differenzierterer Weise in die mit unterschiedlichen Berufsperspektiven verbundenen Abschlußniveaus als in den Zeiten davor, in denen sich die Absolventen noch weitgehend undifferenziert auf den Hauptschulabschluß konzentrierten.

Das Sortieren durch das Bildungssystem wird durch eine Reihe institutioneller Reformen verstärkt, die zum Teil durch die angestiegene Bildungsnachfrage ausgelöst, zum Teil unabhängig davon in Gang gesetzt wurden. Das Bildungssystem Deutschlands ist zwar durch eine im internationalen Vergleich hohe institutionelle Stabilität gekennzeichnet. So hat sich im Unterschied zu vielen anderen Ländern erstaunlich wenig an der traditionellen Dreigliedrigkeit der Sekundärbildung geändert. Dennoch haben sowohl auf dem Tertiärniveau als auch im Bereich der Berufsbildung bedeutsame institutionelle Reformen stattgefunden. Im Tertiärbereich sind dies vor allem die Einrichtung der Fachhochschulen und in geringerem Maße die Gründung der Berufsakademien. Diese institutionellen Innovationen wie die Vervielfältigung der Zahl unterschiedlicher Studiengänge und die Ausdehnung von berufsorientierten Ausbildungsgängen zwischen Abitur und Hochschule haben die Differenzierung im Bereich höherer Bildung erhöht. Da mit den einzelnen Ausbildungsgängen vielfach spezifische Berufschancen verknüpft sind, hat diese Zunahme an Differenzierung das Sortierpotential der Bildungsinstitutionen sicher ebenfalls eher verstärkt als geschwächt.

Die Bedeutung der Berufsbildung für die Qualifizierung der Bevölkerung wurde aufgrund einer einseitigen Fixierung der Bildungsexpansionsdiskussion auf Abitur und Hochschule lange Zeit in hohem Maße unterschätzt.[19] Von der Soziologie eher unbemerkt, hat dieses System bislang eine bemerkenswerte Reform- und Anpassungskapazität gezeigt. Es war in der Lage, gestiegene Qualifikationsanforderungen aus der Arbeitswelt aufzufangen, dem berufsstrukturellen Wandel zu folgen und zugleich vor allem nur einen – wiederum im internationalen Maßstab – geringen Anteil von Berufsanfängern ohne berufliche Grundausbildung zu lassen. Zu den wichtigsten Reformen gehören die Konzentration der

---

19 Die frühen internationalen Bildungsvergleiche, die zur Proklamation der deutschen Bildungskatastrophe geführt haben, basierten auf OECD-Statistiken, in denen die berufliche Bildung über das duale System ausgeklammert war. Die Vernachlässigung dieses spezifischen Schwerpunktes im deutschen Bildungswesen mußte dann den Rückstand Deutschlands als besonders gravierend erscheinen lassen. Der Umstand, daß auch die beiden publikumswirksamsten Plädoyers von Picht und Dahrendorf die Reformdebatten auf die Erhöhung der Abiturientenzahlen gelenkt haben, hat zur Vernachlässigung der Berufsbildung nicht wenig beigetragen. Mit Ausnahme der Arbeiten von Ingrid Drexel, Walter Heinz, Wolfgang Lempert, Burkart Lutz und einzelner Studien des IAB (Institut für Arbeitsmarkt- und Berufsforschung der Bundesanstalt für Arbeit) hat das duale System in der soziologischen Forschung kaum Aufmerksamkeit gefunden und wurde zu einer Domäne der Berufspädagogik. Eine weitgehende Trennung von Hochschulforschung und Berufsbildungsforschung mit ihren jeweils vereinseitigenden und selektiven Problemthematisierungen setzt sich durch, die sich bis in die Gründung von getrennten Großeinrichtungen der Bildungsforschung und Bildungsplanung (Hochschulinformationssystem (HIS) und Bundesinstitut für Berufsbildungsforschung (BIB)) fortsetzt. Für ein umfassendes Verständnis der Konsequenzen der Bildungsexpansion war dies gewiß nicht förderlich.

Lehrlingsausbildung auf eine kleinere Zahl von Grundberufen, die deutliche Anhebung und Differenzierung des Anforderungsprofils in einzelnen Ausbildungsbereichen und die Entwicklung neuer Berufsbilder im Dienstleistungsbereich (Stratmann und Schlösser 1992). Ob es „seine Zukunft bereits hinter sich hat", wie Geißler (1991) es formuliert oder K. U. Mayer (1995) zu bedenken gibt, kann an dieser Stelle nicht diskutiert werden. Man kann aber vermuten, daß eine stärkere Differenzierung in der für verschiedene Berufslehren vorausgesetzten Allgemeinbildung ebenfalls den Grad der hierarchischen Differenzierung im Bildungs- und Ausbildungssystem verstärkt hat.

Insgesamt gibt es als Folge dieser Entwicklungen – der differenzierteren Verteilung der Absolventen auf die verschiedenen Niveaus, der zunehmenden Stratifizierung innerhalb des Systems wie der Anpassungen im System der Berufsbildung – wenig Anhaltspunkte für die Entkoppelung von Bildung und Beschäftigung. Die Befunde weisen eher in Richtung der meritokratischen Logik, wenn auch – jedenfalls bislang – noch ohne die von Lutz erwartete weitgehende Entwertung berufsbezogener Abschlüsse.

V. Kultur und Politik – noch viele blinde Flecken der Forschung

Wie zu Beginn des Beitrags bemerkt, weisen die angenommenen Folgen der Bildungsexpansion weit über die engen hier näher betrachteten sozialstrukturellen Aspekte hinaus. Selbst auf diese konnte ich nur unvollständig eingehen. So fehlt beispielsweise eine Diskussion der Folgen der Bildungsexpansion für die Veränderungen in der Lebensführung und den Lebensstilen, die deutlich mit Bildung korreliert sind.[20] Aber hier sind die Zusammenhänge mit der Bildungsexpansion noch weniger geklärt als bei den zuvor diskutierten Sachverhalten. Gleiches gilt für die zu vermutenden Konsequenzen der Bildungsexpansion im kulturellen, sozialen und politischen Bereich. Die folgenden kurzen Anmerkungen dazu können noch nicht auf einen konsolidierten Fundus der Forschung zurückgreifen, sondern sind eher als Hinweise darauf zu verstehen, wo weiterführende Untersuchungen als besonders wünschenswert erscheinen.

Befunde der Forschung verweisen immer wieder auf Zusammenhänge zwischen Bildung und drei Klassen von Merkmalen von Personen: Wissen und allgemeinen Kulturfertigkeiten, Wertorientierungen und gesellschaftlichen Einstellungen sowie politischem Interesse, politischer Beteiligung und politischen (Partei-)Präferenzen. Man könnte den Versuch machen, diese Zusammenhänge mit den einzelnen Elementen des Lernens in Verbindung zu bringen, denen Kinder und Jugendliche im offiziellen wie im verborgenen Curriculum der Bildungsinstitutionen ausgesetzt sind. Um auch theoretisch eindeutig von Bildungsfolgen sprechen zu können, müßte man solche Verbindungen tatsächlich nachweisen können, was in vielen Fällen keineswegs trivial sein dürfte.

Wenig verwundert, daß das von Personen erreichte Bildungsniveau mit Wissen und Fähigkeiten dieser Personen korreliert, die zu vermitteln explizites Ziel von Bildungsprozessen ist. So zeigen die großen ländervergleichenden ‚Literacy'-Studien über allgemeine *Kulturfertigkeiten* der OECD (1995, 1997a), daß unter der Bevölkerung die Fähigkeit,

---

20 Vgl. z.B. die ausgesprochen bildungsgeprägte Präferenz unterschiedlicher alltagsästhetischer Schemata in den Arbeiten von Schulze (1992), Spellerberg (1997) und Otte (1997).

unterschiedlich anspruchsvolle mathematische Operationen durchzuführen und mehr oder weniger komplexe Texte und Dokumente zu verstehen oder zu erstellen, in ausgeprägter Weise mit dem von Personen erworbenen Bildungsniveau variiert. Hoch mit Bildung korreliert sind auch das Sprechen von Fremdsprachen und der Besitz von Allgemeinwissen, wie es in der Kenntnis von Begriffen und korrekter Informiertheit über Sachverhalte unterschiedlichster Art zum Ausdruck kommt. Man kann zu diesen allgemeinen Kulturfertigkeiten auch das Lesen und Verstehen von anspruchsvoller Literatur oder das Spielen von Musikinstrumenten rechnen (Baumert 1991; Meulemann 1992; Braun und Müller 1997). Im Hinblick auf *Werte* sind Befunde einer stärkeren Verbreitung von Postmaterialismus und Werten der Selbstbestimmung unter höher als unter weniger gebildeten Personen vielfach repliziert (Inglehart 1977; Klages 1985; Maag 1991; Baumert 1991). Korrelationen finden sich auch zwischen Bildung und vielfältigen anderen gesellschaftlichen Einstellungen. Höher gebildete Personen zeigen u.a. ein höheres Maß an Progressivität (z.B. in Geschlechtsrollenideologien (Alwin, Braun und Scott 1992; Kurz 1998), Akzeptanz und Toleranz gegenüber Fremden (Baumert 1991; Kühnel und Terwey 1994), Egalitarismus und Ungleichheitskritik (Müller 1993) oder (eher schwach ausgeprägt) umweltfreundlichere Einstellungen und Verhaltensmuster (Luber und Scherer 1997)). Was schließlich die *Politik* betrifft, so nehmen mit zunehmender Bildung u.a. das politische Interesse (Almond und Verba 1965; Kaase und Marsh 1979; van Deth 1990; Verba, Schlozman und Brady 1995) wie die Fähigkeit zu konzeptuellem Verständnis von Politik (Klingemann 1979) zu; es erhöht sich die politische Partizipation in konventionellen wie in nichtkonventionellen Formen (Kaase und Marsh 1979: 175; Uehlinger 1988: 170ff.), und es findet sich eine stärkere Präferenz von Parteien des traditionellen (FDP) wie neuen (GRÜNE) Liberalismus (Müller 1998a). Diese Liste von Befunden über Korrelate von Bildung, die für das gesellschaftliche und politische Geschehen durchaus bedeutsam sind, könnte leicht erweitert werden.[21] Am stärksten mit Bildung korreliert sind in der Regel die mehr oder weniger direkten Bildungsgegenstände (Textverständnis, Fremdsprachenkenntnisse, numerisches Verständnis und Mathematik, Allgemeinwissen usw.), am relativ schwächsten die genannten gesellschaftlichen Einstellungen (Braun und Müller 1997). Dabei zeigen die Befunde häufig, daß der entscheidende Unterschied in der Regel zwischen Personen besteht, die mindestens das Abiturniveau erworben haben, und solchen, die nur über einen darunter liegenden Allgemeinbildungsabschluß verfügen. Nach den Fähigkeitsstudien der OECD (1997b: 51) werden ab dem Abiturniveau auch die Unterschiede zwischen Gesellschaften geringer, während unter dem Abiturniveau große Unterschiede zwischen verschiedenen Ländern in den allgemeinen Kulturfertigkeiten der Bevölkerung bestehen.

Welche Folgen hat nun die Bildungsexpansion vor dem Hintergrund dieser Beziehungen? Die gesellschaftliche Wirkung der Bildungsexpansion hängt entscheidend davon ab, wie sich mit der Expansion die Bildungseffekte entwickeln. Bleiben sie konstant? Nehmen sie ab oder verstärken sie sich sogar? Leider gibt es neben der aufschlußreichen Studie von Baumert (1991) und den eher spekulativen Überlegungen von Klages (1985) und von Meulemann (1992, 1995) nur wenige empirische Befunde dazu. Baumert (1991) formuliert zunächst die nicht unplausible Erwartung abnehmender Effekte: Durch die

---

21 In Davis' (1979) Metaanalyse einer großen Liste von Einstellungsvariablen ging Bildung als erklärungskräftigste von vielen unabhängigen Variablen hervor.

Expansion werden die höheren Bildungsgruppen zu einer heterogeneren Population werden. Deshalb liegt eine weniger distinkte Position dieser Gruppe in ihren Fähigkeiten, Orientierungen und Verhaltensweisen nahe. Die mit der starken Expansion für den Bevölkerungsdurchschnitt zu erwartenden Niveauverschiebungen in Richtung der Orientierungen und Verhaltensweisen der höher Gebildeten sollten dann nur abgeschwächt zur Geltung kommen. Faktisch stellt aber Baumert in einem Vergleich von Bildungskohorten vor und nach der Bildungsexpansion für die von ihm untersuchten Aspekte überwiegend[22] konstante oder sich teilweise sogar vergrößernde Unterschiede zwischen den Bildungsgruppen fest. Wichtig erscheint auch, daß die unteren Bildungsgruppen nicht abfallen, sondern oft ebenfalls durch Zunahme in Richtung der Höhergebildeten gekennzeichnet sind.

Ein besonders eindrucksvolles Beispiel bildet das Verständnis und Sprechen von Fremdsprachen, bei dem zumindest die Anfänge in der Regel in der Schule gelernt werden. Während von den Personen, die vor den 50er Jahren die Schulen besuchten, etwa 40 Prozent von sich sagen, daß sie eine Fremdsprache zumindest einigermaßen beherrschen, sind es in den jüngeren Kohorten (Schulbesuch in den 60er Jahren oder später) 80 Prozent. Diese deutliche Verbesserung der Fremdsprachenkenntnis in der Bevölkerung beruht nun nicht nur auf dem häufigeren Besuch von Realschulen und Gymnasien, in denen man schon immer Fremdsprachen lernte. Auch bei den Hauptschulabsolventen hat sich im gleichen Zeitraum die Fremdsprachenkenntnis von etwa 20 auf 55 Prozent erhöht, wohl hauptsächlich als Folge der Einführung von Fremdsprachenunterricht in der Hauptschule und der Verlängerung der Hauptschule um ein bis zwei Bildungsjahre.[23] Die in jüngster Zeit durchgeführten internationalen Vergleiche der Kenntnisse in Mathematik und in den naturwissenschaftlichen Fächern zeigen eine vergleichsweise schwache Leistungsposition der gegenwärtigen deutschen Schüler (Baumert und Lehmann et al. 1997). Ob deshalb in Zukunft solche positiven Erträge von Bildung eher begrenzt sein werden, läßt sich aus Mangel an Vergleichsstudien aus den 50er oder 60er Jahren kaum beurteilen.

Insgesamt scheinen die Befunde aber auf eine nicht zu übersehende Niveauanhebung in der breiten Bevölkerungsmehrheit während der zweiten Hälfte des 20. Jahrhunderts hinzuweisen, nicht nur in der verlängerten Bildungsbeteiligung, sondern auch im Niveau von Fähigkeiten und Kenntnissen und in der Verschiebung einzelner sozialer Orientierungen und Verhaltensweisen in eine Richtung, die für höhere Bildungsgruppen kennzeichnend ist. Von besonderem Interesse sind in diesem Zusammenhang Ergebnisse, die beispielsweise bei den Einstellungen gegenüber Fremden zeigen, daß die im Zeitverlauf festzustellende Abschwächung vorurteilshafter und fremdenfeindlicher Einstellungen in der Tat zumindest teilweise mit dem erhöhten Bildungsniveau der Bevölkerung erklärt werden kann (Kühnel und Terwey 1994: 85).

Niveauverschiebungen, die durch zunehmende Bildungsunterschiede noch verstärkt

---

22 Baumert (1991) stellt unter verschiedenen Fähigkeiten, Orientierungen und Verhaltensweisen nur in einem Fall (dem aktiven Spielen von Musikinstrumenten) fest, daß sich zwischen den Kohorten vor und nach der Bildungsexpansion die Unterschiede zwischen den Bildungsgruppen verkleinern. Nach neueren Analysen, die noch nicht veröffentlicht sind, scheinen aber in den jüngsten Kohorten Effekte von Bildung geringer geworden zu sein (persönliche Mitteilung von Jürgen Baumert). Man kann also noch nicht von solide gesicherten Befunden ausgehen.
23 Zahlen übernommen von Baumert (1991: 337ff.); in methodisch anderer Weise gewonnene, aber in die gleiche Richtung weisende Befunde bei Meulemann (1992: 137ff.).

werden, scheinen aber nicht ein generelles Muster zu sein. Für das politische Interesse etwa, für das immer wieder ausgeprägte Bildungsunterschiede nachgewiesen wurden, weist van Deth (1996) in einer Vergleichsstudie von 12 europäischen Ländern deutlich abnehmende Bildungseffekte in den Jahren seit 1973 nach. Bildungseffekte können sich auch in der Richtung ändern. Beispiel dafür sind ungleichheitskritische Einstellungen (Müller 1993) und Parteipräferenzen (Müller 1998a). In beiden Fällen scheint der entscheidende Einschnitt darin zu bestehen, ob Personen vor oder nach dem Ende der 50er Jahre Institutionen der höheren Bildung besucht haben. Für die älteren Kohorten ist höhere Bildung mit einer größeren parteipolitischen Nähe zur CDU, für die jüngeren mit ungleichheitskritischeren Einstellungen und einer stärkeren Präferenz der ‚Neuen Politik' (neue Linke in der SPD und Grüne) verbunden. Offensichtlich verläuft diese Richtungsänderung in den bildungsabhängigen politischen Präferenzen parallel mit dem in ähnlicher Weise bildungskorrelierten Wertewandel. Eine entsprechende Scheidung nach Kohortenzugehörigkeit findet sich zudem in den Lebensstilpräferenzen hochgebildeter Bevölkerungsgruppen (Otte 1997). Hochgebildete aus den älteren Kohorten bilden die Kerngruppe des bildungsbürgerlichen „Niveautypus", Hochgebildete aus den jüngeren Kohorten die Kerngruppe des „Selbstverwirklichungstypus". Ein ganzes Amalgam von miteinander mehr oder weniger verbundenen Orientierungen und Präferenzen ändert sich also bei den Hochgebildeten weitgehend mit den Kohorten, die seit Beginn der Bildungsexpansion die Einrichtungen höherer Bildung besuchen. Was sind die treibenden Faktoren dieses Wandels? Sind es die Umstände der „stillen Revolution" im Sinne Ingleharts, von denen die Hochgebildeten durch ihre in der Regel vorteilhafte soziale Herkunft und Lebenslage nur in besonderer Weise betroffen sind? Wie weit wurden die Wirkungen dieser Umstände verstärkt durch die spezifischen Bedingungen des Lebens als Studierende und durch das in den 60er und frühen 70er Jahren an den Hochschulen dominierende links-alternative Sozialisationsklima? Spielte die Bildungsexpansion vor allem die Rolle eines quantitativen Multiplikators entsprechender Netzwerke und Sozialisationserfahrungen oder hatte sie einen eigenständigen Effekt? Mit der kontinuierlichen Berichterstattung auf der Grundlage des Konstanzer Studierendensurveys und besonders durch die sensiblen Analysen von Bargel (z.B. 1985, 1997) ist zwar die interne Differenziertheit und die Entwicklung der Lebenssituation der Studierenden und des politischen Orientierungsklimas an den Hochschulen gut dokumentiert. Wir wissen aber wenig über die Langfristwirkungen solcher Erfahrungen und Orientierungen im späteren Lebenslauf der Studierenden.

Bei einem Versuch einer verallgemeinernden Aussage über die Folgen der Bildungsexpansion müssen viele Fragen offen bleiben. Es gibt keine Studie – und weitgehend fehlen dazu die entsprechenden Daten[24] –, in der die Veränderungen in den Folgen der Bildungsexpansion für die verschiedenen kulturellen, sozialen und politischen Kompetenz-, Einstellungs- und Verhaltensbereiche in einer systematischen Analyse untersucht wären. Oft bleibt bereits weitgehend unbestimmt, wie die korrelativ beobachteten Zusammenhänge zwischen Bildung und bestimmten Ergebnisgrößen theoretisch zu verstehen sind.[25]

---

24 Ich kann in dieser Hinsicht Meulemann (1995), der auf die höchst unbefriedigende Datenlage zur Analyse der Konsequenzen der Bildungsexpansion hinweist, nur zustimmen.
25 Für eine frühe methodenkritische Studie zu Bildungseffekten vgl. Hyman, Wright und Reed (1975); zu unterschiedlichen Erklärungsvarianten des Zusammenhangs zwischen Bildung und Wertorientierungen vgl. Klages (1985).

Noch mehr gilt dies für die Wirkmechanismen der Bildungsexpansion.[26] Welche Rolle spielen hier das offizielle und das verborgene Curriculum in verschiedenen Bildungsgängen und wie haben sich diese Curricula im Zuge der Expansion verändert? Basieren die Zusammenhänge wirklich auf unterschiedlichen Lernerfahrungen und Lernumwelten in der Schule oder kommen Bildungseffekte primär dadurch zustande, daß sich Menschen mit einem unterschiedlichen Bildungsweg und unterschiedlicher Lernkapazität auch in ihrem späteren Lebensweg und ihren weiteren Lebenserfahrungen unterscheiden? Oder wie variiert nach Bildung die Wahrnehmung und Verarbeitung solcher außer- und nachschulischen Erfahrungen? Noch komplexer wird die Ursachenattribution, wenn die Vermutungen der Autoren der Literacy-Studien der OECD (1997b) zutreffen. Dort finden sich erste Belege dafür, daß die zwischen verschiedenen Gesellschaften beobachteten deutlichen Unterschiede in den Fertigkeiten der Bevölkerung nicht nur widerspiegeln, was in den Bildungsinstitutionen gelernt wurde. Sie scheinen vielmehr in erheblichem Maß auch dadurch zustande zu kommen, daß die Arbeitsorganisation in unterschiedlichen Ländern die Arbeitskräfte in unterschiedlicher Weise fordert, das Gelernte in alltäglichen Arbeitsvollzügen zu nutzen. Der im internationalen Vergleich hohe Fertigkeitsstandard der deutschen Bevölkerung – der deutlich mit den nur mäßigen Leistungen der Schüler kontrastiert – scheint auf einer besseren Nutzung und kontinuierlicheren Anwendung des einmal Gelernten im Alltag zu beruhen und damit auch auf einer geringeren Rate des Vergessens.

Noch weniger eindeutig zu interpretieren sind oft Beziehungen zwischen Bildung und bestimmten Einstellungen. Wie ergeben sich in Bevölkerungsumfragen aufgeklärtere und weniger fremdenfeindliche Einstellungen bei Personen mit höherer Bildung? Haben diese durch Bildung gelernt, Vorurteile zu erkennen und Fremdem offener zu begegnen? Äußern sie fremdenfreundlichere Einstellungen, weil sie in geringerem Umfang als weniger Gebildete der Konkurrenz von Zuwanderern auf dem Arbeitsmarkt ausgesetzt sind oder kennen und folgen sie nur besser Regeln sozial erwünschten (fremdenfreundlichen) Verhaltens in Interview- und anderen Situationen? Außerordentlich schwierig ist es gerade auch in den in diesem Abschnitt diskutierten Bereichen, die Effekte der Bildungsexpansion eindeutig zu trennen von den Folgen anderer gleichzeitiger Veränderungen, z.B. des veränderten Angebots in den Massenmedien[27] und ihrer veränderten Nutzung, der vermehrten freien Zeit, der langfristig verbesserten ökonomischen Ressourcen und der veränderten Arbeitswelt.

Hat sich damit die Hoffnung Dahrendorfs von der Bildungsexpansion als Weg zum „mündigen Bürger" erfüllt? Wegen der vielen ungeklärten Forschungsfragen erscheint es verfrüht, diese Frage beantworten zu wollen. Zwar gibt es einige Hinweise, die Dahrendorf

---

26 Sie lassen sich nur mit großen Unsicherheiten durch einzelne Querschnittsstudien nachweisen, in denen Zusammenhänge mit Bildung für Geburtskohorten ausgewiesen werden, die vor, während und nach der Bildungsexpansion die Bildungsinstitutionen besucht haben. Baumert (1991) hat allerdings gezeigt, daß durch geschickte Testanlagen schon viel erreicht werden kann, wenn wenigstens zwei Querschnittsstudien zu unterschiedlichen Zeitpunkten zur Verfügung stehen.

27 Um ein banales Beispiel im Hinblick auf die verbesserte Kenntnis von Fremdsprachen zu nennen: Ein Besucher der Niederlande, der sich darüber erkundigt, weshalb viele Inhaber einfacher Berufe mit Englisch und Deutsch nicht nur eine, sondern zwei Fremdsprachen bestens sprechen, wird stereotyp zur Antwort bekommen, daß das niederländische Fernsehen deutsche und englische Filme in der Originalsprache sendet und daß dies die wichtigste Gelegenheit zum Sprachenlernen darstelle.

zu bestätigen scheinen. Die Kombination massiver Verschiebungen in der Bildungsverteilung bei nicht verminderter, sondern teilweise sogar verstärkter Unterschiede zwischen den Bildungsgruppen ist ein starkes Argument dafür, daß die erhöhte Bildungsbeteiligung im Aggregat zu bedeutsamen Verschiebungen in wichtigen Fähigkeiten, Orientierungen und Verhaltensweisen der Bevölkerung geführt hat. Es gibt aber auch Entwicklungen in entgegengesetzter Richtung. Und wenn man beobachtet, wie gegenwärtig in Deutschland Wahlkämpfe geführt werden, käme man nicht auf die Idee, dies sei eine Veranstaltung, in der Parteien und Politiker versuchen, Stimmen von mündigen Bürgern zu gewinnen. Allerdings kennen wir auch nicht die Realität ohne Bildungsexpansion.

VI. Anmerkungen zur Diagnosefähigkeit der Soziologie

Ein verallgemeinerungsfähiges Urteil zur Diagnosefähigkeit der Soziologie läßt sich aus der Analyse eines engen Teilbereiches des Faches natürlich nicht ziehen. Die Gegebenheiten in diesem Teilbereich sind zu sehr bestimmt durch die Zufälligkeit und die spezifischen Qualitäten weniger Einzelarbeiten, denen man vielleicht den Charakter einer Diagnose zuschreiben kann. Zurückhaltung vor zu schnellen Verallgemeinerungen ist auch angezeigt, weil Äußerungen, selbst wenn sie von Fachvertretern der Soziologie stammen, nicht unbedingt als Grundlage für ein Urteil über die Diagnosefähigkeit der Soziologie genutzt werden können. Möglicherweise stammen weitreichende Aussagen, die in der Öffentlichkeit dann als Diagnosen von Soziologen oder von der Soziologie wahrgenommen werden, ja aus ganz anderen Absichten, als Soziologie zu betreiben. Aber wenn die Erkenntnisbedingungen in dem hier untersuchten Feld der Soziologie nicht allzu unterschiedlich von denen in anderen Feldern sind und wenn dieselben Forscher, die Diagnosen in diesem Feld der Soziologie formulieren, auch Diagnosen in anderen Feldern stellen, dann sollte das hier Gefundene nicht gänzlich der Zufälligkeit in dem betrachteten Feld geschuldet sein.

Die Beiträge von Helmut Schelsky, Ralf Dahrendorf, Burkart Lutz und Ulrich Beck, denen man am ehesten diagnostischen Charakter zusprechen kann, stellen *eine* Diagnose sicher richtig: Sie erkennen – teilweise schon sehr früh – die enorme Bedeutung, die Bildung im letzten Viertel des 20. Jahrhunderts für die gesellschaftliche Entwicklung bekommen wird. Diese Bedeutung ergibt sich bei allen schon aus der enormen Expansion der Bildungsbeteiligung. Sie wird von Schelsky befürchtet, von Dahrendorf vehement gefordert und von Beck und Lutz mit mehr oder weniger großer Skepsis gegenüber dem Erreichten beobachtet. Wenn es dann aber konkreter wird, werden von den verschiedenen Autoren die mit der Expansion angenommenen wichtigsten Folgen inhaltlich in vielen Punkten sehr unterschiedlich bewertet. Konzentriert man sich auf diese Hauptfolgen, kommt man nicht umhin festzustellen, daß die Diagnosen letztlich auf eine jeweils völlig unterschiedliche Deutung zugespitzt sind. Die spezifischen Akzentuierungen und die Plausibilität der Zuspitzung ergeben sich aus der Einbettung der Bildungsexpansion in weiterreichende Visionen der gesamtgesellschaftlichen Entwicklung. Bei Schelsky ist dies – mit der sich unumkehrbar ausbreitenden gesellschaftlichen Dominanz der Großsysteme gegen die familiäre Lebenswelt – ein Prozeß, in dem die Schule sich zunehmend von der Familie und ihren Erziehungsaufgaben entfernt und ein zentrales Vollzugsorgan der Logik der Systemwelt wird. Man ist erstaunt, dies in einem Schriftstück in der Mitte der 50er Jahre bereits so dezidiert formuliert zu finden. Bei Dahrendorf dagegen bringt und sichert die Bildungsexpansion die Segnungen der Modernisierung: Bürgerrechte und freiheitliche Demokratie, Auflösung von Fesseln der Unmündigkeit, materielle Chancengleichheit. Der Industriesoziologe Burkart Lutz beschwört wieder und wieder die Gefahren der meritokratischen Logik und prognostiziert den Untergang der Tradition des deutschen Facharbeiters und der berufsbildungsbasierten Aufstiegswege zum graduierten Ingenieur, die zentrale Momente der Erfolgsgeschichte der deutschen Qualitätsproduktion und ihrer Wettbewerbsvorteile bilden. Bei Ulrich Beck schließlich rückt die Bildungsexpansion in eine Scharnierstelle seiner individualisierten Risikogesellschaft: Die mit der Bildungsexpansion in Gang gesetzte Überproduktion und das paradoxe Rattenrennen sind mitverantwortlich für die Entkoppelung von Bildung und Beschäftigung, die Unvorhersagbarkeit von Biographien, die neuen Risiken des entstrukturierten Lebens und das Durcheinanderwirbeln der Sozialstruktur.

Offensichtlich haben diese weitreichenden Aussagen und Deutungen einen hohen Grad an Beliebigkeit. Wer – wie Beck (1985: 305) formuliert – „sich den Schlaf der Forschungsroutine aus den Augen wischt und die beunruhigende Generalistenfrage nach der Zukunft der Ausbildung in der sich rapide verändernden Arbeitsgesellschaft stellt", hat unter Umständen ein lockeres Verhältnis zur Empirie. Die hier beispielhaft herausgestellten Diagnosen sind vielfach weder in ihrer Zuspitzung, Dramatisierung, noch vereinseitigenden Stilisierung einzelner Realitätsausschnitte durch empirische Evidenz gedeckt. Empirische Grundlagen sind entweder (noch) nicht vorhanden (Schelsky), großzügig gedeutet (Dahrendorf), überzogen dramatisiert (Lutz) oder – man muß es schon so sagen – regelrecht vergewaltigt (Beck). Jeder, der sich selbst mit den empirischen Grundlagen beschäftigt hat, weiß, daß Wandel, der sich möglicherweise vollzogen hat, graduell ist, daß es Strukturbrüche in dem üblichen Verständnis dieses Begriffes nicht gibt, daß Entwicklungen in den returns to education nach unterschiedlichen Dimensionen dieser returns (Einkommen, Status, Arbeitsplatzsicherheit etc.) variieren, mit anderen Worten, daß es jedenfalls keine simple, auf einen Nenner zu bringende Diagnose gibt. Jede der Diagnosen ist in wenigstens einem Punkt empirisch falsch. Die Schule ist gewiß nicht das zentrale gesellschaftliche Mittel für den sozialen Abstieg der Familien in der modernen Gesellschaft, wie Schelsky meinte. Die Bildungsexpansion hat jedenfalls nicht wesentlich zur Verwirklichung der materiellen Chancengleichheit (Dahrendorf) beigetragen, zumindest nicht zum Abbau der Ungleichheit der Bildungsbeteiligung zwischen sozialen Klassen und Schichten. Und weder das generelle Entkopplungsszenario von Beck noch die Vorstellung einer entscheidenden Entwertung beruflicher Qualifikationen von Lutz haben sich bislang eingestellt.

Die Beiträge diagnostischen Charakters lesen sich heute als hochinteressante Zeitdokumente. Sie mögen damit die Soziologie in einer nach prägnanten Deutungen heischenden Medienöffentlichkeit in der Diskussion halten. Das ist allerdings ein durchaus doppelschneidiges und riskantes Unternehmen für das langfristige Renommée des Faches. Für die Soziologie selbst liegt ihr Nutzen vielleicht am ehesten darin, daß Diagnosen durch den Stachel ihrer Übertreibungen und Einseitigkeiten weiterführende Forschung anregen. Vor allem wenn es einer Diagnose gelingt, sich im Fach Deutungsdominanz zu etablieren, kann dies aber auch zu einseitig ausgerichteter Forschung führen.[28] Ihre soziologische

---

28 Als Beispiel dafür siehe Fußnote 19.

Substanz im Sinne weiterführender theoretischer Fundierung des Gebietes oder empirisch solide fundierter Prüfung von Erklärungsmodellen ist dagegen eher gering. Im Blick auf das untersuchte Feld ist deshalb die wissenschaftliche Tragfähigkeit von Beiträgen, die man als Diagnosen charakterisieren kann, eher skeptisch zu beurteilen. Auf dem Weg zur Diagnose werden nicht selten empirisch und theoretisch wenig gesicherte Befunde mit Überschußbedeutungen aufgeladen, die später irgendwann in sich zusammenfallen. Die Fragwürdigkeit des Unterfangens Diagnose ergibt sich aber vor allem aus einer in der sozialen Realität selbst begründeten Schwierigkeit. Wie die Diskussion an vielen Stellen dieses Beitrages gezeigt hat, sind selbst große gesellschaftliche Entwicklungen wie die Bildungsexpansion verwoben in einer Vielfalt anderer Prozesse. Sie bilden Kontexte, die vielfach exogen bestimmt sich selbst wandeln und selten genau voraussehbar sind. Wer hätte in den 60er Jahren hinlänglich präzise Einzelheiten der informationellen Revolution vorwegnehmen können oder eine jahrzehntelange Massenarbeitslosigkeit für möglich gehalten? In dieser Interdependenz und Kontextabhängigkeit ist bereits die Isolierung, Beschreibung und Erklärung von Einzelprozessen keine leichte Aufgabe. Die verläßliche Bestimmung und Deutung ihrer Rolle im großen gesellschaftlichen Gesamtzusammenhang ist auch in der Soziologie kaum zu leisten.

Nach meiner persönlichen Meinung führt deshalb langfristig der Versuch der allmählichen Erweiterung und Verbesserung theoretisch systematisierten und empirisch gesicherten Wissens weiter als die große Zeitdeutung. Dieser Weg ist lang und, wie die Bildungsforschung zeigt, weder spektakulär noch in ihren Ansätzen und Befunden immer überzeugend. Dennoch hat die umfangreiche nationale und internationale Bildungsforschung der letzten Jahrzehnte wesentliche Fortschritte erzielt. Die Mechanismen der sozialen Selektion im Bildungssystem und die begrenzten Spielräume ihrer Veränderbarkeit sind weitaus besser bekannt. Wir wissen besser, wie die Performanz in einzelnen Bildungsgängen mit sozialen Bedingungen verknüpft ist und wie diese und noch ausgeprägter die sozialgruppenspezifischen Orientierungen und Nutzenkalküle die Wahl des weiteren Bildungsweges prägen und schließlich sozial ungleiche Bildungsoutcomes generieren (zu einem vorzüglichen Überblicksaufsatz dazu vgl. Erikson und Jonsson 1996). Aus der komparativen Forschung wissen wir, daß unterschiedliche institutionelle Arrangements in den nationalen Bildungssystemen mit unterschiedlichen Graden sozialer Selektivität im Bildungsprozeß verbunden sind. Fortschritte gibt es auch bei den Fragen der Verknüpfung von Bildung und Beschäftigung. Bei entsprechender Verstetigung und Systematisierung der Forschung wird es sie auch geben in den Aspekten, die heute noch weitgehend ungeklärt sind. Durch die Forschung sind wir zugleich sensibler geworden für nicht beabsichtigte Nebenfolgen von Maßnahmen und gestaltenden Eingriffen.

Nach meiner Überzeugung muß die Forschung Fragen stellen, die sie mit ihren Mitteln auch klar und überzeugend beantworten kann. Das heißt nicht, einer Forschung das Wort zu reden, die belanglose Einzelbefunde generiert und nicht über den Tellerrand blickt. Durch gezielte und kumulierende Untersuchung von Einzelproblemen ist es möglich, schließlich größere Fragen zu beantworten. Die Systematisierung dieses Wissens wird keine einprägsame, auf einen Punkt zu bringende Diagnose liefern können. Aber sie wird helfen, die Spielräume gesellschaftlicher Entwicklung besser informiert zu bestimmen. Und damit wird sie auch in der Lage sein, für die Praxis die erwartbaren Konflikte zwischen unterschiedlichen Zielen sicherer als beispielsweise noch vor dreißig Jahren vorherzusehen und

Hinweise dafür geben, auf welchen Wegen man einzelnen Zielen am ehesten nahekommen kann.

Literatur

Almond, Gabriel A., und Sidney Verba, 1965: The Civic Culture. Political Attitudes and Democracy in Five Nations. Princeton: Princeton University Press.

Alwin, Duane F., Michael Braun und Jaqueline Scott, 1992: The Separation of Work and the Family: Attitudes Towards Women's Labour-Force Participation in Germany, Great Britain, and the United States, European Sociological Review 8: 13–45.

Bargel, Tino, 1985: Politisches Bewußtsein und Verhalten von Studenten. Ergebnisse empirischer Untersuchungen. S. 65–86 in: *Bundeszentrale für politische Bildung* (Hg.): Politische Sozialisation an Hochschulen. Bonn: Bundeszentrale für Politische Bildung.

Bargel, Tino, 1997: Differenzierung und Wandel der Studentenschaft. Hefte zur Bildungs- und Hochschulforschung (22). Konstanz: Universität, Arbeitsgruppe Hochschulforschung.

Baumert, Jürgen, 1991: Langfristige Auswirkungen der Bildungsexpansion, Unterrichtsforschung 4: 292–312.

Baumert, Jürgen, Rainer Lehmann et al., 1997: TIMSS – Mathematisch-naturwissenschaftlicher Unterricht im internationalen Vergleich. Deskriptive Befunde. Opladen: Leske + Budrich.

Beck, Ulrich, 1985: Ausbildung und Beschäftigung. Zum Funktionswandel der Arbeitsgesellschaft. S. 305–312 in: *Stefan Hradil* (Hg.): Sozialstruktur im Umbruch. Opladen: Leske + Budrich.

Beck, Ulrich, 1986: Risikogesellschaft. Auf dem Weg in eine andere Moderne. Frankfurt a.M.: Suhrkamp.

Bellmann, Lutz, Alex Reinberg und Manfred Tessaring, 1994: Bildungsexpansion, Qualifikationsstruktur und Einkommensverteilung – Eine Analyse mit Daten des Mikrozensus und der Beschäftigtenstatistik. S. 13–70 in: *Reinar Lüdeke* (Hg.): Bildung, Bildungsfinanzierung und Einkommensverteilung. Berlin: Duncker & Humblot.

Berger, Peter A., 1996: Individualisierung. Statusunsicherheit und Erfahrungsvielfalt. Opladen: Westdeutscher Verlag.

Blossfeld, Hans-Peter, 1985: Bildungsexpansion und Berufschancen. Frankfurt a.M./New York: Campus.

Blossfeld, Hans-Peter, 1993: Changes in Educational Opportunities in the Federal Republic of Germany. A Longitudinal Study of Cohorts Born between 1916 and 1965. S. 51–74 in: *Yossi Shavit* und *Hans-Peter Blossfeld* (Hg.): Persistent Inequality: Changing Educational Stratification in Thirteen Countries. Boulder, Col.: Westview Press.

Blossfeld, Hans-Peter, und Yossi Shavit, 1993: Dauerhafte Ungleichheiten. Zur Veränderung des Einflusses der sozialen Herkunft auf die Bildungschancen in dreizehn industrialisierten Ländern, Zeitschrift für Pädagogik 39: 25–52.

Bolte, Karl Martin, 1959: Sozialer Aufstieg und Abstieg. Eine Untersuchung über Berufsprestige und Berufsmobilität. Stuttgart: Enke.

Braun, Michael, und Walter Müller, 1997: Measurement of Education in Comparative Research, Comparative Social Research 16: 163–201.

Brauns, Hildegard, 1998: Bildung in Frankreich. Eine Studie zum Wandel herkunfts- und geschlechtsspezifischen Bildungsverhaltens. Opladen: Leske + Budrich.

Brauns, Hildegard, Walter Müller und Susanne Steinmann, 1997: Educational Expansion and Returns to Education. A Comparative Study for Germany, France, the UK, and Hungary. Working Paper Nr. 23. Mannheim: Mannheimer Zentrum für Europäische Sozialforschung.

Breen, Richard, und John H. Goldthorpe, 1997: Explaining Educational Differentials: Towards a Formal Rational Action Theory, Rationality and Society 9: 275–305.

Butz, Marcus, 1998: Lohnt sich Bildung noch? Die Einkommensungleichheit der unterschiedlichen Bildungsklassen in der Bundesrepublik Deutschland. Universität Mannheim: Lehrstuhl für Methoden der empirischen Sozialforschung und angewandte Soziologie. Ms.

Dahrendorf, Ralf, 1959: Class and Class Conflict in Industrial Society. London: Routledge.
Dahrendorf, Ralf, 1965: Bildung ist Bürgerrecht. Plädoyer für eine aktive Bildungspolitik. Hamburg: Nannen.
Davis, James A., 1979: Background Variables and Opinions in the 1972–1977 NORC General Social Surveys: Ten Generalizations about Age, Education, Occupational Prestige, Race, Religion, and Sex, and Forty-Nine Opinion Items. GSS Topical Report No. 2. Chicago: NORC.
Deth, Jan van, 1990: Interest in Politics. S. 275–312 in: *Myron Jennings, Jan van Deth* et al. (Hg.): Continuities in Political Action. A Longitudinal Study of Political Orientations in Three Western Countries. Berlin/New York: de Gruyter.
Deth, Jan van, 1996: Politisches Interesse und Apathie in Europa. S. 383–402 in: *Thomas König, Elmar Rieger* und *Hermann Schmitt* (Hg.): Das europäische Mehrebenensystem. Frankfurt a.M./ New York: Campus.
Edding, Friedrich, 1963: Ökonomie des Bildungswesens. Lehren und Lernen als Haushalt und als Investition. Freiburg im Breisgau: Rombach.
Eigler, Herbert, Rolf Hansen und *Klaus Klemm,* 1980: Quantitative Entwicklungen: Wem hat die Bildungsexpansion genutzt? S. 45–71 in: *Hans-Günter Rolff, Rolf Hansen, Klaus Klemm* und *Klaus Jürgen Tillmann* (Hg.): Jahrbuch der Schulentwicklung, Band 1. Weinheim: Beltz.
Erikson, Robert, und *Jan O. Jonsson,* 1996: Explaining Class Inequality in Education: The Swedish Test Case. S. 1–64 in: *Robert Erikson* und *Jan O. Jonsson* (Hg.): Can Education be Equalized? The Swedish Case in Comparative Perspective. Boulder: Westview Press.
Fend, Helmut, 1990: Bilanz der empirischen Bildungsforschung, Zeitschrift für Pädagogik 36: 687–709.
Friedeburg, Ludwig von, 1989: Bildungsreform in Deutschland. Geschichte und gesellschaftlicher Widerspruch. Frankfurt a.M.: Suhrkamp.
Geißler, Karlheinz A., 1991: Das Duale System der industriellen Berufsausbildung hat keine Zukunft, Leviathan 19: 68–77.
Geißler, Rainer, 1978: Bildung und Sozialchancen, Kölner Zeitschrift für Soziologie und Sozialpsychologie 30: 468–487.
Hall, Anja, 1997: Abbau sozialer Barrieren? Zur Entwicklung der Muster sozialer Mobilität in Westdeutschland. S. 111–138 in: *Walter Müller* (Hg.): Soziale Ungleichheit. Neue Befunde zu Strukturen, Bewußtsein und Politik. Opladen: Leske + Budrich.
Handl, Johann, 1984: Chancengleichheit und Segregation. Ein Vorschlag zur Messung ungleicher Chancenstrukturen und ihrer zeitlichen Entwicklung, Zeitschrift für Soziologie 4: 328–345.
Handl, Johann, 1985: Mehr Chancengleichheit im Bildungssystem. Erfolg der Bildungsreform oder statistisches Artefakt?, Kölner Zeitschrift für Soziologie und Sozialpsychologie 37: 698–722.
Handl, Johann, 1986: Zur Veränderung der beruflichen Chancen von Berufsanfängern zwischen 1950 und 1982. S. 13–48 in: *Heinrich Franke* et al. (Hg.): Berufliche Verbleibsforschung in der Diskussion, Beiträge zur Arbeitsmarkt und Berufsforschung 90.4. Nürnberg: Institut für Arbeitsmarkt- und Berufsforschung.
Handl, Johann, 1996: Hat sich die berufliche Wertigkeit der Bildungsabschlüsse in den achtziger Jahren verringert? Eine Analyse der abhängig erwerbstätigen, deutschen Berufsanfänger auf der Basis von Mikrozensusergebnissen, Kölner Zeitschrift für Soziologie und Sozialpsychologie 48: 249–273.
Hannan, Michael T., Klaus Schömann und *Hans-Peter Blossfeld,* 1990: Sex and Sector Differences in the Dynamics of Wage Growth in the Federal Republic of Germany, American Sociological Review 44: 694–713.
Hartmann, Peter H., 1998: Intergenerationale berufliche Mobilität in West- und Ostdeutschland. S. 43–76 in: *Michael Braun* und *Peter Ph. Mohler* (Hg.): Blickpunkt Gesellschaft 4. Soziale Ungleichheit in Deutschland. Opladen: Westdeutscher Verlag.
Henz, Ursula, 1994: Intergenerationale Mobilität. Methodische und empirische Analysen. Dissertation, Berlin.
Henz, Ursula, und *Ineke Maas,* 1995: Chancengleichheit durch Bildungsexpansion?, Kölner Zeitschrift für Soziologie und Sozialpsychologie 47: 605–633.

Hüfner, Klaus, und Jens Naumann, 1971: Bildungsplanung: Ansätze, Modelle, Probleme. Stuttgart: Klett.
Hyman, Herbert H., Charles R. Wright und John S. Reed, 1975: The Enduring Effects of Education. Chicago/London: University of Chicago Press.
Inglehart, Ronald, 1977: The Silent Revolution: Changing Values and Political Styles among Western Publics. Princeton: Princeton University Press.
Jonsson, Jan O., und Colin Mills, 1993a: Social Class and Educational Attainment in Historical Perspective: A Swedish-English Comparison Part I, British Journal of Sociology 44: 213–248.
Jonsson, Jan O., und Colin Mills, 1993b: Social Class and Educational Attainment in Historical Perspective: A Swedish-English Comparison. Part II, British Journal of Sociology 44: 403–428.
Jonsson, Jan O., Colin Mills und Walter Müller, 1996: A Half Century of Increasing Educational Openness? Social Class, Gender and Educational Attainment in Sweden, Germany and Britain. S. 182–206 in: Robert Erikson und Jan O. Jonsson (Hg.): Can Education be Equalized? The Swedish Case in Comparative Perspective. Oxford: Westview Press.
Kaase, Max, und Alan Marsh, 1979: Distribution of Political Action. S. 167–201 in: Samuel H. Barnes, Max Kaase et al.(Hg.): Political Action. Mass Participation in Five Western Democracies. Beverly Hills: Sage.
Klages, Helmut, 1984: Wertorientierungen im Wandel: Rückblick, Gegenwartsanalyse, Prognosen. Frankfurt a.M./New York: Campus.
Klages, Helmut, 1985: Bildung und Wertewandel. S. 214–241 in: Burkart Lutz (Hg.): Soziologie und gesellschaftliche Entwicklung. Verhandlungen des 22. Deutschen Soziologentages in Dortmund 1984. Frankfurt a.M./New York: Campus.
Klingemann, Hans-Dieter, 1979: The Background of Ideological Conceptualization. S. 255–278 in: Samuel H. Barnes, Max Kaase et al. (Hg.): Political Action. Mass Participation in Five Western Democracies. Beverly Hills; London: Sage.
Köhler, Helmut, 1992: Bildungsbeteiligung und Sozialstruktur in der Bundesrepublik. Zu Stabilität und Wandel der Ungleichheit von Bildungschancen. Berlin: Forschungsbericht des Max-Planck-Instituts für Bildungsforschung.
Krais, Beate, 1996: Bildungsexpansion und soziale Ungleichheit in der Bundesrepublik Deutschland. S. 170–187 in: Axel Bolder (Hg.): Jahrbuch Bildung und Arbeit '96. Die Wiederentdeckung von Ungleichheit. Opladen: Leske + Budrich.
Kühnel, Steffen, und Michael Terwey, 1994: Gestörtes Verhältnis? Die Einstellungen der Deutschen zu Ausländern in der Bundesrepublik. S. 71–106 in: Michael Braun und Peter Ph. Mohler (Hg.): Blickpunkt Gesellschaft 3. Einstellungen und Verhalten der Bundesbürger. Opladen: Westdeutscher Verlag.
Kurz, Karin, 1998: Hausfrau oder Berufsfrau? Einstellungen zur Rolle der Frau in Ost- und Westdeutschland. S. 173–220 in: Michael Braun und Peter Ph. Mohler (Hg.): Blickpunkt Gesellschaft 4. Soziale Ungleichheit in Deutschland. Opladen: Westdeutscher Verlag.
Luber, Silvia, und Stefanie Scherer, 1997: Umweltbewußtsein und Umweltverhalten in den alten und neuen Bundesländern. S. 235–269 in: Walter Müller (Hg.): Soziale Ungleichheit. Neue Befunde zu Strukturen, Bewußtsein und Politik. Opladen: Leske + Budrich.
Lutz, Burkhard, 1976: Bildungssystem und Beschäftigungsstruktur in Deutschland und Frankreich. Zum Einfluß des Bildungssystems auf die Gliederung betrieblicher Arbeitsmärktestrukturen. S. 83–151 in: Hans-Gerhard Mendius et al. (Hg.): Betrieb – Arbeitsmarkt – Qualifikation I. Frankfurt: Aspekte.
Lutz, Burkhard, 1991: Die Rolle der beruflichen Bildung und Berufsbildungsforschung im internationalen Vergleich. S. 27–36 in: Bundesinstitut für Berufsbildung (Hg.): Internationale wissenschaftliche Tagung zur beruflichen Bildung am 25. und 26. Oktober in Berlin. Tagungsdokumentation. Berlin/Bonn: Bundesinstitut für Berufsbildung.
Maag, Gisela, 1991: Gesellschaftliche Werte – Strukturen, Stabilität und Funktion. Opladen: Westdeutscher Verlag.
Mayer, Karl Ulrich, 1991: Lebenslauf und Bildung. Ergebnisse aus dem Forschungsprojekt „Lebensverläufe und gesellschaftlicher Wandel" des Max-Planck-Instituts für Bildungsforschung, Unterrichtswissenschaft 19: 313–332.

Mayer, Karl Ulrich, 1995: Das duale System der beruflichen Ausbildung – Ultrastabilität oder Auflösung. S. 89–98 in: *Ernst-Hartmut Hoff* und *Lothar Lappe* (Hg.): Verantwortung im Arbeitsleben. Heidelberg: Asager.
Mayer, Karl Ulrich, und Hans-Peter Blossfeld, 1990: Die gesellschaftliche Konstruktion sozialer Ungleichheit im Lebensverlauf. S. 297–318 in: *Peter A. Berger* und *Stefan Hradil* (Hg.): Lebenslagen, Lebensläufe, Lebensstile. Göttingen: Schwartz.
Mayer, Karl Ulrich, Ursula Henz und Ineke Maas, 1991: Social Mobility between Generations and Across the Working Life: Biographical Contingency, Time Dependency and Cohort Differentiation – Results from the German Life History Study. Berlin: Max-Planck-Institut für Bildungsforschung.
Meulemann, Heiner, 1985: Bildung und Lebensplanung. Die Sozialbeziehung zwischen Elternhaus und Schule. Frankfurt a.M./New York: Campus.
Meulemann, Heiner, 1992: Expansion ohne Folgen? Bildungschancen und sozialer Wandel in der Bundesrepublik. S. 123–157 in: *Wolfgang Glatzer* (Hg.): Entwicklungstendenzen der Sozialstruktur. Frankfurt a.M./New York: Campus.
Meulemann, Heiner, 1995: Gleichheit und Leistung nach der Bildungsexpansion. S. 207–220 in: *Karl-Heinz Reuband, Franz Urban Pappi* und *Heinrich Best* (Hg.): Die deutsche Gesellschaft in vergleichender Perspektive. Festschrift für Erwin K. Scheuch zum 65. Geburtstag. Opladen: Westdeutscher Verlag.
Müller, Walter, 1975: Familie, Schule und Beruf. Opladen: Westdeutscher Verlag.
Müller, Walter, 1993: Social Structure, Perception and Evaluation of Social Inequality and Party Preferences. S. 94–117 in: *Dagmar Krebs* und *Peter Schmidt* (Hg.): New Directions in Attitude Measurement. Berlin/New York: de Gruyter.
Müller, Walter, 1998a: Klassenstruktur und Parteiensystem. Zum Wandel der Klassenspaltung im Wahlverhalten, Kölner Zeitschrift für Soziologie und Sozialpsychologie 50: 3–46.
Müller, Walter, 1998b: Institutional Context and Labour Market Outcomes of Education in Germany. In: *Aleksandra Jasinska-Kania, Melvin L. Kohn* und *Kazmierz Slomczynski* (Hg.): Power and Social Structure. Warschau (im Druck).
Müller, Walter, und Dietmar Haun, 1994: Bildungsungleichheit im sozialen Wandel, Kölner Zeitschrift für Soziologie und Sozialpsychologie 46: 1–42.
Müller, Walter, und Wolfgang Karle, 1993: Social Selection in Educational Systems in Europe, European Sociological Review 9: 1–23.
Müller, Walter, und Karl Ulrich Mayer, 1976: Chancengleichheit durch Bildung? Untersuchung über den Zusammenhang von Ausbildungsabschlüssen und Berufsstatus. (Gutachten und Studien der Bildungskommission; Bd. 42.) Stuttgart: Klett.
OECD, 1995: Literacy, Economy and Society. Results of the First International Adult Literacy Survey. Paris: OECD.
OECD, 1997a: Literacy Skills for the Knowledge Society. Further Results of the First International Adult Literacy Survey. Paris: OECD.
OECD, 1997b: Education Policy Analysis 1997. Paris: OECD Centre for Educational Research and Innovation.
Offe, Claus, 1975: Bildungssystem, Beschäftigungssystem und Bildungspolitik – Ansätze zu einer gesamtgesellschaftlichen Funktionsbestimmung des Bildungssystems. S. 215–252 in: *Deutscher Bildungsrat* (Hg.): Gutachten und Studien der Bildungskommission 50. Stuttgart: Klett.
Otte, Gunnar, 1997: Lebensstile versus Klassen – welche Sozialstrukturkonzeption kann die individuelle Parteipräferenz besser erklären? S. 303–346 in: *Walter Müller* (Hg.): Soziale Ungleichheit. Neue Befunde zu Strukturen, Bewußtsein und Politik. Opladen: Leske + Budrich.
Papadopoulos, George S., 1993: Education 1960–1990: The OECD Perspective. Paris: OECD.
Peisert, Hansgert, 1967: Soziale Lage und Bildungschancen in Deutschland. München: Piper.
Picht, Georg, 1964: Die deutsche Bildungskatastrophe. Olten: Walter.
Schelsky, Helmut, 1956: Soziologische Bemerkungen zur Rolle der Schule in unserer Gesellschaftsverfassung. S. 9–50 in: *Helmut Schelsky* (Hg.): Schule und Erziehung in der industriellen Gesellschaft. Würzburg: Werkbund Verlag.

Schimpl-Neimanns, Berhard, 1998: Hat die Bildungsexpansion zum Abbau der Ungleichheit geführt? Empirische Befunde für den Zeitraum 1950-1989. Mannheim: ZUMA. Ms.

Schulze, Gerhard, 1992: Die Erlebnisgesellschaft. Kultursoziologie der Gegenwart. Frankfurt a.M./ New York: Campus.

Shavit, Yossi, und *Hans-Peter Blossfeld,* 1993: Persistent Inequality: Changing Educational Stratification in Thirteen Countries. Boulder, Col.: Westview Press.

Shavit, Yossi, und *Karin Westerbeek,* 1998: Educational Stratification. Reforms, Expansion and Equality of Opportunity in Italy, European Sociological Review 14: 33–47.

Spellerberg, Annette, 1997: Soziale Differenzierung durch Lebensstile. Eine empirische Untersuchung zur Lebensqualität in West- und Ostdeutschland. Berlin: edition sigma.

Stratmann, Karlwilhelm, und *Manfred Schlösser,* 1992: Das Duale System der Berufsbildung. Eine historische Analyse seiner Reformdebatten. Frankfurt a.M.: Verlag der Gesellschaft zur Förderung arbeitsorientierter Forschung und Bildung.

Teichler, Ulrich, 1987: Beziehungen von Bildungs- und Beschäftigungssystem. Erfordern die Entwicklungen der achtziger Jahre neue Erklärungsansätze? S. 27–52 in: *Ansgar Weymann* (Hg.): Bildung und Beschäftigung. Sonderband 5 der Sozialen Welt. Göttingen: Schwartz.

Thurow, Leister C., 1975: Generating Inequality. Mechanisms of Distribution in the U.S. Economy. New York: Basic Books.

Uehlinger, Hans-Martin, 1988: Politische Partizipation in der Bundesrepublik. Strukturen und Erklärungsmodelle. Opladen: Westdeutscher Verlag.

Verba, Sidney, Kay Schlozman und *Henry E. Brady,* 1995: Voice and Equality. Civic Voluntarism in American Politics. Cambridge; London: Cambridge University Press.

Weymann, Ansgar, 1987: Strukturwandel im Verhältnis von Bildung und Beschäftigung. S. 3–24 in: *Ansgar Weymann* (Hg.): Bildung und Beschäftigung. Sonderband 5 der Sozialen Welt. Göttingen: Schwartz.

PROLETARISIERUNG, POLARISIERUNG ODER AUFWERTUNG DER ERWERBSARBEIT?

Der Blick der deutschen Industriesoziologie seit 1970 auf den Wandel der Arbeitsstrukturen

Horst Kern

Zusammenfassung: Den Ausgangspunkt der industriesoziologischen Forschung zum Wandel der Arbeitsstrukturen bildeten Studien über die „Verbürgerlichungs"- oder „Nivellierungsthese", die auch und gerade auf die qualifikatorische Anhebung und Aufwertung der Industriearbeit abstellte. Die Resultate dieser Empirie fanden ihren Ausdruck in einer neuen Interpretationsformel: der „Polarisierungsthese". Diese avancierte schnell zum industriesoziologischen Gemeingut, büßte dann aber abrupt und in einer das Fach überraschenden Weise ihre Orientierungsfunktion ein. Neue Entwicklungen (die „Neuen Produktionskonzepte") ließen die Polarisierungsthese obsolet werden. Erörtert wird die Frage, unter welchen Voraussetzungen die Industriesoziologie diesen Bruch hätte antizipieren können. Raffiniertere empirische Absätze und vor allem stärkere Theoriearbeit wären hilfreich gewesen. Doch auch eine in diesen Punkten verbesserte Industriesoziologie hätte nicht genug Antizipationskraft besessen, um den Bruch vorherzusehen.

Im Jahre 1949 veröffentlichte Theodor Geiger sein Buch „Die Klassengesellschaft im Schmelztiegel", in dem er die Proletarisierungsthese als erledigt bezeichnete. „Die ... Voraussage der Proletarisierung hat sich ... nur bis zu einem gewissen Punkt erfüllt. Dann wendete sich der Strom. Heute ist von einer Proletarisierung des Mittelstandes nicht mehr die Rede – und erhebliche Teile der Lohnarbeiterklasse sind obendrein zu mittelständischem Lebensstandard aufgestiegen" (Geiger 1949: 101f.). Ein zentraler Baustein dieses Arguments bestand in der Behauptung, das Industrieproletariat hätte sich aufgelöst und ein neuer Mittelstand wäre entstanden, der sich aus den vom Makel der proletarischen Klassenlage befreiten Arbeitergruppen rekrutiert hätte. Diese These wiederum rekurrierte auf verschiedene Faktoren: auf die Durchsetzung von Freiheit und Gleichheit in der politischen Sphäre, auf die Mehrung des Wohlstands bei gleichzeitiger Vereinheitlichung der Lebensstile und Nivellierung der wirtschaftlichen Positionen – und, last not least, auf die qualifikatorische Anhebung und Aufwertung der ausführenden Arbeit durch technischen Wandel. „Komplizierte, mit höchster Präzision arbeitende Maschinen wollen von intelligenten, wohlgeschulten Arbeitern gehandhabt sein" (Geiger 1949: 88).

Die deutsche industriesoziologische Forschung hat Geigers apodiktische Formulierungen ebensowenig akzeptiert wie Helmut Schelskys ähnlich gelagertes Postulat von der „nivellierten Mittelstandsgesellschaft" (1961). Provoziert durch einander widersprechende Befunde der ersten systematischen empirischen Studien im Ausland über die Arbeitsfolgen der Automatisierung (Touraine 1955; Blauner 1960: qualifikatorische Aufwertung vs.

Bright 1958: Dequalifizierung), bemühte sie sich um eine breitere empirische Überprüfung speziell der arbeitsbezogenen Teile der Geigerschen bzw. Schelskyschen Aussagen. Die Resultate dieser Empirie fanden ihren sinnfälligen Ausdruck in einer neuen Interpretationsformel – der These von der Polarisierung der Arbeitsstrukturen –, die eine eminent praktische Bedeutung erlangte, weil sie einer Reformpolitik wissenschaftlichen Auftrieb und Rechtfertigung zu geben schien, die zur politischen Programmatik machte, was Geiger und Schelsky schon als weitgehend vollzogen hingestellt hatten: die Qualifizierung der Arbeit.

Im folgenden werde ich zunächst auf diesen Ausgangspunkt der industriesoziologischen Forschung in Deutschland zum Wandel der Arbeitsstrukturen eingehen (Abschnitt I). Ich werde sodann zeigen, daß die Polarisierungsthese, die schnell zu einer Art industriesoziologischem Gemeingut geworden war, ziemlich abrupt und in einer das Fach überraschenden Weise ihre Orientierungsfunktion einbüßte. Dies muß die Frage nach dem „Warum" nach sich ziehen: War ihr empirisches Fundament zu schmal oder ihr theoretischer Horizont zu eng? Hat sie sich gleichsam selbst ihre empirische Basis entzogen, indem sie politisches Handeln inspirierte und legitimierte, das gegen die Polarisierung der Arbeitsstrukturen anging? Oder ist sie schlicht durch kontingente, soziologisch überhaupt nicht antizipierbare Entwicklungen überholt worden? Stellte das Obsoletwerden der Polarisierungsthese gar eine späte Rechtfertigung Geigers und Schelskys dar (Abschnitt II)? Die Antworten auf diese Fragen nehme ich zum Anlaß für eine letzte Frage: Wie reagieren Soziologen auf das Klarwerden der historischen Schranken der Polarisierungsthese? Vielleicht tun sie dies disparat, in jedem Fall geschieht es unter Relativierung der Industriesoziologie, so daß von *dem* Blick *der* Industriesoziologie auf den Wandel der Arbeitsstrukturen heute wohl gar nicht mehr die Rede sein kann (Abschnitt III).

I. Weder Proletarisierung noch Aufwertung der Arbeit:
Zum Aufkommen der Polarisierungsthese

Auf den Umstand, daß der Einfluß der Automatisierung auf die Berufsstruktur in so konträrer Weise beurteilt worden war wie von den „Optimisten" Touraine und Blauner auf der einen und vom „Pessimisten" Bright auf der anderen Seite und daß andere damals vorliegende Studien hierzu kein klärendes Wort hatten sprechen können, reagierte die deutsche Industriesoziologie auf eine Weise, von der seinerzeit nicht viel Aufhebens gemacht wurde, die retrospektiv aber als bemerkenswert und eigenartig erscheint: mit Empirie, und zwar mit einer breiteren und besseren. Breiter war der empirische Zugriff, der folgte, insofern als der Wandel der Arbeit in einer Vielzahl von Betrieben und Branchen untersucht wurde. Und besser war er, weil in diesen Untersuchungen auf Methodenmix gesetzt wurde – statt nur auf eine einzelne Erhebungstechnik –, mit dem recht aussagekräftige Daten über die komplexe Realität in den Betrieben zutage gefördert werden konnten, indem Instrumente mit unterschiedlichen Zugriffshorizonten kombiniert wurden. Beginnend mit Kern und Schumann 1970 wuchs dann ein Sockel von Studien beachtlicher Größe heran (Schultz-Wild und Weltz 1973; Mickler et al.1976; Mickler et al. 1977; Brandt et al. 1978; Drexel und Nuber 1979; Baethge et al. 1980; Mickler 1981; Altmann et al. 1982; Weltz und Lullies 1983).

Eine derart umfassende empirische Bestandsaufnahme zum Komplex technischer Wandel/Arbeitsstrukturen entstand in anderen Ländern nicht: Jedenfalls weder in Frankreich, von deren „sociologie du travail" nicht nur über den jungen Touraine, sondern vor allem auch durch die Gründungsväter dieser Denkrichtung, Georges Friedmann (1947, 1950, 1956) und Pierre Naville (1961), zwar eine hohe Anregungsqualität auf die deutsche Forschung ausging, die aber selbst auf die „große" Theorie fixiert blieb und die Empirie nur als Illustration der theoretisch gewonnen Einsichten heranzog, noch in den USA, deren „industrial sociology" (Miller und Form 1951) ebenfalls bekannt war, die aber selbst in ihren seinerzeit besseren Studien (neben Blauner und Bright vielleicht Faunce 1958 sowie Walker und Guest 1952) nie mehr an die empirische Dichte ihrer großen Ausgangsempirie, die der Hawthorne-Studien (Roethlisberger und Dickson 1939; Whitehead 1938), herangekommen war.[1] Warum die industriesoziologische Analyse des Wandels der Arbeitsstrukturen in Deutschland, in Abweichung von ihren französischen oder amerikanischen Referenzstudien, sogleich zu einer eminent empirischen Sache wurde, ist schwer zu sagen. Daß es die soziografisch-empirischen Episoden in der deutschen Soziologiegeschichte (vgl. Kern 1982) gewesen sind, die hier orientierend wirkten, erscheint eher als unwahrscheinlich, denn weder finden sich in den Studien Spuren des Erinnerns an diese Vergangenheit, noch könnte auf diese Weise angesichts stärkerer und präsenterer empirischer Traditionen speziell in den USA erklärt werden, wieso nun gerade in der deutschen soziologischen Arbeitsforschung der 1970er Jahre so stark empirisch argumentiert wurde. Ich vermute, daß schlicht methodische Vorbilder aus der allerjüngsten deutschen Fachentwicklung „nachgeahmt" wurden – nämlich die faszinierenden empirischen Studien der ersten Generation deutscher Nachkriegssoziologen (Pirker et al. 1955; Popitz et al. 1957; von Friedeburg [Institut für Sozialforschung] 1955), die auf ihre Erfahrungen vor 1945 mit einer antispekulativen, weltanschauungsskeptischen Gegenbewegung reagiert hatten, mit einem „Wirklichkeitshunger" (Bahrdt 1980: 265), der sie zu einem radikalen erfahrungswissenschaftlichen Programm leitete. Wie auch immer: Auf das Faktum selbst, daß die Frage nach der Entwicklungsrichtung der Erwerbsarbeit in den 1960/70er Jahren hauptsächlich mit empirischen Mitteln aufgenommen wurde, wird noch zurückzukommen sein, und zwar dann, wenn es um die Einschätzung des Aussagepotentials und der Grenzen der diesbezüglichen Analysen gehen wird.

Im Zentrum der deutschen Berufsstruktur-Empirie positionierte sich (das darf ich wohl auch als Mitautor sagen) die „Industriearbeit und Arbeiterbewußtsein"-Studie von Kern und Schumann (1970). Diese stellte im Hinblick auf die forschungsprovozierende Kontroverse zwischen Automationsoptimisten und Automationspessimisten zweierlei fest: a) daß die Automatisierungsprozesse – jedenfalls die in den 60er Jahren – zwar qualifizierte Varianten industrieller Arbeit hervorbrachten („Automatenführung", „Anlagenkontrolle", „Meßwartentätigkeit"); daß aber b) neben dieser qualifizierten Industriearbeit in die automatisierten Bereiche ein gewisser Bodensatz repetitiver Teilarbeiten mitgeschleppt wurde – „ein Umstand, der die quantitative Bedeutung der qualifizierten Automationsarbeiten

---

[1] Anders war die Situation in Großbritannien. Hier stand die Empirie stärker im Vordergrund, doch hatte die „working-class culture"-Tradition (Zweig 1952, 1961; Hoggart 1957) den Blick mehr auf den außerbetrieblichen Lebensraum der Arbeiter gezogen, so daß Industriearbeit selbst allenfalls ein Unterthema klassenfokussierter Analysen darstellte (so bei Goldthorpe et al. 1968, 1969).

einschränkt und zu einer Polarisierung der Belegschaften an automatisierten Anlagen führt" (Kern und Schumann 1970, Bd. I: 279). Diese Aussagen gewannen schnell den Charakter von Begründungssätzen für die dritte These jenseits von Proletarisierung und Aufwertung der Erwerbsarbeit: eben jener der Polarisierung. Der Umstand, daß sie aus dem Strom der breiten und differenzierten Empirie geschöpft werden konnten, verlieh ihnen die Überzeugungskraft durch Fakten gesicherter Interpretationen. Das Entweder-Oder von Abwertung oder Aufwertung enthüllte sich anscheinend als falsche Alternative und machte der Einschätzung Platz, daß beide auf komplizierte Weise in der Polarisierungsfigur miteinander verschränkt waren.

Nicht alle weiteren Analysen zur Entwicklung der Erwerbsarbeit reproduzierten umstandslos die Polarisierungsthese. Aber es setzte sich sehr schnell doch wenigstens die Auffassung durch, daß es keine Gleichläufigkeit zwischen dem Niveau der Produktionstechnik und der Qualität der Arbeit gab.[2] Die Entwicklung von Technik und industrieller Arbeit war in erheblich stärkerem Maße, als man vorher angenommen hatte, durch Ungleichzeitigkeiten und Widersprüche gekennzeichnet. Das bedeutete nicht zuletzt auch, daß es eine Illusion sein mußte, auf der Linie des Geigerschen oder Schelskyschen Denkens zu erwarten, der „technische Fortschritt" ließe restringierende Arbeit gleichsam von selbst verschwinden. Nachweisbar blieb selbst bei den für die damalige Zeit avanciertesten technischen Lösungen, der (noch starren) Automation, ein relevanter Sockel unqualifizierter, die menschlichen Potenzen aufzehrender, nicht entfaltender Arbeit stehen. Folglich wollte man nicht mehr davon reden, daß sich das Problem der Inhumanität der industriellen Arbeit im weiteren Verlauf der Automation automatisch lösen würde. Die „Humanisierung der Arbeit" mußte demzufolge eine politische Gestaltungsaufgabe sein – eine Schlußfolgerung, die in der 1970er Studie von Kern und Schumann bereits klar gezogen und mit dem Hinweis verbunden wurde, daß die Automation, wenn sie schon nicht die Frage der Humanisierung klären konnte, doch wenigstens durch ihre enorme Produktivität die ökonomischen Ressourcen bereitstellte, die man für deren politische Lösung brauchte (Kern und Schumann 1970, Bd. I: 279). Wenn dann bald darauf die Verbesserung der Arbeitsqualität unter dem Stichwort der „Humanisierung des Arbeitslebens" zu einem Baustein der sozialliberalen Reformprogrammatik wurde (Matthöfer 1974), so kann man darin durchaus ein Zeichen dafür sehen, daß sich die Polarisierungsformel schnell in handlungsorientierendes Standardwissen verwandelte.

---

2 Das Wiederaufflackern der Proletarisierungsthese im Nachklapp zur Rezeption der „Kritik der politischen Ökonomie" übergehe ich hier (vgl. Beckenbach et al. 1973). Sie hat die professionelle Industriesoziologie, jedenfalls in Deutschland, letztlich doch wenig beeinflußt. Ernster zu nehmen wäre der „labor process approach", der die Proletarisierungsthese auf raffinierte Weise aktualisierte. Ausgehend von Braverman (1974) sind später auf dieser Linie in den USA eine Reihe interessanter Arbeiten entstanden (Burawoy 1979; Noble 1984; Shaiken 1985), die aber die Debatte in Deutschland kaum berührten. Ob dies auf das Konto objektiver Entwicklungsunterschiede zwischen den beiden Ländern oder auf das unterschiedlicher wissenschaftlicher Konzeptualisierungen geht? Entscheidend waren doch wohl die Unterschiede in der Sache selbst (siehe abschließende Bemerkungen).

II. Die überraschende Infragestellung der Polarisierungsthese: Die „Neuen Produktionskonzepte"

Fünfzehn Jahre später – manche hatten sich gerade erst daran gewöhnt, den Wandel der Berufsstruktur durch die Brille der Polarisierungsthese zu sehen –, gab es Anlaß umzudenken. Die Impulse dazu kamen, nach dem Gesagten kaum erstaunlich, aus der Empirie. Ich kann hier nicht umhin, noch einmal von Kern und Schumann zu sprechen, und zwar von der Nachfolge-Studie zu „Industriearbeit und Arbeiterbewußtsein" (1984). Untersuchungen in denselben Branchen und Betrieben, in denen schon die Ersterhebungen stattgefunden hatten, mit denen beabsichtigt gewesen war, den *Verlauf* der Polarisierung zwischen 1965 und 1980 zu verfolgen, förderten zutage, daß in den erfaßten Bereichen etwas ganz anderes passiert war oder gerade passierte, als man auf der Linie der Polarisierungsthese hätte erwarten sollen. Statt einer mehr oder weniger deutlichen Konturierung der Dichotomie zwischen den beiden Polen der unqualifizierten und der qualifizierten Arbeit war erstere im Begriff wegzuschmelzen, während letztere allein überblieb. Diese Tendenz widersprach offensichtlich dem Polarisierungsargument, zumal sie in den am weitesten automatisierten Fertigungsstufen („high tech-Bereiche") besonders auffiel. Kern und Schumann faßten ihre Beobachtungen in die These, „daß sich gegenwärtig vor unseren Augen ein grundlegender Wandel in der Nutzung der Arbeitskräfte vollzieht. Neue Produktionskonzepte werden formuliert und durchgesetzt, deren Generalnenner lautet: keine technische Autonomisierung der Produktionsprozesse um jeden Preis, wachsende Wertschätzung von Qualifikation und fachlicher Souveränität. Der Duktus kapitalistischer Rationalisierung wird anders. Bei unveränderter Logik der Rationalisierung bilden sich doch grundlegend neue Formen heraus" (1985: 386). Diese These verstand das Heraufkommen der „Neuen Produktionskonzepte" und die mit diesen verknüpfte Aufwertung der Arbeit als einen Prozeß in status nascendi. Aufgrund einer nochmals erweiterten empirischen Überprüfung (Ergänzung der klassischen „Ex post-Empirie" durch eine „Ex ante-Empirie" [Kern und Schumann 1984: 88f.]) schien freilich prognostizierbar zu sein, daß die weitere Entwicklung *im Prinzip* dem Muster der Neuen Produktionskonzepte folgen würde. „Diese These von den Neuen Produktionskonzepten formulieren wir nicht als Postulat, sondern als Resultat einer interpretierenden Verarbeitung empirischer Erfahrungen nach dem Konzept der Ex ante-Empirie. Wenn wir die Neuen Produktionskonzepte prognostizieren, so umreißen wir eine Entwicklungsrichtung, in die hinein die Umbruchsituation in den Betrieben ... aufgelöst wird. Die Neuen Produktionskonzepte stellen ... heute mehr dar als eine objektive Möglichkeit, nur vorübergehende Irritationen bei der Einführung neuer Technologien oder bloße Insellösungen. Sie markieren die Bandbreiten der weiteren Entwicklung in den industriellen Kernsektoren" (Kern und Schumann 1985: 386).

Notabene bezog sich diese Behauptung einer Überwindung der polaren Entwicklungstendenz durch ein eindeutiges „upgrading" nur auf die verbleibende Arbeit in eben diesen industriellen Kernsektoren. *Innerhalb* dieser Sektoren werde, wurde gesagt, die Arbeit aufgewertet. Doch diese interne Aufwertung fiel zusammen mit einer wachsenden Entwertung von Arbeitsvermögen *außerhalb* der Hochburgen der Neuen Produktionskonzepte. Einen drastischen Beweis für diese Problemverlagerung durch Externalisierung lieferte die Arbeitslosigkeitsrate, die in Deutschland schon seit einer Dekade hoch war. Zwar konnte die starke Arbeitslosigkeit nicht direkt den Produktivitätszuwächsen zugeschrieben werden, die aus der Implementierung der Neuen Produktionskonzepte resultieren. Das wäre auf das Argument der „technologischen Arbeitslosigkeit" oder des „Wachstums ohne Arbeit" hinausgelaufen, welches jedoch übersehen hätte, daß – jedenfalls damals – jene Industrien, die auf der Linie der neuen Konzepte operierten, die stabilste Beschäftigung aufwiesen (Kern und Schumann 1989: 96). Man konnte von diesen Industrien geradezu sagen, daß sie dank der neuen Konzepte dazu imstande waren, ein ökonomisches Wachstum zu generieren, das ausreichend war, um zu verhindern, daß ihre höhere Produktivität ihre *eigene* Beschäftigung zerstörte. Ihre Prosperität war andererseits aber nicht groß genug, um die Arbeitskräfte zu absorbieren, die in den Krisenindustrien ihre Jobs verloren hatten oder die als Neulinge auf dem Arbeitsmarkt überhaupt noch nicht in den Genuß eines Arbeitsplatzes gekommen waren. Ganz unbeteiligt am Elend der Arbeitslosigkeit waren die Neuen Produktionskonzepte jedoch auch nicht. Die Personalpolitiken, mit denen die Kernsektoren ihre neuen Strategien flankierten, waren durch „splendid isolation" gekennzeichnet. Als personelles Rückgrat der Neuen Produktionskonzepte wählten die Firmen hauptsächlich qualifizierte deutsche männliche Arbeitskräfte in mittlerem Lebensalter, die schon zur Firma gehörten (vergleichbare Feststellungen: Mayer 1996, S. 122ff.). Nur solche, die eine Berufsausbildung absolviert hatten, kamen überhaupt für die attraktiven Arbeitsplätze in Betracht. Nachwachsende Arbeitskräfte erhielten allenfalls dann eine Zugangschance, wenn sie einen Ausbildungsplatz in einem Betrieb des Kernbereichs ergatterten; ansonsten wurde der externe Arbeitsmarkt nicht in Anspruch genommen. Durch diese Praxis exklusiver Rekrutierung nahmen die Neuen Produktionskonzepte darauf Einfluß, daß die Arbeitslosigkeit den Charakter einer negativen Karriere bekam. Vor allem für die Problemgruppen der besonderen Risikoträger am Arbeitsmarkt wurde der Durchgang zu den industriellen Kernsektoren schier unpassierbar, brachten sie doch die denkbar schlechtesten Voraussetzungen mit, um den Qualifikations- und Leistungsanforderungen der Neuen Produktionskonzepte gerecht zu werden.

Obschon durch ihre Empirie, die den Stempel ihrer arbeitssoziologischen Herkunft trug, an den Binnenraum der Betriebe gebunden, trugen Kern und Schumann (1984) dieser – mit den Neuen Produktionskonzepten gekoppelten – Tendenz zur Segmentierung der Arbeitskräfte Rechnung. Sie registrierten nicht nur den Trend zur Ent-Polarisierung und qualitativen Anhebung der Arbeit *in* jenen Betrieben der industriellen Kernsektoren, sondern bemerkten auch, daß dieser den Preis der *Ex*ternalisierung negativer Momente verlangte.[3] Die resultierende Segmentierung interpretierten sie wiederum als eine Formverwandlung der Polarisierung. „Das Ende der Arbeitsteilung im Innern der Zentren der Industrieproduktion fällt also zusammen mit einer tendenziellen Verschärfung nach außen.

---

3 Allerdings war die Aufmerksamkeit, die die Industriesoziologie den beiden Segmenten der Erwerbstätigen – den personellen Trägern der Neuen Produktionskonzepte einerseits und den davon Ausgeschlossenen andererseits – schenkte, außerordentlich ungleichgewichtig. Während ersteren in den empirischen Arbeiten ein großer Stellenwert zufiel, wurden letztere zunächst eher stiefmütterlich behandelt. Erst allmählich gewannen die Phänomene der Arbeitslosigkeit und der prekären Beschäftigung in der deutschen Industriesoziologie ein gewisses Gewicht – im Unterschied zur Sozialpolitikforschung, die sich diesem Thema viel früher zuwandte (Offe 1977). Vgl. das „Plädoyer für eine überfällige (Industrie-)Soziologie der Arbeitslosigkeit" bei Kronauer, Vogel und Gerlach (1993: 9ff.). Da die Träger der Neuen Produktionskonzepte überwiegend aus Facharbei*tern* bestanden, war die Ungleichgewichtigkeit in der Forschung identisch mit einer geschlechtsspezifischen Verzerrung der Interpretationsoptik.

Deshalb sprechen wir auch von der Segmentierung als einer neuen Variante der Polarisierung" (Kern und Schumann 1984: 319).[4]

Als die These von den Neuen Produktionskonzepten herauskam, machte sie Furore. Die industriesoziologische Fachdebatte zog indes bald nicht mehr in Zweifel, daß an den Neuen Produktionskonzepten insofern etwas dran war, als die deutsche Industrie seit Beginn der 1980er Jahre tatsächlich in eine neue Phase ihrer Modernisierung eingetreten war. Strittig blieb hauptsächlich die Interpretation dieses Modernisierungsschubs. Einige Beobachter (Altmann et al. 1986; Böhle 1993) sahen den entscheidenden Aspekt der Entwicklung in einer neuartigen Funktionsbestimmung der Automation: im Eindringen der automatisierten Systeme in Bereiche, deren Komplexität und Variabilität früher die Verbreitung technischer Lösungen verhindert hatten und in der Verknüpfung technischer Teilsysteme in verschiedenen Prozeßbereichen zu einem systematischen, immer präziser und zentraler kontrollierten Ganzen. Aus diesem Blickwinkel, der durch den Begriff der „systemischen Rationalisierung" markiert wurde, konnte die Idee einer Aufwertung der ausführenden Arbeit als Konsequenz und Voraussetzung weiterer Automatisierung nur als sekundär, um nicht zu sagen illusorisch, angesehen werden. Zum Brennpunkt der Kontroverse zwischen den Verfechtern dieser Sicht und den Befürwortern des Interpretationsansatzes „Neue Produktionskonzepte" wurde konsequenterweise die Frage des faktischen Verbreitungsgrads und der faktischen Autonomie der Arbeitskräfte im Betrieb. Dabei beharrten erstere auf der Behauptung, die Figur des qualifizierten Produktionsarbeiters wäre exzeptionell und letztlich dem Diktat technischer Systeme untergeordnet, während letztere – mit überzeugenderen empirischen Belegen, wie ich finde – eben derselben Figur eine

---

4 Da die empirischen Erhebungen nur die *industriellen* Kernsektoren – und in diesen hauptsächlich die Produktionsbereiche und die diese unterstützenden Abteilungen – im Visier gehabt hatten, bezog sich diese Feststellung streng genommen allein auf die Industrie*arbeiter*schaft. Die Frage, ob sich bei den *Angestellten* ähnliche oder andere Veränderungstendenzen zeigten, wäre eine gesonderte ausführliche Diskussion wert. Dazu an dieser Stelle nur so viel: a) Die parallel zu der von Kern und Schumann 1984 durchgeführten Untersuchung von Baethge und Oberbeck über die „Zukunft der Angestellten. Neue Technologien und berufliche Perspektiven in Büro und Verwaltung" (1986) stellte ähnliche Oberflächen-Trends fest: Rücknahme der Funktionsaufteilung und Arbeitszergliederung in der Verwaltung; Integration von Geschäftsaktivitäten in der Hand qualifizierter Sachbearbeiter; Ausschluß eines Teils der Angestellten aus der Arbeit (Baethge und Oberbeck 1986: 26–35). Summa summarum: Homogenisierung der verbleibenden Angestelltenarbeit auf einem relativ hohen Niveau bei gleichzeitiger Polarisierung zwischen Angestellten mit und solchen ohne Arbeit. b) Diese Phänomene hatten für die Angestellten jedoch eine andere Bedeutung als für die Arbeiter. Selbst dort, wo es zu einem Anstieg der Qualifikationsanforderungen an die Angestellten kam, ging dies mit einem Abbau der hierarchischen Sonderstellung der Angestellten einher, d.h. mit dem Einsatz der neuen Technologien wurde die Position der Angestellten im betrieblichen Herrschaftsverhältnis der der Arbeiter angeglichen (Baethge und Oberbeck 1986: 36). Insofern gab es in bezug auf die betriebliche Position bei den Angestellten keine „Rationalisierungsgewinner". Baethge und Oberbeck: „Dieser von Kern/Schumann (1984) auf bestimmte Facharbeitergruppen im gegenwärtigen Rationalisierungsprozeß gemünzte Begriff trifft auf die Situation der Angestellten nicht zu. Dies zeigt, daß die mit der gleichen Basistechnologie (Mikroelektronik) vollzogenen Rationalisierungen bei verschiedenen Beschäftigtengruppen recht unterschiedliche *strukturelle* Wirkungen haben können, je nach dem historisch erreichten Stand managerieller Beherrschung der konkreten Arbeitsvollzüge. – Erst jenseits der allgemeinen Schwächung der betrieblichen Position kommt es zu *relativen* ‚Gewinnen' und ‚Verlusten' zwischen unterschiedlichen Angestelltengruppen" (Baethge und Oberbeck 1986: 419, Fußnote 38).

wachsende Zentralität attestierten. Je deutlicher empirische Belege zeigten (Schumann et al. 1994), daß das numerische Gewicht der qualifizierten Arbeitskräfte wuchs (und war es manchmal auch nur relativ), je mehr man demonstrieren konnte, daß diese Arbeitsform für die Anwendung neuer Prozeßtechnologien und die Entwicklung neuer Produkte unverzichtbar geworden war, desto überflüssiger wurde diese Debatte. An der Tatsache der Neuen Produktionskonzepte läßt sich seither nicht mehr rütteln.[5]

Bleibt aber immer noch die Frage, warum die Industriesoziologie vom Aufkommen der Neuen Produktionskonzepte so sehr überrascht worden war. Mehrere Antwortmöglichkeiten wären zu prüfen:

- Die Politisierung der Polarisierungsthese in Form des Programms „Humanisierung des Arbeitslebens" (HdA) begründete eine Arbeitspolitik, die im Kampf gegen die unqualifizierte Arbeit überraschend schnell Erfolge erzielte. – Diese Antwort ist empirisch falsch. Zwar war das HdA-Programm durchaus in dem Sinne erfolgreich, daß es mit zahlreichen praktischen Experimenten demonstrieren konnte, in welchem Maß ein Aufgabenzuschnitt, der auf Entfaltung und Nutzung von beruflichen und sozialer Kompetenzen abzielte, eine größere Gesamtleistung bringt als die qualitative Entleerung der ausführenden Tätigkeiten. Dadurch war in den Unternehmen in der zweiten Hälfte der 70er Jahre ein organisatorisches Handlungsrepertoire herangewachsen, das dann in den 80er Jahren für die Neuen Produktionskonzepte fruchtbar werden konnte, weil es konzeptangemessene Verfahren der Arbeitskräfterekrutierung und des Arbeitseinsatzes inspirierte. In der Breite praktisch geworden sind diese HdA-Ideen aus sich heraus jedoch nicht. (Kern 1979) Dazu hätte es denn doch eines auf Anwendung drängenden Umfeldes bedurft, wie es für die deutschen Betriebe vor den 80er Jahren schlicht noch nicht bestanden hat.
- Die industriesoziologische Empirie der 70er Jahre war trotz ihrer unbestreitbaren komparativen Stärken immer noch zu schmal, als daß sie den Schwenk zu den Neuen Produktionskonzepten schnell genug hätte signalisieren können. – Das hat nur begrenzt etwas für sich. Empirie ist gewiß immer ans Gewordene und Gegenwärtige gebunden. Mit ihr kann man gut *Bestands*aufnahmen machen, ein authentisches Bild der *gegebenen* Situation gewinnen, gängige Interpretationen dem Druck der *beobachtbaren* Tatsachen aussetzen. Freilich handelt es sich dabei durchweg um Feststellungen a posteriori. Formuliert man aus einer solchen wie immer differenzierten ex post-Empirie heraus Trendaussagen, d.h. verlängert man die nachzeichenbare Linie zwischen der Vergangenheit und der Gegenwart in die Zukunft, dann begibt man sich auf dünnes, ungesichertes Eis. Unweigerlich droht ein Waterloo, sollten die Wechselfälle der Geschichte einen Szenenwechsel bringen. Die Polarisierungsthese bietet hierfür ein gutes Beispiel. Aus einer 60er Jahre-Empirie gewonnen, trug sie noch für eine weitere Dekade, weil sich in den 70er Jahren fortsetzte, was vorher aufgebaut worden war. Zu Beginn der 80er Jahre schossen jedoch neue Momente in einer Weise zusammen, daß in den Betrieben ein neues Rationalisierungspotential hochkam und auf schnelle Anwendung drängte. Auch solche Entwicklungen im Prozeß ihrer Entstehung lassen sich möglicherweise mit

---

5 Fragen muß man sich neuerdings allerdings, ob nicht einige Akteure in den Unternehmen und Verbänden durch die Globalisierungsdebatte so kopfscheu gemacht worden sind, daß sie die Lektion der Neuen Produktionskonzepte zu verlernen beginnen. Doch das wäre eine andere Geschichte; vgl. Kern und Schumann (1996).

empirischen Mitteln abgreifen, allerdings müssen die empirischen Verfahren genau auf dieses Ziel eingestellt werden. Kern und Schumann (1984) experimentierten mit einer solchen Anpassung, indem sie ihrer Empirie eine ex ante-Komponente hinzufügten. Obgleich diese „weicher" sein mußte als die Standard-(ex post-)Empirie, rutschte man mit ihr nicht gleich in die Spekulation ab. Ihren festen Sockel gewann diese auf Vorausschau abzielende Empirie in genau recherchierten Rationalisierungsfällen mit nachweisbarem Pilotcharakter und kalkulierbaren Diffusionschancen (vgl. auch Kern und Schumann 1985: 384). Doch man beachte die einschränkende Bedingung für diesen antizipierenden Zugriff. Diese Empirie fundierte brauchbare Prognosen *aus der Perspektive des Jahres 1984* – formuliert also zu einem Zeitpunkt, an dem der Keim der Neuen Produktionskonzepte bereits hervorgetreten war. Die Inkubationszeit der Konzepte konnte also als gegeben unterstellt werden, und das bot *gewisse* Möglichkeiten einer Realitätsverankerung. Jahre vorher hätten nicht einmal diese bestanden – womit dann auch der Gedanke einer ex ante-Empirie witzlos gewesen wäre. Entwicklungsbrüche kann man mit keiner noch so raffiniert angelegten Empirie vorwegnehmen.

– Theorie war in der 1970er Industriesoziologie dermaßen unterentwickelt, daß die Verengung auf ex post-Betrachtungen, die sie sich mit ihrer empirischen Grundorientierung unweigerlich einhandelte, nicht durch theoretische Anstrengungen relativiert werden konnte. – Im Ansatz ist dies ein richtiger Einwand, und es ist vor allem das Verdienst von Burkart Lutz, daß er ihn immer wieder ins Spiel gebracht hat. Allerdings müßte er m.E. anders formuliert werden, als Lutz es mit seinem Vorwurf des „Technikdeterminismus" (u.a. 1983, 1987; Bechtle und Lutz 1989) getan hat. Technikdeterminismus heißt ja, daß man sich als Soziologe von der Vorstellung leiten läßt, die technischen Möglichkeiten erzwängen ihre eigene Anwendung (Technik als „exogener" Faktor) und die einmal implementierte Technik definiere dann alternativlos auch die Sozialorganisation, die sie für ihren eigenen Betrieb benötige. Ein solches Denken in mechanischen Ablaufketten sehe ich indes in der Industriesoziologie der 60er und 70er Jahre nicht (jedenfalls nicht in Schumanns und meinen Arbeiten; vgl. Kern und Schumann 1970, Bd. I: 279; 1972).[6] Was man jedoch feststellen muß, ist dies: daß der Versuch, die Genese und Implementation von Technik ebenso wie die Gestaltung des organisatorischen Rahmens, innerhalb dessen die Technik angewendet wird, als „soziale Prozesse" zu konzeptualisieren, einigermaßen simpel ausgeführt wurde – und daß dieser Versuch exakt wegen seiner Schlichtheit wenig zusätzliche Einsichten brachte. Es war wohl die Kehrseite des hohen empirischen Aufwands, den man veranstaltete, daß der an sich richtige theoretische Einstieg dürftig entfaltet wurde.

Diese Schwäche äußerte sich insbesondere darin, daß es nicht gelang, die industriesoziologische Forschung mit einer Theorie der sozioökonomischen Entwicklung zu vermitteln, welche a) prinzipiell zwischen der Logik ökonomischer Prozesse (Kapitalverwertung und Konkurrenz erzwingen effiziente Lösungen) und den konkret-historischen Einlösungsformen (mit welchen Rationalisierungstypen, allgemeiner: Produktions- und Arbeitseinsatzmodellen, kann das Effizienzprinzip verwirklicht werden?) unterscheidet; welche b) die Konstellation marktmäßiger, kultureller, machtpolitischer und/oder tech-

---

6 Anders wäre es im Fall der Verfechter der Technokratiethese im Gefolge von Jacques Ellul (1964), die aber in der seinerzeitigen Industriesoziologie keine Nachahmer fanden.

nischer Faktoren bestimmt, die für die „Anwahl" eines bestimmten Modells gegeben sein muß; welche schließlich c) Indikatoren für Modellkrisen formuliert und Mechanismen des Modell- oder „Paradigmen"-Wechsels klarstellt. Durch mehr theoretische Reflexion auf diesen Linien hätte sich gewiß das Problembewußtsein für einen Sachverhalt schärfen lassen, der „an sich" schon klar war, dem aber keine Brisanz zugemessen wurde: daß die Polarisierungstendenz an den Rationalisierungstypus (das Produktionsmodell) der Massenproduktion gebunden war und daß erstere in dem Maße hinfällig werden mußte, in dem letzterer(s) in eine Krise geriet. Doch das Entscheidende wäre gewesen, mit einiger Sicherheit zu antizipieren, daß und wann für das System der Massenproduktion die Stunde schlagen würde. Hätte diese Garantie im Fall der genannten Verbesserungen in der Theorie bestanden? Wohl kaum. Man beachte, daß Piore/Sabels „The Second Industrial Divide" (1984), dt. „Das Ende der Massenproduktion" (1985), nicht früher herauskam als Kern/Schumanns „Ende der Arbeitsteilung?". Beeinflußt vom amerikanischen Institutionalismus, reflektierten Piore/Sabel zwar umfassender und expliziter als wir die historischen Voraussetzungen und Schranken der Massenproduktion. Doch was den Zeitpunkt der Krise der Massenproduktion anlangt, war auch dies ein Text, der aus der Erfahrung des sich bereits vollziehenden Umbruchs heraus geschrieben worden ist. Somit ist für mich die letzte Antwortmöglichkeit nicht von der Hand zu weisen.

- Das historische Ende jenes Rationalisierungstypus, an den die Polarisierungstendenz gebunden gewesen ist, war ein so einzigartiges und unkalkulierbares Ereignis, daß es auch durch eine empirisch (noch weiter) verbesserte und theoretisch aufgerüstete Industriesoziologie nicht hätte antizipiert werden können. – Post festum wissen wir: die Massenproduktion ist durch das Zusammenspiel von zwei Prozessen in eine Krise geraten – durch überraschende Entwicklungen auf den Märkten einerseits, die mikroelektronische Revolution andererseits. Mit der Ausdifferenzierung der Käuferwünsche kam in kurzer Frist außerordentlich viel Bewegung in die Märkte – eine Turbulenz, die durch die Mikroelektronik sowohl angeheizt wie auch befriedigt wurde. Die neue Technologie erlaubte nicht nur die Vervielfachung bzw. qualitative Ausweitung der Produktangebote, sondern sie stellte als *flexible* Automatisierung auch ein Fertigungsverfahren bereit, das sich – indem es die Übereinstimmung von Vielfalt, Qualität *und* Effizienz gewährleistete – für die Produktion der neuen Produkte hervorragend eignete. Die Ironie der Entwicklung war dabei die, daß die Umschlaggeschwindigkeit der Produkte so rasant wurde, daß trotz der viel besseren Möglichkeiten zur Automatisierung von Produktionsarbeit deren volle Substitution durch Technologie nie gelang. Mikroelektronische Revolution hin oder her: ein Fundament lebendiger Arbeit blieb somit erhalten. Typischerweise waren es dabei die intelligenten Arbeiten, die fortgeführt wurden, während die einfachen auch am einfachsten zu automatisieren waren und deshalb verschwanden. Produktperfektionierung, flexible Prozeßautomatisierung und intelligente Arbeit – das waren also die Kräfte, die das Bedingungsgefüge für Industrieproduktion Anfang der 80er Jahre in der Weise verschoben, daß die Neuen Produktionskonzepte alsbald als die konsequenteste Form der Ökonomisierung angesehen werden konnten. Keine der Bewegungen auf diesen Kraftlinien war natürlich Zufall; jede war, isoliert gesehen, für Experten transparent und kalkulierbar. Dem Umstand freilich, daß die Kräfte an einem ganz bestimmten Punkt zusammenkamen und sich dann wechselseitig beschleunigten, ferner daß diese ihre Kombination eine neue Rationalisierungsstrategie hervortrieb, wohnte aber doch ein unbestimmbares Moment inne.

So sind es denn wohl mehrere Gründe, mit denen die anfänglichen Schwierigkeiten der Industriesoziologie mit den Neuen Produktionskonzepten erklärt werden können. Manche waren „hausgemacht" – sei es die Rückwärtsorientierung durch zu starke Schwerpunktbildung in der Empirie, sei es zu wenig Sinn für das Wesen sozioökonomischer Entwicklungen durch Vernachlässigung der Theoriearbeit. Der entscheidende Faktor gehörte jedoch in ein Feld, in das die Antizipationskraft auch der besten Wissenschaft kaum hineinreicht: historische Einmaligkeit. Von Kontingenz in einem strikten Sinn würde man hier nicht sprechen können, denn aus bloßem Zufall trat die Entwicklung gewiß nicht ein. Aus heutiger Perspektive erkennen wir, welche Anlässe und Ursachenketten hinter dem Bruch lagen. Freilich hätte sich im Fluß der Ereignisse die geschichtliche Einzigartigkeit des Prozesses selbst mit größerer analytischer Kapazität nicht überspielen lassen – und insofern hätte man es dann doch mit einem kontingenten Vorgang zu tun.

Zuguterletzt die Gegenprobe: Waren die Schwierigkeiten mit den Neuen Produktionskonzepten nicht vielleicht Geigers oder Schelskys späte Rache an der Industriesoziologie? Sind denn die Neuen Produktionskonzepte wirklich etwas anderes als die endgültige Einlösung einer Geiger-Schelskyschen Vorahnung? Waren die Polarisierungstendenzen vielleicht nur kurzfristige Übergangsphänomene auf dem Weg zur endgültigen Aufwertung der Arbeit? Hat man sie nicht viel zu ernst genommen? Hätten wir die Neuen Produktionskonzepte nicht schneller und klarer sehen können, falls wir bei Geiger oder Schelsky geblieben wären? Die Gegenvorstellung lautet (Kern-Schumann): „Wir verstehen die hier vorgetragenen Befunde [d.h. die Neuen Produktionskonzepte] nicht als Revision unserer früheren Auffassungen, insbesondere der ... Polarisierungsthese. Beginnend mit ... ‚Industriearbeit und Arbeiterbewußtsein' haben wir immer die Positionen kritisiert, die eine Korrelation zwischen ‚technischem Fortschritt' und ‚humaner Arbeit' für gesichert ansehen. ... Im Unterschied dazu betonen wir die polarisierenden Effekte der Automationstechnologie in den 60er Jahren. Die Ergebnisse, die im vorliegenden Text präsentiert werden, verstehen wir nicht als Widerlegung, sondern eher als Aktualisierung unseres Ansatzes. Wir behaupten keinesfalls die Verbesserung der Industriearbeit als naturwüchsige Konsequenz der Automation. Wir behaupten auch nicht, daß die mit der ganzheitlichen Nutzung der menschlichen Arbeitskraft zusammenhängende Rücknahme von Arbeitsteilung ein fundamentales Prinzip der kapitalistischen Entwicklung der Produktivkräfte ist. Wir sagen aber, daß wir historisch an einem Punkt angekommen sind, von dem ab das kapitalistische Management größere Effizienz nur noch dann gewinnen kann, wenn es die Arbeitsteilung wieder lockert. 15 Jahre zuvor – zur Zeit von ‚Industriearbeit und Arbeiterbewußtsein' – war dies noch nicht der Fall" (Kern und Schumann 1984: 319).

III. Was nun? Über die Industriesoziologie hinaus

In der Phase ihrer Entfaltung profitierte die industriesoziologische Arbeitsforschung von ihrer offenkundigen Relevanz. Sie thematisierte ein für die Gesamtverfassung der damaligen Gesellschaft, die ja noch alle Merkmale der Arbeitsgesellschaft aufwies, zentrales Phänomen: die Verfassung des Arbeitssystems und die Tendenz seiner Entwicklung. „Où va le travail humain?" (um den Titel eines damals wichtigen Buchs von Georges Friedmann aufzugreifen) – in Richtung Proletarisierung, Polarisierung, qualitative Anhebung? – bewegte die Gemüter, weil die Antwort anzuzeigen versprach, wohin nicht nur die Arbeit gehen würde, sondern mit ihr die ganze Gesellschaft: in Richtung einer noch stärkeren Ausprägung des auf entfremdeter Arbeit beruhenden Klassencharakters; in Richtung einer komplizierten Differenzierung der Arbeit, die die Erfahrbarkeit des Klassenzusammenhangs durch Entfremdung in der Arbeit für viele Arbeiter verstellen würde; oder aber in Richtung einer qualitativen Anhebung der ausführenden Tätigkeiten mit der gesellschaftlichen Konsequenz einer Nivellierung in der Mitte?

Im Zeitalter der Neuen Produktionskonzepte trifft keine dieser Fragen mehr ins Schwarze, auch die letzte nicht. Die Arbeit ist jetzt zwar aufgewertet, aber sie reicht nicht mehr für alle. Dadurch tut sich jene neue gesellschaftliche Spaltung auf, die mitten durch die Arbeiter geht und die diejenigen, die Arbeit abbekommen (und dazu noch gute), von denjenigen separiert, die leer ausgehen. Die gesellschaftliche Konfliktdynamik rutscht auf diese Bruchlinie, übergeht also den alten Klassengegensatz.

Industriesoziologische Arbeitsforschung ist angesichts dieser Verlagerung in der Gefahr, aus dem Status einer Wissenschaft, die einen belangvollen Beitrag zum Verständnis der gesamtgesellschaftlichen Dynamik geleistet hat, zu einer sehr speziellen Erkenntnis im Rahmen einer speziellen Bindestrich-Soziologie abzurutschen. Sie kann dieser Gefahr nur entweichen, wenn sie sich selbst relativiert, d.h. ihr altes Forschungsthema nicht mehr als ein durch fraglose Zentralität genügendes Ganzes ansieht, sondern nur noch als ein Teilphänomen, das erst durch Verknüpfung mit anderen Phänomenen – und zwar solchen *außerhalb* von Arbeit – für die Einschätzung der ganzen Gesellschaft Gewicht bekommt (Bell 1973; Offe 1984). Doch man darf dabei auch nicht zu weit zurückweichen, indem man der Verführung einer radikal gefaßten Postindustrialismus-These nachgibt, die der Arbeitsforschung tendenziell jede Relevanz absprechen würde. Der Arbeitssektor bleibt wichtig und zwar selbst in seiner industriegebundenen Form (siehe die Reindustrialisierungsthese: Abernathy et al. 1983; Cohen und Zysman 1987). Nur strukturiert er eben heute aus sich heraus so wenig die gesamte Gesellschaft, daß eine Industriesoziologie, die weiterhin zur Soziologie *der* modernen Gesellschaft etwas sagen möchte, ihren Horizont sehr weit öffnen muß.

Sobald dies klar ist, kann man auch über notwendige Verbesserungen in den Analysen von Produktion und Arbeit selbst nachdenken. Daß es in unserer Arbeitstrukturforschung auch im engeren Sinne Vereinfachungen und Verengungen gegeben hat, die sich negativ auf ihr Diagnosepotential ausgewirkt haben, habe ich schon gesagt. Doch in welche Richtung können/sollen Verbesserungen gehen?

Die Erfahrung mit den Neuen Produktionskonzepten läßt eine Bereicherung der Industriesoziologie durch Verwandlung in eine „comparative political economy" besonders attraktiv erscheinen. Eine Weiterentwicklung in Richtung einer „political economy" würde bedeuten, daß die in der deutschen Industriesoziologie besonders starke Fokussierung auf Betrieb und Arbeitsprozeß („shop floor-Perspektive") aufgegeben wird und die Institutionen und Mechanismen der Steuerung ökonomischer/industrieller Prozesse stärker ins Blickfeld geraten. Da die institutionellen Grundlagen der Ökonomie eine starke historisch-nationale Einfärbung besitzen, wäre diese Erweiterung der Industriesoziologie gleichbedeutend mit ihrer Verwandlung in eine komparative Disziplin. Der Gedanke einer komparativen politischen Ökonomie hat, angeregt durch Arbeiten wie die von Gerschenkron (1962) und Shonfield (1965), in den amerikanischen Sozialwissenschaften einen beachtlichen Aufschwung erfahren: deshalb „comparative political economy" (vgl. Hall 1997).

Je mehr wir uns mit den Neuen Produktionskonzepten beschäftigten, desto klarer wurde uns, daß wir es nicht nur mit einer spezifisch historischen, sondern auch mit einer spezifisch deutschen Angelegenheit zu tun haben. Ohne Zweifel: die Herausforderung durch höchst bewegliche Märkte und das Lösungsangebot der Mikroelektronik galten in den 1980er Jahren für jedes entwickelte Industriesystem, gleichgültig an welchem Standort. Nur reagierten die Systeme – notabene trotz der ähnlichen Herausforderungen und Bedingungen – auf bemerkenswert unterschiedliche Weise. So standen die Neuen Produktionskonzepte in der Ausprägung, in der sie hier beschrieben worden sind, nur der deutschen Industrie zur Verfügung, während andere Industriesysteme meist später (mit der Ausnahme Japans!) und immer in einer anderen Merkmalskombinatorik antworteten (Kern 1989; Streeck 1991; Kern und Sabel 1994). Konkrete industrielle Praktiken erhalten also offenbar durch standortgebundene Rahmenbedingungen ihren Schliff und können von Akteuren, die an anderen Standorten operieren, nur aufgegriffen werden, falls diese sie unter Berücksichtigung ihrer jeweiligen Bedingungen modifizieren (oder falls sie diese Bedingungen selbst anpassen). Es gibt eine Enge der institutionellen Paßform; die Praktiken müssen genau in den gegebenen Rahmen eingepaßt werden, sollen sie reibungslos funktionieren – eine Schlußfolgerung, die sich mit den Interpretationsangeboten des (Neo-)Institutionalismus und der „social embeddedness"-Konzeption (Granovetter 1985; Granovetter und Swedberg 1992) präzisieren läßt.

Im deutschen Fall führt die genauere Ausformulierung zu der Einsicht, daß es Institutionen wie die breit qualifizierende berufliche Bildung, die konsensstabilisierenden industriellen Beziehungen und die sozial abfedernden Sicherungen gewesen sind, die die industriellen Anpassungsmaßnahmen in den 80er Jahren auf die Spur der Neuen Produktionskonzepte geschoben haben. Was wird jedoch passieren, wenn diese Institutionen unter dem Druck der ökonomischen Globalisierung geschliffen werden? Geht dann die Spezifität des deutschen Entwicklungspfads, der seit den Neuen Produktionskonzepten ein „high wage/high skill/quality competition"-Pfad gewesen ist, durch Überstülpen eines globalen, allgemeinen Musters verloren? Und wäre dieses allgemeine Muster dann, wie behauptet wird, der konträre „low wage/low skill/price competition"-Pfad? (vgl. Freeman 1995; Marsden 1995). Die alte Problematik „Polarisierung vs. Homogenisierung der Arbeit" (letztere nach unten oder oben?), die uns geklärt vorkam, scheint plötzlich wieder auf – nun als Problem der internationalen Arbeitsteilung in der globalen Ökonomie (vgl. auch die Palette aktueller Antworten: Hollingsworth et al. 1994; Berger und Dore 1996; Soskice 1994; Thurow 1996). Wiederkehr des Bekannten? Eher wohl: alte Form, neuer Inhalt.

Literatur

Abernathy, William, et al., 1983: Industrial Renaissance. Producing a Competitive Future for America. New York: Basic Books.
Altmann, Norbert, et al., 1982: Grenzen neuer Arbeitsformen, Frankfurt a.M.: New York.
Altmann, Norbert, et al.,1986: Neuer Rationalisierungstyp. Neue Anforderungen an die Industriesoziologie, Soziale Welt 37: 191–207.
Baethge, Martin, et al.,1980: Bildungsexpansion und Beschäftigungslage von Angestellten, SOFI Göttingen.
Baethge, Martin, und *Herbert Oberbeck*, 1986: Zukunft der Angestellten. Neue Technologien und berufliche Perspektiven in Büro und Verwaltung. Frankfurt a.M.: Campus.
Bahrdt, Hans Paul, 1980: Deutsche Soziologie seit 1945. Rezension des 21. Sonderhefts der KZfSS, Soziologische Revue 3: 264–268.
Bechtle, Günter, und *Burkart Lutz*, 1989: Die Unbestimmtheit post-tayloristischer Rationalisierungsstrategie und die ungewisse Zukunft industrieller Arbeit. Überlegungen zur Begründung eines Forschungsprogramms. S. 9–63 in: *Klaus Düll* und *Burkart Lutz* (Hg.): Technikentwicklung und Arbeitsteilung im internationalen Vergleich, Frankfurt a.M.: Campus.
Beckenbach, Niels, et al., 1973: Klassenlage und Bewußtseinsformen technisch-wissenschaftlicher Lohnarbeit. Frankfurt a.M.: Europäische Verlagsanstalt.
Bell, Daniel, 1973: The Coming of Post-Industrial Society. New York: Basic Books (dt. 1975: Die nachindustrielle Gesellschaft. Frankfurt a.M.: Campus).
Berger, Suzanne, und *Ronald Dore*, 1996: National Diversity and Global Capitalism. London: Cornell University Press.
Blauner, Robert, 1960: Work Satisfaction and Industrial Trends in Modern Society. S. 339–360 in: *Walter Galenson* und *Seymour M. Lipset* (Hg.): Labor and Trade Unionism, New York: Wiley.
Böhle, Fritz, 1993: Objektivierendes und subjektivierendes Arbeitshandeln. Rationalisierung und Risiken bei neuen Formen qualifizierter Produktionsarbeit. Manuskript. München.
Brandt, Gerhard, et al., 1978: Computer und Arbeitsprozess, Frankfurt a.M.: Campus.
Braverman, Harry, 1974: Labor and Monopoly Capital. New York: Monthly Review Press.
Bright, James R., 1958: Automation and Management. Boston: Harvard University.
Burawoy, Michael, 1979: Manufacturing Consent. Changes in the Labor Process Under Monopoly Capitalism. Chicago: The University of Chicago Press.
Cohen, Stephen S., und *John Zysman*, 1987: Manufacturing Matters. The Myth of the Post-Industrial Economy. New York: Basic Books.
Drexel, Ingrid, und *Christoph Nuber*, 1979: Qualifizierung für Industriearbeit im Umbruch. Frankfurt a.M.: Campus.
Ellul, Jacques, 1964: The Technological Society. New York: Vintage Books.
Faunce, William A., 1958: Automation in the Automobile Industy, American Sociological Review 23: 401–407.
Freeman, Richard, 1995: „If It's Monday, We Must Be In ...", Labour Relations Around the World in Nine Papers, Labour. Special Issue (IIRA), Oxford: Blackwell: 5–18.
Friedeburg, Ludwig von, 1963: Soziologie des Betriebsklimas. Frankfurt a.M.: Europäische Verlagsanstalt.
Friedmann, Georges, 1947: Problèmes humains du machinisme industriel. Paris: Gallimard (dt.1952: Der Mensch in der mechanisierten Produktion. Köln: Bund-Verlag).
Friedmann, Georges, 1950: Où va le travail humain? Paris: Gallimard (dt.1953: Zukunft der Arbeit. Köln: Bund-Verlag).
Friedmann, Georges, 1956: Le travail en miettes. Spécialisation et loisirs. Paris: Gallimard. (dt.1959: Grenzen der Arbeitsteilung. Frankfurt a.M.: Europäische Verlagsanstalt).
Friedmann, Georges, und *Pierre Naville*, 1962: Traité de sociologie du travail. Paris: Librairie Armand Colin.
Geiger, Theodor, 1949: Die Klassengesellschaft im Schmelztiegel. Köln: Kiepenheuer.
Gerschenkron, Alexander, 1962: Economic Backwardness in Historical Perspective. Cambridge: The Belknap Press of Harvard University Press.

Goldthorpe, John H., et al., 1968a: The Affluent Worker: Industrial Attitudes and Behaviour. Cambridge: Cambridge University Press.
Goldthorpe, John H., et al., 1968b: The Affluent Worker: Political Attitudes and Behaviour. Cambridge: Cambridge University Press.
Goldthorpe, John H., et al., 1969: The Affluent Worker in the Class Structure. Cambridge: Cambridge University Press.
Granovetter, Mark, 1985: Economic Action and Social Structure. The Problem of Embeddedness, American Journal of Sociology 91: 481–510.
Granovetter, Mark, und Richard Swedberg (Hg.), 1992: The Sociology of Economic Life. Oxford: Westview Press.
Hall, Peter A., 1997: The Role of Interests, Institutions and Ideas in the Comparative Political Economy of the Industrialized Nations. S. 174–207 in: Mark I. Lichbach und Alan S. Zuckerman (Hg.): Comparative Politics – Rationality, Culture and Structure. Cambridge: Cambridge Univerersity Press.
Hoggart, Richard, 1957: The Use of Literacy. Harmondsworth: Penguin Books 1976.
Hollingsworth, Rogers J., et al. (Hg.), 1994: Governing Capitalist Economies. New York: Oxford University Press.
Institut für Sozialforschung (L. v. Friedeburg et al.), 1955: Betriebsklima. Frankfurt a.M.: Europäische Verlagsanstalt.
Kern, Horst, 1979: Kampf um Arbeitsbedingungen. Materialien zur ‚Humanisierung der Arbeit'. Frankfurt a.M.: Suhrkamp.
Kern, Horst, 1982: Empirische Sozialforschung. Ursprünge, Ansätze, Entwicklungslinien. München: C.H. Beck.
Kern, Horst, 1989: Über die Gefahr, das Allgemeine im Besonderen zu sehr zu verallgemeinern. Zum soziologischen Zugang zu Prozessen der Industrialisierung, Soziale Welt 40: 259–272.
Kern, Horst, und Charles Sabel, 1994: Verblaßte Tugenden. Zur Krise des deutschen Produktionsmodells. S. 605–624 in: Niels Beckenbach und Werner van Treeck (Hg.): Umbrüche gesellschaftlicher Arbeit, Sonderband der Sozialen Welt 1994. Göttingen: Schwartz.
Kern, Horst, und Michael Schumann, 1970: Industriearbeit und Arbeiterbewußtsein. Eine empirische Untersuchung über den Einfluß der aktuellen technischen Entwicklung auf die industrielle Arbeit und das Arbeiterbewußtsein, 2 Bde., Frankfurt a.M.: Europäische Verlagsanstalt (Gekürzte Studienausgabe 1977 mit neuem Vorwort, Frankfurt a.M.: Suhrkamp Verlag; Neuausgabe der Studienausgabe 1985 mit Nachwort von K.-P. Wittemann).
Kern, Horst, und Michael Schumann, 1984: Das Ende der Arbeitsteilung? Rationalisierung in der industriellen Produktion: Bestandsaufnahme, Trendbestimmung. München: C.H. Beck (4., um ein Nachwort erweiterte Aufl. 1990).
Kern, Horst, und Michael Schumann, 1985: Industriearbeit im Umbruch. Versuch einer Voraussage. S. 382–397 in: Soziologie und gesellschaftliche Entwicklung. Verhandlungen des 22. Deutschen Soziologentages in Dortmund 1984. Frankfurt a.M.: Campus.
Kern, Horst, und Michael Schumann, 1989: New Concepts of Production in West German Plants. S. 86–112 in: Peter J. Katzenstein (Hg.): Industry and Politics in West Germany. Toward the Third Republic. London: Cornell University Press.
Kern, Horst, und Michael Schumann, 1996: Vorwärts in die Vergangenheit? Zustand der Arbeit. Zukunft der Arbeit, Gewerkschaftliche Monatshefte 11/12: 715–724.
Kronauer, Martin, et al., 1993: Im Schatten der Arbeitslosigkeit. Arbeitslose und die Dynamik sozialer Ausgrenzung. Frankfurt a.M.: Campus.
Lutz, Burkart, 1983: Technik und Arbeit. Stand, Perspektiven und Probleme industriesoziologischer Technik. S. 167–187 in: Forschung in der Bundesrepublik Deutschland, Weinheim: Beltz.
Lutz, Burkart, 1987: Arbeitsmarktstruktur und betriebliche Arbeitskräftestrategie. Eine theoretisch-historische Skizze zur Entstehung betriebszentrierter Arbeitsmarktsegmentation. Frankfurt a.M.: Campus.
Marsden, David, 1995: Deregulation or Cooperation? The Future of Europe's Labour Markets, Labour – Special Issue (IIRA), Oxford: Blackwell: 67–81.
Matthöfer, Hans, 1974: Forschungsprogramm Humanisierung des Arbeitslebens, BMFT (Hg.). Bonn.

Mayer, Karl Ulrich, 1996: Ausbildungswege und Berufskarrieren. S. 113–145 in *Bundesinstitut für Berufsbildung* (Hg.): Forschung im Dienst von Praxis und Politik. Bielefeld: Bertelsmann.
Meschkat, Klaus, und *Oskar Negt* (Hg.), 1973: Gesellschaftsstrukturen. Frankfurt a.M.: Suhrkamp.
Mickler, Otfried, 1981: Facharbeit im Wandel : Rationalisierung im industriellen Produktionsprozess. Frankfurt a.M.: Campus.
Mickler, Otfried, et al., 1976: Technik, Arbeitsorganisation und Arbeit. Frankfurt a.M.: aspekte-Verlag.
Mickler, Otfried, et al., 1977: Produktion und Qualifikation, SOFI Göttingen.
Miller, Delbert C., und *William H. Form,* 1951: Industrial Sociology. An Introduction to the Sociology of Work Relations. New York: Harper & Brothers (dt. 1957: Unternehmung, Betrieb und Umwelt. Köln: Westdeutscher Verlag).
Naville, Pierre, 1961: L'automation et le travail humain. Paris: CNRS.
Noble, David F., 1984: Forces of Production. A Social History of Industrial Automation. Oxford: Oxford University Press.
Offe, Claus (Hg.), 1977: Opfer des Arbeitsmarktes: Zur Theorie der strukturierten Arbeitslosigkeit. Neuwied: Luchterhand.
Offe, Claus, 1984: Arbeit als soziologische Schlüsselkategorie? S. 13–43 in: „Arbeitsgesellschaft". Strukturprobleme und Zukunftsperspektiven. Frankfurt a.M.: Campus.
Piore, Michael J., und *Charles F. Sabel,* 1984: The Second Industrial Divide. Possibilities for Prosperity. New York: Basic Books (dt. 1985: Das Ende der Massenproduktion. Studie über die Requalifizierung der Arbeit und die Rückkehr der Ökonomie in die Gesellschaft. Berlin: Wagenbach).
Pirker, Theo, et al., 1955: Arbeiter, Management, Mitbestimmung. Eine industriesoziologische Untersuchung der Struktur, der Organisation und des Verhaltens der Arbeiterbelegschaft in Werken der deutschen Eisen- und Stahlindustrie, für die das Mitbestimmungsgesetz gilt. Düsseldorf: Ring-Verlag.
Popitz, Heinrich, Hans Paul Bahrdt, Ernst August Jüres und *Hanno Kesting,* 1957: Technik und Industriearbeit. Soziologische Untersuchungen in der Hüttenindustrie. Tübingen: J.C.B. Mohr (Paul Siebeck).
Popitz, Heinrich, Hans Paul Bahrdt, Ernst August Jüres und *Hanno Kesting,* 1961: Das Gesellschaftsbild des Arbeiters. Soziologische Untersuchungen in der Hüttenindustrie. Tübingen: J.C.B. Mohr (Paul Siebeck).
Roethlisberger, F. J., und *William J. Dickson,* 1939: Management and the Worker. Cambridge: Harvard University Press.
Schelsky, Helmut, 1961: Der Mensch in der wissenschaftlichen Zivilisation. Köln/Opladen: Westdeutscher Verlag.
Schultz-Wild, Rainer, und *Friedrich Weltz,* 1973: Technischer Wandel und Industriebetrieb. Frankfurt a.M.: Athenäum-Verlag.
Schumann, Michael, et al., 1982: Rationalisierung, Krise, Arbeiter. Eine empirische Untersuchung der Industrialisierung auf der Werft. Frankfurt a.M.: Europäische Verlagsanstalt.
Schumann, Michael, et al., 1994: Der Wandel der Produktionsarbeit im Zugriff neuer Produktionskonzepte. S. 11–44 in: Umbrüche gesellschaftlicher Arbeit, Soziale Welt Sonderband 9. Göttingen: Schwarz.
Schumann, Michael, et al., 1994a: Trendreport Rationalisierung. Automobilindustrie, Werkzeugmaschinenbau, Chemische Industrie. Berlin: edition sigma.
Shaiken, Harley, 1985: Work Transformed. Automation and Labor in the Computer Age. Toronto: Lexington Books.
Shonfield, Andrew, 1965: Modern Capitalism. London: Oxford University Press.
Soskice, David W., 1994: Finer Varieties of Capitalism. WZB Berlin, Manuskript.
Streeck, Wolfgang, 1991: Social Institutions and Economic Performance. London: Sage.
Thurow, Lester C., 1996: The Future of Capitalism. How Today's Economic Forces Shape Tomorrow's World. London: Brealey.
Touraine, Alain, 1955: L'évolution du travail ouvrier aux usines Renault. Paris: CNRS.
Utterback, James M., 1996: Mastering the Dynamics of Innovation. Boston: Harvard Business School Press.

Walker, Charles R., und *Robert H. Guest,* 1952: The Man on the Assembly Line. Cambridge (Neuauflage 1979: New York: Arno Press).

Weltz, Friedrich, und *Veronika Lullies,* 1983: Innovation im Büro. Das Beispiel Textilverarbeitung. Frankfurt a.M: Campus.

Whitehead, Thomas N., 1938: The Industrial Worker. A Statistical Study of Human Relations in a Group of Manual Workers. Cambridge: Harvard University Press (Neuaflage 1977: New York: Arno Press).

Zweig, Ferdynand, 1952: The British Worker. Harmondsworth: Penguin Books.

Zweig, Ferdynand, 1961: The Worker in an Affluent Society – Family Life and Industry. New York: The Free Press of Glencoe.

PROLETARISIERUNG, POLARISIERUNG ODER UPGRADING DER ERWERBSARBEIT?

Über die Spätfolgen ‚erfolgreicher Fehldiagnosen' in der Industriesoziologie*

Hanns-Georg Brose

Zusammenfassung: In dem Beitrag wird die These vertreten, daß die Diagnosen über die Polarisierung und schließlich die Re-Professionalisierung der Erwerbsarbeit die Fachdiskussion in der Industriesoziologie in „zu erfolgreicher" Weise auf die Frage nach der Verbreitung bzw. Rücknahme tayloristischer Arbeitsteilung und -organisation focussierten. Formen der Arbeitsteilung, die sich jenseits des tayloristischen Modells der Arbeitszergliederung erhalten oder neu entwickelt haben, wurden deshalb auch jenseits der Grenzen der main-stream Industriesoziologie untersucht. Das führte schließlich zu Differenzierungs- und Fragmentierungstendenzen innerhalb des Faches, in deren Folge im Umfeld der Industriesoziologie eine Vielzahl heterogen erscheinender Themen aufgegriffen, aber nicht in einer kohärenten Perspektive bearbeitet wurden. Die Gemeinsamkeit dieser Themen wird darin gesehen, daß sie auf die Bedeutsamkeit endogenen und exogenen Wandels in Organisationen und die Bemühungen von Betrieben/Unternehmen im Umgang mit Unsicherheiten und Risiken in ihren Umwelten verweisen. Aus dieser Perspektive ergibt sich ein tiefenschärferes Verständnis neuer Formen der Arbeitsteilung, die sich zwischen Dienstleistungs- und Herstellungsfunktionen, zwischen Wissensgenerierung und Wissensanwendung und infolge organisatorischer Dezentralisierung ergeben und die Entwicklung der Berufsstruktur beeinflussen. Die „klassische" Industriesoziologie hat gerade erst begonnen, diese Entwicklungen in einer kohärenten Weise zu beobachten und zu erforschen. Diese Verzögerung in der Wahrnehmung kann als Spätfolge zu erfolgreicher Fehldiagnosen interpretiert werden.

I. Einleitung

Die mit den Stichworten: „Proletarisierung, Polarisierung, Upgrading" skandierten Thesen verweisen auf eine besonders prominente und traditionsreiche Forschungsfragestellung in der Industriesoziologie: Die Frage nach den sozialen Folgen der industriellen Arbeitsteilung. Sie ist angeregt durch eine Problemwahrnehmung, die älter ist als die Industriesoziologie, auch älter als die Marxsche These von der Proletarisierung der Arbeiter. So heißt es bei Adam Smith, der meist als Apologet der Effizienzvorteile der Arbeitsteilung zitiert wird, problembewußt: „Mit fortschreitender Arbeitsteilung wird die Tätigkeit der überwiegenden Mehrheit derjenigen, die von ihrer Arbeit leben, also der Masse des Volkes, nach und nach auf einige wenige Arbeitsgänge eingeengt, oftmals auf nur einen oder zwei. ... Nun formt aber die Alltagsbeschäftigung ganz zwangsläufig das Verständnis der meisten Men-

---

* Für Anregungen zur Überarbeitung einer früheren Fassung des Manuskripts danke ich Ursula Holtgrewe und den Herausgebern der Kölner Zeitschrift für Soziologie und Sozialpsychologie.

schen. Jemand, der tagtäglich nur wenige einfache Handgriffe ausführt, die zudem immer das gleiche oder ein ähnliches Ergebnis haben, hat keinerlei Gelegenheit, seinen Verstand zu üben. Denn da Hindernisse nicht auftreten, braucht er sich auch über deren Beseitigung keine Gedanken machen. So ist es ganz natürlich, daß er verlernt seinen Verstand zu gebrauchen, und so stumpfsinnig und einfältig wird, wie ein menschliches Wesen nur eben werden kann" (Smith 1974: 661).

Wenn man nun die drei Hypothesen nimmt, die dann die Folgen der industriellen Arbeitsteilung bündeln: Proletarisierung, Polarisierung und Upgrading, dann sieht man, daß sich der Blickwinkel auf die Folgen der Arbeitsteilung verengt hat: Die These von der Proletarisierung der Arbeiter verweist auf den Zusammenhang von industrieller Entwicklung und der Entwicklung der Sozialstruktur. Gemeint sind hier die materielle Verelendung der Arbeiter, ihre Entfremdung und – als Umschlag dieser Effekte in ihr Gegenteil – die Klassenformation des Proletariats. Bei Durkheim werden die Folgen der Arbeitsteilung im Hinblick auf ihre Beeinflussung der Moral zum Thema gemacht.[1] Auch Max Weber ging es – etwa in seiner methodologischen Einleitung zu den Untersuchungen des Vereins für Sozialpolitik – noch um die Frage nach der Kulturbedeutung der Arbeit bzw. der Arbeitsteilung. In den empirischen Untersuchungen der folgenden Jahrzehnte – ich beziehe mich im folgenden im wesentlichen auf die deutsche Industriesoziologie seit Mitte der 50er Jahre – wird das Untersuchungsfeld zunehmend auf die Frage nach den Auswirkungen der technischen Entwicklung auf die (berufliche) Qualifikationsstruktur verengt. Diese Frage nach den Auswirkungen von Rationalisierungsprozessen auf die Belegschafts-, Qualifikations- bzw. Berufsstruktur hatte jahrzehntelang einen wesentlichen, die Fachdiskussion zeitweise dominierenden Charakter.

In der empirischen Forschung ist sie „operationalisiert" worden als Frage nach den „Arbeitsfolgen des technischen Fortschritts" (Kern und Schumann 1970). Im Grunde ging es um die Auseinandersetzung mit der sog. „Upgradingthese", für die als Belegstellen immer wieder Blauner (1964) und Touraine (1955) zitiert werden. Diese besagt, daß die Entwicklung der Arbeitsteilung sich von einer vorindustriell-handwerklichen Phase, die durch die Einheit von Planung und Ausführung der Arbeit, weitgehende Autonomie und Zeitsouveränität gekennzeichnet war, über industrielle Phase, in der die Spezialisierung, Heteronomie und Fragmentierung der Arbeitsaufgaben sich verstärkt, zu einer Phase der Reintegration und Re-Humanisierung der Arbeit bewegt.

Eine gegenläufige These des „downgrading" wurde – aufgrund einer breit angelegten Untersuchung verschiedener Industriebranchen in den USA – von R. Bright (1958) vertreten.

Eindrückliches und herausragendes Beispiel der Weiterentwicklung und Fortführung dieser Forschungstradition sind die zwischen 1970 und 1994 erschienenen drei Studien des Göttinger Soziologischen Forschungsinstituts[2] (SOFI). In der ersten Untersuchung

---

[1] Durkheim verweist auf andere frühe Kronzeugen der bornierenden Effekte der Arbeitsteilung, u.a. J.B. Say und Tocqueville (Durkheim [1893] 1988: 88).

[2] Das „Soziologische Forschungsinstitut an der Georg-August-Universität Göttingen"(SOFI) wurde 1970 gegründet. Es ist – neben dem Institut für Sozialwissenschaftliche Forschung München (ISF) – das sicher gewichtigste Forschungsinstitut in Deutschland, an dem seit nunmehr drei Jahrzehnten kontinuierlich und systematisch industriesoziologische Forschung betrieben wird. Zur Geschichte des SOFI vgl. SOFI (1995) und die Beiträge von L. v. Friedeburg und F.

(s.u.) bemühten sich die Autoren ausdrücklich um eine empirische Überprüfung der als zu undifferenziert wahrgenommenen Thesen über das upgrading bzw. downgrading der Erwerbsarbeit. Ihre Befunde faßten sie in der sogenannten Polarisierungsthese zusammen (Kern und Schumann 1970: 139f.). Diese besagte, daß sich in der Industriearbeit eine polarisierte Belegschaftsstruktur entwickelt hatte, bei der neben der „aufgewerteten" qualifizierten Automationsarbeit nicht nur ein relativ großer Restbestand einfacher, repetitiver Handarbeiten fortbestehe. Außerdem sei die beträchtliche mittlere Gruppe der Steuer- und Führungsarbeiten in der mechanisierten Produktion durch die fortschreitende Automation am meisten von Dequalifizierung bedroht.

Im Vergleich der drei Studien „Industriearbeit und Arbeiterbewußtsein" (Kern und Schumann 1970); „Das Ende der Arbeitsteilung?" (Kern und Schumann 1984); „Trendreport Rationalisierung" (Schuman et al. 1994) lassen sich exemplarisch die Stärken, das empirisch analytische Vermögen der Industriesoziologie in der Bundesrepublik, aber auch ihre Probleme und „blinden Flecken" gut skizzieren. Mit diesen Studien ist ganz sicherlich ein Stück Soziologiegeschichte geschrieben worden – nicht nur Geschichte der Industrie- und Betriebssoziologie. Zum einen, weil sie breit rezipiert worden sind und auch die außerwissenschaftliche Diskussion entscheidend mit angeregt haben – das gilt insbesondere für die Studien von 1970 und 1984 – zum anderen, weil sie nach wie vor ein gutes Beispiel kumulativer Forschung darstellen. Dabei ist gerade die Art höchst bemerkenswert, wie die Autoren aus den ‚Mängeln' der jeweiligen Studien Konsequenzen für die folgenden Untersuchungen gezogen haben, wie sie diese Lernprozesse offen dargestellt und produktiv gewendet haben. Immerhin handelt es sich um einen Zeitraum von rund 25 Jahren, in denen die Forschungsinstrumentarien verfeinert, die theoretischen Konzepte revidiert und die in der wissenschaftlichen Auseinandersetzung geäußerte Kritik aufgearbeitet und bei der weiteren Untersuchungstätigkeit berücksichtigt wurden. Dies gilt besonders für die 1994 erschienene Studie, deren Anlage und Durchführung wesentlich durch die breit geführte Diskussion über die Studie aus dem Jahre 1984 beeinflußt worden ist. Daß diese Forschungsstrategie, die man ‚industriesoziologisch' als Strategie der „Produktdifferenzierung" kennzeichnen könnte, dann nicht mehr innovativ war und auch zu Verriegelungseffekten und „blinden Flecken" geführt hat, wird zu zeigen sein.

Zweifellos läßt sich die Frage nach der Diagnosefähigkeit der Industriesoziologie nicht allein an der kritischen Würdigung dieser drei Studien des Soziologischen Forschungsinstituts in Göttingen beantworten. Auch läßt sich damit ein Überblick über die Entwicklung und den Zustand des gesamten Faches nicht gewinnen. Das soll auch gar nicht versucht werden.[3] Dennoch: die von den Herausgebern der Kölner Zeitschrift vorgeschlagene Eingrenzung des Themas ist ja nicht zufällig. In der Tat liegt in der Frage nach der Auswirkung der industriell-kapitalistischen Rationalisierungsprozesse auf die Veränderung der Berufsstruktur nicht nur ein prominenter, sondern auch tatsächlich systematisch wichtiger For-

---

Naschold anläßlich des 60. Geburtstags von Michael Schumann – einem der Direktoren des SOFI – in den SOFI-Mitteilungen 25/97.

3 Ein Versuch einen Überblick über die inzwischen weit ausdifferenzierte (s.u.) Forschungslandschaft in der Industrie- und Betriebssoziologie geben zu wollen, würde den Zuschnitt dieses Beitrags sprengen. Deshalb soll bewußt die vom SOFI repräsentierte, dominierenden Forschungsperspektive in den Mittelpunkt gerückt werden, und die Gegen-, Unter- und Nebenströme zu diesem main-stream werden (meist) nur implizit behandelt.

schungsstrang. Und hier müssen die drei SOFI-Studien ins Zentrum der Beantwortung der Frage nach der Diagnosefähigkeit der Soziologie gerückt werden. Daß diese Frage gegenwärtig nicht im Zentrum der industriesoziologischen Forschungen steht, ja daß sich die Industriesoziologie seit Mitte der 80er Jahre (Malsch 1987b: 170) von diesem Thema abgewandt hat, bleibt ein Faktum, das es zu interpretieren gilt.

Nachdem ich nun versucht habe, das „gestellte" Thema als Frage nach den sozialen Folgen der Arbeitsteilung in seinem fachgeschichtlichen, weiteren Horizont zu verorten, werde ich im folgenden (Abschnitt II) die Verengung dieses thematischen Horizontes auf die Frage nach den „Arbeitsfolgen des technischen Fortschritts" in der Industrie- und Betriebssoziologie und den spezifischen Beitrag dieses Faches darstellen. Dabei geht es sowohl um die Abgrenzung dieses Beitrags gegenüber der Arbeitsmarkt- und Berufsforschung, wie auch um die Darstellung der Methoden und Meßverfahren, die die Industrie- und Betriebssoziologie für ihr spezifisches Forschungsfeld entwickelt hat.

Am Beispiel der drei aufeinanderfolgenden Studien des SOFI (Göttingen) wird dann (Abschnitt III) das analytische Modell rekonstruiert, das der industriesoziologischen Empirie und insbesondere den drei genannten Studien zugrundeliegt. Gezeigt wird auch, wie sich das empirische Design der drei exemplarisch betrachteten Untersuchungen, der Methodenapparat und die forschungsleitenden Fragestellungen verändert haben. Im folgenden wird dann die These entwickelt, daß die breite Resonanz und der Erfolg der Untersuchung von 1984: „Das Ende der Arbeitsteilung?" in doppelter Weise zum ‚Scheitern' der Industrie- und Betriebssoziologie beigetragen hat. Das Fach erschöpfte sich in der Kritik an den provokanten Thesen dieser Untersuchung; in der Folge verstärkten sich die Auflösungstendenzen der Zunft. Zum anderen führte die Kritik zu einem ‚kräfteraubenden' Investment in eine weitere Nachfolgestudie, die diesen Forschungsstrang der Rationalisierungsforschung endgültig in eine Sackgasse führte.

Anhand der „blinden Flecken", die sich in der Industrie- und Betriebssoziologie in dieser Phase (seit Mitte der 80er Jahre) zeigten, lassen sich Rückschlüsse auf Entwicklungen und Themen ziehen, die von der Industrie- und Betriebssoziologie bis dahin ausgeblendet worden waren und deren verstärkte Beachtung auf Veränderungen in der gesellschaftlichen Arbeitsteilung schließen lassen (Abschnitt IV). Erst seit Mitte der 90er Jahre lassen sich (auch) im Bereich der Industrie- und Betriebssoziologie unter den Themen „Innovationsforschung", „Dienstleistungsgesellschaft" und „Wissensarbeit" neue Focussierungen erkennen, die die Forschungsbemühungen im Bereich der Industrie- und Betriebssoziologie wieder bündeln und zu einer Verbesserung der diagnostischen Fähigkeiten dieses Faches führen könnten (Abschnitt V).

II. Industriesoziologie zwischen „Theorie der industriellen Gesellschaft"
und empirischer Rationalisierungsforschung

1. Die Fragestellung der Industrie- und Betriebssoziologie und ihre Einengung

Die Industriesoziologie tut sich schwer mit der Abgrenzung ihres Untersuchungsfeldes. Dazu gehören – im weiten Sinne – die Bedingungen und Folgewirkungen des Prozesses der Industrialisierung, also die Prozesse, die infolge der industriell-kapitalistischen Wirtschaftsweise neue gesellschaftliche Strukturen hervortreiben und vorindustrielle, vormoderne Strukturen verdrängen. Grundsätzlich bezieht sich das auf Prozesse der gesellschaftlichen Organisation der Arbeit, also der Güterproduktion, ihrer Verteilung, der Form ihres Konsums sowie der sozialstrukturellen Folgewirkungen des Industrialisierungsprozesses, also z.B. auch die Veränderung der Lebensweise und Lebensführung der von diesem Prozeß Betroffenen, natürlich insbesondere der Industriearbeiter. Dies alles leuchtet ein im Blick auf die erste und zweite industrielle Revolution, also ihre frühe Phase und die Entwicklung zu einer breit sich durchsetzenden Dominanz der Industrie und der industriellen Produktionsweise gegenüber dem primären Wirtschaftssektor.

Angesichts fortschreitender Prozesse der Tertiarisierung, sozialen Differenzierung und einer damit verbundenen, offensichtlichen Veränderung der Sozialstruktur scheint der privilegierte Blick der Industrie- und Betriebssoziologie auf Prozesse der gesellschaftlichen Entwicklung nachdrücklich in Frage gestellt. Wenn Industriearbeiter (seit den 70er Jahren) eben nicht mehr – wie selbstverständlich – den größten bzw. wachsenden Teil der Erwerbsbevölkerung stellen, wenn die klassischen Industriestrukturen nicht nur radikal verändert, sondern geradezu umgepflügt werden, wenn die eigene Zunft das „Ende der Arbeitsgesellschaft", zumindest aber das post-industrielle Zeitalter verkündet, wo bleibt dann der evidente Forschungsgegenstand der Industriesoziologie? Um in diesem immer deutlicher werdenden radikalen Umbruch der gesellschaftlichen Organisation der Arbeit noch das identifizieren zu können, was – wie die früheren Phasen der Industrialisierung – in ähnlicher Weise zur Strukturierung weiter Bereiche der gesellschaftlichen Wirklichkeit führt, wäre die Industrie- und Betriebssoziologie prinzipiell gefordert, auf allen Ebenen, die an diesem Prozeß der Erzeugung gesellschaftlicher Wirklichkeit beteiligt sind, nach den sich entwickelnden neuen industriellen Strukturen zu forschen: dem Wirtschaftssystem in seinen verschiedenen Aggregationsebenen, den Branchen, Unternehmen und einzelnen Organisationen ebenso wie Unternehmensverbänden, Gewerkschaften, Haushalten als Anbietern von Arbeitskraft und als Nachfrager von Dienstleistungen und Waren, dem Bildungssystem als Element der Herstellung von Arbeitsvermögen ebenso wie dem Wissenschaftssystem, das an der systematischen Erzeugung von Wissen und Innovation beteiligt ist, dem politischen System bzw. dem System sozialer Sicherung, dem System industrieller Beziehungen. Es wird schnell klar: Dies kann eine einzelne Disziplin nicht alles leisten. Und doch: eine Industriesoziologie, die die dritte Phase der industriellen Revolution (vgl. Hack 1994; Rifkin 1995) verstehen und erklären möchte, sollte diesen Anspruch nicht völlig aus den Augen verlieren.

Die Frage nach der spezifischen diagnostischen Fähigkeit der Industrie- und Betriebssoziologie zur Analyse der Entwicklung der Berufsstruktur ist allerdings auch eine Frage nach dem Beitrag anderer Disziplinen, insbesondere der Bildungsforschung und der Arbeitsmarkt- und Berufsforschung – und der Lokalisierung des ‚Erklärungsraums' der Industrie- und Betriebssoziologie. Im – vorherrschenden – Selbstverständnis der empirischen Industrie- und Betriebssoziologie läßt sich dieser Erkenntnisraum relativ robust umreißen: Sie versucht, die betrieblichen Bedingungen und Folgen des Einsatzes von Arbeitsvermögen in der industriellen Produktionsweise zu beschreiben und womöglich zu erklären. Dabei sind die Berufsstrukturen – im Giddensschen Sinne – Bedingung und Resultat der betrieblichen Strategien des Einsatzes von Arbeitsvermögen. Berufe sind Schablonen für die

Nutzung von Arbeitsvermögen.[4] Berufsstrukturen werden im beruflichen Bildungssystem, an dem das betriebliche Ausbildungssystem (in Deutschland) auf spezifische Weise (duales System) mitwirkt, erzeugt. Sie resultieren aus dem Zusammenwirken der – u.a. durch die soziale Herkunft geprägten – begrenzt rationalen *Wahlhandlungen von Erwerbspersonen* innerhalb der *Chancenstrukturen des Beschäftigungssystems* und den institutionalisierten *Selektionsmechanismen des Bildungssystems*. Als Ergebnis dieser interdependenten Interaktion von Bildungs- und Beschäftigungssystem bilden sich typische Muster des Angebots und der Nachfrage nach Arbeitsvermögen: z.B. der deutsche Industriefacharbeiter. Diese Muster sind historisch gewachsen und unterscheiden sich nach Maßgabe nationaler und kultureller Kontexte. Sie wirken ihrerseits auf die Formen der betrieblichen Organisation und Nutzung von Arbeitsvermögen zurück (Lutz 1976).

Die Industrie- und Betriebssoziologie, sofern sie sich mit dem Thema des Verhältnisses von Bildungs- und Beschäftigungssystem (Weymann 1987; Teichler 1987) und der dort reproduzierten „Ungleichheit" der Berufe und Kompetenzschneidungen befaßte (vgl. u.a. Bolte 1988), hat jeweils die Mischung von sozialen und funktionalen Aspekten des Berufs in ihrem Zusammenhang gesehen, aber unterschiedlich akzentuiert. Berufsschneidungen führen zu einer Beschränkung eines ausschließlich bedarfsgesteuerten Einsatzes der Arbeitskraft durch die Beschäftiger. Sie wahren also (auch) die sozialen Interessen der Arbeitnehmer. Gleichzeitig dienen sie der Orientierung der Beschäftiger bei der Suche nach benötigten Arbeitskraftmustern in unterschiedlichen Arbeitsmarktsegmenten. Aber: man lernt – und das gilt insbesondere für das Arbeitsmarktsegment der industriellen Facharbeit – „nicht mehr, was man braucht, um bestimmte Arbeiten auszuführen, sondern ... man kann für solche Arbeiten eingesetzt werden, deren Anforderungen ungefähr innerhalb dessen liegen, was man gelernt hat" (Brater und Beck 1982: 212). Für die Kontrolle dieser „Unschärferelation" (Mertens 1991a), galt bislang das duale System der Berufsausbildung als besonders effektiv. Es ermöglichte die Reproduktion einer im System beruflicher Bildung erzeugten, ständisch gefärbten und sozialstaatlich abgesicherten Ungleichheit bei gleichzeitiger (prinzipieller) Ermöglichung von beruflicher Mobilität – auch als Durchlässigkeit des Bildungssystems – und einer relativ hohen Anpassungsfähigkeit der Berufsstrukturen an die wechselnden, funktionalen Anforderungen im Beschäftigungssystem.

Der Typus von Rationalisierungsforschung in der Industrie- und Betriebssoziologie, der hier ins Zentrum der Betrachtung gestellt werden soll, erfaßt die Berufsstruktur primär unter dem letztgenannten Gesichtspunkt, der sich wandelnden Anforderungen des Beschäftigungssystems bzw. der Betriebe an „Facharbeit". Sie wird hier untersucht in unterschiedlichen Dimensionen der Qualifikation, für die die Industrie- und Betriebssoziologie allerdings ein differenziertes und begründetes Meß- und Beobachtungsverfahren entwickelt. Weber hat dies beispielhaft in seinen methodologischen Bemerkungen zu den Untersuchungen des Vereins für Sozialpolitik über „Anpassung und Auslese der Arbeiterschaft in der geschlossenen Großindustrie" (1988: 12f.) entworfen.

---

4 Es sind nicht die einzigen: Frauenarbeit, Massenarbeit, angelernte Arbeit (s. u.a. Düll und Meil 1997) oder professionalisierte Arbeit wären andere.

2. Diagnose – Messung – Methode

Daß in der Soziologie Prognosen – im strengen Sinne – nicht möglich sind, darüber besteht grundsätzlich Einigkeit (Mayntz 1985; Beck und Lau 1982). Dies gilt gerade auch für den Bereich der prognostischen Ermittlung der Entwicklung von Berufsstrukturen (Mertens 1991c). Dennoch gehört es wohl zum Selbstverständnis der Industrie- und Betriebssoziologie, daß sie Prognosen, mindestens aber Trendaussagen wagt. Malsch (1987a: 64) hat dies, im Hinblick auf die Frage nach der Entwicklungsdynamik des technischen Fortschritts bzw. der Technikentwicklung, ganz prononciert zum Kriterium gemacht, an dem sich die Bestandsfähigkeit des Faches zu beweisen habe. Diagnosefähigkeit, als ein „weicheres" Bestandskriterium der Soziologie als einer empirischen Wissenschaft, setzt, wie in der Medizin, im Unterschied zu einer divinatorischen, magischen Praxis, die Fähigkeit voraus, Symptome aufgrund von Erfahrungen und anatomischen Kenntnissen zu deuten. Ganz in diesem schlichten Sinne kommt es dann darauf an, wie Symptome beobachtet, gemessen werden. Eine Kenntnis der Anatomie der industriellen Gesellschaft bleibt nach wie vor Desiderat, und die Möglichkeit, die anatomischen Kenntnisse über pathologische Studien zu erweitern, kann hier nur bedingt genutzt werden: Der „Patient" lebt. Man muß sich also mit Modellannahmen begnügen, die dann in spezifischer Weise zur Operationalisierung von Fragestellungen und zur Festlegung von Beobachtungs- bzw. Meßkriterien führen. Je nach theoretischen Prämissen wird man, wenn man von Max Weber inspiriert ist, nach dem Verbreitungsgrad von Formen bürokratischer Herrschaft suchen und dementsprechend beobachten. Ist man von Marx inspiriert, wird man nach Ausdrucksformen der Entfremdung oder Stufen der Mechanisierung forschen und möglicherweise die Verteilung des Eigentums an Produktionsmitteln für eine aufschlußreiche Meßgröße halten. Folgt man Theorien „sozialer Differenzierung" werden Berufe und Qualifikationen sicherlich eine Meßgröße sein. Und wenn es, wie gegenwärtig, primär um die Beobachtung von Arbeitslosigkeit geht, dann wird umgekehrt die Frage interessant, welche Modellannahmen bzw. theoretischen Prämissen denn diese Form der Beobachtung anleiten. Ein wichtiger, theoretischer und empirischer Beitrag der Industrie- und Betriebssoziologie zur Analyse der Entwicklung der Berufsstruktur besteht also darin, die Kategorien vorzuschlagen, mit denen die Entwicklung der Arbeitsteilung beobachtet wird.

Die Veränderung der gesellschaftlichen Arbeitsteilung an der Veränderung der Berufsstruktur messen bzw. beobachten zu wollen, ist also bereits eine theoretisch geleitete Entscheidung. Die Industrie- und Betriebssoziologie hat sich dieser Beobachtungskategorie eher selten bedient. Damit trägt sie dem Umstand Rechnung, daß in dem Bereich der industriellen Organisation der Arbeit die „ständischen" Berufsstrukturen häufig wenig über den Charakter der tatsächlich geleisteten Arbeit in Industriebetrieben aussagen. Für sie waren Unterscheidungen wie Hand-/Kopfarbeit, gelernte/ungelernte Arbeit, planende/ausführende Arbeit oder der Charakter der Kooperation (vgl. Popitz et al. 1957) „aufschlußreichere" Kategorien. Ob sie auch über den gegenwärtig zu beobachtenden Wandel in den Formen der Arbeitsteilung aufschlußreich sind, wird zu prüfen sein (s.u.).

Angesichts des Gegenstands der industriesoziologischen Rationalisierungsforschung, in dem unterschiedliche Aggregationsebenen und unterschiedliche Systemtypen miteinander in Beziehung gesetzt werden müssen, versteht es sich, daß die Industriesoziologie mit sehr unterschiedlichen Datentypen bzw. unterschiedlichen Erhebungsmethoden operiert (Beobachtungsverfahren, offene und standardisierte Interviews [mit Experten und Beschäftigten], prozeßproduzierte Daten, Arbeitsmarkt- und Wirtschaftsdaten; Organisations- bzw. Fallanalysen). Ich vermute, daß die Heterogenität der Datentypen in anderen speziellen Soziologien geringer ist. Auch die Fragen des Sampling und die Organisation von Panel-Studien erscheint mir ungleich aufwendiger als es in der Befragung von Haushalten oder bei Bevölkerungsumfragen der Fall ist (vgl. auch das Betriebspanel des Instituts für Arbeitsmarkt- und Berufsforschung, IAB). Qualitative Verfahren werden in der Industrie- und Betriebssoziologie und in der Organisationsanalyse also nicht nur deshalb eine Bedeutung behalten, weil sie der Exploration oder der Vorbereitung von quantitativ verfahrenden Erhebungen dienen, sondern weil in vielen Fällen der Einsatz dieser quantitativen Verfahren nur eingeschränkt möglich oder sinnvoll wäre. Wie auch in der Vergangenheit, wo einige der anregendsten Untersuchungen auf intensiven Analysen einzelner Fälle/Organisationen/Betriebe beruhen (vgl. Touraine 1955; Popitz et al. 1957), wird auch weiterhin die vergleichende und kontrastierende Analyse einzelner Organisationseinheiten/Betriebe/Unternehmen eine probate und sinnvolle Methode in der Industrie- und Betriebssoziologie sein. Daß die Industrie- und Betriebssoziologie darauf allerdings nicht beschränkt geblieben ist, dafür sind die Studien von Horst Kern und Michael Schumann der prominenteste Beleg. Diese Studien brachten einen qualitativen Sprung in der Entwicklung von Erhebungsverfahren und ihrer Kombination. Nicht zuletzt das sehr komplexe Beobachtungsverfahren zur objektiven Analyse der Arbeitsprozesse, das entwickelt wurde, ist für Generationen von industriesoziologischen Empiriker/innen ein beispielgebendes Erhebungsinstrument geworden.

III. Das analytische Modell der Rationalisierungsforschung

Die Industrie- und Betriebssoziologie hat, ein Handwerkermodell von Arbeit im Kopf, die tayloristische Auflösung dieses Modells als Trennung von Planung und Ausführung, von Hand- und Kopfarbeit, als Kontroll- und Kompetenzverlust beobachtet. Dabei herrschte eine Sichtweise vor, und sie ist in den Studien von Bright (1958) und später Kern und Schumann (1970) am deutlichsten ausgeprägt, bei der der Einsatz neuer Produktionstechnologien im Bereich der Herstellung (in der Form der Mechanisierung und Automatisierung des Produktionsprozesses) seinerseits die Formen der betrieblichen Organisation und die Arbeitsanforderungen, also die Art der Nutzung von Arbeitsvermögen, die Teilung der Arbeit, prägte. Umstritten war freilich das movens dieser Entwicklung: Ob die „Eigengesetzlichkeit der Technik" diesen Prozeß determinierte oder ob der Einsatz der Technik ökonomischen Imperativen der Kapitalverwertung folgte, die einerseits zu einer fortschreitenden Technisierung führten und, vermittelt über den Mechanismus der Konkurrenz, andererseits dafür sorgten, daß sich die dem Technikeinsatz folgenden Formen der Nutzung von Arbeitsvermögen und der betrieblichen Arbeitsorganisation in *einer*, der effizientesten Form breitflächig durchsetzten (der berühmte „one-best-way"). Demgegenüber wurde – insbesondere von Burkhart Lutz (1987a) – die These von der „Endogenität der Technik" stark gemacht, die besagte, daß die Entwicklung der Qualifikationen und der Arbeitsorganisation durch den Einsatz der Technik nicht determiniert würden, vielmehr der Technikeinsatz nach Maßgabe nationalspezifischer, kultureller Voraussetzungen (insbesondere des jeweiligen Bildungssystems) variieren könnten. Technik sei also keine „determinierende" unabhängige, sondern eine „endogene" gestaltbare Variable.

Auch wenn Horst Kern und Michael Schumann den Vorwurf des „Technikdeterminismus" nicht akzeptieren wollen, so läßt sich für das Design der Studie von 1970 doch festhalten, daß die als unterschiedliche Stufen der Mechanisierung gefaßte Entwicklung der Technik die „entscheidende" Variable war (vgl. Kern und Schumann 1970: 43). Allerdings war es erklärte Erkenntnisabsicht der Untersuchung, Annahmen über die einheitliche Entwicklung der Arbeitsverhältnisse, ihre Nivellierung – sei es als Upgrading, sei es als Proletarisierung – zu überprüfen. Das bedeutete, daß zunächst einmal die Unterschiedlichkeit von Arbeitssituationen in unterschiedlichen Stufen der Mechanisierung im Kontext verschiedener Branchen erfaßt und im Hinblick auf ausgewählte Dimensionen der Arbeitssituation (Autonomie; Belastung; Zeitstruktur) differentiell bestimmt wurden.

1. Kern und Schumann und die Folgen

In der Untersuchung: „Industriearbeit und Arbeiterbewußtsein" (1970) geht es also um den Zusammenhang von technischem Fortschritt und der durch ihn gekennzeichneten Entwicklung von Arbeitssituationen. Die technische Entwicklung wird als unterschiedlicher Reifegrad bzw. in unterschiedlichen Stufen der „Eigenmächtigkeit von Technik", in einer Kategorial-„Skala" von Mechanisierungsstufen gemessen. „Eigenmächtigkeit der Technik" bezeichnet das unterschiedliche Ausmaß, in dem menschliche Arbeit in ihren unterschiedlichen Funktionen (Zuführung von Material; Eingriffe; Reparatur; Steuerung usw.) durch die Technik substituiert worden ist. Den unterschiedlichen Mechanisierungsstufen sind typische Arbeitsarten (z.B. reine Handarbeit; Maschinenbedienung; Automatenführung; Meßwartentätigkeit) eng zugeordnet. Die Arbeitsarten werden als unterschiedliche Kombination von Merkmalsausprägungen bestimmt, die in vier Dimensionen gemessen werden: den Dispositionschancen; Arbeitsbelastungen; Interaktionsformen und den Qualifikationen. Qualifikationen werden wiederum in unterschiedlicher Weise beschrieben, u.a. als prozeßgebundene (technisch-fachliche) und als prozeßunabhängige Qualifikationen, wie etwa „technische Intelligenz", Flexibilität usw. Die Arbeitsarten lassen sich zwischen den Polen der „repetitiven Teilarbeit" und der „qualifizierten Automationsarbeit" sortieren, als Merkmalsbündel von einerseits geringer Autonomie, hohen Belastungen, geringer Qualifikation und wenig Interaktionen und ihrem Gegenbild, der qualifizierten Automationsarbeit andererseits, die durch die genau gegenteiligen Merkmalsausprägungen gekennzeichnet ist. Untersucht wird die Variation des Zusammenhangs von Mechanisierungsgrad und Arbeitsarten in unterschiedlichen Produktionsbereichen (z.B. Stoffgewinnung; Stoffverformung; Montage; Verpackung) acht unterschiedlicher Industriebranchen. Dieses außerordentlich komplexe Untersuchungsdesign hat seinen Kern (und Schumann) in der Annahme einer engen Kopplung von Mechanisierungsgrad und Arbeitsarten und einer „ceteris paribus"-Klausel, die sich auf die Unterschiedlichkeit in der Arbeitsorganisation, unterschiedliche ökonomische Konstellationen, betriebliche Strategien und Akteure bezieht. Diese Parameter werden erörtert, aber als gegenüber der letztlich entscheidenden Rolle der technischen Entwicklung relativ unerheblich ausgeblendet. Die technische Entwicklung, die in der Form von durchgeführten technischen Umstellungen, also retrospektiv, beobachtet wird, vollzieht sich, dies ist eines der wesentlichen Ergebnisse der Untersuchung, in den verschiedenen Branchen und in unterschiedlichen Produktionsbereichen nicht einheitlich. Sie führt auch nicht zu einer einheitlichen Entwicklung der Arbeitsarten. Es gibt weder eine generelle Aufwertung bzw. Rehumanisierung von Arbeit noch eine durchgängig dequalifizierende Entwicklung. Vielmehr diagnostizieren Kern und Schumann eine Polarisierung der Belegschaftsstruktur, die sich – ab einer bestimmten Mechanisierungsstufe – als „Entgegensetzung von einfacher Handarbeit und Steuer- bzw. Schaltarbeit darstellt" (Kern und Schumann 1970: 139).[5]

Die ‚quantitativen' Verteilungen zeigen, daß die Formen der Automationsarbeit, „die sich durch relativ hohe Dispositionschancen, umfangreiche Qualifikationen, geringe Belastungen und gute Kontaktchancen auszeichnen", nur einen sehr geringen Teil der Arbeitsplätze in der Industrie prägen, während nach wie vor ein erheblicher Teil der Belegschaft (Kern und Schumann 1970: 2, 5) „repetitive Teilarbeit bzw. einfache Handarbeit verrichtet" (ebd.); ferner, daß der größte Teil der Beschäftigten entweder in Arbeitsarten konventionellen Zuschnitts verbleibt, in denen sich die für die neuen Formen der qualifizierten Automationsarbeit gültigen Merkmale weder ungebrochen noch als überwiegend nachweisen lassen, die vielmehr von der weiteren Automatisierung bedroht seien. Obwohl der Befund von Kern und Schumann also weder Upgrading noch Entqualifizierung lautete, sondern Polarisierung, ist er doch überwiegend als eine Widerlegung einer (undifferenzierten) Upgradingthese rezipiert und insofern tendenziell als downgrading-Befund abgebucht worden.

Die Veränderungen der Fragestellung und des analytischen Modells der beiden folgenden Studien des SOFI (und ihre unterschiedlichen Befunde) lassen sich nun an den Unterschieden zu der eingangs in ihrer komplexen Struktur dargestellten ersten Untersuchung skizzieren: Die Untersuchung von 1984 bemühte sich, den Wandel der Arbeitsteilung in der Industrie nicht mehr ex post zu rekonstruieren, sondern die Entwicklungsrichtung eines im Gang befindlichen Rationalisierungsprozesses – soweit wie möglich: ex ante – zu bestimmen. Bei dieser Perspektive gerieten den Autoren „betriebliche Handlungskonstellationen" (Kern und Schumann 1984: 37) in den Blick, die deutlich machten, daß die Entwicklung der Arbeitsverhältnisse entscheidend von arbeitspolitischen Optionen beeinflußt wurde und nicht allein der Logik eines technischen Fortschritts folgte. Deshalb wurden Gespräche mit betrieblichen Akteuren – nicht zuletzt auch mit Vertretern des Management – geführt, um die sich dabei abzeichnenden „Produktions*konzepte*" zu rekonstruieren. Auch gerieten den Autoren – deutlicher als dies in ihrer ersten Untersuchung der Fall war – ökonomische Parameter (branchenspezifische, marktspezifische Bedingungen) in den Blick, die die möglichen unternehmerischen und betrieblichen Strategien beeinflußten.

Als zentrales Ergebnis dieser zweiten Untersuchung ist die These von der „Reprofessionalisierung" der Produktionsarbeit (Kern und Schumann 1984: 99) rezipiert worden. Sie sollte keine Rückkehr zu alter handwerklicher Tradition signalisieren, sondern im wesentlichen darauf hinweisen, daß in den neuen Produktionskonzepten die „Autonomisie-

---

5 Interessant ist, daß Kern und Schumann darauf hinweisen, daß diese Form der Polarisierung von Arbeitsarten zunächst im Bereich der Bürotätigkeiten diagnostiziert worden ist (1970: 139 Fußnote 135).

rung des Produktionsprozesses gegenüber lebendiger Arbeit durch Technisierung keinen Wert an sich" darstelle (ebd.: 19) und nicht „per se das wirtschaftliche Optimum" sei (ebd.). Der tayloristische, restringierende Zugriff auf Arbeitskraft verschenke „wichtige Produktivitätspotentiale. Im ganzheitlicheren Aufgabenzuschnitt liegen keine Gefahren, sondern Chancen; Qualifikationen und fachliche Souveränität der Arbeiter sind Produktivkräfte, die es verstärkt zu nutzen gilt" (ebd.).

Daß dies ein „Credo" bzw. eine Option war, die die (mögliche) Entwicklung keineswegs in allen untersuchten, sogenannten „Kernbranchen" (Automobilindustrie; chemische Industrie; Werkzeugmaschinenbau) gleichermaßen prägte, und daß diese Entwicklung gleichzeitig mit einer neuen Form der „Polarisierung" verbunden war, die nicht nur durch verstärkten Arbeitsplatzabbau gekennzeichnet war, sondern auch die noch Beschäftigten in Rationalisierungsgewinner und Rationalisierungsverlierer spaltete, ist im Untersuchungsbericht deutlich zu lesen. Daß Horst Kern und Michael Schumann die in einigen Bereichen und im Ansatz erkennbare Entwicklung zur „Re-Professionalisierung" dennoch zum Motto ihrer Berichterstattung gemacht haben und damit ihre eigenen Befunde sehr einseitig akzentuierten, hat, wie wir sehen werden, der weiteren Entwicklung der Diskussion und der Forschung letztlich nicht gut getan.

Bevor ich auf diese Diskussion und die Kritik an den Befunden der Studie über: „Das Ende der Arbeitsteilung?" eingehe, sei das Design der dritten von Michael Schumann und seinen Mitarbeitern durchgeführten Studie des „Trendreports Rationalisierung" (Schumann et al. 1994) kurz skizziert. Neben methodischen Veränderungen – so wurde die auf intensiven Fallstudien und qualitativen Erhebungsverfahren beruhende Methode der Untersuchung von 1984 durch breitflächigere, quantitative Erhebungsverfahren, wie sie bereits in der Studie von 1970 angewendet worden waren, ergänzt – gab es wichtige Korrekturen am analytischen Modell: Zwei Unterschiede, die aus meiner Sicht aufschlußreich sind, lassen sich hervorheben. Zum einen wird nun der Einfluß der Arbeitsorganisation auf die Entwicklung der Arbeitsverhältnisse systematischer analysiert, insbesondere im Hinblick auf die für die Untersuchung von 1994 leitende Fragestellung, inwieweit sich der mit den „Neuen Produktionskonzepten" verknüpfte Arbeitstyp der „Systemregulation" in den Branchen verbreitet habe. Hierfür sind neben der Technik eben auch unterschiedliche Organisationskonzepte in Betracht zu ziehen gewesen. Aber auch in der Einbeziehung des technischen Entwicklungsprozesses und ihrer Verknüpfung mit den Arbeitsverhältnissen, die in der Untersuchung von 1970 ja noch so eng gekoppelt waren, gibt es eine wichtige Nuance. Die „strikte Zuordnung von Mechanisierungsgrad und Arbeitsart" (Schumann et al. 1994: 36, Tab. 3; Fußnote 1) wird aufgegeben. Dagegen wird „jeder Produktionsarbeiter" entsprechend seiner dominierenden Tätigkeit eingestuft. Diese Einstufung wiederum erfolgt in einer gegenüber der Studie von 1970 vereinfachten Weise, die sich sehr viel stärker an den Meßgrößen der Dauer beruflicher Lernprozesse einerseits und der Fachqualifiation orientiert.

Aufwand und Informationsgehalt der im Trendreport Rationalisierung versammelten Ergebnisse sind beeindruckend. Breite, Methodenvielfalt und Tiefenschärfe der Analysen suchen ihresgleichen. Dennoch: im Hinblick auf die Frage, wie weit sich die neuen Produktionskonzepte verbreitet hätten, waren die Befunde der Untersuchung vergleichsweise ernüchternd. Nicht nur variierte die Verbreitung in den verschiedenen Branchen sehr deutlich, auch die Geschwindigkeit der Umsetzung neuer Produktionskonzepte entsprach nicht der optimistischeren Entwicklungsannahme.

2. Evaluation: Ein Erfolg, der zum Scheitern beitrug

Die Industrie- und Betriebssoziologie bot ihren geballten Sachverstand auf, um die Befunde der zweiten Studie von Horst Kern und Michael Schumann auf den Prüfstand zu stellen (Malsch und Seltz 1987). Wahrscheinlich spielte eine Rolle, daß die Soziologie sich mit scheinbar ‚frohen Botschaften' schwer tut; außerdem, daß Forscher, die sich, wie Horst Kern (in diesem Band) schreibt, „gerade erst daran gewöhnt hatten, die Rationalisierungsdynamik durch die Brille der Polarisierungsthese zu beobachten", sich nun an der Nase herumgeführt fühlen konnten. Noch mehr, weil Kern und Schumann ja behaupteten, daß das von ihnen entdeckte Neue auch eine Bestätigung bzw. eine Variante der alten Polarisierungsthese sei. Auch stand die außerordentliche Resonanz, die die These von der Reprofessionalisierung der Arbeit fand, in einem doch zu großen Mißverhältnis zu den nach wie vor bestehenden, ja aus der Sicht der größeren Zahl der Vertreter der Zunft überwiegenden, noch immer tayloristisch strukturierten Arbeitsverhältnissen. Deshalb bot die Zunft gewissermaßen ihre letzten Kräfte auf, um Kern und Schumann wieder auf den Boden der Tatsachen zurückzuholen. So überzeugend die empirischen Gegenargumente (Hack 1987; Lutz 1987b) auch waren, so sehr auch die theoretische Unklarheit in Kern und Schumanns Argumentation zu Recht bemängelt wurde (Bader 1987), die Industrie- und Betriebssoziologie hat sich in dieser Auseinandersetzung in mehrfacher Weise erschöpft.

Neuere Einschätzungen und Einordnungen der Ergebnisse der damaligen Studie kommen zu dem Ergebnis, daß 1984 das „Erbe des Taylorismus" noch sehr viel stärker gewirkt habe, daß es jedenfalls nicht „zu einem radikalen Bruch mit den fortwirkenden Gestaltungsprinzipien tayloristischer Produktion" (vgl. Baethge und Baethge-Kinsky 1998: 127) gekommen sei. Der von Kern und Schumann damals diagnostizierte „Paradigmenwechsel" ist in den „Neuen Produktionskonzepten" – und darin besteht der nicht nur provokative Wert ihrer Zuspitzung – im Ansatz richtig erkannt worden. Das ahnten wohl auch die Kritiker der industriesoziologischen Zunft, die sich ansonsten erbost gegen die – noch in der Frageform – waghalsige Annahme von der Möglichkeit des Endes der Arbeitsteilung wehrten. Mein Eindruck ist jedoch, daß selbst, wenn man den im Keim erkennbaren Paradigmenwechsel damals durch Vergrößerungseffekte deutlich zu machen versuchte, dennoch nicht nur übertrieb, sondern die eigentlichen Dimensionen des Wandels ausblendete. Zwar war es richtig, und das bestätigte sich dann auch im Trendreport Rationalisierung, daß die „Neuen Produktionskonzepte" der menschlichen Arbeit einen größeren Stellenwert einräumten; daß die Grenzen der Rationalisierung durch Techikeinsatz – jedenfalls in einigen arbeitspolitischen Optionen – erkannt worden waren. Aber: das, was sich hier als Nach-Taylorismus anbahnte, wurde noch ganz in den Kategorien des tayloristischen Produktionsmodells wahrgenommen, gewissermaßen als (graduelle) Rücknahme tayloristischer Prinzipien der Arbeitsteilung, der Arbeitszerlegung. Man beobachtete also die Rücknahme des Taylorismus in der gleichen Weise und an den gleichen Orten/Arbeitsplätzen, an denen man zuvor die Entwicklung des Taylorismus und sein Voranschreiten untersucht hatte. Daß die entscheidenden Veränderungen möglicherweise an ganz anderen Stellen, in anderen Funktionsbereichen oder Wirtschaftssektoren stattfanden, daß sie andere Koordinations- und Steuerungsmechanismen nutzen und auch den Charakter der Arbeit so verändern, daß die Optik einer Rücknahme von Arbeitsteilung tayloristischer Herkunft die neuen Formen der Teilung von Arbeit nicht in den Blick geraten ließ, wurde übersehen, und das führte die Industrie- und Betriebssoziologie in eine Sackgasse.

Die provokative Wirkung des Buches von 1984, in dem eine Tendenz zur „Reprofessionalisierung" der Arbeit behauptet wurde, läßt sich nur dann verstehen, wenn man die Polarisierungsthese der Vorläuferstudie de facto als eine Dequalifizierungsthese versteht. Daß Kern und Schumann dennoch behaupten konnten, zwischen ihrer Studie von 1984 und 1970, zwischen der „Polarisierungsthese" und der These von der „Reprofessionalisierung" gebe es insofern keinen Widerspruch, als die Reprofessionalisierungsthese eine Variante der Polarisierungsthese darstelle, ist ja nicht unmittelbar einsichtig. Die Autoren schränken damit zwar den Geltungsbereich ihrer Aussage über das mögliche Ende der Arbeitsteilung auf die untersuchten Kernbereiche der Industrie ein; sie gingen von einem „Abschmelzen" der unqualifizierten Arbeit in diesen Bereichen aus und unterstellen eine Segmentierungsdynamik, bei der die „abgeschmolzenen" unqualifizierten Arbeitsanteile gewissermaßen abwandern in andere Arbeitsmarktsegmente, sei es in die Beschäftigungslosigkeit, sei es in andere Branchen oder Sektoren. Hätte sich dann aber nicht zwangsläufig die Frage gestellt, wie aussagekräftig die diagnostizierte Tendenz zur Reprofessionalisierung der Produktionsarbeit in den industriellen Kernbranchen auch für die Bereiche jenseits dieses kleiner werdenden Beschäftigungssegmentes ist?

Tatsächlich aber gab die Diskussion Anlaß – und die Resonanz sorgte für Ressourcen – zu einer neuerlichen Untersuchung, bei der die tatsächliche Verbreitung der „neuen Produktionskonzepte" auf einer verbreiterten empirischen Basis überprüft werden sollte. Statt eines Blickwechsels also: the same as before but more.

So überzeugend der Trendreport Rationalisierung in der differenzierten Darstellung der Entwicklung von Qualifikationsstrukturen im Kontext technologischer und organisatorischer Rationalisierungskonzepte auch ist, so (vergleichsweise) wenig Resonanz fanden die Ergebnisse. Und dies nicht nur, weil sie sich nicht auf so plakative Lesarten wie: „Polarisierung" bzw. „Reprofessionalisierung" verkürzen ließen. Inzwischen war die Entwicklung und Transformation von Arbeitsstrukturen im Zuge von Globalisierungsprozessen, der Durchsetzung von IuK-Technologien, infolge des sektoralen und strukturellen Wandels der Arbeitsgesellschaft, einfach über die neuen Produktionskonzepte hinweggegangen (vgl. Trinczeck 1996; Kern und Sabel 1994). Den Autoren des Trendreports war das wohl auch bewußt geworden, denn am Ende ihres Berichts schreiben sie: „Die neuen Arbeitsformen im shop floor sind zwar Neues, aber nicht *das* Neue" (Schumann et al. 1994: 657; Hervorhebung im Original).

Eine weitere, ambivalente Nebenfolge der Resonanz, die die These von den „Neuen Produktionskonzepten" hatte, war aber auch, daß sie die Industrie- und Betriebssoziologie scheinbar wieder in die „Offensive" brachte und die Interessen sozialer Akteure zu bündeln und artikulieren vermochte. Die Veröffentlichung erfolgte relativ kurz nach dem Soziologentag von 1982, zu dem das Fach sich zu dem Thema: „Krise der Arbeitsgesellschaft" versammelt hatte. Hier war (publikumswirksam) die Frage nach dem „Ende der Arbeitsgesellschaft" gestellt worden. Kern und Schumanns These konnte also auch so verstanden werden: Ende der Arbeitsteilung vielleicht, aber kein Ende der Arbeitsgesellschaft.

Die eigentlich anstehende Debatte über die Frage, ob es einen grundlegenden Strukturwandel zur post-industriellen Gesellschaft gebe (Bell 1975), die Auseinandersetzung mit der – von Offe (1983) thematisierten – möglichen Strukturveränderung der Arbeit durch die Dienstleistungsarbeit, wurde so verschoben. Und die Diskussion jenseits der Industriesoziologie verfing sich zunächst ihrerseits in der zu griffigen Frage, ob der Industriegesellschaft die Arbeit ausgehe.

Die Industrie- und Betriebssoziologie hat sich in der Debatte um die Thesen von Kern und Schumann aber auch deshalb erschöpft, weil (auch) diejenigen Kritiker der These von einem möglichen Ende der Arbeitsteilung, die auf dem nach wie vor hohen Verbreitungsgrad tayloristischer Arbeitsteilung insistierten, nach diesem kritischen Kraftakt, zu dem sie sich versammelt hatten, gewissermaßen „auseinanderliefen". Andere waren erst gar nicht gekommen. Gemeint ist damit die spätestens seit Mitte der 80er Jahre in der Industrie- und Betriebssoziologie zu beobachtende bzw. sich verstärkende Differenzierung dieser Disziplin. Die Wissenschafts- und Technikforschung und eine eigene, erstarkende Forschung zu den industriellen Beziehungen etablierten sich; die Wiederanknüpfung an die Organisationssoziologie fand eher außerhalb der industriesoziologischen Stammbelegschaft statt; Themen der Frauenerwerbsarbeit wurden zunehmend im Kontext der sich ausdifferenzierenden Frauenforschung verfolgt; die Lebenslauf- und Biographieforschung nahm sich verstärkt sowohl der subjektiven als auch diachronen Aspekte von Berufsarbeit an; und die Forschung zu Arbeitsmarkt- und Beschäftigungsverhältnissen – insbesondere zur Erosion des Normalarbeitsverhältnisses – übernahm einen weiteren Teilbereich des angestammten industriesoziologischen Themenfeldes. Zu all diesen Fragen bildeten sich, teilweise auch institutionell ausdifferenzierte Forschungsgruppen und Teildisziplinen heraus, in denen Themen, die ursprünglich zum Kernbestand der Industrie- und Betriebssoziologie gehörten, nunmehr betreut werden. Und in der Wirtschaftssoziologie scheint sich, stärker als es gegenwärtig in der Industriesoziologie der Fall ist, eine Diskussion über die institutionellen Rahmenbedingungen wirtschaftlichen Handelns zu entfalten, ein Thema, das sehr wohl in den Einzugsbereich der klassischen „Industriesoziologie" gehörte.

Die Industriesoziologie hat also auf die Probleme mit Ausdifferenzierung neuer Teildisziplinen reagiert. Gibt es – im Gegenzug – aber aber auch so etwas wie eine thematische Reinigung? Oder gibt es den Gegenstand der Industriesoziologie nicht mehr? (s.u. Abschnitte IV.2 und V.).

IV. Diagnosefähigkeit der Industrie- und Betriebssoziologie und blinde Flecken

1. Diagnosefähigkeit

Wie läßt sich nun die Frage nach der Diagnosefähigkeit der Soziologie – am Beispiel der Trendaussagen über Proletarisierung, Upgrading und Polarisierung – prüfen? Man kann dazu ein einfaches Verfahren anwenden, indem man das Zutreffen der jeweiligen These empirisch kontrolliert. Dieses Verfahren scheint zunächst robust. In der einschlägigen Literatur herrscht Einigkeit darüber, daß sich die Qualifikationsstruktur der Beschäftigung im längerfristigen Trend verbessert, daß also die These vom „Upgrading" der Qualifikations- bzw. Berufsstruktur zutreffend sei. Dies gilt sowohl bei einer sektoralen Betrachtung, als auch im internationalen Ländervergleich, mindestens was die Länder der Europäischen Gemeinschaft betrifft (Gallie 1991; Marchand und Thélot 1997; Europäische Kommission 1996). Es gilt auch nicht nur, wenn man die formalen Qualifikationen betrachtet, sondern die tatsächlich genutzte Qualifikationsstruktur (vgl. Pries et al. 1989: Statistischer Anhang; Henniges 1996), und es gilt auch im Hinblick auf die prognostizierten Tätigkeitsanforderungen bis zum Jahre 2010 (vgl. Prognos AG 1997).

Alle Indikatoren deuten im Trend auf ein weiteres „Upgrading" der Qualifikationsbzw. Berufsstruktur hin. Mindestens zwei Gründe sprechen dagegen, sich mit diesem Befund einfach zufriedenzugeben und damit für einen großen Teil der hier betrachteten industriesoziologischen Forschung „Fehldiagnose" festzustellen: Im Zuge des sektoralen Wandels (Tertiarisierung) hat die These von der „Proletarisierung" zumindest eine gewisse neue Aktualität erfahren. Zwar kommen Blossfeld und Mayer (1993) für die Bundesrepublik zu dem Ergebnis, daß die behauptete Entwicklung eines post-industriellen Dienstleistungsproletariats für Deutschland empirisch nicht nachgewiesen werden könne (Esping-Andersen 1993). Ihr Befund ist dabei besonders an der fehlenden „Dauerhaftigkeit" einer solchen sozialen Lagerung festgemacht. Erst diese – so Blossfeld und Mayer – würde es rechtfertigen, von einer neuen proletarischen Dienstleistungsklasse zu reden. In der neueren Sozialstrukturforschung wird nun allerdings gerade die Instabilität der Situierung im gegenwärtigen System sozialer Ungleichheit in den Vordergrund gerückt. Es könnte also sein, daß die von Blossfeld und Mayer zum Prüfkriterium gemachte Frage nach der Dauerhaftigkeit der Zuordnung nicht aussagekräftig sein könnte. Unabhängig davon wäre die Existenz einer – für andere Länder ja auch nachgewiesenen – Schicht der „working poor" durchaus ein empirischer Sachverhalt, der einer „Proletarisierungsthese" neue Nahrung geben könnte. Gerade im Hinblick auf die sozialstrukturellen Wirkungen des sogenannten „Beschäftigungswunders in den USA" ist zwar inzwischen deutlich, daß durch die amerikanische „Job-Maschine" nicht nur „bad jobs" geschaffen werden (vgl. Werner 1997; Meisenheimer 1998), aber eben doch auch. Abgesehen von dieser möglichen „Revitalisierung" der Proletarisierungsthese gibt es aber auch Hinweise auf neue Belastungs-, Entqualifizierungs- und Entfremdungserscheinungen gerade auch in den entstehenden neuen Tätigkeitsprofilen, die, gemessen an traditionellen Beurteilungskriterien, als aufgabenintegriert, relativ autonom, zeitsouverän und durch interaktive/kommunikative Tätigkeitselemente gekennzeichnet sind (Moldaschl 1998). Wäre das ein Hinweis auf eine neue Version des „downgrading"?

Damit wären verschiedene mehr oder weniger explizierte Annahmen der Industriesoziologie zur Diskussion gestellt. Zum einen die inverse Beziehung von Qualifikation und Belastung und die positive Korrelation zwischen der Integration in das Beschäftigungssystem und Wohlfahrtsgewinnen. Zum anderen die Zeitstabilität der Beziehung von beruflichem und sozialem Status bzw. die Korrespondenz ihrer Veränderungen.

Für die Behandlung unserer Fragestellung ist aber zunächst ein anderer Strang wichtig: Die Industrie- und Betriebssoziologie hat, seit es die Upgradingthese gibt, einen wesentlichen Impuls ihrer Arbeit daraus gewonnen, die „Oberflächlichkeit" dieser These und der sie stützenden Befunde durch empirische Forschung zu kontrollieren.

Dies folgt dem generellen „aufklärerischen" Impetus des Faches: „Was ist der Fall und was steckt dahinter" (Luhmann)? So hatte bereits Friedrich Pollock (1955: 143) die „Qualität" der statistisch ausgewiesenen Wachstumsraten für gelernte und angelernte Beschäftigte und die dem korrespondierende statistische Abnahme der „Ungelernten" zum Thema gemacht: „In den großen Industriestaaten unterscheidet sich das Bild des Arbeiters und des Angestellten der Großbetriebe von dem ihrer Vorgänger von Beginn des Jahrhunderts dadurch, daß diese normalerweise noch eine enge Beziehung zu ihrer Arbeit hatten, während heutzutage die meisten großbetrieblichen Arbeitnehmer durch ihre Reduktion auf immer beschränktere und der selbständigen Entscheidung keinen Raum lassenden Teiloperationen ihrer Arbeit gelangweilt und gleichgültig, wenn nicht feindselig gegenüber stehen" und in der Anmerkung dazu heißt es: „Der Umstand, daß nach den Zahlen der Berufsstatistik der Anteil der ungelernten Arbeiter in Amerika seit 1900 absolut und relativ stark zurückgegangen ist, ist kein Einwand gegen die Richtigkeit des oben Gesagten. Denn die statistisch als ‚angelernte Arbeiter' klassifizierten Kräfte sind faktisch Ungelernte mit etwas besserer Schulbildung und einer relativ kurzen Ausbildung für ihre jeweilige Tätigkeit" (Pollock 1955: 143).

Dieser Duktus des „Hinterfragens" von statistischen Indikatoren und daran anknüpfenden Trendaussagen inspirierte (nicht nur) die deutsche Industriesoziologie.[6] Von dieser Wahrnehmung des Problems hatte sich die empirische Forschung in Deutschland – gerade auch die hier in den Mittelpunkt gestellten Untersuchungen zu den „Arbeitsfolgen des technischen Fortschritts" – inspirieren lassen. Vom Design und in der Stoßrichtung ist dabei sicherlich die Untersuchung von Richard Bright (1958) bedeutsam gewesen, eine Studie, die ja im Unterschied zu der Studie von Robert Blauner im Hinblick auf die Zukunft der Beschäftigtenstruktur zu skeptischen Befunden gelangt war.

Die Industrie- und Betriebssoziologie hat die Upgradingthese also nicht hinnehmen wollen; dies entsprach nicht nur einem disziplinspezifischen Hang zur Ungläubigkeit, es entsprach wohl auch *einer* Wirklichkeit in Deutschland, wenn man die Entwicklung der Tätigkeitsstrukturen in den Sektoren einer tayloristisch organisierten Massenproduktion ins Auge faßte. Insofern war die Kritik der Industrie- und Betriebssoziologie an den „Verheißungen" der post-industriellen Gesellschaft (vgl. Bell 1975) durchaus berechtigt. Dabei wurde aber der Blick auf die – ebenfalls spezifisch deutschen – bzw. nationalen Varianten der Organisation von Arbeitsvermögen vernachlässigt, die in der Tradition der Berufsfachlichkeit, in handwerklich und kleinbetrieblichen Arbeitsstrukturen gerade in Deutschland bewahrt worden waren. Vernachlässigt wurden dabei auch die zunehmende Bedeutung von Forschung und Entwicklung und die Eigenlogik von Angestelltentätigkeiten, die primär als teilweise ideologisch verdächtige Gegenbilder zur Industriearbeit im Bereich der Produktion gelesen wurden. Der Focus bezog sich auf männliche Facharbeiter in industriellen Großbetrieben, insbesondere in den sogenannten Kernsektoren (Automobil, Chemie, Maschinenbau) der Industrie (Naschold 1996). Aus diesem Grunde hat die Industrie- und

---

[6] Auch Harry Bravermann hat ziemlich genau dieses Argument in seiner Studie aus den 70er Jahren vorgetragen. Generell wird Bravermanns Untersuchung als „De-skilling"-These rezipiert, obwohl darin Bravermanns Befund, daß die Arbeit im kapitalistischen Produktionsprozeß ‚entwertet' werde, nur unzureichend zum Ausdruck komme (vgl. Schmiede 1996b). Bravermann habe allerdings (vgl. ebd.) eine Entqualifizierung der Arbeit behauptet. Armstrong (1987) versucht zu zeigen, daß die „Widerlegungen" von Bravermann dessen Thesen fälschlicherweise auf eine ökonomisch determinierte Tendenz zur Dequalifizierung verkürzten. Bravermann habe sehr wohl die Möglichkeiten (phasenweiser) Ungleichheit der Entwicklung von Qualifikationen gesehen. Sein Befund entspräche dann eher der Polarisierungsthese von Kern und Schumann.

Betriebssoziologie vieles nicht gesehen. Diese Beschränkungen sind inzwischen weitgehend erkannt und auch überwunden worden. Es gibt inzwischen Untersuchungen zu Kleinbetrieben, zu Branchen jenseits des tayloristisch-fordistischen Produktionsmodells. Was aber fehlt, ist eine kohärente Perspektive, in die sich diese Forschungen wiederum einfügen und die Konturen eines Bildes der Arbeit jenseits des tayloristischen Produktionsmodells bzw. jenseits einer durch diese Perspektive geprägten Analytik erkennen und entstehen ließen.

2. Blinde Flecken als Spiegel

Hinweise auf die „blinden Flecken", also Gesichtspunkte, die in dieser tayloristischen Blickperspektive unberücksichtigt geblieben sind, ergeben sich aus einer Reihe von in den letzten Jahren in der Industriesoziologie – aber auch jenseits der Industriesoziologie – entstandener Forschungsfragestellungen und -konzepten.[7] Das gilt z.B. für die generell gestiegene Aufmerksamkeit für die Dimension des Politischen. Ob es sich dabei um Arbeitspolitik, um Mikropolitik, um Industriepolitik handelt, die Konjunktur des Themas verweist auf einen Aspekt, den bereits Max Weber betont hatte. Er sah im Politischen ein Gegengewicht zum stählernen Gehäuse der bürokratischen Rationalität. Politische Führung funktioniert nach anderen Regeln der Entscheidungsfindung, vermag in anderer Weise auf Kontingenzverhältnisse zu reagieren, und kann (vgl. Oevermann 1997) – anders als bürokratische Verfahren – eben auch innovativ wirken. Nicht nur, aber auch Kern und Schumann hatten in ihrer Studie von 1984 die Bedeutung arbeitspolitischer Optionen hervorgehoben und damit auf Gestaltungsmöglichkeiten, aber auch auf mögliche Blockaden von Entwicklungen verwiesen. Mir scheint, daß sich im Zuge dieser verstärkten Aufmerksamkeit für das politische Handeln, ja wohl auch dessen realer Bedeutungszunahme, der Vorhang für die Bühne geöffnet hat, auf der dann die entsprechenden Akteure auftreten konnten. Blieb die Industrie- und Betriebssoziologie lange Zeit in der eher abstrakten Gegenüberstellung von „Kapital und Arbeit" verfangen, so wurde – nicht zuletzt durch die zweite Studie von Kern und Schumann – die Gruppe der Manager auf einmal zu einem legitimen Forschungsgegenstand. Auch das Interesse an Phänomenen der Machtkommunikation und ihrer Konzeptualisierung im mikropolitischen Ansatz läßt sich vor diesem Hintergrund als Ausdruck der Tatsache deuten, daß in Phasen des Wandels von betrieblichen und Arbeitsstrukturen, ihres „Umbruchs" (Beckenbach und van Treeck 1994a), andere Logiken sozialen Handelns und andere Rationalitätsprinzipien an Bedeutung gewinnen. So ist auch das endlich aufkommende Interesse für die in der Organisationssoziologie (schon lange) betriebene Demontage der Rationalität in Organisationen zu deuten. Sie wäre demnach nicht nur eine fachimmanente Kritik an lange Zeit domi-

---

7 Ich verzichte absichtsvoll darauf, für alle nunmehr angesprochenen Forschungsthemen einschlägige Literaturverweise zu geben. Angesichts der bereits erwähnten Ausdifferenzierung des Forschungsfeldes würde dies zu einer nicht mehr zu rechtfertigenden Aufblähung des Literaturapparats führen. Auch will ich gar nicht den Eindruck zu erwecken versuchen, ich überblicke alle diese Forschungsfelder so, daß eine repräsentative Zitierweise möglich wäre. Oder reicht jeweils die „eine" Autorin, der „andere" Autor? In einigen Bereichen mag das angemessen sein, in den meisten sind die Beiträge zur Forschungslage damit nicht abzubilden.

nierenden Rationalitätsfiktionen, sondern auch Ausdruck einer in der Realität der gesellschaftlichen Organisation der Arbeit sich vollziehenden Relativierung der Vorstellung einer zweckrationalen Optimierung von Organisationsabläufen. Neben der neuen Aufmerksamkeit für Akteure wurde durch diese Blickwendung aber auch dem Konzept der Strategiebildung – das früher bereits von Altmann und Bechtle (1971) sowie Bechtle (1980) stark gemacht worden war – erneut Geltung verschafft.[8] Alle diese Veränderungen im analytischen Zugriff verweisen auf die Bedeutsamkeit von endogenen und exogenen *Wandlungsprozessen*, die übrigens auch in der verstärkten Aufmerksamkeit für die Zeitdimension zum Ausdruck kommt.

Neben der Relativierung von Rationalität und der Bedeutungszunahme von Politik als Ausdruck von Wandlungsprozessen in der gesellschaftlichen Organisation der Arbeit, läßt sich ein weiterer in den vergangenen Jahren bedeutsamer gewordener Set von Forschungsfragestellungen bezeichnen, deren Thematisierung in unterschiedlicher Weise auf ein grundlegendes Problem verweist: Das Problem der *Unsicherheit* in den Umwelten der Betriebe/Unternehmen. Bemerkbar wird das primär als Turbulenz und Volatilität von Güter- und Beschaffungsmärkten und, als Folge davon, der generellen Tendenz der Betriebe/Organisationen, einerseits flexible *Strukturen* auszudifferenzieren, Redundanzen abzubauen und Varietät zu erhöhen, und zum anderen diesen Unsicherheiten *strategisch* zu begegnen. Auf dem Bildschirm der Industrie- und Betriebssoziologie erscheint das zunächst in unterschiedlichen Formen der Flexibilisierung: der Arbeitszeit, der Produktionstechnik und des Personaleinsatzes. Grundsätzlicher geht es um die Erhöhung der Anpassungskapazität an rasch sich verändernde Umweltlagen. Dem dient eine veränderte Arbeitsorganisation, nicht nur durch Verkürzung und Verdichtung von Transportwegen und Herstellungsvorgängen, sondern vor allem von Kommunikationswegen, deren hierarchische Struktur „abgeflacht" und durch horizontale Kooperationen ergänzt oder substituiert wird. Für diese Ausbildung von *Strukturen* zur Absorption von Unsicherheit ist ein zweiter Gesichtspunkt wichtig: Geht man davon aus, daß ‚Unsicherheit' nicht nur nicht beherrschbar ist und das Problem durch „Versicherungen" nur begrenzt gelöst werden kann, dann wird es sinnvoll, die Unsicherheit als *Risiken* wahrzunehmen und zu verteilen. Dies führt zu Tendenzen der *Dezentralisierung*, der Schaffung von kleineren selbstgesteuerten und kostenverantwortlichen Einheiten (Profitcenter) und deren Befristung (Projektteams) einerseits und zur *Externalisierung* bestimmter Risiken z.B. in Strategien des „Outsourcing" andererseits. Dadurch werden die Grenzen des Betriebes verflüssigt, bzw. zu einem Gegenstand strategischer Disposition. Dies kann dazu führen, daß sich die Zahl der Schnittstellen und infolgedessen die Probleme des Umgangs mit wechselnden Interaktions- und Austauschbeziehungen vermehren. Die Betonung des Schnittstellenmanagements und die Bildung von überbetrieblichen Kooperationen und Netzwerken – und ihre Thematisierung in der Forschung – lassen sich als Reaktionen auf dieses Problem verstehen.

Die Bearbeitung von Risiken erfolgt jedoch nicht nur durch ihre Verteilung, sondern auch durch eine ‚Spiegelung' der Unsicherheiten der Marktumwelt in die Organisation

---

8 Es entbehrt nicht einer gewissen Ironie, daß inzwischen der Münchener Ansatz betrieblicher Strategien – wenn auch unter deutlich anderen Prämissen – auch am SOFI de facto Bedeutung gewonnen hat. Dafür ist, im Gegenzug, ein touch von Technikdeterminismus, im Konzept des sog. Neuen Rationalisierungstypus (Altmann et al. 1986) und neuerdings mit der These von der Autonomisierung der Technikentwicklung (Bieber 1997a), nach München gelangt.

hinein. Genauer müßte man sagen, die Spiegelungsfunktion des Marktes wird auch intern genutzt. Interne Kooperationsbeziehungen werden potentiell zu marktförmigen Transaktionen, und andere Abteilungen des eigenen Betriebes werden zu ‚Kunden'. Unsicherheiten werden dadurch nicht beherrschbar – aber besser beobachtbar. Dadurch vervielfältigen sich allerdings – auch organisationsintern – Unsicherheitszonen und Kontingenzspielräume. Dies erfordert andere Stabilitäten, als sie durch Routinen und Programmierungen erreicht werden können. Solche Stabilitäten werden in Kontingenzen überbrückenden und Unsicherheitszonen füllenden Wertbindungen, Interpretationsleistungen und Lernprozessen der betrieblichen Akteure gesehen. Ein solcher Rekurs auf kulturelle und interpretative Ressourcen, die der Bewältigung mehrdeutiger Situationen und Orientierung in häufig wechselnden Arbeitskontexten dienen, führt zur Aufwertung von Qualifikationselementen wie sozialen und kommunikativen Kompetenzen und „Lernfähigkeit". Er kommt in einem für die Industrie- und Betriebssoziologie (wieder) wachsenden Interesse an „Vergemeinschaftung", „Kultur" und „Sinn" zum Ausdruck. Oder sollte es nur der Blick nach Japan und die neueste Mode der Consulting-Branche gewesen sein, die dazu führten?

Einen vergleichbaren Versuch zur Kontingenzbearbeitung im Verhältnis zur externen Umwelt kann man in der Segmentierung und „Ein-Beziehung" von Märkten, in der Form von Kundenorientierung und Kundenbindung sehen. Dazu werden u.a. Beobachter- und Schnittstellenfunktionen ausdifferenziert, die spezifische Kompetenzen erfordern, was sich auf das Qualifikationsportfolio der entsprechenden Beschäftigten auswirken kann. Dies gilt im Vertrieb und anderen marktnahen Bereichen, aber auch auf anderen Stufen des Wertschöpfungsprozesses, also bereits in marktfernen Bereichen, bei der Entwicklung von kundenspezifischen Produkten, der Planung, aber oft auch: Improvisation entsprechender Herstellungsprozesse, der anwenderbezogenen Entwicklung von Problemlösungen usw.

Außer dieser Art der Bearbeitung von Unsicherheit, durch Marktbeobachtung und Kundenorientierung, läßt sich mindestens eine wichtige alternative Strategie benennen: die frühzeitige Besetzung neuer Märkte durch innovative Produkte. Noch stärker als bei der Strategie der Kundenorientierung dürfte hier der Anteil der immateriellen Produktionsprozesse (Hack 1994) – also die Transformation von Wissen und Informationen – am gesamten Wertschöpfungsprozeß gegenüber den materiellen Produktionsprozeßen – also der Transformation von Energie und Stoffen – an Bedeutung gewinnen. Innovationsvorsprünge setzen nicht nur wissensintensivere Produktion voraus, sie verkürzen die Lebenszyklen von Produkten, mindern damit die möglichen Lernkurveneffekte im Herstellungsprozeß und führen zur rascheren Entwertung des investierten Wissens und deshalb zum Bedarf an seiner Erneuerung.

Wichtige Parameter der Bearbeitung der Marktkontingenzen durch *Strategien* sind also die Schaffung von *Diskontinuität* durch Innovation bzw. die Vermeidung der Diskontinuität/Volatilität durch *Spezifikation* und *Segmentierung* der Kundenbeziehung. Beides sind Versuche, die Irreversibilitätseffekte überraschender Marktentwicklungen zu begrenzen. Auf der Ebene der *Strukturbildung* tragen *Dezentralisierung* und *Externalisierung* dazu bei, daß die „Einheit" der Organisation immer weiter *ausdifferenziert* und dadurch *Varietät* gesteigert wird.

Die „*Integration*" erfolgt dann um so intensiver auf der Ebene der *Prozesse*: Sie vollzieht sich als Verdichtung und Entschlackung der materiellen wie immateriellen Produktionsprozesse entlang der Stufen der Wertschöpfungskette – von der Entwicklung des Produkts über die Beschaffung der Rohstoffe, die Planung und Durchführung des Herstellungsprozesses bis zur Inbetriebnahme beim Kunden – und zwar (idealiter) jenseits der Grenzen funktionaler und hierarchischer Arbeitsteilung. Dies kann u.a. zu Aufgabenintegration und zu Formen der Gruppenarbeit oder teamförmiger Kooperation führen. Dabei bedarf es nicht nur der pufferfreien Gestaltung von *Abläufen*, sondern auch der *Integration* ökonomischer, technischer, politisch-strategischer und kultureller Gesichtspunkte bzw. *Rationalitäten* bei der Entwicklung, Planung und Herstellung bzw. dem Vertrieb von Produkten. Dies bedeutet nicht nur, daß die Mitarbeiter, die diesen Prozeß planen und steuern, zahlreicher und ‚wichtiger' werden, sondern daß sie – neben der zeit- und kostenökonomischen Optimierung von Abläufen – derartige integrative Abstimmungs- und Koordinationsmechanismen vorsehen und implementieren sollen. Auch die Mitarbeiter auf den anderen Stufen der Wertschöpfungskette arbeiten nicht ‚nur' an der stofflichen Transformation von Materialien – vom Rohstoff zum Endprodukt – und sind (in unterschiedlicher Weise) an dem Prozeß der immateriellen Produktion beteiligt. Auch sie sollen verstärkt dazu beitragen, daß lokale und partiale Rationalitäten (Abteilungsegoismen; Techno-logik; Öko-logik; Marktlogik usw.) in der Einheit des Wertschöpfungsprozeßes abgestimmt werden. Es geht also nicht ‚nur' um die Erfindung neuer Produkte oder die Planung und Entwicklung von Produkten unter Berücksichtigung spezifischen Kundennutzens, sondern auch um die gewährleistenden, problemlösenden und experimentierenden, improvisierenden Eingriffe bei ihrer Herstellung und ihrer – häufig erst vor Ort und in *Abstimmung/Kooperation* mit den Nutzern – abschließenden Fertigung bzw. Inbetriebnahme, ihre Wartung und die anschließende Betreuung/Beratung der Nutzer. Herstellung, Logistik, produktionsbezogene aber auch kundenbezogene Dienstleistungen greifen hier in einer Weise ineinander, in der sich der Charakter von Herstellen und Dienstleistung verändert bzw. die einzelnen Tätigkeitselemente so eng miteinander verknüpft sind, daß ihre analytische Trennung zunehmend weniger Sinn macht.

Vieles von dem, was hier abstrakt skizziert wurde, ist in der industriellen Praxis und in der Industriesoziologie zunächst primär als Veränderung von innerbetrieblichen Abläufen und ihrer qualitätsmäßigen Optimierung behandelt worden. Dabei geht es u.a. um die Verkürzung von Durchlaufzeiten und die Integration von Qualitätskontrollen in den Produktionsprozeß. Inzwischen wird immer deutlicher, daß diese Optimierungsvorgänge, neben ihrer kosten- und zeitökonomischen Wirkung, wohl systematisch unter dem Gesichtspunkt betrachtet werden können, daß sich das Verhältnis von Systemen der Güterproduktion und Leistungserstellung im Verhältnis zur Umwelt, insbesondere aber zu den Kunden verändert. Zwar wird man nicht sagen können, daß sich generell die Systeme der Güterproduktion von einer Orientierung an einem anonymen Markt umstellen auf Formen der „Einzel- bzw. Auftragsproduktion".[9] Für einige wichtige Industriezweige, wie etwa den (westdeutschen) Werkzeugmaschinenbau, hat dies in der Tendenz schon immer gegolten. Es deckt sich sicher auch in einigen wesentlichen Zügen mit dem, was schon bei Piore und Sabel (1984) als flexible Spezialisierung und bei Sorge und Streeck (1987) als das Modell diversifizierter Qualitätsproduktion bezeichnet wird (vgl. Hollingsworth

---

9 Daß – gerade im Zuge der Globalisierung – in bestimmten Bereichen die Massenproduktion auch weiterhin Effizienzvorteile (economies of scale) verspricht, zeigt die Fusion von Chrysler und Daimler Benz, die aber wohl kaum nur um dieser Vorteile willen beschlossen worden sein dürfte.

1991). Nun scheint aber die kundenspezifische Fertigung, die offensichtlich einen sehr viel höheren Teil an vorgängigen, begleitenden und gewährleistenden Dienstleistungen erforderlich macht, auch in anderen traditionellen Bereichen industrieller Fertigung, etwa der Stahlindustrie (Hanan 1995) oder in (neuen) Dienstleistungsmärkten, wie der Telekommunikationsindustrie, zu einem generellen Leitbild geworden zu sein.

Es scheinen sich also verschiedene Entwicklungstendenzen zu verschränken: 1. Die Bedeutung der immateriellen Produktionsprozesse hat zugenommen. 2. Der Anteil der im Produktionsprozeß benötigten und dort oder im tertiären Sektor erbrachten produktionsbezogenen Dienstleistungen nimmt zu. Im Zuge der stärkeren internen und externen Ausdifferenzierung von Leistungungsorganisationen werden Dienstleistungen als solche auch sichtbarer und deutungsmächtiger. 3. Dienstleistungen – insbesondere die konsumorientierten – sind durch das Spezifikum des uno-actu-Prinzips gekennzeichnet. Ihre Erbringung und ihr Verbrauch vollziehen sich orts- und zeitgleich (Häußermann und Siebel 1995: 27). Dadurch ist ihr Gebrauchswert nicht beliebig kommodifizierbar. Das Design von Produkten und der Gebrauchswert von Gütern wird durch die Verstärkung der Kundenorientierung und Kundenbindung bzw. die Steigerung des spezifischen Kundennutzens teilweise strategisch um diese Qualitäten von Dienstleistungen angereichert. 4. Gleichzeitig wird der Dienstleistungsbereich, im Zuge der Globalisierung, Deregulierung und Technisierung, von seinen räumlichen und zeitlichen Grenzen teilweise befreit und damit tendenziell zu einer handelbaren Ware (z.B. Finanzdienstleistungen; Telekommunikation). Die genannten Tendenzen wirken zusammengenommen auf eine Perforation der realen und analytischen Abgrenzungen von Verarbeitung/Herstellung und Dienstleistung. Dies muß – zum besseren Verständnis der Bedeutung der Veränderung der Struktur und des Wachstums der Beschäftigung im sekundären und tertiären Sektor – berücksichtigt werden.

Ich habe versucht, die in den vergangenen Jahren – von außen betrachtet – relativ beliebig sich aneinander reihenden, neuen Forschungsthemen im Umfeld der Industrie- und Betriebssoziologie, unter übergeordneten Gesichtspunkten zu sichten und erste Hinweise auf die Frage zu sammeln, welche Effekte für die Entwicklung von Qualifikationsstrukturen sich dabei ergeben können. Im folgenden Abschnitt möchte ich drei gegenwärtig sich abzeichnende Forschungsperspektiven benennen, die geeignet sein können, die gewisse Disparatheit der Forschungsthemen und die Dissoziationstendenzen in der Industrie- und Betriebssoziologie zu vermindern und die Forschungsbemühungen unter kohärenten Perspektiven womöglich wieder zu bündeln.

V. Neue Perspektiven:
Innovation – Beziehungen zwischen Herstellung und Dienstleistung – Wissensarbeit

Nach meiner Wahrnehmung gibt es erst in der jüngeren Vergangenheit Entwicklungen, die zu einer Integration und Verdichtung bzw. zu einer Bündelung von Forschungen aus dem Bereich der Industrie- und Betriebssoziologie geführt haben, die um die Themen Innovationsforschung und Dienstleistungsarbeit kreisen.

Während in der Vergangenheit die Forschungsfragestellungen sich auf die Untersuchung des „technischen Fortschritts" und seiner Folgen (Technikfolgenabschätzung) konzentrierten, hat sich, im Zuge der Einbeziehung von Fragen nach der Technikgenese, inzwischen der analytische Rahmen erweitert. Untersucht werden generell die Bedingungen, unter denen Innovation – also nicht nur technische – erzeugt und implementiert wird. Bezogen auf die eingeschliffenen Fragestellungen der Industrie- und Betriebssoziologie bedeutet das einerseits eine wesentliche Erweiterung des thematischen Horizonts: Geforscht wird über die sogenannten wissensbasierten Industrien; über die Handlungslogiken und -rationalitäten im Bereich von Forschung und Entwicklung; die Entwicklung großtechnischer Systeme im „Zusammenspiel" von Akteuren des politischen, des ökonomischen und des Wissenschaftssystems. Diese neuerliche „Weitung" des Themenhorizonts der (industriesoziologischen) Forschung, die häufig in anderen Disziplinen, wie der Betriebswirtschaft und der Politikwissenschaft und an verstreuten Standorten vorangetrieben wird, macht sich aber auch in den „traditionellen Zentren" der Industrie- und Betriebssoziologie, am SOFI und am Institut für sozialwissenschaftliche Forschung (ISF) in München, bemerkbar. In einer neueren Veröffentlichung, einem Literaturbericht zum Thema Beschäftigung und Innovation, den Martin Baethge und Volker Baethge-Kinsky vorgelegt haben, wird eine Forschungsperspektive skizziert, die die Frage nach der unterschiedlichen Innovationsfähigkeit bzw. Innovationsaffinität verschiedener betrieblicher Organisationsstrukturen in den Mittelpunkt stellt (Baethge und Baethge-Kinsky 1998: 103). Interessant, im Vergleich mit den früheren Studien des SOFI, ist die Tatsache, daß die Innovationsfähigkeit hier – man könnte sagen – als „abhängige" Variable betrachtet wird, deren unterschiedliche Ausprägung und Entwicklung im Kontext verschiedener Strukturen der Unternehmens- bzw. Arbeitsorganisation betrachtet wird, die ihrerseits wieder als Teil unterschiedlicher *Produktionsmodelle* figurieren. Neben der betrieblichen bzw. Unternehmens*organisation* sind es der unterschiedliche *Produkt-* und *Marktbezug* und die Form der Aufgabenverteilung, die *Belegschaftsstruktur*, die sich in ihrem je spezifischen Arrangement zu einem Modell entweder der „taylorisierten Massenproduktion", der „diversifizierten Qualitätsproduktion" oder dem Modell der „innovationszentrierten Produktion" zusammenfügen.

An der Stelle der seinerzeit von Kern und Schumann zu drei Mechanisierungsstufen zusammengefaßten Entwicklung der Technik (prämechanisierte Produktion; mechanisierte Produktion; automatisierte Produktion) tauchen nun drei Produktionsmodelle auf, in denen Arbeitsorganisation – Produkt/Marktbezug und die unterschiedliche Belegschaftsstruktur im Hinblick auf ihre spezifische Form der Generierung von Innovation untersucht werden sollen. (Gleichzeitig wird bei der Betrachtung noch zwischen Serien- und Einzelherstellern einerseits und Massenfertigern bzw. Volumenherstellern unterschieden.) Was früher als selbstverständlich vorausgesetzt war, technischer Fortschritt, wird nun zum explanandum.

Es gehört meiner Ansicht nach zu den Ungereimtheiten dieses Konzepts, daß die „abhängige" Variable des Innovationsmodus auch zum Kennzeichen des ‚neuen' Produktionsmodells der „innovationszentrierten Produktion", also der „unabhängigen Variable" wird. Aber hier kann ja noch nachgedacht werden. Was aber ist nun unter diesem innovationszentrierten Produktionsmodell zu verstehen? Merkmal der neuen Konzepte – unterschieden wird außerdem zwischen einem impliziten und expliziten Innovationsmodus – sei, „daß sie sich grundlegend an der Fähigkeit zur schnellen – wenn möglich antizipativen – Reagibilität der Organisation auf veränderte Marktkonstellationen und sich verändernde Kundenwünsche (schnelle Umsetzung von Kundenwünschen in die Entwicklung und Produktion eines Produktes mit modifizierten oder erweiterten Leistungsmerkmalen) orientieren" (Baethge und Baethge-Kinsky 1998: 127). So neu erscheint mir diese Problembestimmung zwar nicht, aber richtig könnte sie sein.

Dieses innovationszentrierte Konzept von Produktion betrachten die Autoren nun unter dem Gesichtspunkt, inwieweit es zur „vorsichtigen" Auflösung traditioneller Kompetenz- und Kooperationsformen (Abflachung von Hierarchien; Teamarbeit) einerseits und zur Überlappung bzw. neuen Schneidung unterschiedlicher Qualifikationstypen fachlichen, ökonomischen und theoretischen Wissens führe. Schließlich wird auch die Aufweichung des beruflichen Statusmodells in der Form einer Entwicklung vom Facharbeiter zum intelligenten Nutzer von Anlagen angedeutet.

In dieser Perspektive deutet sich meines Erachtens nach eine aussichtsreiche Umstellung von analytischen Rahmungen und empirischen Fragestellungen an, die dazu führen kann, die industrie- und betriebssoziologische Forschung aus ihrer Sackgasse zurück an die Entwicklungsdynamik der gesellschaftlichen Arbeitsteilung heranzuführen.

Während sich die Forschung zum Thema Innovation gewissermaßen noch als natürliche Nachfolgerin der früher die Industrie- und Betriebssoziologie beherrschenden Thematik des „technischen Fortschritts" interpretieren läßt, so hat sich die Industrie- und Betriebssoziologie sehr lange schwer getan, das Thema „Dienstleistungsgesellschaft" bzw. das Thema der „Tertiarisierung" zu akzeptieren. Wenn Dienstleistung zum Thema wurde, dann als Teil einer Angestelltensoziologie, einer Soziologie der Verwaltung. Und die Arbeit von Ingenieuren etwa wurde lange Zeit unter dem Gesichtspunkt diskutiert, inwieweit sie sich der tayloristischen Struktur von Arbeit in der unmittelbaren Produktion angleicht oder nicht. Zu Recht wurde darauf insistiert, daß die rein statistische Verteilung von Beschäftigtenzahlen auf die Wirtschaftssektoren „verschleiert", daß ein großer Teil des Wachstums des tertiären Sektors auf produktionsbezogene Dienstleistungen zurückzuführen ist und insofern die schöne neue Welt der Dienstleistungsgesellschaft – auch wenn sie im Hinblick auf die Beschäftigung am dynamischsten ist – den sekundären Sektor nicht einfach „ablöst". Ein analoger Einwand richtet sich gegen die Behauptung, daß im Vergleich mit dem weiter fortgeschrittenen „Tertiarisierungsprozeß" in den USA, für die deutsche Situation so etwas wie ein „Rückstand", eine Dienstleistungslücke, diagnostiziert werden könne (Glott 1998). Die Besonderheit des deutschen Produktionsmodells rückt damit – einmal mehr – im internationalen Vergleich schärfer ins Auge. Darauf zu insistieren, daß diese Spezifik nicht notwendigerweise ein „Rückstand" in einer evolutionären Steigerung der gesellschaftlichen Entwicklung bedeutet, ist berechtigt (Häußerman und Siebel 1995).

Die Frage nach der Entwicklung der Dienstleistungsgesellschaft beinhaltet also nicht nur eine Quantifizierung von Beschäftigungsverhältnissen in den verschiedenen Sektoren, sie bedeutet auch eine Frage nach neuen Formen der Arbeitsteilung zwischen den und innerhalb der Sektoren. Tessaring (1996) hat beispielsweise berechnet, daß 43,8 Prozent der Beschäftigung im verabeitenden Gewerbe Dienstleistungscharakter hat (s.a. Plicht 1996). Wegen der starken Verzahnung der Sektoren wird mitunter auch der Gedanke verfolgt, neue sektorale Abgrenzungen oder die Erfassung eines „vierten Sektors" (als Informations- und Wissenssektor) vorzunehmen. Für die Frage nach der Entwicklung von Berufsstrukturen und Qualifikationselementen besonders wichtig ist allerdings die Frage nach den Mustern der Arbeitsteilung innerhalb von Tätigkeitsstrukturen. So hat z.B. Werner Dostal (1995) – in Analogie zu den entsprechenden Berechnungen von Porath (1977) –

für die Bundesrepublik Berechnungen vorgelegt, die zeigen, daß der Umgang mit Informationen inzwischen bereichsübergreifend zum dominierenden Merkmal beruflicher Arbeit geworden ist (Dostal 1995). Derartige Berechnungen machen zwar den begrenzten Aussagewert von Beschäftigungsstatistiken nach Maßgabe sektoraler Abgrenzungen deutlich. Aber die – quer zu diesen Abgrenzungen vorgenommene – Addition von Tätigkeitselementen des Informierens und des Umgangs mit Symbolen scheint auch nur ein begrenzt aussagekräftiger Indikator für die relevanten Veränderungen in den Mustern der Arbeitsteilung zu sein, die sich gegenwärtig herauszubilden begonnen haben.

Im Hinblick auf die Bestimmung von neuen Qualifikationsmerkmalen, Tätigkeits- und Kompetenzmustern könnte der Modus der Generierung und Anwendung von Wissen zu einem entscheidenden Gesichtspunkt zu werden. Dabei wird häufig auf die Bedeutungszunahme abstrakten und dekontextualisierten Wissens gegenüber dem kontextbezogenen und Erfahrungswissen verwiesen. Mir scheint wahrscheinlicher, daß es sich um eine neuartige Kombination von Fähigkeiten zu analytischer Abstraktion einerseits und von kontextbezogener Respezifikation andererseits, von Herstellen und Dienstleisten und einer immer wieder neu in Gang gebrachten Dialektik von fallspezifischer Problemlösung und standardisierender Verallgemeinerung, von Gebrauchswertorientierung und Tauschwertorientierung handelt. Ob man diesen gesamten, in seiner Bedeutung offensichtlich wachsenden Bereich von hybriden Tätigkeitsstrukturen nun als eigenen Bereich der Informations- oder Wissensarbeit gruppieren und ggf. statistisch gesondert erfassen soll, wäre zu diskutieren. Am Beispiel der Wissensarbeit, zu der es zumindest im angelsächsischen Bereich bereits konzeptuelle und empirische Vorarbeiten gibt (vgl. Reich 1993; Frenkel et al. 1995), ließe sich deutlich machen, in welcher Weise sich der Charakter von Arbeit in den dynamischen Sektoren des Industrie- und Dienstleistungsbereichs wohl verändern könnte bzw. schon verändert hat, und warum es Sinn macht, dafür geeignete Kategorien und Konzepte zu diskutieren und zu entwickeln.[10]

Es lohnte sich, diese Problemsicht auch bei der Diskussion um die Entwicklung der Berufsausbildung zu verfolgen. Die Zukunft des dualen Systems – das ja gerade in der Kombination von theoretischen und Erfahrungswissen seine Stärke hat – ist ungewiß und umstritten. Zum einen wird konstatiert, daß ein nicht nur demographisch bedingter Rückgang der Nachfrage seitens der Bewerber um Ausbildungsstellen zu verzeichnen ist. Dem dualen System könnte der Nachwuchs fehlen (Buttler 1993). Zum anderen wird vielfach darauf verwiesen, daß die Bereitschaft der Betriebe, sich am dualen Ausbildungssystem zu beteiligen, das heißt ausreichend Ausbildungsstellen anzubieten, deutlich abgenommen hat. Diese Entwicklung wird als nicht nur konjunkturell bedingt, sondern als irreversibel gedeutet. Darüber hinaus ist die „Funktionalität" der im dualen System vermittelten Berufsausbildung grundsätzlich (erneut) in die kontroverse Diskussion geraten. Das lange Zeit als vorbildlich geltende System der (dualen) Berufsausbildung reproduziere, entlang der Hierarchie von Bildungszertifikaten, zu viel an „ständisch"-hierarchisch geordneter Kompetenzabgrenzung. Zur Erhöhung der internen Anpassungskapazität von Betrieben bedürfe es aber gerade verstärkt der Neuschneidung und Überlappung von Kompetenzen sowie des Abbaus von Hierarchie. Auch müsse die Weiterbildung gegenüber der Erstaus-

---

10 Daß eine aufschlußreichere Gliederung der Dienstleistungsberufe gerade auch die Sozialstrukturanalyse befruchten kann, zeigt der Beitrag von Müller (1998).

bildung größeres Gewicht erhalten. Das System der Berufsausbildung reagiert darauf mit der Entwicklung von Konzepten „modularer" Ausbildung (Stiller 1998), in dem Elemente der bereits in den 70er Jahren geführten Diskussion über „Schlüsselqualifikationen" und berufliche „Flexibilität" (Mertens 1991a) wieder aufgenommen werden.

Der Hinweis auf das System der beruflichen Bildung macht deutlich, daß bei einer Analyse der Entwicklung der Berufsstruktur nicht nur die Entwicklung der funktionalen Erfordernisse des Beschäftigungssystems, also die Nachfrageseite zu berücksichtigen ist.[11] Auch das in Umfang und Qualifikation variierende Angebot an Arbeit beeinflußt natürlich die Entwicklung der Sozialstruktur der Berufe, und die sozialpolitischen Rahmenbedingungen (Ostner 1997) wirken ihrerseits auf Angebot und Nachfrage. Neben der Bildungsexpansion und der Tertiarisierung sind also demographische Faktoren, die Entwicklung des sozialstaatlichen Sicherungssystems, der Beschäftigungspolitik sowie die Entwicklung der Erwerbsbeteiligung von Frauen wichtige Parameter, die auf die Entwicklung der Berufsstruktur einwirken. Man könnte – damit die in diesem Beitrag notwendige Beschränkung der bisher angestellten Überlegungen überspringend – in der Tertiarisierung, Feminisierung und Deregulierung der Berufsarbeit drei vielleicht maßgebliche Trends der Entwicklung von Arbeits- und Beschäftigungsverhältnissen erkennen, während die Entwicklung im Bildungssystem durch die Zunahme an formaler und akademischer Bildung bei gleichzeitiger relativer Entwertung der Bildungsabschlüsse gekennzeichnet ist. Vor diesem Hintergrund und angesichts der – aus beschäftigungspolitischen Gründen – wahrscheinlichen Forcierung der weniger qualifizierten personenbezogenen Dienstleistungen auch in Deutschland (Scharpf 1997; Kommission für Zukunftsfragen 1996, 1997), wäre es also sicher falsch, die längerfristige Entwicklung der Berufsstruktur bzw. der Sozialstruktur der Arbeit nur im Lichte des Typus von dienstleistend-produzierender Wissensarbeit sehen zu wollen. Mir scheint aber, daß die in diesem Bereich sich entwickelnden Tätigkeitsprofile und Aufgabenbündelungen für die „Signatur" einer „neuen Arbeitsgesellschaft" besonders aussagekräftig sind, und daß die Industrie- und Betriebssoziologie ihre diagnostischen Fähigkeiten an der Analyse dieses Bereichs wiedergewinnen könnte.

VI. Fazit und Ausblick

Fassen wir zusammen, welches die diagnostischen Kompetenzen der Industrie- und Betriebssoziologie – geprüft an ihrem Blick auf die Entwicklung der Berufs-/Qualifikationsstruktur – sind. Zum einen ist zu unterstreichen, daß die Industriesoziologie in einem empirisch außerordentlich schwer zu vermessenden Feld einen beeindruckenden Bestand an Befunden erarbeitet hat. Zum anderen scheint deutlich, daß die Disziplin „immer mehr über weniger" (Bieber 1997b) zu wissen scheint. Das ehemals „überschaubare" Fach

---

11 In der Diskussion über das Verhältnis von Bildungs- und Beschäftigungssystem (Lutz 1976; Teichler 1987) ist die Frage nach der Kopplung/Entkopplung, der Interdependenz oder Unabhängigkeit beider Systeme erkenntnisleitend. Das jüngst (Süddeutsche Zeitung vom 22.4.1998) wieder sehr deutlich sichtbar gewordene ‚schweinezyklische' Phänomen eines Rückgangs der Zahl der Ingenieurstudenten, als Folge der geringen Nachfrage nach Ingenieuren zu Beginn der 90er Jahre, spricht – zumindest gegenwärtig – nicht für eine übergroße Unabhängigkeit des Bildungsgegenüber dem Beschäftigungssystem.

hat sich dermaßen ausdifferenziert, daß man kaum noch von einem einheitlichen Forschungszusammenhang sprechen kann. Beeindruckend ist sicher der kumulative Charakter der Forschungen, insbesondere am SOFI und am ISF München, wo seit Jahrzehnten ein industriesoziologisches Know how tradiert und erweitert wird. Nicht zu leugnen sind aber auch „Verriegelungseffekte" einer solchen auf Kontinuität angelegten – etwa als „Followup"-Studien konzipierten Empirie. Das – man könnte fast sagen tragische – Schicksal des Trendreports Rationalisierung: hervorragende industriesoziologische Empirie made in Göttingen, aber von der Entwicklung überholt – hat diesen Nachteil überdeutlich gemacht. Andererseits – so scheint mir – kommen aussichtsreiche Impulse für eine Re-Zentrierung industriesoziologischer Forschung auch aus eben jenen Instituten, in denen über Jahrzehnte hinweg diese industriesoziologische Forschung betrieben wurde (vgl. Bieber 1997a; Moldaschl 1998; Baethge und Baethge-Kinsky 1998).

Die alte Industriesoziologie, so läßt sich resümieren, fängt gerade erst wirklich an, sich von einem am Modell der tayloristischen Arbeitsteilung geschulten Blick auf die Rationalisierungsdynamik zu lösen, davon zu befreien. Noch da, wo ein Bruch mit diesen tayloristischen Prinzipien behauptet wurde, wirkte das Erbe des Taylorismus nicht nur in der Realität der Arbeitsbedingungen fort, sondern auch in den analytischen Kategorien, mit denen der vermeintliche Bruch beschrieben werden sollte. Nach dem „Ende der Arbeitsteilung" zu fragen, ohne sich nachdrücklich darüber Rechenschaft abzulegen, daß bestenfalls ein Ende tayloristischer Arbeitsteilung gemeint sein kann; und ohne sich zu vergegenwärtigen, daß der Befund einer Rücknahme des Taylorismus die Prinzipien veränderter Formen der Arbeitsteilung nicht freilegt, sondern u.U. verdeckt, darin scheint mir der zeitweilige Verlust an diagnostischer Kompetenz zu bestehen. Noch ausgeprägter gilt das andererseits für die Diagnostiker, die in allem Neuen nur das Alte sehen. Wer tayloristische Arbeitsteilung finden will, so hat Werner Rammert (1992) formuliert, der wird sie auch weiterhin finden; und insofern sind auch die Interpretationen der Rationalisierungsdynamik der letzten Jahre als ein „Neo-Taylorismus" einleuchtend. Aber: wenn man die „Brille des Taylorismus" einmal ablegt – man muß sie ja nicht wegwerfen – könnten sich unter Umständen auch ganz andere Konturen ergeben. Daß sich damit – einem solchen Ende des Taylorismus – nicht alles zum Guten fügt, daß neue Arbeitsstrukturen auch neue Formen der Arbeitsteilung, der Belastung und veränderte Formen der Kontrolle mit sich bringen, darauf hat Moldaschl (1998) sehr zu Recht hingewiesen.

Kern und Schumann hatten mit dem Hinweis auf die „Neuen Produktionskonzepte" durchaus Recht, aber die Diskussion über deren Verbreitung absorbierte derart viel wissenschaftliche Aufmerksamkeit, daß die Veränderungen, die sich an anderer Stelle abspielten, unterbelichtet blieben. Auch die von Baethge und Oberbeck vorgelegte Untersuchung über die „Zukunft der Angestellten" (1986) blieb letztlich in einer tayloristischen Analytik befangen, obwohl sie das empirische Feld auf Bereiche jenseits der Produktion – in das Büro und die Verwaltung – verlagerte und mit dem Konzept der „systemischen Rationalisierung" die Untersuchungseinheit über die einzelnen Arbeitsplätze hinaus auf gesamtbetriebliche Perspektiven ausdehnte. Zu lange blieb wohl auch die Besonderheit des deutschen Produktionsmodells wenn nicht unerkannt, so doch zu wenig berücksichtigt. Mit der Globalisierung wurde deutlich, daß der deutsche Entwicklungspfad so unübersehbar „different" von den verschiedenen Pfaden anderer frühindustrialisierter Nationen war, daß die Stärken des deutschen Produktionsmodells, die nunmehr zu Schwächen zu werden schienen (Kern und Sabel 1994) stärker ins Bewußtsein traten und auch in die Forschungsperspektiven aufgenommen wurden. Das Globalisierungsthema hat bisher primär dazu geführt, daß die nationalen Produktionsregimes im Hinblick auf ihre (sektoralen) Beschäftigungseffekte untersucht werden. Diese Diskussionen werden primär im Umfeld einer vergleichenden politischen Ökonomie, einer komparativen Analyse von Standortfaktoren vorangetrieben (Albert 1997), und die traditionelle Industrie- und Betriebssoziologie hatte hierzu eher ausnahmsweise beigetragen (vgl. Sorge und Streeck 1988). Dabei hätten die bereits früh – insbesondere von Burkhard Lutz und seinen Kolleginnen und Kollegen – ins Auge gefaßten Spezifika des deutschen Entwicklungspfades und die entprechenden Forschungen zur national unterschiedlichen kulturellen und institutionellen Einbettung von Produktionsorganisationen, und zur Entwicklung von Arbeitskraftmustern, diese Perspektive eröffnet. Erst die bahnbrechende, international beachtete Studie über „das Ende der Massenproduktion" (Piore und Sabel 1984) hatte hierfür Forschungsfragestellungen auf die Agenda gesetzt, die dann – Bornierungen der deutschen main-stream Industriesoziologie überwindend – auch diese für Fragen der vergleichenden Forschung sensibilisierte. Die in der Mitte der 80er Jahre sich verstärkende Ausdifferenzierung des Faches einerseits und die im Zuge der deutschen Vereinigung initiierte „Transformationsforschung", die nicht gerade einen innovativen Schub ausgelöst hat, trugen dazu bei, daß man der Industrie- und Betriebssoziologie für die Zeit seit Mitte der 80er Jahre nur eine begrenzte Diagnosefähigkeit attestieren kann. Irgendwie verlor das Fach den „Durchblick". Auch wenn man – und dieser Befund entspringt nicht nur Zweckoptimismus – gegenwärtig berechtigte Hoffnungen haben kann, daß sich das Fach erneut „Überblick" verschaffen kann, indem es sich auf die für die Entwicklung der gesellschaftlichen Arbeitsteilung so zentralen Fragestellungen wie die Entwicklung des Verhältnisses von Herstellen und Diensten wirklich einläßt, wenn es die Bedeutung von neuen Kompetenzschneidungen und Tätigkeitsmustern jenseits der tayloristischen Perspektive ernst nimmt, und wenn es die Frage der Entwicklungsdynamik nicht mehr an bestimmte Formen der Mechanisierung, Automatisierung und des Technikeinsatzes – und sei es der IuK-Technologien – bindet, sondern genereller nach den Bedingungen von Innovation forscht, dann scheinen mir darin wesentliche Strukturelemente der gegenwärtigen und künftigen Entwicklung der Rationalisierungsdynamik in den Blick genommen. Allerdings: damit fängt die Arbeit natürlich erst an. Wenn man derartige neue Arbeitsteilungs- und Kompetenzmuster untersuchen will, dann lassen sie sich nur sehr bedingt mit der Folie vorhandener Berufsstrukturen und der bewährten Analytik von Arbeitssituationen und Tätigkeitsprofilen abbilden. Wenn Arbeiten nicht mehr repetitiv und routinisiert, sondern innovativ und durch häufigen Wechsel gekennzeichnet sind, wenn Aufgabenintegration und Autonomie, Zeitsouveränität und Selbstkontrolle signifikante Merkmale für einen wichtigen Teil der neu entstehenden Tätigkeitsmuster sind, dann wäre das wohl sicher das Ende einer tayloristischen Arbeitsteilung, aber nicht der Arbeitsteilung überhaupt. Aber gerade hier entsteht erst der Bedarf an konzeptueller Klärung. Erst dann sollte es wieder – wie gewohnt – heißen: further research needed.

Literatur

Albert, Michel, 1997: The Future of Continental Socio-economic Models. MPIfG Working Paper 97/6, June 1997. Cologne: Max Planck Institute for the Study of Societies.
Alex, Laszlo, 1987: Berufliche Bildung im Spannungsfeld zwischen Qualifikationsbedarf und Qualifikationsangebot. S. 223–240 in: *Ansgar Weymann* (Hg.): Bildung und Beschäftigung. Sonderband 5 der Sozialen Welt. Göttingen: Otto Schwartz.
Alex, Laszlo, 1996: Dienstleistungstätigkeiten in gewerblichen Berufen in Industrie und Handwerk. S. 155–163 in: *Laszlo Alex* und *Manfred Tessaring* (Hg.): Neue Qualifizierungs- und Beschäftigungsfelder. Bielefeld: Bertelsmann.
Alex, Laszlo, und *Manfred Tessaring* (Hg.), 1996: Neue Qualifizierungs- und Beschäftigungsfelder. Bielefeld: Bertelsmann.
Altmann, Norbert, und *Günter Bechtle,* 1971: Betriebliche Herrschaftsstruktur und industrielle Gesellschaft. München: Hanser.
Altmann, Norbert, Manfred Deiß, Volker Döhl und *Dieter Sauer,* 1986: Ein „Neuer Rationalisierungstyp" – neue Anforderungen an die Industriesoziologie, Soziale Welt 37: 191–207.
Armstrong, Peter, 1988: Labour and Monopoly Capital. S. 143–159 in: *Richard Hyman* und *Wolfgang Streeck* (Hg.): New Technology and Industrial Relations. Oxford: Basil Blackwell.
Asdonk, Jupp, Udo Bredweg und *Uli Kowol,* 1993: Innovation, Organisation und Facharbeit. Rahmenbedingungen und Perspektiven betrieblicher Technikentwicklung. Bielefeld: Kleine Verlag.
Bader, Veit-Michael, 1987: Das Ende der Arbeitsteilung? Arbeitssoziologische und gesellschaftstheoretische Dichotomien als ‚Chance' und ‚Risiko'. Einige kritische Bemerkungen zum Buch von Kern/Schumann. S. 81–124 in: *Thomas Malsch* und *Rüdiger Seltz* (Hg.): Die neuen Produktionskonzepte auf dem Prüfstand. Beiträge zur Entwicklung der Industriearbeit. Berlin: Edition Sigma.
Baethge, Martin, 1996: Berufsprinzip und duale Ausbildung: Vom Erfolgsgaranten zum Bremsklotz der Entwicklung. Zur aktuellen Debatte über Ausbildungs- und Arbeitsorganisation in der Bundesrepublik. S. 109–124 in: *Wolfgang Wittwer* (Hg): Von der Meisterschaft zur Bildungswanderschaft. Bielefeld: Bertelsmann.
Baethge, Martin, und *Volker Baethge-Kinsky,* 1988: Der implizite Innovationsmodus: Zum Zusammenhang von betrieblicher Arbeitsorganisation, human ressources development und Innovation. S. 99–148 in: *Franz Lehner, Martin Baethge, Jürgen Kühl* und *Frank Stille* (Hg.): Beschäftigung durch Innovation. Eine Literaturstudie. München und Mering: Rainer Hampp Verlag.
Baethge, Martin, und *Herbert Oberbeck,* 1986: Zukunft der Angestellten. Neue Technologien und berufliche Perspektiven in Büro und Verwaltung. Frankfurt a.M./New York: Campus.
Bechtle, Günter, 1980: Betrieb als Strategie. Theoretische Vorarbeiten zu einem industriesoziologischen Konzept. Frankfurt a.M.: Campus.
Beck, Ulrich, und *Christoph Lau,* 1982: Die „Verwendungstauglichkeit" sozialwissenschaftlicher Theorien: Das Beispiel der Bildungs- und Arbeitsmarktforschung. S. 369–396 in: *Ulrich Beck* (Hg.): Soziologie und Praxis. Erfahrungen, Konflikte, Perspektiven. Sonderband 1 der Sozialen Welt. Göttingen: Otto Schwartz.
Beckenbach, Niels, und *Werner van Treeck* (Hg.), 1994a: Umbrüche gesellschaftlicher Arbeit. Sonderband 9 der Sozialen Welt. Göttingen: Otto Schwartz.
Beckenbach, Niels, und *Werner van Treeck,* 1994b: Projektmanagement flexibler Automatisierung als Lernprozeß. S. 119–138 in: *Niels Beckenbach* und *Werner van Treeck* (Hg.): Umbrüche gesellschaftlicher Arbeit. Sonderband 9 der Sozialen Welt. Göttingen: Otto Schwartz.
Bell, Daniel, 1975: Die nachindustrielle Gesellschaft. Frankfurt a.M./New York: Campus.
Bieber, Daniel, 1992: Systematische Rationalisierung und Produktionsnetzwerke. S. 271–294 in: *Thomas Malsch* und *Ulrich Mill* (Hg.): ArBYTE. Modernisierung der Industriesoziologie? Berlin: Edition Sigma.
Bieber, Daniel, 1997a: Die Autonomisierung der Entwicklung von Produktionstechnik gegenüber industrieller Praxis. S. 7–28 in: *Daniel Bieber* (Hg.): Technikentwicklung und Industriearbeit. Industrielle Produktionstechnik zwischen Eigendynamik und Nutzerinteressen. Frankfurt a.M./New York: Campus.

Bieber, Daniel (Hg.), 1997b: Technikentwicklung und Industriearbeit. Industrielle Produktionstechnik zwischen Eigendynamik und Nutzerinteressen. Frankfurt a.M./New York: Campus.

Bieber, Daniel, und *Gerd Möll,* 1993: Technikentwicklung und Unternehmensorganisation. Zur Rationalisierung von Innovationsprozessen in der Elektroindustrie. Frankfurt a.M./New York: Campus.

Blauner, Robert, 1964: Alienation and Freedom. The Factory Worker and His Industry. Chicago/London: University of Chicago Press.

Blossfeld, Hans-Peter, Gianna Gianelli und *Karl Ulrich Mayer,* 1993: Is There a New Service Proletariat? The Tertiary Sector and Social Inequality in Germany. S. 110–134 in: *Gøsta Esping-Andersen* (Hg.): Changing Classes. Stratification and Mobility in Post-Industrial Societies. London: SAGE Publications.

Böhle, Fritz, 1994: Negation und Nutzung subjektivierenden Arbeitshandelns bei neuen Formen qualifizierter Produktionsarbeit. S. 183–208 in: *Niels Beckenbach* und *Werner van Treeck* (Hg.): Umbrüche gesellschaftlicher Arbeit. Sonderband 9 der Sozialen Welt. Göttingen: Otto Schwartz.

Bolte, Karl Martin (Hg.), 1988: Mensch, Arbeit und Betrieb. Beiträge zur Berufs- und Arbeitskräfteforschung. Weinheim: VCH Verlagsgesellschaft.

Braczyk, Hans-Joachim, 1997: Organisation in industriesoziologischer Perspektive. S. 530–575 in: *Günther Ortmann, Jörg Sydow* und *Klaus Türk* (Hg.): Theorien der Organisation. Die Rückkehr der Gesellschaft. Opladen: Westdeutscher Verlag.

Brater, Michael, und *Ulrich Beck,* 1982: Berufe als Organisationsformen menschlichen Arbeitsvermögens. S. 208–224 in: *Wolfgang Littek, Werner Rammert* und *Günther Wachtler* (Hg.): Einführung in die Arbeits- und Industriesoziologie. Frankfurt a.M./New York: Campus.

Bravermann, Harry, 1985: Die Arbeit im modernen Produktionsprozeß. Frankfurt a.M./New York: Campus.

Bright, James R., 1958: Automation and Management. Boston: The Plimpton Press.

Bullinger, Hans-Jörg (Hg.), 1997: Dienstleistungen für das 21.Jahrhundert. Gestaltung des Wandels und Aufbruch in die Zukunft. Stuttgart: Schaeffer-Poeschl.

Bullinger, Hans-Jörg, 1998: Dienstleistung 2000plus, Zukunftsreport Dienstleistungen in Deutschland.

Buttler, Friedrich, 1993: Woher kommt der Nachwuchs für das Duale System? Attraktivitätssicherung durch Standardisierung und Differenzierung aus der Sicht der Arbeitsmarkt- und Berufsforschung. S. 80–110 in: *Friedrich Buttler, Reinhard Czycholl* und *Helmut Pütz* (Hg.): Modernisierung beruflicher Bildung vor den Ansprüchen von Vereinheitlichung und Differenzierung. Nürnberg: IAB.

Buttler, Friedrich, Reinhard Czycholl und *Helmut Pütz* (Hg.), 1993: Modernisierung beruflicher Bildung vor den Ansprüchen von Vereinheitlichung und Differenzierung. Nürnberg: IAB.

Buttler, Friedrich, und *Lutz Reyher* (Hg.), 1991: Wirtschaft – Arbeit – Beruf – Bildung. Dieter Mertens: Schriften und Vorträge 1968 bis 1987. (BeitrAb 110). Nürnberg: IAB.

D'Alessio, Nestor, und *Herbert Oberbeck,* 1998: Vor dem Aufbruch in eine neue Dienstleistungswelt? S. 13–62 in: *ISF* u.a. (Hg.): Jahrbuch Sozialwissenschaftliche Technikberichterstattung – Schwerpunkt: moderne Dienstleistungswelten. Berlin: Sigma.

Dingeldey, Irene, 1998: Arbeitsmarktpolitische Reformen unter New Labour. Beilage zur Wochenzeitung Das Parlament. B11/98, 6. März 1998, S. 32–39.

Dostal, Werner, 1995: Die Informatisierung der Arbeitswelt. Multimedia, offene Arbeitsformen und Telearbeit, MittAB 4/95: 527–543.

Düll, Klaus, und *Pamela Meil,* 1997: Gesellschaftliche Bilder von Arbeitskraft als Steuerungsgrößen der Technikentwicklung? S. 193–210 in: *Daniel Bieber* (Hg.): Technikentwicklung und Industriearbeit. Industrielle Produktionstechnik zwischen Eigendynamik und Nutzerinteressen. Frankfurt a.M./New York: Campus.

Durkheim, Emil, 1988 [zuerst 1893]: Über soziale Arbeitsteilung. Studien über die Organisation höherer Gesellschaften. Frankfurt a.M.: Suhrkamp.

Egloff, Nicolai, 1996: Postindustrielle Dienstleistungsgesellschaft oder industrielle Arbeitsgesellschaft? Zum gesellschaftstheoretischen Kontext der These von der „Informationsgesellschaft". S. 79–106 in: *Rudi Schmiede* (Hg.): Virtuelle Arbeitswelten. Arbeit, Produktion und Subjekt in der „Informationsgesellschaft". Berlin: Edition Sigma.

Esping-Andersen, Gøsta (Hg.), 1993: Changing Classes. Stratification and Mobility in Post-Industrial Societies. London: SAGE Publications.

Europäische Kommission, 1996: Beschäftigung in Europa. KOM(96) 485. Generaldirektion Beschäftigung, Arbeitsbeziehungen und soziale Angelegenheiten.

Feldhoff, Jürgen, 1996: Umbrüche industrieller Arbeit oder verriegelte Entwicklungspfade? Symposium, Soziologische Revue 19: 263–272.

Frenkel, Steve, Marek Korczynski, Leigh Donoghue und *Karen Shire*, 1995: Re-Organising Work: New Directions in Theory and Research. CCC Paper No. 048. Sydney; Centre for Corporate Change: University of New South Wales.

Friedmann, Georges, 1959: Grenzen der Arbeitsteilung. Frankfurt a.M.: Europäische Verlagsanstalt.

Gallie, Duncan, 1991: Patterns of Skill Change: Upskilling, Deskilling or the Polarization of Skills?, Work, Employment and Society 5: 319–351.

Glott, Rüdiger, 1998: Beschäftigung und Arbeit im Dienstleistungssektor. S. 63–94 in: ISF u.a. (Hg.): Jahrbuch Sozialwissenschaftliche Technikberichterstattung – Schwerpunkt: moderne Dienstleistungswelten. Berlin: Sigma.

Hack, Lothar, 1987a: Die dritte Phase der industriellen Revolution ist keine „technische Revolution". S. 26–60 in: Jahrbuch für Technik und Gesellschaft. Frankfurt a.M.: Campus.

Hack, Lothar, 1987b: Wie man die Wirklichkeit auf/um den Begriff bringt. Zur handlungstheoretischen Erzeugung ungeahnter Autonomiespielräume. S. 155–194 in: *Thomas Malsch* und *Rüdiger Seltz* (Hg.): Die neuen Produktionskonzepte auf dem Prüfstand. Beiträge zur Entwicklung der Industriearbeit. Berlin: Edition Sigma.

Hack, Lothar, 1994: Industriesoziologie. S. 40–74 in: *Harald Kerber* und *Arnold Schmieder* (Hg.): Spezielle Soziologie. Problemfelder, Forschungsbereiche, Anwendungsgebiete. Reinbek: Rowohlt.

Hanan, Mack, 1995: Profite ohne Produkte: Gewinnquelle Dienstleistung. Freiburg i.B.: Haufe.

Häußermann, Hartmut, und *Walter Siebel*, 1995: Dienstleistungsgesellschaften. Frankfurt a.M.: Suhrkamp.

Henninges, Hasso von, 1996: Steigende Qualifikationsanforderungen im Arbeitsbereich?, MittAB (Mitteilungen aus der Arbeitsmarkt- und Berufsforschung) 1/96: 73–92.

Hirsch-Kreinsen, Hartmut, 1997: Institutionelle Differenzierung des produktionstechnischen Innovationsmusters. S. 73–86 in: *Daniel Bieber* (Hg.): Technikentwicklung und Industriearbeit. Industrielle Produktionstechnik zwischen Eigendynamik und Nutzerinteressen. Frankfurt a.M./New York: Campus.

Hollingsworth, Rogers J., 1991: Die Logik der Koordination des verarbeitenden Gewerbes in Amerika, Kölner Zeitschrift für Soziologie und Sozialpsychologie 43: 18–43.

Hyman, Richard, und *Wolfgang Streeck* (Hg.), 1988: New Technology and Industrial Relations. Oxford: Basil Blackwell.

Institut für Sozialwissenschaftliche Forschung, ISF (Hg.), 1998: Jahrbuch Sozialwissenschaftliche Technikerstattung. Schwerpunkt: Moderne Dienstleistungswelten. Berlin: Edition Sigma.

Kern, Horst, 1997: Industriesoziologie weit gedacht. S. 29–44 in: *Daniel Bieber* (Hg.): Technikentwicklung und Industriearbeit. Industrielle Produktionstechnik zwischen Eigendynamik und Nutzerinteressen. Frankfurt a.M./New York: Campus.

Kern, Horst, und *Charles F. Sabel*, 1994: Verblaßte Tugenden. Zur Krise des deutschen Produktionsmodells. S. 605–624 in: *Niels Beckenbach* und *Werner van Treeck* (Hg.): Umbrüche gesellschaftlicher Arbeit. Sonderband 9 der Sozialen Welt. Göttingen: Otto Schwartz.

Kern, Horst, und *Michael Schumann*, 1970: Industriearbeit und Arbeiterbewußtsein. Eine empirische Untersuchung über den Einfluß der aktuellen technischen Entwicklung auf die Arbeit und das Arbeiterbewußtsein. 2 Bde. Frankfurt a.M.: Europäische Verlagsgesellschaft.

Kern, Horst, und *Michael Schumann*, 1984: Das Ende der Arbeitsteilung? Rationalisierung in der industriellen Produktion. München: Verlag C.H. Beck.

Kloas, Peter-Werner, 1998: Modulare Ausbildung: Bedingungen für ein tragfähiges Konzept. S. 61–64 in: *Bundesinstitut für Berufsbildung* (Hg.): Berufsbildung in der Entwicklung. Berlin und Bonn: BIBB.

Kommission für Zukunftsfragen der Freistaaten Bayern und Sachsen 1996: Erwerbstätigkeit und Arbeitslosigkeit in Deutschland. Entwicklung, Ursachen und Maßnahmen. Teil I: Entwicklung von Erwerbstätigkeit und Arbeitslosigkeit in Deutschland und anderen frühindustrialisierten Ländern. Bonn.

Kommission für Zukunftsfragen der Freistaaten Bayern und Sachsen 1997: Erwerbstätigkeit und Arbeitslosigkeit in Deutschland. Entwicklung, Ursachen und Maßnahmen. Teil III: Maßnahmen zur Verbesserung der Beschäftigungslage. Bonn.

Lehner, Franz, und *Jürgen Nordhause-Janz,* 1998: Beschäftigung durch Innovation: Strategische Optionen im globalen Strukturwandel. S. 59–92 in: *Franz Lehner, Martin Baethge, Jürgen Kühl* und *Frank Stille* (Hg.): Beschäftigung durch Innovation. Eine Literaturstudie. München und Mering: Rainer Hampp Verlag.

Lehner, Franz, Martin Baethge, Jürgen Kühl und *Frank Stille* (Hg.), 1998: Beschäftigung durch Innovation. Eine Literaturstudie. München und Mering: Rainer Hampp Verlag.

Lutz, Burkart, 1976: Bildungssystem und Beschäftigungsstruktur in Deutschland und Frankreich. Zum Einfluß des Bildungssystems auf die Gestaltung betrieblicher Arbeitskräftestrukturen. S. 83–152 in: *Hans-Gerhard Mendius, Werner Sengenberger, Burkart Lutz, Norbert Altmann, Fritz Böhle, Inge Asendorf-Krings, Ingrid Drexel* und *Christoph Nuber:* Betrieb-Arbeitsmarkt-Qualifikation I. Frankfurt a.M.: aspekte verlag.

Lutz, Burkart, 1987a: Das Ende des Technikdeterminismus und die Folgen – soziologische Technikforschung vor neuen Aufgaben und neuen Problemen. S. 34–52 in: *Burkart Lutz* (Hg.): Technik und sozialer Wandel. Verhandlungen des 23. Deutschen Soziologentages in Hamburg. Frankfurt a.M./New York: Campus.

Lutz, Burkart, 1987b: Wie neu sind die „neuen Produktionskonzepte"? S. 195–207 in: *Thomas Malsch* und *Rüdiger Seltz* (Hg.): Die neuen Produktionskonzepte auf dem Prüfstand. Beiträge zur Entwicklung der Industrieabeit. Berlin: Edition Sigma.

Lutz, Burkart (Hg.), 1987c: Technik und sozialer Wandel. Verhandlungen des 23. Deutschen Soziologentages in Hamburg. Frankfurt a.M./New York: Campus.

Malsch, Thomas, 1987a: „Neue Produktionskonzepte" zwischen Rationalität und Rationalisierung – Mit Kern und Schumann auf Paradigmensuche. S. 53–79 in: *Thomas Malsch* und *Rüdiger Seltz* (Hg.): Die neuen Produktionskonzepte auf dem Prüfstand. Beiträge zur Entwicklung der Industrieabeit. Berlin: Edition Sigma.

Malsch, Thomas, 1987b: Arbeit und Kommunikation im informatisierten Produktionsprozeß. S. 164–175 in: *Burkart Lutz* (Hg.): Technik und sozialer Wandel. Verhandlungen des 23. Deutschen Soziologentages in Hamburg. Frankfurt a.M./New York: Campus.

Malsch, Thomas, und *Rüdiger Seltz* (Hg.), 1987: Die neuen Produktionskonzepte auf dem Prüfstand. Beiträge zur Entwicklung der Industrieabeit. Berlin: Edition Sigma.

Malsch, Thomas, und *Ulrich Mill* (Hg.), 1992: ArBYTE. Modernisierung der Industriesoziologie? Berlin: Edition Sigma.

Manske, Fred, Otfried Mickler und *Harald Wolf,* 1994: Computerisierung technisch-geistiger Arbeit. Ein Beitrag zur Debatte um Formen und Folgen gegenwärtiger Rationalisierung. S. 161–182 in: *Niels Beckenbach* und *Werner van Treeck* (Hg.): Umbrüche gesellschaftlicher Arbeit. Sonderband 9 der Sozialen Welt. Göttingen: Otto Schwartz.

Marchand, Olivier, und *Claude Thélot,* 1997: Le travail en France (1800–2000). Lille: Éditions Nathan.

Mayntz, Renate, 1985: Über den begrenzten Nutzen methodologischer Regeln in der Sozialforschung. S. 65–76 in: *Wolfgang Bonß* und *Heinz Hartmann* (Hg.): Entzauberte Wissenschaft. Zur Relativität und Geltung soziologischer Forschung. Sonderband 3 der Sozialen Welt. Göttingen: Otto Schwartz.

Meisenheimer, Joseph R., 1998: The Services Industry in the „Good" Versus „Bad" Jobs Debate, Monthly Labor Review 121/No. 2: 22–47.

Mendius, Hans-Gerhard, Werner Sengenberger, Burkart Lutz, Norbert Altmann, Fritz Böhle, Inge Asendorf-Krings, Ingrid Drexel und Christoph Nuber, 1976: Betrieb-Arbeitsmarkt-Qualifikation I. Frankfurt a.M.: aspekte verlag.
Mertens, Dieter, 1991a [zuerst 1973]: Der unscharfe Arbeitsmarkt. Eine Zwischenbilanz der Flexibilitätsforschung. S. 515–535 in: Friedrich Buttler und Lutz Reyher (Hg.): Wirtschaft – Arbeit – Beruf – Bildung. Dieter Mertens: Schriften und Vorträge 1968 bis 1987. (BeitrAb 110). Nürnberg: IAB.
Mertens, Dieter, 1991b [zuerst 1974]: Schlüsselqualifikationen. Thesen zur Schulung für eine moderne Gesellschaft. S. 559–572 in: Friedrich Buttler und Lutz Reyher (Hg.): Wirtschaft – Arbeit – Beruf – Bildung. Dieter Mertens: Schriften und Vorträge 1968 bis 1987. (BeitrAb 110). Nürnberg: IAB.
Mertens, Dieter, 1991c [zuerst 1982]: Möglichkeiten und Grenzen der Berufsdiagnostik. S. 370–385 in: Friedrich Buttler und Lutz Reyher (Hg.): Wirtschaft – Arbeit – Beruf – Bildung. Dieter Mertens: Schriften und Vorträge 1968 bis 1987. (BeitrAb 110). Nürnberg: IAB.
Moldaschl, Manfred, 1998: Internalisierung des Marktes. S. 197–239 in: Institut für Sozialwissenschaftliche Forschung, ISF (Hg.): Jahrbuch Sozialwissenschaftliche Technikerstattung. Schwerpunkt: Moderne Dienstleistungswelten. Berlin: Edition Sigma.
Müller, Walter, 1998: Klassenstrukturen und Parteisystem. Zum Wandel der Klassenspaltung im Wahlverhalten, Kölner Zeitschrift für Soziologie und Sozialpsychologie 50: 3–46.
Naschold, Frieder, 1997: Focus Produktion – Industriesoziologie in Perspektive, SOFI-Mitteilungen 25: 13–24.
Oevermann, Ulrich, 1996: Theoretische Skizze einer revidierten Theorie professionalisierten Handelns. S. 70–182 in: Arno Combe und Werner Helsper (Hg.): Pädagogische Professionalität. Untersuchungen zum Typus pädagogischen Handelns. Frankfurt a.M.: Suhrkamp.
Offe, Claus, 1983: Arbeit als soziologische Schlüsselkategorie? In: Joachim Matthes (Hg.): Krise der Arbeitsgesellschaft? Verhandlungen des 21. Deutschen Soziologentags in Bamberg 1982. Frankfurt a.M./New York: Campus.
Ortmann, Günter, 1995: Formen der Produktion. Organisation und Rekursivität. Opladen: Westdeutscher Verlag.
Ortmann, Günther, Jörg Sydow und Klaus Türk (Hg.), 1997: Theorien der Organisation. Die Rückkehr der Gesellschaft. Opladen: Westdeutscher Verlag.
Ostner, Ilona, 1997: Beruflichkeit und Sozialpolitik. S. 3–94 in: Günter Voß und Hans J. Pongratz (Hg.): Subjektorientierte Soziologie. Opladen: Leske + Budrich.
Plicht, Hannelore, 1996: Dienstleistungsaufgaben an industriellen Arbeitsplätzen und in traditionellen Handwerksberufen – Entwicklungen in ausgewählten Wirtschaftszweigen. S. 164–177 in: Laszlo Alex und Manfred Tessaring (Hg.): Neue Qualifizierungs- und Beschäftigungsfelder. Bielefeld: Bertelsmann.
Pollock, Friedrich, 1964: Automation. Materialien zur Beurteilung der ökonomischen und sozialen Folgen. Frankfurt a.M.: Europäische Verlagsanstalt.
Popitz, Heinrich, Hans Paul Bahrdt, Ernst August Jüres und Hanno Kesting, 1957: Technik und Industriearbeit. Soziologische Untersuchungen in der Hüttenindustrie. Tübingen: J.C.B. Mohr (Paul Siebeck).
Porat, Marc, 1977: The Information Economy, The Office of Telecommunications. Washington D.C.: U.S. Goverment Printing Office.
Pries, Ludger, Rudi Schmidt und Rainer Trinczek (Hg.), 1989: Trends betrieblicher Produktionsmodernisierung. Chancen und Risiken für Industriearbeit. Opladen: Westdeutscher Verlag.
Pries, Ludger, Rudi Schmidt und Rainer Trinczek (Hg.), 1990: Entwicklungspfade von Industriearbeit. Chancen und Risiken betrieblicher Produktionsmodernisierung. Opladen: Westdeutscher Verlag.
Prognos AG, Inge Weidig, Peter Hofer und Heimfried Wolff, 1996: Wirkungen technologischer und sozio-ökonomischer Einflüsse auf die Tätigkeitsanforderungen bis zum Jahre 2010. BeitrAb 199. Nürnberg: Institut für Arbeitsmarkt- und Berufsforschung der Bundesanstalt für Arbeit.

Rammert, Werner, 1992: Neue Technologien – neue Begriffe? Lassen sich die Technologien der Informatik mit den traditionellen Konzepten der Arbeits- und Industriesoziologie noch angemessen erfassen? S. 29–52 in: *Thomas Malsch* und *Ulrich Mill* (Hg.): ArBYTE. Modernisierung der Industriesoziologie? Berlin: Edition Sigma.

Rammert, Werner, 1993: Technik aus soziologischer Perspektive. Forschungsstand, Theorieansätze, Fallbeispiele. Ein Überblick. Opladen: Westdeutscher Verlag.

Rammert, Werner, 1997: Auf dem Weg zu einer post-schumpeterianischen Innovationsweise. S. 45–72 in: *Daniel Bieber* (Hg.): Technikentwicklung und Industriearbeit. Industrielle Produktionstechnik zwischen Eigendynamik und Nutzerinteressen. Frankfurt a.M./New York: Campus.

Rehberg, Karl-Siegbert (Hg.), 1997: 28. Kongreß der Deutschen Gesellschaft für Soziologie 1996. Differenzen und Integration. Die Zukunft moderner Gesellschaften. Band II. Opladen/Wiesbaden: Westdeutscher Verlag.

Reich, Robert, 1993: Die neue Weltwirtschaft. Das Ende der nationalen Ökonomie. Frankfurt a.M./Berlin.

Rifkin, Jeremy, 1995: Das Ende der Arbeit und ihre Zukunft. Frankfurt a.M./New York: Campus.

Sabel, Charles F., und *Michael Joseph Piore,* 1985: Das Ende der Massenproduktion: Studie über die Requalifizierung der Arbeit und Rückkehr der Ökonomie in die Gesellschaft. Berlin: Wagenbach.

Scharpf, Fritz W., 1997: Employment and the Welfare State: A Continental Dilemma. MPIfG Working Paper 97/7, July 1997. Cologne: Max Planck Institute for the Study of Societies.

Schettkat, Ronald, 1996: Vorbild USA? Entwicklung von Beschäftigung und Einkommen in den USA und der Bundesrepublik. S. 105–119 in: *Laszlo Alex* und *Manfred Tessaring* (Hg.): Neue Qualifizierungs- und Beschäftigungsfelder. Bielefeld: Bertelsmann.

Schmiede, Rudi (Hg.), 1996a: Virtuelle Arbeitswelten. Arbeit, Produktion und Subjekt in der „Informationsgesellschaft". Berlin: Edition Sigma.

Schmiede, Rudi, 1996b: Informatisierung und gesellschaftliche Arbeit. Strukturveränderung von Arbeit und Gesellschaft. S. 107–128 in: *Rudi Schmiede* (Hg.): Virtuelle Arbeitswelten. Arbeit, Produktion und Subjekt in der „Informationsgesellschaft". Berlin: Edition Sigma.

Schnur, Peter, 1996: Sektorale Entwicklung der Beschäftigung in Deutschland. S. 37–53 in: *Laszlo Alex* und *Manfred Tessaring* (Hg.): Neue Qualifizierungs- und Beschäftigungsfelder. Bielefeld: Bertelsmann.

Schumann, Michael, Volker Baethge-Kinsky, Martin Kuhlmann, Constanze Kurz und *Uwe Neumann,* 1994: Trendreport Rationalisierung. Automobilindustrie, Werkzeugmaschinenbau, Chemische Industrie. Berlin: Edition Sigma.

Silvestri, George T., 1997: Occupational Employment Projections to 2006, Monthly Labor Review 120/No. 11.

Smith, Adam, 1974 [zuerst 1776]: Der Wohlstand der Nationen. München: C.H. Beck.

SOFI (Hg.), 1995: Im Zeichen des Umbruchs. Beiträge zu einer anderen Standortdebatte. Opladen: Leske + Budrich.

Sorge, Arndt, und *Wolfgang Streeck,* 1988: Industrial Relations and Technical Change: The Case for an Extended Perspective. S. 19–47 in: *Richard Hyman* und *Wolfgang Streeck* (Hg.): New Technology and Industrial Relations. Oxford: Basil Blackwell.

Stiller, Ingrid, 1998: Berufskonzept versus Modularkonzept? S. 47–60 in: *Bundesinstitut für Berufsbildung* (Hg.): Berufsbildung in der Entwicklung. Berlin und Bonn: BIBB.

Teichler, Ulrich, 1987: Beziehungen von Bildungs-und Beschäftigungssystem. Erfordern die Entwicklungen der achtziger Jahre neue Erklärungsansätze? S. 27–58 in: *Ansgar Weymann* (Hg.): Bildung und Beschäftigung. Sonderband 5 der Sozialen Welt. Göttingen: Otto Schwartz.

Tessaring, Manfred, 1991: Tendenzen des Qualifikationsbedarfs in der Bundesrepublik Deutschland bis zum Jahre 2010, MittAB 1/91: 45–60.

Tessaring, Manfred, 1996: Beschäftigungstendenzen nach Berufen, Tätigkeiten und Qualifikationen. S. 54–77 in: *Laszlo Alex* und *Manfred Tessaring* (Hg.): Neue Qualifizierungs- und Beschäftigungsfelder. Bielefeld: Bertelsmann.

Touraine, Alain, 1995: L'évolution du travail ouvrier aux usines Renault. Paris: Edition du C.N.R.S.

Trinczek, Rainer, 1996: Ende der Illusionen oder produktive Verunsicherung? Symposium, Soziologische Revue 19: 280–279.

Weber, Max, 1988 [zuerst 1908]: Methodologische Einleitung für die Erhebung des Vereins für Sozialpolitik über Auslese und Anpassung (Berufswahl und Berufsschicksal) der Arbeiterschaft der geschlossenen Großindustrie. S. 1–60 in: *Max Weber.* Gesammelte Aufsätze zur Soziologie und Sozialpolitik. Tübingen: J.C.B. Mohr (Paul Siebeck).
Werner, Heinz, 1997: Die Arbeitsmarktentwicklung in den USA – Lehren für uns?, in: MittAB 3/97: 585–600.
Weymann, Ansgar (Hg.), 1987: Bildung und Beschäftigung. Sonderband 5, Soziale Welt. Göttingen: Otto Schwartz.

WAS WURDE AUS DEM PROLETARIAT?

Das mehrfache Ende des Klassenkonflikts: Prognosen des sozialstrukturellen Wandels

Michael Vester

Zusammenfassung: Der Autor diskutiert die Schwierigkeiten der postmarxistischen Klassenanalyse. Ausgangspunkt ist Theodor Geigers Diagnose der graduellen Verschiebung der Klassenstrukturierungen von der ständischen Hierarchiebildung und der industriekapitalistischen Klassenpolarisierung zu modernen Strukturierungen durch das kulturelle Kapital, den institutionalisierten Klassenkonflikt und die wohlfahrtsstaatliche Regulierung. Diese „Entproletarisierung" löste in der Nachkriegszeit eine lange Reihe von Kontroversen aus. Der Autor untersucht insbesondere die Theorien der Nivellierung (Schelsky), der Resignation (Bahrdt), der Verbürgerlichung, Fragmentierung und Manipulation (u.a. Marcuse) und auch einer neuen Arbeiterklasse der gering qualifizierten Arbeiter mit instrumentellem Bewußtsein (Goldthorpe, bzw. Lockwood) oder der hochqualifizierten Arbeiter mit neuer Militanz (u.a. Mallet). Die meisten dieser Theorien blieben in den naiven Masse-Elite-Schemata marxistischer und nichtmarxistischer Intellektueller befangen. Dagegen ermöglichten es neue Untersuchungen der Geschichte der Arbeiterschaft (Niethammer, Mooser) und neue Theorien der Klassenkultur (Thompson, Hall) und des sozialen Raums (Bourdieu), das Ende der proletarischen Lebensweise nicht als Ende, sondern als Metamorphose und Modernisierung der kulturellen Stammbäume der Arbeitermilieus (Vester) zu verstehen. Abschließend präsentiert der Autor neue eigene Forschungen zu den drei modernisierten Traditionslinien der Arbeiter- und Arbeitnehmermilieus in Deutschland.

„Die Entwicklung scheint nicht mehr eine Postkutschenreise von der einen Ausspannstation zur nächsten zu sein, sondern das Segeln vor wechselnden Winden." – Mit diesem Satz umreißt Theodor Geiger (1949: 152) das Problem der Prognosen sozialstrukturellen Wandels in modernen Gesellschaften, die „labiler" und „hektischeren Veränderungen unterworfen" seien als von der Tradition beherrschte Gesellschaften.

Geigers Buch *Die Klassengesellschaft im Schmelztiegel* erhält seinen Impetus aus der Auseinandersetzung mit der Prognose der „Proletarisierung" und „Verelendung" des orthodox-marxistischen[1] Zwei-Klassen-Modells, nach dem die kapitalistischen und proleta-

---

1 Geiger unterscheidet zwischen dem „politischen Marxismus" oder „Vulgärmarxismus", der die Sozialstruktur auf den „Klassendualismus" bzw. das „Zweiklassenmodell" von Kapitalisten und Lohnarbeitern reduziert, und *Marx'* eigenen Werken. *Marx* war weder blind noch töricht. Er war keineswegs in dem Klassenmonismus befangen, dessen man ihn bezichtigt hat, sondern sah sehr wohl die „Pluralität der Schichtungen", die nach der „Mannigfaltigkeit der Produktionsverhältnisse" „nicht zwei-, sondern mehrgliedrig sein müßte" (Geiger 1949: 43–47). Diese andere von Marx kommende Traditionslinie und ihre Konvergenz mit den subjektorientierten neueren Klassen- und Milieutheorien hat erstmals Peter von Oertzen (1994) zusammenhängend dargestellt.

rischen Kerne der Gesellschaft „als Pol und Gegenpol in einem magnetischen Feld" (Geiger 1949: 52) fungieren, welche die Mittelschicht in Lohnarbeiter verwandeln und das Proletariat verelenden lassen. Die „Verelendung" war für Marx, wie Geiger hinzufügt, nicht eine bloße „Tendenz", der entgegengewirkt oder die als ‚relative Verelendung' kleingerechnet werden könne; vielmehr spiele sie „eine tragende Rolle in seiner Katastrophentheorie. Konzentration und Akkumulation des Kapitals, Verelendung und Wirtschaftskrisen sind Faktoren, die im Verein miteinander den Zusammenbruch des kapitalistischen Systems heraufbeschwören sollen" (ebd.).

Die Alternative Geigers liegt nicht, wie der Buchtitel suggeriert, in einer These der Verschmelzung. Geiger kann nicht als Wegbereiter derjenigen verstanden werden, die dem Klassendualismus das andere Extrem, die Auflösung oder Nivellierung der Klassenstrukturen, entgegenstellen. Vielmehr entwickelt er ein elaboriertes Konzept, das die Bedeutung des Gegensatzes von Kapitalbesitzern und Lohnarbeitern nicht leugnet, sondern durch eine „Pluralität der Schichtungen" relativiert, indem „im Geschichtsverlauf der Schwerpunkt sich von einer Schichtungsebene nach einer anderen hin verschiebt, so daß eine bisher subordinierte Schichtung dominant, die bislang dominante aber subordiniert wird, und daß dabei die dominante nicht notwendig immer in den wirtschaftlichen Zuständen wurzeln müsse" (Geiger 1949: 44f.).

Geiger versteht die Klassenstruktur, das Gefüge ungleicher sozialer Positionen und Lagen,[2] als dynamisches Kräfte- und Spannungsfeld, in dem jeweils historisch ‚ungleichzeitige' Schichtungen koexistieren.[3] Ein neuer Strukturzustand löst einen alten nicht plötzlich ab, sondern muß sich in ihm „vorbereitet haben und aus ihm hervorwachsen" (Geiger 1949: 152). Beispielsweise „werden Reste der ständischen Schichtung in der Klassengesellschaft bewahrt sein, und diese wird vielleicht schon die Keime einer abermals neuen Schichtungsstruktur in sich entwickelt haben, ehe noch die Überbleibsel der vorausgehenden ganz getilgt sind. Zwei oder mehr Schichtungen bestehen so gleichzeitig nebeneinander in einer historisch bestimmten Gesellschaft" (ebd.: 153). Geiger geht demnach von geschichtlichen Gesellschaftsformationen aus, in denen sich jeweils verschiedene historische Schichtungstypen – ständische, klassengesellschaftliche oder andere – in spezifischen Konstellationen miteinander verbinden. Dabei grenzt er den Begriff „Klassengesellschaft" auf deren historisch-spezifische Form des 19. Jahrhunderts, die polarisierende Konstellation zwischen Kapitalbesitzern und den „vom Verkauf ihrer Arbeitskraft Lebenden" (ebd.: 87), ein.

Geiger hat mit seiner Prognose einer neuen „Pluralität der Schichtungen" nicht beliebige „neue Linien" der Schichtungsstruktur vor Augen, nach denen das Gefüge ungleicher sozialer Positionen und Lagen zunehmend strukturiert werden wird, sondern vor allem

---

2 Geiger begreift „Sozialstruktur" als „Klassenstruktur" oder, um die dualistische Konnotation des Marxschen Klassenbegriffs zu vermeiden, als *„Schichtstruktur ... Soziale Klassen oder Schichten sind diejenigen Kategorien von Gesellschaftsgliedern, die kraft ungefähr gleichartiger äußerer Lebensumstände annähernd gleiche Stellung in der organisierten Gesellschaft einnehmen"* (Geiger 1949: 30).

3 Geiger hat schon früher das Konzept der *„sozialgeschichtliche(n) Verwerfung"* verwendet: „Strukturen, die im sozialgeschichtlichen Nacheinander auftreten, finden sich im gesellschaftlichen Jetzt bei verschiedenen Bevölkerungsteilen im Nebeneinander. So wirken im alten Mittelstand die ständischen Schichtungen der frühkapitalistischen Epoche als Querdifferenzierungen nach" (Geiger 1932: 85, Hervorhebung v. Geiger).

zwei. Das erste neue Prinzip, die aus der Entwicklung der Produktivkräfte und der Arbeitsteilung folgende Differenzierung der Leistungsqualifikation, entspricht der Ressource des *kulturellen Kapitals*, das Pierre Bourdieu (1982), ebenfalls um eine Verengung auf eine Dimension zu vermeiden, als zweite, horizontale Achse dem vertikalen Schichtungsprinzip des ökonomischen Kapitals hinzugefügt hat. Das zweite neue Prinzip, die Veränderung sozialer Lagen durch demokratische staatliche Regulierung, hätte C. Wright Mills (1963: 322) als *"government management of the class structure"* bezeichnet.

Das Erscheinungsjahr von Geigers Buch, 1949, symbolisiert schon äußerlich einen historischen Übergang zu neuen Strukturen, mit dem entsprechenden Bedarf an Voraussagen. Das Gründungsjahr der beiden deutschen Staaten stand nicht nur im Kontext der eskalierenden Systemkonfrontation zwischen einem erweiterten staatssozialistischen Block und einer kapitalistischen Weltwirtschaft, welche sich anschickte, die lange Stagnation der Weltwirtschaftskrise durch einen überraschenden und nachhaltigen Aufschwung der Produktivkräfte zu überwinden. Erkennbar waren auch Anzeichen eines ‚dritten Weges' zwischen den Blöcken. Nach Skandinavien, wo Geiger in den Emigrationsjahren gearbeitet hatte, entwickelte auch in Großbritannien eine Arbeiterregierung eine demokratische Alternative des Sozialstaats und der Wirtschaftsregulierung, die vielleicht auch für die jetzt politisch unabhängig werdende Dritte Welt bedeutend werden konnte. Zugleich hatte Geiger, wie wenige, die seit den 1880er Jahren angebahnten neuen Strukturlinien innerhalb des Kapitalismus auch als Soziologe empirisch und theoretisch verarbeitet.

In diesem Aufsatz sollen nicht die Debatten und Untersuchungen zu allen Gruppen und Problemen der Sozialstruktur wie der staatlichen Regulierung behandelt werden, auch nicht die neueren Diskussionen um die Entstrukturierung der Klassengesellschaft und die Individualisierung der Lebensweisen, die anderswo erörtert werden (Vester et al. 1993; Geißler in diesem Band). Ich beschränke mich daher auf die Forschungen der Nachkriegszeit zur Veränderung eines zentralen Akteurs, der arbeitenden Klassen, ihrer Mentalitäten und Milieus, die ich aus heutiger Sicht neu interpretieren möchte.

I. Die „Pluralität der Schichtungen" und die „Institutionalisierung des Klassenkonflikts"

Geiger prognostiziert für die Nachkriegsentwicklung der Sozialstruktur fünf „neue Linien" (Geiger 1949: 159) der Entwicklung:

1. die nach-ständische Stabilisierung der selbständigen Mittelschichten,
2. die Entproletarisierung der Arbeitnehmerlagen,
3. das Fortbestehen des Stadt-Land-Gegensatzes,
4. die Institutionalisierung des Klassengegensatzes und
5. die Revolution der Manager.

Die neuen Entwicklungslinien, deren Dynamik hauptsächlich auf die Entfaltung der Produktivkräfte im ökonomisch-technischen Wandel und auf die politisch-demokratische Regulierung zurückgeht, lassen sich zu drei Hauptprognosen zusammenfassen.

a) Die nach-ständische Stabilisierung der Mittelschichten (Linien 1 und 3): Daß die kleinen Selbständigen nicht völlig proletarisiert worden sind, erklärt Geiger daraus, daß sie, mit dem Wechsel aus ständischen in kapitalistische Strukturen, neue spezifische Konsumnachfragen und funktionale Arbeitsteilungen mit dem großen Kapital gefunden haben und zugleich über ihre – wie immer ambivalenten – Standesmentalitäten und Standespolitiken einen staatlichen Protektionismus institutionalisieren konnten. Maßgeblich waren schon seit der Jahrhundertwende die strukturellen Aufwertungen durch dezentrale Industrietechnologien und durch die „Funktionsteilung zwischen Groß- und Kleinbetrieben" (Geiger 1949: 102),[4] Entwicklungen, die sich tatsächlich durch den Boom langlebiger Konsumgüter in der BRD wiederholen sollten (Mooser 1984). Andere Entwicklungen, wie der in den 1950er Jahren bevorstehende Massenexodus aus der Landwirtschaft, Folge der Mechanisierung und Chemisierung, hat Geiger nicht vorausgesagt. Historische Deklassierungstendenzen, wie die Unterschichtung des durch das Warenhaus bedrohten Einzelhandels durch Kleinsthändler, die „Ungelernten des Besitzmittelstandes" (Geiger 1949: 95), hält er offenbar für endgültig überwunden. Er folgert: „Die marxistische Voraussage der Proletarisierung hat sich also nur bis zu einem gewissen Punkt erfüllt. Dann wendete der Strom" (ebd.: 101).

b) Entproletarisierung und Verbürgerlichung (Linie 2): Die zweite Entwicklungslinie ist die Veränderung der „prekären" Stellung „ewiger Unsicherheit"[5] durch die Verbesserung der *Einkommensverteilung* und der *sozialen Sicherungen.* Dies ist durch zwei Prozesse bedingt. Zum einen sind neue Gruppen der Industriearbeiter entstanden, deren besondere Spezialisierung und Qualifikation ein „Produktionsmittel" (Geiger 1949: 83) ist, das sie weniger ersetzbar macht und ihnen bessere Löhne und Arbeitsverträge ermöglicht (ebd.: 86). Zum anderen haben Sozialversicherung, progressive Einkommensbesteuerung und Institutionalisierung des gewerkschaftlichen Lohnkampfs die Einkommenslage gebessert (ebd.: 168–171).

Der erste Prozeß bezeichnet die Veränderung des Feldes sozialer Positionen im Erwerbssystem. Ihm war, „im Zeichen einer neuen Produktivkraft, der *Organisation",* eine (seit den 1880er Jahren auch erwerbsstatistisch belegbare) Funktionsteilung vorausgegangen, durch die die wachsenden neuen Beschäftigungskategorien der *Angestellten und Beamten*[6] entstanden (Geiger 1949: 75f.), die sich nicht „ohne weiteres politisch der Arbeiterklasse angegliedert haben" (ebd.: 78). Von den Arbeitern grenzte sich ihre Mentalität

---

4 Geiger nennt u.a. die Hebung der Wettbewerbsfähigkeit durch den Elektromotor ab 1890, die Stärkung der Verkaufs- und Reparaturbetriebe durch die Mechanisierung des Alltags durch Fahrrad, Auto, Staubsauger, Kochgeräte, Bügeleisen, Radios, Gefrierschränke, Sanitärtechnik seit 1900 und die Einführung der Markenartikel für Besserverdienende.

5 „Das Entscheidende in der Klassenlage des Arbeiters ist nicht die ‚wirtschaftliche Unselbständigkeit' an sich ... Was aber seine Stellung so prekär macht, ist die ewige Unsicherheit, in der er lebt... Vorübergehende Krankheit und Arbeitslosigkeit sind Katastrophen für ihn und seine Familie, weil sie den Einkommensstrom augenblicklich abbrechen. Alter und Invalidität sind gleichbedeutend mit äußerster Armut" (Geiger 1949: 84f.).

6 Die Arbeiter nahmen trotz absoluten Wachstums prozentual ab, da die technische Rationalisierung den Herstellungsprozeß in einfache Repetitivhandgriffe zerlegte und die qualifizierte Arbeit zu der wachsenden Gruppe der technischen Büroangestellten verlagerte. Der Übergang zum Großbetrieb und die Unternehmenskonzentration erfordern den Ausbau der Unternehmensverwaltung und die Zunahme der Verwaltungsangestellten. Diese „Bürokratisierung" (77) war zugleich Merkmal der Zunahme der Staatsfunktionen und damit der Zunahme der Staats- und Gemeindebeamten.

nicht nur vermöge ihrer krisenfesten Stellung und ihrer unterschiedlichen Arbeits- und Lebensweisen ab, sondern auch nach den Linien der Funktionsteilungen selber: die Angestellten durch ihre betriebliche, die Beamten durch ihre politisch bestimmte Funktion, die ebenfalls zunehmende Gruppe der öffentlichen Angestellten durch eine vermittelnde Stellung (ebd.: 82f.).

Neben diese quasi ständisch-horizontalen Abgrenzungen treten aber nun die (auch vertikal wirkenden) Abgrenzungen nach kulturellem Kapital, die objektive und subjektive Schichtgrenzen zwischen proletarischen und mittleren Lagen bedingen.[7] Prognostisch interessant ist hier nicht allein die bekannte Abgrenzung des „neuen Mittelstands" vom „alten Mittelstand", sondern auch die Konsequenz, die niedrig qualifizierten Arbeiter *und* Angestellten den proletarischen Milieus zuzuordnen. Denn das Schichtkriterium „Qualifikationsrang" macht es „unstatthaft, alle Angestellten dem neuen Mittelstand zuzuzählen. In ihren Reihen bestehen himmelweite Unterschiede der Qualifikation. Die Auswechselbarkeit steht hier um nichts hinter der des ungelernten Arbeiters zurück. Andererseits ist aber auch die Arbeiterschaft ihrem Qualifikationsrange nach vielfach abgestuft, und das heißt, daß die ‚Klassenlage' der einzelnen Arbeiterkategorien ungleich scharf ausgeprägt ist" (ebd.: 87).

In Geigers Diagnose ist demnach methodologisch zweierlei angelegt: die Zusammenfassung von Arbeitern und Angestellten in eine gemeinsame Kategorie (wie dies später der Begriff ‚Arbeitnehmer' leisten sollte) und danach die Unterteilung dieser Kategorie in Schichten nach dem Kriterium der qualifikationsabhängigen Austauschbarkeit. Zwar hat Geiger dabei vornehmlich nur die Brauchbarkeit seiner Kategorien für die Beschreibung *objektiver Strukturen* von sozialen Lagen und Positionen im Blick. Aber die Kategorien verweisen, wegen ihrer objektiv-subjektiven Doppelfunktion, auch schon in die Richtung einer umfassenderen Bedeutung für eine subjektorientierte und nichtdualistische Klassenanalyse, die später von Pierre Bourdieu (1982) konzipiert wurde. Denn „Qualifikation", „Austauschbarkeit" und „Unsicherheit" haben eine erhebliche Bedeutung als *Bewertungsschemata des Habitus*, nach denen soziale Akteure sich symbolisch und praktisch voneinander abgrenzen. Sie trennen nicht nur die ‚respektablen' von den ‚nichtrespektablen' Sozialmilieus. Sie teilen auch oberhalb der Respektabilitätsgrenze die Gruppen der körperlichen und nichtkörperlichen Arbeit, der höheren und niederen Bildung usw. voneinander ab. Einen Versuch, diese Weiterentwicklung an der Sozialstruktur der Bundesrepublik empirisch zu erproben, werde ich am Ende dieses Artikels vorstellen.

Da Geiger diese Argumentationslinie nicht bis zu dieser Konsequenz fortführt, hat für seine Prognosen nicht der erste Veränderungsprozeß (die Veränderungen der Positionen im „Produktionsprozeß") als solcher, sondern der zweite Veränderungsprozeß eine Schlüsselfunktion: die *Verbesserung der Lebenslagen* (der sog. „Reproduktionsbedingungen"). Das skandinavisch-englische Modell vor Augen, sieht Geiger die *politische Demokratie* als Instrument einer Milderung der Einkommensungleichheit durch Sozialpolitik, progressive

---

7 „Die vom Verkauf ihrer Arbeitskraft Lebenden sind durch eine bedeutsame Trennlinie in zwei Schichten geteilt. Auf der einen Seite stehen die *jederzeit Auswechselbaren*, auf der anderen die *Qualifizierten*. Diese letzteren befinden sich nicht in *proletarischer Klassenlage*, sondern bilden eine Art besonderer Mittelschicht neben den kleineren, gewerblichen Selbständigen. Man bezeichnet dann die besitzende Mittelschicht als ‚den alten', die *Lohnempfänger mit höherer Leistungsqualifikation* als ‚den neuen Mittelstand'" (Geiger 1949: 87; Hervorhebung M.V.).

Steuersätze und die „Zugänglichmachung höherer Ausbildungsmöglichkeiten für alle" (Geiger 1949: 72f.). Zum einen ermöglichen das Tarifkampfrecht und die „Institutionalisierung des Klassenkonfliktes" auch den geringer Qualifizierten sichere Arbeitsplätze und höhere Einkommen. Zum andern „hat die Sozialversicherung in allen ihren Zweigen die Klassenlage des Arbeiters so gründlich geändert" (ebd.: 85), daß auch die Proletarisierung derjenigen Gruppen verhindert wird, die aufgrund geringerer Qualifikation, Alter, Invalidität, Krankheit usw. in prekäre Lagen geraten können.

Daraus folgt, *„daß die Arbeiterklasse im ganzen heute einen größeren relativen Anteil an den Verbrauchsgütern hat als vor 30 Jahren"* und sich „zusehends einem kleinbürgerlichen Lebensstandard" nähert (ebd.: 71). Dies führt, nach Geiger, wiederum zu einem wichtigen Paradigmenwechsel. Die *Verbrauchsgewohnheiten* lösen sich vom Grundsatz der standesgemäßen Lebenshaltung, insbesondere wenn die Menschen aufgrund sozialer Mobilität in neue örtliche Milieus überwechseln (ebd.: 174f.). So wird des Verbrauchers „Kauf- und Aufwandskraft zu einem Kriterium seines gesellschaftlichen Ranges. Nicht mehr die Stellung bestimmt den (geziemenden) Verbrauch, sondern *der (erschwingliche) Verbrauch bestimmt das soziale Ansehen...* Daneben verblaßt das *Marx*sche ‚Produktionsverhältnis'... Die meisten Arbeiter sind *nach Kaufkraft und Verbrauchsgewohnheiten kleinbürgerlich"* (ebd.: 174–176, Hervorhebung M.V.). Dies verstärkt, folgert Geiger, auch politisch konservative Einstellungen: „Innerhalb der Arbeiterklasse selbst ist geradezu eine Abkühlung des proletarischen Klassenbewußtseins und eine Spaltung eingetreten. Eine Abkühlung insofern, als erhebliche Teile der Klasse ihrer Einkommensstufe nach in kleinbürgerliche Verhältnisse aufgerückt sind. Ihre soziale Haltung und Denkweise folgt weit mehr dieser veränderten Einkommenslage als dem ‚Produktionsverhältnis'. Sie sind, wie man zu sagen pflegt, *verbürgerlicht.* Sie sehen ihr Interesse nicht länger in der Sozialisierung der Produktionsmittel, sondern in der Bewahrung und weiteren Verbesserung ihrer wirtschaftlich-sozialen Lage innerhalb der bestehenden Gesellschaft" (ebd.: 133f.).

Geiger revidiert hier eine wichtige mentalitätstheoretische Annahme. Noch 1932, in seinem zentralen Werk über die Mentalitäten und die soziale Schichtung, nahm er eine Verbürgerlichung der Arbeiter nicht an, sondern ging, wie heute auch Bourdieu (1982), davon aus, daß Mentalitäten tief verankert sind und nach einer Art „Trägheitseffekt" historische Veränderungen ihrer Lage überdauern (Geiger 1932: 84f., 130f.). Geigers jetzige Annahme, daß die Mentalitäten sich durch eine Art Umwelteffekt grundlegend verändern können, liegt allen Verbürgerlichungstheorien der fünfziger Jahre zugrunde. Wie diese Theorien in der großen Arbeiterstudie von John Goldthorpe und David Lockwood (1970/1971) empirisch überprüft wurden, werde ich unten ausführlicher darstellen.

c) Politische Regulierung bzw. Überwindung des Kapitalismus (Linien 4 u. 5): Mit der „Institutionalisierung des Klassenantagonismus" (Geiger 1949: 184) formuliert Geiger ein grundlegendes Konzept, das auch in der Bundesrepublik den großen gewerkschaftlichen Gleichstellungskämpfen der fünfziger Jahre (für die Mitbestimmungs- und Betriebsverfassungsgesetzgebung, für die 40-Stunden-Woche, für die Lohnfortzahlung im Krankheitsfall usw.) zugrundelag und das Ralf Dahrendorf (1957) dann übernahm.

Zentral war die Ersetzung des individuellen durch den kollektiven Tarifvertrag, unter dem „organisiertes Kapital und organisierte Lohnarbeit einander als geschlossene Arbeitsmarktparteien gegenübertreten" (Geiger 1949: 183). Das „Spannungsverhältnis zwischen

Kapital und Arbeit ist als Strukturprinzip des Arbeitsmarktes anerkannt und zur gesellschaftlichen Rechtseinrichtung erhoben. ... Die Waffen, Methoden und Taktiken des Klassenkampfes sind anerkannt – und damit unter Kontrolle gebracht. Der Kampf geht nach bestimmten Spielregeln vor sich" (ebd.: 184). Sosehr die Legalisierung des Arbeitskampfes begrüßt wurde, sosehr sahen viele auch deren domestizierende Wirkung. Tatsächlich beherrschte die Frage, ob die Institutionalisierung auch das Ende des Klassenkonflikts oder gar der Klassenidentität der Arbeiter bedeute, wie wir sehen werden, jahrzehntelang die Diskussion.

Die Institutionalisierung des Klassenkonflikts, als Teil des sozialdemokratischen und keynesianischen Gesamtkonzepts, das seit den dreißiger Jahren zur Bekämpfung von Absatzkrisen, Arbeitslosigkeit und anderen Ungleichgewichten des Laissez-faire-Kapitalismus entwickelt wurde, umfaßte nicht allein die Institutionalisierung der Arbeitnehmervertretungen als „Gegenmächte" (Galbraith 1952), sondern auch sozialstaatliche, fiskalische, protektionistische und andere Regulierungen, z.T. auch Verstaatlichungen oder Preiskontrollen. Der Erfolg dieses Modells bei der Beendigung der Weltwirtschaftskrise brachte zwar, bis in die siebziger Jahre, die neoliberale Laissez-faire-Position in die Defensive. Doch blieb das Modell immer kontrovers. Während Neoliberale seine protektionistischen und bürokratischen Aspekte beklagten, waren Linke und Neomarxisten fasziniert von der augenscheinlichen Allmacht der Politik, den Kapitalismus krisenfest zu machen – aber auch die Bewegungen der Arbeiter an die Kette zu legen. Auch dies prägt die Kontroversen um das Ende des Klassenkonflikts bis heute.

Geiger rechnete seinerzeit noch mit einer ständig zunehmenden staatlichen Regulierung und sogar damit, daß die lenkende staatliche Wirtschaftsbürokratie sich regelrecht zu einer neuen herrschenden Klasse verselbständigen werde, die von den Arbeitern und von den Parlamenten, die sie an die Macht gebracht hatten, nicht mehr kontrolliert werden könnten.[8] Doch: „Diese Prognose gilt natürlich *nur für den Fall fortschreitender Planwirtschaft* – für diesen Fall aber gilt sie" (Geiger 1949: 222).

Geigers Metapher des „Segelns vor wechselnden Winden" meint keine hilflose Abhängigkeit von blinden Naturkräften, sondern eine relativ übersichtliche und kalkulierbare Konstellation des Navigierens. Zwar erlaubt die Komplexität der Entwicklungen keine linearen Tendenz- und Ereignisprognosen, aber doch bedingte (und die Bedingungen der Möglichkeit benennende) Entwicklungsprognosen. Wenn wir Geigers Diagnosen als Prognosen von grundsätzlichen Entwicklungen verstehen, dann müssen wir vor allem der

---

8 Geiger wagt die Prognose, „daß die meisten und die tiefst greifenden dieser Maßnahmen von längerer Dauer sein werden. Die Voraussetzung für ihr Verschwinden wäre eine völlige Kursänderung der internationalen Wirtschaftspolitik." Er rechnete eher mit einer „Planwirtschaft", da eine Rückkehr zur unregulierten Wirtschaft „den Wünschen der breiten Massen zuwider ist" (Geiger 1949: 195). Die politische Demokratie werde „den Schwerpunkt mehr und mehr zugunsten der Arbeiterschaft verschieb(en), weil diese dank ihrer großen Zahl auf *politischem* Weg die *wirtschaftliche* Vorzugstellung des Kapitals nicht nur zu mildern, sondern sogar aufzuheben vermag" (ebd.: 203). Wahrscheinlich würden wir uns „einer immer zielbewußteren staatlichen Regulierung der Wirtschaft zubewegen. Dahin drängt uns die demokratische Staatsform, die den breiten Massen der Nichtbesitzenden das Übergewicht sichert" (ebd.: 214). – Jedoch: „Eine ganze Hierarchie von Beamten entsteht so im Gefolge der öffentlichen Wirtschaftspolitik und wächst an Zahl mit dem Umsichgreifen der wirtschaftlichen Regulierungsmaßnahmen. ... Diese Gruppe ist die herrschende Gesellschaftsschicht der Zukunft" (ebd.: 218f.), ob wir sie nun „Bürokratie" oder *„Herrschaft der Experten"* (ebd.: 220) nennen.

Frage nachgehen, wie weit sich langfristig das Gewicht zwischen seinen vier grundlegenden Strukturierungen des Sozialgefüges verschoben hat. Wie weit wurden die ständischen und klassendualistischen Strukturierungen von den berufsqualifikatorischen und politischen zurückgedrängt? Oder kehren gar die ersteren, mit der gegenwärtigen Erneuerung der Tendenzen vertikaler Ungleichheit und politischer Deregulierung, wieder zurück?

II. Ende oder Gestaltwandel des Klassenkonflikts?

Wenn wir Geigers Voraussagen auf die Prognose von spezifischen Ereignissen eingrenzen, so scheint ein wichtiger Teil von ihnen bereits in den fünfziger Jahren gescheitert zu sein. Die großen Verstaatlichungen und wohlfahrtsstaatlichen Reformen der Nachkriegszeit, die die britische Labour-Regierung durchführte, schienen zunächst eine Ausweitung des skandinavischen Wegs anzukündigen. Doch England (wie auch die USA nach Roosevelt) gesellte sich bald wieder zu den konservativ regierten Ländern Italien, Frankreich und Deutschland. Das skandinavische Modell wurde nicht verallgemeinert, sondern bezeichnete einen Sonderweg, einen von mehreren möglichen „Pfaden" regulierter kapitalistischer Entwicklung.

Allerdings wurden auch auf den anderen Pfaden Modelle verwirklicht, die einen verÄnderten, nach den Konzepten des „Keynes" oder der „sozialen Marktwirtschaft" regulierten Kapitalismus aufbauten. Der neue Typus konservativer Volksparteien gewann seine Integrationskraft gerade dadurch, daß er, unter konservativem Vorzeichen, die Instrumente seiner Konkurrenten übernahm. Dazu gehörten nicht nur die sozialstaatlichen Sicherungen und die indirekte, fiskalische Wirtschaftsintervention, sondern auch der „institutionalisierte Klassenkampf". Er wurde, besonders erfolgreich in der Bundesrepublik, sogar zu einem Instrument, *ohne* Regierungsbeteiligung der Arbeitnehmerparteien wesentliche gesetzliche und tarifvertragliche Verbesserungen durchzusetzen. Für diesen Teil der politischen Organisierung der Klassenstrukturen trafen Geigers Prognosen für vier Jahrzehnte, bis zur neuerlichen Aufwertung neoliberaler Deregulierungskonzepte, im wesentlichen zu.

Die in den fünfziger Jahren von der Macht abgedrängten sozialdemokratischen und linksintellektuellen Eliten waren darüber weniger glücklich, zumal ihr dritter, demokratisch-sozialistischer Weg im kalten Krieg als verkappte Komplizenschaft mit den kommunistischen Ländern stigmatisiert und später auch, durch die bürokratischen Strukturen des Wohlfahrtsstaats, diskreditiert wurde. Vor allem schienen sie den historischen „Träger" ihrer Konzepte, das Proletariat, verloren zu haben. Die verschiedenen Theorien, mit denen sie die neue Situation zu erklären suchten, können als Versuche verstanden werden, diese Enttäuschung zu verarbeiten. Die Kontroversen über die „Entproletarisierung", die im intellektuellen Feld und rasch auch in der Soziologie ausgetragen wurden, griffen in vielem auf Konzepte zurück, die auch Geiger schon vertreten hatte. Im Mittelpunkt der empirischen soziologischen Diskussion standen vor allem zwei große Untersuchungen der Arbeitermentalität. Die deutsche Untersuchung von Popitz, Bahrdt et al. (1957) über das „Gesellschaftsbild des Arbeiters" wurde vor allem vor dem Hintergrund der Nivellierungsthese Schelskys diskutiert. Die englische Untersuchung von Goldthorpe und Lockwood (1968) über den „Affluent Worker" entstand dagegen direkt als Überprüfung der inzwischen von Nichtmarxisten wie Neomarxisten vertretenen These der „Verbürgerlichung" der Arbeiter.

III. Bahrdt vs. Schelsky: „Nivellierung" oder „Dichotomie"

Alle Diskussionen stehen, wie Geiger, vor dem Hintergrund des dogmatischen Marxismus und sind auch dann von den Achsen seiner Gegensatzpaare strukturiert, wenn sie ihm – wie Schelsky und Bahrdt – kritisch gegenüberstehen. Schelskys These der „nivellierten Mittelstandsgesellschaft", die damals die öffentliche Meinung beherrschte, müht sich, Geigers Kritik zu überbieten, indem sie auf ein grundsätzliches Verschwinden der Klassen- und Schichthierarchien setzt. Bahrdts Kritik bleibt auf derselben Achse, jedoch näher dem gegenüberliegenden Pol, indem er die Dichotomie der Betriebshierarchie betont und die anderen Dimensionen der von ihm mitgestalteten großen Untersuchung zum „Gesellschaftsbild des Arbeiters" (Popitz, Bahrdt et al. 1957), die mit Geigers These der zunehmenden Berufsqualifikation zusammenpassen, vernachlässigt.

Daß Schelskys These oft mit der Geigers gleichgesetzt wird, ist nicht zuletzt der unglücklichen Metapher des „Schmelztiegels" im Titel zuzuschreiben. Wie wir gesehen haben, argumentiert Geiger zwischen den Buchdeckeln analytisch präziser. Er prognostiziert eine *Umstrukturierung* der sozialen Ungleichheiten, eine Gewichtsverschiebung von ständischen und klassenmäßigen zu berufsqualifikatorischen und wohlfahrsstaatlichen Strukturierungen. Schelsky (1965: 332) dagegen propagiert eine *Entstrukturierung*, d.h. eine wirkliche Verschmelzung von absteigenden Bildungs- und Besitzbürgern mit der kollektiv aufsteigenden Industriearbeiterschaft und mit den Angestellten des neuen Mittelstands[9] – „zu einer sozialen Nivellierung in einer verhältnismäßig einheitlichen Gesellschaftsschicht, die ebensowenig proletarisch wie bürgerlich ist ... Der Nivellierung des realen wirtschaftlichen und politischen Status folgt weitgehend eine *Vereinheitlichung* der sozialen und kulturellen Verhaltensformen, den man ... in der ‚unteren Mitte' lokalisieren und daher als kleinbürgerlich-mittelständisch bezeichnen könnte. Dieser verhältnismäßig einheitliche Lebensstil der nivellierten Mittelstandsgesellschaft wird keineswegs mehr von der Substanz einer sozial irgendwie hierarchisch gegliederten oder geschichteten Gesellschaftsverfassung geprägt, sondern diese ‚mittelständische' Lebensform erfüllt sich darin, einheitlich an den materiellen und geistigen Gütern des Zivilisationskomforts teilzunehmen" (Schelsky 1965: 332, Hervorhebung M.V.).

Eine der wenigen Gegenstimmen aus jener Zeit besteht aus einer Sammlung von Rundfunkvorträgen, die ein gutes Jahrzehnt nach Geigers Prognosen erschien und die sich heute wie eine erste Zwischenbilanz der sozialen Umstrukturierungen liest. Der vorsichtige Titel des von Marianne Feuersenger (1962) herausgegebenen Bands „Gibt es noch ein Proletariat?", kennzeichnet den aus der Defensive argumentierenden Diskurs. Hans Paul Bahrdt konstatiert darin: „in der Bundesrepublik ... scheint absolut festzustehen: Der Arbeiter von heute ist kein Proletarier mehr. Seine ökonomische Situation hebt ihn über proletarisches Niveau ... Aus einer außerhalb der Gesellschaftsordnung stehenden revolu-

---

9 Geiger würde zwar Schelskys These vom „Verlust" der ständischen und klassenmäßigen „sozialen Hierarchie" und vom Beitrag der Steuer- und Wohlfahrtspolitik zur Angleichung der Einkommen zustimmen, aber nicht der pauschalen Behauptung eines „kollektive(n) Aufstieg(s) der Industriearbeiterschaft" (Schelsky 1965: 332). Denn er sieht ein gewisses Weiterwirken des Kapital-Arbeit-Gegensatzes und vor allem, daß die Arbeiter wie die Angestellten nach höheren und niederen „Qualifikationsrängen" unterteilt werden. Beide stimmen jedoch darin überein, daß Wohlfahrts- und Steuerpolitik die Lageunterschiede verringern.

tionären Klasse ist eine Schicht von Arbeitsbürgern mittelständischer Prägung geworden, die von den breiten kleinbürgerlichen Gruppen kaum noch zu unterscheiden ist und die sich vielfach gar nicht mehr als eine besondere Schicht empfindet" (Bahrdt 1962:25).

Bahrdt akzeptiert den ersten Teil dieses Arguments, die These der „Entproletarisierung" (Bahrdt 1962: 12). Proletarität definiert er als einen Zirkel negativer Bedingungen (16f.): Proletarier besitzen keine Produktionsmittel oder Vermögensreserven und müssen daher das Lebensnotwendige durch abhängige Arbeit erwerben, in der sie austauschbar sind und daher niedrige Löhne und, in den nicht seltenen Krisen, das Entlassungsrisiko akzeptieren müssen. In dieser Unsicherheit können sie ihr Leben ökonomisch nicht planen. Von der Hand in den Mund lebend, können sie weder für sich noch für ihre Nachkommen Vermögensreserven oder einen Ausstieg schaffen. Proletarisches Bewußtsein gründet sich darauf, diese Lage als „kollektives Schicksal" zu erkennen. – Dieser Zirkel besteht nicht mehr: „Die westdeutschen Arbeiter sind tatsächlich in ihrer Mehrheit weder in ihrer ökonomischen Lage noch auch in ihrem Bewußtsein Proletarier" (Bahrdt 1962: 25).

Die Entproletarisierung bedeutet für Bahrdt aber keine Angleichung. Zur These der mittelständischen Lebenslage resümiert er: „Das Wirtschaftswunder ist dort noch nicht angekommen. Das Erreichte kann nur behauptet werden durch den unermüdlichen Fleiß der armen Leute. Zum extensiven Konsumieren fehlt nicht nur das Geld, sondern auch die Zeit" (Bahrdt 1962: 27). Der These des mittelständischen Bewußtseins hält er entgegen, „daß die Masse der Arbeiter sich durchaus noch als Arbeiterschaft fühlt und nicht der Ansicht ist, bereits die völlige Gleichberechtigung und Anerkennung in der Gesellschaft gewonnen zu haben" (ebd.: 33).

Bahrdt verweist auf den Befund der eigenen Gesellschaftsbild-Studie, „daß die befragten Arbeiter überwiegend ein sogenanntes ‚dichotomisches Gesellschaftsbild' hatten. Das heißt, die Welt war für sie zweigeteilt: Es gab ‚die da oben', die die Macht haben und über die Reichtümer verfügen, und die anderen, die ‚unten' sind... Je nach Temperament (sic!) waren die Äußerungen aggressiv, skeptisch oder resigniert. Manche erhofften eine allmähliche Änderung des Zustandes. Die Zahl der Skeptiker und Resignierten war aber größer" (Bahrdt 1962: 27f.). Dabei sind „gerade die qualifizierten Arbeiter ... am unzufriedensten" (ebd.: 33). Burkart Lutz verweist im gleichen Band zusätzlich auf französische und italienische Studien, nach denen die Furcht vor Arbeitslosigkeit und das Fehlen von Ausstiegsperspektiven trotz derzeitiger Vollbeschäftigung nach wie vor zum Arbeiterbewußtsein gehört.

Ist es also eine Frage des oppositionellen Temperaments, ob die Arbeiter mehr zum rebellischen oder zum angepaßten Pol der Dichotomieachse neigen? Wenn wir die aus den 600 Interviews mit den Stahlwerkern von Duisburg-Rheinhausen gewonnene Typologie der Studie (Popitz et al. 1957: 184–249) genauer studieren, werden wir drei qualitative Grundtypen der Arbeitermentalität erkennen, die in dieser Dimension nicht aufgehen und die in Wirklichkeit die historisch spezifischen Varianten der drei Haupttraditionen der Arbeitermentalität, die ich am Schluß dieses Aufsatzes darstellen werde, repräsentieren:

1. Die Gruppe mit einem *hierarchisch-ständischen Weltbild*, die den Autoritäten vertraut und eher zufrieden als resigniert ist (ca. 10 Prozent der Befragten), repräsentiert die Arbeiter der „kleinbürgerlichen" Traditionslinie. (In der Typologie des Buches: ‚Gesellschaftsbild des statischen Ordungsgefüges'.)

2. Die Gruppen mit dem *dichotomischen Bewußtsein*, das aber nicht eine Folge eines besonders klaren Klassenbewußtseins, sondern des geringen Selbstvertrauens von ungelernten Arbeitern ist, repräsentieren die *kollektiv-resignative* Variante (ca. 25 Prozent) und die *individuell-konfliktorientierte* Variante (ca. 10 Prozent) im sog. „traditionslosen Arbeitermilieu". (Im Buch: ‚Dichotomie als kollektives Schicksal' und ‚Dichotomie als kollektives Schicksal und individueller Konflikt'.)
3. Die Gruppe selbstbewußter *kritischer Facharbeiter*, die eine rationale (und unideologisch marxistische) Kapitalismuskritik mit einem skeptischen Reformismus verbinden (ca. 25 Prozent), können der Traditionslinie des klassischen „Traditionellen Arbeitermilieu" zugeordnet werden. (Im Buch: ‚Gesellschaftsbild des progressiven Ordnungsgefüges'.)

Zu dem Befund gehört schließlich auch, daß es zwar auch Gruppen mit einer intellektuell reflektierten marxistischen oder reformistischen Theorie gibt (etwa 1 und 2 Prozent), aber daß sie gegenüber den drei großen Strömungen der *praktischen* Alltagsmentalität nur verschwindende Minderheiten darstellen.

Wenn wir die Befunde vom heutigen Stand der Mentalitätsgeschichte und -theorie betrachten, können wir uns schwerlich der Bahrdtschen These vom resignativen Niedergang eines einst intakten dichotomischen Klassenbewußtseins anschließen. Die in Rheinhausen gefundenen praktischen Alltagsmentalitäten folgen weder der Militanz-Dichotomie-Achse noch intellektualistischen Logiken. Eine genaue Betrachtung des abgedruckten Interviewmaterials ergibt, daß die Arbeitermentalitäten anderen Logiken, gewonnen auf drei aufeinander aufbauenden Erfahrungsebenen, folgen.

Zum einen erkennen wir in ihnen die erwähnten drei *historischen Hauptlinien der Volks- und Arbeitermilieus*, deren Lebensweise und Alltagsethos inzwischen durch E.P. Thompson (1987, 1980), Erhard Lucas (1976) und viele andere näher erforscht sind.

Zum anderen zeigt sich an den Interviews, wie sich diese Milieus durch die *alltagspraktischen Erfahrungen* der Weimarer Republik, der Nazi- und Kriegszeit und der gewerkschaftlichen Kämpfe der Nachkriegsjahre *verwandelt* haben, wie dies später vor allem die große Ruhrgebietsstudie von Niethammer et al. (1983ff.) erwiesen hat. Diese Studie enthält u.a. eine Neuinterpretation auch von unveröffentlichten Interviews der Rheinhausen-Studie von Bernd Parisius (1983), die *der Resignationsthese widerspricht*. Insbesondere die kritischen Facharbeiter sehen ihren wachsenden Lebensstandard und ihre Rechte im Betrieb als wesentliche Verbesserung, die sie aber vor allem der eigenen Kampfkraft zuschreiben und weniger dem Kapitalismus, der nach ihrer skeptischen Diagnose aufgrund der Tendenz zur Überproduktion die Vollbeschäftigung in einigen Jahrzehnten nicht mehr sichern können wird.

Schließlich sehen wir, über die praktische Erfahrung hinaus, auch die intellektuellen Spuren der Öffentlichkeit und der Institutionen des *gesellschaftspolitischen Lagers* der Arbeiterbewegung, ihrer Presse, ihrer Literatur und ihrer Diskussionszusammenhänge. Insbesondere die kritischen Facharbeiter (Popitz et al. 1957: 193–201) tragen ihre Kritik des Kapitalismus und auch ihre skeptisch-positive Einschätzung des im Tarifkampfrecht, im Betriebsrat und in der Mitbestimmung institutionalisierten Klassenkampfes mit einer besonderen analytischen und begrifflichen Rationalität vor, die anders kaum erworben worden sein kann.

Mit der rückwärts, anscheinend auf einen vergangenen Idealzustand gerichteten Resignationsthese kann Bahrdt die neuen Entwicklungen in der Arbeiterschaft nicht wahrnehmen. In denjenigen Aufsätzen des Sammelbandes, in denen er sich mit den Angestellten und den Beamten befaßt, prognostiziert er dagegen durchaus Strukturentwicklungen. Deren Ursache sieht er bei den Angestellten in der Spannung zwischen Standes- und Leistungsorientierungen. Noch unterscheiden sie sich von den Arbeitern, da ihre Einkommen höher und stetiger sind und auch im Lebensverlauf ansteigen und da sie auf individuelles Vorwärtskommen und die höhere Geltung geistiger Arbeit setzen. Aber das Bürgertum und die ständischen Strukturen, an denen sie sich orientieren, verlieren ihre Konturen, und die arbeitnehmerische Situation, in der Gewerkschaften wichtig sind, wird deutlicher. Bahrdt sagt voraus, daß ihnen, wie den Beamten, einschneidende Rationalisierungen der Büroarbeit bevorstehen. „Wir dürfen damit rechnen, daß die zweite industrielle Revolution, die auch die Beamtenfunktionen ergreifen wird, das schon lange in der Krise befindliche Standesbewußtsein der Beamten völlig zersetzen muß" (Bahrdt 1962: 43).

Damit vertritt Bahrdt gewissermaßen die eine Hälfte der etwa gleichzeitig aufgestellten Konvergenzthese von Goldthorpe und Lockwood (1963), die darin besteht, nicht eine Identitätsverschmelzung, sondern eine Annäherung vorherzusagen, d.h. eine Zunahme solidarischer Momente bei den Angestellten und die Zunahme individueller Momente bei den Arbeitern.

Die Resignationsthese hat bis in die siebziger Jahre die Rezeption der Rheinhausen-Studie bei orthodoxen Marxisten wie auch in der Frankfurter Schule beherrscht. Wichtige Autoren der Diskussion des Arbeiterbewußtseins – beispielsweise Sebastian Herkommer (1965), Michael Schumann (1971a, 1971b) und Frank Deppe (1971) – verstanden das Dichotomische als blockiertes Potential, das erst durch Kampferfahrungen oder gewerkschaftliche Bildungsarbeit wieder zu einer militanten oder auch reflexiven Systemkritik hinfinden könnte.

Mit diesem Problem hat sich, wie kein anderer, seit den sechziger Jahren der Soziologe Oskar Negt (1971, 1972) in eingehenden Analysen auseinandergesetzt. Nicht unter der Fragestellung der Militanz, sondern der Arbeiterbildung hat er die sprachlichen, kognitiven, psychischen und strukturellen Abwehrmechanismen dagegen, über die engeren Erfahrungsbereiche hinauszusehen, theoretisch aufgearbeitet und im Konzept des exemplarischen Lernens auch einen pädagogischen Lösungsweg entwickelt, der in der Erwachsenenbildung eine große praktische Bedeutung gewann. Nach einer neueren Untersuchung über Zielgruppen des Bildungsurlaubs (Bremer 1998) könnte das Konzept Negts, das damals die Mentalitätstypen noch nicht unterschied, heute für die spezifischen Lernwiderstände und Lerndispositionen *unterschiedlicher* Arbeitermilieus weiterentwickelt werden.

IV. Neomarxismus vs. Ouvrierismus: „Verbürgerlichung" oder „neue Arbeiterklasse"

Die Diskussion der Entproletarisierung stand seit dem Ausgang der fünfziger Jahre in einem erheblich breiteren Spektrum von Kontroversen. Alternativen jenseits der kapitalistischen und staatssozialistischen Systeme wurden wieder denkbar, seitdem die Hegemonie der Sowjetunion durch die Arbeiteraufstände in der DDR, Ungarn und Polen Risse bekommen hatte und seitdem die Unabhängigkeit Jugoslawiens – wie die unabhängig gewordenen Mächte der Dritten Welt – das Lager der Blockfreien stärkte. In den geschlossenen konservativen Ordnungen des Westens regten sich nicht nur die gewerkschaftlichen

Gegenmächte, sondern auch *radikaldemokratische* Bewegungen, die gegen das Wettrüsten, gegen Militärinterventionen in der Dritten Welt, gegen politischen Autoritarismus und gegen die Unterstützung autoritärer und rassistischer Regime auftraten.

Getragen wurden sie international von einem wachsenden Milieu, das sich vor allem aus Intellektuellen, konkret: kritischen Akademikern, Studierenden und Gewerkschaftern, bildete. Ihr Protest gegen die Orthodoxien war mit den neuen Theorien der 1956 entstandenen ‚New Left' verbunden, für die u.a. der Soziologe C. Wright Mills, der Kulturtheoretiker Raymond Williams, der Historiker E.P. Thompson, der Alltagskulturforscher Stuart Hall stand, aber auch Jean Paul Sartre und viele Dissidenten in Osteuropa. Der intellektuelle Gärungsprozeß lebte in den frühen sechziger Jahren von einer weit ausgreifenden Rezeption heterodoxer Theorien des Marxismus, des Anarchosyndikalismus, der Psychoanalyse, der Aufklärung, der Existenzphilosophie, der Frauenemanzipation und anderer Emanzipationsbewegungen. Der Gärungsprozeß brachte nicht nur die Chance für intellektuelle Erneuerungen, sondern auch für neue Propheten und Heilslehren, Orthodoxien und Schulen.

In diesen Zusammenhang gehört auch die Debatte um die Verbürgerlichung der Arbeiter. In ihr prallten zwei Richtungen mit älteren historischen Wurzeln aufeinander, die in allen fortgeschrittenen Ländern namhafte Autoren hervorgebracht hatte und die wir als ‚Ouvrieristen' und als ‚neomarxistische Kulturkritiker' bezeichnen können.

In der *ouvrieristischen Strömung* verbanden sich insbesondere Vertreter der Volks- und Arbeiterbildung, der Facharbeitergewerkschaften, des Sozialismus der Arbeiterräte und des alten Anarchosyndikalismus, teilweise auch Jugendpädagogen, Sozialarbeiter – und Industriesoziologen. Für sie standen beispielsweise die Namen von E.P. Thompson in England, Gunnar Myrdal in Schweden, Michael Harrington in den USA, Serge Mallet und Cornelius Castoriadis in Frankreich. Theodor Geiger, der auch in diesem Feld gearbeitet hat, umriß diese Position mit dem Satz: „Noch scheinen viele Menschen nicht begriffen zu haben, daß man politischer Sozialist sein kann, ohne theoretischer Marxist zu sein" (Geiger 1949: 144). Integrationsfiguren in Deutschland waren um 1960 u.a. Fritz Opel, tätig beim Vorstand der IG Metall und Verfasser einer Dissertation über die Metallarbeitergewerkschaft, und Peter von Oertzen, Politologe in Göttingen, dessen Buch über die Betriebsräte in der deutschen Novemberrevolution (von Oertzen 1963) eine besondere Bedeutung gewann. Dieses Buch verkörperte die Grundthese der ouvrieristischen Strömung: daß nach historischer Erfahrung die Veränderungen des Kapitalismus und die Militanz nicht von den Verelendeten und auch nicht von den Organisationsführern, sondern von den qualifizierten Facharbeitern ausgingen, die radikal genug waren, um Kapitalismus und autoritäre Strukturen grundsätzlich zu kritisieren, und die realistisch genug waren, um dies in reformistischer Form zu tun. Sie sahen in Verhältnissen der Demokratie und des institutionalisierten Klassenkonflikts eine Chance und nicht ein Hindernis der Arbeiterbewegung.

Eben dies wurde von der *kulturkritisch-neomarxistischen Strömung* heftig bestritten. Ihre Vertreter sind relativ bekannt, so daß ich hier nur Herbert Marcuse erwähne, der 1964 nach Europa kam und sich in Frankfurt mit den deutschen Ouvrieristen, darunter auch Schriften von mir (Vester 1964), und auf der Konferenz der jugoslawischen ‚Praxis'-Gruppe in Korcula mit dem ostdeutschen Kommunisten Hahn und dem französischen Ouvrieristen Mallet auseinandersetzte. Mallet (1963, vgl. Brokmeier 1965) präsentierte

Untersuchungen zu der These, daß gerade die hochqualifizierten Arbeitnehmer der technischen Intelligenz, da kaum austauschbar, im Neokapitalismus eine strategische Position einnähmen, von der aus sie erhebliche betriebliche Kontrollkompetenzen erkämpfen könnten. Marcuse vertrat dagegen die Thesen einer „totalen Mobilisierung" des „ganzen Individuums", der „minds and bodies" (1964: 10, 17) durch die Betriebsorganisation, den Konsumterror, die Freizeitindustrie, die Massenmedien und die Staatsapparate, die er in seinem Buch „One-dimensional Man" (1964) entwickelt hatte.

Zentral war das Theorem der „*Negation der Negation*". Da, nach Marcuses Marxverständnis, der Kapitalismus nur von denen negiert werden könne, deren Menschlichkeit im Kapitalismus völlig negiert werde, sei eine Revolution nicht von den „integrierten" Arbeitern, sondern von den Ausgegrenzten in den Gettos, in der Dritten Welt, unter den Jugendlichen, unter den Frauen usw. zu erwarten. Der Chiliasmus dieses kulturkritischen Neomarxismus bezog seine Mobilisierungskraft aus der Dichotomie von Macht und Ohnmacht, die, auf die Spitze getrieben, in Militanz umschlagen werde. Sie lieferte für viele das Interpretationsschema, mit denen die tatsächlich zunehmenden Bewegungen der späten sechziger Jahre gedeutet wurden.

Die Bewegungen, die seit Beginn der sechziger Jahre vermehrt den autoritären Konsens auch der westlichen Gesellschaften infragestellten, konnten jedoch damals auch wesentlich anders interpretiert werden. Sie entstanden ja nicht aus einer großen Not, sondern als Ausdruck einer Legitimitätskrise der überkommenen Autoritätsstrukturen: aus der Erfahrung, daß das Wirtschaftswachstum der „Affluent Society" (Galbraith 1958) auch immer größere soziale Chancen und Freiräume ermöglichte, daß diese aber durch restriktive Strukturen des Alltags, der Betriebe und der Politik unnötig eingeschränkt wurden (Vester 1970b). Die Bewegungen für eine emanzipatorische, ‚anti-autoritäre' Jugendkultur (symbolisiert durch die Rockmusik und die ‚Beatles') hatten einen wesentlich größeren Radius als einige der heute gefeierten Zehntausende der 68er Studentenbewegung, nicht zu reden von den Wellen spontaner Streiks, die ab Mitte der sechziger Jahre in vielen Ländern dazukamen. Sie signalisierten, daß in der Tiefe der gesellschaftlichen Milieus umfassende Verschiebungen wirksam wurden, die Josef Mooser (1984: 228) später als den ‚sozialgeschichtlichen Kontinuitätsbruch der 1960er Jahre' analysierte, der mit der Mobilität der jüngeren Generationen in modernere Berufs- und Lebenssituationen begann und in eine tiefgreifende Umformung der arbeitnehmerischen Milieus mündete.

Die soziologische Diskussion hat diese umfassenden Prozesse zunächst wenig beachtet und sich nicht zuletzt auf die sog. Verbürgerlichungstheorie konzentriert. Hier kam es zu einer eigentümlichen Konvergenz von bürgerlichen und neomarxistischen Argumentationen. Mit diesen setzten sich zunächst theoretisch und schließlich in ihrer großen empirischen Studie die englischen Soziologen John Goldthorpe und David Lockwood (1963, 1970/71) auseinander. Die Autoren stimmten mit den von Geiger (1949) und Dahrendorf (1957) zusammengefaßten neuen Tendenzen überein: der Verbesserung der Lebenslagen, der ausgleichenden Rolle des Staates und der zunehmenden Bedeutung der Unterschiede des Einkommens, des Berufs und der Ausbildung für die Klassenschichtung (Goldthorpe und Lockwood 1971, Bd. III: 12f.). Die Diskussion konzentrierte sich auf drei Ebenen der Veränderungen, die mit dem großen Wachstumsschub der Nachkriegszeit verbunden waren:

a) den Wandel der *Lebensstile* durch den „großen Massenkonsum",
b) den Wandel der *Betriebsstrukturen* durch die Modernisierung und teilweise Humanisierung der Industriearbeit und
c) den Wandel der *sozialen Kohäsion* durch die vermehrten Wanderungen in neue Wohngebiete, durch die viele historisch „festbegründete Gemeinschaften auseinandergerissen und viele neue mit ihren Möglichkeiten und Problemen geschaffen" (ebd.: 14) wurden.

Die Autoren bezweifelten nicht diese Prozesse an sich, sondern ihre Interpretation nach den Schemata einer naiven Milieutheorie, die von den Veränderungen der äußeren Lebensbedingungen unvermittelt auf eine gleichsam automatische Verbürgerlichung der inneren Haltungen schließt und damit „eine Theorie des allmählichen Verschwindens der Arbeiterklasse als Teil der dem Industrialismus innewohnenden Logik" zu begründen versucht (Goldthorpe und Lockwood 1971, Bd. III: 15).

Ebendies tun, wie sie nachweisen, die liberalen Verbürgerlichungsthesen auf allen drei Ebenen. Mayer (1956), Zweig (1961) und Détraz (1965) beobachten, daß die Arbeiter vermehrt mittlere Einkommen haben und langlebige Konsumgüter, Autos und Eigenheime besitzen, und schließen daraus auf eine kulturelle Angleichung an die Mittelklasse, d.h. ihre „Art zu sprechen und sich zu kleiden, die Eßgewohnheiten und die Art der Ausstattung, die Unterhaltung, Freizeitbeschäftigung, Kindererziehung und elterliche Bestrebungen" (Goldthorpe und Lockwood 1971, Bd. III: 17). Industriesoziologen wie Robert Blauner (1964) schließen von der zunehmenden Verbreitung modernerer Technologien auf eine relativ automatische Abnahme von Herrschaft und Entfremdung im Betrieb. Andere Soziologen (u.a. Touraine und Ragazzi 1961) entwickeln Theorien der Fragmentierung des sozialen Zusammenhalts. Sie beobachten die zunehmende Mobilität in andere Wohn- und Berufsmilieus und das „Verschwinden des traditionellen Typs der Gemeinde der Arbeiterklasse", des „städtischen Dorfes", und schließen daraus, daß, mit der räumlichen Trennung von Verwandtschaft und Nachbarn, die Arbeiter ihren Zusammenhalt verlieren und daher schutzlos der Beeinflussung durch die Massenmedien, durch andere soziale Gruppen und durch die „Reize des höheren Lebensstandards und neuer Lebensweisen" ausgesetzt seien (Goldthorpe und Lockwood 1971, Bd. III: 21).

Die Verbürgerlichungsthesen der Neomarxisten argumentierten sehr ähnlich. Nur rationalisierten sie die Schemata ihrer Interpretation mit einem eindrucksvolleren Aufwand an Theoriebildung. Zur Erklärung der anscheinenden Passivität und Willfährigkeit der Arbeiter wurde die Marxsche Entfremdungstheorie in Richtung einer Manipulationstheorie weiterentwickelt. In der Zeit, als die häusliche Arbeit durch Waschmaschinen, Elektroherde, Zentralheizungen, Kühlschränke und andere Mittel umgewälzt wurde, verkündete Herbert Marcuse (1964) von Santa Monica aus, daß die Arbeiter ihr gestiegenes Einkommen nur für falsche, durch Medienwerbung suggerierte Bedürfnisse verwendeten. André Gorz (1965) erklärte das Fehlen betrieblicher Rebellion aus der Entfremdung am Arbeitsplatz und mit dem Bild der „glücklichen Roboter". Die hegemonialen Neomarxisten der ‚New Left Review', Perry Anderson und Robin Blackburn (1965), verwendeten schließlich Antonio Gramscis Theorem der ‚kulturellen Hegemonie' der herrschenden Klasse und später den strukturalistischen Marxismus von Louis Althusser, um eine Theorie der umfassenden Kontrolle durch die herrschenden kulturellen Institutionen – Bildungssystem, Literatur, Kunst und Medien – zu entwickeln.

V. Die Luton-Studie und das „instrumentelle Bewußtsein" der „Wohlstandsarbeiter"

Die Befunde der Luton-Studie von Goldthorpe und Lockwood können nicht ohne weiteres verallgemeinert werden. Die Studie beansprucht ausdrücklich nicht, das vielfältige Gesamtspektrum der Arbeits-, Lebens- und Kohäsionsstrukturen der Arbeiter (vgl. Mooser 1984) vollständig zu repräsentieren. Vielmehr untersuchten die Autoren, um die These der Verbürgerlichung zu überprüfen, nicht eine repräsentative Stichprobe, sondern eine Auswahl von Arbeiterfamilien, auf die die drei genannten *äußeren* Veränderungen der Lebensweise besonders zutreffen: modernes Einkommensniveau, moderne Fabrikarbeit und Zuwanderung in neue Wohnmilieus. Befragt wurden 229 Arbeiter aus der rasch wachsenden Industriestadt Luton, nordwestlich von London. 70 Prozent von ihnen waren aus den Arbeitergemeinden ihrer Herkunft in die Neubauviertel Lutons gezogen, um für ihre relativ jungen Familien ein besseres Einkommen zu erzielen. Hierfür hatten sie ihr frühere (oft auch qualifiziertere) Arbeit aufgegeben, um nun, überwiegend als angelernte Massenarbeiter, aber auch als Facharbeiter, in der Automobil-, Chemie- und Kugellagerproduktion mehr Geld zu verdienen.

Die Befunde leuchten nicht, wie die der qualitativen Interviews von Rheinhausen, komplexe Mentalitätssyndrome aus, sondern wenige, aber exemplarische Einstellungsdimensionen, die sich auf das Verhältnis zu Arbeit und Betrieb (Goldthorpe und Lockwood 1970, Bd. I), Gewerkschaften und Parteien (Goldthorpe und Lockwood 1970, Bd. II) sowie das Gesellungsverhalten und die Lebensziele (Goldthorpe und Lockwood 1971, Bd. III) beziehen. Die Dimensionen werden durch eine extensive Interpretation überschritten, die sich einerseits entlang der kategorialen Achsen, die durch die Auseinandersetzung mit den Verbürgerlichungsthesen vorgegeben sind, bewegen und andererseits gleichsam ethnologisches Kontextwissen zur (englischen) Arbeiterkultur heranziehen.

Eine erste Achse orientiert sich an Robert Blauners (1964) These, daß mit der Entwicklung der Produktivkräfte (im historischen Übergang von der alten Handwerkstechnik zur taylorisierten Massenproduktion) zunächst eine Zunahme der Entfremdung und heute wieder (im Übergang zu Technologien mit größeren Qualifikations- und Entscheidungsprofilen) mehr Identifikation mit der Arbeit gegeben sei. Die Befunde von Luton zeigen dagegen, trotz überwiegend frustrierender Arbeit, eine relativ hohe Zufriedenheit mit dem Betrieb. Diese ist nicht in einer emotionalen oder affektiven Identifikation mit der Firma, sondern *„rational"* und *„instrumentell"* motiviert, nämlich durch die Höhe der Bezahlung, Sicherheit und Sozialleistungen, welche einen „bestimmten Lebensstandard und -stil außerhalb des Betriebs" ermöglichen (Goldthorpe und Lockwood 1970, Bd. I: 87).

Ein etwas anderer Instrumentalismus zeigt sich im Verhältnis zur Gewerkschaft und zur Arbeiterpartei. Die Bindung ist noch außerordentlich hoch, mit 87 Prozent Gewerkschaftsmitgliedschaft und konstant mehr als 70 Prozent Labour-Stimmen – ziemlich genau umgekehrt wie bei der befragten Kontrollgruppe von Angestellten. Doch die Motivationen der Arbeiter scheinen sich zu verschieben. Das Interesse an der überbetrieblichen Gewerkschaftsarbeit ist weit geringer als an der betrieblichen, und auch dort werden Zusammenkünfte seltener besucht, um Frau und Kinder nicht auch abends alleinzulassen. Als Motive für Labour nennt nur (noch – oder immerhin?) etwa die Hälfte eine affektive Bindung aus der Tradition der Arbeitermilieus, während die anderen ihre ökonomisch-sozialen Interessen betonen. Ähnlich ist die Motivationslage gegenüber den Gewerkschaften.

Die Interpretation dieses Instrumentalismus ist freilich etwas zwiespältig. Einerseits erklären die Autoren ihn aus der spezifischen Situation der Stichprobe, in der die Zuwanderer mit 70 Prozent weit über dem englischen Durchschnitt von etwa 25 Prozent liegen (Goldthorpe und Lockwood 1970, Bd. I: 164–169) und sich im „finanziell schwierigen Stadium der jungen Familie" (ebd.: 163) befinden. Die Verwandten sind fern, so daß die Familien stärker auf die Präsenz der Väter angewiesen sind. Auch sind zwei Drittel der Befragten als Angelernte tätig, so daß – eigentlich doch im Sinne Blauners – die geringe innere Arbeitsidentifikation auch daraus verständlich wird.

Andererseits gehen die Autoren doch zu Verallgemeinerungen über. Sie sehen eine „prototypische" Entwicklungstendenz und „hohe Wahrscheinlichkeit, daß im vorgegebenen Rahmen der modernen englischen Gesellschaft Industriearbeiter und *vor allem ungelernte und angelernte Arbeiter* immer stärker dazu neigen, ihre Arbeit instrumental zu definieren, d.h. als Mittel für Zwecke und Ziele zu verstehen, die nichts mit ihrer Arbeitssituation zu tun haben. Die traditionellen Lebensformen der Arbeiterklasse werden zunehmend verdrängt durch die Entwicklung der Städte, die größere geographische Mobilität und auch durch den ‚Demonstrationseffekt', den die schon im ‚Überfluß' lebenden Arbeiter und ihre Familien ausüben" (Goldthorpe und Lockwood 1970, Bd. I: 187). Unter diesem Einfluß reduziert sich der *„solidarische Kollektivismus"* der bei der Arbeit und in der Freizeitgeselligkeit hoch vergemeinschafteten traditionellen Arbeiterklasse; er wird ersetzt durch den *„instrumentellen Kollektivismus"* und die privatistische „Familienzentriertheit" der „neuen Arbeiterklasse" (Goldthorpe und Lockwood 1970, Bd. II: 82–84; vgl. auch Goldthorpe und Lockwood 1963: 153).

VI. Die Luton-Studie und die entproletarisierte „neue Arbeiterklasse"

Die Muster dieser „stärker privatistischen Lebensgestaltung" (Goldthorpe und Lockwood 1970, Bd. II: 84) stellen allerdings keine Annäherung an die „Geselligkeitsstile" der Mittelklasse dar. Sie bleiben größtenteils an den Rahmen der „Arbeiterklassenstile der Geselligkeit" gebunden (Goldthorpe und Lockwood 1971, Bd. III: 99).[10] Noch deutlicher werden die Unterschiede zur Mittelklasse, aber auch zur „alten Arbeiterklasse", in den Aufstiegs- und Bildungsstrebungen und in den Gesellschaftsbildern. Das Gesellschaftsbild der „neuen Arbeiterklasse" der „Wohlstandsarbeiter" grenzen Goldthorpe und Lockwood, nach dem Schema ihrer schon 1963 definierten Idealtypen, von dem hierarchisch-prestigeorientierten Ordnungsbild der Mittelklasse[11] und dem dualistisch-machtorientierten Ordnungsbild der alten Arbeiterklasse[12] ab (Goldthorpe und Lockwood 1971, Bd. III: 128–130; vgl. Goldthorpe und Lockwood 1963).

---

10 Die Arbeiterfamilien haben erheblich mehr Nachbarschaftskontakte, zumal auch die Männer daran stärker beteiligt sind, und die Kontakte mit nahen Verwandten sind gleich häufig, obwohl diese bei der Hälfte der Arbeiterfamilien in weiter entfernten Herkunftsgemeinden wohnen.
11 Nach dem skalaren Modell begreift die Mittelklasse die Gesellschaft als eine Stufung von Schichten, die sich nach Lebensstil und Prestige voneinander abgrenzen. Auf dieser „Sozialleiter" können diejenigen, die zukunftsorientiert sind, ‚etwas aus sich machen' und durch individuelle Leistung vorankommen, indem sie sich bessere Konsumstandards, eine Karriere oder ein kleines Geschäft aufbauen.
12 Die Angehörigen der traditionellen Arbeiterklasse sehen sich gefangen in einer unveränderlichen

Als erster Unterschied findet sich, im Gegensatz zum „Fatalismus" der „traditionellen Arbeiterklasse", das aktive Streben nach einem besseren Lebensstandard. Dieses ist nicht, wie bei der Mittelklasse, mit dem individuellen Streben nach höherem Karrierestatus verbunden, sondern mit der vor allem für ungelernte Arbeiter alternativlosen Strategie, sich Lohnverbesserungen kollektiv, gewerkschaftlich, zu erkämpfen.

Andere Unterschiede zeigen sich in den Befunden über den Stellenwert planenden Verhaltens, das beim Idealtyp der traditionellen Arbeiter fehlte. Zwar ist eine längerfristige Planung für Anschaffungen, Sparen oder Beschränkung der Geburtenzahl auch bei der „neuen Arbeiterklasse" erst wenig verbreitet (Goldthorpe und Lockwood 1971, Bd. III: 135–140). Doch gibt es eine Zukunftsplanung für die nächste Generation (ebd.: 140–149). Sie soll eine höhere Bildung erhalten,[13] aber nicht aus Statusmotiven (wie bei den Angestellten), sondern um mehr Einkommen und auch innere Befriedigung bei der Arbeit zu erreichen (derentwegen je nach Geschlecht auch Ingenieur- und Fachschulausbildungen bevorzugt werden).

Das Spezifische einer „neuen Arbeiterklasse" findet sich schließlich auch in den Gesellschaftsbildern (Goldthorpe und Lockwood 1971, Bd. III: 155–163). Zwei Drittel der Befragten[14] sehen das Ganze der Gesellschaft als mehr oder minder strukturierte Konfiguration, und zwar in drei Varianten – die ich hier mit den drei historischen Grundtypen der Arbeitermentalität, die wir schon in der Rheinhausen-Studie wiedergefundenen hatten, vergleichen möchte:

1. Für etwa 8 Prozent ist die Gesellschaft, auf einer Achse von mehr oder weniger *Prestige*, stufenförmig (skalar) in drei oder mehr Klassen geteilt („Mittelklasse"). – Dies entspricht dem ständischen Hierarchie-Schema der ‚kleinbürgerlichen' Tradition.
2. Für etwa 4 Prozent ist die Gesellschaft, entlang der Achse der *Macht*, dichotomisch nach Mächtigen und Ohnmächtigen geteilt („alte Arbeiterklasse"). – Dies entspricht dem dichotomischen Ausgrenzungs-Schema der ‚Nichtrespektablen' bzw. ‚Traditionslosen'.
3. Etwa 54 Prozent der befragten Arbeiter sehen drei hauptsächliche Klassen, die sich in der Dimension von „*Geld*", d.h. nach Reichtum, Einkommen und Konsumstandards, unterscheiden („neue Arbeiterklasse"). Dabei entspricht aber die unterste Schichtung der recht kleinen Gruppe der Nichtrespektablen und der Armen, so daß der Haupt-

---

Dichotomie zwischen „uns" und „denen". Daraus können sie, außer durch glückliche Zufälle, nicht aussteigen. Sie finden sich damit ab, individuell nicht vorausplanen zu können, und ‚machen das beste daraus', in dem sie in der und für die Gegenwart leben. Zielbewußtes Handeln ist eher nur kollektiv, vor allem über die gewerkschaftliche Interessenwahrnehmung, möglich. Der Alltag wird stabilisiert durch gegenseitige Hilfe und Gruppensolidarität, welche symbolisch besiegelt wird durch den Verzicht darauf, etwas Besseres sein zu wollen, d.h. das, was Bourdieu (1982) das ‚Konformitätsprinzip' nennt.

13 Das Gymnasium wird von 6 Prozent der Söhne und von 13 Prozent der Töchter des entsprechenden Alters erreicht. Angestrebt wird es sogar in noch höherem Maße: für die Söhne von 70 Prozent, für Töchter immerhin noch von 55 Prozent, beides deutlich über dem englischen Durchschnitt für Arbeiter, wenn auch niedriger als bei Angestellten.

14 Bei 33 Prozent konnten die Autoren der Luton-Studie kein Gesellschaftsbild oder nur schwierig strukturierbare Vielfaltsbilder erkennen, ähnlich wie in der Rheinhausen-Studie, in der es 25 Prozent gewesen waren (Popitz et al. 1957: 233).

gegensatz zwischen der breiten Mitte (die damit auch ein „Unten" ist) und den Reichen und Mächtigen gesehen wird.

Die Autoren hatten noch 1963 im Machtmodell dasjenige gesehen, „dem das Gesellschaftsbild der ... lohnarbeitenden Handarbeiter am häufigsten entsprach" (Goldthorpe und Lockwood 1963: 146). Nun erwies sich diese Gruppe als verschwindende Minderheit. Der großen Mehrheit, der „neuen Arbeiterklasse", schienen Klassenbewußtsein und Militanz dagegen zu fehlen, da die „Vorstellung einer Gesellschaft, die fundamental in zwei sich gegenüberstehende Klassen geteilt ist, nur sehr wenig vorgebracht wurde." Die Wohlstandsarbeiter verstanden offenbar die Klassenstruktur nicht als ein „System der Herrschaft, das umgestürzt oder auf jeden Fall bekämpft werden mußte", sondern als ein natürliches „Grund*datum* der sozialen Existenz ..., das die Individuen hauptsächlich zu akzeptieren und an das sie sich anzupassen haben" (Goldthorpe und Lockwood 1971, Bd. III: 163). Dies schien auch das Ausmaß zu erklären, „in dem diese optimistische Mehrheit innerhalb unseres Samples ihren materiellen Fortschritt als mehr oder weniger automatisches Resultat des andauernden ökonomischen Wachsens betrachtete und relativ wenig den Teil erwähnte, den in dieser Beziehung die kollektive *Aktion*" und die „sozialen Kämpfe auf industriellem und politischem Gebiet" spielten (ebd.: 163).

Obwohl enttäuscht, wollen die Autoren diese Weltsicht nicht, wie die Neomarxisten, als ‚falsches Bewußtsein' klassifizieren, sondern als *„eine neue Art von Klassenbewußtsein"* (ebd.: 165), das jenseits der herkömmlichen Schemata von Statusbewußtsein und Klassenbewußtsein liege.[15] Denn, wie die Autoren schon 1963 schrieben, an die Stelle des solidaristischen Kollektivismus mit seinem „affective attachment to a local class community" ist der instrumentelle Kollektivismus mit seinem „utilitarian attachment to a specific economic association" getreten (Goldthorpe und Lockwood 1963: 153). Die Bindung an Labour und Gewerkschaft beruht, nach Ansicht der Autoren, nur noch auf einem utilitaristischen Interessenkalkül, so daß es im Falle von Enttäuschungen auch viel eher zu Wahlenthaltungen und damit zu Labour-Niederlagen kommen könne (Goldthorpe und Lockwood 1971, Bd. III: 173–205).

Mit dieser Erklärung entwickeln die Autoren eine Alternative zu den Thesen der Verbürgerlichung, die das verlorene Klassenbewußtsein aus der Entfremdung bei der Arbeit und den manipulierten Bedürfnissen in der Freizeit (neomarxistisches Modell) oder aus dem höheren materiellen Lebensstandard (liberale und demoskopische Modelle) der Arbeiter erklären wollen.[16] Nicht statistische Schichtmerkmale, sondern Milieuzugehörigkeiten seien entscheidend dafür, welchem gesellschaftlichen Lager sich jemand zuordnet.

---

15 Auch wenn – im Sinne Durkheims – diese Weltsicht, wie alle kollektiven Vorstellungen der modernen Industriegesellschaft, Züge der Unbestimmtheit zeige, könne sie sehr wohl als angemessene Handlungsperspektive verstanden werden. Denn sie entspreche der Sichtweise des „Konsumenten und des ‚Haushaltsvorstandes'", der froh sei, „innerhalb des bestehenden sozialen Systems" seine Lage verbessern zu können (Goldthorpe und Lockwood 1970, Bd. III:164f.).

16 „Die Daten, auf die sich die Wohlstandsthese stützt, wurden im Rahmen von Meinungsbefragungen gewonnen, deren Schwäche darin liegt, daß sie sich vor allem mit individuellen Merkmalen befassen, wie Alter, Geschlecht, Einkommen und Ausbildung, und die Eigenheiten der Sozialstruktur, in die das Individuum eingebettet ist, nicht berücksichtigen, z.B. die Arbeitsstätten und Wohngemeinden" (Goldthorpe und Lockwood 1970, Bd. II: S. 81). „Die gegenwärtige Politik der Arbeiterklasse muß in erster Linie und fast ausschließlich aus der Struktur der Grup-

Die Theorie des instrumentell-utilitaristischen Bewußtseins der „neuen Arbeiterklasse" begründet zugleich eine neue These der „Konvergenz" – nicht Verschmelzung – mit den Angestellten.[17] Insgesamt läuft die Grundthese Goldthorpes und Lockwoods auf eine *„Enttraditionalisierung"*, die Ablösung affektiver durch rationale, interessenbestimmte Kohäsion im Sinne Webers hinaus. Sie ist eine Modernisierungsthese.

VII. Die Trennlinien zwischen Alltag und Politik und zwischen den verschiedenen Milieutraditionen

Die Luton-Studie läßt zwei Problemstellungen ungeklärt. Zum einen geht es um die Frage, wieweit der Klassenkonflikt zu Ende ist, wenn die Militanz der Arbeiter und ihre Bindungen an die Arbeiterbewegung nachzulassen scheinen. Zum anderen ist offen, wieweit der Typus des modernisierten, interessenrationalen Arbeiters verallgemeinerbar ist.

Das Problem der Militanz und der Bindung an die Arbeiterbewegung läßt sich, am Material der Luton-Studie, auch anders erklären als mit der These des instrumentellen Bewußtseins, nämlich aus dem *epistemologischen Bruch* zwischen zwei kulturellen Ebenen: der Alltagskultur und der Kultur der herrschenden Institutionen und intellektuellen Diskurse (vgl. Bourdieu 1982: 620–729). Die Vorstellung, daß es einmal ein der marxistischen Orthodoxie entsprechendes dichotomisch-militantes Klassenbewußtsein gegeben habe, beruhte demnach auf einer Illusion. Seit der Entstehung der Arbeiterbewegung (und nicht erst seit Lenins Theorie des *„nur gewerkschaftlichen"* Bewußtseins der Arbeiter von 1905) klagen Intellektuelle darüber, daß die Interessen der Arbeiter in ‚alltäglichen Ruhelagen' auf ihre primären Kontaktkreise in Familie, Milieu und Betrieb begrenzt seien. Diese kulturelle Kluft trennt grundsätzlich alle sozialen Milieus von ihren politischen und intellektuellen Repräsentationen.

Die Kluft zwischen Milieus und Eliten konnte zwar immer wieder überbrückt werden, wenn sich in den großen gesellschaftlichen Konflikten beide gegen gemeinsame Gegner zusammenschlossen. Alle unsere großen gesellschaftspolitischen „Lager" (Geiger 1949: 160) haben sich so gebildet und dann auch vertikal zu „sozialmoralischen Milieus" verbunden (Lepsius 1973a; von Oertzen 1994).[18] Auch das Lager der Arbeiterbewegung bildete einen

---

penbindungen des Arbeiters erklärt werden und nicht, wie viele angenommen haben, aus der Höhe seines Einkommens und Vermögens" (ebd.: 89). Ein Wechsel ins gesellschaftspolitische Lager der Mittelklasse kann nach Ansicht der Autoren nur dann erfolgen, wenn Arbeiter sich in ihrer Familien- oder Berufsbeziehung mit der Mittelklasse verbinden (ebd.: 82–84).

17 Bei den Arbeitern haben sich, durch die „Bürokratisierung des Gewerkschaftswesens und die Institutionalisierung des industriellen Konflikts", die solidarischen Strukturen verringert, während individualistischere Lebensstile und Aspirationen zugenommen haben. Umgekehrt nähert sich die Arbeitserfahrung der Angestellten, durch Bürokratisierung, Rationalisierungen und Aufstiegsgrenzen, dem arbeitnehmerischen und gewerkschaftlichen Interesse an (Goldthorpe und Lockwood 1963; vgl. 1971, Bd. III: 35f.).

18 Der aus der militärischen Sprache stammende Lagerbegriff wird auch schon von Marx und Engels im ‚Kommunistischen Manifest' („feindliche Lager", MEW 4: 463) benutzt. Negt und Kluge (1972: 111–115, 341–355) untersuchten die Dimensionen des Lagerbegriffs am Beispiel der Arbeiterbewegung. Lepsius (1973a) entwickelt den ganz ähnlichen Begriff des „sozialmoralischen Milieus" am Beispiel des katholischen, des konservativen, des bürgerlich-protestantischen und des sozialdemokratisch-protestantischen Lagers, von denen jedes eine Art Tandem zwischen

solchen Zusammenhang vertikal übereinandergeschichteter Milieus, die durch Kulturschranken voneinander getrennt, aber zugleich durch gemeinsame Konflikterfahrungen und Werte, verkörpert von „Leitmilieus", verbunden waren. Das (aus heutiger Sicht eher geringfügige) Auseinanderdriften der Milieus und der Institutionen der Arbeiterbewegung, das die Luton-Studie beschreibt, kann daher nicht einseitig aus der Modernisierung der Arbeitermentalität und der Bürokratisierung der Gewerkschaften erklärt werden, wie dies die Luton-Studie tut. Wir müssen auch die umfassenderen Veränderungen der Klassen- und Lagerstrukturen einbeziehen, die nicht zuletzt durch die Entstehung eines neuen gesellschaftspolitischen Lagers, das sich an ‚postindustriellen' und ‚zivilgesellschaftlichen' cleavages abgrenzt, symbolisiert wird.

Ein Signal, das auf diese Spannungsrisse im Konsens der Wohlstandsgesellschaft hinwies, kam aus Luton selbst. Im September 1967, drei Jahre nach Abschluß der Feldforschungsphase der Luton-Studie, legten die ‚Wohlstandsarbeiter' die Autoproduktion von Vauxhall in einem unerwarteten spontanen Streik lahm, etwa zeitgleich mit der Wiederkehr ähnlicher Streikbewegungen in Deutschland und Italien. Goldthorpe und Lockwood (1970, Bd. I: 205f.) wiesen, ähnlich wie Schumann et al. (1971a) in ihrer Studie zu den deutschen Septemberstreiks von 1969, zwar mit Recht darauf hin, daß dies kein Wiederersehen einer klassenkämpferischen Arbeiterbewegung im Sinne der Marx-Orthodoxie bedeutete. Gleichwohl widerlegten die Streiks doch die Annahme vom Ende des Klassenkonfliktes überhaupt. Was Goldthorpe und Lockwood (1971, Bd. III: 163) für das Ende des militanten Klassenbewußtseins gehalten hatten, erwies sich nachträglich als Symptom eines befristeten „Arrangements", das bei verschlechterten Bedingungen von den Arbeitern auch aufgekündigt werden konnte. Der in den Befragungsergebnissen verschwundene Klassenkonflikt war tatsächlich – aufgrund der Bedingungen seiner Institutionalisierung – nur phasenweise „latent" gewesen.

Die Typenbildung Goldthorpes und Lockwoods wirft ebenfalls erhebliche Probleme auf. Wenn sie beanspruchen, mit ihrer Diagnose eine ‚prototypische' Entwicklungstendenz mit ‚hoher Wahrscheinlichkeit' (1970, Bd. I: 187f.) zu beschreiben, übersehen sie allerdings keineswegs, daß in ihrer Stichprobe von *Massenarbeitern* die qualifizierten und bildungsorientierten Arbeiter und jene, die in kohäsiven kleineren Gemeinden wohnen, fehlen. Vielmehr stützen sie ihre Zuversicht auf die (heute nicht mehr haltbare) urbanistisch-industrialistische Annahme, daß auch diese anderen Gruppen nach und nach Massenarbeiter in großstädtischen Wohnquartieren würden. Zugleich sehen die Autoren zwar Differenzierungen innerhalb des untersuchten Typus der „neuen Arbeiterklasse", aber sie halten sie für „refinements", die sie beispielsweise beim Vergleich mit der Mittelklasse „ignorieren" können (Goldthorpe und Lockwood 1963: 163). Zu den vernachlässigten Untertypen gehört auch, „within the traditional working class, the ‚respectable' working class family" (ebd.: 163).

Die weitere Entwicklung zeigte jedoch, daß gerade der *respektable Facharbeiter und Handwerker*, „der großen Wert auf eine geregelte Existenz legt und vorausschauend ist und der White-collar-Ambitionen für seine Kinder hat" (Goldthorpe und Lockwood 1971,

---

bestimmten lebensweltlichen Milieus und ihren politisch-ideologischen Führungsgruppen bildet. Den Zusammenhang der Lager- und Milieutheorie mit der von Marx kommenden unorthodoxen und subjektorientierten Traditionslinie der historischen Klassenanalyse hat Peter von Oertzen (1994) eingehender dargestellt.

Bd. III: 131), keinen historisch erledigten Sonderfall darstellt. Die qualifizierten Facharbeiter und insbesondere ihre Nachkommen bilden vielmehr seit je eine eigene Traditionslinie der Arbeiterbewegung mit einer eigenen Ethik asketischer Lebensführung und persönlicher Autonomie, aus der die wichtigsten Aktivisten der Arbeiterbewegung hervorgegangen sind. Dieser Typus, der z.B. bei Max Weber (1964: 368–404) als Verkörperung der protestantischen Lebensführung besonders herausgehoben wird, wurde gerade in den einflußreicheren sozialhistorischen Studien der 1960er und 1970er Jahre wiederentdeckt.

In diesen Studien ging es um die *longue durée* einer *Pluralität* von Milieutraditionen in den Volks- und Arbeiterklassen. Die Untersuchung von E.P. Thompson (1987) zur Bedeutung der ‚artisan culture' für die Entstehung der englischen Arbeiterklasse inspirierte die um 1970 neu entstehende Strömung der Alltagshistorik. Erhard Lucas bestritt mit seiner großen typologischen Studie über die Arbeiter von Hamborn und von Remscheid (Lucas 1976) die Auseinandersetzung mit Karl Heinz Roth, der, im Sinne Marcuses, radikale Gesellschaftsveränderungen von den ‚nicht integrierten' Massenarbeitern erwartete (Roth et al. 1977). Eine umfangreichere Arbeit von mir (Vester 1970a) kritisierte die vulgärmarxistische These eines eindimensionalen Kollektivismus vor dem Hintergrund, daß die frühe Arbeiterbewegung die Solidarität *ebenso* wie die persönliche Autonomie betonte und damit an ältere Traditionen der Volksbewegungen freier Bauern und Handwerker anknüpfte. Diese Arbeit war in den 1970er Jahren Teil jener intellektuellen Bewegung, die an die Stelle der ökonomistischen Marx-Orthodoxie eine subjektorientierte Klassentheorie setzte. In diesen Zusammenhang gehörte die – von uns viel zu wenig bemerkte – Wende der historischen Forschung der DDR zur „Lebensweise" und Kultur der Arbeiterklasse, die in Ostdeutschland bald eine nicht unbedeutende Nische ausfüllte (dokumentiert in: Mühlberg 1978a, 1978b, 1985).

Die historische Aktualität dieser Studien lag darin, daß mit dem zunehmenden Bedarf an qualifizierten Arbeitskräften, der Geigers Diagnose bestätigte, diese Traditionslinie der Arbeitermilieus erheblich aufgewertet wurde.

VIII. Von der Großen Theorie zur Alltagserforschung:
Abschied vom Proletariat oder Abschied von der Proletarität?

„Die dialektische Theorie der Gesellschaft geht auf Strukturgesetze, welche die Fakten bedingen, in ihnen sich manifestieren und von ihnen modifiziert werden. Unter Strukturgesetzen versteht sie Tendenzen, die mehr oder minder stringent aus historischen Konstituentien des Gesamtsystems folgen." Mit diesen Worten repräsentierte Theodor W. Adorno (1969: 13f.) in seiner Einleitung des Frankfurter Soziologiekongresses 1968 den mondänen Denkstil der großen Linien historischer Entwicklungen, der jenem Denkstil, der sich um das prosaische Feld der Praxis der alltäglichen Akteure kümmert, entgegengesetzt ist. In den Diagnosen dieses Kongresses, im Gegensatz zu späteren, spiegelte sich viel von den Systemen und wenig von den Subjekten und der konfliktreichen Veränderung ihrer sozialen Verhältnisse und Lebensweisen. Im Jahr der Pariser Mairevolte und des Prager Frühlings wäre dies möglich gewesen. Statt dessen schien es um große Alternativen zu den so faszinierend integrationsfähigen Systemen in Ost und West zu gehen, und die

68er Studentenbewegung trug den Verdacht der Komplizenschaft mit dem System auch atmosphärisch in den Kongreß hinein.

Wie Ralf Dahrendorf in der Diskussion einräumte, litt darunter auch unberechtigterweise die Diskussion des von jungen Frankfurter Soziologen vorgetragenen Referats über die Veränderung der Klassenstrukturen unter den Bedingungen der „Institutionalisierung und staatlichen Kontrolle des traditionellen Klassenkonflikts" (Bergmann et al. 1969: 75). Die These lautete, daß die vertikalen Klassen- und Schichtstrukturen durch neue, horizontale Disparitäten modifiziert würden, da neben die (abgemilderte) Ungleichheit der Einkommen nun auch die Mängel unzureichender öffentlicher Daseinsvorsorge auf den Gebieten der sozialen und physischen Sicherheit, der Gesundheit, der Bildung sowie der Wohn-, Verkehrs-, Arbeits- und Konsumverhältnisse treten würden. Dies beträfe zwar die Einkommensschwachen am meisten, aber grundsätzlich auch alle anderen sozialen Gruppen, und ein Protest sei vor allem von Intellektuellen zu erwarten, die auch in diesen Bereichen arbeiteten.

Hier finden wir die Anfänge einer Diskussion, die auf eine neue gesellschaftspolitische Konfliktlinie und Lagerbildung verwies, die nicht mehr nur das Projekt einiger Intellektueller war, sondern sich ein Jahrzehnt später, in den neuen sozialen Milieus und Bewegungen, auch als Ausdruck einer umfassenderen Veränderung der Sozialstruktur und der Politik erwies.

In der weiteren Diskussion erschien es zunächst so, als gehe es erneut um den Abschied vom Proletariat. Bei manchen trat der Klassengegensatz der Arbeitsgesellschaft immer mehr in den Hintergrund, um schließlich ersetzt zu werden durch die Figur eines neuen, *klassenübergreifenden Akteurs* mit universalistischen oder zivilgesellschaftlichen Zielen. Dieser idealisierenden Beschreibung entsprachen, als realer Akteur, die sog. ‚neuen sozialen Bewegungen' der frühen achtziger Jahre, die auf die Jugendkultur und die Studentenproteste der sechziger Jahre zurückgingen. Sie thematisierten nicht, wie die alten sozialen Bewegungen, die soziale Verteilungsgerechtigkeit im Kapitalismus, sondern die Politik der staatlichen Eliten: die Gleichstellung von Frauen, Ausländern und anderen Gruppen, die Risiken des Fortschritts und des Wirtschaftswachstums sowie Ökologie, Frieden und Bürgerrechte. In diesen Zusammenhang gehört auch der *„Abschied vom Proletariat"*, in dem André Gorz (1980) die „Nichtklasse der Nichtarbeiter" als neuen Akteur proklamiert und sich somit dem Topos der *postindustriellen Gesellschaft*, wie ihn Daniel Bell und Alain Touraine entwickelten, annäherte.

Der Denkstil der ‚großen Linien' prägte in den siebziger Jahren auch andere, aus den grandiosen Projekten der 68er Bewegung hervorgegangene Strömungen. Auch in ihnen tauchte das klassische Proletariat als aktiver, gestaltender Akteur nicht mehr auf. In den auf der Marx-Exegese aufbauenden Theorien waren die Arbeiter eher nur „Träger" struktureller Kategorien – wie im französischen Marx-Strukturalismus (u.a. Althusser, Poulantzas) oder in den Varianten orthodox-marxistischer Klassenanalyse in Deutschland (u.a. Tjaden und Tjaden-Steinhauer, Deppe, Herkommer, Bischoff u.a.). Andere wiederum suchten, Marcuse ähnlich, ein alternatives, ideales historisches Subjekt bei den Ausgegrenzten, in der Dritten Welt, bei den Deklassierten oder bei den ungelernten „Massenarbeitern".

Die meisten dieser Richtungen überlebten die Desillusionierung ihrer grandiosen Ansprüche in den siebziger Jahre nur um weniges. Einige konnten sich wandeln. Die neuen sozialen Bewegungen bewegten sich, im Prozeß ihrer Veralltäglichung, von einem ‚fundamentalistischen' Idealismus zur Rolle des realpolitischen Kerns eines großen neuen Lagers in der Politik. Bestimmte intellektuelle Richtungen, die nicht zur Sekte werden wollten, suchten den Austausch mit einer Unterströmung, die sich schon länger abseits der grandiosen Projekte entwickelt hatten, indem sie sich bewußt den ‚kleinen Dingen' der Alltagskultur, der Arbeitssoziologie oder der empirischen Sozialstruktur zuwandten. Hier spielte – übrigens auch in der von Dietrich Mühlberg in der DDR organisierten Forschung – der Austausch mit Historikern und Kulturwissenschaftlern, die sich schon länger in diese Richtung entwickelt hatten, und zwischen den streitenden soziologischen Strömungen eine besondere Rolle.

Viele dieser Aufarbeitungen waren mehr als Bestandsaufnahmen, da sie neue Wege der sozialwissenschaftlichen Diagnostik öffneten. Die umfassende empirische Sekundäranalyse, die Josef Mooser (1983, 1984) zum Strukturwandel der Klassenlagen, Kultur und Politik der Arbeiter seit 1900 vorlegte, gelangte – nicht unähnlich Burkart Lutz (1984) – zu dem Ergebnis, daß entscheidende Modernisierungen der deutschen Sozialstruktur erst in den Wachstumsjahren der Bundesrepublik abgeschlossen wurden.

Mooser öffnet den Blick für die nur begrenzte Geltung des urbanistisch-industriellen Paradigmas der Modernisierung. Die Zunahme großstädtischer und großindustrieller Verhältnisse hatten sich viele als eine Entwicklungstendenz vorgestellt, die sich unendlich fortsetzen würde. Die Annahme, eine „prototypische" Zukunftstendenz für die gesamte Sozialstruktur zu untersuchen, schwingt auch bei vielen Industriesoziologen, nicht nur bei Goldthorpe und Lockwood, mit. Moosers umfassende Datenanalysen zum Zeitraum von 1900 bis 1970 sprechen dagegen für die Annahme, daß diese Tendenzen ein inzwischen erschöpftes Übergangsphänomen charakterisierten. Viele Eigenschaften der *„Proletarität"* bezeichnen die instabile Situation von Zuwanderern während großer Industrialisierungsschübe: das junge Alter und die teils ungefestigten, teils noch sehr kleinen Familienstrukturen; die ausdünnenden Verbindungen zur Herkunftsgemeinde und der erst rudimentäre Zusammenhalt in der Ankunftsgemeinde; die Prekarität der Wohn- und Lebensverhältnisse; das Provisorische der Lebenshaltung und vieler Arrangements; die Rückstände der Bildungsstandards und die leichte Ersetzbarkeit im Betrieb.

Der Prozeß der Zuwanderung wurde in den 1950er Jahren noch einmal beschleunigt, als die Mechanisierung und Chemisierung der Landwirtschaft Millionen von mithelfenden Familienangehörigen, Landarbeitern und Bauern freisetzte. Auch die Erwerbskombination von Kleinlandwirtschaft und Industriearbeit schrumpfte erheblich. In den 1960er Jahren war das Reservoir der ständischen, agrarischen und subsistenzwirtschaftlichen Strukturen erschöpft, aus dem sich die Zuwanderung jüngerer Arbeitskräfte in städtisch-industrielle Milieus gespeist hatte. Die Lücke mußte durch die Zuwanderung ausländischer Arbeiter gefüllt werden. Deren Anteil an den Arbeitern überschritt 1964 den Stand von 1907 (6 Prozent) und erreichte 1970 schon 16 Prozent. Sie nahmen den Platz der jüngeren und weniger qualifizierten Arbeiter ein. Entsprechend nahm das Alters- und Qualifikationsniveau der deutschen männlichen Arbeiter zu. Von ihnen waren 1970 nur noch 21 Prozent jünger als 25 Jahre (halb so viele wie 1907 oder 1925), 55 Prozent waren Facharbeiter.

Das Erstaunliche der Befunde Josef Moosers scheint mir darin zu liegen, daß der Entstehungsprozeß der Erwerbsklasse der Arbeiter erst in den 1960er Jahren einigermaßen abgeschlossen war. Nach den oft destabilisierenden Prozessen des Wachstums war eine

Konsolidierung jenseits der „Proletarität" eingetreten. Die großen quantitativen Verschiebungen hin zu den großen Betrieben und Städten,[19] aber auch zu besseren Standards der Lebenshaltung und Einkommen[20] schienen zu einem gewissen Abschluß gekommen zu sein. Nur etwa 30 Prozent lebte in Großstädten und arbeitete in Großbetrieben. Die Hälfte wohnte immer noch in Kleinstädten und Dörfern, 30 Prozent arbeitete in Kleinbetrieben mit bis zu zehn Beschäftigten. Insgesamt pendelte sich die Arbeiterschaft auf einem hohen, sich nur leicht abschwächenden Niveau von knapp 40 Prozent der Erwerbstätigen ein und begann nun, ihre aktivsten und am besten ausgebildeten Söhne und Töchter an benachbarte, ähnlich oder verhältnismäßig besser situierte Milieus kleiner und mittlerer, seltener gehobener Angestellter und Beamter abzugeben.

Dieser Konsolidierung entsprach auch eine größere innere ‚Homogenität'. Die Arbeiterschaft rekrutiert sich zu zwei Dritteln aus Kindern von Arbeiterfamilien. Die Fremdrekrutierung, die um 1900 noch stärker mit den bäuerlichen und städtischen Volksklassen verbunden war (Handwerker, Kleinbauern, Landarbeiter), verbindet die Gruppe heute mehr mit den unteren und mittleren Angestellten und Beamten. Ähnlich, wenn auch mit einer gewissen Vorsicht, sich mit Milieus nichtmanueller Arbeit zu verbinden, verändern

---

19 Die Zunahme der *Großbetriebe* (mehr als 1000 Beschäftigte) hatte sich trotz anhaltender Kapitalkonzentration abgeschwächt. Der Anteil der Arbeiterschaft, der in Großbetrieben beschäftigt war, hatte sich von 1907 bis 1925 auf 20 Prozent verdoppelt, aber dann bis 1970 nur auf 28 Prozent vergrößert. Für die Kleinbetriebe von Industrie und Handwerk (bis 10 Beschäftigte) hatte sich Geigers Hinweis auf den Nachfrageeffekt langlebiger Konsumgüter bestätigt. Der Anteil der Arbeiterschaft, der in Kleinbetrieben beschäftigt war, war seit 1925 von 17 auf 31 Prozent angewachsen, nicht zuletzt wegen des Bau-, Reparatur- und Installationsbedarfs.

Auch die *Urbanisierung* hatte eine Grenze erreicht. Von den Arbeitern lebten 1970 nur 28 Prozent in Großstädten über 100.000 (ebensoviel wie 1925) und immerhin 51 Prozent (nur 7 Prozent weniger als 1925) in Gemeinden bis zu 20.000 Einwohnern, wo die Lebensweise sich noch deutlich von der urbanen unterschied. Hier wohnten 1968 die meisten der Arbeiterfamilien, die ein Haus und eine Wohnung besaßen, nämlich 80 Prozent des Drittels der eigenheimesitzenden Arbeiter. Das Verharren in kleinstädtischen und dörflichen Wohnmilieus konservierte aber, vermutet Mooser, die kleinbürgerliche Lebensweise nicht mehr so wie früher. Sie lockerte sich eher auf, da inzwischen viele (in den 1960er Jahren schon ein Drittel der Arbeiter), auch dank des viel gescholtenen Konsumguts Automobil, in modernere Arbeitsplätze pendeln. Zudem hat der Ausbau der Bildungs- und Infrastrukturen die kleineren Standorte wirtschaftlich attraktiv und zugänglicher für moderne Lebensweisen gemacht. So gibt es die „Entwicklung eines Arbeiterlebens auf dem Lande ohne Landwirtschaft" (1983: 153).

20 Die *Lebenshaltung* hatte sich nicht grenzenlos verbessert. Es gab Verbesserungen beim Primärbedarf (Nahrung, Kleidung, Wohnen), bei den besseren Massenkonsumgütern (Wohnausstattung, Geräte, Autos), bei Urlaubsreisen und in der Sparquote. Aber gespart wurde für Wohneigentum und immer noch den Existenzbedarf. Die Einkommenssteigerungen wurden nicht nur mit vermehrten Überstunden bezahlt. Von den Ehefrauen der Arbeiter waren 1969 insgesamt 46 Prozent hauptberuflich erwerbstätig, doppelt so viele wie 1925.

Insgesamt war die *Einkommenssituation* bescheiden, aber sie spiegelte doch eine Hierarchie zwischen den verschiedenen Kategorien der Arbeitnehmer. Mehr als 1200 DM netto (bezogen auf „männliche Haushaltsvorstände") verdienten 1971 von den gering qualifizierten Arbeitern weniger als 8 Prozent, von den Facharbeitern 12 Prozent und von den Vorarbeitern und Meistern bereits 34 Prozent. Bei den ausführenden Angestellten und Beamten war es anders. Hier verdiente zwar auch nur eine Minderheit mehr als 1200 DM, und zwar gut 30 Prozent von denen, die Volksschule und Lehre absolviert hatten, aber doch 40 Prozent von denen, die mittlere Bildungsabschlüsse hatten.

sich die Heiratskreise. Das qualifikationsbezogene Mobilitätsmuster erhielt seit den sechziger Jahren eine neue Wendung. Das „Muster der intergenerationellen Mobilität – ein stufenweiser Aufstieg innerhalb der Arbeiterschaft und aus höheren Positionen ein Wandel in nicht-manuelle Berufe – wurde seit den 1960er Jahren mit dem Einströmen der ausländischen Arbeiter in die unteren Positionen und mit der Bildungsreformpolitik nach oben gehoben", so daß „unter Arbeiterkindern eine Flucht aus der Arbeiterschaft einsetzte" (Mooser 1983: 172), die auch in mittlere und gehobene Positionen von Beamten und Angestellten führte.

Nach Moosers Auffassung (1983: 177; 1984: 228–236) ist es jedoch völlig abwegig, aus diesen Prozessen einer Entproletarisierung leerformelhaft auf eine „Verbürgerlichung" zu schließen. Denn es „wäre übertrieben, das Lebenshaltungsniveau des entproletarisierten Arbeiterlebens, das auf angestrengter Arbeit der Familie und sozialstaatlichen Leistungen beruht, mit dem alten besitzfundierten Wohlstand, der Häuslichkeit, Muße und Geselligkeit der ‚Honoratioren' zu vergleichen, selbst wenn einige Momente ihres Lebensstils wie Reisen und Freizeit auch für Arbeiter möglich wurden" (ebd.: 1984: 231). Zwar hat das dichotomische Bewußtsein abgenommen, aufgrund der Erfahrung, durch eigene Leistung soziale Verbesserungen zu erreichen. Diese Erfahrung „förderte und prägte eine individuelle bzw. familienbezogene Arbeitsmotivation und ein individualistisches Leistungsdenken, hinter das kollektive Selbstzurechnungen zurücktraten" (ebd.: 174). Daraus erklärt Mooser auch das „distanziertere Verhältnis" zu Gewerkschaften und Parteien (ebd.: 174–185). Aber damit werden keine Muster der bürgerlichen Kultur, zumal diese auch erodiere, übernommen. Vielmehr bleibe es bei den eher egalitären Mustern der Gerechtigkeit und Chancengleichheit in der Arbeiterkultur (Mooser 1983: 173, 1984: 233): „Die Arbeiterbewegung ist keineswegs an ihrem Ende angelangt" (ebd.: 1984: 235).

IX. „Individualisierung" und „postindustrielle Gesellschaft": Auflösung oder Pluralisierung der Klassenmilieus?

Als Moosers Buch 1984 erschien, galt der Klassenkonflikt der industriellen Arbeitsgesellschaft schon als ein Problem der Vergangenheit und die seit der Ölkrise von 1973 neu ansteigende Massenarbeitslosigkeit noch als vorübergehende Erscheinung. Die Protagonisten der großen intellektuellen Diskurse blickten fasziniert auf einen anderen „Epochenbruch", die 1973 deutlich gewordenen Grenzen des Wachstums und den Übergang zu post-industriellen Gesellschaftsstrukturen einer Dienstleistungs- oder Wissensgesellschaft, „jenseits von Klasse und Stand" (Beck 1983).

Angesagt war die Erosion der konventionellen Sozialmilieus und der historischen Lagermilieus der großen Volksparteien (Beck 1986). Die Optionssteigerungen der Wohlstandsgesellschaft und das Nachlassen konventioneller sozialer Kontrolle ermöglichten, so hieß es, eine „Individualisierung", in der die einzelnen sich von alten Klassenmilieus entkoppeln und neue Milieus und Identitäten ausbilden konnten. Freilich hatte die ‚Risikogesellschaft' auch Gefahren und Ungleichheiten, aber diese waren nicht nach Klassenzugehörigkeit verteilt, sondern betrafen teils alle (wie die Umwelt-, Demokratie- und Friedensfragen) und teils, als „neue soziale Ungleichheiten" (Hradil 1987b), besondere Gruppen, die nach Geschlecht, Lebensphase, Familienform, Ethnie, Region und Milieu zu definieren waren. Heiner Geißler (1976) hatte sogar von der „neuen sozialen Frage" gesprochen: Nach der Lösung der „alten sozialen Frage" seien nun die Gruppen mit geringer Verhandlungsmacht, die im institutionellen Dreieck von Kapital, Arbeit und Staat nicht repräsentiert sind, benachteiligt, insbesondere die Frauen, die Alten und die Ausländer.

Der alte Klassenkonflikt schien auch dann nicht zurückzukehren, als die weltmarktvermittelten Strukturkrisen seit etwa Mitte der achtziger Jahre verstärkt die Trägerbranchen des einstigen Wirtschaftswunders erfaßten. Zwar begann damit auch die Mitte der Arbeitnehmergesellschaft erneut in Gewinner und Verlierer der Modernisierung (und Mittelgruppen von Verunsicherten und Prekären) auseinanderzudriften. Doch es wuchs damit nicht eine zusammenhängende Unterklasse, sondern ein heterogenes Feld von sozial benachteiligten Gruppen im unteren und mittleren Teil der Gesellschaft, die als Milieu- und Mentalitätsgruppen nicht zusammengehören: Teile einer „neuen Unterklasse" von schlecht Ausgebildeten, am Rande zu prekärer Beschäftigung oder Dauerarbeitslosigkeit; benachteiligte Frauen; Ausländer und Zuwanderer; schließlich ‚Risikogruppen' (Kranke, Alleinerziehende, Durchschnittsverdienende mit Kindern, durch die Strukturkrisen freigesetzte Ältere usw.), die unzureichend durch soziale Netze gestützt werden.

Diese Heterogenität schien den Thesen vom Ende des Klassengesellschaft und der Fragmentierung sozialer Zusammenhänge rechtzugeben. Auch als, mit dem Fall des Eisernen Vorhangs und mit der europäischen Integration nach Maastricht, der globale Konkurrenzdruck die Strukturkrisen erneut verstärkte, kehrte der soziale Konflikt zunächst nicht zurück. Im Vordergrund standen eher zivilgesellschaftliche Fragen wie die hohe ‚Politikverdrossenheit' und die jugendkulturellen ‚Krawalle', der Ausländerhaß und die Frauengleichstellung, die Kriege im Irak und in Bosnien.

Zu dieser Unübersichtlichkeit, in der die soziologische Diagnosefähigkeit unterzugehen drohte, trugen verschiedene theoretische und methodologische Schemata der Sozialstrukturanalyse bei. Die Komplexität und Vieldimensionalität der Entwicklungen wollte nicht nur von den neuen Forschungen zum Wandel der sozialen Lagen, Lebensweisen und Milieus (Beck 1983, 1986; Hradil 1987a, 1992; Berger 1990, 1996; Kreckel 1983; Zapf 1987) facettenreich beschrieben werden. Sie rief auch nach *analytischen Konzepten*, die von der individuellen Vielfalt zu Typologien und von diesen zu den größeren gesellschaftlichen Konfigurationen gelangen konnten. Eine solche Möglichkeit lag in der von Max Weber und Theodor Geiger begründeten typenbildenden Mentalitätsanalyse und in der Synthese klassischer Sozialstrukturanalysen, die Pierre Bourdieu (1982) entwickelte.

Die *typenbildende Mentalitätsanalyse* hat bisher vor allem zwei methodologische Mängel nur unzureichend bewältigt: die Reduktion komplexer Typen auf Einzeldimensionen und die naiven Theorien der Prägung und der Saturierung, mit denen die Entstehung und Veränderung von Mentalitäten erklärt werden soll.

Das Problem des *Reduktionismus* zeigt sich in der Neigung, aus der Diagnose *einzelner* Mentalitätszüge beeindruckende Prognosen für das Verhalten ganzer Personen abzuleiten. Dies traf nicht zuletzt die Arbeiter, denen Autoritarismus (Lipset) und Materialismus (Inglehart), ein reduzierter Sprachcode (Bernstein) und Gewaltneigungen bzw. instrumentelle und utilitaristische Geldorientierungen (nach Goldthorpe und Lockwood 1970) zugeschrieben wurden. Wenn wir dagegen einen einzelnen Zug im Zusammenhang, als Teil eines *Syndroms* von Mentalitätszügen, verstehen, ändert er seine Bedeutung. Beispielsweise dient die instrumentelle Geldorientierung des „Wohlstandsarbeiters" dem Wohlergehen der Familie und nicht etwa dem individuellen Konsum oder dem Vorankommen in einer beruflichen Hierarchie. Der hohe Wert der Vergemeinschaftungen (Familie, Freundeskreis, Nachbarn, Kollegen usw.), der die Arbeitermilieus von den anderen Milieus unterscheidet, meint andererseits nicht einen Kollektivismus, in dem der einzelne oder seine Leistung wenig gelten. Sie gelten nur nicht so absolut, sondern erhalten ihren Stellenwert in der Gesamtstruktur des Mentalitätstypus.

Die *Gesamtstruktur des Habitus*, d.h. der impliziten Schemata des Geschmacks, der Wahrnehmung und der Praxis der Lebensführung (Bourdieu 1982), ist nicht unmittelbar aus den überaus vielfältigen äußeren Merkmalen und Praktiken oder aus einzelnen Zügen zu ersehen. Sie kann nur durch theoretische Abstraktion aus qualitativen Einzelfallstudien oder historischem Material gewonnen werden. Arbeiten wir diese Grundstrukturen heraus, so werden hinter der Vielfalt der Erscheinungsformen wenige, aber in sich auch unterteilbare, Grundtypen erkennbar. Mit der Syndromstruktur können, wie ich am Beispiel der Arbeitermentalitäten zeigen möchte, dann auch Abgrenzungen und Verwandtschaften, Genealogien und Veränderungen von Mentalitätsformen nachprüfbar ermittelt werden.

Da die Individuen ihren Habitus in der Sozialisation und in sozialen Beziehungen ausbilden, sind die *Veränderungen des Habitus* nicht einfach „Prägungen" nach Art der naiven Milieu- und Manipulationstheorien, die den Theorien der ‚Verbürgerlichung' zugrundeliegen. Sie sind auch nicht Funktionen schlichter materieller Sättigung bzw. Nichtsättigung, die, nach den Theorien des „Wertewandels" und der „Verelendung", zur Zufriedenheit bzw. zur Rebellion führen. Darauf ist keine Prognostik zu stützen. Als Alternative dazu hat Maurice Merleau-Ponty (1965: 503–508) das Theorem der „*Öffnung des sozialen Raums*" entwickelt. Es beruht auf der Erfahrung, daß die Elendesten in aller Regel resignieren, während gerade diejenigen, deren Lage sich verbessert, in dieser Öffnung auch Chancen eines erweiterten Lebensentwurfs sehen, für den sie in sozialen Bewegungen zu kämpfen bereit sind.

Das Öffnungs-Theorem von Merleau-Ponty erlaubt, im Verein mit dem Syndrom-Konzept, eine Betrachtung, in der Kontinuität und Wandel der Mentalitäten nicht mehr als sich ausschließende Gegensätze betrachtet werden müssen. Nach dem Öffnungs-Theorem führte die Erweiterung sozialer Chancen in der Nachkriegsgesellschaft gerade nicht zur Anpassung, sondern zu höheren Ansprüchen. Sie gab denjenigen Potentialen des Habitus, die zuvor keine äußere Realisierungschance hatten, eine Chance der Entfaltung. So hat z.B. die in der Facharbeiterkultur schon immer angelegte Neigung, sich zu bilden, Befriedigung in anspruchsvoller Arbeit zu suchen und sich von niemand Vorschriften machen zu lassen, sich in den Kinder- und Enkelgenerationen der Arbeiterschaft immer stärker ausgeprägt. Dies ist durchaus eine Art „Individualisierung", aber eine, die die Arbeitermentalität nicht auflöst, sondern weiterentwickelt. Wir sprechen daher von *Habitus-Metamorphosen*, die zu immer neuen Verzweigungen der *Milieu-Stammbäume* der sozialen Klassen führen.

In unseren vor allem auf das Paradigma Pierre Bourdieus gestützten Untersuchungen haben wir die drei bereits erwähnten historischen Milieu-Stammbäume gefunden, auf die sich die erwerbsstatistische Kategorie der „*Arbeiter*" hauptsächlich verteilt (vgl. *Abbildung 1)*. Es sind die weiter in sich unterteilten „Stammbäume" der „Traditionellen" (1.), der „Traditionslosen" (2.) und der „Kleinbürgerlichen" Arbeiter (3.). Die folgenden Zusam-

Michael Vester

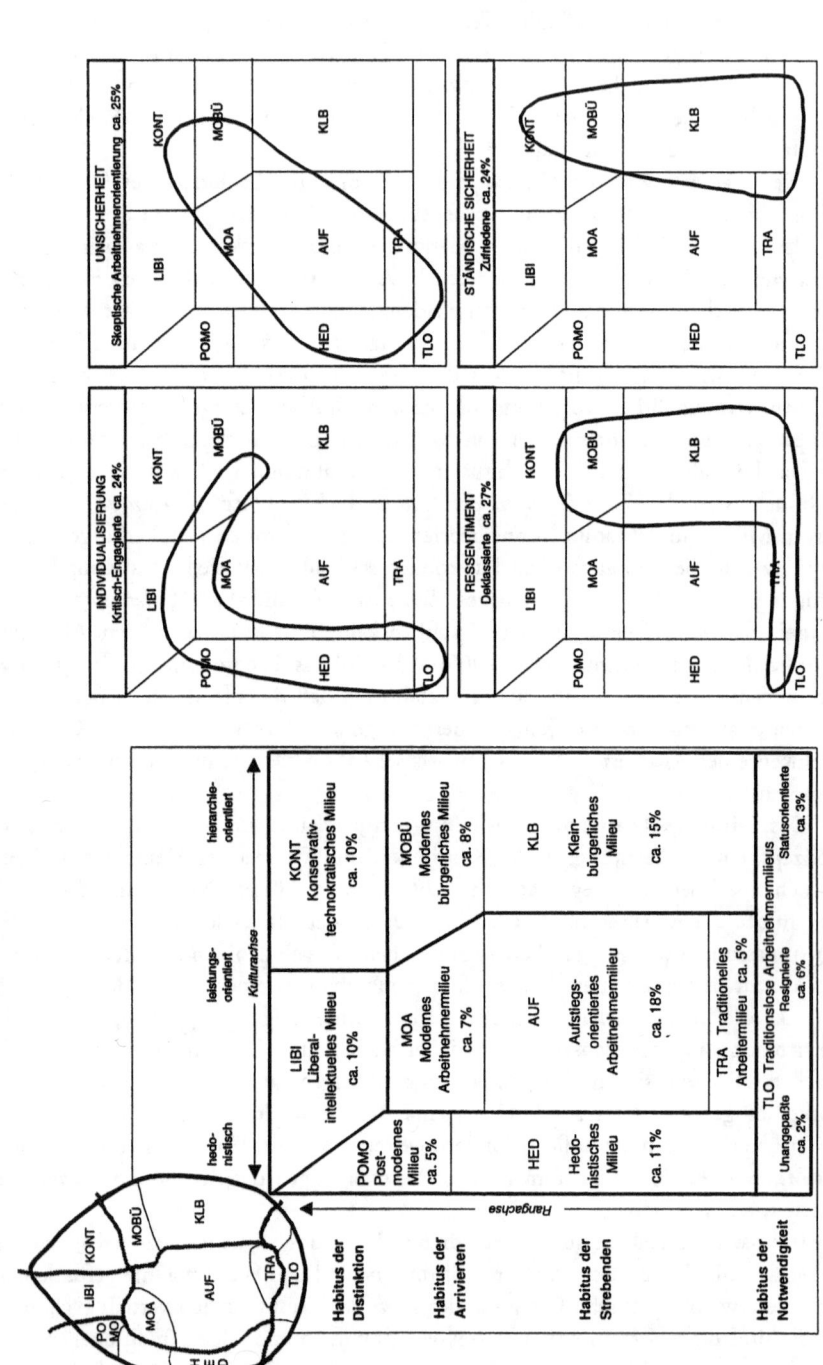

Abbildung 1: Die Milieus der alltäglichen Lebensführung im sozialen Raum Westdeutschlands 1995*

Abbildung 2: Die weltanschaulichen Lager im sozialen Raum Westdeutschlands*

* Größengerechte Anordnung nach Vester u.a. (1993/1998), Becker u.a. (1992), Flaig u.a. (1993) und ‚Spiegel' (1996) im Raum des Habitus nach Bourdieu (1982).

menfassungen stützen sich auf neuere Einzelstudien der Mentalitätsforschung von Helmut Bremer (1998), Daniel Gardemin (1998) und anderen.[21]

Die ersten beiden Gruppen gehören zum engeren Formenkreis der Arbeitermilieus. Für beide steht über allen anderen Lebenszielen der Zusammenhalt der Gemeinschaft und die Sorge für die Nachkommen („proles"), die dem Proletariat seinen Namen gegeben hat. Zur Erreichung dieses Ziels verfolgen jedoch die beiden Gruppen grundsätzlich verschiedene Strategien, die sehr alte historische Wurzeln haben und schon in der griechischen Fabel von der emsigen Ameise und der lebenslustigen Grille und ebenso in der sozialgeschichtlichen Forschung beschrieben sind.[22] Zur Zeit der industriellen Revolution wurden diese beiden Gruppen auch in dem Begriff der „armen und arbeitenden Klassen" zusammengefaßt.

1. Die erste Tradition umfaßt die ‚*respektablen‘ Milieus der arbeitenden Klassen*, Milieus der qualifizierten körperlichen Arbeit und der praktischen Intelligenz. Zu ihnen gehören heute, wie vermutlich schon in der frühen Bundesrepublik (von Bismarck 1957), immer noch etwa 30 Prozent der Deutschen. Die beiden jüngeren Generationen dieses Milieu-Stammbaums werden heute gerne auch als die „neue arbeitnehmerische Mitte" bezeichnet.

Die älteste und inzwischen auf 5 Prozent geschrumpfte Generation (1.1.) bildet das klassische „*traditionelle Arbeitermilieu*". In seiner Lebensführung überwiegen aktive Strategien, in denen Selbstdisziplin und persönliche Verantwortung eine besondere Rolle spielen. Sie bestehen in der planmäßigen Organisierung einer verläßlichen Gemeinschaft, eines bescheidenen Lebensstils und guter Facharbeit, durch die man sich dann aber auch das Recht auf Muße und Lebensgenuß verdient. In dieser Variante der protestantisch-rationalen Ethik wird die Pflicht zu einer asketischen und planenden Lebensführung ausbalanciert durch das Recht, das Erarbeitete zur rechten Zeit auch zu genießen: „Tages Arbeit – abends Gäste, saure Wochen – frohe Feste!"

Das erste Milieu, daß sich aus diesem Stamm-Milieu herausdifferenziert hat, ist das „*aufstiegsorientierte Arbeitnehmermilieu*" (1.2.) mit etwa 18 Prozent. Es repräsentiert vor allem die Berufsstrukturen und die Einstellungen zur Arbeit und zur sozialen Sicherheit, die sich in den Jahren der Entproletarisierung herausgebildet haben. Es besteht hauptsächlich aus gut ausgebildeten modernen Arbeitnehmern, insbesondere aus (vorwiegend männlichen) Facharbeitern und (vorwiegend weiblichen) qualifizierten Angestellten sowie einigen kleineren beruflichen Nachbargruppen im sozialen Raum *(Abbildung 3)*. Der Habitus der asketischen Leistungsmoral wird ausgewogen durch den Anspruch, dafür auch durch stärkere Teilhabe am Wohlstand belohnt zu werden. Die „Aufstiegsorientierten" vertreten einen in der Leistungsethik begründeten sozialen Egalitarismus, insbesondere

---

21 Herangezogen wurden auch die Fallstudien von Dagmar Müller (1990), Andrea Lange (1993, 1996), Susanne Völker (1996), Michael Hofmann (1995a, 1995b) und Astrid Segert (1994, 1995) über westdeutsche und ostdeutsche Arbeitermilieus sowie die Befunde zum Arbeitshabitus, die Bourdieu (1982: 585–755), Becker et al. (1992) und Flaig et al. (1992, vgl. ‚Spiegel' 1996) vorgelegt haben.

22 Thompson (1987: 255–292) unterscheidet, wie andere Autoren, um 1800 „respektable" und „nichtrespektable" Handwerker, Lucas (1976) um 1900 die rationale Facharbeiterkultur von Remscheid und die spontane Kultur der angelernten Bergarbeiter von Hamborn. Entsprechend grenzen Popitz, Bahrdt et al. (1957: 193–215) für die 1950er Jahre das Gesellschaftsbild der „progressiven Ordnung" vom Gesellschaftsbild der „unabwendbaren Dichotomie" ab.

Abbildung 3: Raum der sozialen Positionen des Aufstiegsorientierten Arbeitnehmermilieus (Männer und Frauen in zwölf Berufsgruppen nach Stellung im Beruf)*

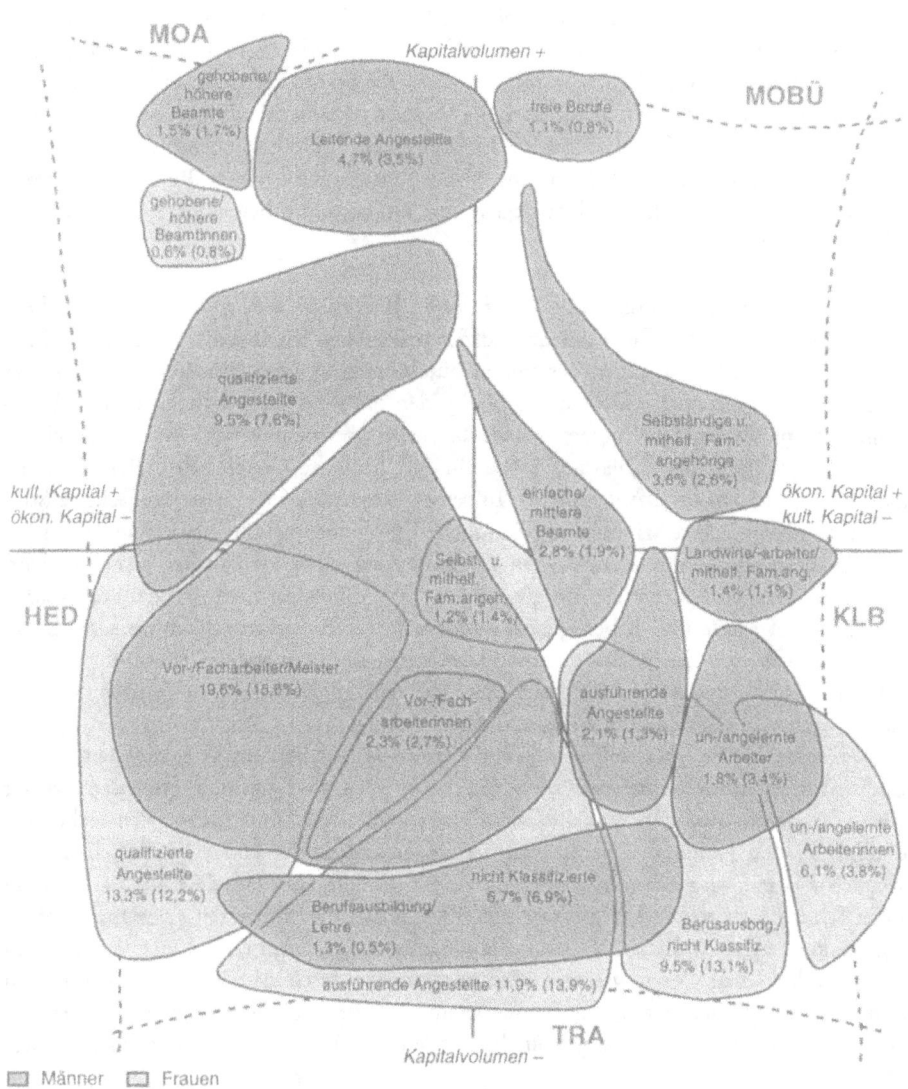

▓ Männer   ▭ Frauen

* In Relation gesetzte berufliche Teilräume nach dem relationalen Positionierungsverfahren nach Bourdieu verortet in Bourdieus Raum der sozialen Positionen (vgl. Bourdieu 1982); berechnet nach der Repräsentativbefragung 1991 im Auftrag der agis Hannover (Vester u.a. 1993, 1998).

Prozentangaben: Befragte im Aufstiegsorientierten Arbeitnehmermilieu (in Klammern: Befragte in gesamter Stichprobe).
Lesebeispiel: Vor-/Facharbeiter/Meister 19,6% (15,6%) = 19,6% im Aufstiegsorient. Arbeitnehmermilieu sind Vor-/Facharb./Meister, 15,6% aller Männer der gesamten Stichprobe sind Vor-/Facharb./Meister. Fehlende Berufsgruppen (<1%): einf./mittl. Beamtinnen; Landwirtinnen/-arbeiterinnen; freie Berufe (Frauen); leitende Angest. (Frauen). Angrenzende Milieus: TRA = Traditionelles Arbeitermilieu, MOA = Modernes Arbeitnehmerm.; HED = Hedonistisches M.; MOBÜ = Modernes bürgerliches M.; KLB = Kleinbürgerl. M.

© agis – Daniel Gardemin

die Chancengleichheit aller Arbeitenden, ohne Ansehen des Geschlechts, des Herkunftslands, der Gesinnung usw. Sie gehören zu den verläßlichen Vertretern sozialer Toleranz („Leben und leben lassen!") und der Demokratie, obwohl die Hälfte von ihnen äußerst frustriert ist von der Erfahrung, daß Leistung heute nicht mehr vor Arbeitslosigkeit und Prekarisierung schützt. Sie setzen diese Frustration aber überwiegend nicht in Vorurteile um, sondern in rationale Kritik an der herrschenden Wirtschaftspolitik.

Die demokratisch-emanzipatorischen Züge sind in der Enkelgeneration, dem seit den achtziger Jahren auf etwa 7 Prozent angewachsenen *„modernen Arbeitnehmermilieu"* (1.3.), noch deutlicher artikuliert. Es hat unter den Bedingungen erweiterter sozialer Chancen das Verhaltensrepertoire des „innengeleiteten" traditionellen Arbeitermilieus weiterentwickelt und kombiniert nun das Ethos guter Facharbeit und methodischer Lebensführung mit dosierten Momenten des Hedonismus und der Individualisierung. Im Beruf besteht der Ehrgeiz, sich lebenslang fachlich weiterzuentwickeln und verantwortungsvolle Tätigkeiten auszuüben. Aufgeschlossenheit für Neues und auch für unkonventionelle Lebensformen werden mit dem ererbten Sinn für die eigenen Grenzen ausbalanciert. Das Aufstiegsstreben begrenzt sich oft auf Fachhochschulabschlüsse und auf Berufsgruppen moderner technischer und sozialer Fachintelligenz. Denn neben dem Aufstieg muß Raum bleiben für vielfältige gesellige Beziehungen mit Gleichaltrigen – und auch den regelmäßigen Besuch bei den Eltern.

2. In den drei *„traditionslosen Arbeitermilieus"* (ca. 11 Prozent) überwiegen passive Strategien der *Anlehnung und Entlastung*. Sie entsprechen den geringen eigenen Ressourcen und der Macht-Ohnmacht-Dichotomie ihres Gesellschaftsbilds. Arbeit ist nicht mehr als ein notwendiges Übel. Zur methodischen Lebensplanung und höheren Bildung besteht wenig Motivation. Denn die Umstände sind von oben bestimmt und kaum beeinflußbar. So wird es vorgezogen, die Gegenwart zu genießen, glückliche Gelegenheiten geschickt zu nutzen und sich auch Protektion von oben zu sichern. Soziale Ungleichheit und Hierarchie werden hingenommen – und für Anlehnungsstrategien ausgenutzt. Dies entspricht den historischen Wurzeln des „Traditionslosen" in den unterständischen dörflichen und städtischen Milieus der vorindustriellen Zeit (vgl. u.a. Conze 1966; Kocka 1990). Sie sind sich der Risiken der Destabilisierung und moralischen Ausgrenzung sehr bewußt und entwickeln dagegen Strategien des *„Mithaltens"* mit den Standards der Sicherheit, des Konsums und der Anerkennung in der breiten Mitte der Gesellschaft. Hierzu verhelfen, anstelle einer innengeleiteten Leistungsmoral, *außengeleitete Formen des Selbstzwangs*, verkörpert in der Anlehnung an stabile Lebenspartner, Arbeitskollektive, die Gewerkschaft, staatliche Hilfen usw.

Zwar haben sich auch diese Milieus in der Geschichte der Bundesrepublik in drei generationenspezifische Zweige differenziert. Aber der Anschluß an die historischen Chancen der „Teilhabe" und der „Individualisierung" hat bei weitem nicht das gleiche Ausmaß erreicht wie bei den Abkömmlingen des traditionellen Arbeitermilieus. Während diese, aufgrund ihrer grundsätzlich besseren Ausstattung mit kulturellem und sozialem Kapital, die Chancen des Wirtschaftswachstums erfolgreich nutzen konnten, blieben die „Traditionslosen" auf ihre Anlehnungsstrategien verwiesen.

Das Milieu der *„resignierten Traditionslosen"* (2.1.) repräsentiert, mit ca. 6 Prozent, jene, bei denen die Strategien der Respektabilität an äußeren Schwierigkeiten gescheitert sind und die sich, als „underdogs", verbittert darein schicken müssen, daß ihnen die Gesellschaft kaum Perspektiven bietet. Im Gegensatz dazu ist es dem Milieu der „*status-orientierten Traditionslosen*" (2.2.), mit ca. 3 Prozent, in den Wachstumsjahren immerhin gelungen, es mit der Anlehnung an die kleinbürgerlichen Varianten der Respektabilität, Arbeitsorientierung und Pflicht zu beachtlicher Stabilität zu bringen. Die „*unangepaßten Traditionslosen*" (2.3.), mit ca. 2 Prozent, lehnen sich an die Werte des konsum- und erlebnisorientierten „hedonistischen Milieus" in der gesellschaftlichen Mitte an und zeigen wenig Respekt vor den kleinbürgerlichen Werten, der Hochkultur, dem Staat und der Kirche.

In allen drei Milieus gibt es einen Prozentsatz mit autoritären und ausländerfeindlichen Dispositionen, die ihrem Hierarchie- und Anlehnungsdenken entsprechen. Aber diese Potentiale sind nicht etwa bei den perspektivlosen und frustrierten „Resignierten", die anomischen Erfahrungen am nächsten scheinen, am meisten ausgeprägt. Diese sehen vielmehr in einer gewerkschaftlich-arbeitnehmerischen Orientierung eine Stabilisierungsmöglichkeit. Vorurteile sind – wie überall – nicht bei jenen am größten, die am meisten frustriert sind, sondern bei den stärker autoritär disponierten Milieus, d.h. den eher individualisierten „Unangepaßten" und den eher kleinbürgerlichen „Statusorientierten".

3. Die dritte Formation von Milieus mit großem Arbeiteranteil entstammt den bürgerlich-ständischen Traditionen der „kleinen Leute". Von diesen umfaßt das „*kleinbürgerliche Milieu*" (3.1.), mit ca. 15 Prozent, vor allem Arbeiter, Angestellte und kleine Selbständige, die überwiegend in stärker hierarchisierten traditionellen Berufsgruppen arbeiten und ein eher bescheidenes Einkommen haben. Dies korrespondiert mit einer sehr konventionellen Mentalität, die bei der Hälfte der Gruppe mit einem harten Autoritarismus verbunden ist. In den letzten Jahren hat sich ein etwas besser situiertes Milieu von Modernisierungsgewinnern, das „*moderne bürgerliche Milieu*" (3.2.) mit ca. 8 Prozent, herausdifferenziert, das seine autoritären Haltungen durch die liberale Aura eines modernen Lebensstils mildert. Im Arbeitsleben vertritt es eher die Leistungsethik des „aufstiegsorientierten Arbeitnehmermilieus" (1.2.), privat und politisch einen patriarchalischen Autoritarismus und ethnozentrische Vorurteile. Andere Abwanderer sind möglicherweise, als jugendliche Rebellen gegen die kleinbürgerliche Enge, zum hedonistischen Milieu am linken Rand des sozialen Raums übergewechselt.

David Lockwood (1995: 8) hat darauf hingewiesen, daß der Milieu-Ansatz von Hradil, Berger und Schulze den verschiedenen sozialen Milieus aus methodologischen Gründen „keine klare strukturelle Verortung" geben kann. Dieses Problem läßt sich jedoch mit dem Paradigma des sozialen Raums und des Habitus von Pierre Bourdieu (1982) lösen. So haben wir in *Abbildung 1* die Milieus nach ihren Habitusformen im Raum positioniert[23] und dadurch auch die Verwandtschaften und Trennlinien räumlich dargestellt.

Unsere nach Bourdieus Paradigma angelegte Repräsentativbefragung (Vester et al. 1993/ 1998) ergab, daß die Habitustypen sich auch in bestimmten Einkommenslagen und Be-

---

23 Im Verfahren der relationalen Gruppenpositionierung nach Bourdieu bezeichnet die vertikale ‚Rangachse' die Masse-Elite-Dimension nach den Gegensatzpaaren grob-fein, einfach-anspruchsvoll usw., die horizontale „Kulturachse" die Modernisierungsdimension im Sinne der Gegensatzpaare konventionell-individualisiert, restriktiv-selbstbestimmt usw.

rufspositionen[24] konzentrierten. Beispielsweise ermittelte Gardemin (1998) für das „aufstiegsorientierte Arbeitnehmermilieu" eine Konzentration in modernisierten Arbeitnehmerberufen mittlerer Qualifikations- und Einkommensstufen, mit einer gewissen Streuung in einige Nachbarzonen (Abb. 3), die möglicherweise Ausdruck einer Milieumobilität sind. Zugleich weist er eine geschlechtsspezifische Segmentierung der Berufspositionen nach. Offenbar gehört es zur geschlechtlichen Arbeitsteilung des Milieus, daß die Männer eher Facharbeiter und die Frauen eher Angestellte sind. Das Milieu ist also nach außen, entsprechend Geigers Diagnose, nach dem schichtstrukturierenden Kriterium der Berufsqualifikation abgegrenzt – und nach innen nach dem Geschlecht strukturiert.

Die räumliche Anordnung der Milieus ergibt ein Gesamtbild, das (auch in der sehr vereinfachten Form der *Abbildung 1)* strukturierte Beziehungen erkennbar werden läßt. Es handelt sich um Affinitäten und Abgrenzungen, vertikale Stufungen und ein horizontales Nebeneinander. Am Beispiel des „aufstiegsorientierten Arbeitnehmermilieus" *(Abbildung 3)* ist zu sehen, daß die Abgrenzungen zuweilen scharf sind (wie etwa zum „hedonistischen Milieu") und zuweilen auch Übergänge bilden (zu den übrigen Nachbarmilieus). Wichtig für unsere Frage nach der Aktualität des Klassenkonflikts sind einerseits die Trennlinien, die die moderneren von den traditionaleren Milieus abgrenzen. Denn von den Gruppen rechts im sozialen Raum ist eine größere Akzeptanz hierarchischer Ungleichheit und eines autoritären Populismus zu erwarten als z.B. von der „neuen Mitte". Zum anderen sehen wir die klassischen Trennlinien, die das Gesamtfeld sozialer Ungleichheit in drei vertikale Lagen unterteilen. Die obere Trennlinie sondert die Gruppen mit dem mehr oder minder distinktiven Habitus der ‚feinen Leute' von der übrigen Gesellschaft. Die untere Trennlinie ist die der „Respektabilität", durch die sich die sozial gesicherten Milieus von den Milieus der Proletarität abgrenzen.

Die verschiedenen Trennlinien repräsentieren vergangene und aktuelle Bewegungen im sozialen Raum. Die große, respektable Mitte hat sich in den Wachstumsjahren gebildet, als die Arbeiterschaft in die große integrierte „Arbeitnehmergesellschaft" (Lepsius 1973b) aufstieg. Stark gewachsen sind dabei auch die moderneren Zweige aller Milieustammbäume, und zwar besonders links und in der linken Mitte des sozialen Raums. Diese Linksdrift, die mit der Zunahme des kulturellen Kapitals verbunden ist und auf Kosten der konventionelleren Milieus geht, bestätigt die These der Individualisierung. Nur repräsentiert diese keine absolute Tendenz und keinen Epochenbruch, sondern einen eher graduellen inneren Wandel der bestehenden Milieus. Die Individualisierung setzt auch die vertikalen Klassenteilungen nicht außer Kraft, sondern sie überkreuzt sich mit ihnen. Über der Armutszone (von etwa 10 Prozent) hat sich, wie die Caritas-Studie von Hübinger (1996) ergab, eine Zone des „prekären Wohlstands" (von weiteren 25 bis 30 Prozent) gebildet. Auch die große Untersuchung von Bourdieu et al. (1997) über die ‚Misère du Monde' konstatiert zunehmende Prekarisierungen unten und schleichende Destabilisierungen in der Mitte des sozialen Raums.

---

24 Diese wurden nach der vertikalen Achse des „Kapitalvolumens" (Umfang bzw. Rang der Bildungs- und Einkommensressourcen) und der horizontalen Achse der „Kapitalstruktur" (relativer Anteil von Bildungskapital und ökonomischem Kapital), die auch die Modernisierung der Produktionsweise durch höhere Anteile kulturellen Kapitals angibt, positioniert.

X. „Segeln vor wechselnden Winden":
Von linearen Prognosen zur Diagnostik komplexer Felder

Theodor Geiger hatte 1949 die Sozialstruktur als historische Formation verstanden, als Zusammenhang einer Pluralität von historisch ‚ungleichzeitigen' Strukturierungen. Er nahm an, daß das relative Gewicht der ständischen Strukturen (vorindustrieller Herkunft) und des Klassendualismus (aus der Zeit von Marx) im Geschichtsverlauf weiter abnehmen werde. An ihrer Stelle würden zwei neue Schichtungsprinzipien dominant, der sog. Qualifikationsrang (d.h. Schichtgegensätze nach zunehmenden oder geringen Ausstattungen mit kulturellem Kapital) und die politische Regulierung der Klassenstruktur (mittels der Instrumentarien des institutionalisierten Klassenkampfs und des Wohlfahrtsstaats). Geiger verstand diese Schichtung nach Qualifikationsgruppen als Teil eines umfassenderen Entwicklungsprozesses der *Produktivkräfte* und der *gesellschaftlichen Arbeitsteilung*, in dem auch die kleinen Selbständigen zwar abhängig, aber nicht überflüssig würden.[25]

Diese Prognosen wurden durch die Entwicklung nach dem Zweiten Weltkrieg im wesentlichen bestätigt. Nicht nur die Erwartungen einer generellen Proletarisierung, sondern auch die einer *linearen* Zunahme der taylorisierten Industriearbeit sowie der Fragmentierung und Urbanisierung der Lebensweise erfüllten sich nicht. Die Entwicklung verlief eher *scherenförmig*. Einerseits bestätigten sich die ökonomisch begründeten Prognosen der ‚Affluent Society' von Galbraith (1956, 1959), daß durch hochproduktive neue Technologien, Qualifikationen und Organisationsformen nicht nur ungeahnte Konsummöglichkeiten, sondern zunehmend auch soziale Schichten und Milieus von gut ausgebildeten und kritischen Bürgern entstehen würden, die für eine sinnvolle Verteilung und Verwendung des historisch neuen gesellschaftlichen Reichtums eintreten würden. Umgekehrt erwies sich für Galbraith (1992) auch, daß, mit der Wiederkehr wirtschaftlicher Krisen und neoliberaler Deregulierungspolitik nach 1970, neue soziale Unterschichtungen entstehen konnten; insbesondere ausländische Zuwanderer, Frauen und schlecht ausgebildete Arbeitnehmer wurden von prekären Arbeitsverhältnissen, Dauerarbeitslosigkeit und Ausgliederung betroffen. In der Literatur der sozialstrukturellen Bestandsaufnahme wird diese Gegenläufigkeit verschiedener aktueller Entwicklungstendenzen differenzierter herausgearbeitet (Mooser 1983, 1984; Berger 1986; Hradil 1987a).[26]

---

25 Zwar widerspricht Geiger damit dem Marxschen „allgemeinen Gesetz der kapitalistischen Akkumulation" und der daraus abgeleiteten Prognose der Klassen*polarisierung*. Aber zu seiner Prognose einer Klassen*pluralisierung* gelangt er aufgrund eines anderen, differenzierteren Theorems, das ebenfalls von Marx stammt und auf die Widersprüche zwischen den gesellschaftlichen Produktivkräften und den kapitalistischen Produktionsverhätnissen (vgl. von Oertzen 1994: 392f.) zielt. Insofern ist für Geiger auch die Vorherrschaft des großen Kapitals und die Benachteiligung sozialer Gruppen keineswegs beendet, so daß eine politische Regulierung, ermöglicht durch die Gewerkschaften und die Wahlerfolge der Arbeiterbewegung, auch nicht überflüssig wird.

26 Mooser weist an langen historischen Zeitreihen nach, daß die Arbeiter an dem großen Qualifizierungsprozeß teilnahmen und mehrheitlich nicht in die großbetriebliche und großstädtische Anonymität und Isolierung eintraten, daß sich aber unterhalb der Arbeiterschaft neue ethnische, geschlechtliche und qualifikatorische Unterschichtungen ausbildeten. Berger arbeitet, ähnlich wie Hradil, differenziert die Koexistenz verschiedenartiger Schicht- und Ungleichheitsstrukturierungen, von Schließungen und Öffnungen und der unterschiedlichen Betroffenheit nach Geschlecht, Ethnie usw. heraus.

Die Bedeutung des kulturellen Kapitals für die gesamtgesellschaftlichen Klassenteilungen wurde vermutlich von Geiger eher unterschätzt als überschätzt. Die Differenzen des kulturellen Kapitals markieren nicht nur die feinen Unterschiede zwischen Berufsgruppen, sondern auch die großen gesellschaftlichen Klassenteilungen, sowohl nach „objektiven" Funktionen wie gleichzeitig auch nach den „subjektiven" symbolischen Abgrenzungen, die die Akteure in ihrer sozialen Praxis selber vollziehen. (Insofern sind sie heute möglicherweise auch zuverlässigere Indikatoren der Zugehörigkeit zu sozialen Großgruppen oder Milieus als die herkömmlichen Schichtindikatoren oder die Unterscheidungen zwischen Arbeitern und Angestellten, bzw. industrieller Produktion und Dienstleistungen.) Wir erkennen dies an den großen Teilungslinien unseres Diagramms *(Abbildung 1)*. Die waagerechten Linien bezeichnen die vertikale Teilung zwischen der „legitimen Kultur" der akademisch Gebildeten, der „populären Kultur" der respektablen Mitte und der „vulgären Kultur" der „nicht-respektablen" unteren Klassen. Jede dieser drei Stufen wird durch senkrechte Linien wiederum in mindestens drei Säulen geteilt, die sich nach Kultur und historischen Herkunftslinien grundsätzlich voneinander unterscheiden. So setzen die oberen Milieus, in zeitgemäßer Form, die historische Teilung zwischen den Kulturen des Besitzbürgertums, des Bildungsbürgertums und der schönen Künste fort. In der Mitte unterscheiden sich kleinbürgerlich-statusorientierte, arbeitnehmerisch-leistungsorientierte und hedonistisch-konsumorientierte Milieus voneinander. Im unteren, prekären Teil der „traditionslosen Arbeiter" finden wir eine an analoge Teilung in ständisch, arbeitnehmerisch und hedonistisch orientierte Submilieus.

Die so beschriebene Struktur der Klassenkulturen darf freilich nicht als „platonistisches" Konstrukt mißverstanden werden, als Ableitung aus vorgegebenen Gliederungs- und Differenzierungslinien. Denn das Feld konstituiert sich aus Milieus mit teilweise sehr alten Traditionen, die die Grundkonzepte ihrer Lebensführung immer wieder auf neue ökonomische und sozialstrukturelle Bedingungen ein- und umgestellt haben, aber diese Bedingungen auch durch gesellschaftspolitische Regulierungen zu beeinflussen streben. Das Feld ist durch alltägliche und politische Praxis der Akteure mitstrukturiert. Erst eine genauere empirische Erforschung der „objektiven" und der (damit nicht deckungsgleichen) „subjektiven" *Feldstrukturen* ermöglicht auch Prognosen über erwartbares soziales und politisches Handeln. Aufgrund der pluralen Struktur des Feldes und der eher im Grundsätzlichen als im Detail voraussagbaren Umstellungen, Mobilitäten und politischen Kämpfe der Akteure können diese Prognosen nicht linear sein, sondern nur als Spektrum möglicher alternativer Szenarien formuliert werden. Der Ansatz Geigers und die Weiterentwicklungen Bourdieus, auch wenn sie in vielem noch unabgeschlossen sind und mehr Forschungslücken aufdecken als sie schließen, stellen uns erstmals eine Methodologie zur Verfügung, mit der, anstelle der scheingenauen Linearprognosen, die Analyse strukturierter Felder überhaupt in Angriff genommen werden kann.

Ich habe mich bemüht, die empirischen Untersuchungen und die streitenden Diskurse der Nachkriegszeit aus der Perspektive heutiger Erkenntnis neu zu interpretieren. Dabei wurde mir immer deutlicher, wie sehr die referierten Autoren auch dann in bestimmten intellektuellen Denkschemata befangen waren, wenn sie sich von der Marx-Orthodoxie lösen wollten. Sie pendelten gleichsam in den Achsen bestimmter Gegensatzpaare, ohne aus der Achsenrichtung ausbrechen zu können. Sowohl die Nivellierungsthese Schelskys als auch die Resignationsthese Bahrdts blieben im Denkmuster einer vertikalen Klassenteilung befangen, einem starren Entweder-oder oder Mehr-oder-weniger zwischen „Nivellierung" und „Dichotomie" der Klassen. Das Fehlen manifester Militanz wurde von Schelsky als kulturelle „Vereinheitlichung" und von Bahrdt als „Resignation" mißverstanden, von der neomarxistischen Kulturkritik als „totale Entfremdung" oder als Resultat der „kulturellen Hegemonie" des bürgerlichen Staates. Sogar Autoren, die sich von diesen Schemata lösen wollten, kamen zu dem Schluß, daß der „institutionalisierte Klassenkonflikt" auch ein „Erkalten" (Geiger) der Militanz mit sich bringe bzw. die Ersetzung der alten „affektiven Bindung" an die Gewerkschaften oder die Arbeiterpartei durch einen rationalen „Instrumentalismus" (Goldthorpe und Lockwood).

Die Hartnäckigkeit, mit der sich diese Gegensatzpaare bei Marxisten und bei Nichtmarxisten hielten, verweist, so scheint mir, auf ihren gemeinsamen Ursprung im Masse-Elite-Schema der Bildungsmilieus, das sich insbesondere in den statischen Gegensatzpaaren von Affekt (Militanz, Kampfbereitschaft) und Affektkontrolle (Rationalität, Gewaltfreiheit), Materialismus (Instrumentalismus, Geld- und Konsumorientierung) und Idealismus (Solidarität, Altruismus), Kollektivismus (Fremdbestimmung, Autoritarismus) und Individualismus (Autonomie, Kritikfähigkeit) usw. (vgl. Bourdieu 1982: 730f.) bewegt. Die Unterschiede lagen eher darin, daß die gleichen Eigenschaften, je nach Einstellung zu den Arbeiter- oder Volksklassen, einmal positiv und einmal negativ bewertet wurden: „Populismus ist stets nur Ethnozentrismus mit umgekehrten Vorzeichen" (Bourdieu 1982: 587).

Die ouvrieristische Position versuchte aus diesem Entweder-Oder-Schema auszubrechen. Sie verstand die zunehmende funktionale Integration der spezialisierten Facharbeit in den Arbeitsprozeß als Verbesserung der Verhandlungsposition im Konflikt zwischen Produktivkräften und Produktionsverhältnissen. Den institutionalisierten Klassenkonflikt sah sie als Grundlage einer Dialektik zwischen Konflikt und Arrangement, in der Phasen des Kampfes und des sozialen Friedens abwechselten. Die Situation war demnach nicht eine der „Vereinheitlichung", „Anpassung", „Entfremdung" oder „Resignation", sondern eines *skeptischen Arrangements* von qualifizierten, selbstbewußten Arbeitnehmern, die für ihre Leistung auch gesellschaftliche Partizipation erwarteten und bereit waren, dafür notfalls auch wieder zu kämpfen.

Damit mußte aber auch das Konzept einer einheitlichen, homogenen Arbeiterklasse aufgegeben werden. Wenn wir die Studien von Popitz, Bahrdt et al. und von Goldthorpe und Lockwood gegen den Strich lesen, erkennen wir in ihnen deutliche Anzeichen der drei großen, in sich weiter unterteilbaren Milieutraditionen der kleinbürgerlichen, der leistungsorientierten und der unterständischen Volksklassen. Vor dem Hintergrund der differenzierten Lebensentwürfe dieser Milieus wird einsichtig, daß es „der" Arbeiterschaft nie bloß um die Teilhabe an materiellem Konsum und sozialer Sicherheit, sondern immer auch um die kulturelle und symbolische Partizipation gegangen ist.

Zugleich kann, mit dem Milieu-Konzept, auch das Problem der Heterogenität anders verstanden werden. Zum einen bilden die im Habitus verkörperten Milieutraditionen eine moralische Klammer, die Männern und Frauen, Menschen verschiedener sozialer Lagen, Erwerbspositionen, Altersstufen usw. das alltägliche Zusammenleben unter einem gemeinsamen Ethos der Lebensführung ermöglicht (vgl. *Abbildung 3).* Zum anderen können auch Angehörige verschiedener solcher Milieus auf *gesellschaftspolitischer* Ebene Handlungsgemeinschaften bilden. Die weltanschaulichen Lager sind also kein direkter Ausfluß der alltäglichen Klassenlage oder der Alltagsmentalität. Sie rekrutieren sich, nach einem bestimmten Muster, immer aus mehreren solcher Lagen und Mentalitäten (vgl. *Abbildung 2*).

In den Mustern der politischen Lagerbildung, die für die sozialwissenschaftliche Prognostik von besonderem Interesse sind, bündeln sich gleichsam alle die verschiedenen Arten von Strukturierungen, von denen bisher in diesem Aufsatz die Rede war. Sie lassen sich nur historisch konkret untersuchen und sollen hier daher abschließend auch an dem klassischen historischen Beispiel der Proletarisierung und der von ihr ausgelösten sozialen Kämpfe erörtert werden.

E.P. Thompson (1987, 1980) hat das Grundmuster schon für die agrarische und industrielle Revolution des 18. und 19. Jahrhunderts beschrieben. Der umfassende Abbau staatlicher und gemeindlicher Regulierungen der Agrar- und Handwerksverfassung, der Getreide- und Brotpreise, der Armenfürsorge usw. setzte die respektable gesellschaftliche Mitte, die „arbeitenden Klassen" der Handwerker, Freibauern, Manufakturarbeiter und kleinen Selbständigen, dem Abstieg in die unsichere und verachtete Lage der „armen Klassen" aus. Die Mitte teilte sich in prosperierende Gewinner und prekarisierte Verlierer der Modernisierung. Der Protest kam dabei typischerweise gerade nicht von den untersten Schichten, die eher fatalistisch disponiert waren, sondern aus der prekarisierten „respektablen Mitte". Diese erfuhr die Prekarisierung nicht nur als materielle Not, sondern ebensosehr als sozialmoralische Deklassierung, die nach den kulturellen Normen der Respektabilität nicht hinnehmbar war. Dies gab den sozialmoralischen Impuls für die Kämpfe des frühen 19. Jahrhunderts, in denen es um das Recht auf Tarifkämpfe, auf Koalitions- und Pressefreiheit und auf einen – von Robert Owen schon 1820 sehr modern konzipierten – Sozialstaat ging (Vester 1970).

Vor diesen Kämpfen gab es keine „Arbeiterklasse", sondern ein sozialstatistisch heterogenes und kulturell vielfältiges Konglomerat sozialer Gruppen, die sich gemeinsam von Proletarisierung und Entrechtung bedroht sahen. „Class struggle preceeds class" (Thompson).[27] Erst durch diese Kämpfe fanden die verschiedensten Teilgruppen der Volksklassen zu jenem sozialmoralischen Milieu oder Lager zusammen, das der junge Engels 1842 in Manchester als „die Arbeiterklasse" wahrnahm. Die ökonomistische Erklärung von Engels und Marx, erst die Fabrikarbeit habe die Arbeiter als ‚homogene' Gruppe erzeugt und zur Solidarität zusammengeführt und erst die materielle Verelendung habe die Empörung motiviert, war ein nachträgliches Konstrukt, das die Genese des Lagers im aktiven gewerkschaftlichen und politischen Kampf verdeckte.

Die Abwesenheit einer homogenen Arbeiterklasse und eines militant-dichotomischen Klassenkonflikts hat immer wieder Prognosen vom „Ende des Klassenkonflikts" motiviert. Zuletzt geschah dies in den erwähnten postindustriellen Theorien, die sich durch das Vorwiegen zivilgesellschaftlicher Konflikte in den achtziger und neunziger Jahren bestätigt sahen. Doch seit Ende 1995 kündigt sich hier erneut ein Paradigmenwechsel an. Die großen französischen Streikbewegungen von 1995 und entsprechende deutsche Gewerkschaftsbewegungen seit dem Sommer 1996 leiteten die Wiederkehr der Diskurse der so-

---

27 In seinem historischen Aufsatz „Klassenkampf ohne Klasse" von 1978 schreibt Thompson: *„Klasse* als ein Produkt der kapitalistischen Industriegesellschaften des 19. Jahrhunderts, das dann das heuristische Verständnis von Klasse geprägt hat, hat in der Tat keinen Anspruch auf Universalität, sondern ist in diesem Sinn nicht mehr als ein *Unterfall der historischen Formationen, die aus Klassenkämpfen entstehen"* (Thompson 1980: 268; Hervorhebung M.V.).

zialen Gerechtigkeit ein. In Frankreich waren dies die Vorzeichen eines Regierungswechsels, von dem die Wiederherstellung – und Modernisierung – des ‚europäischen Sozialmodells', Gegenbild der neoliberalen Deregulierung in Großbritannien und in den USA, erwartet wurde und auf den weitere soziale Konflikte gefolgt sind.

Die Wendemarke in Deutschland lag im Konflikt um ein Rechtsinstitut, das die Bundesregierung im Herbst 1996 zur Disposition stellte – in der Annahme, es handele sich um eine Nebensache, die geduldig hingenommen würde – wie so manche andere Maßnahme neoliberaler Deregulierung. Es ging um Abstriche an der Lohnfortzahlung im Krankheitsfall. Die Öffentlichkeit war völlig überrascht, als es in der Metallindustrie zu heftigen gewerkschaftlichen Kämpfen kam, die diese Abstriche abwehrten und denen eine Serie ähnlicher Kämpfe folgte. Fixiert auf das Schema der *materiellen* Arbeiterinteressen, hatte sie die hohe *symbolische* Bedeutung des Vorgangs nicht erkannt. Theodor Geiger hatte (1949: 84f.) darauf hingewiesen, daß Krankheit und Arbeitsunfähigkeit, als unverschuldete Not, die ganze Erfahrung der proletarischen Unsicherheit und Prekarität verkörpern: „Das Entscheidende in der Klassenlage des Arbeiters ist nicht die ‚wirtschaftliche Unselbständigkeit' an sich ... Was aber seine Stellung so prekär macht, ist die ewige Unsicherheit, in der er lebt... Vorübergehende Krankheit und Arbeitslosigkeit sind Katastrophen für ihn und seine Familie, weil sie den Einkommensstrom augenblicklich abbrechen. Alter und Invalidität sind gleichbedeutend mit äußerster Armut" (ebd.).

Die ungehemmte Empörung machte deutlich, daß mit der Lohnfortzahlung etwas angetastet werden sollte, das die gesamte Entproletarisierung symbolisiert und um das es zu einer Remobilisierung des totgesagten Klassenkonflikts kommen kann – so wie es zur lange nicht vorstellbaren Remobilisierung für einen Regierungswechsel kam. E.P. Thompson (1980: 270f.) beschreibt diese Situation einer Gesellschaft, die scheinbar keine Klassenkonflikte in sich birgt und deren Gleichgewicht dennoch in dem Moment destabilisiert werden kann, in dem ein Symbol der Rechte des Volkes mißachtet wird: „Bei der Analyse der Beziehungen von Gentry und Plebs trifft man weniger auf einen kompromißlosen Schlagabtausch von unversöhnlichen Antagonisten als vielmehr auf ein gesellschaftliches ‚Kräftefeld' ... So etwa sehe ich die Gesellschaft des 18. Jahrhunderts: In vieler Hinsicht befinden sich die Volksmenge an dem einen und die Aristokratie und die Gentry an dem anderen Pol; dazwischen bis tief in das Jahrhundert die Gruppen der akademischen Berufe und der Kaufleute, die durch Magnetlinien der Abhängigkeit von den Herrschenden gebunden sind und gelegentlich ihre Gesichter hinter gemeinsamen Aktionen mit der Menge verstecken. Diese Metapher erlaubt es uns, nicht nur die häufige Aufruhrsituation und ihre Bewältigung zu verstehen, sondern sagt uns auch viel über das, was möglich war, und auch über die Grenzen des Möglichen, die die Mächtigen nicht zu überschreiten wagten. Es heißt, Königin Caroline habe einmal solchen Gefallen am St. James Park gefunden, daß sie Walpole fragte, wieviel es wohl kosten würde, ihn als Privateigentum einzuhegen. ‚Nur eine Krone, Madam', war Walpoles Antwort."

Es herrscht Ruhe – doch wehe, wenn der gesellschaftliche Kompromiß aufgekündigt wird! – Das kann die Krone kosten.

Literatur

Adorno, Theodor W., 1969: Einleitungsvortrag zum 16. Deutschen Soziologentag. S. 12–26 in: *Ders.* (Hg.): Spätkapitalismus oder Industriegesellschaft? Verhandlungen des 16. Deutschen Soziologentags. Stuttgart: Enke.
Anderson, Perry, und *Robin Blackburn* (Hg.), 1965: Towards Socialism. London: New Left Review.
Bahrdt, Hans Paul, 1962: Artikel ‚Die Angestellten'. ‚Die Industriearbeiter', ‚Die Beamten', in: *Marianne Feuersenger* (Hg.): Gibt es noch ein Proletariat? Frankfurt a.M.: Europäische Verlagsanstalt.
Beck, Ulrich, 1983: Jenseits von Klasse und Stand? Soziale Ungleichheit, gesellschaftliche Individualisierungsprozesse und die Entstehung neuer sozialer Formationen und Identitäten. S. 35–74 in: *Reinhard Kreckel* (Hg.): Soziale Ungleichheiten (Soziale Welt, Sonderband 2). Göttingen: Otto Schwartz.
Beck, Ulrich, 1986: Risikogesellschaft. Auf dem Weg in eine andere Moderne. Frankfurt a.M.: Suhrkamp.
Becker, Ulrich, Horst Becker und *Walter Ruhland*, 1992: Zwischen Angst und Aufbruch. Das Lebensgefühl der Deutschen in Ost und West nach der Wiedervereinigung. Düsseldorf: Econ.
Berger, Peter A., 1986: Entstrukturierte Klassengesellschaft? Klassenbildung und Strukturen sozialer Ungleichheit im historischen Wandel. Opladen: Westdeutscher Verlag.
Berger, Peter A., 1990: Ungleichheitsphasen. Stabilität und Instabilität als Aspekte ungleicher Lebenslagen. S. 319–350 in: *Peter A. Berger* und *Stefan Hradil* (Hg.): Lebenslagen, Lebensläufe, Lebensstile (Soziale Welt, Sonderband 7). Göttingen: Otto Schwartz & Co.
Berger, Peter A., 1996: Individualisierung. Statusunsicherheit und Erfahrungsvielfalt. Opladen: Westdeutscher Verlag
Berger, Peter A., und Stefan Hradil (Hg.), 1990: Lebenslagen, Lebensläufe, Lebensstile (Soziale Welt, Sonderband 7). Göttingen: Otto Schwartz & Co.
Bergmann, Joachim, Gerhard Brandt, Klaus Körber, Ernst Theodor Mohl und *Claus Offe*, 1969: Herrschaft, Klassenverhältnis und Schichtung. S. 67–99 in: *Theodor W. Adorno* (Hg.): Spätkapitalismus oder Industriegesellschaft? Verhandlungen des 16. Deutschen Soziologentags. Stuttgart: Enke.
Bismarck, Klaus von, 1957: Kirche und Gemeinde in soziologischer Sicht, Zeitschrift für evangelische Ethik 1: 17–30.
Blauner, Robert, 1964: Alienation and Freedom. The Factory Worker and his Industry. Chicago: University of Chicago Press.
Bourdieu, Pierre, 1982 (zuerst 1979): Die feinen Unterschiede. Frankfurt a.M.: Suhrkamp.
Bourdieu, Pierre, 1985: Sozialer Raum und ‚Klassen'. Leçon sur la leçon. Frankfurt a.M.: Suhrkamp.
Bourdieu, Pierre, 1997 (zuerst 1993): Das Elend der Welt. Zeugnisse und Diagnosen alltäglichen Leidens an der Gesellschaft. Konstanz: Universitätsverlag Konstanz.
Bremer, Helmut, 1998: Arbeitnehmermilieus als Zielgruppen des Bildungsurlaubs. Zwischenbericht. Hannover: agis.
Brokmeier, Peter, 1965: Die dritte Front. Ein Bericht über Serge Mallets „La nouvelle classe ourvrière", neue kritik 34: 30–34.
Clarke, John, Stuart Hall et al., 1979: Jugendkultur als Widerstand. Milieus, Rituale, Provokationen. Frankfurt a.M.: Syndikat.
Conze, Werner, 1966: Vom „Pöbel" zum „Proletariat". S. 111–136 in: *Hans-Ulrich Wehler* (Hg.): Moderne deutsche Sozialgeschichte. Köln-Berlin: Westdeutscher Verlag.
Deppe, Frank, 1971: Das Bewußtsein der Arbeiter. Köln: Pahl-Rugenstein.
Détraz, Albert, 1965: L'ouvrier consommateur, in: *Leo Hamon* (Hg.): Les nouveaux comportements politiques de la classe ouvrière. Paris: Presses Universitaires de France.
Feuersenger, Marianne (Hg.), 1949: Gibt es noch ein Proletariat? Frankfurt a.M.: Europäische Verlagsanstalt.
Flaig, Berthold Bodo, Thomas Meyer und *Jörg Ueltzhöffer*, 1993: Alltagsästhetik und politische Kultur. Bonn: Dietz.

Galbraith, John Kenneth, 1956 (zuerst 1952): Der amerikanische Kapitalismus im Gleichgewicht der Wirtschaftskräfte, Stuttgart: Walter (American Capitalism. The Concept of Countervailing Power. Boston: Houghton Mifflin).
Galbraith, John Kenneth, 1959 (zuerst 1958): Gesellschaft im Überfluß. München/Zürich: Knaur (The Affluent Society. Harmondsworth: Penguin).
Galbraith, John Kenneth, 1992: Die Herrschaft der Bankrotteure. Der wirtschaftliche Niedergang Amerikas. Hamburg: Hoffmann und Campe.
Gardemin, Daniel, 1998: Mentalitäten der „neuen Mitte". Forschungsbericht, Hannover: agis.
Geiger, Theodor, 1932: Die soziale Schichtung des deutschen Volkes. Stuttgart: Enke.
Geiger, Theodor, 1949: Die Klassengesellschaft im Schmelztiegel. Köln und Hagen: Kiepenheuer.
Geißler, Heiner, 1976: Die neue soziale Frage. Freiburg: Herder.
Geißler, Rainer (Hg.), 1994: Soziale Schichtung und Lebenschancen in Deutschland. Suttgart, Enke.
Goldthorpe, John H., und *David Lockwood,* 1963: Affluence and the British Class Structure, The Sociological Review 1963: 133–163.
Goldthorpe, John H., und *David Lockwood,* 1970/1971 (zuerst 1968): Der „wohlhabende Arbeiter" in England. 3 Bde. (Bde. I und II erschienen 1970; Bd. III erschien 1971). München: Goldmann (engl.: The Affluent Worker. London: Cambridge University Press).
Gorz, André, 1965: Work and Consumption. In: *Perry Anderson* und *Robin Blackburn* (Hg.): Towards Socialism. London: New Left Review.
Gorz, André, 1980: Abschied vom Proletariat. Jenseits des Sozialismus. Frankfurt a.M.: Europäische Verlagsanstalt.
Herkommer, Sebastian, 1965: Zum politischen Interesse und Bewußtsein der Arbeiter, neue kritik 28: 10–17.
Hofmann, Michael, 1995a: Die Leipziger Metallarbeiter. S. 136–192 in: *Michael Vester, Michael Hofmann* und *Irene Zierke* (Hg.): Soziale Milieus in Ostdeutschland. Köln: Bund Verlag.
Hofmann, Michael, 1995b: Die Kohlearbeiter von Espenhain. S. 91–135 in: *Michael Vester, Michael Hofmann* und *Irene Zierke* (Hg.): Soziale Milieus in Ostdeutschland. Köln: Bund Verlag.
Hradil, Stefan, 1987a: Sozialstrukturanalyse in einer fortgeschrittenen Gesellschaft. Von Klassen und Schichten zu Lagen und Mileus. Opladen: Leske + Budrich.
Hradil, Stefan, 1987b: Die „neuen sozialen Ungleichheiten" und wie man mit ihnen (nicht) theoretisch zurechtkommt. S. 115–141 in: *Bernhard Giesen* und *Hans Haferkamp* (Hg.): Soziologie der sozialen Ungleichheit. Opladen: Westdeutscher Verlag.
Hradil, Stefan (Hg.), 1992: Zwischen Bewußtsein und Sein. Die Vermittlung „objektiver" und „subjektiver" Lebensweisen. Opladen: Leske + Budrich.
Hübinger, Werner, 1996: Prekärer Wohlstand. Neue Befunde zu Armut und sozialer Ungleichheit. Freiburg i.B.: Lambertus.
Inglehart, Ronald, 1977: The Silent Revolution. Changing Values and Political Styles among Western Publics. Princeton: N.J.: Princeton University Press.
Kocka, Jürgen, 1990: Weder Klasse noch Stand. Unterschichten um 1800. Bonn: Dietz.
Kreckel, Reinhard (Hg.), 1983: Soziale Ungleichheiten. (Soziale Welt, Sonderband 2). Göttingen: Otto Schwartz.
Lange, Andrea, 1993: „Man muß eben det beste draus machen, Kopp in'n Sand stecken hilft nischt" – Strategien der Bewältigung der ‚Wende' am Beispiel von zwei Brandenburger Facharbeiterinnen. S. 117–144 in: *Petra Frerichs* und *Margareta Steinrücke* (Hg.): Soziale Ungleichheit und Geschlechterverhältnis. Opladen: Leske + Budrich.
Lange, Andrea, 1996: Mentalitätstraditionen in der Befreiungsgeschichte einer DDR-Ausreiserin, Bios 2/1996: 233–253.
Lepsius, M. Rainer, 1973a (zuerst 1966): Parteiensystem und Sozialstruktur: Zum Problem der Demokratisierung der deutschen Gesellschaft. S. 56–80 in: *Gerhard A. Ritter* (Hg.): Deutsche Parteien vor 1918. Köln: Kiepenheuer & Witsch.
Lepsius, M. Rainer, 1973b: Wahlverhalten, Parteien und politische Spannungen, Politische Vierteljahrsschrift 1973: 295–313.

Lepsius, M. Rainer, 1974: Sozialstruktur und soziale Schichtung in der Bundesrepublik Deutschland. S. 263–288 in: *Richard Löwenthal* und *Hans Peter Schwarz* (Hg.): Die zweite Republik. 25 Jahre BRD – eine Bilanz. Stuttgart: Seewald.
Lipset, Seymour Martin, 1962: Soziologie der Demokratie. Neuwied/Berlin: Luchterhand.
Lockwood, David, 1979 (zuerst 1964): Soziale Integration und Systemintegration. S. 124–137 in: *Wolfgang Zapf* (Hg.): Theorien des sozialen Wandels. Königstein: Verlag Anton Hain.
Lockwood, David, 1995: Marking out the Middle Class(es). S. 1–12 in: *Tim Butler* und *Mike Savage* (Hg.): Social Change and the Middle Classes. London: UCL Press.
Lucas, Erhard, 1976: Arbeiterradikalismus. Frankfurt a.M.: Verlag Roter Stern.
Lucas, Erhard, 1983: Vom Scheitern der deutschen Arbeiterbewegung. Frankfurt: Verlag Roter Stern.
Lutz, Burkart, 1984: Der kurze Traum immerwährender Prosperität. Frankfurt a.M./New York: Campus.
Marcuse, Herbert, 1964: One Dimensional Man. Studies in the Ideology of Advanced Industrial Society. London: Routledge & Kegan Paul.
Merleau-Ponty, Maurice, 1965 (zuerst 1945): Phänomenologie der Wahrnehmung. Berlin: de Gruyter.
Mallet, Serge, 1963: La nouvelle classe ouvrière. Paris: Seuil.
Mayer, Kurt, 1956: Recent Changes in the Class Structure of the United States, Transactions of the Third World Congress of Sociology, Bd. 3, London.
Mills, C. Wright, 1963 (zuerst 1951): The Sociology of Stratification. S. 305–323 in: *Ders.:* Power, Politics, and People. New York: Ballantine Books.
Mooser, Josef, 1983: Abschied von der „Proletarität". Sozialstruktur und Lage der Arbeiterschaft in der Bundesrepublik in historischer Perspektive. S. 143–186 in: *Werner Conze* und *M. Rainer Lepsius* (Hg.): Sozialgeschichte der Bundesrepublik. Stuttgart: Klett-Cotta.
Mooser, Josef 1984: Arbeiterleben in Deutschland 1900–1970. Frankfurt a.M.: Suhrkamp.
Mühlberg, Dietrich (Hg.), 1978a/1978b/1985: Textsammlung zu Problemen der marxistisch-leninistischen Kulturgeschichtsschreibung. 3 Bde., Berlin: Akademie für Weiterbildung beim Ministerium für Kultur.
Müller, Dagmar, 1990: Zum Typus der ‚neuen ArbeiterInnen'. Arbeitspapier. Hannover: agis.
Negt, Oskar, 1971: Soziologische Phantasie und exemplarisches Lernen. Frankfurt a.M.: Europäische Verlagsanstalt.
Negt, Oskar, und Alexander Kluge, 1972: Öffentlichkeit und Erfahrung. Zur Organisationsanalyse von bürgerlicher und proletarischer Öffentlichkeit. Frankfurt a.M.: Suhrkamp.
Niethammer, Lutz (Hg.), 1983ff.: Lebensgeschichte und Sozialkultur im Ruhrgebiet. 3 Bde. Berlin/Bonn: Dietz.
Niethammer, Lutz, 1990: Das Volk in der DDR und die Revolution. In: *Charles Schüddekopf* (Hg.): Wir sind das Volk, Reinbek: Rowohlt.
Oertzen, Peter von, 1963: Die Betriebsräte in der Novemberrevolution. Düsseldorf: Droste.
Oertzen, Peter von, 1994: Klasse und Milieu als Bedingungen gesellschaftlich-politischen Handelns. S. 387–421 in: *Michael Th. Greven, Peter Kühler* und *Manfred Schmitz* (Hg.): Politikwissenschaft als kritische Theorie. Baden-Baden: Nomos.
Parisius, Bernd, 1983: Arbeiter zwischen Resignation und Integration. Auf den Spuren der Soziologie in den fünfziger Jahren. S. 107–147 in: *Lutz Niethammer* (Hg.): Lebensgeschichte und Sozialkultur im Ruhrgebiet. Bd. 2. Berlin-Bonn: Dietz.
Popitz, Heinrich, Hans-Paul Bahrdt, Ernst Jüres und *Hanno Kesting,* 1957: Das Gesellschaftsbild des Arbeiters. Tübingen: Mohr.
Riesman, David, Reuel Denney und *Nathan Glazer,* 1958: Die einsame Masse. Untersuchungen zum Wandel des amerikanischen Charakters. Reinbek: Rowohlt.
Roth, Karl Heinz, Erhard Lucas und *James Wickham,* 1977: Arbeiterradikalismus und die ‚andere' Arbeiterbewegung. Bochum: edition egalité.
Schelsky, Helmut, 1965 (zuerst 1954): Die Bedeutung des Schichtungsbegriffes für die Analyse der gegenwärtigen deutschen Gesellschaft. S. 331–336 in: *Ders.:* Auf der Suche nach Wirklichkeit. Düsseldorf-Köln: Diederichs.
Schumann, Michael, et al. 1971a: Am Beispiel der Septemberstreiks – Anfang der Rekonstruktionsperiode der Arbeiterklasse?, Frankfurt a.M.: Europäische Verlagsanstalt.

Schumann, Michael, 1971b: Am Beispiel der Septemberstreiks – Anfang der Rekonstruktionsperiode der Arbeiterklasse? S. 235–268 in: *Karl H. Hörning* (Hg.): Der ‚neue Arbeiter'. Zum Wandel sozialer Schichtstrukturen. Frankfurt a.M.: Fischer.

Schulze, Gerhard, 1992: Die Erlebnisgesellschaft. Frankfurt a.M./New York: Campus.

Segert, Astrid, 1994: Frau Thalbach – Zwischen Resignation und Hoffnung, Mitteilungen aus der kulturwissenschaftlichen Forschung 17, Heft 34: 370–390.

Segert, Astrid, 1995a: Das Traditionelle Arbeitermilieu in Brandenburg. S. 289–329 in: *Michael Vester, Michael Hofmann* und *Irene Zierke* (Hg.): Soziale Milieus in Ostdeutschland. Köln: Bund Verlag.

SPD, 1984: Planungsdaten für die Mehrheitsfähigkeit der SPD. Ein Forschungsprojekt des Vorstandes der SPD. Bonn: Parteivorstand der SPD.

Spiegel Verlag/manager magazin (Hg.), 1996: SPIEGEL-Dokumentation Soll und Haben 4. Hamburg: Spiegel Verlag.

Thompson, Edward P., 1980: Die englische Gesellschaft im 18. Jahrhundert: Klassenkampf ohne Klasse? S. 247–289 in: *Ders.:* Plebejische Kultur und moralische Ökonomie, hg. v. *Dieter Groh.* Berlin: Ullstein.

Thompson, Edward P., 1987 (zuerst 1963): Die Entstehung der englischen Arbeiterklasse, 2 Bde. Frankfurt a.M.: Suhrkamp.

Touraine, Alain, und *Orietta Ragazzi,* 1961: Ouvriers d'origine agricole. Paris: Seuil.

Vester, Michael, 1964: Bedingungen sozialistischer Praxis. Zur Vorsitzendenkonferenz des SDS. Frankfurt: Sozialistischer Deutscher Studentenbund.

Vester, Michael, 1970a: Die Entstehung des Proletariats als Lernprozeß. Frankfurt: Europäische Verlagsanstalt.

Vester, Michael, 1970b: Solidarisierung als historischer Lernprozeß. S. 143–198 in: *Diethart Kerbs* (Hg.): Die hedonistische Linke. Beiträge zur Subkultur-Debatte. Neuwied-Berlin: Luchterhand.

Vester, Michael, 1976: Was dem Bürger sein Goethe, ist dem Arbeiter seine Solidarität. Zur Diskussion der ‚Arbeiterkultur', Ästhetik und Kommunikation 24: 62–72.

Vester, Michael, Peter von Oertzen, Heiko Geiling, Thomas Hermann und *Dagmar Müller,* 1993/1998: Soziale Milieus im gesellschaftlichen Strukturwandel. Zwischen Integration und Ausgrenzung. Köln: Bund Verlag (1. Aufl.)/Frankfurt a.M.: Suhrkamp (2. Aufl., i.E.).

Vester, Michael, Michael Hofmann und *Irene Zierke* (Hg.), 1995: Soziale Milieus in Ostdeutschland. Köln: Bund Verlag.

Völker, Susanne, 1996: Zwei junge ostdeutsche Arbeitnehmer und ihre Strategien der Lebensführung. Ein passiver und ein aktiver neuer Arbeitertypus, Bios 2: 254–270.

Weber, Max, 1964: Wirtschaft und Gesellschaft. Grundriß der verstehenden Soziologie. Köln-Berlin: Kiepenheuer & Witsch.

Williams, Raymond, 1972 (zuerst 1963): Gesellschaftsgeschichte als Begriffsgeschichte. Studien zur historischen Semantik von „Kultur". München: Rogner & Bernhard (Culture and Society 1780–1950. Harmondsworth: Penguin, 1963).

Young, Michael, 1958: The Rise of the Meritocracy 1870–2033. London: Thames and Hudson (dt.: Es lebe die Ungleichheit. Düsseldorf: Econ, 1961).

Zapf, Wolfgang, Sigrid Breuer, Jürgen Hampel, Peter Krause, Hans-Michael Mohr und *Erich Wiegand,* 1987: Individualisierung und Sicherheit. Untersuchungen zur Lebensqualität in der Bundesrepublik Deutschland. München: C.H. Beck.

Zweig, Ferdynand, 1961: The Worker in an Affluent Society. London: Heinemann.

DAS MEHRFACHE ENDE DER KLASSENGESELLSCHAFT

Diagnosen sozialstrukturellen Wandels*

Rainer Geißler

Zusammenfassung: Der Beitrag vergleicht fünf wichtige nicht-marxistische Konzepte bzw. Paradigmen der deutschen Sozialstrukturanalyse im Hinblick auf ihre Diagnosefähigkeit für den sozialstrukturellen Wandel. Die Diagnosefähigkeit der Sozialstrukturanalytiker läßt eine Art wellenförmigen Verlauf erkennen: Der relativ treffsicheren Marx-Kritik von Theodor Geiger folgt die ideologische Fehleinschätzung Helmut Schelskys, der in den 50er Jahren erstmals das Ende der Klassen- und Schichtengesellschaft verkündete. Auf die wiederum realitätsnahen Analysen Dahrendorfs und die sinnvolle Perspektivenerweiterung durch die vieldimensionale Ungleichheitsforschung (70er Jahre) folgen die ideologieträchtige Blickverengung und partiellen Fehleinschätzungen der neueren Nachklassentheoretiker (z.B. Beck, Hradil). Offensichtlich tendieren Neuansätze mit einer Erhöhung des Diagnosepotentials (Geiger, Dahrendorf, vieldimensionale Ungleichheitsforschung) zu einer radikalisierenden Zuspitzung, unter der die Diagnosefähigkeit leidet (Schelsky, neuere Nachklassentheorie). Es wird darüber hinaus gezeigt, daß soziologische Theorien unabhängig von ihrem „Wahrheitsgehalt" in der sozialen Wirklichkeit diffundieren. Schelskys Konzept der nivellierten Mittelstandsgesellschaft sowie die neueren Theorien der Klassenlosigkeit haben weite Verbreitung gefunden, weil sie den sozialen Wahrnehmungs- und Deutungsbedürfnissen der tragenden Schichten der Dienstleistungsgesellschaft entgegenkommen.

I. Zum Problemfeld der Klassen- und Schichtanalyse

Reichtum und Elend, Macht und Ohnmacht, Ansehen und Verachtung, Glück und Verzweiflung gehören zu den Grundtatbeständen des gesellschaftlichen Zusammenlebens. Oder allgemeiner: Soziale Ungleichheiten, d.h. systematisch ungleich verteilte Privilegien und Benachteiligungen, der gesellschaftlich geregelte ungleiche Zugang zu erstrebenswerten Ressourcen, Gütern und Positionen, die sich vorteilhaft oder nachteilig auf die Lebensbedingungen und Lebenschancen der Menschen auswirken, sind gesellschaftliche Universalien. Die Struktur sozialer Ungleichheit wird von Menschen beeinflußt und ist daher verschieden von Gesellschaft zu Gesellschaft und wandelbar im Laufe der Zeit. Soziale Ungleichheiten erzeugen Interessengegensätze, Spannungen, Konflikte und Kämpfe und beeinflussen dadurch die gesellschaftliche Dynamik und die Richtung des sozialstrukturellen Wandels. Mit diesen relativ vagen Umschreibungen ist das Problemfeld umrissen, auf das sich die Erkenntnisinteressen der Klassen- und Schichtanalyse richten: *Wie sieht*

---

* Thomas Meyer und Stefan Wilsmann haben mit ihren kritischen Anmerkungen zur Erstfassung des Manuskripts dazu beigetragen, daß manche polemische Spitze etwas entschärft oder besser begründet wurde. Dafür gilt ihnen ein herzlicher Dank.

die Struktur der sozialen Ungleichheit aus? Wo liegen ihre Ursachen? Wie und warum verändert sie sich?

Die Frage nach dem Klassen- bzw. Schichtgefüge einer Gesellschaft *verknüpft zwei Ebenen* der vielgestaltigen Ungleichheitsstruktur miteinander: Man kann sie die „objektive" Ebene der Klassenlagen oder Soziallagen und die „subjektive" Ebene der Wahrnehmungs-, Denk-, Einstellungs- und Verhaltensmuster nennen oder einfacher: die *Strukturebene* und die *Bewußtseins- und Handlungsebene*. Es wird untersucht, wie sich die ungleichen objektiven Lebensbedingungen und Lebenschancen und die dabei gemachten Lebenserfahrungen auf das Bewußtsein und die Handlungsdispositionen der Menschen auswirken *(Sozialisationsfrage)* und welche Folgen sie für das tatsächliche Verhalten, auch das politische Verhalten, haben *(Aktionsfrage)*. In der Sprache der Klassenanalyse: Wie hängen Klassenlagen, Klassenbewußtsein und Klassenhandeln miteinander zusammen?

Meist steckt hinter den Erkenntnisinteressen, Konzepten und Theorien der Klassen- und Schichtanalyse ein *sozialkritischer Impetus*. Es wir angenommen, daß Klassen- und Schichtstrukturen Momente der sozialen Ungerechtigkeit enthalten; es geht also nicht nur um soziale Ungleichheit, sondern auch um *soziale Ungerechtigkeit*. Strukturen der sozialen Ungleichheit werden analysiert, um damit einen Beitrag zu ihrer Veränderung in Richtung einer besseren und gerechteren Gesellschaft zu leisten. Klassen- und Schichtanalyse ist in der Regel nicht nur wissenschaftliche Analyse, sondern gleichzeitig auch *Gesellschaftskritik*. Allerdings gibt es auch Ausnahmen von dieser Regel: Die amerikanischen Funktionalisten liefern mit ihrer Schichtungstheorie keine Kritik, sondern eine Rechtfertigung bestehender Ungleichheiten; ungleiche Belohnungen werden als funktionales Erfordernis für eine gut funktionierende Leistungsgesellschaft moderner Prägung angesehen (z.B. Davis und Moore 1945). Und eine überraschende Variante hierzu entwickeln ihre späten sozialistischen Nachfolger in der DDR: Mit ihrer These von der „Triebkraftfunktion sozialer Unterschiede" attackieren sie die überzogene Nivellierung und „Gleichmacherei" der egalitären sozialistischen Gesellschaftspolitik (Lötsch 1981).[1]

Die klassische, mit Abstand einflußreichste und folgenschwerste Antwort auf die Frage nach der Klassenstruktur der Industriegesellschaft und ihrer Entwicklung hat *Karl Marx* gegeben: „Unsere Epoche, die Epoche der Bourgeoise, zeichnet sich ... dadurch aus, daß sie die Klassengegensätze vereinfacht hat. Die ganze Gesellschaft spaltet sich mehr und mehr in zwei große feindliche Lager, in zwei große, einander direkt gegenüberstehende Klassen: Bourgeoise und Proletariat" (Marx und Engels 1977: 417 – zuerst 1848). Diese Sätze haben nicht nur die Welt verändert, sondern die hochkomplexe Klassentheorie, die sich hinter diesen Formulierungen verbirgt,[2] bildete den Ausgangspunkt und die Reibefläche für Generationen von Sozialstrukturforschern aus aller Welt bei ihren Versuchen, die wesentlichen Merkmale und Entwicklungslinien der Ungleichheitsstruktur der modernen Gesellschaft zu erfassen. Marx und neuere neomarxistische oder Marx-nahe Klassenanalysen bilden jedoch nicht den Gegenstand meines Beitrages.[3] Ich beschränke mich vielmehr auf eine Analyse wichtiger Diagnosen der *nichtmarxistischen* Sozialstrukturanalyse (Klassen-, Schicht- und Ungleichheitsanalyse) seit der Nachkriegszeit. Die kundigen Leser

---

1 Zur Triebkraft-Debatte in der DDR-Sozialstrukturforschung vgl. Geißler (1996b).
2 Vgl. dazu z.B. Dahrendorf (1957: 5–33) oder die neuere Darstellung von Koch (1994: 11–39).
3 Vgl. dazu den Beitrag von Michael Vester in diesem Band.

und Leserinnen werden diese Einschränkungen bereits bei meiner Beschreibung des Problemfeldes registriert haben: Auf die Frage nach den Herrschaftsstrukturen, die bei Marx eine zentrale Bedeutung besitzt, wird von den nichtmarxistischen Sozialstrukturanalytikern, wenn überhaupt, meist nur am Rande eingegangen.

Die nichtmarxistischen Sozialstrukturanalytiker haben das Ende der Klassengesellschaft in den vergangenen Jahrzehnten wiederholt verkündet – allerdings in recht unterschiedlichen Varianten und mit unterschiedlicher diagnostischer Treffsicherheit. Ich werde in diesem Beitrag fünf wichtige Konzepte bzw. Paradigmen zur Analyse sozialstrukturellen Wandels im Hinblick auf ihre Diagnosefähigkeit vergleichen: Theodor Geigers Konzept der „Klassengesellschaft im Schmelztiegel", die erste, in mehrere Sprachen übersetzte[4] Analyse der deutschen Nachkriegssoziologie; das seit den 50er Jahren überaus einflußreiche Konzept der „nivellierten Mittelstandsgesellschaft" von Helmut Schelsky; die vielschichtigen Studien Ralf Dahrendorfs zur Entwicklung der „Dienstklassengesellschaft" um 1960 herum; die Paradigmenerweiterung der Schicht- und Klassenanalyse zur mehrdimensionalen Ungleichheitsforschung in der zweiten Hälfte der 70er Jahre und schließlich das Konzept der „individualisierten oder differenziert-pluralen Nachklassengesellschaft", das den Mainstream der deutschen Sozialstrukturanalyse im letzten Jahrzehnt dominiert.

II. Die Klassengesellschaft im Schmelztiegel (Theodor Geiger)

Den Auftakt zur Auseinandersetzung der deutschen Nachkriegssoziologie mit den Ungleichheitsstrukturen der Industriegesellschaft bildet Theodor Geigers Studie mit dem programmatischen Titel „Die Klassengesellschaft im Schmelztiegel" (Geiger 1949) – ein in der dänischen Emigration verfaßter polemisch-schwungvoller „Anti-Marx". Diese Analyse bildet den vorläufigen Schlußpunkt einer über mehr als zwei Jahrzehnte währenden Auseinandersetzung mit der Marxschen Klassentheorie und ihren Prognosen, die Geiger mit vielen Daten zur sozialstrukturellen Entwicklung in der ersten Hälfte dieses Jahrhunderts konfrontierte.[5]

Angesichts der Schwächen der Marxschen Theorie, die den empirisch wahrnehmbaren sozialstrukturellen Veränderungen teilweise nicht standhielt, greift Geiger bereits in den 30er Jahren zu einem geschickten konzeptionellen Schachzug mit wichtigen methodologischen Konsequenzen: Als Leitbegriff bzw. Oberbegriff der Sozialstrukturanalyse tauscht er den Marxschen, am Produktionsmittelbesitz festgemachten Klassenbegriff gegen einen flexibleren, für sozialstrukturellen Wandel offenen, *multidimensionalen Schichtbegriff* aus, der im übrigen nicht mit den einseitigen und flachen, am Berufs- oder Sozialprestige orientierten Schichtkonzepten amerikanischer Provenienz verwechselt werden darf.[6] Klasse im Marxschen Sinne wird zu einem historischen Begriff herabgestuft, zu einem historisch spezifischen Typus der Schichtstruktur; Schichten haben nicht notwendigerweise den Charakter von Klassen im Marxschen Sinne.

---

[4] 1948 dänisch, 1949 deutsch, 1957 japanisch, 1964 polnisch (Teilübersetzung), 1970 italienisch, 1972 schwedisch.
[5] Zu Ansatz und Ergebnissen der Sozialstrukturanalyse Geigers vgl. Geißler (1985) und Geißler (1995).
[6] Z.B. Warner et al. (1941), ähnlich Bolte et al. (1967: 246f.) oder Haller (1983: 100).

Damit löst Geiger die Sozialstrukturanalyse aus ihrer dogmatischen Fixierung auf den Widerspruch von Arbeit und Kapital; das Problem, ob die Stellung des Menschen im Produktionsprozeß sein soziales Schicksal wesentlich bestimmt, ob der Antagonismus von Kapitalisten und Proletariern das prägende Strukturmerkmal der Industriegesellschaft und die bewegende Kraft der gesellschaftlichen Entwicklung ist, wird zu einer offenen Frage, auf welche die erfahrungswissenschaftliche Soziologie mit ihren Methoden eine Antwort zu finden hat. Geiger befreit die Sozialstrukturanalyse aus ihrer Befangenheit in den Dogmen der marxistischen Theorie, hält jedoch gleichzeitig an zwei wesentlichen Elementen der Marxschen Fragestellung fest: Zum einen bleibt im Schichtbegriff Geigers der *sozialstrukturelle Doppelaspekt – „objektive" Lage einerseits und „subjektive" Reaktionen auf diese Lage* andererseits – erhalten; der Schichtanalytiker hat insbesondere nach den Zusammenhängen von „äußeren" Merkmalen und „psychischen" Merkmalen der Sozialstruktur zu suchen, nach den Zusammenhängen von typischen sozioökonomischen Lagen und typischen inneren Befindlichkeiten und Verhaltensmustern („Mentalitäten", „Ideologien", „Lebensstilen", „Lebensduktus", Parteipräferenzen),[7] die Menschen aufgrund ähnlicher Erfahrungen in ähnlichen Lebensumständen entwickeln. Dabei vermeidet er einen strukturalistischen Determinismus und warnt auch davor, in klar markierten Schichtgrenzen zu denken: „das Leben zieht keine klaren Grenzen, sondern verspielt sich in tausend Zwischenformen" (Geiger 1932: 82). Zum zweiten hält Geiger an der Suche nach dem *dominanten Gliederungsprinzip* fest: Um dem fortschreitenden gesellschaftlichen Differenzierungsprozeß Rechnung zu tragen, sieht er die Ungleichheitsstruktur mehrdimensional, versucht aber gleichzeitig – um sich nicht im Dschungel der bereits damals verwirrenden Vielfalt zu verlieren –, das „wesentliche" Strukturmerkmal im vieldimensionalen Schichtgefüge zu erkennen: „Wir unterscheiden deshalb zwischen der subordinierten Schichtung und der dominanten Schichtung, die nicht zu allen Zeiten die gleiche ist" (Geiger 1939: 610). Das Aufspüren der dominanten Schichtung ist auch deshalb wichtig, weil dort die bewegenden Kräfte der gesellschaftlichen Entwicklung zu verorten sind.

Das differenzierte begriffliche Instrumentarium ermöglicht Geiger eine relativ treffsichere und ausgewogene Diagnose der großen Linien des sozialstrukturellen Wandels in der ersten Hälfte dieses Jahrhunderts. Seine Bilanz, die er mit dem Etikett „Die Klassengesellschaft im Schmelztiegel" versieht, besteht aus einem Einerseits-Andererseits. Einerseits befindet sich die Klassengesellschaft im Sinne von Karl Marx „im Schmelztiegel": Es vollziehe sich weder die Verelendung der Massen noch die Vereinfachung und Polarisierung der Klassenstruktur, wie es Marx und die Neomarxisten behaupten. Das genaue Gegenteil sei vielmehr der Fall: Die Durchsetzung der politischen Demokratie und die Gegenmacht der Gewerkschaften verbesserten den Lebensstandard und die soziale Sicherheit der benachteiligten Schichten, und diese Entwicklung werde begleitet von einer Differenzierung der Sozialstruktur und einem Abflauen des Klassenantagonismus. Seine zentrale These *„Differenzierung statt Vereinfachung"* belegt Geiger mit mehreren Entwicklungstendenzen auf allen Ebenen der sozialen Hierarchie: Im unteren Bereich erzeugt der technische Fortschritt neue Unterschiede in Einkommen und Qualifikation innerhalb der Arbeiterschaft, die teilweise den proletarischen Lebenszuschnitt abstreifen konnte und kleinbürgerliche Lebensformen pflegt; in der Mitte überleben die „alten Mittelstände" der Handwerker,

---

7 Zitate aus Geiger (1932: 77, 80) und Geiger (1933: 151).

Händler und Bauern die Marxsche Untergangsprophezeiung, und neben ihnen wachsen in sich differenzierte „neue Mittelschichten" (Privatangestellte, öffentlich Bedienstete, „ständische Intellektuelle") heran; an der Spitze bringt der Konzentrationsprozeß des Kapitals schließlich die neue Gruppe der Manager hervor, die allmählich die Kapitaleigentümer verdrängen. Neben den differenzierten vertikalen Linien der Berufsschichtung diagnostiziert Geiger weitere *„neue Linien"* der Sozialstruktur, die – wie die Unterschiede im Einkommen und die damit verbundenen Konsumchancen – die Vertikale erheblich feiner abstufen als die grobe Marxsche Klassenspaltung, aber auch Linien, die „quer" zur Vertikalen verlaufen: Stadt-Land-Gegensätze sowie Konflikte zwischen Produzierenden und Nichtproduzierenden; in beiden Fällen sitzen die klassischen Konfliktparteien der Arbeitnehmer und Arbeitgeber in einem gemeinsamen Boot und stehen in einem Interessengegensatz zu den Agrariern bzw. zu den Gruppen außerhalb der materiellen Produktion (Geiger 1949, Kap. IX „Neue Linien"). Diese „quer" verlaufenden Gruppierungen werden in der späteren Ungleichheitsforschung eingehender analysiert und als „horizontale Disparitäten" (Bergmann et al. 1969) oder „horizontale Ungleichheiten" (Kreckel 1983; Hradil 1983) bezeichnet. Die genannten Differenzierungen der Sozialstruktur und die Pluralisierung der Konfliktlinien gehören, zusammen mit dem Wohlstandsanstieg, zu den Ursachen dafür, daß der Klassenkampf abflaut und sich in institutionalisierte Bahnen lenken läßt. Geiger (1949: 182) nennt diesen Vorgang die „Institutionalisierung des Klassengegensatzes".

Andererseits darf das Konzept der „Klassengesellschaft im Schmelztiegel" jedoch keinesfalls dahingehend mißverstanden werden (wie es durchaus ab und zu bei einigen geschieht, die offensichtlich nur den Titel, aber nicht den Text kennen), daß nicht nur die antagonistische, sich polarisierende Klassengesellschaft von Karl Marx, sondern auch die Schichten verschwinden. Die Klassen verschmelzen nicht nach und nach zu einer nivellierten einheitlichen Mitte, sondern kennzeichnend für die Industriegesellschaft des 20. Jahrhunderts ist nach Geiger eine *differenzierte Schichtstruktur* mit erheblichen Unterschieden im Hinblick auf Soziallage, Mentalitäten und Lebenschancen. Bei aller Polemik gegen Marx ist Geiger der sozialkritische Blick für fortbestehende Ungleichheiten und Ungerechtigkeiten nie verlorengegangen. Mit Nachdruck weist er auf die weiterhin existierenden proletarischen Lebensrisiken von niedrig qualifizierten Arbeitern (Geiger 1949: 87) und auf die massiven Bildungs- und Mobilitätsbarrieren für Kinder aus unteren Schichten und deren soziale Ursachen hin.[8] Er argumentiert nicht nur gegen die liberale „Legende" einer hochmobilen Industriegesellschaft und gegen einen „reaktionären Sozialdarwinismus", der soziale Hierarchie und vertikale Mobilität als Ergebnisse einer „natürlichen Auslese" ansieht (Geiger 1962: 116), sondern auch gegen die „mittelständische" Ideologie eines „einheitlichen Mittelstandes", der sich angeblich als dämpfender Puffer zwischen die antagonistischen Klassen schiebe. Für Geiger ist der traditionale Gegensatz von Arbeit und Kapital weiterhin eine wichtige, wenn auch nicht die einzige und alles dominierende Konfliktlinie; er trägt allerdings nicht mehr die Züge des Marxschen Klassenkampfes, sondern wurde durch Institutionalisierung gezügelt und „salonfähig" (Geiger 1949: 184) gemacht. Wer Geigers Konzept der „Klassengesellschaft im Schmelztiegel" nicht mißverstehen will, muß also beachten: „Eingeschmolzen" wird nicht die Klassengesellschaft in einem weiteren

---

8 Vgl. dazu die ausgesprochen moderne bildungssoziologische empirische Studie zur sozialen Herkunft der dänischen Studenten (Geiger 1950).

allgemeinen Sinne, sondern lediglich ihre Marxsche Version. Sozialstruktureller Wandel hat nicht Vereinfachung, Polarisierung und schließlich Revolution im Gefolge, sondern bringt eine soziale Ungleichheitsstruktur hervor, die Geiger *„Schichtung"* nennt und die durch ein *differenziertes Ungleichheitsgefüge* mit sozialen Ungerechtigkeiten, stark ausgeprägten *Aufstiegsbarrieren*, einem *institutionalisierten Klassenkonflikt* sowie zusätzlichen, *„quer" verlaufenden Konfliktlinien* gekennzeichnet ist.

In diese aus heutiger Sicht ausgesprochen treffsichere Diagnose der wesentlichen Entwicklungstendenzen haben sich auch einige *problematische Annahmen bzw. Irrtümer* im Detail gemischt. Umstritten ist Geigers Machtbalance zwischen organisiertem Kapital und organisierter Arbeit. Unterschätzt hat er das Beharrungsvermögen einiger Elemente des kapitalistischen Systems: dessen Widerstandsfähigkeit gegen das Durchdringen mit planwirtschaftlichen Elementen und das Interesse an seiner Aufrechterhaltung in der „Kapitalistenklasse", insbesondere in der Gruppe der Manager. Und schließlich war das von ihm diagnostizierte Aufblühen des alten Mittelstandes nicht von Dauer.

Die Diagnose Geigers unterscheidet sich von der Marxschen in einem weiteren wichtigen Punkt: Geiger ist es nicht gelungen, die Sozialstruktur der modernen Gesellschaft in der Mitte des 20. Jahrhunderts „auf den Begriff zu bringen". Die Vielfalt der richtig erkannten Entwicklungstendenzen belegt zwar den Abschied von der Klassengesellschaft Marxscher Prägung, aber sie läßt sich *nicht* zu einem stimmigen *Gesamtbild eines historischen neuen Typus der Ungleichheitsstruktur* zusammenfügen. Zum Marx des 20. Jahrhundert mit einem entsprechenden „totalen" Alternativkonzept avancierte Geiger nicht. Statt dessen stellt er etwas resignierend fest: „Alles scheint heute im Gleiten zu sein, eine klar sich abzeichnende Struktur ist kaum zu finden" (Geiger 1949: 147). Diese Einsicht dürfte ihn auch veranlaßt haben, sich in den letzten Jahren vor seinem frühen Tod den besser greifbaren Mobilitätsprozessen zuzuwenden und die Marxsche Suche nach dem dominanten Gliederungsprinzip der Sozialstruktur und dem Motor der gesellschaftlichen Entwicklung einzustellen. Der zitierten resignativen Feststellung läßt Geiger einen kleinen Trost folgen: „Wohl aber lassen gewisse Tendenzen einer Schichtverlagerung sich aufzeigen." Dieser Trost ändert jedoch nichts daran, daß sich eine immer differenzierter, komplexer und vielschichtiger werdende Sozialstruktur in ihrer Totalität dem Zugriffsversuch des empirisch orientierten Theoretikers entzogen hat.

III. Die nivellierte Mittelstandsgesellschaft (Helmut Schelsky)

Was Geiger nicht wagte, unternimmt Helmut Schelsky einige Jahre später – und irrt sich dabei gründlich in wesentlichen Punkten.

Auf seiner „Suche nach Wirklichkeit" (Schelsky 1965) versucht Schelsky in zwei kurzen Aufsätzen von 1953 und 1956, „die dominanten und entwicklungsleitenden Strukturen unserer gegenwärtigen Gesellschaft", den „Motor ..., der das gegenwärtige gesellschaftliche Geschehen mit den entscheidenden sozialen Energien speist" (ebd.: 335),[9] aufzuspüren

---

9 Schelsky hat zwischen 1953 und 1961 drei Aufsätze zur Thematik der Klassengesellschaft verfaßt (Schelsky 1953, 1956, 1961), die er in seiner Aufsatzsammlung „Auf der Suche nach Wirklichkeit" (Schelsky 1965) zu dem Abschnitt „Zur Strukturanalyse der Gesellschaft" vereint. Die folgenden Seitenverweise beziehen sich auf die Taschenbuchausgabe der Aufsatzsammlung aus dem Jahre 1979.

und aufzudecken. Schelsky lehnt sich dabei zunächst ausdrücklich an die universalistischen Totalitätsansprüche der Marxschen Klassenanalyse an und vermutet, daß sich gerade in der deutschen Sozialstruktur der Nachkriegszeit „die neuere allgemeine Entwicklungsgesetzlichkeit der europäisch industrialisierten Zivilisation" erkennen lasse, weil hier durch den Nationalsozialismus und dessen Folgen die „Überwindung der ehemaligen Klassenstruktur der bürgerlichen Gesellschaft vielleicht am weitesten fortgeschritten ist" (326). Das zentrale Ergebnis seiner Diagnose bringt er auf die plakative Formel der *„nivellierten Mittelstandsgesellschaft"* – eine positive Strukturaussage, die er – negativ formuliert – *„Anti-Klassentheorie"* (354) oder auch *„Analyse der Klassenlosigkeit"* (371) nennt.

Vordergründig ähneln sich die Kurzformeln „Klassengesellschaft im Schmelztiegel" und „nivellierte Mittelstandsgesellschaft" durchaus, was manchen dazu bewogen haben mag, Geigers und Schelskys Analysen in einem Atemzug zu nennen und in dieselbe Schublade zu stecken. Auch Schelsky selbst beruft sich häufig auf Geigers Sozialstrukturanalyse (331, 350–352, 375, 377); dennoch schießen seine Annahmen über den Abbau der vertikalen Ungleichheitsstrukturen weit über die Vorstellungen Geigers hinaus. Die nivellierte Mittelstandsgesellschaft ist nicht durch differenzierende Umschichtungen und durch das Abflauen des Klassenantagonismus gekennzeichnet, sondern viel radikaler durch die weitgehende Einebnung der vertikalen, ökonomischen, sozialen und kulturellen Unterschiede überhaupt. Die Nivellierungen hängen nach Schelsky insbesondere mit dem „Überhandnehmen einer gesellschaftlichen Auf- und Abstiegsmobilität" (342) zusammen. In der hochmobilen Sozialstruktur der deutschen Nachkriegsgesellschaft träfen sich sozial aufsteigende Schichten (Industriearbeiter sowie der neue Mittelstand der technischen, kaufmännischen und Verwaltungs-Angestellten) mit sozialen Absteigern von oben (Heimatvertriebene sowie deklassiertes Besitz- und Bildungsbürgertum) in der „unteren Mitte" der Gesellschaft und vereinten sich dort zu „einer verhältnismäßig einheitlichen Gesellschaftsschicht, die ebensowenig proletarisch wie bürgerlich ist, d.h. durch den Verlust der Klassenspannung und sozialen Hierarchie gekennzeichnet ist" (327). Die Einebnungen beträfen nicht nur den wirtschaftlichen und politischen Status dieser Gruppen, sondern auch deren Lebensstil: Die industrielle und publizistische Massenproduktion ermögliche „eine Vereinheitlichung der sozialen und kulturellen Verhaltensformen in einem Lebenszuschnitt, den man ... als kleinbürgerlich-mittelständisch bezeichnen könnte" (327). „Diese verhältnismäßige Nivellierung ehemals schichttypischer Verhaltensstrukturen des Familienlebens, der Berufs- und Ausbildungswünsche der Kinder, der Wohn-, Verbrauchs- und Unterhaltungsformen, ja der kulturellen, politischen und wirtschaftlichen Reaktionen, ist der vielleicht dominierendste Vorgang in der Dynamik der gegenwärtigen deutschen Gesellschaft" (328). Nicht *Umschichtungen* wie bei Geiger, sondern der *„Entschichtungsvorgang"* (328) ist für Schelsky der wesentliche Aspekt des sozialstrukturellen Wandels.

Reste der alten Klassenstruktur diagnostiziert Schelsky vor allem noch auf der Bewußtseinsebene, wo Vorstellungen von Klasse, Klassenzugehörigkeit und Klassenkampf als „falsche Ideologie" (331) fortleben. Insbesondere die ältere Generation halte „an veralteten sozialen Leitbildern fest", weil sie in der „rein dynamischen Gesellschaft" (330) das Gefühl der Zugehörigkeit zu einer sozialen Gruppierung und damit auch soziale Sicherheit bieten und „weil es in unserer gesellschaftlichen Selbstdeutung an angemessenen Vorstellungen fehlt, die der Kompliziertheit der gegenwärtigen sozialen Beziehungen und Interessenlagen gerecht würden" (341).

Ist das Konzept der nivellierten Mittelstandsgesellschaft nun in der Lage, diesen Mangel zu beheben und eine angemessene gesellschaftliche Selbstdeutung zu liefern? Sicherlich weist Schelsky auf einige wichtige Tendenzen des sozialstrukturellen Wandels hin, die auch Geiger schon in ähnlicher Form erkannt hatte: auf die quantitative Ausdehnung der mittleren Lagen in der Schichtungshierarchie mit dem dort typischen angestiegenen Wohlstands- und Bildungsniveau, verbesserten Konsum- und Freizeitchancen und spezifischen „kleinbürgerlichen" Einstellungs- und Verhaltensmustern sowie auf den Bedeutungsgewinn der Konsum- und Freizeitsphäre. Der über Geiger hinausgehende Kern seiner positiven Strukturaussage – „permanente und universale soziale Mobilität" (339) und Aufgehen aller Schichten und Klassen in einem ökonomisch, sozial und kulturell einheitlichen kleinbürgerlichen Mittelstand – entpuppt sich jedoch als einseitig-verzerrende Fehldiagnose. Die Verengung der Perspektive produziert zwei Irrtümer – den *Mobilitätsirrtum* und den *Nivellierungsirrtum*. Die in der deutschen Nachkriegsgesellschaft existierenden und bis heute fortbestehenden schichttypischen Bildungs- und Mobilitätsbarrieren werden genauso übersehen wie das zähe Beharrungsvermögen vertikaler Ungleichheitsstrukturen – die Ungleichverteilung wichtiger Ressourcen und die damit verbundenen schichttypischen Mentalitäten, Verhaltensmuster und Lebenschancen.

Die Kritiker Schelskys – am scharfsinnigsten und pointiertesten Dahrendorf (1965: 146–151) in einem brillanten Aperçu – haben diese Schwächen bereits in den 60er Jahren herausgearbeitet (vgl. auch Bolte 1963: 155; Bolte et al. 1967: 283f.). Die sozialwissenschaftliche Auseinandersetzung mit der sozialen Wirklichkeit der Bundesrepublik der 60er Jahre wird daher auch nicht von Schelskys Anti-Klassentheorie geprägt, sondern von den Schicht- und Klassenkonzepten, die nicht nur in der Sozialstrukturanalyse boomen, sondern auch in wichtigen soziologischen Teildisziplinen wie z.B. in der Bildungssoziologie, Sozialisationsforschung, Partizipationsforschung oder auch in der Kriminal- und Rechtssoziologie häufig angewendet werden. Und auch die sozial- und bildungspolitische Diskussion um ungleiche Bildungschancen sowie die kurzfristige Repolitisierung der Klassendebatte im Zuge der 68er-Bewegung machen augenfällig, daß das Konzept der nivellierten Mittelstandsgesellschaft wichtige Elemente der damaligen Strukturdynamik ausblendet.

Auch Schelsky selbst dürfte wesentliche Mängel seiner Analyse schnell erkannt haben, denn der dritte Beitrag (Schelsky 1961) seiner Trilogie „Zur Strukturanalyse der Gesellschaft" enthält einige handfeste Überraschungen: Durch methodologische und ideologiekritische Reflexionen schwächt Schelsky den Bedeutungsgehalt seiner Aussagen gravierend ab. Den Anspruch, das dominante Entwicklungsgesetz der industriellen Zivilisation aufgedeckt zu haben, gibt er implizit auf; die „nivellierte Mittelstandsgesellschaft" wird statt dessen zu einer *Hypothese mit „aspekthaftem Charakter"* herabgestuft, die – wie „die Klassengesellschaft", „die Freizeit- und Konsumgesellschaft", „die offene Gesellschaft" oder ähnliche Konzepte lediglich Teilausschnitte der modernen Sozialstruktur „einsinnig" erfasse (368). Außerdem „sinke" diese gesellschaftliche Selbstdeutung – wie andere soziologische Theorien auch – „in die soziale Wirklichkeit ab" und unterliege dabei dem Prozeß der Ideologisierung: „In dieser Hinsicht ist die Ideologisierung der Klassenlosigkeit in unserer heutigen westdeutschen Gesellschaft funktional ‚Mittelstandsideologie' geblieben" (375).

Die Aussagen Schelskys zum ideologischen Charakter der Theorie der Klassenlosigkeit liefern auch bereits Hinweise darauf, warum das Konzept der nivellierten Mittelstandsgesellschaft so weite Verbreitung fand und das soziale Selbstverständnis der Nachkriegsdeutschen erheblich stärker prägte als die Klassentheorie. Wohl selten hat ein soziologischer Text im Umfang von fünf Seiten – mehr hat Schelsky zum inhaltlichen Kern seiner These nicht verfaßt – eine derartige Breitenwirkung erzielt, obwohl diese fünf Seiten in der wissenschaftlichen Öffentlichkeit eher kritisiert als akzeptiert wurden. Soziologische Theorien diffundieren offensichtlich – unabhängig von ihrem „Wahrheitsgehalt" – in der sozialen Wirklichkeit, wenn sie den Wahrnehmungs- und Deutungsbedürfnissen größerer Gruppen entgegenkommen. Und das Konzept der nivellierten Mittelstandsgesellschaft entsprach – wie Schelsky selbst anmerkt – den sozialen Sicherheitsbedürfnissen der breiter gewordenen Mittelschichten; genauso erfreut, wenn nicht sogar noch aufnahmebereiter waren jedoch die oberen Schichten und Eliten, konnte doch die Ideologie einer klassen-, ja schichtenlosen Gesellschaft gut dazu dienen, um soziale und politische Privilegien zu tarnen und zu verschleiern (vgl. Dahrendorf 1965: 148).

IV. Auf dem Weg zur Dienstklassengesellschaft: gebremster Klassenkonflikt – soziale Schichtung – Aufstiegsbarrieren (Ralf Dahrendorf)

Die Analysen Ralf Dahrendorfs markieren einen zweiten Höhepunkt in der westdeutschen Ungleichheitsforschung. Sie sind erheblich vielschichtiger und realitätsnäher als das Konzept der nivellierten Mittelstandsgesellschaft. Dahrendorf ist, soweit ich sehe, der einzige Sozialstrukturanalytiker der Nachkriegssoziologie, der – neben vielen anderen Pfaden – auch die von Geiger gezogene Spur wirklich aufnahm – und das mit großer diagnostischer Treffsicherheit. Analytische Klarheit verschafft die Trennung zwischen zwei „Formen der sozialen Ungleichheit": zwischen der *„produktiven Ungleichheit"* einerseits, „der ungleichen Verteilung von Herrschaft", auf die Dahrendorf seine Begriffe von Klasse und Klassenkonflikt strikt bezieht, und der *„distributiven Ungleichheit"* andererseits, der ungleichen Verteilung von Einkommen, Prestige, „unter gewissen Aspekten auch Bildung und Herrschaft", die Dahrendorf „soziale Schichtung" nennt (Dahrendorf 1965: 95). Zwischen Herrschaft und Schichtung bestehen komplizierte Zusammenhänge, nicht aber notwendigerweise ein „Parallelismus" (Dahrendorf 1957: 144), wie es Marx noch unterstellte. Eine Schwäche der Analysen Dahrendorfs besteht allerdings darin, daß die Zusammenhänge zwischen produktiver und distributiver Ungleichheit nicht genauer aufgehellt werden.

In seiner Studie „Soziale Klassen und Klassenkonflikt in der industriellen Gesellschaft" (1957) versucht Dahrendorf, eine Antwort auf die alte Marxsche Frage nach der Klassenstruktur (Herrschaftsstruktur) der entwickelten Industriegesellschaft zu geben: Der Klassenkonflikt bestehe fort, habe aber seinen Klassenkampfcharakter eingebüßt, an Schärfe verloren und geregelte Formen angenommen. Drei wichtige sozialstrukturelle Veränderungen hängen mit dieser Entwicklung zusammen: die „Aufsplitterung der Autoritätsbereiche" auf verschiedene große Herrschaftsverbände und Funktionssektoren wie Wirtschaft, Staat und „vielleicht Kirche" mit „einander überschneidende(n) Linien der Herrschaft" (142f.), die fortgeschrittene Demokratisierung der Herrschaftsstrukturen und die „institutionelle Isolierung der Industrie" (234), d.h. der Bedeutungsverlust der Industrie und der Berufstätigkeit im allgemeinen für das soziale Leben und die Dynamik der Sozialstruktur. Den Problemkreis Herrschaft, der in dieser Studie im Zentrum steht, hatte Schelsky aus seinen Überlegungen weitgehend ausgeblendet.

Auch Dahrendorfs Analyse der distributiven sozialen Ungleichheit ist erheblich realitätsnäher als das Konzept der nivellierten Mittelstandsgesellschaft. In seinem Haus der sozialen Schichtung – ein methodologisch und teilweise auch inhaltlich an Geiger (1932) orientiertes Soziallage-Sozialmentalitäts-Modell – berücksichtigt er neben ökonomischen Faktoren, Berufsposition und Sozialprestige auch Herrschaftsbeziehungen, Mentalitäten und historische Entwicklungen und verdichtet diese zu einem farbigen und anschaulichen, aber gleichzeitig geordneten Tableau der Schichtstruktur (Dahrendorf 1965: 102ff.), dessen Grundlinien sich teilweise bis heute in der gesellschaftlichen Wirklichkeit erhalten haben (vgl. Geißler 1996: 86). Dabei vermeidet er – wie Geiger auch – den „Vertikalismus" anderer Modelle; Schichten liegen nicht nur übereinander, sondern auch nebeneinander – u.a. eine Folge davon, daß auch Berufsfunktionen und Mentalitäten in die Modellbildung eingehen. Auf die „enorme Ausweitung der Dienstklasse auf Kosten aller Gruppen" (Dahrendorf 1972: 112), auf die Verbreitung ihrer Wertvorstellungen und Verhaltensmuster, aber auch auf ihre interne Differenzierung weist Dahrendorf hin, ohne diese Entwicklung zur Dienstklassengesellschaft zu verabsolutieren und dabei den Nivellierungs- und Mobilitätsideologien aufzusitzen. Im Gegenteil: Mit seinen politisch einflußreichen Schriften zur sozialen Ungleichheit der Bildungschancen (Dahrendorf 1965a, b) stellt er drastisch den Mobilitätsirrtum Schelskys bloß.

V. Paradigmaverengung und Paradigmaerweiterung: Von Schichten und Klassen zur vieldimensionalen Ungleichheit

Die verschlungenen Pfade der nichtmarxistischen Sozialstrukturanalyse in den 60er und 70er Jahren können nur sehr grob skizziert werden. Sieht man einmal von der bemerkenswerten Ausnahme der Arbeiten Dahrendorfs ab, so verliert die Schichtungssoziologie die Marxsche Fragestellung nach der dominanten Struktur und den zentralen Triebkräften der gesellschaftlichen Dynamik aus den Augen. Sie fällt in ihren Ansprüchen weit hinter Geiger und Schelsky zurück und unterliegt einem Prozeß der Blickverengung, den man als *Partialisierung* und *Amerikanisierung* bezeichnen kann. Nicht die Sozialstruktur in ihrer Gesamtheit, sondern lediglich partielle Aspekte der distributiven Ungleichheit werden mit immer ausgefeilterem empirischem Raffinement analysiert und quantifiziert. Die Schichtanalyse orientiert sich dabei an US-amerikanischen Vorbildern, insbesondere an den Gemeindestudien des Teams um William Lloyd Warner, in denen die Zugehörigkeit zu einer „class" an Bewertungen festgemacht wurde – am Sozialprestige und den damit verknüpften Interaktionsmustern wie Verkehrs- und Heiratskreise, Freundschaften, Bekanntschaften und sozialen Umgangsformen. Sog. „Prestige-Modelle" der sozialen Schichtung (Bolte 1959 und 1963; Moore und Kleining 1959; Kleining und Moore 1968) und prestigeorientierte multidimensionale Statusmodelle (Mayntz 1958; Scheuch und Daheim 1961) dominieren die Schichtungssoziologie und Mobilitätsanalyse bis in die 60er Jahre hinein. In dem Studienbuch „Die deutsche Gesellschaft im Wandel" (Bolte 1967) wird soziale Ungleichheit mit sozialer Schichtung und soziale Schichtung wiederum weitgehend mit Prestigeunterschieden gleichgesetzt. Obwohl auch die Prestige-orientierten Modelle auf die Relevanz sozioökonomischer Faktoren und insbesondere des Berufs für die soziale Wertschätzung und die hierarchische Einordnung der Individuen hinweisen, boten sie in der zweiten Hälfte der 60er Jahre gute Angriffsflächen für die neomarxistische Kritik. Die Neomarxisten fielen allerdings ihrerseits mit ihren eigenen Klassenanalysen ebenfalls hinter den Erkenntnisstand von Geiger und Dahrendorf zurück, wenn sie versuchten, die Sozialstruktur der Gegenwart in das nicht mehr passende Korsett der Marxschen Klassentheorie zu zwängen (z.B. Tjaden-Steinhauer und Tjaden 1973; PKA 1973/74).

Die kurze hitzige Debatte zwischen Schichttheoretikern und neomarxistischen Klassentheoretikern gegen Ende der 60er und zu Beginn der 70er Jahre veranlaßte die Nichtmarxisten, sich stärker von Nivellierungsvorstellungen zu distanzieren und auch von den Prestigemodellen mit ihren Perspektivverengungen abzurücken. Sie schärfte den Blick der Schichtungssoziologie für die Bedeutung ökonomischer Faktoren, für die Einflüsse von Marktchancen und tariflichen Machtkämpfen auf die Verteilung knapper begehrter Güter sowie für die weiterhin bestehenden markanten Unterschiede in den Lebensbedingungen und den damit zusammenhängenden ungleichen Lebenschancen.[10]

In den 70er Jahren gerät dann bei den nichtmarxistischen Sozialstrukturforschern neben der Klassentheorie auch das Schichtkonzept und die Schichtanalyse immer stärker in Verruf; die Zweifel an deren Erkenntniswert für die moderne Gesellschaft nehmen zu. Die neue Kritikwelle richtet sich gleichzeitig gegen Schichtungssoziologen und Klassentheoretiker. Sie faßt deren Ansätze zum sogenannten „Klassen- und Schichtparadigma" zusammen und hält diesem diagnostische Defizite in zwei großen Bereichen vor.[11]

Der erste Bereich der Kritik umfaßt das klassische Forschungsfeld der Schicht- und Klassenanalyse selbst. Die Analyse der vertikalen Ungleichheitsstruktur weise erhebliche theoretische Mängel auf:
- Schichten und Klassen würden relativ „untheoretisch" gegeneinander abgegrenzt, z.T. mit Tendenzen zu einer rein sozialstatistischen Klassifikation. Folge dieser „Willkür" bei der Untergliederung einer Gesellschaft in Schichten und Klassen sei ein verwirrendes und widersprüchliches Nebeneinander einer Vielzahl von unterschiedlichen Klassen- und Schichtmodellen, die die realen Ungleichheitsstrukturen zu stark vergröberten und daher nur über wenig Realitätsgehalt verfügten.
- Die Zusammenhänge zwischen „objektiver Strukturebene" und „Handlungsebene" blieben weitgehend ungeklärt. Häufig beschränkten sich Analysen auf die „Strukturebene" und blendeten die Handlungsebene aus (Objektivismusvorwurf). Wenn empirisch nach schicht- und klassenspezifischen Mentalitäten, Bewußtseinsformen, Einstellungen und Handlungsmustern gesucht werde, bleibe viel „unerklärte Varianz" übrig, die eingesetzten Schicht- und Klassenmodelle seien also wenig verhaltensrelevant, für Verhaltensunterschiede wenig erklärungskräftig (Vorwurf mangelnder Verhaltensrelevanz). Diese Kritik wurde bereits sehr früh gegenüber der schichtspezifischen Sozialisationsforschung vorgebracht (Krappmann u.a. 1974) und später insbesondere in der Wahlforschung und in der Konsum- und Freizeitforschung wiederholt. An anderen Studien wird bemängelt, daß schwache empirische Zusammenhänge zwischen Strukturvariablen und Einstellungs- und Handlungsmustern klischeehaft-stereotyp überinterpretiert und strukturalistisch-deterministisch überzeichnet würden (Determinismusvorwurf).

---

10 Vgl. z.B. Bolte et al. (1975) – das ist die stark veränderte Neuauflage von Bolte et al. (1967), die nun auch nicht mehr „Soziale Schichtung", sondern „Soziale Ungleichheit" als Titel trägt.
11 Zusammenfassend dazu Geißler (1987: 10ff.) sowie Hradil (1987: 86ff.).

– Ein drittes theoretisches Defizit wird darin gesehen, daß die eigentlichen „Ursachen" der sozialen Ungleichheit ungenügend erhellt würden, insbesondere die Schichtanalyse beschränke sich häufig auf reine Deskription.

Die Vorwürfe im zweiten großen Kritikfeld setzen noch grundlegender an und halten dem Schicht- und Klassenparadigma eine verengte Perspektive vor: Vertikalismus, Ökonomismus und Irrelevanz. Klassen- und Schichtanalytiker seien auf die vertikale, insbesondere ökonomische Dimension der sozialen Ungleichheit fixiert. Wer seinen Blick ausschließlich auf vertikale Ungleichheit und Arbeitswelt richte, laufe jedoch Gefahr, an den relevanten Problemen der gegenwärtigen Gesellschaft, der allmählich die Arbeit ausgehe, vorbeizuforschen. Denn neben den „alten" vertikalen Unterschieden seien „neue", „horizontale" Ungleichheiten vorhanden, die für das soziale Geschehen genauso wichtig, wenn nicht sogar wichtiger seien als die alten. Mit „neuen Ungleichheiten" wird recht Unterschiedliches gemeint. Zum einen handelt es sich dabei um neue, durch reale Veränderungen entstandene Phänomene der westdeutschen Sozialstruktur: ethnische Minderheiten, die durch die Anwerbung der „Gastarbeiter" im Laufe der 60er Jahre zu einem quantitativ gewichtigen Element der westdeutschen Sozialstruktur geworden waren; die „benachteiligte Generation" der geburtenstarken Jahrgänge der 60er Jahre; aber insbesondere auch eine neue Erscheinung auf der kulturellen Ebene, nämlich die zunehmende Pluralisierung der Lebensstile und Lebensformen. Es wird angenommen, daß diese neue Vielfalt nicht parallel, sondern „quer" zur vertikalen Struktur liege. Als „neu" werden aber auch Ungleichheiten bezeichnet, die eigentlich zu den „alten Bekannten" sozialer Ungleichheit gehören – insbesondere Unterschiede nach Geschlecht, aber auch nach Region oder Alter sowie – aus globaler Perspektive – die gravierenden Ungleichheiten zwischen verschiedenen Gesellschaften mit unterschiedlichem Entwicklungsstand. Das Etikett „neu" verdienen sie lediglich deshalb, weil ihnen „neue Aufmerksamkeit" zuteil wird, obwohl sie teilweise – wie die geschlechtstypischen Unterschiede – in der gesellschaftlichen Realität nicht verstärkt, sondern abgebaut worden waren. Die Reduzierung der geschlechtsspezifischen Ungleichheiten war jedoch kein Hindernis dafür, daß in der Öffentlichkeit die Sensibilität gegenüber den verbliebenen sozialen Unterschieden zwischen den Geschlechtern gewachsen ist – eine interessante Variante des sog. „Tocqueville-Paradoxes": Alexis de Tocqueville hatte bereits im vorigen Jahrhundert an der amerikanischen Gesellschaft beobachtet, „que le désir de l'égalité devient toujours plus insatiable à mesure que l'égalité est plus grande" (Tocqueville 1963: 291f. – zuerst 1835: „daß das Verlangen nach Gleichheit immer unersättlicher wird, je größer die Gleichheit ist").

Die kritische Auseinandersetzung mit dem Schicht- und Klassenparadigma mündet in eine enorme Perspektivenerweiterung der Sozialstrukturanalyse. Die Neuorientierung geht nicht nur über die verengten Ansätze der 60er und 70er Jahre hinaus, sondern auch über die weiteren Ansätze der frühen Nachkriegssoziologie (Geiger, Schelsky, Dahrendorf): Die vertikale, „ökonomistische" und ethnozentrische Klassen- und Schichtanalyse soll zur *vieldimensionalen Ungleichheitsforschung* ausgebaut werden. Diese will neben den vertikalen Ungleichheiten auch die horizontalen und interkulturellen Ungleichheiten gleichrangig oder gar vorrangig ins Visier nehmen. Elemente der Sozialstruktur, die bei Geiger bereits im Ansatz als „neue Linien" erkannt worden waren (Geiger 1949: Kap. IX) und in der Klassentheorie als „horizontale Disparitäten" (Bergmann et al. 1969) Beachtung gefunden hatten, werden mit weiteren Facetten angereichert und zum konstitutiven Bestandteil der neuen Ungleichheitsforschung deklariert. Der von Reinhard Kreckel herausgegebene Sammelband mit dem bezeichnenden Titel „Soziale Ungleichheiten" (1983) – der Klassenbegriff taucht nur in den Titeln einiger Beiträge auf, der Schichtbegriff nur noch in wenigen Texten, meist als Ausgangspunkt für Kritik – markiert gut diese Erweiterung der Perspektive. Vertikale Ungleichheiten stellen nicht mehr das Zentrum der Analyse dar, sondern sind nur noch eine von mehreren Dimensionen im vieldimensionalen Ungleichheitsgefüge. Es wird davon ausgegangen, „daß alte und neue, nationale und internationale, vertikale und nicht-vertikale Ungleichheiten ein *gemeinsames begriffliches und theoretisches Dach* benötigen, weil es sich dabei *heute* um ein zusammenhängendes Problem handelt" (Kreckel 1983a: 8 – Hervorhebungen vom Autor).[12]

Die Auswirkungen dieser Perspektivenerweiterung auf die Diagnosefähigkeit der Sozialstrukturanalyse sind als ambivalent einzuschätzen. Einerseits trägt die multidimensionale Ungleichheitsforschung den real fortgeschrittenen Bedeutungseinbußen der vertikalen Strukturen, des Erwerbslebens und des traditionellen Klassenkonflikts für das soziale Geschehen Rechnung. Gleichzeitig schärft sie auch den Blick für Zusammenhänge zwischen verschiedenen Ungleichheitsdimensionen. Dies gilt insbesondere für die Zusammenhänge zwischen Klasse und Geschlecht (vgl. dazu z.B. Kreckel 1992: Kap. IV; Frerichs 1997 oder Rodax und Rodax 1996). Andererseits bleibt das *erweiterte Forschungsfeld weitgehend „theoretisch ungeordnet".* So wird die zentrale Frage, um die es Geiger, Schelsky und auch Dahrendorf noch ging, nämlich die Frage nach dem dominanten Sektor der Sozialstruktur und nach den Triebkräften der gesellschaftlichen Dynamik oder zumindest die Frage nach der Bedeutung der verschiedenen Ungleichheitsdimensionen für die Gesamtstruktur, nur selten[13] gestellt; die Relevanzen verschiedener Ungleichheiten, z.B. die Bedeutung der „neuen" im Vergleich zu den „alten", bleiben weitgehend unklar. Der Versuch einer umfassenden Gesamtdiagnose der modernen Ungleichheitsstruktur, die Wesentliches und Unwesentliches trennt, fehlt genauso wie die Einlösung des Anspruchs, eine allgemeine Theorie der sozialen Ungleichheiten zu entwickeln, die alle Dimensionen unter einem theoretischen Dach vereinigt. Die erhebliche Erweiterung des Blickfelds der Sozialstrukturanalyse über die Schicht- und Klassenanalyse hinaus hat die Relativität der vertikalen Linien unterstrichen, aber der neu geöffnete vieldimensionale Raum der Ungleichheit ist diffus geblieben, klare Strukturen wurden nicht kenntlich gemacht. Und zu einer verbesserten Diagnose der vertikalen Strukturen hat die Neuorientierung nur wenig beigetragen, die Bemühungen um die Beseitigung der empirisch-theoretischen Defizite der Schicht- und Klassenanalyse wurde durch die Verlagerung der Erkenntnisinteressen auf „neue" Ungleichheiten eher entmutigt und gehemmt.

VI. Die individualisierte oder differenziert-plurale Nachklassengesellschaft

Die vieldimensionale Ungleichheitsforschung stellt lediglich die gemäßigte Variante des Paradigmawandels der Sozialstrukturanalyse dar. Die radikale Variante besteht nicht in

---

12 Derselbe Anspruch mit nahezu identischen Formulierungen bei Kreckel (1992: 18).
13 Z.B. bei Geißler (1987, 1994, 1996), Noll und Habich (1990), Kreckel (1992), Klocke (1994). Alle erwähnten Autoren vertreten die These von der Dominanz bzw. Zentralität der vertikalen Strukturen.

einer Perspektiven*erweiterung*, sondern in einem Perspektiven*wechsel;* oder etwas pointierter: Das Paradigma der Sozialstrukturanalyse soll *revolutioniert* werden. Aus einer harschen Kritik an den Schicht- und Klassenkonzepten heraus verkünden die Paradigmarevolutionäre erneut das Ende der Klassengesellschaft. „Jenseits von Klasse und Schicht" (Beck 1986) und „Von Klassen und Schichten zu Lagen und Milieus" (Hradil 1987) lauten die bezeichnenden Kapitelüberschriften bzw. Untertitel der beiden Studien, die wohl am wirkungsvollsten das neue Paradigma der individualisierten bzw. differenziert-pluralen Nachklassengesellschaft entwickelt und verbreitet haben. Das Konzept der Nachklassengesellschaft dominiert den Mainstream der Sozialstrukturforschung des letzten Jahrzehnts und taucht in zahlreichen Facetten auf.[14] Ich beschränke mich hier auf knappe Hinweise zu den einflußreichen Ansätzen von Ulrich Beck und Stefan Hradil.

1. Die individualisierte Nachklassengesellschaft (Ulrich Beck)

„Wir leben trotz fortbestehender und neu entstehender Ungleichheiten heute in der Bundesrepublik in Verhältnissen *jenseits* der Klassengesellschaft, in denen das Bild der Klassengesellschaft nur noch mangels einer besseren Alternative am Leben erhalten wird" (Beck 1986: 121 – Hervorhebung vom Autor). So lautet das Fazit, auf das Ulrich Beck seine vielschichtige und assoziationsreiche Analyse mit vielen schönen und schillernden, aber nicht immer eindeutigen und widerspruchsfreien Formulierungen bringt. Eine einschneidende Verbesserung der Lebensbedingungen für alle, die Fürsorgeleistungen des Sozialstaats, die gesellschaftliche Produktion neuer „demokratisierter" Risiken sowie „ein gesellschaftlicher Individualisierungsschub von bislang unerkannter Reichweite und Dynamik" (116) werden als wesentliche Triebkräfte dafür ausgemacht, daß sich Schichten und Klassen nach und nach aufgelöst haben.

Die Metapher des *„Fahrstuhl-Effekts"*, in die Beck die Anhebung des Lebensniveaus kleidet, macht deutlich, daß – anders als bei Schelsky – soziale Ungleichheiten nicht eingeebnet werden, sondern auf einer höheren Stufe erhalten bleiben: „die ‚Klassengesellschaft' wird insgesamt eine Etage höher gefahren" (122). Aber die vertikalen Ungleichheiten büßten auf dem erreichten hohen Niveau der Lebensverhältnisse ihre sozialstrukturelle Prägekraft ein. Erheblich wichtiger für die Einstellungs- und Verhaltensweisen und das Selbstverständnis der Menschen seien andere Phänomene: Die verbesserten Existenzbedingungen durch „ein kollektives Mehr an Einkommen, Bildung, Mobilität, Recht, Wissenschaft, Massenkonsum" (122), die damit zusammenhängende Demokratisierung (123) von symbolträchtigen Gütern und anderen Annehmlichkeiten, wie gut eingerichteten Wohnungen und Urlaubsreisen, die gestiegene soziale Mobilität, welche die Lebenswege und Lebenslagen der Menschen „durcheinanderwirbelt" (125). Die Betreuung durch den Sozialstaat lockere die Abhängigkeit von Klein- und Großgruppen und schwäche damit deren Binde- und Integrationskraft, u.a. auch diejenige von Klassen und Schichten.

Die gesellschaftliche Bedeutung der vertikalen Ungleichheiten werde des weiteren wesentlich geschwächt durch die Erfahrungen mit neuen gesellschaftlichen Risiken. Auch

---

14 Z.B. Berger (1986), zahlreiche Beiträge in Berger und Hradil (1990), Schulze (1993), Müller-Schneider (1994).

die „*Risikogesellschaft*" sei weitgehend „*demokratisiert*". Auf die „egalisierende Wirkung" (48) der ökologischen Risiken weist Beck immer wieder mit einprägsamen Formulierungen hin: „Not ist hierarchisch, Smog ist demokratisch" (48) oder „Risikolagen sind keine Klassenlagen" (52). Aber auch in anderen Segmenten der Risikogesellschaft – bei den Plagen von Massenarbeitslosigkeit und neuer Armut, die Beck genauer analysiert – akzentuiert er die „Demokratisierungsprozesse", die wachsenden „Gemeinsamkeiten der Risiken, über unterschiedliche Einkommenshöhen, Bildungsabschlüsse hinweg" (154), die „Demokratisierung der Massenarbeitslosigkeit" (145). Auch das Auf und Ab in vielen Lebensläufen – Menschen sind bestimmten Risiken, z.B. der Arbeitslosigkeit, nur *vorübergehend* in bestimmten Lebensabschnitten ausgesetzt – behindere in der Risikogesellschaft die Ausbildung von Klassenidentitäten.[15]

Gleichzeitig laufe der „*Motor der Individualisierung*" (157) auf vollen Touren und produziere die „individualisierte Gesellschaft" (215). Auch die Ungleichheitsstrukturen können sich diesen Individualisierungsprozessen nicht entziehen: „Es entstehen der Tendenz nach individualisierte Existenzformen und Existenzlagen" (116). In diesem stürmischen Individualisierungsszenario verblassen diagnostizierte Gegentendenzen zu Bedeutungslosigkeit. So bleibt die zunehmende Ungleichheit bei der Massenarbeitslosigkeit, die „mit voller Härte *sowieso schon benachteiligte* Gruppen trifft" ohne Relevanz für die Gesamtstruktur. Denn den herkunftsspezifischen Risikofaktoren entsprächen „keine sozialen Lebenszusammenhänge"; statt dessen träfen Arbeitslosikgeit und Armut „mehr und mehr ... mit klassenzusammenhangloser *Individualisierung* zusammen" (146 – Hervorhebungen vom Autor).

2. Die differenziert-plurale Nachklassengesellschaft (Stefan Hradil)

Während die Konturen der individualisierten Nachklassengesellschaft Becks sozial unstrukturiert und diffus bleiben, versucht Stefan Hradil (1987) seinem Gegenentwurf zur Klassengesellschaft mit den Alternativ-Konzepten „*Soziale Lage*" und „*Soziales Milieu*" Struktur zu verleihen. In Anlehnung an klassische Ansätze der Sozialstrukturanalyse trennt er analytisch zwischen zwei Ebenen: den objektiven Handlungskontexten und den Handlungsmustern der sozialen Akteure. Die fortschreitende Differenzierung der Lebens- und Handlungsbedingungen soll durch das Konzept der sozialen Lage realitätsgerechter eingefangen werden. Es beachtet die Multidimensionalität der Ungleichheitsstruktur und bündelt wichtige vertikale und horizontale Elemente zu typischen Handlungssituationen. Der Differenzierung der objektiven Lebensbedingungen auf der Strukturebene entspricht auf der Handlungsebene eine Pluralisierung der Lebensstile. Menschen mit ähnlichen Lebensstilen werden zu „sozialen Milieus" zusammengefaßt. Die Nachklassengesellschaft Hradils ist also nicht individualisiert, sondern differenziert und pluralisiert, sie ist nach *differenzierten Lagen* und *pluralisierten Milieus* gegliedert.

Milieuspezifische Lebensstile können als „Vermittlungskategorien" zwischen Struktur und Praxis begriffen werden – wie Hradil unverbindlich formuliert (168). In dieser Funk-

---

15 Dieser Gedanke wird bei Berger (1990) mit dem Konzept der „Ungleichheitsphasen" weiter ausgebaut und präzisiert.

tion wären sie ein ähnliches Bindeglied zwischen objektiven Lebensbedingungen und menschlichem Verhalten wie das Klassenbewußtsein bei Marx, die Schichtmentalität bei Geiger und Dahrendorf oder der Klassenhabitus bei Bourdieu. Diese Vermittlungsaufgabe leisten jedoch Hradils Milieus auf gesamtgesellschaftlicher Ebene nicht. Seine sieben Makromilieus – sie decken sich weitgehend mit dem subkulturell verkürzten Milieumodell der Wahl- und Marktforschung des SINUS-Instituts – schweben frei über den dreizehn „allgemeinen" Soziallagen, in die Hradil die objektive Ebene der Sozialstruktur untergliedert (154ff.). Hradils moderne Sozialstruktur bricht also in theoretisch unverbundene, voneinander isolierte Lagen und Milieus auseinander. Seine „Sozialstrukturanalyse in einer fortgeschrittenen Gesellschaft" kapituliert sozusagen vor dem klassischen Anliegen der Sozialstrukturforschung, die Zusammenhänge zwischen Strukturebene und Handlungsebene gesamtgesellschaftlich empirisch-theoretisch aufzuhellen. Der Handlungstheoretiker reibt sich angesichts dieses *Sozialstruktursplittings* etwas verdutzt die Augen, denn die Zusammenhänge zwischen der Handlungsebene und den sozialen Lagen, die Hradil als „typische Kontexte von Handlungsbedingungen" (153) definiert, bleiben im Dunkeln. Implizit wird diese Spaltung der Sozialstruktur damit gerechtfertigt, daß Lagen und Milieus immer weiter auseinanderdriften: Es vergrößere sich die Chance, „daß Lebensstile unabhängig von Sozialen Lagen variieren" (166), und die Pluralisierung der Lebensstile sei nicht nur als „Reaktion auf differenziertere Lebensbedingungen zu denken", sondern auch „z.T. als wachsende Abkoppelung von äußeren Lebensbedingungen" (166). Die *„subjektivistische" Sicht* der Sozialstruktur, die Beck zum Individualisierungstheorem verdichtet hat, taucht bei Hradil als Idee der freischwebenden Milieus auf, die sich von ihrem sozialen Substrat losgelöst haben und weitgehend autonom im kulturellen Raum flottieren.

3. Gewinne an Diagnosefähigkeit

Wie ist das Diagnosepotential der überarbeiteten und aktualisierten Neuauflage der Theorie der Klassenlosigkeit einzuschätzen?

Zu ihren Verdiensten gehört, daß sie die Akteure des sozialen Geschehens und deren Orientierungs- und Handlungsmuster wieder stärker ins Zentrum der Aufmerksamkeit gerückt hat. Dadurch wurde und wird auch der Blick für wichtige Veränderungen in diesem Bereich geschärft, die mit der Ausbreitung von Wohlstand, sozialstaatlicher Fürsorge, Bildung, Massenkonsum, Massenkommunikation und Freizeit sowie mit der fortschreitenden sozialen Differenzierung einhergehen: für die Erweiterung der Freiräume menschlichen Verhaltens (Individualisierung) und für die zunehmende Vielfalt der Lebensformen und Lebensstile (Pluralisierung).

Hradils komplexe Konzepte der Soziallagen und Sozialmilieus sind auch erheblich sensibler für Statusinkonsistenzen und Feinheiten in partiellen Ausschnitten der multidimensionalen Ungleichheiten auf der strukturellen und kulturellen Ebene. So eignen sich z.B. seine „spezifischen" Soziallagen zum Aufspüren von sozialpolitisch relevanten Problemzonen, wo alte und neue ungleichheitsrelevante Faktoren kumulieren. Spezifische Lagen dieser Art, wie z.B. die Lagen von alleinerziehenden Müttern ohne Berufsausbildung oder von älteren Menschen mit gesundheitlichen Problemen und niedriger Qualifikation wären durch das eindimensional-vertikale Raster der Schicht- und Klassenkonzepte gefallen.

So ist es auch nicht verwunderlich, wenn die moderne Wohlfahrtsforschung das Lagenmodell einsetzt[16] und wenn die zielgruppenorientierte Wahl- und Konsumforschung die ursprüngliche Quelle des neuen kulturalistischen Milieukonzepts ist. Verhaltensunterschiede wie Unterschiede in den Wahl- und Kaufentscheidungen hängen natürlich mit Unterschieden im Habitus enger zusammen als mit Unterschieden in den objektiven Lebensbedingungen. Die Struktur ist von der Praxis real weiter entfernt als das subkulturelle Milieu. Ein Analytiker mit diagnostischem Scharfblick wie Dahrendorf hatte bereits in den 60er Jahren auf die „katholische Arbeitertochter vom Lande" und das entsprechende bildungsfeindliche Milieu aufmerksam gemacht und implizit mit Lagen- und Milieuvorstellungen gearbeitet, ohne diese systematisch zu einem theoretisch-methodologischem Konzept auszuarbeiten.

4. Verluste an Diagnosefähigkeit:
Von der sozialkritischen Ungleichheitsforschung zur postmodernen Vielfaltsforschung

Den Gewinnen an diagnostischer Kraft stehen allerdings auch schmerzliche Verluste gegenüber. Diese rühren insbesondere daher, daß die Paradigmaerweiterung zur Paradigmarevolution *radikalisiert* wurde. Die damit verbundene Vorstellung vom Ende der Klassengesellschaft hat – wie frühere Theorien der Klassenlosigkeit auch (vgl. Schelsky 1965: 369–384) – *ideologischen* Charakter. Sie trübt und vernebelt den Blick für fortbestehende vertikale Ungleichheiten und deren Relevanz für die Verhaltens- und Distinktionsmuster, für soziales Selbstverständnis und für ungleiche Lebenschancen. Obwohl die kulturalistisch-pluralistische Wende der Sozialstrukturanalyse die Frage nach den Vertikalstrukturen ins Abseits gedrängt hat, wird das *Beharrungsvermögen der alten Ungleichheiten* durch eine Fülle von empirischen Daten und Einzelstudien belegt, die ich hier nur unvollständig und sehr gerafft resümieren kann:
– Unterschiedliche *Lebenschancen* in zentralen Bereichen menschlicher Existenz hängen weiterhin erheblich mit Unterschieden im Bildungs- und Berufsstatus zusammen. Die Bildungsexpansion und das Mehr an Demokratie durch die „neue Partizipationskultur" haben die krassen vertikalen Ungleichheiten der Chancen auf Bildung, auf sozialen Aufstieg und auf politische Teilnahme nicht beseitigt. Auch die Chancen auf einen angenehmen und sicheren Arbeitsplatz sowie die Risiken, arm, arbeitslos, krank oder kriminalisiert zu werden, variieren weiterhin schichtspezifisch (Einzelheiten bei Geißler 1994 und 1996). An den gefälligen und daher willig aufgegriffenen Formeln der „Demokratisierung der Risiken" und des „Fahrstuhleffekts" wird der ideologische Gehalt der neuen Anti-Klassentheorie gut sichtbar. Diese generalisieren in unzulässiger Weise und verdecken, daß sowohl die Risiken als auch die sozialstrukturelle Aufwärtsbewegung teilweise vertikal abgestuft sind. Um im metaphorischen Bild von Ulrich Beck zu bleiben: Viele haben den Fahrstuhl zu den höheren Etagen von Wohlstand, Bildung, Mobilität oder Konsum entweder gar nicht erwischt oder mußten bereits auf halber Etage wieder aussteigen, während andere zwei, drei oder mehr Etagen höher transportiert wurden. Und in den unteren Stockwerken des Hauses sozialer Hierarchie sind die Risiken von

---

16 Zapf (1989: 113); das von Steffen Mau aktualisierte Zapf-Modell bei Geißler (1996: 80).

Armut, Arbeitslosigkeit, Krankheit und Kriminalisierung weiter verbreitet als in den mittleren und oberen.
- Wichtige *Verhaltensweisen, distinktive Interaktionen* und auch *das soziale Selbstverständnis* sind nach wie vor auch vertikal strukturiert. So ist z.B. die Nutzung der Massenmedien stark schichtabhängig (Hurrelmann et al. 1988). An den schichttypischen Unterschieden bei den Erziehungszielen hat sich seit den 50er Jahren nichts geändert, heute sind sie z.T. noch größer als früher (Meulemann 1996). Die Heiratskreise haben sich über die Generationen hinweg eher sozial geschlossen als geöffnet (Blossfeld und Timm 1997, Teckenberg 1991). Das soziale Leben in den Städten ist weiterhin durch eine erhebliche sozial-räumliche Segregation gekennzeichnet; verschiedene Stadtteile weisen z.T. krasse Einkommensunterschiede, deutliche Differenzen in den Sozialchancen und auch Unterschiede in den Lebensstilen auf (Friedrichs 1995: Kap. 5). 70 Prozent der Industriearbeiter sehen Lebensstildifferenzen zu den benachbarten Statusgruppen der Angestellten (Herlyn et al. 1994: 235), und eine deutliche Mehrheit der Arbeiter rechnet sich auch heute noch der Arbeiterschicht zu (Geißler 1996: 168f.).
- *Lebensstile und soziale Milieus* sind nicht die relativ autonomen kulturellen Gebilde, als die sie von einigen „voluntaristischen Subjektivisten" vorgestellt werden – sozial freischwebend oder zumindest von der vertikalen Ungleichheitsstruktur abgekoppelt. Bereits Nowak und Becker (1985), die Entdecker der neuen subkulturellen Milieus, hatten diese auch vertikal verankert. Die Zusammenhänge von Lebensstilen und vertikalen Strukturen wurden inzwischen in mehreren Analysen genauer ausgeleuchtet.[17] Ein interessantes und anregendes Modell für die Verknüpfung von Milieus und objektiven Lebensbedingungen hat die Arbeitsgruppe Interdisziplinäre Sozialforschung der Universität Hannover entwickelt. Sie knüpft an die alte Tradition der Sozialstrukturanalyse an, die Gesamtgesellschaft möglichst umfassend zu strukturieren. In Anlehnung an Pierre Bourdieu kombiniert sie moderne Klassentheorie und Milieuanalyse und entwirft ein komplexes, historisches und dynamisches Milieutableau, das klassenspezifische Milieuunterschiede ebenso empirisch nachweist wie Milieudifferenzen innerhalb der Klassen (Vester et al. 1993).[18]
- Es ist davon auszugehen, daß die *Individualisierungsprozesse und Pluralisierungstendenzen* nicht gleichmäßig alle Bereiche der Gesellschaft erfassen, sondern schichtspezifisch gebrochen werden. Die Chancen auf Individualisierung und Stilisierung der Lebensführung dürften in den oberen und mittleren Schichten höher sein als in den unteren. Für diese Zusammenhänge der kulturellen Modernisierung mit den vertikalen Strukturen spricht die einfache Überlegung, daß mit hohem Wohlstand eine stärkere Freisetzung aus materiellen Einbindungen und mit höherem Bildungsniveau ein höheres Maß an Selbstreflexion und Freisetzung aus traditionellen Bindungen verknüpft sind. Inzwischen liegen zur größeren Vielfalt der Lebensstile in den mittleren und höheren Schichten auch einige empirische Hinweise vor (vgl. Hradil 1996: 21).
- Der institutionalisierte traditionelle Klassengegensatz in seiner salonfähigen Form wird von der deutschen Bevölkerung weiterhin als eine bedeutende Konfliktlinie in der vieldimensionalen *Konfliktstruktur* der modernen Gesellschaft wahrgenommen. Der „Kampf

---

17 Lüdtke (1982), Klocke (1994), Herlyn et al. (1994), Georg (1995, 1995a), Spellerberg (1995).
18 Vgl. auch den Beitrag von Vester in diesem Band.

der Generationen" und der „Geschlechterkampf" werden lediglich als zweit- oder drittrangig eingestuft – nur ein gutes Zehntel der Deutschen hält den Konflikt zwischen Männern und Frauen für stark oder sehr stark, und nur ein Fünftel den Konflikt zwischen Jung und Alt. In der Konfliktwahrnehmung dominieren statt dessen drei andere, sich kreuzende Linien: Die Hälfte der Westdeutschen und Zweidrittel der Ostdeutschen empfinden den Gegensatz zwischen Arbeitgebern und Arbeitnehmern nach wie vor als stark oder sehr stark. Auf identische Werte kommen in den alten Ländern der neue (vorübergehende?) West-Ost-Konflikt[19] sowie der etwa drei Jahrzehnte alte Konflikt zwischen „Gastarbeitern" und Deutschen (Landua et al. 1993: 88) – ein Symptom für die ungelösten Probleme der multiethnischen Komponente der deutschen Sozialstruktur.

Bilanzierend läßt sich festhalten: Die deutsche Gesellschaft der 90er Jahre ist keine Klassengesellschaft im Sinne eines „radikalen Klassenrealismus" (Kreckel 1992: 124), der die Existenz von Klassen als integrierte, sozio-kulturell homogene Großgruppen und als politische Organisationen mit entsprechenden Konfliktlinien unterstellt. Erkennbar sind jedoch Klassenstrukturen – Geiger würde sie Schichtstrukturen nennen – in folgendem Sinn: Die „vertikale" Ungleichverteilung wichtiger Ressourcen wie Besitz, Produktionsmittelbesitz, Einkommen, Bildung und Berufsstatus beeinflußt in relevanter Weise (nicht: „bestimmt" oder „determiniert") das soziale und politische Geschehen. Mit den komplexen und differenzierten „objektiven" Vertikalstrukturen hängen mehr oder weniger stark wichtige Lebenschancen und Lebensrisiken, wichtige (nicht: alle) Einstellungs- und Verhaltensmuster, das soziale Selbstverständnis, Mentalitäten und Lebensstile, Individualisierungs- und Pluralisierungsprozesse sowie wichtige gesellschaftlich-politische Konflikte zusammen.[20]

Mit der Fixierung der Nachklassentheoretiker auf Prozesse der Entstrukturierung, Individualisierung, Diversifizierung und Pluralisierung geht auch der traditionelle *sozialkritische Impetus* der Ungleichheitsforschung *verloren*. Wer vertikale Unterschiede für sozial irrelevant erklärt oder gar nicht mehr wahrnimmt, wer sie wegindividualisiert, wegdemokratisiert, wegdifferenziert oder wegpluralisiert, für den ist soziale Gerechtigkeit weitgehend verwirklicht oder kein Wert mehr. *Sozialkritische Ungleichheitsforschung* verwandelt sich unter der Hand in *postmoderne, normativ unverbindliche Vielfaltsforschung*. Ihr Gegenstand ist nicht mehr die problematische *Ungleichheit der Lebenschancen*, sondern die faszinierende *Vielfalt der Lebensformen, Lebensstile und Erlebnismilieus*.

5. Die neue Theorie der Klassenlosigkeit – eine deutsche Ideologie der Dienstleistungsgesellschaft

Trotz seiner diagnostischen Defizite breitete sich das Konzept der Nachklassengesellschaft schnell aus. Während Schelskys Abgesang auf die Klassengesellschaft hauptsächlich bei Teilen der deutschen Gesellschaft erhört wurde, aber bei Kollegen eher mehr oder weniger

---

19 Zu den Verknüpfungen des alten vertikalen Konflikts mit dem neuen West-Ost-Konflikt vgl. Geißler (1995a: 131–139).
20 Zu den Besonderheiten der modernen Klassen- und Schichtstruktur vgl. Geißler (1996a: 332–335); eine Variante bei Kreckel (1992: 141–149).

energische Kritik provozierte, eroberte die Neuauflage der Theorie der Klassenlosigkeit auch die wissenschaftliche und populärwissenschaftliche Szene. Ihre zentralen Konzepte – Individualisierung, Pluralisierung, Differenzierung (oder Diversifizierung), soziale Lagen, soziale Milieus und Lebensstile – dominieren sowohl die öffentliche und wissenschaftliche Diskussion als auch die Forschungsfragen im vereinten Deutschland. Mit der „Risikogesellschaft" brachte Beck die zeitdiagnostische Sozialstrukturanalyse nach fast 20jährigem gedämpftem Disput im akademischen Elfenbeinturm wieder ins öffentliche Gespräch. Und auch eine weitere Variante der Nachklassengesellschaft, die „Erlebnisgesellschaft" von Gerhard Schulze (1993),[21] stieß auf große Resonanz in den Medien. Die Sozialstrukturforschung selbst nahm eine kulturalistisch-pluralistische Wende. Es boomen Lebensstil- und Milieuuntersuchungen, und das traditionelle Terrain der vertikalen Ungleichheitsforschung wurde weitgehend geräumt. Wer es wagt, weiterhin von Klassen und Schichten oder von der Klassengesellschaft zu reden, gilt vielen als Soziologe von gestern, der die Zeichen der Zeit noch nicht erkannt hat.

Warum hat sich das Konzept der klassen- und schichtenlosen Gesellschaft so schnell ausgebreitet? Vermutlich liefert die Ideologiekritik den Schlüssel, um dem Geheimnis dieser raschen und weiten Diffusion auf die Spur zu kommen. Ideologien sind funktional für die sozialen Vorstellungen und das Selbstverständnis bestimmter Schichten. Das soziale Substrat, dessen Bedürfnissen nach Weltdeutung die neue Theorie der Klassenlosigkeit entgegenkommt, läßt sich relativ leicht ausmachen. Es sind die tragenden Gruppen der modernen Dienstleistungsgesellschaft, ihre Führungsschichten – die Macht-, Besitz- und Bildungseliten – sowie ihr quantitatives Fundament, die mittleren und höheren Dienstleistungsschichten, aber auch die Studierenden, die sich heute eher für Lebensstile und Erlebnismilieus interessieren als für Probleme der Klassengesellschaft. Diese Idee ist nicht gerade brandneu. Bereits Geiger (1949: 167) hat bei großen Teilen der alten und neuen Mittelschichten einen „Widerwillen gegen das Klassenmodell als solches" diagnostiziert. Schelsky (1979: 375f.) relativierte, wie bereits erwähnt, seine Hypothese von der nivellierten Mittelstandsgesellschaft später selbstironisch zur „Mittelstandsideologie", die die „Differenzierung, Individualisierung und Privatisierung der sozialen Interessenlagen und der ihr zugehörenden sozialen Vorstellungen abstützt". Dahrendorf (1965: 150) sah nicht nur die Dienstklasse, sondern darüber hinaus insbesondere die Eliten als Nutznießer des Konzepts der schichtenlosen Gesellschaft. Dieses leistete den beiden Klassen als „Beruhigungsideologie" gute Dienste, indem es „die äußere Seite der fehlenden Gleichheitschancen in Deutschland verdeckt".

Diese alte Erkenntnis der Ideologiekritik läßt sich mit einigen Aktualisierungen auch auf die weiterentwickelte Dienstleistungsgesellschaft der 90er Jahre übertragen. Diejenigen Schichten, die der Fahrstuhl zu Lebensstandard und Bildung in die mittleren und höheren

---

21 Um möglichen „Mißverständnissen" vorzubeugen, hebt Schulze in seiner Einleitung hervor, daß es ihm nicht um „eine Wesensbestimmung der Gegenwartsgesellschaft" gehe; „Erlebnisgesellschaft" sei lediglich ein „graduelles Prädikat" und erhelle lediglich einen speziellen Aspekt der modernen Sozialstruktur. „Es wäre absurd, diesen Aspekt zum Ganzen zu erklären" (Schulze 1993: 15). Dennoch schimmert in seiner Analyse immer wieder die Grundannahme des Nachklassenkonzepts durch, die Vertikalstrukturen (und das heißt implizit: auch die damit verknüpften Probleme der sozialen Ungleichheit) hätten sich im Zuge des sozialstrukturellen Wandels verflüchtigt (z.B. 20ff., 541ff.).

Stockwerke der Hierarchie befördert hat, sowie diejenigen, die schon so weit oben waren, daß sie des Fahrstuhls erst gar nicht bedurften, können die Annehmlichkeiten ihrer Etagen besser nutzen und deren Probleme besser bewältigen, wenn sie nicht mehr nach unten schauen und wenn sie ihren Wohnbereich für das ganz Haus halten. In der individualisierten Risikogesellschaft läßt es sich entspannter leben (und forschen), wenn neben den Ängsten, die die angeblich demokratisierten Risiken auslösen, und neben den Orientierungsproblemen, die der Individualisierungsschub produziert, wenigstens die Frage der sozialen Gerechtigkeit gelöst ist und nicht auch noch die Ansprüche der sozial Benachteiligten zum Problem werden. Die Fahrstuhlmetapher in ihrer Beckschen Version und die Vorstellung von der Demokratisierung der Risiken erleichtern das soziale Gewissen.

Dasselbe gilt für ein Weltbild, in dem pluralisierte Lebensstile und Erlebnismilieus die sozialen Verhältnisse prägen. Im Umfeld von individuell stilisierbarer Lebensführung oder gar im Überfluß der Erlebnisgesellschaft, in der das soziale Geschehen um „die Gestaltungsidee eines schönen, interessanten, subjektiv als lohnend empfundenen Lebens" (Schulze 1993: 37) kreist, kann man sich – auch als Soziologe – wohliger einrichten als in einer Welt, in der es noch Ecken oder gar ganze Regionen mit Not und sozialer Ungerechtigkeit gibt. Individualisierung erzeugt nicht nur Individualität, sondern auch Individualismus, den Gegenspieler der Solidarität, und Pluralisierung erzeugt Unübersichtlichkeit, und beides zusammen ist dem „Projekt des schönen Lebens" (Schulze 1993: 35) ausgesprochen förderlich. Die subjektivistische Wende zur Innenorientierung, die Besinnung auf sich selbst inmitten einer unübersichtlichen Lebenswelt macht es leichter, sich den Verlockungen der Erlebnisgesellschaft hinzugeben und sich vom Glanz des Schönen und Interessanten so blenden zu lassen, daß das Unschöne und Störende im Dunkeln bleibt.

Im Vergleich zu den 50er und 60er Jahren haben sich allerdings auch die realen Voraussetzungen für die Ausbreitung der Ideologie der Klassenlosigkeit verbessert. Einerseits ist ihre soziale Basis durch das zahlenmäßige Wachstum der Dienstleistungsschichten breiter geworden. Andererseits ist auch die soziale Realität der Ideologie etwas nähergerückt. Individualisierungs- und Pluralisierungsprozesse haben sich im sozialen Alltag ausgebreitet, während die vertikalen Ungleichheiten an „konkreter Augenfälligkeit" eingebüßt haben. Sie sind z.T. von der lebensweltlichen Oberfläche verschwunden und stärker zu Elementen der sozialen „Tiefenstruktur" geworden, die sich den Beobachtern erst „auf den zweiten Blick" erschließen und die durch empirisch-theoretische Arbeit erst sichtbar gemacht werden müssen (vgl. Geißler 1990: 96ff.; 1996: 333).

Außerdem ist die neue Theorie der Klassenlosigkeit nicht nur eine Neuauflage der Theorie der 50er Jahre, sondern eine wirklich verbesserte Neuauflage, deren ideologischer Gehalt schwerer zu durchschauen ist. Die Nachklassenkonzepte vermeiden leicht erkennbare Irrtümer vom Typ des Nivellierungsirrtums, und ihre Kernaussagen – fortschreitende Individualisierung, Differenzierung und Pluralisierung – erfassen wichtige reale Entwicklungstendenzen. Das Ideologische besteht vor allem darin, daß bestimmte Aspekte sozialstrukturellen Wandels verabsolutiert und für das Ganze ausgegeben werden.

Die nivellierte Mittelstandsgesellschaft und die Nachklassengesellschaft haben eine weitere auffällige Gemeinsamkeit: Sie stoßen in Deutschland häufig auf emphatische Zustimmung, rufen aber im Ausland eher ein erstauntes und ungläubiges Kopfschütteln hervor. Die derzeitige Dominanz der Anti-Klassentheorie in der Sozialstrukturanalyse ist eine deutsche Besonderheit, die weder in Westeuropa noch in Nordamerika ein entsprechendes Pendant hat. Nun könnte man die widersprüchliche Resonanz im In- und Ausland auf Spezifika der deutschen Entwicklung zurückführen und argumentieren, Deutschland sei seinen Nachbarn auf dem Weg in die Nachklassengesellschaft einen deutlichen Schritt vorausgeeilt. Diese Vorstellung von einer deutschen „Avantgarde-Gesellschaft" taucht sowohl bei Schelsky (1953: 326) als auch bei Beck (1986: 121f.) auf. Obwohl es durchaus Unterschiede in den Ungleichheitsstrukturen der verschiedenen Dienstleistungsgesellschaften gibt, legen die präsentierten Forschungsergebnisse und Überlegungen einen anderen Schluß nahe: Das Konzept der Nachklassengesellschaft ist weniger der Nachweis für einen deutschen Sonderweg in der sozialen Realität, sondern eher der Ausdruck eines deutschen Sonderweges in der Realitätswahrnehmung. Es ist nicht so sehr die Widerspiegelung realer Strukturbesonderheiten, sondern eine neue Variante der „auffälligen deutschen Aversion gegen Idee und Wirklichkeit der Ungleichheit", die Dahrendorf (1965: 145, 151) als „deutsche Ideologie" bezeichnet hat.

VII. Paradigmareform – Paradigmarevolution – Paradigmenvielfalt:
Sind die Grenzen der Diagnosefähigkeit erreicht?

Wenn meine vorangehenden Überlegungen zum Diagnosepotential der nichtmarxistischen Klassen- und Schichtanalyse und der Theorie der Klassenlosigkeit zutreffen, ergibt sich folgende Bilanz: Die Diagnosefähigkeit zeigt eine Art wellenförmigen Verlauf. Auf die relativ treffsichere Marx-Kritik Geigers folgt die ideologische Fehldiagnose Schelskys, und auf die wiederum realitätsnahen Analysen Dahrendorfs und die sinnvolle Perspektiverweiterung der vieldimensionalen Ungleichheitsforschung folgt die ideologieträchtige Blickverengung und partielle Fehleinschätzung der Nachklassentheoretiker. Lassen sich für diese Unterschiede in der Diagnosefähigkeit methodologische Ursachen erkennen? Offensichtlich tendieren Neuansätze mit einer Erhöhung des Diagnosepotentials zu einer *radikalisierenden Zuspitzung, unter der die analytische Kapazität leidet.*

Geiger und Dahrendorf gehen davon aus, daß die vertikale Struktur sozialer Ungleichheit ein gesellschaftlich relevanter und teilweise kritikwürdiger Grundtatbestand der modernen Gesellschaft ist. Gleichzeitig versuchen sie, auch der zunehmenden Vielfältigkeit der Sozialstruktur Rechnung zu tragen. Beide verzichten darauf, den komplexen gesellschaftlichen Wandel „auf den Begriff" zu bringen und auf ein einziges Prinzip zu reduzieren. Durch die Unterscheidung mehrerer Strukturierungsprinzipien halten sie sich – jeder auf seine Weise – den Blick für mehrere Facetten der Sozialstruktur offen: Geiger für vertikale Strukturen und „neue Linien", die diese differenzieren oder „quer" dazu verlaufen; Dahrendorf für die beiden in sich stark aufgefächerten Dimensionen der produktiven und distributiven Ungleichheit. Beide orientieren ihre theoretischen Überlegungen an empirischen Materialien, ohne dabei der Partialisierung oder gar der „positivistischen Vereinzelung" zu verfallen und den analytischen Scheinwerfer lediglich auf isolierte Teilaspekte oder kleine Ausschnitte der Sozialstruktur zu richten – ein Defizit an ganzheitlicher Perspektive, das die amerikanisierte Schichtungssoziologie der 50er und 60er Jahre mit vielen kulturalistischen Lebensstil- und Milieustudien der 90er Jahr teilt. Man kann Geiger und

Dahrendorf als *Reformer* der Marxschen Klassentheorie bezeichnen; sie verändern, ergänzen und relativieren das Marxsche Paradigma, um es an neue Entwicklungen anzupassen.

Schelsky und den Nachklassentheoretikern geht diese Reform nicht weit genug. Sie radikalisieren die Auseinandersetzung mit den marxistischen und nachmarxistischen Klassen- und Schichttheorien zur Paradigmarevolution. Sie versuchen, den sozialstrukturellen Wandel „auf den Begriff" zu bringen; und dieser Begriff ist als Antithese formuliert und heißt Entschichtung, Auflösung der Klassen und Schichten. Das alte Paradigma wird nicht verändert und relativiert, sondern durch eine antithetische Alternative ersetzt. Klassen- und Schichtenlosigkeit machen das Wesen der nivellierten Mittelstandsgesellschaft, der individualisierten und demokratisierten Risikogesellschaft, der differenzierten Soziallagen und pluralisierten Milieus und Lebensstile oder der Erlebnisgesellschaft aus. Dahinter steckt die Annahme, die vertikalen Strukturen seien verschwunden oder für das soziale Leben irrelevant geworden. Mit dieser Annahme entweicht auch der traditionelle sozialkritische Impetus aus ihrem Ansatz. Was verschwunden oder irrelevant geworden ist, stellt kein Problem mehr da.

Um ihre radikale Aktion zu rechtfertigen, bedienen sich die neuen Paradigmarevolutionäre eines Kniffs: Die tatsächlichen oder angeblichen Schwächen bei einigen Vertretern des alten Paradigmas – Objektivismus, Ökonomismus, Determinismus, Vergröberung, Vertikalismus, Irrelevanz – werden so stark übersteigert und generalisiert, daß, etwas pointiert formuliert, eine Karikatur des Klassen- und Schichtparadigmas entsteht, die sich leicht attackieren läßt und die es zu ersetzen gilt.

Die Radikalisierung der Paradigmareform zur Paradigmarevolution dürfte die eigentliche Ursache dafür sein, daß mit den Gewinnen an diagnostischem Potential auch erhebliche Verluste einhergehen. Die übersteigerte Unzufriedenheit mit der Karikatur des alten Paradigmas und die Faszination für neue Phänomene verdichten sich zu einer antithetischen Alternative, die auf Neues fixiert ist und fortbestehendes Altes übersieht. Man kann diesen Vorgang auch metaphorisch ausdrücken: Paradigmarevolutionäre unterliegen dem „*Ausschüttungseffekt*" – das Kind wird mit dem Bade ausgeschüttet.

Eine Paradigmarevolution dürfte aus zwei Gründen der komplexen Realität der modernen Sozialstruktur nicht gerecht werden: Sozialstrukturelle Veränderungen vollziehen sich offensichtlich nicht als radikale Umwälzungen, bei der eine alte Struktur in relativ kurzer Zeit durch eine neue abgelöst wird, sondern neue Teilstrukturen treten neben alte oder gehen allmählich aus ihnen hervor (vgl. Geiger 1949: 152ff.). Diese Vorstellung des allmählichen sozialen Wandels erfaßt die komplexe Sozialstruktur gleichzeitig vieldimensional, und diese Vieldimensionalität läßt sich nicht auf den einen Begriff bringen. Verschiedene Teilstrukturen stehen gleichzeitig nebeneinander, kreuzen einander oder stehen miteinander in Beziehung. Alte Ungleichheiten werden nicht durch neue Ungleichheiten verdrängt, Schichten und Klassen gehen nicht in der individualisierten Risikogesellschaft oder in pluralisierten Milieus auf. Altes und Neues verbinden sich vielmehr zu einem vieldimensionalen Gefüge, die alten und neuen Phänomene müssen als mehr oder weniger wichtige Teilstrukturen derselben Gesamtstruktur begriffen werden.

Schelsky hat diese methodologische Schwäche seines zunächst als alternative Antithese konzipierten Konzepts schnell erkannt und seinen Totalitätsanspruch zurückgenommen. Auch heute kann das diagnostische Potential der Sozialstrukturanalyse gesteigert werden, wenn dem Pathos der Paradigmarevolution, in der die Klassengesellschaft untergehen sollte, die Phase der Ernüchterung folgt. Dann könnten zwei oder auch mehrere miteinander konkurrierende oder miteinander verknüpfte Paradigmen die ideologischen Nebelschwaden vertreiben und die verhüllte Vertikalstruktur als wichtigen Sektor der modernen Vieldimensionalität wieder sichtbar machen. Ob man die Vertikalstruktur dabei in Anlehnung an Pierre Bourdieu als klassenspezifische Sozialmilieus wie Vester et al. (1993) erfaßt oder, wie Kreckel (1992), als Zentrum-Peripherie-Staffelung oder als pluralisierte soziale Schichtung, wie ich es in Anlehnung an Geiger getan habe (Geißler 1994), ist dabei eher sekundär. Vorrangig ist vielmehr die Frage nach der *dominanten Struktur*. Das *bi- oder multiparadigmatische* Vorgehen läßt verschiedene Teilstrukturen ins Blickfeld des Sozialstrukturanalytikers treten, und man kann dann die Fragen aufwerfen: Welche Teilstruktur ist dominant? Wie stark wird das soziale Leben durch die vertikalen Ungleichheiten bzw. durch andere Teilstrukturen geprägt? Welches sind die Kriterien für die Strukturdominanz? Gibt es überhaupt noch eine dominante Struktur?

Diese Fragen sind schnell und einfach gestellt – aber lassen sie sich auch überzeugend beantworten? Obwohl vor einem halben Jahrhundert sowohl die Gesellschaft als auch die Forschungslandschaft übersichtlicher waren als heute, sah sich ein so belesener, hellsichtig und klar analysierender Kopf wie Theodor Geiger nicht in der Lage, eine eindeutige Antwort zu geben; „eine klar sich abzeichnende Struktur" vermochte er nicht zu erkennen (Geiger 1949: 147). Diese skeptische Bilanz eines Klassikers, die Flucht der Schichtungssoziologie und der meisten Lebensstil- und Milieustudien in die Partialisierung, der diffuse Erkenntnisstand der vieldimensionalen Ungleichheitsforschung und die ideologischen Einseitigkeiten der Nachklassenkonzepte legen die Vermutung nahe, daß die Diagnosemöglichkeit der Sozialstrukturanalyse an Grenzen stößt. Es sieht so aus, als ließen es die Komplexität der modernen Gesellschaft und die Unübersichtlichkeit des soziologischen Wissensbetriebes nicht mehr zu, ein überzeugendes empirisch gehaltvolles Gesamtkonzept zu entwickeln. Der Thron, den Karl Marx im 19. Jahrhundert besetzt hatte, wird vermutlich auch im 21. Jahrhundert leer bleiben.

Literatur

Bergmann, Joachim et al., 1969: Herrschaft, Klassenverhältnis und Schichtung. S. 67–87 in: *Theodor W. Adorno* (Hg.): Spätkapitalismus oder Industriegesellschaft. Stuttgart: Enke.
Berger, Peter A., 1986: Entstrukturierte Klassengesellschaft? Opladen: Westdeutscher Verlag.
Berger, Peter A., 1990: Ungleichheitsphasen. S. 313–343 in: *Peter A. Berger* und *Stefan Hradil* (Hg.): Lebenslagen – Lebensläufe – Lebensstile. Göttingen: Schwartz.
Berger, Peter A., und *Stefan Hradil* (Hg.), 1990: Lebenslagen – Lebensläufe – Lebensstile. Göttingen: Schwartz.
Blossfeld, Hans-Peter, und *Andreas Timm*, 1997: Der Einfluß des Bildungssystems auf den Heiratsmarkt, Kölner Zeitschrift für Soziologie und Sozialpsychologie 49: 440–476.
Bolte, Karl Martin, 1959: Sozialer Aufstieg und Abstieg. Stuttgart: Enke.
Bolte, Karl Martin, 1963: Typen sozialer Schichtung in der Bundesrepublik, Hamburger Jahrbuch für Wirtschafts- und Gesellschaftspolitik 8: 150–165.
Bolte, Karl Martin, Dieter Kappe und *Friedhelm Neidhardt*, 1967: Soziale Schichtung. S. 322–351 in: *Karl Martin Bolte* (Hg.): Deutsche Gesellschaft im Wandel. 2. überarb. Aufl. Opladen: Leske.
Bolte, Karl Martin, Dieter Kappe und *Friedhelm Neidhardt*, 1975: Soziale Ungleichheit. 4. Aufl. Opladen: Leske + Budrich.

Dahrendorf, Ralf, 1957: Soziale Klassen und Klassenkonflikt in der industriellen Gesellschaft. Stuttgart: Enke.
Dahrendorf, Ralf, 1965: Gesellschaft und Demokratie in Deutschland. München: Piper.
Dahrendorf, Ralf, 1965a: Arbeiterkinder an deutschen Universitäten. Tübingen: Mohr (Siebeck).
Dahrendorf, Ralf, 1965b: Bildung ist Bürgerrecht. Hamburg: Nannen (Die Zeit-Bücher).
Dahrendorf, Ralf, 1972: Wandlungen der Klassenstruktur europäischer Gesellschaften. S. 111–165 in: *Ders.*: Konflikt und Freiheit. München: Piper.
Davis, Kingsley, und *Wilbert E. Moore,* 1945: Some Principles of Stratification, American Sociological Review 10: 242–249.
Frerichs, Petra, 1997: Klasse und Geschlecht 1. Opladen: Leske + Budrich.
Friedrichs, Jürgen, 1995: Stadtsoziologie. Opladen: Leske + Budrich.
Geiger, Theodor, 1932: Die soziale Schichtung des deutschen Volkes. Stuttgart: Enke.
Geiger, Theodor, 1933: Soziale Gliederung der deutschen Arbeitnehmer, Archiv für Sozialwissenschaft und Sozialpolitik 69: 151–188.
Geiger, Theodor, 1939: Sociologi. Grundrids og Hovedproblemer. Kopenhagen: Nyt Nordisk Forlag.
Geiger, Theodor, 1949: Die Klassengesellschaft im Schmelztiegel. Köln und Hagen: Kiepenheuer.
Geiger, Theodor, 1950: Den Danske Studenters Sociale Oprindelse. Kopenhagen: Grad (deutsche Übersetzung hg. von *Klaus Rodax*: Die soziale Herkunft der dänischen Studenten. Opladen: Leske + Budrich 1992).
Geiger, Theodor, 1962 (zuerst 1955): Typologie und Mechanik der gesellschaftlichen Fluktuation. S. 114–150 in: *Paul Trappe* (Hg.): Theodor Geiger. Arbeiten zur Soziologie. Neuwied/Berlin: Luchterhand.
Geißler, Rainer, 1985: Die Schichtungssoziologie von Theodor Geiger, Kölner Zeitschrift für Soziologie und Sozialpsychologie 37: 387–410.
Geißler, Rainer, 1987: Zur Problematik des Begriffs der sozialen Schicht. S. 5–24 in: *Ders.* (Hg.): Soziale Schichtung und Lebenschancen in der Bundesrepublik Deutschland. Stuttgart: Enke.
Geißler, Rainer, 1990: Schichten in der postindustriellen Gesellschaft. S. 81–101 in: *Peter A. Berger* und *Stefan Hradil* (Hg.): Lebenslagen – Lebensläufe – Lebensstile. Göttingen: Schwartz.
Geißler, Rainer (Hg.), 1994: Soziale Schichtung und Lebenschancen in Deutschland. 2. völlig überarb. Aufl. Stuttgart: Enke.
Geißler, Rainer, 1995: Die Bedeutung Theodor Geigers für die Sozialstrukturanalyse der modernen Gesellschaft. S. 273–297 in: *Siegfried Bachmann* (Hg.): Theodor Geiger. Berlin: Duncker & Humblot.
Geißler, Rainer, 1995a: Neue Strukturen der sozialen Ungleichheit im vereinten Deutschland. S. 119–141 in: *Robert Hettlage* und *Karl Lenz* (Hg.): Deutschland nach der Wende. Eine Bilanz. München: Beck.
Geißler, Rainer, 1996: Die Sozialstruktur Deutschlands. 2. neubearb. u. erw. Aufl. Opladen: Westdeutscher Verlag.
Geißler, Rainer, 1996a: Kein Abschied von Klasse und Schicht: Ideologische Gefahren der deutschen Sozialstrukturanalyse, Kölner Zeitschrift für Soziologie und Sozialpsychologie 48: 319–338.
Geißler, Rainer, 1996b: Sozialstrukturforschung in der DDR – Erträge und Dilemmata, Berliner Journal für Soziologie 6: 517–540.
Georg, Werner, 1995: Soziale Lage und Lebensstil. Siegen: Habilitationsschrift.
Georg, Werner, 1995a: Soziale Lage und Lebensstil: Eine Typologie auf der Grundlage repräsentativer Daten, Angewandte Sozialforschung 19: 107–118.
Haller, Michael, 1983: Theorie der Klassenbildung und sozialen Schichtung. Frankfurt a.M./New York: Campus.
Herlyn, Ulfert, Gitta Scheller und *Wulf Tessin,* 1994: Neue Lebensstile in der Arbeiterschaft? Opladen: Leske + Budrich.
Hradil, Stefan, 1983: Die Ungleichheit der ‚Sozialen Lage'. Eine Alternative zu schichtungssoziologischen Modellen sozialer Ungleichheit. S. 101–118 in: *Reinhard Kreckel* (Hg.): Soziale Ungleichheiten. Göttingen: Schwartz.
Hradil, Stefan, 1987: Sozialstrukturanalyse in einer fortgeschrittenen Gesellschaft. Opladen: Leske + Budrich.

Hradil, Stefan, 1996: Sozialstruktur und Kultur. S. 13–30 in: *Otto G. Schwenk* (Hg.): Lebensstil zwischen Sozialstrukturanalyse und Kulturwissenschaft. Opladen: Leske + Budrich.
Hurrelmann, Bettina, Klaus Nowitzky und *Harry Possberg,* 1988: Familie und erweitertes Medienangebot, Media Perspektiven: 152–165.
Kleining, Gerhard, und *Harriett Moore,* 1968: Soziale Selbsteinstufung, Kölner Zeitschrift für Soziologie und Sozialpsychologie 20: 502–552.
Klocke, Andreas, 1994: Sozialer Wandel, Sozialstruktur und Lebensstile in der Bundesrepublik Deutschland. Frankfurt a.M. u. a.: Lang.
Koch, Max, 1994: Vom Strukturwandel einer Klassengesellschaft. Münster: Westfälisches Dampfboot.
Krappmann, Lothar, Ulrich Oevermann und *Kurt Kreppner,* 1974: Was kommt nach der schichtspezifischen Sozialisationsforschung? Hektogr. Manuskript Berlin: Max-Planck-Institut für Bildungsforschung.
Kreckel, Reinhard (Hg.), 1983: Soziale Ungleichheiten. Göttingen: Schwartz.
Kreckel, Reinhard, 1983a: Theorien sozialer Ungleichheiten im Übergang. S. 3–12 in: *Ders.* (Hg.): Soziale Ungleichheiten. Göttingen: Schwartz.
Kreckel, Reinhard, 1992: Politische Soziologie der sozialen Ungleichheit. Frankfurt a.M./New York: Campus.
Landua, Detlev u. a., 1993: „... im Westen noch beständig, im Osten etwas freundlicher." Lebensbedingungen und subjektives Wohlbefinden drei Jahre nach der Wiedervereinigung. Berlin: WZB-Paper P 93–108.
Lötsch, Manfred, 1981: Zur Triebkraftfunktion sozialer Unterschiede, Informationen zur soziologischen Forschung in der Deutschen Demokratischen Republik 17: 14–19.
Lüdtke, Hartmut, 1992: Der Wandel von Lebensstilen. S. 36–59 in: *Wolfgang Glatzer* (Hg.): Entwicklungstendenzen der Sozialstruktur. Frankfurt a. M./New York: Campus.
Marx, Karl, und *Friedrich Engels,* 1977 (zuerst 1848): Manifest der kommunistischen Partei. S. 415–451 in: *Dies.*: Ausgewählte Werke. Band 1. Berlin: Dietz.
Mayntz, Renate, 1958: Soziale Schichtung und sozialer Wandel in einer Industriegemeinde. Stuttgart: Enke.
Moore, Harriett, und *Gerhard Kleining,* 1959: Das Bild der sozialen Wirklichkeit, Kölner Zeitschrift für Soziologie und Sozialpsychologie 11: 353–376.
Müller-Schneider, Thomas, 1994: Schichten und Erlebnismilieus. Der Wandel der Milieustruktur in der Bundesrepublik Deutschland. Wiesbaden: Deutscher Universitäts Verlag.
Noll, Heinz-Herbert, und *Roland Habich,* 1990: Individuelle Wohlfahrt: Vertikale Ungleichheit oder horizontale Disparitäten? S. 153–188 in: *Peter A. Berger* und *Stefan Hradil* (Hg.): Lebenslagen – Lebensläufe – Lebensstile. Göttingen: Schwartz.
PKA (Projekt Klassenanalyse), 1973/74: Materialien zur Klassenstruktur der BRD. Teil I und II. Berlin: VSA.
Rodax, Annelie, und *Klaus Rodax,* 1996: Bildungschancen und Bildungswege von Frauen. Berlin: Duncker & Humblot.
Schelsky, Helmut, 1954: Die Bedeutung des Schichtbegriffs für die Analyse der gegenwärtigen Gesellschaft, Transactions of the Second World Congress of Sociology, Bd. II (wiederabgedruckt S. 326–332 in *Schelsky* 1979).
Schelsky, Helmut, 1956: Gesellschaftlicher Wandel, Offene Welt 41 (wiederabgedruckt S. 333–349 in *Schelsky* 1979).
Schelsky, Helmut, 1961: Die Bedeutung des Klassenbegriffs für die Analyse unserer Gesellschaft, Jahrbuch für Sozialwissenschaften 12 (wiederabgedruckt S. 350–392 in *Schelsky* 1979).
Schelsky, Helmut, 1965 (1979): Auf der Suche nach Wirklichkeit. Gesammelte Aufsätze. Köln/Düsseldorf: Eugen Diederichs (Taschenbuchausgabe 1979 – München: Goldmann).
Scheuch, Erwin K., und *Hansjürgen Daheim,* 1961: Sozialprestige und soziale Schichtung. S. 65–103 in: *David Glass* und *René König* (Hg.): Soziale Schichtung und soziale Mobilität. Opladen: Westdeutscher Verlag.
Schulze, Gerhard, 1993: Erlebnisgesellschaft. Kultursoziologie der Gegenwart. Frankfurt a.M./New York: Campus.

Spellerberg, Annette, 1995: Lebensstil und Lebensqualität – West- und Ostdeutschland im Vergleich. Diss. Berlin.

Teckenberg, Wolfgang, 1991: Sozialstruktur als differentielle Assoziation. Der Wandel der durch Bildungs- und Berufsstatus geprägten Heiratsbeziehungen in der Bundesrepublik Deutschland zwischen 1978 und 1987. Heidelberg: Habilitationsschrift.

Tjaden-Steinhauer, Margarete, und *Karl Hermann Tjaden*, 1973: Klassenverhältnisse im Spätkapitalismus. Stuttgart: Enke.

Tocqueville, Alexis de, 1963 (zuerst 1835): La démocratie en Amérique. Paris: Unions Générales d'Editions.

Vester, Michael, Peter von Oertzen, Heiko Geiling, Thomas Hermann und *Dagmar Müller*, 1993: Soziale Milieus im gesellschaftlichen Strukturwandel. Köln: Bund.

Zapf, Wolfgang, 1989: Sozialstruktur und gesellschaftlicher Wandel. S. 99–124 in: *Werner Weidenfeld* und *Hartmut Zimmermann* (Hg.): Deutschland-Handbuch. München: Hanser.

III.
Wertewandel und Integration

DAS DIAGNOSTISCHE POTENTIAL VON ANALYSEN ZUM RELIGIÖSEN WANDEL

Wolfgang Jagodzinski

Zusammenfassung: Der erste Teil der Arbeit verfolgt das Ziel, einen für die empirischen Sozialwissenschaften angemessenen Diagnosebegriff zu explizieren. Dabei werden drei Möglichkeiten in Betracht gezogen, nämlich die deterministische Ursachendiagnose, die statistische Ursachendiagnose und die Diagnose als Subsumtion eines beobachteten Sachverhalts unter ein komplexes Prädikat. Der erste Diagnosebegriff dürfte für die Sozialwissenschaften allgemein zu restriktiv sein, der zweite ist zumindest für die Religionssoziologie zu voraussetzungsreich, weil es hier universelle statistische Kausalgesetze nicht gibt. Als Diagnosen im dritten Sinne kann man – wie im dritten Abschnitt der Arbeit gezeigt wird – viele religionssoziologische Arbeiten qualifizieren, weil sie zeigen, daß Begriffe wie funktionale Differenzierung, Rationalisierung oder Individualisierung auf moderne Gesellschaften anwendbar sind, und daß die so bezeichneten Prozesse Folgen für die Religion in diesen Gesellschaften haben. Wenn man allerdings verlangt, daß die Rekonstruktion der Prozesse auf der Basis empirisch gestützter Annahmen erfolgen muß, dann sinkt die Zahl der Diagnosen beträchtlich. Insbesondere Autoren wie Luhmann, Luckmann oder Dobbelaere gehen von strittigen, wenn nicht sogar empirisch falschen Annahmen aus und würden nach diesem engeren Begriffsverständnis keine Diagnosen liefern.

I. Vorbemerkungen

Wer das diagnostische Potential religionssoziologischer Studien bewerten will, sieht sich einer doppelten Schwierigkeit gegenüber. Sie besteht zum einen in der Explikation eines Diagnosebegriffs, der eine Abstufung sozialwissenschaftlicher Theorien nach dem Grad ihrer Diagnosefähigkeit erlaubt. Es wäre wenig damit gewonnen, wenn dieser Begriff zwischen verschiedenen sozialwissenschaftlichen Theorien nicht diskriminieren würde, wenn er sozialwissenschaftlichen Theorien also ein diagnostisches Potential entweder ausnahmslos zuerkennen oder ausnahmslos absprechen würde. Einige Theorien sollten mit anderen Worten ein höheres diagnostisches Potential haben als andere.

Um dieser Forderung nachzukommen, werden im folgenden Abschnitt drei Diagnosebegriffe eingeführt. Die ersten beiden liegen gewissermaßen auf vertrautem Terrain, weil sie an die wissenschaftstheoretischen Diskussionen der letzten Jahrzehnte anknüpfen. Als *diagnosefähig im starken Sinne* wird eine Theorie dann bezeichnet, wenn ihre Gesetze in Verbindung mit geeigneten Randbedingungen deduktiv-nomologische kausale Erklärungen und Prognosen liefern. Damit wird ein sehr starkes Kriterium formuliert, dem die meisten sozialwissenschaftlichen Theorien schon deshalb nicht genügen, weil sie keine deterministischen Kausalgesetze enthalten. Der zweite Diagnosebegriff trägt dem insofern Rechnung, als er nur statistische Kausalgesetze verlangt. *Diagnosen im abgeschwächten Sinne* vermitteln ein statistisches Situationsverständnis oder sie zeigen auf, warum bestimmte künftige oder noch unentdeckte vergangene Ereignisse rational zu erwarten sind. Mit Hilfe von statistischen Gesetzen kann man Ereignisse im strengen Sinne weder erklären noch prognostizieren.

Obwohl dieser Diagnosebegriff also erheblich voraussetzungsärmer ist und einen für die empirischen Sozialwissenschaften prinzipiell erreichbaren Standard zu setzen scheint, sind Diagnosen dieser Art in der Religionssoziologie kaum anzutreffen. Weit üblicher ist es hier, beobachtbare Entwicklungen auf allgemeinere Tendenzen wie funktionale Differenzierung, Rationalisierung, Individualisierung oder Privatisierung zurückzuführen – Tendenzen, die nicht statistisch begründet, sondern nur – als raum-zeitlich beschränkte Trends – postuliert werden. Auch wenn einige Trends in der gegebenen historischen Konstellation als Auslöser für andere Tendenzen oder Trends betrachtet werden, lehnt man es ab, die einen als Ursachen für die anderen zu bezeichnen. Zweifelsohne verwenden derartige Analysen häufig ein komplexes begriffliches Instrumentarium und vermitteln interessante Einsichten und Perspektiven, so daß man ihnen ein diagnostisches Potential zubilligen möchte. Eine Kernfrage der folgenden Arbeit wird daher sein, ob man einen Begriff der *Diagnosefähigkeit im schwachen Sinne* gewinnen kann, der diese Art von religionssoziologischen Studien von bloßen Beschreibungen unterscheidet.

Die andere Schwierigkeit liegt darin, daß die wenigsten der im folgenden zu diskutierenden Autoren den Idealen einer empirisch-analytischen Wissenschaftstheorie verpflichtet sind und sich deshalb auch nicht an jenen Standards orientieren, die in dieser Methodologie entwickelt worden sind. Daher ist einiger interpretativer Aufwand erforderlich, um herauszufinden, welche Form der Diagnose vorliegt. Wer nicht zur Kenntnis nimmt, daß in Kausalbehauptungen ein gültiges Kausalgesetz vorausgesetzt ist, sieht sich auch nicht genötigt, ein solches zu formulieren. Noch viel weniger sind dazu Soziologen bereit, die die Suche nach Kausalitäten und Gesetzen in den Sozialwissenschaften als unheilvolle Folge eines scientistischen Mißverständnisses ablehnen. Es könnte dennoch sein, daß in den einschlägigen Untersuchungen implizite Kausalannahmen verborgen sind, die nur expliziert werden müßten. Diese Hoffnung erweist sich, wie zu Beginn des dritten Abschnitts an der Protestantismusstudie von Max Weber gezeigt werden soll, als trügerisch. Was man in der Regel gewinnt, sind unvollständige oder teilspezifizierte Kausalhypothesen, die den methodologischen Standards nicht genügen. Die weiteren Bemühungen werden daher darauf gerichtet sein, in Auseinandersetzung mit einigen zentralen Arbeiten zum religiösen Wandel die Anforderungen zu konkretisieren, die an eine Diagnose im schwachen Sinne gestellt werden müssen.

II. Zum Begriff der Diagnosefähigkeit

1. Nach vorwissenschaftlichem Verständnis ist – erstens – Gegenstand oder Ausgangspunkt der Diagnose ein *beobachtbarer Sachverhalt*, also ein Zustand oder Ereignis an einem bestimmten Punkt in Raum und Zeit. Solchen Zuständen werden abstrakte Merkmale oder Eigenschaften zugeschrieben, wobei eine einzelne solche Eigenschaft mit E symbolisiert werden soll. E_a soll dann bedeuten, daß eine Entität oder ein Objekt a an einer bestimmten Raumzeitstelle diese Eigenschaft aufweist. Wenn hier verlangt wird, daß eine Diagnose

immer an beobachtbare Sachverhalte anknüpfen muß, so werden damit rein logische Analysen von Theorien oder reine Begriffsanalysen ausgeschlossen. Sie gelten im folgenden also nicht als Diagnosen. Einen Grenzfall stellen solche Arbeiten dar, die gesellschaftliche Entwicklungen relativ abstrakt untersuchen. Ob man sie noch als Diagnosen bezeichnet, hängt davon ab, welche Anforderungen man an die Beschreibung des beobachteten Sachverhalts stellt.

Meist spricht man von Diagnose bei *Pathologien und Krisen* – vermutlich deshalb, weil Diagnosen überwiegend im Rahmen von Funktionalanalysen erstellt werden. Die typische Fragestellung ist dabei, warum ein System nicht mehr normal oder adäquat funktioniert. Aber im Rahmen von Funktionalanalysen wird auch untersucht, warum ein Organ oder ein Mechanismus zum normalen Funktionieren eines Systems notwendig ist. Es ist also selbst hier nicht notwendig, den Begriff der Diagnose auf Sachverhalte einzuschränken, die als Abweichung von einem als normal definierten Zustand anzusehen sind.

2. Es ist darüber hinaus unzweckmäßig, den Diagnosebegriff nur auf Funktionalanalysen anzuwenden. Vielmehr scheint es sich bei der Diagnose im starken Sinne um eine Sonderform der deduktiv-nomologischen Erklärung zu handeln, deren allgemeines Schema von Hempel und Oppenheim eingehend analysiert worden ist (vgl. dazu Stegmüller 1969). Bei einer solchen Erklärung wird aus mindestens einem deterministischen Gesetz und geeigneten Randbedingungen das zu erklärende Ereignis logisch abgeleitet. Die Ursachen für die Entstehung des Kapitalismus im Lande a wären korrekt diagnostiziert, wenn es gelänge, ein allgemeines Gesetz zu finden, aus dem in Verbindung mit geeigneten Randbedingungen der Satz abgeleitet werden kann, daß im Lande a zu einem bestimmtem Zeitpunkt der Kapitalismus entsteht. Wenn also die Hypothese lautet, daß der Calvinismus unter den Bedingungen $B_1,...B_n$ zur Entstehung des Kapitalismus führt, so würde die Erklärung schematisch lauten:

> (S1) Für alle Gesellschaften x und alle Zeitpunkte t gilt: Wenn zu einem beliebigen Zeitpunkt t in der Gesellschaft x die Bedingungen $B_1,...B_n$ erfüllt sind und x calvinistisch ist, dann entsteht zum Zeitpunkt $t+\Delta t$ in x der Kapitalismus (Gesetz oder Hypothese).
> (S2) Zu einem bestimmten Zeitpunkt t_0 war das Land a eine calvinistische Gesellschaft und die Bedingungen $B_1,...B_n$ waren in a realisiert (Randbedingungen).
> (S3) Darum ist zum Zeitpunkt $t_0+\Delta t$ im Lande a der Kapitalismus entstanden (Explanandum).

(S1) und (S2) bilden dabei das Explanans. Selbstverständlich müßten in (S1) die Bedingungen genauer bestimmt werden – ein Problem, auf das an späterer Stelle nochmals eingegangen wird. Eine Erklärung ist nach Hempel und Oppenheim nur adäquat, wenn a) das Explanandum aus Gesetz und Randbedingung logisch folgt, b) das Explanans wahr und c) empirisch gehaltvoll ist und d) mindestens ein allgemeines Gesetz enthält. Uns über die Probleme hinwegsetzend, die der Begriff des Kausalgesetzes in der Wissenschaftstheorie bereitet,[1] würden wir d) durch die stärkere Forderung ersetzen, daß d*) das Explanans mindestens ein deterministisches Kausalgesetz enthält. In einem solchen Fall be-

---
1 Dazu sehr ausführlich Stegmüller (1969).

zeichnen wir die in der Wenn-Komponente aufgeführten Bedingungen als (komplexe) Ursache und das in der Dann-Komponente aufgeführte einfache oder komplexe Merkmal als Wirkung. Notwendige Bedingung für ein Kausalgesetz ist, daß die Ursache der Wirkung zeitlich vorausgeht (zeitliche Sukzession) und daß die Ursache hinreichende Bedingung für den Eintritt der Wirkung ist.

Von einer *Diagnose im starken Sinne* oder einer *deterministischen Ursachendiagnose* kann man nun dann sprechen, wenn es gelingt, die Ursache für das Auftreten eines Ereignisses E_a zu entschlüsseln, was nichts anderes heißt, als daß wir imstande sind, das Auftreten von E_a deterministisch-kausal zu erklären. Dabei ist bei Diagnosen oft von verschiedenen Ursachen die Rede. Zum einen kann ein *latentes Merkmal* die Ursache für eine beobachtbare Reaktion sein, etwa eine Charaktereigenschaft die Ursache für ein häufig gezeigtes Verhalten oder eine bestimmte Krankheit die Ursache für die beobachtbare Übelkeit.[2] Im Falle der Krankheit gibt es meist direktere Formen der Messung – etwa der Nachweis von Viren – bisweilen benutzt man aber auch hier, ähnlich wie bei Persönlichkeitsmerkmalen, die beobachtete Reaktion im Verbund mit anderen Reaktionen als Indikatoren für das latente Merkmal. Analog betrachten einige Soziologen Selbstmord-, Kriminalitäts- und Scheidungsraten als Indikatoren für gesellschaftliche Anomie, während andere versuchen, das latente Merkmal auf direktere Weise zu erfassen.[3] Die Diagnose kann sich auf die Feststellung des latenten Merkmals beschränken, sie kann aber auch zusätzlich versuchen, die *Ursachen für diesen latenten Zustand* oder das latente Merkmal zu finden. Beides wird hier als Diagnose bezeichnet. In keinem Fall wird aber von der Diagnose verlangt, daß sie Wege zur Abänderung des latenten Zustands bzw. Merkmals durch Ursachenmanipulation aufzeigen muß. Weder in der Medizin noch in den Sozialwissenschaften sind alle Ursachen bekannt oder manipulierbar. Auch wenn der Mediziner nicht weiß, wie man eine Krebsart bekämpfen kann, oder dem Sozialwissenschaftler die Mittel zur Bekämpfung von ökonomischen Depressionen und politischen Krisen fehlen, können sie diese Zustände doch korrekt diagnostizieren.

Ein unter methodologischen Gesichtspunkten wesentlicher Vorzug des so definierten Diagnosebegriffs ist, daß Diagnose- und Prognosefähigkeit damit zu äquivalenten Eigenschaften werden. Erklärung, Retrodiktion[4] und Prognose sind formal strukturgleich; sie unterscheiden sich zum einen in dem, was den Beteiligten bekannt ist oder nicht, zum andern darin, daß die Wirkung bei Erklärungen und Retrodiktionen bereits eingetreten ist, bei Prognosen aber erst künftig eintritt. Wenn also eine Theorie in Verbindung mit geeigneten Randbedingungen ein vergangenes oder gegenwärtiges Ereignis erklären kann, so kann sie ein zukünftiges Ereignis auch prognostizieren. Diagnostisches und prognostisches Potential fallen zusammen.

---

2 In der Regel besteht zwischen dem latenten und dem beobachteten Merkmal nur eine statistische Beziehung.
3 Allerdings dürfte die latente Eigenschaft dort, wo sie über multiple Indikatoren erfaßt wird, fast immer in einer probabilistischen Beziehung zum Beobachtungsmerkmal stehen, so daß es sich nicht um eine deterministische Ursachendiagnose handeln würde.
4 Von einer Retrodiktion spricht man z.B. dann, wenn aus der beobachteten Wirkung auf die Ursache zurückgeschlossen und zusätzlich ex post festgestellt wird, daß diese Ursache tatsächlich aufgetreten ist. Möglich wäre dies, wenn die Ursache notwendige und hinreichende Bedingung für den Eintritt der Wirkung ist.

Man wird in deterministischen Ursachendiagnosen nur solche deterministischen Kausalgesetze zulassen können, die keinerlei raumzeitliche Beschränkungen aufweisen. Außerdem muß ein Verfahren angegeben werden, wie die Wirkung und das Vorliegen der in der Wenn-Komponente angegebenen Bedingungskonstellation empirisch festgestellt oder gemessen werden kann. Unter dieser Voraussetzung soll eine deterministische Kausalhypothese *voll spezifiziert* genannt werden. Daß empirisch gut bestätigte, vollspezifizierte deterministische Kausalhypothesen nicht existieren, dürfte in den Sozialwissenschaften weitgehend anerkannt sein. Einige Makrosoziologen mögen die Verwendung von teilspezifizierten, deterministischen Kausalgesetzen für durchaus adäquat halten und deshalb für eine weniger restriktive Fassung des Diagnosebegriffs plädieren. Wenn etwa bei Hypothesen vom Typ (S1) nachträglich weitere Bedingungen namhaft gemacht werden, so ist das für sie ein Anlaß, die Wenn-Komponente um diese Zusatzqualifikationen zu erweitern, es ist aber nicht eine Änderung der ursprünglichen Hypothese. Der diagnostische Wert vorangegangener Untersuchungen wäre prinzipiell nicht in Frage gestellt.[5] Wir halten dies jedoch für inakzeptabel.

3. Mikrosoziologen werden die Vorstellung dieses engen Kausalitätsbegriffs schon deshalb ablehnen, weil man auf der Individualebene *singuläre* Zustände oder Ereignisse nicht deterministisch erklären kann. Damit stellt sich für sie die Frage, ob sich ein geeigneter Diagnosebegriff auf der Basis *statistischer Kausalität* definieren läßt. Es würde zu weit führen, hier die Eigenschaften qualitativer und quantitativer Kausalbegriffe (Salmon 1971; Suppes 1970; Steyer 1992) im einzelnen nachzuzeichnen. Neben der zeitlichen Sukzession von Ursache und Wirkung müssen sie offensichtlich den Ausschluß von Scheinkausalitäten sicherstellen. Im qualitativen Fall wird dies häufig durch die sehr starke Forderung erreicht, daß sich die bedingte Wahrscheinlichkeit der Wirkung W bei Vorliegen der Ursache U durch Hinzutreten weiterer Bedingungen nicht verändern darf.[6]

Mit dem Übergang von deterministischen zu statistischen Kausalitäten werden die methodologischen Probleme einerseits komplexer, weil die Strukturgleichheit von Erklärung und Prognose verloren geht. Ein Vorteil aber scheint zu sein, daß an die Diagnosefähigkeit statistischer Theorien keine so hohen Ansprüche gestellt werden können. Man kann mittels statistischer Gesetze nicht den Eintritt eines bestimmten künftigen Ereignisses prognostizieren, man kann nur begründen, warum unter bestimmten Randbedingungen die Wirkung W wahrscheinlich ist, warum also der Eintritt des konkreten Ereignisses W_a rational zu erwarten ist. Genauso wenig wird im statistischen Fall das Auftreten einer beobachteten konkreten Wirkung erklärt, vielmehr vermittelt die Analyse in solchen Fällen nur ein statistisches Situationsverständnis.

Wie das geschieht, hat Salmon (1971) beschrieben. Ausgangspunkt der statistisch-kausalen Analysen ist meist ein konkretes Ereignis E_a, dessen Eintreten nicht ohne weiteres zu erwarten war; anders ausgedrückt hatte das abstrakte Ereignis E in der zunächst be-

---

5 Bei voller Spezifikation würde dagegen sofort sichtbar, daß so in der Regel eine neue Hypothese mit vermindertem Informationsgehalt erzeugt wird. Bei Teilspezifikation mag man hingegen den Eindruck haben, daß nachträglich nur explizit gemacht wird, was implizit schon immer in der Hypothese enthalten war.

6 $p(W|U) = p(W|U \cap B)$ für alle Bedingungen B, welche weder W noch $\neg W$ logisch oder nomologisch implizieren.

kannten Konstellation D eine geringe Ausgangswahrscheinlichkeit.[7] Ziel der Analyse ist es dann, zusätzliche Bedingungen oder Merkmale zu finden, die den beobachteten Sachverhalt „wahrscheinlicher"[8] machen. Technisch gesehen wird zu diesem Zweck die Konstellation D in bestimmter Weise in Teilmengen $D \cap B_1, \ldots D \cap B_n$. zerlegt,[9] wobei die Wahrscheinlichkeiten $p(E \mid D \cap B_i.) = r_i$ für alle $1 \leq i \leq n$ bekannt sind. Erfolgreich war dieses Verfahren dann, wenn man eine Bedingung B_j findet, die in der konkreten Situation realisiert war $(D \cap B_j)_a$ und die E eine höhere Wahrscheinlichkeit verleiht als die ursprüngliche Konstellation D. Gilt für beliebige, nicht leere Mengen A, daß bei weiteren Zerlegungen[10] die Auftrittswahrscheinlichkeit von E unverändert bleibt,[11] so ist eine Voraussetzung für statistische Kausalität erfüllt.

Auch in vielen soziologischen Analysen sucht man nach Gründen dafür, warum ein zunächst unwahrscheinliches Ereignis E_a eingetreten ist. Man fragt auch hier – formal gesehen – nach Bedingungskonstellationen, in denen das Ereignis E mit Sicherheit oder mit hoher Wahrscheinlichkeit eintritt. Wenn beispielsweise Prozesse der Rationalisierung als Ursachen für die sinkende Teilnahme am Gottesdienst identifiziert werden, so geht man von der Vorstellung aus, daß häufiger Kirchgang in nicht rationalisierten Gesellschaften sehr viel wahrscheinlicher sei als in rationalisierten.[12] Bis zu diesem Punkt folgen soziologische Analysen häufig ziemlich genau der von Salmon beschriebenen Prozedur. Freilich werden die fraglichen Wahrscheinlichkeiten niemals numerisch bestimmt, so daß es dem Leser überlassen bleibt, ob er die Bedingungskonstellationen als deterministische oder als statistische Ursachen interpretieren will. Vor allem aber wird die Zerlegung der ursprünglichen Bezugsklasse niemals präzise beschrieben, sondern meist nur lückenhaft skizziert. Es werden einige Merkmale der Bedingungskonstellation explizit benannt, während andere unerwähnt bleiben. Symptomatisch hierfür sind Formulierungen wie die, daß ein bestimmtes Merkmal B zwar nicht generell, wohl aber in der gegebenen historischen Situation Wirkungen entfaltet. Auch hier wird also mit teilspezifizierten Kausalhypothesen operiert. Auch hier ist das der Hauptgrund dafür, weshalb adäquate statistische Ursachendiagnosen in der Religionssoziologie de facto nicht vorkommen.

In Anbetracht dieses Tatbestands lohnt es nicht, den Begriff der statistisch-kausalen Analyse vollständig zu explizieren (vgl. dazu Stegmüller 1973). Es seien lediglich zwei notwendige Bedingungen für *statistische Ursachendiagnosen* oder *Diagnosen im abgeschwächten Sinne* genannt:

a) Sowohl die festgestellten Tatsachen wie auch die benutzten Hypothesen müssen wissenschaftlich akzeptiert sein. Letzteres setzt in aller Regel empirisch bestätigte Hypothesen voraus.

---

[7] $p(E \mid D) \leq 0.5$.
[8] Genauer müßte es heißen: eine höhere Likelihood verleihen.
[9] Näheres bei Stegmüller (1973: 344ff.).
[10] $D \cap B_j \cap A$.
[11] $p(E \mid D \cap B_j \cap A) = p(E \mid D \cap B_j) = r_j$.
[12] Sei G die Menge der Gegenwartsgesellschaften G, sei $(G \cap R)$ die Menge der rationalisierten Gegenwartsgesellschaften und $(G \cap \neg R)$ die Menge der nicht rationalisierten und NKG die niedrige Kirchgangshäufigkeit, so ist: $p(NKG \mid G \cap R) > p(NKG \mid G) > p(NKG \mid G \cap \neg R)$.

b) Es müssen vollspezifizierte statistische Kausalhypothesen zugrundegelegt werden, welche die beiden oben genannten Kausalitätskriterien erfüllen. Erstens darf also die ursächliche Bedingungskonstellation zeitlich nicht später auftreten als das Ereignis E_a und zweitens müssen Scheinkausalitäten ausgeschlossen sein.

4. Da die beiden ersten Diagnosebegriffe sehr restriktiv zu sein scheinen, fassen wir den dritten zunächst sehr weit. Ausgangspunkt ist dabei die Überlegung, daß man unter einer Diagnose die Subsumtion eines beobachteten Sachverhalts, einen komplexen Begriff oder ein komplexes Prädikat (im logischen Sinne) verstehen könnte. Formal gesehen würde also die Diagnose in dem Nachweis bestehen, daß eine bestimmte Entität a die komplexe Eigenschaft P entweder hat (a∈ P) oder nicht hat (a∉ P).[13] Die unter Umständen mit einem erheblichen analytischen Aufwand verbundene Feststellung, daß eine bestimmte Gesellschaft a rationalisiert oder funktionell differenziert ist, wäre ein Beispiel für eine solche Subsumtion oder Diagnose. Zweifelsohne können Diagnosen dieser Art neue Erkenntnisse über diese Gesellschaft zutage fördern.

Nicht jede Subsumtion ist jedoch eine Diagnose. Wenn man Eigenschaften wie das Geschlecht oder den Schulabschluß einer Person erhebt, so diagnostiziert man noch nicht. Erst Prädikate von höherem Komplexitätsgrad scheinen Diagnosen erforderlich zu machen, wobei der zur Feststellung der Eigenschaft erforderliche logische und empirische Aufwand als Indikator für die Komplexität dienen könnte. Auch wenn man dieses Kriterium nicht weiter präzisiert, wird man sich in sehr vielen Fällen einigen können, ob das Prädikat hinreichend komplex ist. So wird wohl kaum jemand bestreiten, daß es sehr viel Mühe machen würde, den Prozeß der Individualisierung in der Bundesrepublik genauer zu analysieren.

Die ersten beiden Diagnoseformen fallen unter diesen weiten Diagnosebegriff. Beispielsweise schließt die in (S1)–(S3) gegebene deduktiv-nomologische Erklärung eine Subsumtion ein, weil dabei einer Gesellschaft eine komplexe Eigenschaft zugeschrieben wird: sie ist – wenn wir zwecks Vereinfachung einmal die Zeitverhältnisse ignorieren – nicht nur kapitalistisch, sondern zugleich auch calvinistisch und erfüllt die Bedingungen $B_1,...B_n$.[14] Für die Diagnose im schwachen Sinne wäre die Feststellung dieser komplexen Eigenschaft ausreichend. Zurücktreten würde der Gesichtspunkt, daß wir das Vorliegen von E_a aus Gesetz und Randbedingung logisch erschlossen haben.

Die Frage ist allerdings, ob wir an eine Diagnose im schwachen Sinne nicht doch noch weitere Voraussetzungen knüpfen müssen. Wenn wir ein komplexes Prädikat durch sehr viele, bunt zusammengewürfelte Merkmale definieren, so hat die Feststellung, daß eine Untersuchungseinheit dieses Prädikat erfüllt, ja noch keinen diagnostischen Wert. Er scheint erst in dem Moment vorhanden, wo das Prädikat „zusammengehörende" oder „zusammenhängende" Eigenschaften oder Dimensionen miteinander verknüpft. Die Forderung, die damit sehr vage und unpräzise an das komplexe Prädikat gerichtet wird, läuft bei Lichte besehen auf nichts anderes hinaus, als daß die komplexen Prädikate und ihre Anwendungsbereiche auf der Basis empirischer Regularitäten konstruiert werden müssen.

---

[13] Im zweiten Fall müßten noch einschränkende Bedingungen hinzugefügt werden, um triviale Feststellungen auszuschließen.

[14] $(a \in K \cap C \cap B_1.. \cap B_n)$.

Die Konzeptualisierung muß im Einklang mit empirischen Hypothesen stehen.[15] Beispielsweise geht man bei der Bildung komplexer Makrobegriffe häufig von der empirischen Annahme aus, daß sich Entwicklungen in einem gesellschaftlichen Bereich nicht unabhängig von Entwicklungen in anderen gesellschaftlichen Bereichen vollziehen. So soll die Individualisierung von Risiken auf dem Arbeitsmarkt verbunden sein mit Individualisierungstendenzen im familiären Bereich; oder die Ausdifferenzierung gesellschaftlicher Subsysteme soll begleitet sein von Veränderungen sowohl der Religion (als System) als auch der individuellen Religiosität. Werden als Anwendungsbereich im einen Fall Gesellschaften mit individualisierten Arbeitsplatzrisiken und im zweiten Fall funktional differenzierte Gesellschaften bestimmt, so ist diese Festlegung nur dann adäquat, wenn die behaupteten Begleiterscheinungen in allen diesen Gesellschaften auch auftreten.

Der Anwendungsbereich eines komplexen Prädikats kann noch durch viele andere empirische Annahmen eingeschränkt werden, z.B. auch durch Annahmen über die zeitliche und räumliche Geltung: Unter Rationalisierung, funktionaler Differenzierung, Säkularisierung oder Individualisierung stellt man sich Prozesse vor, die in einer bestimmten historischen Periode begonnen haben und die – möglicherweise – in Zukunft noch fortdauern werden. Würde also festgelegt, daß der Prozeß der Individualisierung erst in den sechziger Jahren dieses Jahrhunderts einsetzt, so hätte man eine solche zeitliche Beschränkung eingeführt, die wiederum empirisch falsch sein kann. Ein dritter Typ von empirischen Behauptungen besteht einfach darin, daß man die Menge der Gesellschaften, auf die das Prädikat zutrifft, anhand externer Kriterien bestimmt. So kann die Feststellung, daß alle wirtschaftlich hoch entwickelten Gesellschaften funktional differenziert sind, eine empirische Behauptung sein.

Es gibt also allgemeine empirische Annahmen darüber, welche empirischen Systeme unter das Prädikat subsumierbar sind und welche nicht. Diese Annahmen können mehr oder minder gut empirisch gestützt sein. Man könnte nun die Anforderungen an eine Diagnose im schwachen Sinne dahingehend verschärfen, daß der Analyse immer empirisch bestätigte, allgemeinere Annahmen dieser Art zugrunde liegen müßten. Sobald man diese Forderung erhebt, rückt der dritte Diagnosebegriff natürlich näher an die ersten beiden heran. Das überrascht nicht, denn bekanntlich deutet der methodologische Strukturalismus empirische Theorien allgemein als komplexe Prädikate, die aus zwei Komponenten bestehen,[16] nämlich aus einem Kern K, der die formale Struktur des Prädikates beschreibt, und einer Menge intendierter Anwendungen I.[17] Es müßte mithin auch möglich sein, die beiden ersten Diagnosebegriffe strukturalistisch zu reformulieren, womit jedoch wenig gewonnen wäre. Vielmehr soll der neue Diagnosebegriff ja so gefaßt werden, daß er gerade hinsichtlich der empirischen Behauptungen weniger restriktiv ist. Nicht generelle, vollspezifizierte deterministische oder statistische Kausalhypothesen, sondern auch empirische

---

15 Das übersehen all jene, die sich die Entwicklung sozialwissenschaftlicher Theorien als einen zweistufigen Prozeß vorstellen, in dem zunächst ein Begriffssystem oder Bezugsrahmen und erst anschließend die empirischen Hypothesen geschaffen werden.

16 Eine Theorie läßt sich demnach auch als ein geordnetes Tupel T=<K,I> darstellen (Stegmüller 1986; Balzer und Moulines 1996).

17 Letztere umfaßt, grob gesprochen, die Sachverhalte oder Entitäten, die unter das Prädikat subsumierbar fallen sollen.

Behauptungen anderer Art, beispielsweise Generalisierungen mittlerer Reichweite, sollten zugelassen sein.

Freilich wird sich auch für diesen neuen Diagnosebegriff die Frage stellen, welchen Grad an Präzision, empirischem Gehalt und empirischer Bestätigung die empirischen Generalisierungen haben müssen.[18] Wir wollen diesbezüglich vorab keine Vorentscheidungen treffen, sondern im dritten Abschnitt zunächst einmal klären, welche Standards insoweit in sozialwissenschaftlichen Untersuchungen erreicht werden. Vorläufig halten wir nur fest, daß eine notwendige, aber möglicherweise nicht hinreichende Bedingung für eine *Diagnose im schwachen Sinne* ist, daß ein beobachteter Sachverhalt unter ein komplexes Prädikat subsumiert wird.

III. Das diagnostische Potential von Analysen zum Bedeutungswandel von Religion

Im folgenden soll das diagnostische Potential einiger wichtiger Untersuchungen zum Bedeutungswandel von Religion diskutiert werden, wobei am Beginn die Protestantismusstudie von Max Weber (1984) steht. Sie beschreibt den religiösen Wandel als einen mehrstufigen Prozeß, in dessen erster Phase der Calvinismus zur Entstehung des Kapitalismus beiträgt (erste Teilthese) und in dessen zweiter Phase der entfaltete Kapitalismus die tradierte Religion untergräbt (zweite Teilthese). Nur die erste Teilthese der Protestantismusthese wird kurz analysiert. Die zweite Teilthese ist nur eine von vielen Spielarten der allgemeinen Annahme, daß die tradierte Religion in modernen Gesellschaften an Bedeutung verliert. Der Begriff tradierte Religion wird dabei benutzt, um einen Kontrast oder eine Differenz zur gegenwärtigen Erscheinung von Religion und Religiosität zu markieren.

Tradierte Religiosität und Religion können sich von der gegenwärtigen unter anderem durch eine tiefere christliche Frömmigkeit, durch eine größere Festigkeit im christlichen Glauben, durch häufigere Teilnahme an den religiösen Riten, durch stärkere „Vererbung" dieser Eigenschaften von den Eltern auf die Kinder, durch größere Übereinstimmung in den christlichen Glaubensvorstellungen, größere Homogenität und Geschlossenheit der konfessionellen Milieus, durch geringeren konfessionellen Pluralismus in den einzelnen Ländern, durch mächtigere religiöse Institutionen oder geringere funktionale Differenzierung unterscheiden. Nicht nur differieren die Auffassungen darüber, auf welchen dieser Dimensionen sich Religion verändert, Autoren unterscheiden sich auch in der Wahl des historischen Bezugspunkts. Die einen haben eher Entwicklungen seit dem Zweiten Welt-

---

18 Welche empirischen Behauptungen Sozialwissenschaftler mit komplexen Begriffen verbinden, bleibt oft unklar. Manchmal kann man es aus den Reaktionen mit potentiell falsifizierender Erfahrung erschließen. Um dafür ein einfaches Beispiel zu geben: Angenommen, jemand habe den Begriff „säkularisierte Gesellschaft" durch zwei Kriterien definiert, nämlich durch hohe funktionale Differenzierung und geringe Religiosität der Bevölkerung. Er werde nun mit der Tatsache konfrontiert, daß die Vereinigten Staaten trotz hoher funktionaler Differenzierung ein hohes Maß an Religiosität aufweisen. Würde er darauf mit der Bemerkung reagieren, daß die USA dann eben keine säkularisierte Gesellschaft sei, so würde er (insoweit) mit dem Begriff „säkularisierte Gesellschaft" keinerlei empirische Behauptung verbinden. Anders hingegen, wenn er sich durch den Hinweis zur Modifikation des Säkularisierungsbegriffs veranlaßt sähe, weil er dann offenbar die Beziehung zwischen funktionaler Differenzierung und Religiosität als eine empirische Regularität betrachtet hätte.

krieg im Auge, andere betrachten säkulare Entwicklungen seit dem Hochmittelalter oder seit dem Beginn der Neuzeit. Ansätze, die auf mindestens einer der vorbenannten Dimensionen eine Abnahme behaupten, könnte man als Säkularisierungstheorien bezeichnen, wobei dann sogleich hinzugesetzt werden müßte, daß es eine große Zahl dieser Theorien gibt. Da der Ausdruck für die meisten Religionssoziologen negativ besetzt ist, wird er im folgenden weitgehend vermieden. Die folgenden Analysen werden sich aber hauptsächlich auf solche Bedeutungsverlustthesen beschränken.

1. Zweifelsohne erfüllt die Protestantismusstudie von Max Weber die zuletzt genannte notwendige Bedingung für eine Diagnose im schwachen Sinne, weil sie auf eindrucksvolle Weise zeigt, daß man die Entstehung des kapitalistischen Geistes sehr differenziert und „nicht-marxistisch" deuten kann. Die Analyse schließt auch eine Reihe allgemeiner empirischer Behauptungen ein. Die Frage jedoch, ob Weber auch eine stärkere Form der Diagnose geliefert hat, ist nicht ganz einfach zu beantworten. Genau genommen präsentiert er nicht mehr als eine Erklärungs*skizze*, die auf einigen teilspezifizierten Kausalhypothesen basiert. Zur Vervollständigung des Bildes müßte er insbesondere erklären, warum die Verzweiflung der Gläubigen die Seelsorge veranlaßt, die calvinistische Prädestinationslehre um eine Lehre der irdischen Heilsgewißheit zu ergänzen, warum die letztere von einigen Gläubigen internalisiert und geistige Grundlage einer innerweltlich-asketischen Lebensführung wurde, warum diese innerweltliche Askese ganz spezifische Formen wirtschaftlichen Handelns einschloß, und warum sie sich auf dem noch nicht voll entwickelten Markt als dominantes Modell durchsetzen konnte. Solange dieses Modell nicht vollständig spezifiziert ist, fungiert eine Makrohypothese vom Typ (S1), derzufolge der Calvinismus *in der gegebenen historischen Konstellation* eine hinreichende Bedingung für die Entstehung des kapitalistischen Geistes war, als Kernannahme des ersten Teilprozesses.

Viele Einwände gegen die Protestantismusstudie lassen sich als Ringen um eine adäquate Fassung dieser Makrohypothese deuten. Wenn etwa untersucht wird, ob auch in der Gegenwart protestantische oder calvinistische Gruppen noch eine besondere Leistungsethik und wirtschaftliche Orientierung haben (vgl. etwa Gerhards 1996), so geht es zum einen um die Frage, ob der Calvinismus generell oder nur in seiner damaligen historischen Gestalt einen Einfluß auf die wirtschaftlichen Orientierungen hatte. Zum anderen wird hier versucht, der abhängigen Variablen „Geist des Kapitalismus" eine präzise Fassung zu geben, indem man sie durch eine spezifische Wirtschaftsethik oder eine spezifische Leistungsorientierung ersetzt. Wenn sich der Kapitalismus in einigen nicht-calvinistischen Gesellschaften mit gleicher Geschwindigkeit entwickelt hätte, so wäre der Calvinismus keine notwendige Bedingung für die Entstehung des Kapitalismus gewesen. Wenn zusätzlich nachgewiesen würde, daß einige damals calvinistische Gesellschaften nicht oder erst verspätet kapitalistisch geworden seien, so wäre dies ein schlagendes Argument gegen die Weber-These (vgl. dazu Marshall 1982). Der Einwand, der asketische calvinistische Unternehmer habe wirtschaftlich nur so erfolgreich sein können, weil es einen Markt mit freiem Wettbewerb – und mithin den Kapitalismus – in rudimentärer Form schon gab, zielt in die gleiche Richtung, soll also die Irrelevanz des Calvinismus für die Entstehung des Kapitalismus belegen. Man kann auf solche Einwände mit einer Modifikation der Ausgangshypothese reagieren, also beispielsweise argumentieren, der Calvinismus habe nur spezifische Züge des Kapitalismus geprägt oder nur dessen Entwicklung beschleunigt, sei aber keine relevante Bedingung für dessen Entstehung gewesen.

Folgt man Coleman (1990), so erfordert die vollständige Spezifikation der Makrohypothese allerdings weit mehr als nur die Präzisierung einiger Makrobedingungen. Vielmehr müßte sie aus Mikrohypothesen und einigen Brückenannahmen ableitbar sein, also selbst den Status eines Theorems erlangen. Die so erweiterte Theorie müßte neben Hypothesen über religiöse Sozialisation oder über die Beziehung von calvinistischer Moral und ökonomischem Handeln auch Brückenannahmen darüber enthalten, wie das asketisch-rationale Handeln einiger calvinistischer Unternehmer nach und nach in die Wirtschaft diffundiert und sich als dominantes Modell wirtschaftlichen Handelns durchsetzt. Ein Teil der Weberkritik richtet sich gegen spezifische Annahmen dieses Mikromodells, so die These von MacKinnon (1989a, b), die calvinistische Seelsorge sei schon relativ früh von der Prädestinationslehre und der Lehre der Heilsgewißheit abgerückt.

Man wird aus vielen Gründen das Vorliegen einer Diagnose im starken oder abgeschwächten Sinne verneinen müssen. Max Weber hat auf der Makroebene keine generellen, vollspezifizierten deterministischen oder statistischen Kausalhypothesen formuliert. Darüber hinaus kann die Relevanzthese, wonach gerade der Calvinismus ursächlich für die Entstehung kapitalistischer Orientierungen war, vor dem Hintergrund der Weberrezeption nicht als empirisch gesicherte Hypothese gelten. Ähnliches gilt für Brücken- und Mikroannahmen. Andererseits zeichnet sich gerade die Protestantismusstudie durch relativ klare, empirisch gehaltvolle Annahmen mittlerer Reichweite aus. Sie enthält – so gesehen – mehr als nur die Anwendung komplexer Prädikate auf ausgewählte neuzeitliche Gesellschaften. Das von Weber eingeführte Begriffssystem wird mit empirisch gehaltvollen Annahmen verbunden, die allerdings umstritten geblieben sind.

2. Nach der zweiten Teilthese von Max Weber führt die sich in allen Lebensbereichen ausdehnende rationale Lebensführung letztlich zur Erosion von Religion. Luhmann (1977, 1991, 1997) leitet aus dem Gedanken der funktionalen Differenzierung ähnliche Konsequenzen ab. Nach ihm entstehen autonome Subsysteme, die sich gegenüber der Religion verselbständigen. War früher alle Kommunikation religiös durchtränkt, so ist sie es heute nicht mehr. Wirtschaft, Erziehung, Wissenschaft, Recht oder Politik haben ihre eigenen Codes und ihre eigene Form der Kommunikation. Im Kommunikationssystem Recht wird über Recht und Unrecht kommuniziert, in der Wirtschaft über Haben und Nichthaben und in der Religion über Transzendenz und Immanenz.[19] Und wenn die professionellen Akteure heute in einem dieser autonomen Subsysteme untereinander oder mit Laien kommunizieren, dann nehmen sie nur noch selten Bezug auf Religion und Moral. Gewiß, der einzelne könnte sich in seiner Freizeit noch religiös engagieren, denn seiner privaten Entscheidung ist anheimgestellt, in welchem Ausmaß er sich als Laie an der Kommunikation in den einzelnen Subsystemen beteiligt. Doch hat Religion hier, gerade auch in der Konkurrenz mit der Freizeitindustrie, nur geringe Aussichten, das moderne Individuum in nennenswertem Umfang religiös zu vereinnahmen (Luhmann 1977).

---

19 Die Umstellung auf diesen Code erfolgt nach Luhmann erst in einer späteren Phase der gesellschaftlichen Entwicklung. Der ursprüngliche binäre Code der Religion war die Unterscheidung von vertraut und unvertraut (Luhmann 1991).

Die Abnahme religiöser Kommunikation scheint also in dieser Spielart der Systemtheorie teils logisch und teils empirisch impliziert. Wenn sich die einzelnen Kommunikationssysteme verselbständigen, dann ist es nur logisch, daß für die religiöse Kommunikation immer weniger Zeit und Gelegenheit übrigbleibt. Zwingend ist das Argument freilich nur unter der Prämisse, daß im Gericht mehr oder minder ausschließlich über Recht und in einem Industriebetrieb mehr oder minder ausschließlich über Wirtschaft kommuniziert wird. Empirisch feststellen läßt sich das nicht, weil Luhmann nie gesagt hat, wie man die einzelnen Kommunikationssysteme präzise voneinander abgrenzen soll. Der Bereich rechtlicher Kommunikation beispielsweise schmilzt beträchtlich, wenn man aus ihr all jene Teile herausnimmt, in denen es nur um die Klärung rechtlich relevanter Vorfragen geht, etwa um die Schuldfähigkeit des Angeklagten oder um die Aufklärung des Tathergangs. Wichtiger wäre im gegenwärtigen Zusammenhang die Klärung der Frage, welchem Subsystem die am Arbeitsplatz stattfindende, informelle Kommunikation zuzurechnen ist. Wenn man genauer hinsieht, scheint der Bereich subsystemischer Kommunikation sehr viel kleiner zu sein als zunächst angenommen. Dies gilt noch viel mehr, wenn man in Rechnung stellt, daß auch in den einzelnen Rechtssystemen spezifische Transzendenz-/Immanenzprobleme entstehen. Ist nun die Berufung des Richters auf das überpositive Naturrecht und die Berufung des Politikers auf ein Volk, das auch alle vergangenen und künftigen Generationen umfaßt, religiöse oder rechtliche bzw. politische Kommunikation?

Es könnte sich also herausstellen, daß auch in den professionellen Arbeitszusammenhängen die religiöse Kommunikation aus logischen Gründen keineswegs verschwinden muß. Es wäre dann empirisch zu klären, inwieweit dies tatsächlich der Fall ist. Gewiß, daß im Vergleich zu den vergangenen Jahrhunderten heute weniger christlich-religiös kommuniziert wird, scheint plausibel. Namentlich in den empirischen Wissenschaften findet heute eine religiöse Kommunikation[20] kaum noch statt. Daß die allgemeine Abnahme religiöser Kommunikation aber ein irreversibler Prozeß ist und daß das jetzt in Westeuropa erreichte Niveau an religiöser Kommunikation zukünftig erhalten bleibt oder gar noch weiter abnimmt, ist durch nichts belegt. Noch viel weniger kann man der Auffassung zustimmen, daß Religion im Wettbewerb der Freizeitindustrie notwendig unterliegt. Man kann im Gegenteil mit Stark und Bainbridge (1985) argumentieren, daß Religion Bedürfnisse befriedigt, welche Freizeitorganisationen nicht befriedigen können. Luhmann hat insoweit, wie manch anderer Soziologe, wohl eher die europäische Erfahrung generalisiert und dabei die Entwicklung in den Vereinigten Staaten oder im asiatischen Raum ignoriert.

Es trägt zur Faszination der Systemtheorie von Niklas Luhmann bei, daß in ihr als eine fast zwangsläufige Folge funktionaler Differenzierung erscheint, was manche Zeitgenossen als festen Bestandteil des Alltagswissen betrachten. Moral wird funktional entbehrlich, weil sie nicht mehr integriert und weil ein gesellschaftlicher Konsens in moralischen Fragen immer weniger wahrscheinlich wird. Das veranlaßt Luhmann zu der Empfehlung, Religion und Moral, die ja ohnehin auf unterschiedlichen binären Codes basieren, stärker

---

20 Natürlich wird auch über exogene und endogene Einflüsse auf physikalische oder biologische Systeme diskutiert, doch handelt es sich insoweit wohl kaum um die Art von Problemen, die Luhmann unter der Dichotomie Transzendenz (=exogen?) und Immanenz (=endogen?) abhandeln will. An dem Beispiel wird aber deutlich, wie notwendig es wäre, den binären Code präziser zu bestimmen.

voneinander zu entkoppeln (Luhmann 1991; vgl. auch Welker 1991; Wils 1991). In seiner Konzeption hätte das den zusätzlichen Charme, daß damit eine Reihe von logischen Komplikationen verschwindet, die bei dem Versuch entstehen, die religiösen und moralischen binären Codes miteinander zu verkoppeln. Es fragt sich aber auch hier, ob die Voraussetzungen des Arguments stimmen. Man kann mit guten Gründen die diametral entgegengesetzte These vertreten, daß in modernen Gesellschaften der Konsens in moralischen Fragen eher zu- als abnimmt (vgl. Nunner-Winkler 1996; Jagodzinski 1998) und daß Moral nach wie vor zur gesellschaftlichen Integration beiträgt. Der Eindruck moralischer Zerrissenheit entsteht möglicherweise nur deshalb, weil aus naheliegenden Gründen die schwer entscheidbaren Moralprobleme öffentlich diskutiert werden, nicht aber die unstrittigen. Gewiß, auch dies sind empirische Behauptungen, die falsch sein können. Ob aber sie oder die gegenteiligen Thesen von Luhmann zutreffen, läßt sich erst entscheiden, wenn man sich über Verfahren zur Ermittlung des Konsenses geeinigt hat. Das erscheint bei so globalen Behauptungen fast unmöglich, weshalb man darüber auch so heftig und endlos diskutieren kann.

Ob Luhmanns Arbeiten zum religiösen Wandel nun als Diagnosen zu qualifizieren sind oder nicht, hängt wiederum davon ab, welche Anforderungen man an Diagnosen stellt. Ganz sicher hat er keine universellen deterministischen oder statistischen Kausalhypothesen aufgestellt, ja er würde die Existenz von Kausalbeziehungen im sozialen Bereich strikt leugnen. Ebenso sicher aber zeichnen sich gerade seine Analysen durch eine differenzierte Begrifflichkeit aus, so daß man – wenn nur dies das Kriterium wäre – von einer Diagnose im schwachen Sinne sprechen könnte. Die entscheidende Frage ist wieder, ob und gegebenenfalls welche Anforderungen man an die mit dem Begriffsapparat verbundenen empirischen Behauptungen stellt. Hier werden einige Behauptungen so abstrakt formuliert, daß sie einer empirischen Überprüfung nicht zugänglich sind. Die These des abnehmenden religiösen Engagements ist in dieser Allgemeinheit falsch, weil letzteres keineswegs in allen funktional differenzierten Gesellschaften abgenommen hat. Orientiert man sich an der Kirchgangshäufigkeit, der Zahl der Kirchenaustritte oder auch der religiösen Bestattungen, so sind entsprechende Entwicklungen zwar in vielen westeuropäischen Gesellschaften zu verzeichnen (Jagodzinski und Dobbelaere 1995a) nicht aber in den Vereinigten Staaten oder in den ökonomisch erfolgreichen Gesellschaften Asiens (Finke und Stark 1992; Iannaccone et al. 1997; Iannaccone, 1991). Der Ansatz von Luhmann liefert bislang keine Begründung dafür, warum funktionale Differenzierung in einigen Ländern die behauptete Wirkung auf Religion hat, in anderen aber anscheinend nicht. Es bleiben einige empirische Generalisierungen über den Wandel der religiösen Kommunikation, die vielleicht überprüfbar wären, bislang aber noch nicht angemessen überprüft worden sind. Wenn also eine Diagnose im schwachen Sinne verlangt, daß die Charakterisierung der Begriffe und ihrer empirischen Anwendungsbereiche auf der Grundlage empirisch bestätigter Hypothesen erfolgt, dann ist sie bislang noch nicht geleistet.

3. Neben Luhmann hat vor allem auch Luckmann die Nachkriegsdebatte über religiösen Wandel maßgeblich beeinflußt. In seiner Kritik an der zur Kirchensoziologie verkümmerten Religionssoziologie (Luckmann 1960) weist er nachdrücklich darauf hin, daß Religion nicht mit kirchlicher oder christlicher Religion gleichzusetzen sei. Dank seines weiten Religionsbegriffs kann Religion solange nicht verschwinden, als es überhaupt Gesellschaft

gibt (Luckmann 1991).[21] Wandelbar sind nur Form und Inhalt von Religion. Inhaltlich folgt auf die großen transzendentalen Entwürfe der Weltreligionen (große Transzendenzen) und die politischen Ersatzreligionen des 19. und frühen 20. Jahrhunderts (mittlere Transzendenzen) das Zeitalter der kleinen Transzendenzen, das das Individuum zum Gegenstand religiöser Verehrung macht (Luckmann 1995). Begleitet sei diese Entwicklung von zunehmendem Synkretismus und abnehmender Festigkeit des Glaubens. Auch die sozialen Formen, in denen Religion praktiziert wird, änderten sich. Die Arbeiten von Luckmann sind eine Fundgrube für Hypothesen über den religiösen Wandel in Gegenwartsgesellschaften, wobei die sog. Privatisierungsthese besonders bekannt geworden ist. Knoblauch (1991) hat verschiedene Lesarten dieser These herausgearbeitet, wobei allerdings nicht ganz klar ist, welche davon von Luckmann geteilt werden und welche nicht. Zum Kern der Privatisierungsthese scheint jedenfalls auch der Rückzug der Religion aus der Öffentlichkeit zu gehören. In neuerer Zeit haben sich namentlich Beyer (1994) und Casanova (1994a, b) mit dieser These auseinandergesetzt. Letzterer betont, daß im Zuge der westlichen Modernisierung zwar eine Trennung von Staat und Kirche in dem Sinne eingetreten sei, daß der Staat die Religionsfreiheit anerkenne und die Religion keinen direkten Einfluß auf staatliches Handeln zu nehmen suche. Dies bedeute aber nicht notwendig einen Rückzug der Religion aus der Öffentlichkeit. Casanova differenziert dann innerhalb der Öffentlichkeit mehrere Teilarenen, wobei die Unterscheidung zwischen politischer und ziviler öffentlicher Sphäre besonders wichtig ist. Religion möge sich nach und nach aus der politischen Öffentlichkeit insofern zurückziehen, als Religionsgemeinschaften von Parteigründungen, Wahlempfehlungen oder anderen Arten der Einflußnahme auf den politischen Willensbildungsprozeß mehr und mehr Abstand nehmen. Modernisierung müsse aber keinesfalls einen Rückzug aus der zivilen Öffentlichkeit zur Folge haben, wo Religionsgemeinschaften so agieren könnten wie andere private Organisationen auch. Man kann dem nur beipflichten, wenn man sich vergegenwärtigt, wie stark die öffentliche Rolle von Religion in Ländern wie USA und Polen einerseits, in Frankreich oder der Bundesrepublik andererseits divergiert.

Auch in Luckmanns Konzeption erscheint die abnehmende Bedeutung tradierter Religion als eine fast zwangsläufige Folge der funktionalen Differenzierung. Das Modell generalisiert insofern Erfahrungen, die in westeuropäischen Ländern gewonnen wurden. Ob sie in weltweitem Maßstab gelten, ist wiederum zweifelhaft. Gewiß kann man zugunsten von Luckmann argumentieren, daß Religion in Amerika weit weniger institutionalisiert sei als in Westeuropa und daß insofern die De-Institutionalisierungsthese zutreffe. Aber warum sollte dies ein irreversibler Prozeß sein? Warum sollte die Diskrepanz zwischen Volksreligion und offizieller Religion in Zukunft größer werden als sie in der Vergangenheit war? Warum sollte der Glaube heute instabiler sein als in der Vergangenheit? Zweifelsohne hat Luckmann eine komplexe und differenzierte Analyse vorgelegt und eine Vielzahl interessanter empirischer Behauptungen aufgestellt. Wenn also dies für eine Diagnose im schwachen Sinne ausreichend ist, dann ist seiner Konzeption ein hohes diagnostisches Potential zuzubilligen. Wenn man allerdings zusätzlich verlangt, daß die Kernannahmen empirisch gut bestätigt sein müssen, dann wird man auch hier wieder erhebliche Zweifel

---

21 Der weite Religionsbegriff macht es allerdings auch unmöglich, die Wissenschaft von der Religion abzugrenzen.

anmelden. Viele seiner Hypothesen sind umstritten, die Privatisierungsthese scheint im Kern sogar falsch.

4. Inglehart (1998) nimmt mit Luckmann an, daß in den sog. postmodernen Gesellschaften Religion nicht verschwindet, sondern sich nur in Form und Inhalt ändert. Die tradierte Religion, die die Sicherheitsbedürfnisse in einer von wirtschaftlicher Knappheit und Unsicherheit geprägten Welt befriedigte, war dogmatisch und wurde von hierarchischen Organisationen getragen. Die neue Religion, die auf die ästhetischen und kulturellen Bedürfnisse der Postmaterialisten zugeschnitten ist, wird offener und weniger dogmatisch strukturiert sein. Dies ist im günstigsten Fall eine nicht geprüfte Hypothese, weil Inglehart über keine geeigneten Indikatoren für die neue Religiosität verfügt. Zieht man die von ihm benutzten Variablen heran, so bleiben einige Ungereimtheiten bestehen, insbesondere die, daß die neue Religiosität in Ländern mit hohem Postmaterialismusanteil keineswegs sehr verbreitet ist. Tatsächlich vermögen seine Indikatoren aber zwischen neuer und tradierter Religiosität nicht zu trennen.

5. Individualisierungsthesen (vgl. allgemein Beck 1986; Giddens 1991) des religiösen Wandels differieren erheblich in den Annahmen darüber, wann der Prozeß der Individualisierung beginnt. Während Autoren wie Pollack (1997) darin ein vergleichsweise neues Phänomen sehen, begreifen es andere (vgl. etwa Kaufmann 1997) als einen säkularen Prozeß, der schon im Mittelalter einsetzte. Der Grund für diese Differenz dürfte darin bestehen, daß der Begriff der Individualisierung unterschiedlich gefaßt wird. Tatsächlich kann man Individualisierungsbegriffe auf mehreren Ebenen einführen. So wird auf der Makroebene Pluralisierung von Religion häufig mit Individualisierung gleichgesetzt. Zweifelsohne hat aber der religiöse Pluralismus in den westlichen Ländern vor allem infolge der Immigration aus islamischen Gesellschaften zugenommen – eine Entwicklung, die mit Individualismus auf der Mikroebene nicht das geringste zu tun hat. Wichtig wäre es, in empirischen Untersuchungen vor allem Mikrobedingungen für Individualismus zu spezifizieren. Daß sich Individuen nicht gruppenkonform verhalten, deuten Durkheimianer häufig als Anzeichen von Anomie. Wo liegt dann aber der Unterschied von Anomie und Individualismus? Solange ungeklärt ist, was Individualismus auf der Mikroebene genau bedeuten soll, ist ein diagnostisches Potential jedenfalls dann zu verneinen, wenn dabei empirisch gut gestützte Hypothesen vorausgesetzt sind (vgl. im einzelnen Jagodzinski und Klein 1998).

6. Insbesondere Dobbelaere (1981) hat gezeigt, daß auch Säkularisierungstheorien Annahmen über die Makro-, die Meso- und die Mikroebene machen. Sein Überblicksaufsatz verdeutlicht eindrucksvoll, wie stark die Auffassungen der einzelnen Autoren über Makro- und Mikroprozesse divergieren (vgl. etwa Martin 1978; Wilson 1976, 1982, 1985). Dobbelaere selbst geht in seinen neueren Arbeiten davon aus, daß Prozesse funktionaler Differenzierung und Rationalisierung auch eine Reihe von Konsequenzen für die individuelle Religiosität haben, u.a. die, daß Kirchgangshäufigkeit und andere Formen der religiösen Beteiligung abnehmen. Die seiner These widersprechende Entwicklung in den USA versucht er damit zu erklären, daß dort Religion eine weitere Funktion erfülle, nämlich in erster Linie ein Mittel der sozialen Integration sei (Dobbelaere 1995). Offen bleibt, wie diese integrative Funktion unabhängig von der religiösen Partizipation gemessen werden

kann. Daher ist die Säkularisierungsthese von Dobbelaere selbst nicht empirisch gestützt. Die Arbeit von Kelley und de Graaf (1997) zeigt, daß die religiöse Partizipation entscheidend von zwei Bedingungen beeinflußt wird, nämlich von der religiösen Sozialisation im Elternhaus und von der öffentlichen Rolle von Religion. Es gibt keinen Grund zu der Annahme, daß im Zuge der Modernisierung tradierte Religion aus der Öffentlichkeit oder aus dem Sozialisationsprozeß verdrängt werden muß. Diese These ist jedenfalls nicht schlechter empirisch gestützt als die gegenteilige Säkularisierungsthese.

IV. Schlußbemerkungen

Ziel dieser Arbeit war es nicht, die Entwicklung der Religionssoziologie in der Bundesrepublik nachzuzeichnen. Stärker als in anderen Arbeiten dieses Bandes stand das Bemühen im Vordergrund, zunächst einmal einen adäquaten Diagnosebegriff zu gewinnen. Dieser sollte dann als Maßstab dienen, das diagnostische Potential einiger prominenter Arbeiten zum religiösen Wandel zu beurteilen.

Diese Vorgehensweise hat uns zunächst mit einem Problem der sozialwissenschaftlichen Methodologie konfrontiert. Es hat sich nämlich gezeigt, daß ein an der empirisch-analytischen Wissenschaftstheorie orientierter Diagnosebegriff jedenfalls für die Religionssoziologie zu voraussetzungsreich ist. Unabhängig davon, ob man von statistischen oder deterministischen Kausalgesetzen ausgeht, sind in jedem Fall universelle, d.h. raumzeitlich nicht beschränkte Gesetze vorausgesetzt, und solche scheint es in der Religionssoziologie nicht zu geben. Die naheliegende Empfehlung, dann eben Hypothesen mittlerer Reichweite zu verlangen, führt deshalb kaum weiter, weil die notwendigen Einschränkungen kaum präzise faßbar sind. Es genügt in der Regel nicht, den Geltungsbereich der Hypothese zeitlich (z.B. 16. und 17. Jh.) und räumlich (z.B. Westeuropa) zu begrenzen, vielmehr sind zusätzlich sachliche Einschränkungen erforderlich, die sich nicht präzise fassen lassen. Je enger außerdem der Geltungsbereich, desto mehr geraten wir mit der Forderung in Konflikt, daß die in der Diagnose benutzten Hypothesen empirisch bestätigt sein müssen. Die Hypothesen, die implizit oder explizit religionssziologischen Untersuchungen zugrunde liegen, können im günstigen Fall als teilspezifizierte Kausalhypothesen qualifiziert werden, die für Diagnosen in einem engeren Sinne ungeeignet sind.

Wir haben aus diesem Grunde einen Perspektivenwechsel vorgenommen, der durch die moderne strukturalistische Wissenschaftstheorie nahegelegt wird. Danach sind Theorien nicht Mengen von universellen empirischen Hypothesen, sondern ähneln komplizierten Begriffen. Sie werden zum einen durch Angabe ihrer formalen, mathematischen Struktur präzisiert und zum anderen durch die Benennung der empirischen Systeme, auf die der Begriff zutreffen soll. Diese Anwendungsmenge ist bei echten Theorien immer so weit gefaßt, daß sie auch Elemente enthalten kann, auf die der Begriff nicht zutrifft. Formaler Kern und Anwendungsbereiche werden im Einklang mit empirischen Regularitäten aufeinander abgestimmt. Die empirischen Regularitäten, auf die dabei rekurriert wird, müssen aber nicht universelle Gesetze sein.

Wenn die Subsumtion unter ein komplexes Prädikat eine notwendige und hinreichende Bedingung für eine Diagnose im schwachen Sinne ist, dann kann man einer ganzen Reihe religionssoziologischer Arbeiten Diagnosefähigkeit bescheinigen. Allerdings liegt es nahe, zwei zusätzliche Anforderungen an eine derartige Diagnose zu richten. Zum einen muß die formale Struktur der Begriffe in sich stimmig sein, was man im Grunde erst nach einer mengentheoretischen Rekonstruktion entscheiden kann. Da dies mit einem erheblichen Aufwand an Formalisierung verbunden ist, haben wir diese Bedingung völlig ausgeklammert. Zum andern könnte man fordern, daß der Konstruktion solcher Begriffsapparate empirisch erhärtete Hypothesen zugrunde liegen müssen. Das ist jedoch praktisch nie der Fall. Teils scheinen die zugrunde liegenden empirischen Behauptungen einer Überprüfung überhaupt nicht zugänglich, teils sind sie zwar überprüfbar, aber so allgemein gefaßt, daß sie sofort als falsch zurückgewiesen werden müssen. Das gilt insbesondere für solche Hypothesen, die eine Abnahme von Religiosität oder eine De-Institutionalisierung von Religion als unvermeidliche Folge von Modernisierung ausgeben. Wenn man also die Existenz gesicherter Hypothesen zur notwendigen Bedingung erhebt, dann haben religionssoziologische Untersuchungen kein diagnostisches Potential.

Literatur

Balzer, Wolfgang, und *C.U. Moulines* (Hg.), 1996: Structuralist Theory of Science. Focal Issues, New Results. Berlin/New York: de Gruyter.
Beck, Ulrich, 1986: Risikogesellschaft. Auf dem Weg in eine andere Moderne. Frankfurt a.M.: Suhrkamp.
Beyer, Peter, 1994: Religion and Globalization. London: Sage Publications.
Beyer, Peter, 1998: Religion, Residual Problems, and Functional Differentiation: An Ambiguous Relationship, erscheint in: Soziale Systeme.
Casanova, José, 1994a: Public Religions in the Modern World. Chicago: The University of Chicago Press.
Casanova, José, 1994b: Religion und Öffentlichkeit. Ein Ost-/Westvergleich, Transit 8: 21–41.
Coleman, James S., 1990: Foundations of Social Theory. Cambridge, MA/London: The Belknap Press.
Dobbelaere, Karel, 1981: Secularization: A Multi-dimensional Concept, Current Sociology Vol. 29, No. 2.
Dobbelaere, Karel, 1995: Religion in Europe and North America. S. 1–29 in: *Ruud de Moor* (Hg.): Values in Western Societies. Tilburg: Tilburg University Press.
Finke, Roger, und *Rodney Stark*, 1992: The Churching of America, 1776–1990: Winners and Losers in our Religious Economy. New Brunswick, NJ: Rutgers University Press.
Gerhards, Jürgen, 1996: Religion und der Geist des Kapitalismus: Einstellungen zur Berufsarbeit und zur Wirtschaftsordnung in den USA und Spanien im Vergleich, Berliner Journal für Soziologie 1: 541–549.
Giddens, Antony, 1991: Modernity and Self-Identity. Self and Society in the Late Modern Age. Cambridge: Polity Press.
Greeley, Andrew M. (Hg.), 1995: Sociology and Religion. New York: Harper Collins.
Iannaccone, Laurence R., 1991: The Consequences of Religious Market Structure: Adam Smith and the Economics of Religion, Rationality and Society 3: 156–177.
Iannaccone, Laurence R., Roger Finke und *Rodney Stark*, 1997: Deregulating Religion: The Economics of Church and State, Economic Inquiry 35: 350–364.
Inglehart, Ronald, 1989: Kultureller Umbruch. Wertwandel in der westlichen Welt. Frankfurt a.M./New York: Campus.
Inglehart, Ronald, 1998: Modernisierung und Postmodernisierung. Kultureller, Wirtschaftlicher und Politischer Wandel in 43 Gesellschaften. Frankfurt a.M./New York: Campus. (Original: Modernization and Postmodernization: Cultural, Economic and Political Change in 43 Societies. Princeton, NJ: Princeton University Press, 1997.)

Jagodzinski, Wolfgang, im Druck: Verfällt die Moral? Zur Pluralisierung von Wertvorstellungen in Italien und Westdeutschland. Anuali di Sociologia/Soziologisches Jahrbuch. Università degli Studi – Trento.
Jagodzinski, Wolfgang, und Karel Dobbelaere, 1995a: Secularization and Church Religiosity. Kapitel IV, S. 76–119 in: Jan v. Deth und Elinor Scarbrough (Hg.): The Impact of Values. Oxford: Oxford University Press.
Jagodzinski, Wolfgang, und Karel Dobbelaere, 1995b: Religious and Ethical Pluralism. Kapitel VIII, S. 218–249 in: Jan v. Deth und Elinor Scarbrough (Hg.): The Impact of Values. Oxford: Oxford University Press.
Jagodzinski, Wolfgang, und Markus Klein, 1998: Individualisierung aus individualistischer Perspektive. Erscheint in: Jürgen Friedrichs (Hg.): Die Individualisierungsthese. Opladen: Leske + Budrich.
Kaufmann, Franz-Xaver, 1997: Religion and Modernization in Europe, Journal of Institutional and Theoretical Economics 153: 80–96.
Kelley, Jonathan, und Dirk de Graaf, 1997: National Context, Parental Socialization, and Religious Belief: Results from 15 Nations, American Sociological Review 62: 639–659.
Knoblauch, Hubert, 1991: Die Verflüchtigung der Religion ins Religiöse. S. 7–41 in: Thomas Luckmann: Die unsichtbare Religion. Frankfurt a.M.: Suhrkamp.
Luckmann, Thomas, 1960: Neuere Schriften zur Religionssoziologie (Sammelbesprechung). Kölner Zeitschrift für Soziologie und Sozialpsychologie 12: 315–326.
Luckmann, Thomas, 1991: Die unsichtbare Religion. Frankfurt a.M.: Suhrkamp.
Luckmann, Thomas, 1995: The Social Forms of Religion. S. 218–230 in: Andrew M. Greeley (Hg.): Sociology and Religion. New York: Harper Collins.
Luhmann, Niklas, 1977: Funktion der Religion. Frankfurt a.M.: Suhrkamp.
Luhmann, Niklas, 1991: Religion und Gesellschaft, Sociologia Internationalis 29: 133–139.
Luhmann, Niklas, 1997: Die Gesellschaft der Gesellschaft. 2 Bände. Frankfurt a.M.: Suhrkamp.
MacKinnon, Malcolm H., 1989a: Part I. Calvinism and the Infallible Assurance of Grace. The Weber Thesis Reconsidered, The British Journal of Sociology 39: 143–177.
MacKinnon, Malcolm H., 1989b: Part II. Weber's Exploration of Calvinism. The Undiscovered Provenance of Capitalism, The British Journal of Sociology 39: 178–210.
Marshall, Gordon, 1982: In Search of the Spirit of Capitalism. An Essay on Max Weber's Protestant Ethic Thesis. New York: Columbia University Press.
Martin, David, 1978: A General Theory of Secularization. Oxford: Blackwell.
Nunner-Winkler, Gertrud, 1996: Normenerosion. S. 15–32 in: Monika Frommel und Volkmar Gessner (Hg.): Normenerosion. Baden-Baden: Nomos.
Pollack, Detlef, 1997: Individualisierung statt Säkularisierung? Zur Diskussion eines neuen Paradigmas in der Religionssoziologie. S. 57–85 in: Karl Gabriel (Hg.): Religiöse Individualisierung oder Säkularisierung. Biographie und Gruppe als Bezugspunkte moderner Religiosität. Gütersloh: Chr. Kaiser, Gütersloher Verlagshaus.
Salmon, Wesley C. (Hg.), 1971: Statistical Explanation and Statistical Relevance. Pittsburgh: University of Pittsburgh Press.
Stark, Rodney, und William Sims Bainbridge, 1985: The Future of Religion. Secularization, Revival and Cult Formation. Berkeley: University of California Press.
Stegmüller, Wolfgang, 1969: Probleme und Resultate der Wissenschaftstheorie und Analytischen Philosophie. Bd. I: Wissenschaftliche Erklärung und Begründung (verbesserter Nachdruck 1974). Berlin/Heidelberg/New York: Springer.
Stegmüller, Wolfgang, 1973: Probleme und Resultate der Wissenschaftstheorie und Analytischen Philosophie. Bd. IV: Personelle und Statistische Wahrscheinlichkeit. Berlin/Heidelberg/New York: Springer.
Stegmüller, Wolfgang, 1986: Probleme und Resultate der Wissenschaftstheorie und Analytischen Philosophie. Bd. II: Theorie und Erfahrung. Berlin/Heidelberg/New York: Springer.
Steyer, Rolf, 1992: Theorie kausaler Regressionsmodelle. Stuttgart: Gustav Fischer.
Suppes, Patrick, 1970: A Probabilistic Theory of Causality. Amsterdam: North Holland.
Weber, Max, 1975 (zuerst 1920): Gesammelte Aufsätze zur Religionssoziologie. Bd. 1. Tübingen: Mohr.

Weber, Max, 1984: Die Protestantische Ethik. Eine Aufsatzsammlung, herausgegeben von *Johannes Winkelmann.* 7. Aufl., Gütersloh: Verlagshaus Mohn.
Welker, Michael, 1991: Niklas Luhmanns Religion der Gesellschaft, Sociologia Internationalis 29: 149–157.
Wils, Jean-Pierre, 1991: Die vagabundierende Religion, Sociologia Internationalis 29: 141–147.
Wilson, Bryan R., 1976: Contemporary Transformation of Religion. Oxford: Oxford University Press.
Wilson, Bryan R., 1982: Religion in Sociological Perspective. Oxford: Oxford University Press.
Wilson, Bryan R., 1985: Secularization: the Inherited Model. S. 9–20 in: *Philip E. Hammond* (Hg.): The Sacred in a Secular Age. Berkeley: University of California Press.

WERTWANDEL ALS DIAGNOSE SOZIALER INTEGRATION: UNSCHARFE THEMATIK, UNBESTIMMTE METHODIK, PROBLEMATISCHE FOLGERUNGEN

Warum die wachsende Bedeutung der Selbstbestimmung kein Wertverfall ist

Heiner Meulemann

Zusammenfassung: Der Aufsatz erklärt die Popularität des Themas Wertwandel aus dem Bedarf der Öffentlichkeit an Diagnosen der sozialen Wandlungen der alten Bundesrepublik. Der Wertwandel ist hier ein Übergang von Akzeptanz zu Selbstbestimmung. Die Soziologie hat ihn nicht mit Bezug auf Merkmale von Individuen durch Theorien, etwa der Kohortensukzession, erklärt, sondern nur mit allgemeinen Tendenzaussagen charakterisiert; sie hat nicht mit Erklärungen, sondern mit Diagnosen des Wertwandels in der Öffentlichkeit Erfolg errungen. Deshalb fragt sich, was soziologische Diagnosen sind und was spezifisch soziologische Diagnosen des Wertwandels für die Öffentlichkeit leisten können. Anders als die Medizin oder die Psychologie diagnostiziert die Soziologie ohne Diagnostik; soziologische Diagnosen werten allgemeine Entwicklungstendenzen der Gesellschaft. Die Diagnosen des Wertwandels sind nun überwiegend negativ: Der Übergang von Akzeptanz zu Selbstbestimmung wird als Verfall, als Verdrängung gemeinschaftlicher durch individualistische Werte gedeutet. Gemeinschaftliche und individualistische Werte schließen sich jedoch weder konzeptuell noch empirisch aus. Die Diagnose ist nicht nur nicht hilfreich, sondern desorientierend: Die Therapie kann nicht eine Einschränkung des Individualismus sein, sondern das Verständnis von Gemeinsinn als Medium der Selbstbestimmung.

Der Wertwandel ist eine Erbschaft des sozialen Wandels der alten Bundesrepublik. Gemessen an den Umbrüchen der ersten Jahrhunderthälfte waren die ersten beiden Dekaden der alten Bundesrepublik ein unerwarteter wirtschaftlicher Erfolg und brachten eine bisher ungekannte Legitimität der Demokratie. Gerade der wirtschaftliche Erfolg und die politische Stabilität erlaubten es aber, die private Frage nach dem Sinn des Lebens in der Öffentlichkeit zu stellen – woraus die Kulturrevolution 1968 resultierte: Der Protest der Studenten und Intellektuellen verunsicherte eine nur am Wachstum orientierte Wirtschaft und eine nur an der eigenen Funktionstüchtigkeit orientierte Politik. Lohnt es sich, für individuelle Leistung und soziale Konkurrenz zu leben, oder verlangt ein solches Leben zuviel Opfer an individueller Entfaltung und solidarischem Zusammenleben? Ist wirtschaftliche Prosperität, innere Stabilität und internationale Sicherheit alles, was man von der Politik erwarten kann, oder ist sie nicht auch dafür verantwortlich, die Natur vor übermäßiger Ausbeutung durch den Menschen zu schützen und unnötige Herrschaft aus den Beziehungen zwischen Menschen auszuschalten? Fragen nach dem Sinn des Lebens und den Werten einer Gesellschaft, nach dem Bestand alter und der Berechtigung neuer Werte sind seitdem aus der Öffentlichkeit nicht mehr verschwunden.

Der soziale Wandel bereitete den Boden für die diffuse, aber breite Erfahrung eines Wertwandels in der Bevölkerung, und aus der Erfahrung der Öffentlichkeit erwuchs der Auftrag der Soziologie, post festum zu rekonstruieren, was sich gewandelt hatte – und vorauszusagen, was sich weiter wandeln könnte. Die deutsche[1] Öffentlichkeit war von der plötzlichen Wendung ihrer Geschichte überrascht und ihrer zukünftigen Entwicklungsmöglichkeiten unsicher. Vor allem zwei Dinge beunruhigten: das Nachlassen der konventionellen Leistungsethik (Noelle-Neumann 1978) und der Anstieg politischer Teilhabewünsche (Inglehart 1977). Die Konjunktur des wissenschaftlichen Themas Wertwandel lief an. Weil aber der Bedarf der Öffentlichkeit an der Diagnose einer diffusen Erfahrung die Wissenschaft auf das Thema gelenkt hatte, blieb es zunächst unscharf; ein Modewort macht noch kein Forschungsthema. Aber auch die Präzisierung des Themas bedeutet noch nicht, daß die entsprechenden Ergebnisse den Bedarf der Öffentlichkeit an Diagnose befriedigen. Der folgende Versuch, die Popularität des Themas Wertwandel in der deutschen Soziologie aus dem Diagnosebedarf der Öffentlichkeit zu verstehen, entfernt sich daher zunächst von der Öffentlichkeit mit dem Ziel einer wissenschaftlichen Präzisierung des Themas, um sich ihr dann wieder mit der Frage anzunähern, was die wissenschaftliche Diagnose zum Thema für die Öffentlichkeit leisten kann.

I. Vom Diagnosebedarf der Öffentlichkeit zum Thema der Wissenschaft

Wie die Wissenschaft auf den Diagnosebedarf der Öffentlichkeit zur Frage des Wertwandels reagiert hat, wird aus der Auszählung der in der SOLIS-Datenbank gespeicherten Publikationen zum Thema zwischen 1970 und 1997 sichtbar (vgl. *Tabelle 1*). Auf die absolute Darstellung aller Arbeiten folgen prozentuale Aufgliederungen nach „empirischen" oder „theoretischen", also innerwissenschaftlich zuordbaren Arbeiten sowie nach „beschreibenden", also nicht nach wissenschaftlichen Gesichtspunkten klassifizierbaren Arbeiten. Die letzte Gruppe kann als ein Indikator für den Bedarf der Öffentlichkeit, die erste als ein Indikator für die Reaktion der Wissenschaft aufgefaßt werden.

Nach der Gesamtzahl der Arbeiten beginnt die Konjunktur des Themas Ende der 70er Jahre, also ein Jahrzehnt nach dem sozialen Wandel, der die Beunruhigung über den realen Wandel ausgelöst hat. Sie steigt dann bis 1990 an und geht danach zurück, was durch die breitere Zeitspanne nach 1990 noch unterschätzt wird. Für die Anzahl der beschreibenden Arbeiten gilt dasselbe, und ihr Anteil zeigt die gleiche Tendenz noch schärfer: Vor 1990 liegen die beschreibenden Arbeiten über, danach unter 50 Prozent. Umgekehrt steigt der Anteil der wissenschaftlichen und insbesonders der empirischen Arbeiten, während ihre Anzahl – berücksichtigt man wiederum die breitere Zeitspanne nach 1990 – zurückgeht. Zuerst dominiert der Bedarf der Öffentlichkeit, dann die Reaktion der Wissenschaft – bei empirischen Arbeiten wegen ihrer größeren Trägheit später als bei theoretischen. Der Wechsel der Schwerpunkte kann spezifisch durch die Wiedervereinigung und allgemein durch Sättigung bedingt sein: Mit der Vereinigung kommen wieder die härteren Themen auf die Tagesordnung, und jede Konjunktur geht einmal zu Ende. Was

---

[1] Sowohl Thema als auch Forschungs- und Datenlage erzwingen die Beschränkung auf die alte Bundesrepublik (Meulemann 1996a: 176–186).

Tabelle 1: Studien zum Wertwandel in Deutschland 1970–1997: absolute Zahlen insgesamt und Prozentzahlen für beschreibende, empirische und theoretische Studien*

Zeitraum	1970–1975	1976–1980	1981–1985	1986–1990	1990–1997
insgesamt (N)	10	61	468	607	538
	Angaben in Prozent				
beschreibend, deskriptiv	70	49	54	49	42
empirisch	20	34	38	38	45
theoretisch	10	17	18	13	13

* Auszählung der SOLIS-Datenbank des Informationszentrums Sozialwissenschaften nach Schlagworten (kein Freitext). Studien, die empirisch *und* theoretisch waren (insgesamt 60), wurden als empirisch klassifiziert.

immer der Grund ist, in jedem Fall verliert die Öffentlichkeit nach 1990 das Interesse am Wertwandel.

Offenbar hat die Öffentlichkeit das Thema der Wissenschaft zugespielt – in der Erwartung einer Diagnose. Hat sich diese Erwartung erfüllt? Eine Antwort setzt eine Bestandsaufnahme soziologischer Ergebnisse voraus. Wie hat die Soziologie das Thema als Forschungsaufgabe zugeschnitten? Genauer: Wie hat sie das Schlagwort begrifflich eingegrenzt (Abschnitt I.1), und wie hat sie die Sachverhalte beschrieben (Abschnitt I.2) und erklärt (Abschnitt I.3)?

1. Vom „Wertwandel" zur Bestimmung der Werte moderner Gesellschaften und zu Hypothesen über ihre Entwicklung

Anders als etwa „die Bildungsexpansion" bezeichnet „der Wertwandel" keine spezifischen, in wenigen Sätzen abrufbaren Erfahrungen der bundesdeutschen Bevölkerung. Nahezu jeder weiß, daß die Schülerzahl auf Realschulen und Gymnasien in den letzten Jahrzehnten gewachsen ist und deshalb im Wettlauf um berufliche Positionen bessere Abschlüsse notwendig geworden sind. Nahezu jeder *muß* es wissen – spätestens, wenn er vor das Problem gestellt ist, Kinder auf eine weiterführende Schule zu schicken. Aber als „Wertwandel" etikettiert der eine diese, der andere jene Erfahrung – vom steigenden Drogenkonsum bis zur sinkenden Arbeitsmoral, von der Zunahme nichtehelicher Lebensgemeinschaften bis zum rückläufigen Kirchgang, von Anschwellen politischer Protestbewegungen bis zum Rückgang alkoholbedingter Autounfälle. Dem einen ist sein „Wertwandel" Verfall der Sitten, dem anderen Aufbruch zu neuen Ufern. Was ist also der kleinste gemeinsame Nenner des Wertwandels?

Fast jeder „Wertwandel" wird beschworen, weil beunruhigende Erfahrungen sozialer Wandlungen eine Erklärung verlangen; was immer die Öffentlichkeit als Veränderungen des Verhaltens oder Meinens erlebt, soll die Wissenschaft durch tieferliegende Wandlungen von Werten erklären. „Der" Wertwandel ist also kein identifizierter Sachverhalt, sondern die Aufforderung des Publikums an die Soziologie, Werte im Bevölkerungsquerschnitt mit der Vorannahme der Nichtkonstanz zu betrachten, um Erklärungen für beunruhigende Wandlungen des Verhaltens oder Meinens zu finden. Als Teil der intellektuellen Öffentlichkeit kann die Soziologie diese Aufforderung mit diagnostischen Formeln – von der „Individualisierung" bis zum „Werteverfall" – bantworten. Als Fachwissenschaft aber muß die Soziologie die diffuse Erwartung zu einem spezifischen, zunächst einmal deskriptiv zu bearbeitendem Thema zuschneiden. Entweder ist „der Wertwandel" Allheilmittel und Schimäre zugleich – oder ein deskriptives Programm mit ungewisser Erklärungskapazität. Aber auch wer „den Wertwandel" auf die zweite Alternative reduziert, muß klären, was mit den beiden Bestandteilen des Wortes – Wert und Wandel – gemeint ist.

a) Werte. Werte sind „Vorstellungen des Wünschbaren" (Kluckhohn 1951: 395). „Vorstellungen" sind allgemein, d.h. sie werden von mehreren Personen geteilt; kein Wert ohne das Wort, das ihn benennt. Vorstellungen des „Wünschbaren" sind abstrakt, d.h. sie enthalten Regeln, nach denen sich über Antriebe oder Motive, Intentionen oder Ziele des Handelns, kurz: über „Wünsche" der Person entscheiden läßt. Vorstellungen des Wünschbaren sind nicht Verallgemeinerungen von, sondern Maßstäbe für Wünsche. Sie können daher mit Wünschen in Konflikt stehen. Wenn Werte auf dem inneren Forum der Person anerkannt sind, bestimmen sie die „Wahl verfügbarer Formen, Mittel und Ziele des Handelns" (Kluckhohn 1951: 395), aber nicht das konkrete Handeln (van Deth und Scarbrough 1995; Meulemann 1996a: 47–51). Wenn Werte von mehreren Personen geteilt werden, gewährleisten sie die soziale Integration der Gesellschaft dieser Personen. Wie für Wünsche sind Werte auch Maßstab für Normen. Sie rechtfertigen Entscheidungen über Normen; aber die Mehrzahl und die Mehrdeutigkeit von Werten schließt aus, daß Werte zwingend Normen begründen – wie der Appell an „die Selbstbestimmung" oder „das Leben" in der Diskussion über die Gesetzgebung zur Abtreibung zeigt. Werte sind soziale, keine soziologischen Konstruktionen. Das entsprechende Wort der Alltagssprache enthält den Kern eines Konzepts, das Personen und Gruppenvertreter mit Verfassungen, Gesetzestexten und Verlautbarungen in Interpretationen und Gegeninterpretationen abzugrenzen suchen; auf dieser Basis werden Mehrdeutigkeiten zugleich produziert und geklärt. Das Konzept und die mit der Zeit verbindlich gewordenen Interpretationen legen den Minimalkonsens einer staatlich verfaßten Nationalgesellschaft fest.

So gesehen sind Werte eine Selbstverständlichkeit. Wer ist schon gegen Freiheit, Gleichheit oder Gerechtigkeit? Werte bestimmen den Bereich des Konsenses, Interpretationen von Werten den Bereich der Auseinandersetzung und des Wandels in einer Gesellschaft. Begründet Freiheit den Handlungsspielraum der Person, in den politische Herrscher nicht eingreifen dürfen, oder ein Recht, wenn nicht gar ein Gebot der Selbstentfaltung der Person? Richtet sich Gleichheit auf Chancen oder Ergebnisse? Wann heißt Gerechtigkeit Gleichbehandlung, wann Verteilung nach Bedarf? Werte braucht man nicht zu erfragen; was immer die Umfrageforschung aber an Werten erfragt hat, sollte auch als Hinweis auf unterschiedliche Verständnisformen eines Werts interpretiert werden. Aber der Streit um Interpretationen setzt einen Konsens über den Gegenstand voraus. Die Werte einer Gesellschaft sind durch ihre Struktur, in der modernen Gesellschaft also durch die funktionale Differenzierung bestimmt. Durch die funktionale Differenzierung werden bestimmte Werte kritisch für den Bestand der modernen Gesellschaften; deshalb erst ist die Frage interessant, wie stark sie von der Bevölkerung unterstützt werden. Welche sind das?

Der funktionalen Differenzierung korrespondiert zunächst – wie Durkheim (1893: 367–382, 391–406; 1950: 232–244) zeigt – das Wertpaar Gleichheit und Leistung. *Gleich-*

heit bedeutet die Abwesenheit sozial gewährter, individuell nicht verantworteter Ungleichheit in der Lebensplanung und auf dem Markt, d.h. das Fehlen von physischem und psychischem Zwang. Nur wenn von den äußeren Bedingungen her gesehen alle gleich sind, kann man von jedem erwarten, daß er seine speziellen Aufgaben auf Dauer erfüllt. *Leistung* ist die Chance der individuellen Selbstverwirklichung durch Spezialisierung. Sie wird mit der funktionalen Differenzierung möglich und ist für ihren Fortbestand notwendig. Gleichheit und Leistung rechtfertigen die Differenzierung zwischen Individuen. Die funktionale Differenzierung in modernen Gesellschaften ermöglicht aber nicht nur die Individualität von Personen; sie führt auch zur Bildung relativ autonomer Teilbereiche, die die Individuen nicht unmittelbar beeinflussen, von deren Eigengesetzlichkeit aber ihre Lebenschancen abhängen. *Mitbestimmung* ist daher ein dritter Wert, der die funktionale Differenzierung rechtfertigt. Die Differenzierung zwischen Individuen und Lebensbereichen kann schließlich nicht nur durch bestimmte Werte gerechtfertigt, sondern als selbstverständlich hingenommen werden. Man kann etwas wünschenswert finden, weil es so ist, wie es ist. Die Anerkennung vorgefundener Institutionen ist – in jeder, also *auch* in der modernen Gesellschaft – ein Mechanismus der sozialen Integration; sie soll *Akzeptanz* genannt und als eine vierte Wert*haltung* betrachtet werden. Wie schon die Tatsache verrät, daß das Wort nicht aus der Umgangssprache stammt, ist Akzeptanz kein Wert, sondern eine Haltung zu Werten, die in Institutionen verkörpert sind; und mit dem Wort fehlt auch das definitorische Element der „Vorstellung". Aber aus der unspezifischen Haltung kann ein spezifischer Wert werden, sobald bestimmt ist, welche Institution als selbstverständlich hingenommen werden soll (Meulemann 1996b: 42–47).

b) Wandel. Wenn Werte selbstverständlich sind, dann kann man ihre Konstanz erwarten. Der Konsens über Grundlagen sollte beständig sein – um so beunruhigender ist es, wenn Wandel auftritt. Das ist eine weitere Erklärung für die Konzentration der Öffentlichkeit auf den Wandel. Wie jedes Publikum ist sie an Neuigkeiten interessiert; und nur der Wandel ist neu. Aber die Soziologie kann ihr Thema nicht vom Ergebnis her festlegen. Nicht alle Werte wandeln sich – und erst recht nicht immer. Konstanz und Wandel verdienen die gleiche Aufmerksamkeit. Nicht jede schmale Differenz einer beliebigen Einstellung zwischen naheliegenden Zeitpunkten verdient zudem das Adelsprädikat des Wertwandels. Sie kann statistisch insignifikant und sachlich bedeutungslos sein und sich mit der nächsten Erhebung umkehren. Erst recht nicht verdient jede noch so große Differenz zwischen Altersgruppen dieses Prädikat. Sie kann konstante Effekte des Lebenszyklus ebenso gut reflektieren wie Wandel durch Kohortensukzession. Alles das gehört zum Grundwissen des Faches; aber es wurde unter den Erwartungen der Öffentlichkeit nicht beachtet. In dem voluminösen Band von Klages und Kmieciak (1979), der die Wertwandelsforschung in Deutschland akademisch etablierte, beruht nur ein Beitrag auf einer im Abstand von mehr als 20 Jahren replizierten Bevölkerungsumfrage; und er steht mit dem Ergebnis, daß sich die Vorstellungen zur Gleichbehandlung vor Ämtern und Gerichten zwischen 1958 und 1978 *nicht* gewandelt haben, so isoliert, man möchte fast sagen: eingeschüchtert da, daß der Autor eher die Erhebungen als die Annahme des Wandels problematisiert (Herz 1979). Und die erste Untersuchung Ingleharts (1977), mit der er das Thema des Wertwandels international hoffähig gemacht hat, belegt den Wandel nur mit Altersvergleichen.

Wenn man das Präjudiz zugunsten eines unspezifischen Wandels aufgibt, muß man Entwicklungen für einzelne Werte prognostizieren. Je weiter die funktionale Differenzierung moderner Gesellschaften voranschreitet, desto transparenter werden Normen des Handelns, desto expliziter lassen sie sich durch klar umrissene Werte rechtfertigen, desto weniger muß also das Handeln durch die selbstverständliche Hinnahme von Institutionen gerechtfertigt werden. Die funktionale Differenzierung verlangt von den Menschen eine Haltung der Plan- und Machbarkeit, die der Akzeptanz genau entgegengesetzt ist. Wenn moderne Gesellschaften sich funktional differenzieren, dann sollte Akzeptanz an Bedeutung verlieren. Aber wer Institutionen nicht mehr als selbstverständlich akzeptiert, muß auf eigene Faust Werte wählen und auslegen, die dem Leben Orientierung geben. Je weiter Akzeptanz zurückweicht, desto mehr Entscheidungsprobleme tauchen auf. Immer weniger ist vorentschieden, immer mehr muß die Person selbst entscheiden. Der Zwang zur Entscheidung wächst. Was liegt näher, als diese faktische Situation in einem Wert wiederzuspiegeln? Selbstbestimmung heißt, daß die Person tun soll, was sie tun muß: sich entscheiden. Selbstbestimmung ist daher die Erbin der Akzeptanz. Sie ist die Haltung, nicht mit den Gegebenheiten der sozialen und natürlichen Welt Vorentscheidungen zu übernehmen, sondern nach eigenem Ermessen Entscheidungen zu treffen. Der Anstieg von Selbstbestimmung ist das Spiegelbild zum Rückgang von Akzeptanz.

Selbstbestimmung ist ebenso wie Akzeptanz kein Wert, sondern eine Werthaltung. Beiden fehlt das definitorische Element der Vorstellung. Beide werden ein Wert, wenn man bestimmt, worauf sie sich richten. So wie Akzeptanz sich auf bestimmte Institutionen richten muß, um als Wert greifbar zu werden, so muß Selbstbestimmung durch spezifische Vorstellungen des Sollens konkretisiert werden, um ein Wert zu werden, also Entscheidungen über Handlungen zu orientieren. Denn die Vorstellung, daß das Selbst sich selbst bestimmen soll, enthält keine Vorstellung des Wünschbaren, sondern bindet das Handeln an die Wünsche der Person – gerade so, wie Akzeptanz das Handeln den Institutionen unterwirft. Solange Selbstbestimmung sich auf kein anderes Ziel als den Ausgangspunkt richtet, bleibt die Person ihren Impulsen ausgeliefert. Erst wenn Selbstbestimmung unter einen bestimmten Wert gestellt wird, gewinnt die Person einen Orientierungspunkt des Handelns. „Selbstbestimmung" muß daher nach der Formel „Selbstbestimmung durch ..." expliziert werden. Zwei der drei Werte, die als Korrelat der funktionalen Differenzierung moderner Gesellschaften eingeführt wurden, lassen sich in diese Formel einsetzen, so daß sich mit dem Übergang von Akzeptanz zu Selbstbestimmung die Prognose ihres Anstiegs ergibt: Leistung und Mitbestimmung.

Der Wert Leistung ist die Vorstellung, daß der Handelnde sich um Erfolge nach einem objektiven, aber subjektiv anerkannten Gütemaßstab bemühen soll. Wenn Selbstbestimmung durch Leistung gesucht wird, dann sollte also der Wert Leistung an Gewicht gewinnen. Der Wert Mitbestimmung ist die Vorstellung, daß in funktional ausdifferenzierten Lebensbereichen die positionell Schwächeren die von der Verfassung eingeräumtem Chancen der Teilhabe an Entscheidungen ausfüllen oder erweitern sollten. Mit der Teilhabe sollen nicht nur Interessen durchgesetzt, sondern auch – der Ausdruck der „politischen Arbeit" zeigt hier die Parallele zur beruflichen Leistung – Personen sich in ihrer Besonderheit verwirklichen. Wenn Selbstbestimmung durch Mitbestimmung gesucht wird, dann sollte der Wert Mitbestimmung an Gewicht gewinnen.

Daß Selbstbestimmung die Konkretisierung durch einen Wert verlangt, ist ein logisches

Argument, das praktisch ignoriert werden kann. Tatsächlich können die Menschen ihr Handeln allein an ihren Wünschen orientieren, ungebrochen durch Vorstellungen des Wünschbaren. So verstanden, wird Selbstbestimmung nicht durch einen Wert expliziert, sondern als Selbstentfaltung gelebt. „Selbstbestimmung als Selbstentfaltung" ist eine widersprüchliche, aber praktikable Werthaltung; statt in bestimmten Werten kann sich der Anstieg von Selbstbestimmung auch im Anstieg des Strebens nach Selbstentfaltung äußern. Der Werthaltung der Akzeptanz folgt dann nicht ein Wert wie Leistung oder Mitbestimmung, sondern die Werthaltung der Selbstentfaltung. Wenn Selbstbestimmung nicht durch Werte konkretisiert, sondern als Selbstentfaltung aufgefaßt wird, dann sollte der Anstieg von Selbstbestimmung an den gleichen Werten in ganz anderer Weise sichtbar werden. Selbstentfaltung heißt, Wünsche ohne Kontrollen durch Vorstellungen des Wünschbaren ausleben zu wollen. Sie sollte sich als Hedonismus äußern, d.h. in einer Lebensphilosphie der Wunscherfüllung oder des Genusses, die dem Wert Leistung entgegenläuft. Zudem gilt: Wer sich selbst entfalten will, will *nur* sich selbst entfalten. Die anderen sind nicht Gegenstand, sondern Hindernis meiner Selbstentfaltung. Selbstentfaltung sollte sich als Egoismus äußern, d.h. in einer Lebensphilosphie der Indifferenz für Gemeinschaften, die dem Wert der Mitbestimmung entgegenläuft. Kurzum: ein Anstieg von „Selbstbestimmung als Selbstentfaltung" sollte sich in zwei Tendenzen niederschlagen: einem Rückgang von Leistung und einem Rückgang von Mitbestimmung. Die beiden Prognosen zur „Selbstbestimmung als Selbstentfaltung" widersprechen also direkt den beiden Prognosen zur „Selbstbestimmung durch Leistung und durch Mitbestimmung".

Anders als Leistung und Mitbestimmung läßt sich Gleichheit nicht der Selbstbestimmung unterordnen, sondern ist ihr vorgeordnet. Sowohl die gleiche Behandlung vor dem Gesetz wie die Gleichheit der Lebenschancen sind Voraussetzung dafür, daß ein jeder sich selbst bestimmen kann – einerlei, ob Selbstbestimmung durch einen Wert konkretisiert oder als Selbstentfaltung gelebt wird. Der Anstieg von Selbstbestimmung sollte also den Wert Gleichheit nicht berühren. Die Prognose hier ist: kein Wandel.

Im vorausgehenden wurden Antworten auf vier Fragen gegeben: Was sind Werte? Unter welchen Gesichtspunkten soll man sie betrachten? Welche Werte soll man entsprechend in einer Bestandsaufnahme behandeln? Für welche Werte soll man entsprechend Konstanz, für welche Wandel erwarten? Über jede Antwort kann man streiten. Aber man kann m.E. nicht darüber streiten, daß man irgendeine Antwort auf diese Fragen geben muß, um „Wertwandel" als einen Gegenstand soziologischer Deskription umreißen zu können. Ohne die Bestimmung einer Perspektive auf Werte und ohne entsprechend Begründungen der Auswahl von Werten und der erwarteten Entwicklungen ist „Wertwandel" eine Worthülse – eine Beschwörungsformel für die Öffentlichkeit, aber keine Fragerichtung für die Wissenschaft.

2. Wertewandlungen in der Bundesrepublik Deutschland als Wertwandel: Bestandsaufnahme

Mit der Bestimmung der Werte moderner Gesellschaften und der Begründung von Hypothesen über ihre Entwicklung gewinnt der Wertwandel Konturen, die eine empirische Bestandsaufnahme erlauben. Sie soll für *einen* Fall, die alte Bundesrepublik, ausgeführt werden. Wenn die Öffentlichkeit seit den siebziger Jahren den sozialen Wandel der sechziger Jahre als Wertwandel zu verstehen versucht, dann können auch Umfragen, die auf den Bedarf an Selbstverständigung reagieren, erst mit einer Dekade Verspätung beginnen. Sie können nur noch das Ergebnis, nicht mehr den Prozeß erfassen. Wer also Ausgangs- und Endpunkt des Wandels messen will, ist auf Sekundäranalysen von Umfragen angewiesen, deren Fragen sich nachträglich den postulierten Werten zuordnen lassen und sowohl frühzeitig als auch häufig genug erhoben worden sind, um den Ausgangszustand der fünfziger Jahre und den Beginn und Abschluß des Wandels zwischen den sechziger und siebziger Jahren nachzeichnen zu können. Das Ergebnis einer solchen Sekundäranalyse (Meulemann 1996a: 71–134) wird im folgenden so weit dargestellt, als es zur Prüfung der hypothetischen Entwicklung bedeutsam ist.

Allein für den Wert Gleichheit wurde Konstanz erwartet. Tatsächlich bleibt er zwischen 1955 und 1987 konstant. Da Konstanz weder Neugier weckt noch Erklärungen verlangt, ist das Desinteresse der Öffentlichkeit verständlich. Da Gleichheit aber ein grundlegender Wert moderner Gesellschaften ist, hätte ihre Konstanz das Interesse der Wertwandelsforschung herausfordern müssen – zumal der angebliche Rückgang des verwandten Werts Leistung der erste Fanfarenstoß der deutschen öffentlichen Diskussion des Wertwandels war (Noelle-Neumann 1978). Daß die Soziologie sich für diesen Nichtwandel nicht interessierte, belegt, wie sehr sie im Bann der öffentlichen Thematisierung des Wandels stand (Herz 1979; Meulemann 1992).

Für alle übrigen Werte wurden – je nach dem Verständnis von Selbstbestimmung, das die schwindende Akzeptanz ablöst – gegenläufige Veränderungen erwartet. Tatsächlich bleibt Akzeptanz, wenn man sie negativ durch die Kirchgangshäufigkeit und positiv durch den Wunsch nach Scheidungserleichterung erfaßt, bis in die Mitte der sechziger Jahre konstant, um danach bis Anfang der siebziger Jahre stark und bis 1990 weiterhin geringfügig zurückzugehen. Die postulierte Tendenz des Wertwandels kann also für die alte Bundesrepublik bestätigt werden. Die vorausgesagten korrespondierenden Tendenzen werden aber nicht so einheitlich bestätigt, wie die beiden konkurrierenden Interpretationen „Selbstbestimmung durch Leistung und Mitbestimmung" und „Selbstbestimmung als Selbstentfaltung" voraussagen: Leistung verliert und Mitbestimmung gewinnt an Bedeutung – jeweils zwischen der Mitte der sechziger und siebziger Jahre und umrahmt von Phasen der Konstanz davor und danach. Gemessen an den Trends ist jede Interpretation der Selbstbestimmung einmal erfolgreich und einmal erfolglos. Aber eine genaue Betrachtung der Indikatoren für Leistung zeigt, daß sie Leistung *nicht* als Medium der Selbstbestimmung erfassen. Sie drücken ein konventionelles Leistungsverständnis aus, das sich bei konstanter Frageformulierung gerade dann in einem Rückgang spiegeln muß, wenn man Leistung als Medium der Selbstbestimmung sieht. Der Rückgang erfaßt also eine Veränderung des *Verständnisses*, der einer „Selbstbestimmung durch Leistung" nicht nur nicht widerspricht, sondern von ihr geradezu gefordert wird. Dafür gibt es zwei empirische Belege.

Der *erste* Beleg beruht auf der Kohortenanalyse einer wichtigen Erhebungsfrage des Werts Leistung, in der der Befragte sich zwischen dem „Leben als Aufgabe" und dem „Leben als Genuß" entscheiden muß (Noelle-Neumann 1978; Meulemann 1996a: 90–93). Der Prozentsatz für „Leben als Aufgabe" sinkt zwischen der Mitte der sechziger und siebziger Jahre. Gliedert man aber die Erhebungen aller Zeitpunkte in Kohorten konstanter Geburtsjahrgänge, also in Gruppen auf, die in der Untersuchungszeit mitaltern, so bleiben alle Kohorten über den gesamten Untersuchungszeitraum bei einem konstanten Prozentsatz für „Leben als Aufgabe", aber mit jeder neuen Kohorte sinkt dieser Prozentsatz. Der Rückgang in der gesamten Bevölkerung ergibt sich also aus dem Aussterben der älteren Kohorten, die ein „Leben als Aufgabe" häufig bejahen, und dem Aufkommen jüngerer Kohorten, denen „Leben als Aufgabe" immer weniger sagt. Der Wandel in der gesamten Gesellschaft resultiert aus der Sukzession der Kohorten. Wenn tatsächlich jede jüngere Kohorte mit einem etwas schwächeren Leistungswert in das Leben tritt und durch das Leben geht als die vorausgehende, dann wäre die Bundesrepublik als Gemeinwesen wohl in der Tat zusammengebrochen. Viel plausibler als ein Rückgang des Werts ist daher ein Wandel des Verständnisses: Die älteren Kohorten sehen in Leistung und Genuß einen Gegensatz, der durch die eine oder andere Priorität gelöst werden muß; die jüngeren Kohorten hingegen sehen Leistung und Genuß als zwei Seiten einer Medaille, die je nach Situation so oder so gewendet werden kann. Die älteren Kohorten haben ein absolutes, also unbedingtes und unflexibles, die jüngeren ein relatives, also bedingtes und flexibles Verständnis von Leistung. Für die älteren Kohorten regiert das Prinzip die Person, für die jüngeren die Person das Prinzip. Mit Bezug auf die grundlegenden Werthaltungen formuliert: Für die älteren Kohorten ist Leistung ein Akzeptanz-Wert, für die jüngeren ein Selbstbestimmungs-Wert. Der *zweite* Beleg bezieht sich auf den Vergleich der alten und neuen Bundesländer nach 1990. Nach allen verwendeten Indikatoren, auch nach „Leben als Aufgabe", wird der Wert Leistung in den neuen Bundesländern stärker vertreten als in den alten (Meulemann 1996a: 294–296). Sollte die DDR „bürgerlicher" als die „proletarisierte" alte Bundesrepublik gewesen sein? Viel plausibler ist die Annahme, daß die neuen Bundesländer noch das absolute Leistungsverständnis vertreten und den Wandel zu einem relativen Leistungsverständnis bald nachholen werden.

Mit Ausnahme von Gleichheit haben sich also alle Werte gewandelt, und jeder Wandel hat in den späten sechziger Jahren stattgefunden und ist von Phasen relativer Konstanz umrahmt. Die Gleichzeitigkeit legt es nahe, alle Wandlungen als einen Wandel aufzufassen. Aber eine solche Zusammenfassung setzt nicht nur Gleichzeitigkeit, sondern auch Einheitlichkeit der beobachteten Einzeltendenzen voraus, die nicht auf den ersten Blick gegeben ist. Während ein Übergang von Akzeptanz zu Selbst*bestimmung* den Anstieg, der Übergang von Akzeptanz zu Selbst*entfaltung* den Rückgang von Leistung und Mitbestimmung erwarten läßt, geht empirisch Leistung zurück und Mitbestimmung steigt an. Dieses Patt läßt sich erst auf den zweiten Blick auflösen. Weil Leistung in den empirischen Indikatoren nicht als Medium der Selbstbestimmung, sondern als Akzeptanz unbedingter Verpflichtungen erfaßt wird, ist der Rückgang mit einem Anstieg des Werts Selbstbestimmung vereinbar. Auf den zweiten Blick sind also beide Bedingungen, Gleichzeitigkeit und Einheitlichkeit, erfüllt: Man kann *alle Wertewandlungen* als *einen Wertwandel* „von Akzeptanz zu Selbstbestimmung durch Leistung und Mitbestimmung" auffassen.

3. Theorien und Erklärungen: Kohortenzugehörigkeit und Sozialisation

Wenn man aus der funktionalen Differenzierung moderner Gesellschaften Hypothesen über die Entwicklung von Werten ableitet, kann man sie an Zeitreihen von Durchschnittswerten für die Gesamtbevölkerung überprüfen. Denn man bezieht sich auf das Aggregat einer staatlich verfaßten Nationalgesellschaft. Aber Werte sind Entscheidungskriterien für das Handeln von Personen; und jeder Wertwandel ergibt sich daraus, daß sich mit dem Wandel der Gesellschaft Merkmalsverteilungen über ihre Mitglieder verändern und diese Merkmale mit der Unterstützung bestimmter Werte zusammenhängen. Eine Theorie, die den Wertwandel erklären will, muß diese Zusammenhänge ausarbeiten; sie muß die Gesellschaft desaggregiert betrachten und auf Merkmale von Personen Bezug nehmen – also das Handeln der Individuen als Reaktion auf soziale Bedingungen und die sozialen Bedingungen als Aggregation individueller Handlungen verstehen (Coleman 1990: 1–25). Der Wandel der Gesellschaft läßt sich am einfachsten durch den Austausch von Personen, d.h. die Kohortensukzession erklären, so daß das Alter zum erklärenden Merkmal einer Theorie des Wertwandels wird; Ingleharts (1977: 21–25) „schweigende Revolution" ist dafür das prominente Beispiel.

Ingleharts Theorie besteht aus zwei Hypothesen. Nach der „Sozialisationshypothese" bestimmt die soziale Erfahrung in den prägenden Jahren der frühen Adoleszenz die Werte für das ganze Leben, so daß sich durch das Aussterben alter und das Nachrücken neuer Kohorten die Werte in der gesamten Bevölkerung ändern müssen, *wenn* die sozialen Bedingungen, die die Kohorten prägen, sich verändern. Diese Bedingung wird in der zweiten, der „Mangelhypothese" begründet: Sie besagt, daß Menschen im allgemeinen gerade die Werte hoch veranschlagen, deren zugrundeliegende Bedürfnisse unzureichend befriedigt sind und daß im besonderen die westlichen Gesellschaften erst nach dem zweiten Weltkrieg auf breiter Basis die Befriedigung „einfacher" Bedürfnisse garantiert und mit steigender Sicherheit und Prosperität die Suche nach Befriedigung „höherer" Bedürfnisse ermöglicht haben. Daraus folgt ein Übergang von „materialistischen" zu „postmaterialistischen" Werten mit der ersten Nachkriegsgeneration und ein kontinuierlicher Anstieg des „Postmaterialismus" in der Folgezeit.

Beide Hypothesen sind kritisiert worden.[2] Gegen die „Sozialisationshypothese" wurde eingewandt, daß sie die Möglichkeit kohortenübergreifender Periodeneffekte ausschließe. Als Alternative wurde deshalb die These der „funktionalen Anpassung" der generationstypischen Prägung an sich verändernde Zeitumstände (Bürklin, Klein und Ruß 1994, 1996) vorgeschlagen, die allerdings in bezug auf spezifische Zeitumstände unbestimmt bleibt. Ad hoc aber können auch in Ingleharts Theorie Periodeneffekte berücksichtigt und mit einer Kohortenanalyse, einer besonderen Anwendung der Regressionsanalyse (Glenn 1977; Mnich 1989), geprüft werden (Böltken und Jagodzinski 1985). Gegen die „Mangelhypothese" wurde eingewandt, daß sie eine künstliche Hierarchie menschlicher Bedürfnisse unterstelle und in der Folge die möglichen Formen des Wertwandels auf kontinuierliche und monotone Tendenzen einschränke (Klages 1992). Aber auch hier ist die Kritik nicht konstruktiv; es fehlen alternative Annahmen, wie sich im Zeitverlauf gesellschaftliche Bedingungen in persönlichen Werten niederschlagen.[3] Die Einwände schlagen also ent-

---

2 Hier interessiert nur die theoretische Kritik, nicht aber der Streit um die empirische Gültigkeit der Theorie. Empirisch hat sich herausgestellt, daß in Westdeutschland der Postmaterialismus zwischen 1970 und 1980 – also in einem Zeitraum, indem er konstant bleibt (Meulemann 1996a: 110) eher durch den Lebenszyklus als durch die Kohortenfolge erklärt werden kann (Böltken und Jagodzinski 1985), was von Inglehart (1990: 66–103) mit Bick auf die Zeit nach 1980 bestritten wird.

3 Ich kenne nur eine Kritik, die versucht, den Einfluß sozialer Bedingungen anders zu begründen,

weder immanente Erweiterungen der Theorie vor oder bleiben hinter ihr zurück. Jede Theorie, die einen Wertwandel in der Gesellschaft durch die Sukzession von Kohorten erklären will,[4] muß mindestens zwei Annahmen begründen: Sie muß erstens einer bestimmten Altersspanne lebenslange Prägekraft zuschreiben, wobei eine Modifikation der lebenslangen Prägekraft durch Zeitumstäde ad hoc zugelassen ist, wenn sie für alle Altersspannen in gleicher Weise wirkt. Sie muß zweitens die Prägung nach den sozialen Bedingungen der Zeit bestimmen, in der die Menschen die Altersspanne durchleben. Da Inglehart bisher als einziger diese beiden Annahmen theoretisch genau spezifiziert hat, ist seine Version der Theorie der Kohortensukzession konkurrenzlos geblieben.

Allerdings: Mit der Theorie der Kohortensukzession hat sich die Soziologie weit vom öffentlichen Interesse am „Wertwandel" entfernt. Das hat seinen Grund zunächst auf der Seite der Soziologie: Die Erklärung eines Wertwandels durch Kohortensukzession verlangt formalisierte Überlegungen und statistische Verfahren, die nicht – wie Zeitreihen für Bevölkerungsquerschnitte – mühelos rezipiert werden können. Der entscheidende Grund liegt jedoch auf der Seite der Öffentlichkeit. Sie fragt nicht nach Erklärungen bestimmter Wertewandlungen, sondern nach Deutungen beunruhigender Alltagserfahrungen durch „den Wertwandel"; für sie ist die Erklärung kein Selbstzweck, sondern „der Wertwandel" Mittel zur Selbstverständigung. Das läßt sich an der schon dargestellten Kohortenanalyse veranschaulichen, in der der Rückgang des „Lebens als Aufgabe" durch die Sukzession von Kohorten erklärt wurde, die Leistung immer weniger als zu akzeptierende Pflicht und immer mehr als Medium der Selbstverwirklichung verstehen.

Aus dem Rückgang des Leistungsindikators „Leben als Aufgabe" wurde häufig in der Öffentlichkeit geschlossen, daß auch das Leistungsverhalten zurückgehe – wie die große Aufmerksamkeit für Noelle-Neumanns (1978) Deutung zeigt, daß „wir alle Proletarier würden". Obwohl eine kurze Besinnung auf die Definition von Werten lehrt, daß der Schluß auf Verhalten alles andere als selbstverständlich ist, behält er für die Öffentlichkeit seine suggestive Kraft. Denn der Rückgang des Werts Leistung wirkt als „Erklärung" für

---

also etwas anderes an die Stelle der „Mangelhypothese" zu setzen. Nach Sacchi (1992: 89–94) motiviert eine „Kolonisierung der Lebenswelt durch soziale Systeme" im Sinne von Habermas die Menschen zu einer zunehmenden „Wachstumskritik", die – in ihrer „zukunftsoffenen", nicht aber in ihrer „defensiven" Spielart – mit Ingleharts Postmaterialismus-Fragen gemessen wird. Sacchi begründet dann, warum mit der Zugehörigkeit zu marginalen sozialen Sektoren und höheren Bildungsabschlüssen die „zukunftsoffene Wachstumskritik" verstärkt geäußert wird; aber er bietet kein Argument für einen entsprechenden Einfluß des Alters. Kohortenunterschiede, die auch Sacchi (1992: 99–104) in seinen Schweizer Daten findet, sind daher durch die „Kolonisierung der Lebenswelt" nicht erklärbar.

4 Erst wenn ein Wandel im Aggregat vorliegt, wird eine solche Theorie erforderlich; andernfalls fehlt der Erklärungsgegenstand. Das wird leicht übersehen. Bürklin, Klein und Ruß (1994) wenden eine Kohortenanalyse für fünf faktoranalytisch ermittelte Werte an, deren insgesamt 20 Erhebungsitems in der alten Bundesrepublik zwischen 1984 und 1992 konstant bleiben. Nicht verwunderlich, erklären die Variablen Zeit, Generation und Lebenszyklus für zwei Faktoren keine, für zwei weitere nur äußerst wenig (rund 3 Prozent) und nur für einen Faktor („Christliche Gesellschaft") etwas mehr (8,3 Prozent) der Varianz. Außerdem: Für zwei der drei besser erklärbaren Wertfaktoren hat der Lebenszyklus den höchsten und für den dritten den zweithöchsten Einfluß. Ein Lebenszykluseffekt impliziert Konstanz im Aggregat. In gleicher Weise wird auch verständlich, warum zwischen 1972 und 1980 der Postmaterialismus in Deutschland und Europa weitgehend konstant bleibt und in Kohortenanalysen überwiegend Lebenszykluseffekte auftreten (Böltken und Jagodzinski 1985).

Erfahrungen schwindender Leistungsbereitschaft, die man immer schon, auch vor der öffentlichen Diskussion über den Wertwandel, machen konnte. Die naive, durch objektive Messungen etwa von Arbeitsproduktivität nicht kontrollierte Alltagserfahrung wird durch die rückläufige Unterstützung des „Lebens als Aufgabe" bestätigt, also im Alltagsverständnis „erklärt"; und diese „Erklärung" wirkt zurück auf die Öffentlichkeit, die eher Beispiele für fehlende als für erwiesene Leistung aus der Alltagserfahrung herausfiltert und in dieser Weise selber daran beteiligt ist, das erklärungsbedürftige Faktum zu schaffen. Gegen diese wechselseitige Bestärkung diffuser Alltagserfahrung und einfacher Aggregatzeitreihen hat die Erklärung durch den Verständniswandel in der Kohortensukzession keine Chancen: Sie belegt mit Aufwand und Verspätung das Gegenteil von dem, was ohne Mühe längst scheinbar Alltagserfahrung geworden ist.

Solange die Soziologie also die wissenschaftliche Aufgabe verfolgt, Erklärungen für Sachverhalte zu finden, geht für den Sachverhalt des „Wertwandels" ihr Angebot an der Nachfrage der Öffentlichkeit vorbei. Tatsächlich aber ist die deutsche Soziologie hier weit weniger dem Kodex der Wissenschaftstheorie als den Erwartungen der Öffentlichkeit gefolgt. Zwar hat sie den Wandel von Werten in der gesamten Bevölkerung häufig und über ein breites Spektrum beschrieben; aber nur selten wurde versucht, Wertewandlungen durch die Kohortensukzession empirisch zu erklären.[5] Weit häufiger als Erklärungen hat die Soziologie der Öffentlichkeit Schlagworte, Deutungen, Losungen, kurzum „Diagnosen" geliefert. Sie haben in der Öffentlichkeit weit mehr Resonanz gefunden als die wenigen Erklärungsversuche. Selbst Inglehart ist nicht wegen der „Sozialisations-" und „Mangelhypothese" in der Öffentlichkeit bekannt geworden, sondern wegen der aus ihnen abgeleiteten Tendenz eines wachsenden „Postmaterialismus", für die es bis zur Publikation des „kulturellen Umbruchs" (Inglehart 1989: 66–104) keinen, und auch dort nur einen – zumindest für die Bundesrepublik – strittig gebliebenen Beleg gab (Meulemann 1996a: 107–120).

Alle diese Diagnosen sind keine Theorien im Sinne der Wissenschaftstheorie: Sie sind kein System hierarchisch geordneter Sätze, die Erklärungen liefern. Anders als die Theorie der Kohortensukzession liefern sie auch keine spezifisch soziologische Erklärung: Weder beziehen sie individuelles Handeln auf soziale Bedingungen, noch konstruieren sie soziale Bedingungen als Aggregat individueller Handlungen. Nichtsdestotrotz gehören alle diese Diagnosen zur soziologischen Routine-Produktion. Sie wurden von Soziologen erfunden, im Fach diskutiert und in die Öffentlichkeit getragen – gewiß mit einem Gespür für die Bedürfnisse der Öffentlichkeit und mit Blick auf die dort erwartbare Resonanz. Sie antworten auf den Bedarf der Öffentlichkeit nach einer Selbstdeutung der Gesellschaft, der sich nicht nur in der Konjunktur des Themas „Wertwandel", sondern auch in der parallelen Konjunktur deutender Losungsworte niederschlägt. Alle diese Diagnosen sind zudem gerade die in der Öffentlichkeit besonders erfolgreichen soziologischen Produkte. Die Fragen, ob „wir alle Proletarier werden" (Noelle-Neumann 1978) und ob „Arbeit krank oder glücklich macht" (Noelle-Neumann und Strümpel 1984), wurden in Artikelserien der

---

5 Außer der im Text erwähnten Analyse des „Lebens als Arbeit" sind mir folgende Kohortenanalysen deutscher Daten bekannt: Böltken und Jagodzinski (1984), Puschner (1985) und Mnich (1989) untersuchen Postmaterialismus; Plum (1982) politische Einstellungen; Meulemann (1982) Bildungsvorstellungen; Weil (1987) Einstellungen zur Demokratie; Bürklin, Klein und Ruß (1994) Wertorientierungen allgemein.

"Zeit" ein Jahr vor der Buchpublikation dargestellt und wochenlang in Leserbriefen diskutiert, während die schon dargestellte kohortenanalytische Erklärung der "Proletarisierung" durch einen Wandel des Leistungsverständnisses ohne öffentliche Resonanz blieb. Ebenso war das Nachrücken "postmaterialistischer" Generationen Ingleharts in aller Munde, während die erste kohortenanalytische Untersuchung seiner Daten, in der Wirkungen des Lebenszyklus stärker waren als Wirkungen der Generationen (Bölken und Jagodzinski 1985), in der Öffentlichkeit nur wenig rezipiert wurde.

II. Vom Thema der Wissenschaft zur Diagnoseleistung für die Öffentlichkeit

Was "den Wertwandel" betrifft, erzielt also die Fachwissenschaft Soziologie in der Öffentlichkeit mit Aktivitäten, deren wissenschaftstheoretischer Status unbestimmt ist, mehr Aufmerksamkeit als mit den wissenschaftstheoretisch kodifizierten Aktivitäten der Beschreibung und Erklärung. Man kann diese Situation mit dem Hinweis auf die Austauschbarkeit oder Modebedingtheit der Diagnosen aus dem wissenschaftlichen Schmollwinkel beklagen; man kann aber auch versuchen, sie zu analysieren. Dann stellen sich die beiden Fragen nach dem wissenschaftstheoretischen Status von Diagnosen überhaupt und der Leistung von Diagnosen des Wertewandels in der Bundesrepublik im besonderen. Was sind soziologische Diagnosen? Und was leisten die gängigen soziologischen Diagnosen des Wertwandels für eine Selbstverständigung der Öffentlichkeit der Bundesrepublik?

1. Diagnose ohne Diagnostik

Fast alle soziologischen Wörterbücher schweigen sich zum Stichwort "Diagnose" aus. Allein das "Lexikon zur Soziologie", das als "soziologischer Duden" weniger den Stand des soziologischen Wissens als den Bestand an soziologischen Begriffen erfassen will, definiert "soziologische Diagnose" als "Beschreibung eines gesellschaftlichen Sachverhalts und Feststellung bestimmter Sozialprobleme mit soziologischen Begriffen im Rahmen bestimmter soziologischer Theorien" (Fuchs-Heinritz et al. 1994: 139). Eine Diagnose ist die Beschreibung *eines Einzelfalls* mit den Begriffen und Theorien der zuständigen Wissenschaft. Aber auch die Fallanalyse oder Einzelfalldiagnose ist in der Soziologie keine etablierte Methode; die soziologischen Methodenlehrbücher schweigen sich dazu aus[6] – im Gegensatz zu psychologischen (Bortz 1984: 461–486). Sie führen aus, daß die Einschränkung der Beschreibung auf einen Fall oft durch eine zeitliche Erweiterung kompensiert wird; der Fall wird in seiner Entwicklung betrachtet (Bortz 1984: 463–479; Petermann 1989: 3). Wenn ein Fall als y diagnostiziert wird, so wird er nach einem oder mehreren Indikatoren und entsprechenden Gesetzen in ein Merkmalskontinuum eingeordnet (Petermann 1989: 20–21): Wenn x1, (evtl. zusätzlich: x2, ..., xn, wobei x1 bis xn empirisch zusammenhängen, also ein Syndrom bilden), dann y. Wenn diese Gesetze nicht nur bestätigte Regelmäßigkeiten sind, sondern auch hierarchisch geordnet sind, kann die Diagnose auch in Erklärungen übergehen: Ein Fall ist y, weil x1 (und evtl. x2...). In jedem Fall aber wird die

---

6 Selbst die "qualitative" Befragung nutzt – wie die standardisierte – Fallstudien nur als Ausgangspunkt für Gruppenuntersuchungen (siehe z.B. Diekmann 1995: 445ff.).

Kenntnis von Gesetzen der Diagnose *vorausgesetzt:* In der Population zuvor überprüfte Gesetze erlauben die Diagnose eines Falles ohne gleichzeitige erneute Untersuchung der Population. Wenn die Diagnose einen Einzelfall aufgrund zuvor ermittelter Gesetze beschreibt, wenn sie weiterhin oft die zeitliche Entwicklung des Falles beschreibt, muß man sie aber nicht als besondere wissenschaftliche Aktivität von der Beschreibung unterscheiden. Denn wissenschaftstheoretisch ist es nicht erheblich, ob ein oder mehrere Fälle beschrieben werden (Albert 1990: 219–224), ob Gesetze vor oder nach der Beschreibung des Einzelfalles ermittelt wurden und ob die Beschreibung sich auf die Verteilung eines Merkmals über Einheiten oder Zeitpunkte bezieht.

Wenn es wissenschaftstheoretisch keinen Anlaß gibt, Diagnosen von Beschreibungen zu unterscheiden, dann muß die Unterscheidung aus der Wissenschaftspraxis hervorgehen. Als Praxis etabliert ist die Diagnose in der Medizin und in der Psychologie. Das „dtv-Lexikon zur Psychologie" definiert „Diagnose" unverblümt als „eine Aussage, die nach ... Anwendung *diagnostischer Verfahren* (kursiv im Original), Tests u.ä. ... die Bezeichnung und Ursache eines abnormen Verhaltens, einer Krankheit oder Störung zum Inhalt hat" (Drever und Fröhlich 1970: 76). Man kann aus dieser und ähnlichen Definitionen drei praktische Gesichtspunkte entnehmen, die die Diagnose als Sonderfall der Beschreibung eingrenzen. Eine Diagnose wird *erstens* mit Blick auf den *Wertbezug* der Normalität oder Gesundheit der zu beurteilenden Person getroffen.[7] Der Schwesterbegriff der Diagnose ist nicht die Prognose, sondern die Therapie. Man diagnostiziert, um zu therapieren; selbst wenn beide Aufgaben auf zwei Fachgebiete verteilt sind, verbleibt dem Fach insgesamt die Zuständigkeit. Die Diagnose ist *zweitens* eine Beschreibung mit dem „Ziel, Entscheidungen und daraus resultierende Handlungen zu begründen, zu kontrollieren und zu optimieren" (Jäger und Petermann 1995: 11); Diagnosen werden unter dem Druck außerwissenschaftlicher praktischer Zwänge – der Therapie von und allgemeiner der Entscheidung über Personen – getroffen. Daraus ergibt sich eine *Handlungsverantwortung* des „Diagnostikers" für den „Diagnostikanden" im „diagnostischen Prozeß" (Jäger und Petermann 1995: 450, 618): Welche Risiken entstehen durch den „Eingriff in persönliche Belange" des Diagnostikanden, die mit jeder Diagnose verbunden sind? Wie kann der Diagnostiker Risiken kontrollieren (Jäger und Petermann 1995: 119–138)? Der Diagnostiker muß die Folgen der Diagnose bedenken, also der Entscheidungen über den Diagnostikanden. Die Diagnose ergibt sich *drittens* aus der Anwendung im Fach etablierter Verfahren. Die Verfahren beruhen zwar auf Gesetzeswissen über den Zusammenhang zwischen Merkmal und Diagnose. Aber die Anwendung der Verfahren stützt sich auf eine Handlungslehre, die *Diagnostik*.

Die Diagnostik kodifiziert das Gesetzeswissen über die Population, so daß der Einzelfall in der Population lokalisiert werden kann, ohne daß die Population erneut untersucht wird.[8] Sie ist der Speicher des Gesetzeswissens, das der Diagnose vorausgesetzt ist. Sie ist

---

7 An die Stelle der Gesundheit, die schon Freud als „Arbeits- und Genußfähigkeit" definiert hat, können Fähigkeiten oder Eignungen – für einen Beruf oder das Autofahren – treten (Jäger und Petermann 1995: 138). Die Wertung ist dann weniger offensichtlich; sie bezieht sich nicht mehr auf einen in der ganzen Gesellschaft anerkannten Wert, sondern auf spezifische Erfordernisse. Da hier die psychologische Diagnose als Modell genommen wird, muß nur der am deutlichsten ausgeprägte Fall berücksichtigt werden.

8 Wenn z.B. in Leistungs- und Persönlichkeitstests Rohwerte in einer Eichstichprobe zu Standard-

Grundlage dafür, daß Diagnosen überprüft und idiosynkratische Urteile ausgeschlossen werden können. Sie legt fest, was die „diagnostische Kompetenz" ist (Jäger und Petermann 1995: 138-147), mit der Personen in der „differentiellen Psychologie" unterschiedlich beurteilt werden können (Jäger und Petermann 1995: 50-64). So verstanden, wird die Diagnostik Teil des Fachkanons, also Gegenstand von Lehrbüchern und Lehrveranstaltungen; aber sie ergibt sich nicht aus einer Sachgliederung der Wissenschaft, sondern aus der wissenschaftlichen Analyse des praktischen Handelns. Sie kann in jeder Bindestrich-Psychologie praktiziert werden und gehört zur Berufsrolle des Psychologen überhaupt. Sie lehrt nicht nur das diagnostische Instrumentarium, sondern geht auch auf die moralischen Fragen ein, die aus der Handlungsverantwortung des Diagnostikers resultieren. Die Diagnostik ist die innerwissenschaftliche Antwort auf die außerwissenschaftlichen Herausforderungen des Wertbezugs der Diagnose und der Handlungsverantwortung des Diagnostikers.

Die drei praktischen Kriterien des Wertbezugs der Diagnose, der Handlungsverantwortung des Diagnostikers und der Etablierung einer fachspezifischen Diagnostik grenzen – mutatis mutandis – die Diagnose innerhalb der Beschreibung nicht nur für die Psychologie, sondern auch für andere Fächer ein. Die Medizin gründet sich auf den Wertbezug der Gesundheit, der Arzt ist für seine Diagnose verantwortlich, und das Instrumentarium ist hoch technisch ausgearbeitet. Die Pädagogik gründet sich auf den Wertbezug der Reife des Zöglings, Diagnose wie Erziehung sind Aufgaben des Lehrers, und es gibt das Instrumentarium einer „pädagogischen Diagnostik" (Jäger und Petermann 1995: 495-510). Weil Psychologie, Medizin und Pädagogik ihren Gegenstand nicht nur theoretisch untersuchen, sondern auch praktisch behandeln, kann man sie als professionsnahe Wissenschaften zusammenfassen. Auch professionsnahe sind natürlich „reine", auf Beschreibung und Erklärung um ihrer selbst willen gerichtete Wissenschaften; aber der Fixpunkt für die Herausbildung und innere Arbeitsteilung der Wissenschaft ist eine vorwissenschaftlich etablierte professionelle Praxis, der sozial typisierte Dienst eines kompetenten Experten für einen bedürftigen Laien. Bevor Mediziner, Psychologen und Pädagogen zu forschen begannen, haben Ärzte Kranke geheilt, Pfarrer Unsichere beraten und Lehrer Kinder erzogen. Kann man die Soziologie in die Reihe der professionsnahen Wissenschaften einordnen, indem man an die Stelle „des Diagnostikanden" „die Gesellschaft" setzt?

Der *Wertbezug* ist in der psychologischen Diagnose die Gesundheit eines einzelnen Menschen. Aber die Gesundheit einer Gesellschaft ist eine Metapher, der nur mit Mühe ein analytischer Sinn gegeben werden kann. Während Gesundheit oder Krankheit eines Menschen alltäglich erfahren werden, bevor sie durch Psychologen oder Mediziner in einer spezifischen Weise diagnostiziert werden, drängt sich die „Gesundheit einer Gesellschaft" der Erfahrung nicht auf, sondern muß aus vielen Wertgesichtspunkten konstruiert werden. Resultiert sie aus der Freiheit oder aus den Mitwirkungschancen der einzelnen Menschen, aus dem Reichtum oder aus dem Ansehen der Gesellschaft? Ist aber einmal

---

werten umgeformt sind, kann das Instrument für die Diagnose von Einzelfällen eingesetzt werden (siehe z.B. Bortz 1984: 479-485). Das gilt für die vorherrschende normorientierte, nicht aber für die kriteriumsorientierte Diagnostik, die sich auf absolute Leistungen bezieht und auch in der Psychologie eine neuere Entwicklung ist (Petermann 1989: 129-145). Wiederum ist für den Vergleich mit der Soziologie hinreichend, den üblichen Fall der psychologischen Diagnose als Modell zu nehmen.

die Krankheit eines Menschen diagnostiziert, so haben Mediziner oder Psychologe weitgehend Konsens über den Weg zur Gesundheit; die Therapie einer Gesellschaft hingegen bleibt nicht nur mit Blick auf das Ziel, sondern auch auf die Akteure unbestimmt. Wenn der Wertbezug der Diagnose in der Soziologie bestenfalls unscharf ist, fehlt die *Handlungsverantwortung* des Diagnostikers ganz. Der soziologische Diagnostiker hat als solcher schlechterdings keine Handlungsverantwortung für die Gesellschaft. Was immer „die Gesellschaft" für ihn sein mag, sie ist Erkenntnisgegenstand, aber kein Interaktionspartner. Der Versuch, „die Gesellschaft" an die Stelle „des Diagnostikanden" zu setzen, reifiziert implizit „die Gesellschaft" zu einer eigenständig handelnden Person. Wenn die beiden außerwissenschaftlichen Herausforderungen fehlen, verwundert es schließlich nicht, daß die Soziologie nicht mit einer eigenen *Diagnostik* reagiert. Die Soziologie kennt zwar eine Handlungslehre für die Forschung, aber nicht für den Beruf. Sie vergleicht zwar Gesellschaften; aber sie hat kein diagnostisches Instrumentarium, mit dem eine einzelne Gesellschaft sich nach einem bestimmten Merkmal in eine Population einordnen läßt. Es gibt eine vergleichende, aber keine „differentielle" Soziologie. Die Soziologie diagnostiziert ohne Diagnostik.[9]

Nach den Kriterien der Professionsnähe lassen sich also in der Soziologie Diagnosen aus Beschreibungen nicht ausgrenzen. Die Soziologie ist keine professionsnahe Wissenschaft, sie ist *nur* reine Wissenschaft. Das klingt provokant angesichts der zahllosen Praxisfelder, denen sie sich anbietet: von der Personalführung bis zum Strafvollzug, von der Schule bis zur Stadtverwaltung. Aber gerade die Vielzahl der Praxisfelder (von Alemann 1995: 278–288) belegt: Der Soziologie fehlt die eine, typische professionelle Praxis, die das Kriterium ist, nach dem sich professionsnahe aus den reinen Wissenschaften ausgrenzen.[10] Eine reine Wissenschaft kann auf viele Weisen angewendet werden; aber in den professionsnahen Wissenschaften begründen Aspekte des zugeordneten professionellen Handelns eigene Teildisziplinen. Die Soziologie beschreibt und erklärt mit einem bestimmten Instrumentarium an Theorien und Methoden soziale Tatbestände eines breiten Spektrums von Lebensbereichen in entsprechenden Teildisziplinen; aber sie kennt keine Teildisziplinen, die einer für sie typischen professionellen Praxis gewidmet wären.

Wenn die außerwissenschaftliche Praxis fehlt, die soziologische Diagnosen begründen

---

9 Der Grund dafür ist m.E., daß es soziale Gesetze – also Gesetze über Gesellschaften, im Gegensatz zu Gesetzen über individuelles Handeln, die mit Gesetzen über soziale Einflußbedingungen und soziale Aggregationsformen kombiniert werden – nicht gibt (Coleman 1990: 1–25, Esser 1993: 39–64). Nur mit ihnen wäre ja eine soziologische Diagnose nach dem Modell der Psychologie möglich: also die Einordnung einer Gesellschaft in ein Merkmalskontinuum nach vorweg bekannten Gesetzen über Gesellschaften.

10 So wenig wie eine typische professionelle Praxis gibt es eine einheitliche Berufsrolle des Soziologen. Ein Indiz dafür ist der geringe Organisationsgrad der außerhalb der Universität arbeitenden Soziologen in einem soziologischen Berufsverband; er beträgt gerade 3 Prozent, während die universitär arbeitenden Soziologen zu fast 50 Prozent im wissenschaftlichen Soziologenverband organisiert sind (von Alemann 1995: 279). Eine „aktive Professionalisierung" ist – pointiert gesagt – ein Widerspruch in sich: Der Arbeitsmarkt nimmt zwar Soziologen in allen möglichen Stellen auf, aber die Wissenschaft kann nur ein bereits etabliertes professionelles Feld analysieren, nicht aber ein neues Feld nach eigenen Maßstäben konstruieren. Ein weiteres Indiz für das Fehlen einer Berufsrolle „des" Soziologen ist, daß es keine soziologische Publikumszeitschrift gibt: Einer „Soziologie heute" fehlt der Abnehmerkreis von Praktikern, mit dem die „Psychologie heute" leben kann.

könnte, dann sollten sie sich durch eine innerwissenschaftliche Perspektive näher bestimmen lassen. Sie gibt es in der Tat: Soziologischen Diagnosen geht es immer um sozialen Wandel. Aber sie richten sich nicht auf einen Wandel, sondern „den" Wandel schlechthin – nicht auf einen Wandlungsprozeß in mehreren Gesellschaften und Epochen, sondern den Einzelfall des Wandels einer Gesellschaft in einer Epoche. Soziologische Diagnosen sind Deutungen „des" Wandels. Sie zielen auf eine typische, erst in der Zusammenschau offenbare Tendenz und wählen daher meist auch sprachlich die Verlaufsform.[11] Während ein Wandel – der Geburtenrückgang, der Mitgliederschwund der Gewerkschaften, der Vertrauensverlust der Parteien usw. – durch den gemessenen Sachverhalt bezeichnet ist, muß „der" Wandel durch eine Gemeinsamkeit identifiziert werden, der erfaßt, was allen Wandlungen gemeinsam ist und sie alle – nicht im Sinne einer Rückführung auf etwas anderes, sondern eines „erlösenden Worts", also eines erweiterten Blickfelds – „erklärt": „Die Individualisierung" oder „die Deinstitutionalisierung", „die Enttraditionalisierung", „die Pluralisierung" usw. werden am Geburtenrückgang usw. sichtbar und „erklären" alle einzelnen Wandlungen. Die Gemeinsamkeit der Tendenzen macht das Typische des Falls aus. Die Diagnose umfaßt also zwei, sich gegenseitig bestärkende Schritte: Das Gemeinsame der Tendenzen des Einzelfalles muß identifiziert und an den Einzeltendenzen überprüft werden. Wenn beide Schritte oft genug durchlaufen sind, um Autor – und Leser – in einem allgemein m.E. nicht bestimmbaren Sinn zu überzeugen, ist der Fall diagnostiziert. Aber die Diagnose wird in einer allgemeinen, in der Zeit oder über Einheiten variierenden Merkmalsdimension getroffen: Der Fall ist mehr oder minder „pluralisiert" usw. Die Diagnose enthält also eine Hypothese über das Zusammentreffen der Einzeltendenzen, die an anderen Fällen überprüft werden kann. Sie ist nicht Anwendung von, sondern Vorarbeit für die Gewinnung von Gesetzeswissen. Wo die Soziologie Diagnosen trifft, beschreibt sie also den sozialen Wandel jenseits der sozialen Wandlungen in einem Einzelfall mit generalisierender Absicht und kann als historische Wissenschaft angesehen werden. Sie versucht wie die Geschichtswissenschaft, aus der Beschreibung historischer Einzelfälle eine Regelmäßigkeit zu gewinnen, die über den Fall hinausgeht und an anderen Fällen überprüft werden kann. Eine soziologische Diagnose – so kann man versuchen, eine durch Institutionen nicht strukturierte fachliche Praxis zu definieren – ist eine Beschreibung eines historischen Einzelfalles mit mehreren Trend-Indikatoren, so daß an der Gemeinsamkeit der Tendenzen das Typische des Falls erkennbar wird und als Hypothese für die Diagnose anderer Fälle genutzt werden kann.

Die Identifikation der Gemeinsamkeit mehrerer Tendenzen rechtfertigt es aber wiederum nicht, soziologische Diagnosen wissenschaftstheoretisch als eigene Aktivität gegen Beschreibungen abzugrenzen. Wie in der Psychologie wird ja ein einzelner Fall aufgrund mehrerer Indikatoren auf einer, nämlich der typischen Merkmalsdimension charakterisiert

---

[11] Auch in anderen Sprachformen erfassen soziologische Diagnosen meist nicht punktuelle Sachverhalte, sondern abstrakte Tendenzen: Die „Risiko-", „Multi-Options-", „Kommunikations-Gesellschaft" usw. identifizieren eine abstrakte, viele Einzelwandlungen übergreifende Tendenz wachsender Risiken, zunehmender Freiheit, bedeutsam werdender Kommunikation. Der dynamische Bezug der Diagnose wird besonders in der Sprachform der Alternative deutlich: „Sozialismus oder Barbarei" (Marx), „Spätkapitalismus oder Industriegesellschaft" (Soziologentag 1968), „Laissez-Faire oder Diktatur" mit dem „dritten Weg" der „demokratischen Planung" (Mannheim 1951). Die Alternative identifiziert hier empirisch widerstreitende Tendenzen und fordert zur Parteinahme auf.

– allerdings nicht unter Anwendung von, sondern mit dem Ziel der Gewinnung von Gesetzeswissen. Wie bei der psychologischen Diagnose kann man jedoch fragen, ob es wissenschaftspraktische Gesichtspunkte gibt, die es sinnvoll erscheinen lassen, soziologische Diagnosen als einen Sonderfall von Beschreibungen herauszugreifen. In der Tat teilen die vorherrschenden soziologischen Diagnosen eine Besonderheit, die nicht notwendig mit der Absicht der Typisierung verbunden ist. Sie beziehen sich nicht auf beliebige, sondern auf noch nicht abgeschlossene Epochen. Sie sind Zeitdiagnosen. Sie streben nicht nur Typik, sondern auch Aktualität an. Die Tendenzen, deren Gemeinsamkeit die Diagnose ausmachen, dauern noch an, und der Fall ist die Gesellschaft des Autors und seines Publikums. Noch andauernde Tendenzen aber fordern die Wertung geradezu heraus: Sie können – tatsächlich oder im Glauben von Autor und Publikum – noch verstärkt oder abgewendet werden; und die Extrapolation der Tendenzen bietet sich als wohlfeiles Mittel an, die Wertung zu begründen. Durch die Aktualität geht die Diagnose kaum merklich in eine Prognose über, und die Prognose ist implizit Appell an das Publikum. Die Wertung des Falls und der entprechende Appell an das Publikum also können als zwei wissenschaftspraktische Gesichtspunkte gesehen werden, die die heute vorliegenden soziologischen Diagnosen aus Beschreibungen überhaupt ausgrenzen.

Weil soziologische Diagnosen aktuell sind, gehen sie *erstens* über die zusammenfassende Charakteristik mit zusammenfassenden Wertungen hinaus. Solange mehrere Wertewandlungen als ein Wertwandel synoptisch gekennzeichnet werden, ist noch keine Wertung impliziert. Das ist ein haarfeiner Unterschied, aber es gibt für ihn ein operationales Kriterium. Solange verschiedene Formeln semantisch ineinander überführt werden, ohne daß alternative Wertungen sichtbar würden, liegt eine zusammenfassende Charakteristik vor. So charakterisieren die Formeln „von Akzeptanz zu Selbstbestimmung" (Meulemann 1996a: 130–135), „von Pflicht- und Akzeptanzwerten zu Selbstbestimmungswerten" (Klages 1984: 123–128) oder „vom nomozentrischen zum autozentrischen Wertverständnis" (Klages 1988: 64) den gleichen Prozeß. Sobald aber verschiedene Formeln den gleichen Prozeß von seinem Ausgangs- oder Endpunkt her beschreiben, liegt eine implizite Wertung vor. Was dem einen unter dem Gesichtspunkt der Entfaltung der Person eine „Individualisierung" oder „Pluralisierung" ist, ist dem anderen unter dem Gesichtspunkt der sozialen Integration eine „De-Institutionalisierung" oder „Enttraditionalisierung". Die Wertungen beruhen nicht – wie im Falle der Gesundheit – auf einem von allen Diagnostikern geteilten Wert, sondern auf verschiedenen Werten und kontroversen Wertinterpretationen.

Weil soziologische Diagnosen Wertungen enthalten, appellieren sie *zweitens* an eben die Gesellschaft, die ihr Gegenstand ist, sich selbst den Wertungen gemäß zu verhalten, also positiv Gewertetes fortzusetzen und negativ Gewertetes einzudämmen. Spezifisch richtet sich der Appell an die Öffentlichkeit, die über Ziele für das private und öffentliche Leben streitet und darum selber gegensätzliche und klärungsbedürftige Diagnosen ihrer Entwicklung produziert, und an politische Entscheidungsträger, die den Rahmen dieser Entwicklungen gesetzlich regeln und darum auf Diagnosen angewiesen sind. Nicht die Triftigkeit nach wissenschaftstheoretischen Kriterien, sondern die Plausibilität für die Rezipienten entscheidet über den Erfolg der Diagnose. Den konkurrierenden Diagnosen der Soziologie entsprechen widerstreitende Diagnosebedürfnisse in der Öffentlichkeit. Jeder rezipiert, was seinem Selbstverständnis, seiner impliziten Diagnose am deutlichsten entspricht, und handelt, wenn er muß, entsprechend. Aus dem Parallelogramm konkurrierender Diagnosen und widerstreitender Diagnosebedürfnisse ergibt sich die Reaktion der Gesellschaft. Der Appell der Wissenschaft und die Reaktion der Gesellschaft treten an die Stelle der Therapie. Die positive Diagnose ist Zuspruch für die Gesellschaft und kommt daher ohne Prognosen aus. Die negative Diagnose aber muß unerwünschte Folgen prognostizieren, um die Gesellschaft zur Selbstheilung zu bewegen. Negative Diagnosen sind mit der Absicht der Selbstwiderlegung vorgetragene Prophezeiungen.

Mit der Aktualität kommen also die ersten beiden Kriterien der professionsnahen Diagnose auch in der soziologischen Diagnose wieder ins Spiel – und haben sich entsprechend verändert. Auch die soziologische Diagnose bezieht sich *erstens* auf Werte; aber es ist nicht ein Wert durch eine vorwissenschaftliche Praxis konstituiert, sondern die Fachwissenschaft versucht, mit unterschiedlichen Wertungen auf eine vielstimmige Öffentlichkeit Einfluß zu nehmen. Auch die soziologische Diagnose zielt *zweitens* auf eine Umsetzung in der Praxis; aber für sie ist weder der einzelne Diagnostiker noch das gesamte Fach verantwortlich, sondern sie resultiert aus dem Erfolg des Diagnostikers in der Gesellschaft. Der Diagnostiker behandelt nicht „die Gesellschaft", sondern die Politik entscheidet – unter anderem – nach dem von soziologischen Diagnosen mehr oder minder durchtränkten Selbstverständnis der Öffentlichkeit. Aber eine im Fach institutionalisierte Diagnostik fehlt: Sie kann nicht durch einen Wert außerhalb des Faches begründet werden und deshalb auch nicht den Erfolg der Diagnose außerhalb des Faches kontrollieren. Statt dessen führt der Versuch, soziologische Diagnosen innerwissenschaftlich zu begründen, auf den außerwissenschaftlichen Bedarf an Diagnosen. Die diagnostischen Wertungen des Faches und der Bedarf der Öffentlichkeit an Diagnosen sind kurzgeschlossen.

2. Wertungen der Wissenschaft und Diagnoseleistungen für die Öffentlichkeit

Diagnosen sind also Wertungen des Wertewandels. Sie aber waren in Deutschland überwiegend negativ. „Der" Wertwandel ist so gut wie immer „Wertverfall" oder „Wertverlust": Die Selbstbestimmung gewinne auf Kosten von Gemeinsinn.[12] Mit diesem Maßstab ist

---

12 Das gilt für die Diagnose, daß mit dem Rückgang der konventionellen Leistungsethik „wir alle Proletarier werden" (Noelle-Neumann 1978), die Diskussion um Wertungen des Wertewandels ausgelöst hat, wie auch für neuere Diagnosen, die den Wertwandel auf breiter Basis untersuchen: Hillman (1986: 40–50) diagnostiziert einen Verfall der Gemeinschaft und einen verstärkten Individualismus. Bürklin, Klein und Ruß (1994, 1996) können für 20 Werte zwischen 1984 und 1992 keinen Wandel entdecken. Dennoch diagnostizieren sie: „Parallel zum Verfall der gemeinschaftsbezogenen Werte gewinnen die Werte an Bedeutung, die den Rechten des Individuums Priorität vor den Rechten jeglicher Kollektive einräumen" (1996: 518). Ein weiteres Bespiel für die Dramatisierung eines kaum belegten „Werteverfalls", die immerhin in den SPIEGEL (44/1989) Eingang gefunden hat, ist die Studie „Entsolidarisierung" (Brähler und Wirth 1995), in der der Gießen-Test zum Selbstkonzept in Bevölkerungsstichproben zwischen 1975 und 1989 verglichen wird. Von den 40 Vorgaben des Tests haben sich 20 signifikant verändert. Als hervorstehende Entwicklung berichten Brähler und Richter (1995: 11–15) den „erhöhten Drang, sich egozentrisch kämpferisch durchzusetzen" und zitieren sieben Vorgaben, von denen m.E. nur zwei für die beschworene „Entsolidarisierung" stehen können: „Ich bin stark daran interessiert, andere zu übertreffen" und „Ich mache mir verhältnismäßig selten Sorge um andere Menschen". In einer separaten Analyse der Jugendlichen, die die „Abwendung von sozialen Orientierungen" und den „Weg in den modernisierten Sozialdarwinismus" belegen soll, wird überhaupt kein bestätigender Trend vorgestellt (Brähler und Wirth 1995).

der Rückgang der kirchlichen Praxis, des absoluten Leistungsverständnisses oder der konventionellen Erziehungsziele in den späten sechziger Jahren negativ bewertet worden. Positive Formulierungen des gleichen Allgemeinheitsgrads, die den Maßstab umkehren und den Anstieg der Selbstbestimmung als „Autonomiegewinn" bezeichnen, sind in Deutschland jedoch weder in der Öffentlichkeit noch im Fach aufgekommen.[13] Worin liegt die Leistung der negativen Diagnose für die Öffentlichkeit? Man kann eine Antwort auf diese Frage suchen, indem man die konzeptuellen und empirischen Voraussetzungen des Maßstabs und die theoretischen und praktischen Implikationen der Wertung diskutiert.

Der Maßstab beruht erstens *konzeptuell* auf ungeklärten Voraussetzungen. Selbstbestimmung ist kein Wert, sondern eine Werthaltung; Gemeinsinn aber kann man als einen Wert verstehen, der der Werthaltung der Akzeptanz korrespondiert. Der Übergang von Akzeptanz zu Selbstbestimmung – von einer Einstellung, daß Werte akzeptiert werden müssen, zu einer Einstellung, daß sie von Personen gewählt werden können – ist am Wandel verschiedener Werte, nicht aber am Rückgang des Gemeinsinns belegt worden (siehe Abschnitt I.1). Mit dem Maßstabe der negativen Bewertung aber werden implizit Selbstbestimmung mit Selbstentfaltung und Selbstentfaltung mit mangelndem Gemeinsinn gleichgesetzt. Die erste Gleichsetzung ist konzeptuell nicht zwingend; denn Selbstbestimmung muß sich nicht an Wünschen der Person, sondern kann sich auch an Werten orientieren; die zweite Gleichsetzung ist eine empirische Frage, die gleich geprüft werden soll. Wenn man Gemeinsinn als die Bereitschaft versteht, zumindest mittelfristig das Reziprozitätsprinzip zu suspendieren und „etwas für nichts" zu geben (Gouldner 1984: 118–164), dann kann man Gemeinsinn nicht nur hinter das Vorzeichen Akzeptanz, sondern auch hinter das Vorzeichen Selbstbestimmung setzen. Die Möglichkeiten, im Gemeinsinn Selbstbestimmung zu realisieren, wie die berufliche Leistung und der Kinderwunsch oder das soziale Engagement und die „politische Arbeit", sind stärker oder schwächer mit Nutzenüberlegungen für die Person verbunden; jede stößt auf ihre eigenen logischen Schwierigkeiten und praktischen Grenzen. All das bedarf der konzeptuellen Klärung, bevor ein Werteverfall diagnostiziert werden kann: Statt den Gegensatz zwischen Selbstbestimmung und Gemeinsinn vorauszusetzen, sollte man die Spannung zwischen beiden in verschiedenen Lebensbereichen bestimmen. Gerade mit dem Rückgang von sozialen Bindungen, die ja zugleich soziale Kontrollen sind, entstehen neue, im Wortsinn individualistische Formen des Gemeinsinns: Wer auf Kampagnen hin – etwa der Kirchen für die Dritte Welt oder jüngst der Fernsehanstalten und überregionalen Zeitungen für die Flutgeschä-

---

13 In Deutschland ist mir nur eine positive Wertung bekannt: Lau (1988) sieht den Wertwandel als Indiz der Individualisierung im Anschluß an Beck (1986). Positive Wertungen des Wertwandels finden sich allerdings in der englischsprachigen Soziologie. Inglehart (1977) versteht den Postmaterialismus als eine Erweiterung der politischen Teilhabemotive von Leistungsansprüchen an den Staat, die von der individuellen Interessenlage abhängen, zu Wertansprüchen an den Staat, die sich auf für alle gültige Zielzustände der Gesellschaft richten. Ester, Halman und de Moor (1995: 1–7, 72) untersuchen in den europäischen Staaten und der USA ein breites Spektrum von Werten zwischen 1981 und 1990 unter der Leitfrage der „Individualisierung", d.h. eines Übergangs von Akzeptanz zu Selbstbestimmung; auf Beck (1986) wird dabei nicht bei der Diskussion der „Individualisierung", sondern nur bei der Diskussion von Einstellungen zur Umwelt Bezug genommen. In der auf die Politik konzentrierten Betrachtung Ingleharts und der umfassenden Betrachtung von Ester et al. sowie von Lau ergibt sich die Wertung nicht aus dem Verfall des Ausgangs-, sondern dem möglichen Aufbau eines Zielzustands.

Tabelle 2: Korrelationen von Selbstbestimmung und Selbstentfaltung mit Gemeinschaftsorientierungen, Westdeutschland 1990

Gemeinschafts-orientierungen	Selbstentfaltung		Selbstbestimmung			
	Beruf: Extrinsisch	Erziehung: Entfaltung	Beruf: Intrinsisch	Erziehung: Autonom	Postmaterialismus	Menschenrechte
Opferbereitschaft	−.09	.05	.14	.18	.21	.22
Mitglied	−.07	.00	.11	.08	.11	.13
Aktivität	−.07	−.02	.09	.06	.10	.09

Quelle: Europäische Werte Studie 1990, n=2101 (siehe zuletzt: Ester u.a. 1995).
Pearson-Korrelationen: alle Polungen im Sinne der Konzepte.

Frageformulierungen:
Beruf: Vorgabe von 16 Merkmalen des Berufs, aus denen beliebig viele als „wichtig" gewählt werden konnten
  Extrinsisch: Summe der Nennungen „Nette Arbeitskollegen, Mitarbeiter", „Wenig Stress", „Sicherer Arbeitsplatz", „Günstige Arbeitszeit", „Großzügige Urlaubsregelung".
  Intrinsisch: Summe der Nennungen „Die Möglichkeit, eigene Initiative zu entfalten", „Ein Beruf, in dem man das Gefühl hat, etwas zu erreichen, zu leisten", „Interessante Tätigkeit", „Ein Beruf, der den eigenen Fähigkeiten entspricht".
Erziehungsziel: Vorgabe von 11 Erziehungszielen, aus denen bis zu 5 gewählt werden konnten
  Entfaltung: „Unabhängigkeit, Selbständigkeit", „Energie, Ausdauer"
  Autonomie: „Verantwortungsgefühl", „Andersdenkende achten, tolerant sein", „Selbstlosigkeit".
Postmaterialismus: Index aus
  „Fortschritt zu einer weniger unpersönlichen und humaneren Gesellschaft", „Fortschritt zu einer Gesellschaft, in der Ideen mehr als Geld zählen".
Menschenrechte: Unterstützung für Bewegungen
  „Menschenrechtsbewegung zu Hause und anderswo"
Opferbereitschaft: Index wie bei Ester et al. (1995: 169) aus Zustimmung zu.
  „Ich würde einen Teil meines Einkommens geben, wenn ich sicher wäre, daß das Geld genutzt würde, um die Umweltverschmutzung zu verhindern." „Ich würde einer Steuererhöhung zustimmen, wenn das zusätzliche Geld benutzt würde, die Umweltverschmutzung zu verhindern."
Mitglied: Zahl der Mitgliedschaften in Organisationen außer Partei, Gewerkschaft, Berufsverband.
Aktivität: „gegenwärtig unbezahlte freiwillige Arbeit leisten" für dieselben Organisationen.

digten an der Oder – Geld spendet, opfert eigene zugunsten fremder Interessen ohne Kontakt mit dem Begünstigten und ohne Beobachtung durch Dritte: Niemand schaut einem auf der Bank beim Ausfüllen der Überweisung über den Rücken. Spender kaufen sich ein gutes Gewissen, aber nicht ein gutes Gesicht bei ihren Nachbarn.

Selbst wenn man die mangelnde konzeptuelle Klärung auf sich beruhen läßt, impliziert der Maßstab zweitens *empirisch* Korrelationen und Trends, die falsch sind. Zunächst korreliert zwar – wie *Tabelle 2* zeigt – die Selbstentfaltung der Person negativ mit Gemeinsinn, aber die Selbstbestimmung durch Werte positiv. Auch wenn die Korrelationen nicht hoch sind, ist der durchgängige Kontrast der Vorzeichen von Maßen, die zum Teil den gleichen Frage-Inventaren entnommen sind, bezeichnend. Gemeinsinn hat mit Selbstentfaltung wenig zu tun, aber kann durchaus aus Individualismus praktiziert werden. Am deutlichsten wird das an der Einstellung zum Beruf: Wer den Beruf nur als Mittel zum Zeck sieht, ist nicht zu Opfern für die Umwelt bereit und nicht Mitglied oder Aktivist in sozialen Organisationen – durchaus aber, wer sich in beruflicher Leistung selbst verwirklichen will.[14] Weiterhin deuten Indikatoren der in der Gesellschaft praktizierten Gemeinschaftlichkeit auf einen Anstieg: Zwischen 1953 und 1979 steigt der Anteil der Personen, die gerne mit anderen Personen außerhalb der Familie diskutieren von 28 auf 41 Prozent, und der Anteil der Personen, die sich in schwierigen Situationen mit Personen außerhalb der Familie beraten, von 5 auf 12 Prozent (Stiehr 1991: 100–101). Zwischen 1980 und 1990 steigt der Anteil derer, die in ihrem Freizeitbudget die Aktivität „Vereinsabende, Tätigkeit in Organisationen" angeben, von 43 auf 45 Prozent (Kiefer 1992: 110). Weder korrelieren Selbstbestimmung und Gemeinsinn negativ miteinander noch geht Gemeinsinn zurück.

Selbst wenn man die unklare konzeptionelle Basis und die empirischen Gegenindikationen der Diagnose ignoriert, verbleibt drittens ein *theoretisches* Argument: Den negativen Wertungen gemeinsam ist die Befürchtung, daß der Verfall von Werten zum Verfall der Gesellschaft führt. Aber so formuliert, ist das Argument zu allgemein, um die negative Wertung zu rechtfertigen. Es nimmt keinen Bezug auf eine spezifische Gesellschaftsform und kann daher nicht bestimmen, welche Werte für die soziale Integration entscheidend sind, welcher Wertverfall also den Bestand der Gesellschaft gefährdet. In der Regel wird das Argument daher auf pluralistische Gesellschaften bezogen: Weil sie sich auf einen Grundkonsens individueller Freiheitsrechte und Verfahren der Konsensfindung zurückgezogen haben, könnte in ihnen Gemeinsinn nicht hinreichend stark werden; da Gemeinsinn jenseits des Grundkonsens aber für die soziale Integration unabdingbar sei, sei die soziale Integration gefährdet. Dieses Argument soll etwas ausführlicher diskutiert werden.

Erst in pluralistischen Gesellschaften wird die soziale Integration durch Werte zu einem Problem, das nicht nur in der Sicht des Soziologen, sondern auch des Alltagsmenschen auftaucht. In der mittelalterlich-christlichen Gesellschaft galten Normen bedingungslos. Ihre Rechtfertigung, durch die erst der Gedanke an Alternativen eröffnet wird, war Aufgabe der Theologen; der theologische Laie aber hatte keine Möglichkeit, sich zu Normen und zu ihrer Rechtfertigung einzustellen. Die Kirche bestimmte allgemeine Normen, die mit den spezifischen Sitten und Gebräuchen jeder regionalen Gemeinschaft zu einer fraglos gültigen Moral zusammenschmolzen. Wer sich von den Lehren und Geboten der Kirche distanzierte, riskierte die Zugehörigkeit zur Gemeinschaft. Die soziale Integration war gewährt, weil die religiöse und moralische mit der sozialen Zugehörigkeit zusammenfiel. Der Konsens über Normen war umfassend, „Grundkonsens" auf der ganzen Linie. Erst in pluralistischen Gesellschaften konkurrieren „Vorstellungen des Wünschbaren", so daß man sich zu Werten und Rechtfertigungen von Normen einstellen kann. In einer Nationalgesellschaft mit staatlichem Gewaltmonopol wird die soziale Integration anders gesichert als in regionalen, durch die gemeinsame Religion verbundenen Gemeinschaften: An die Stelle des Amalgams von universellen und partikularen Normen treten der verfassungsmäßig festgelegte Grundkonsens über Freiheitsrechte der Person und Verfahren, die von unterschiedlichen Wertverständnissen her Kompromisse über Normen erlauben. Dieser Grundkonsens ist Voraussetzung dafür, daß jeder nach seinem Ermessen seine Interessen verfolgen,

---

14 Die gleiche Struktur der Korrelationen ergibt sich auch in der westdeutschen Stichprobe der Europäischen Wertstudie 1981. Auch in einer amerikanischen Bevölkerungsbefragung korrelieren 1989 individualistische Einstellungen und altruistische Aktivitäten nicht negativ, sondern leicht positiv (Wuthnow 1991: 21–23).

also sich selbst verwirklichen kann; die Freiheitlichkeit der Verfassung garantiert die Werthaltung der Selbstbestimmung (Boldt 1990: 13–14, 34–36).

Daß die Verfassung auf Vorgaben verzichtet, die über den Grundkonsens hinausgehen, impliziert jedoch nicht, daß die Selbstverwirklichung uneingeschränkt ist oder daß sie orientierungslos bleibt. Auf der einen Seite sind auch die Grundrechte, die die Selbstverwirklichung ermöglichen, durch die Grundrechte des anderen und durch die Gesetze eingeschränkt. Auch wenn das Grundgesetz der Bundesrepublik Deutschland keine sozialen Grundrechte kennt, schränkt es die individuelle Freiheit durch Verpflichtungen für die Gemeinschaft ein – wie die Sozialstaatsklausel oder die Sozialbindung des Eigentums (Boldt 1990: 324–326). Auf der anderen Seite erlaubt erst der Konsens über Grundwerte und Verfahren Streit über Werte. An welchen Werten der einzelne sich im Streben nach Selbstverwirklichung orientiert, bleibt zwar ihm überlassen. Aber Kirchen, Verbände und soziale Bewegungen, also Instanzen zwischen Staat und Individuum, kämpfen darum, in der Öffentlichkeit und der Gesetzgebung ihre Interpretationen und Prioritäten der Werte durchzusetzen; jede dieser Instanzen will dem Selbstverwirklichungsstreben der Individuen in ihrem Sinn eine Richtung geben, aber die Konkurrenz verhindert Monopole. Der Pluralismus schließt nicht Werte, aber die staatliche Parteinahme für Werte aus. Ihm ist der Streit über Werte endemisch – aber auch die Versuchung aller Parteien, den Streit über staatliche Maßnahmen in ihrem Sinn zu beeinflussen. Jenseits des Grundkonsenses gibt es immer Anlaß für Wandlungen des Wertverständnisses der Bevölkerung, die rückblickend von der einen oder anderen Partei als Wertverfall gewertet werden können. Und deshalb kommt immer wieder die Erwartung auf, daß der Staat dem auf dem Boden des Pluralismus wachsenden Individualismus entgegentreten und Gemeinsin mit politischen Maßnahmen fördern, also eine eigene Art „Wertepolitik" betreiben müsse.[15]

Die negative Bewertung des Wertwandels in einer pluralistischen Gesellschaft ergibt sich also aus einer spezifischen Theorie der sozialen Integration. Sie besagt, daß in pluralistischen Gesellschaften der in letzter Instanz durch das staatliche Gewaltmonopol gesicherte Grundkonsens und die aus ihm resultierende Chance individueller Interessenverfolgung nicht ausreichen, soziale Integration zu garantieren, daß – schärfer formuliert – die durch die pluralistische Verfassung provozierte Werthaltung der Selbstbestimmung die soziale Integration gefährde und durch Gemeinschaftsbindung eingedämmt werden müsse. Als Therapie wird deshalb gefordert, soziale Grundrechte in das Grundgesetz[16] aufzuneh-

---

15 Man denke an das Programm der „formierten Gesellschaft", das von Erhard in den sechziger Jahren, oder an die Losung der „geistigen Erneuerung", die von Kohl zu Anfang der achtziger Jahre ausgegeben wurde. Der soziologische Theoretiker einer staatlichen Wertpolitik ist Karl Mannheim (1951, 1967), der – allerdings unter dem Eindruck des Zusammenbruchs der Weimarer Republik und des von Hitler der parlamentarischen Demokratie Englands auferlegten Zwangs, sich selbst im Krieg zu verteidigen – das „laissez-faire" einer pluralistischen Gesellschaft dadurch überwinden wollte, daß die Freiheit der individuellen Entscheidung demokratisch geplanten Gemeinschaftsorientierungen unterstellt werden sollte. Die Vorstellung eines bewußtgeplanten Wertwandels wurde neuerdings von Hillmann (1986) wiederaufgegriffen.

16 Das jüngste Beispiel sind die Versuche, nach der deutschen Vereinigung in einem neu zu beschließenden Grundgesetz soziale Grundrechte – auf Arbeit, soziale Sicherheit oder Mitmenschlichkeit – oder ein Grundrecht auf wechselseitige Anerkennung der Bürger aufzunehmen (siehe dazu die Aufsätz von Vorländer, Scholz und Preuß in Klein, 1996). Der Verfassungsgeber hat nach dem Ende der nationalsozialistischen Diktatur mit Bedacht die Grundrechte auf in-

men und in der politischen Bildung stärker zu propagieren; der Einzelne soll nicht nur durch die im Grundkonsens garantierte und zugleich eingeschränkte Interessenverfolgung, sondern auch durch Selbstverpflichtungen an die Gesellschaft gebunden werden. Die soziale Integration einer pluralistischen Gesellschaft soll nicht nur durch die Garantie der Freiheit für die Individuen, sondern auch durch Verpflichtungen der Individuen auf die Gemeinschaft gesichert werden. Man kann dies die kollektivistische Theorie der Sozialintegration nennen. Sie ist zwar analytisch gemeint: Soziale Integration beruht auf der Bindung nicht nur an Werte, sondern spezifisch an Gemeinschaftwerte. Aber in Verbindung mit der negativen Diagnose des Wertwandels changiert sie leicht ins Normative: Weil der in der Sozialverfassung angelegte Individualismus zunehmend individualistische Werthaltungen provoziert und gemeinschaftliche Orientierungen zurückdrängt, müssen Gemeinschaftswerte gefördert werden.

Die kollektivistische Theorie macht also die Sozialintegration von der starken Bedingung des Konsens über Gemeinschaftswerte abhängig, die in einer individualistischen Theorie nicht erforderlich sind. Auch ohne auf die Diskussionen des Problems der „sozialen Ordnung" im einzelnen einzugehen, kann man feststellen, daß auf der einen Seite die individualistische Theorie Lösungen für das Problem zumindest skizziert, die kollektivistische Theorie ihre starke Bedingung aber kaum begründet hat. Nach der individualistischen Theorie ist für die soziale Integration einer Gesellschaft der Konsens der Beteiligten über ihre Handlungsrechte notwendig (Colemann 1990: 45–54), der Verpflichtungen der Beteiligten für die Gesellschaft nicht impliziert; und nutzenmaximierende Individuen können ohne vorgängige Verpflichtungen auf die Gemeinschaft zur Kooperation, also zum Konsens über ihre Handlungsrechte gelangen (Axelrod 1984). Ein besonderer Appell an den Gemeinsinn der Individuen und eine besondere Verankerung von Gemeinschaftswerten in der Verfassung ist nicht erforderlich, um den Bestand einer Gesellschaft zu garantieren. Der Individualismus der Sozialverfassung läßt sich durch einen Individualismus der Sozialtheorie rechtfertigen.

Selbst wenn man die kollektivistische Theorie akzeptiert, bleiben viertens und letztens Vorbehalte gegen die *Praxis*, die aus ihr, sobald sie mit der Diagnose des Wertverfalls zusammengeht, fast unmerklich abgeleitet wird. Solange der Appell zum Gemeinsinn von Instanzen zwischen Staat und Individuen getragen wird und sich an die Bevölkerung richtet, steht er mit einer pluralistischen Sozialverfassung nicht im Widerspruch. Intermediäre Instanzen verschiedener Couleur konkurrieren in der Erziehung und in der alltäglichen Meinungsbildung um die Gunst der Menschen. Warum sollte nicht statt eines parteilichen Gesellschaftsbildes die Gemeinschaftsorientierung überhaupt das Anliegen von Bewegungen oder Kampagnen sein? Vermutlich läßt sich das Engagement für eine spezifische Partei oder Bewegung nicht ohne das Engagement für die übergreifende Gesellschaft überhaupt fördern. Der öffentliche Einsatz sozialer Bewegungen für Gemeinschaftlichkeit gefährdet die individuelle Freiheit nicht – wie gelegentlich befürchtet wird (Scheuch 1997). Dennoch bleibt ein Dilemma: Der Appell an Gemeinschaftswerte durch intermediäre Instanzen mag zu einer pluralistischen Sozialverfassung geradezu gehören. Aber er wird

---

dividuelle Freiheitsrechte beschränkt und die sozialen Grundrechte, Institutionengarantien und Gemeinschaftsordnungen der Weimarer Verfassung nicht übernommen; das Grundgesetz enthält auch ohne spezifische soziale Grundrechte Einschränkungen der individuellen Freiheiten durch soziale Bindungen (Boldt 1990: 324–326).

durch sie, die ja programmatisch darauf verzichtet, mehr als den Grundkonsens zu fordern, keineswegs unterstützt. Der Erfolg des Appells hängt dann von der Resonanz in der Bevölkerung ab. Wo aber Gemeinschaftlichkeit keine selbstverständliche Tradition ist,[17] ist sie nicht leicht durch Kampagnen zu wecken; und wo sie Tradition ist, braucht sie keine Kampagnen. Vielleicht reichen Appelle aus, um Gemeinsinn zu wecken; um ihn aber am Leben zu erhalten, ist gesellschaftliche Selbst-Organisation unterhalb der staatlichen Ebene notwendig. Die kommunitaristische Bewegung der USA bietet hierfür Beispiele, von der nachbarschaftlich organisierten Polizei bis zur Ausbildung der Bevölkerung ganzer Städte in Erster Hilfe (Etzioni 1997). Aber sie stützt sich auf die Tradition der gemeinschaftlichen Selbstorganisation, die in den USA die funktionale Stelle des Sozialstaats in Westeuropa einnimmt. Die pluralistische Sozialverfassung gibt intermediären Instanzen Spielraum, Gemeinsinn zu propagieren und gesellschaftliche Selbstorgansiation anzustoßen – aber sie kann ihnen Erfolg nicht garantieren. Wenn aber das Engagement der intermediären Instanzen oder Bewegungen für Gemeinschaftswerte von der Bevölkerung nicht aufgegriffen wird, dann liegt es nahe, sich an den Staat zu wenden.

Sobald der Appell zur Förderung von Gemeinschaftswerten von intermediären Instanzen an den Staat herangetragen wird, besteht die Gefahr, daß die pluralistische Sozialverfassung im Alltag des gesellschaftlichen Lebens an Boden verliert. Der Versuch dazu bedient sich oft der Verfassungsgerichte, die über einen pluralistischen Kompromiß zustandegekommene Gesetze unter materialen Gesichtspunkten revidieren und den Raum staatlicher Entscheidungsfreiheit zugunsten von Traditionen, die ihre Selbstverständlichkeit verloren haben, enger eingrenzen sollen, als die Grundrechte es fordern. In einer pluralistischen Sozialverfassung kann aber Traditionspflege keine Aufgabe des Staates sein.[18] Deshalb sind Werte und „der Wertwandel" nicht Gegenstand staatlicher Politikmaßnahmen. Der Staat vermittelt materielle und ideelle Interessenlagen, die in der Bevölkerung geäußert und von intermediären Instanzen geformt und gebündelt werden. Er ist Forum für die Kompromißbildung, aber nicht Partei in ihr. Er setzt durch, was Parteien als Kompromiß über materiale Streitfragen ausgearbeitet haben; aber er hat jenseits des Streits der Parteien keine eigene Stimme. Wer den Staat für mehr verantwortlich macht als den Schutz von Grundrechten und Prozeduren, riskiert den Pluralismus, auf dem der Individualismus der Menschen ruht. Selbst wenn man die Prämisse akzeptiert, daß die von pluralistischen Sozialverfassungen provozierten individualistischen Werte Gemeinschaftswerte zurückdrängen, kann die Therapie des Individualismus nicht eine Einschränkung des Pluralismus durch den Staat sein. Sie würde darin bestehen, Gemeinschaftswerte, die den Individualismus einschränken sollen, in den Grundkonsens individueller Freiheitsrechte aufzunehmen, der den Individualismus ermöglicht. Sie würde die diagnostizierte Krankheit eher verbreiten als heilen. In jedem Fall aber bleibt unbestimmt, an welchen Stellen der Individualismus beschränkt und der Gemeinsinn gefördert werden soll. Die Aufzählung von Einzelmaßnahmen – von der Erhöhung der Barrieren für Scheidung oder Abtreibung bis zu höheren Policen der Krankenversicherung für Raucher – ersetzt nicht ein analytisches Kriterium, nach dem Selbstbestimmung durch Gemeinschaftsorientierung eingeschränkt

---

17 In den USA, wo Traditionen der gegenseitigen Hilfe stärker sind als in Europa, haben daher Versuche, Gemeinschaftsgeist zu fördern, eher Erfolg (siehe z.B. Etzioni 1997).
18 Man kann dies als die Lehre des „Kruzifix-Urteils" des Bundesverfassungsgerichts ansehen.

werden kann. Man weiß also nicht, wann die Therapie beendet werden kann. Der Pluralismus selber könnte der Preis für die Gemeinschaftswerte sein.

Die Praxis der kollektivistischen Theorie ist also in einem Dilemma gefangen: Wenn sie eine schwache Strategie wählt und im Rahmen der pluralistischen Sozialverfassung für Gemeinschaftswerte eintritt, hat sie es schwer, ihre Ziele zu erreichen; wenn sie aber eine starke Strategie wählt und den Staat darauf verpflichten will, Gemeinschaftwerte im Grundgesetz festzuschreiben und daraus gesetzliche Konsequenzen zu ziehen, gefährdet sie mit Auswüchsen des Individualismus auch die Grundlagen des Pluralismus. Wendet sie sich an die Öffentlichkeit, besteht die Gefahr, hinter dem Ziel zurückzubleiben; wendet sie sich an den Staat, besteht die Gefahr, über das Ziel hinauszuschießen. Solange der Pluralismus als Grundlage des Individualismus respektiert wird, kann nur die schwache Strategie gewählt werden. Die Ungewißheit des Erfolgs kann kein Einwand sein. Denn auch für die starke Strategie sind die Erträge an praktizierter Gemeinschaftlichkeit keineswegs gewiß und die Kosten an eingeschränktem Spielraum im sozialen Alltag hoch – wie das Beispiel der DDR lehrt. Hier hat der Staat eine „Wertepolitik" zugunsten von Gemeinschaftswerten betrieben. Er hat damit erreicht, daß die Bevölkerung den staatlichen Kontrollorganen eine Gemeinschaftsmoral vorspiegelte, hinter deren Fassade der Individualismus in Richtung Rücksichtslosigkeit anwuchs. Sofort mit dem Zusammenbruch der DDR aber ist diese Fassade zusammengefallen; im Vergleich mit der alten Bundesrepublik waren die Ostdeutschen zwar noch 1990, aber keineswegs mehr 1994 moralischer eingestellt (Meulemann 1998). Auf die staatliche Forcierung des Gemeinsinns reagieren die Menschen nicht mit der Rücknahme, sondern mit der Kaschierung des Individualismus.

Was also erbringt insgesamt die Diagnose des Wertewandels als Wertverfall? Sie ist konzeptuell unscharf und steht empirisch auf schwachen Füßen. Sie ruht auf hoch gegriffenen, aber schwach begründeten theoretischen Argumenten und tendiert zu einer problematischen Praxis. Daß die wachsende Bedeutung der Selbstbestimmung den Verfall von Gemeinschaftswerten provoziert, ist konzeptuell nicht zwingend und empirisch nicht hinlänglich belegt. Daß Gemeinschaftswerte Grundlage der sozialen Integration sind, ist theoretisch nicht schlüssig begründet; und eine „Wertepolitik" des Staats zugunsten der Gemeinschaftswerte wird in der gesellschaftlichen Praxis eher den Pluralismus unterminieren als die Anerkennung von Gemeinschaftswerten fördern. Wenn die Öffentlichkeit Orientierung erwartet, dann bietet ihr die soziologische Diagnose des Wertwandels nichts. Schlimmer noch, sie wirkt desorientierend.

Wenn die Diagnose des Wertverfalls das Ziel hat, die Öffentlichkeit mit einem Appell an die Selbstheilungskraft zu therapieren, wird sie ihr Ziel nicht erreichen. Die Werthaltung der Selbstbestimmung konnte sich in den späten sechziger Jahren in der Bundesrepublik durchsetzen, weil sie in einer freiheitlichen Verfassung garantiert war, die erst zu dieser Zeit in der Bevölkerung volle Anerkennung gefunden hatte (Dalton, Baker und Hildebrand 1981). Gegen diese Rückendeckung wird die Diagnose des Wertverfalls zwar nicht den Anstieg der Selbstbestimmung zurückdrehen, aber die Selbstbestimmung als Egoismus diskreditieren. Sie legt der Öffentlichkeit ein Selbstbild des wachsenden Egoismus nahe, das sich – entgegen der intendierten Selbstwiderlegung – als Prophezeiung selbst erfüllen könnte. Sie könnte Gemeinsinn mehr entmutigen als bestärken: Warum sollte gerade ich mich für soziale Belange engagieren, wenn es die anderen immer weniger tun? Spiegelbildlich hält sie die Menschen ab zu fragen, ob sie nicht auch in Gemeinschaftszwecken sich selbst bestimmen können. Wenn Selbstbestimmung zunehmend in erfolgsorientierter statt blinder beruflicher Leistung, in sportlichen und musischen Leistungen und in „politischer Arbeit" gesucht wird, warum nicht auch in freiwilligen Hilfeleistungen? Auch hier bieten sich, wo die Menschen nicht schon selbständig Initiativen ergreifen, Organisationen als Aktionsfeld der Selbstbestimmung an. Nicht wie der Gemeinsinn von Staats wegen propagiert werden kann, ist das praktische Problem, sondern wie er von den Menschen als ein Medium der Selbstverwirklichung verstanden werden kann. Die Lösung dieses Problems setzt differenziertere Diagnosen voraus als die Identifikation der Verbreitung der verfassungsmäßig garantierten Selbstbestimmung mit dem Verfall des Gemeinsinns. Wenn die Forschung zum Wertwandel in Zukunft diagnostischen Wert für die Öffentlichkeit haben soll, dann muß sie die beiden Entwicklungslinien der Selbstbestimmung und der Akzeptanz voneinander unabhängig darstellen, so daß Gemeinsinn sowohl der einen wie der anderen zugeordnet werden kann.

III. Schluß: Vergangener und zukünftiger Wertwandel

Nicht die Soziologie, sondern die Rezeption der Öffentlichkeit entscheidet über den Erfolg soziologischer Diagnosen. Dennoch bleibt für die Soziologie ein schmaler Grat, die Rezeption der Öffentlichkeit zu beeinflussen. Sie kann – wie hier versucht – herausarbeiten, was die in der Diagnose ausgesprochene Wertung an empirischen und theoretischen Aussagen impliziert und welche Orientierungen sich aus diesen Aussagen ergeben. Sie kann gleichsam Rückrufaktionen für mangelhafte Produkte starten, die auf dem Markt sozialer Diagnosen schon Absatz gefunden haben. Man kann bezweifeln, ob eine solche Aktion Erfolg hat; denn manche Abnehmer waren ja gerade am mangelhaften Produkt interessiert. Mehr Erfolg verspricht es, das mangelhafte Produkt nicht weiter auszuliefern. Die Nachfrage kann sich dann auf andere Produkte verlagern, die sorgfältiger hergestellt und besser brauchbar sind. Damit wüchse der Anreiz für die Forschung, statt der globalen Diagnose des „Verfalls" die Entwicklungslinien der Akzeptanz und der Selbstbestimmung parallel zu verfolgen und der Öffentlichkeit eine Diagnose zu geben, wie die Menschen Individualismus und Gemeinsinn miteinander verbinden, und eine Therapie zu empfehlen, wie sie beide besser miteinander verbinden können.

Der Wertwandel von Akzeptanz zu Selbstbestimmung ist ein Ereignis der späten sechziger Jahre, danach gab es nur noch geringfügige Wandlungen – zumindest bis 1990 (Meulemann 1996a: 399–413). „Der" Wertwandel ist Geschichte; aber neue Wandlungen von Werten können auftreten. Nicht nur die deutsche Vereinigung, sondern auch die weltpolitische Entwicklung – Stichwort Globalisierung – legen es nahe, die Spannung zwischen Selbstbestimmung und Gemeinsinn als eine Dimension des zukünftigen Wandels zu sehen. Die Diagnose des Wertverfalls könnte zumindest insoweit fruchtbar sein, als sie die Soziologie dazu anspornt, beide Werte frühzeitig – nicht erst post festum, wie beim Wertwandel der sechziger Jahre – zu erheben. Die schlechte Diagnose eines mittlerweile historischen Wertwandels könnte der erste Schritt für eine gute Analyse eines möglichen zukünftigen Wertwandels sein.

Literatur

Albert, Hans, 1990: Methodologischer Individualismus und historische Analyse. S. 219–239 in: *Karl Acham* und *Winfried Schulze* (Hg.): Teil und Ganzes. Zum Verhältnis von Einzel- und Gesamtanalyse in Geschichts- und Sozialwissenschaften. München: Deutscher Taschenbuch Verlag.
Alemann, Heine von, 1995: Berufschancen und Berufsfelder von Soziologen. S. 273–294 in: *Bernhard Schäfers* (Hg.): Soziologie in Deutschland. Entwicklung, Institutionalisierung und Berufsfelder, theoretische Kontroversen. Opladen: Leske + Budrich.
Axelrod, Robert, 1984: The Evolution of Cooperation. New York: Basic Books.
Beck, Ulrich, 1986: Risikogesellschaft. Auf dem Weg in eine andere Moderne. Frankfurt a.M.: Suhrkamp.
Boldt, Hans, 1990: Deutsche Verfassungsgeschichte. Band 2: Von 1806 bis zur Gegenwart. München: Deutscher Taschenbuch Verlag.
Böltken, Ferdinand, und *Wolfgang Jagodzinski*, 1985: In an Environment of Insecurity. Postmaterialism in the European Community, 1970–1980, Comparative Political Studies 18: 453–484.
Bortz, Jürgen, 1984: Lehrbuch der empirischen Forschung für Sozialwissenschaftler. Berlin: Springer.
Brähler, Elmar, und *Horst-Eberhard Richter*, 1995: Die Deutschen am Vorabend der Wende – Wie hatten sie sich seit 1975 verändert? S. 9–20 in: *Elmar Brähler* und *Hans-Jürgen Wirth* (Hg.): Entsolidarisierung: die Westdeutschen am Vorabend der Wende und danach. Opladen: Westdeutscher Verlag.
Brähler, Elmar, und *Hans-Jürgen Wirth*, 1995: Abwendung von sozialen Orientierungen. Auf dem Weg in einen modernisierten Sozialdarwinismus? S. 52–70 in: *Dies.* (Hg.): Entsolidarisierung: die Westdeutschen am Vorabend der Wende und danach. Opladen: Westdeutscher Verlag.
Brähler, Elmar, und *Hans-Jürgen Wirth*, 1995: Entsolidarisierung: die Westdeutschen am Vorabend der Wende und danach. Opladen: Westdeutscher Verlag.
Bürklin, Wilhelm, Markus Klein und *Achim Ruß*, 1994: Dimensionen des Wertwandels. Eine empirische Längsschnittanalyse zur Dimensionalität und der Wandlungsdynamik gesellschaftlicher Wertorientierungen, Politische Vierteljahresschrift 35: 579–606.
Bürklin, Wilhelm, Markus Klein und *Achim Ruß*, 1996: Postmaterieller oder anthropozentrischer Wertewandel? Eine Erwiderung auf Ronald Inglehart und Hans-Dieter Klingemann, Politische Vierteljahresschrift 37: 517–536.
Coleman, James S., 1990: Foundations of Social Theory. Cambridge: Harvard University Press.
Dalton, Russ, Kendall Baker und *Kai Hildebrand*, 1981: Germany transformed. New Haven: Yale University Press.
Deth, Jan W. van, und *Elinor Scarbrough* (Hg.), 1995: The Impact of Values. Beliefs in Government, Volume Four. Oxford: Oxford University Press.
Deth, Jan W. van, und *Elinor Scarbrough*, 1995: The Concept of Values. S. 21–47 in: *Dies.* (Hg.): The Impact of Values. Beliefs in Government, Volume Four. Oxford: Oxford University Press.
Diekmann, Andreas, 1995: Empirische Sozialforschung. Grundlagen, Methoden, Anwendungen. Reinbek bei Hamburg: Rowohlt Taschenbuch.
Drever, James, und *Werner D. Fröhlich*, 1970: dtv-Lexikon zu Psychologie. 3., völlig neu bearbeitete Auflage. Müchen: Deutscher Taschenbuch Verlag.
Durkheim, Emile, 1893: De la division du travail. (Paperback-Ausgabe 1960, Paris: Presses Universitaires de France.)
Durkheim, Emile, 1950: Leçons de sociologie. Paris: Presses Universitaires de France.
Esser, Hartmut, 1993: Soziologie. Allgemeine Grundlagen. Frankfurt a.M.: Campus.
Ester, Peter, Loek Halman und *Ruud de Moor* (Hg.), 1995: The Individualizing Society. Value Change in Europe and North America. Tilburg: Tilburg Unviersity Press.
Etzioni, Amitai, 1997: Ein kommunitaristischer Ansatz gegenüber dem Sozialstaat. S. 25–31 in: Theorie und Praxis der sozialen Arbeit 2/97.
Fuchs-Heinritz, Werner et al. (Hg.), 1994: Lexikon zur Soziologie. 3., völlig neu bearbeitete und erweiterte Auflage. Opladen: Westdeutscher Verlag.
Gouldner, Alwin, 1984: Reziprozität und Autonomie. Ausgewählte Aufsätze. Frankfurt a.M.: Suhrkamp.

Herz, Thomas, 1979: Die Einstellung zur Verwirklichung der Werte „Gleichheit" und „Gerechtigkeit". S. 198–209 in: *Helmut Klages* und *Peter Kmieczak* (Hg.): Wertwandel und gesellschaftlicher Wandel. Frankfurt a.M.: Campus.

Hillmann, Karl-Heinz, 1986: Wertwandel. Zur Frage soziokultureller Voraussetzungen alternativer Lebensformen. Darmstadt: Wissenschaftliche Buchgesellschaft.

Inglehart, Ronald, 1977: The Silent Revolution. Changing Values and Political Attitudes Among Western Publics. Princeton, N.J.: Princeton University Press.

Inglehart, Ronald, 1989: Kultureller Umbruch. Wertwandel in der westlichen Welt. Frankfurt a.M.: Campus.

Jäger, Reinhold S., und *Franz Petermann* (Hg.), 1995: Psychologische Diagnostik. Ein Lehrbuch. 3., korrigierte Auflage. Weinheim: Beltz, Psychologie Verlags Union.

Kiefer, Marie-Luise, 1992: Massenkommunikation IV. In: *Klaus Berg* und *Marie-Luise Kiefer* (Hg.): Massenkommunikation IV: Eine Langzeitstudie zu Mediennutzung und Medienwirkung 1964–1990. Baden-Baden: Nomos.

Klages, Helmut, und *Peter Kmieczak* (Hg.), 1979: Wertwandel und gesellschaftlicher Wandel. Frankfurt a.M.: Campus.

Klages, Helmut, Hans-Jürgen Hippler und *Will Herbert* (Hg.), 1992: Werte und Wandel – Ergebnisse und Methoden einer Forschungstradition. Frankfurt a.M.: Campus.

Klages, Helmut, 1992: Die gegenwärtige Situation der Wert- und Wertwandelsforschung – Probleme und Perspektiven. S. 5–39 in: *Helmut Klages, Hans-Jürgen Hippler* und *Will Herbert* (Hg.): Werte und Wandel – Ergebnisse und Methoden einer Forschungstradition. Frankfurt a.M.: Campus.

Klages, Herbert, 1984: Wertorientierungen im Wandel. Rückblick, Gegenwartsanalyse, Prognosen. Frankfurt a.M.: Campus.

Klages, Herbert, 1988: Wertedynamik. Über die Wandelbarkeit des Selbstverständlichen. Zürich: Edition Interfromm.

Klein, Ansgar (Hg.), 1995: Grundwerte in der Demokratie. Bonn: Bundeszentrale für politische Bildung.

Kluckhohn, Clyde, 1951: Values and Value-Orientations in the Theory of Action: An Exploration in Definition and Classification. S. 388–433 in: *Talcott Parsons* und *Edward A. Shils* (Hg.): Toward a General Theory of Action. Cambridge, Mass: Harvard University Press.

Lau, Christoph, 1988: Gesellschaftliche Individualisierung und Wertwandel. S. 217–234 in: *Heinz-Otto Luthe* und *Heiner Meulemann* (Hg.): Wertwandel – Faktum oder Fiktion. Bestandsaufnahmen und Diagnosen aus kultursoziologischer Sicht. Frankfurt a.M.: Campus.

Luthe, Heinz-Otto, und *Heiner Meulemann* (Hg.), 1988: Wertwandel – Faktum oder Fiktion. Bestandsaufnahmen und Diagnosen aus kultursoziologischer Sicht. Frankfurt a.M.: Campus.

Mannheim, Karl, 1951: Diagnose unserer Zeit. Gedanken eines Soziologen. Zürich: Europa Verlag.

Mannheim, Karl, 1967: Mensch und Gesellschaft im Zeitalter des Umbaus. 2. Auflage. Bad Homburg: Gehlen.

Meulemann, Heiner, 1982: Bildungsexpansion und Wandel der Bildungsvorstellungen zwischen 1958 und 1979: Eine Kohortenanalyse, Zeitschrift für Soziologie 11: 227–253.

Meulemann, Heiner, 1992: Expansion ohne Folgen? Bildungschancen und sozialer Wandel in der Bundesrepublik. S. 123–157 in: *Wolfgang Glatzer* (Hg.): Entwicklungstendenzen der Sozialstruktur. Soziale Indikatoren XV. Frankfurt a.M.: Campus.

Meulemann, Heiner, 1996a: Werte und Wertewandel. Zur Identität einer geteilten und wieder vereinten Nation. Weinheim: Juventa.

Meulemann, Heiner, 1996b: Wertwandel in modernen Gesellschaften – Erwartungen und Entwicklungen am Beispiel der Bundesrepublik Deutschland vor 1990. S. 41–64 in: *Edzard Janssen, Ulrich Möhwald* und *Hans Dieter Ölschleger* (Hg.): Gesellschaften im Umbruch? Aspekte des Wertewandels in Deutschland, Japan und Osteuropa. München: iudicium verlag.

Meulemann, Heiner, 1998: Die Implosion einer staatlich verordneten Moral. Moralische Bewertungen in West- und Ostdeutschland 1990–1994, Kölner Zeitschrift für Soziologie und Sozialpsychologie 50, Heft 3.

Mnich, Peter, 1989: Wertewandel als Kohortenphänomen. S. 263–281 in: *Jürgen W. Falter* et al. (Hg.): Wahlen und politische Einstellungen in der Bundesrepublik Deutschland. Frankfurt a.M.: Lang.

Noelle-Neumann, Elisabeth, 1978: Werden wir alle Proletarier? Wertewandel in unserer Gesellschaft. Zürich: Edition Interfromm.

Noelle-Neumann, Elisabeth, und *Burkhard Strümpel,* 1984: Macht Arbeit krank? Macht Arbeit glücklich? Eine aktuelle Kontroverse. München: Piper.

Petermann, Franz, 1989: Einzelfallanalyse. 2., völlig neu überarbeitete Auflage. München: Oldenbourg.

Plum, Wolfgang, 1982: Kohortenanalyse von Umfragedaten. Zur Identifizierung möglicher Einflußfaktoren des politischen Verhaltens und politischer Einstellungen, Kölner Zeitschrift für Soziologie und Sozialpsychologie 34: 509–532.

Puschner, Walter, 1985: Materialismus und Postmaterialismus in der Bundesrpeublik 1970–1982. Eine Kohortenanalyse zu Ingleharts Theorie des Wertwandels. S. 357–390 in: *Dieter Oberndörfer, Hans Rattinger* und *Karl Schmitt* (Hg.): Wirtschaftlicher Wandel, religiöser Wandel und Wertwandel. Folgen für das politische Verhalten in der Bundesrepublik Deutschland. Berlin: de Gruyter.

Sacchi, Stefan, 1992: Postmaterialismus in der Schweiz von 1972 bis 1990, Schweizerische Zeitschrift für Soziologie 1: 87–117.

Scheuch, Erwin K., 1997: Die Bedrohung der individuellen Freiheit heute. S. 1053–1065 in *Burkhardt Ziemske* et al. (Hg.): Festschrift für Martin Kriele. München: C.H. Beck.

Stiehr, Karin, 1991. Sociablity Neworks. S. 96–101 in: *Wolfgang Glatzer* et al. (Hg.): Recent Trends in West Germany 1969–1990. Frankfurt a.M.: Campus.

Weil, Frederick, 1987: Cohorts, Regimes, and the Legitimation of Democracy: West Germany since 1945, American Soziological Review 52: 308–324.

Wuthnow, Robert, 1991: Acts of Compassion. Caring for Others and Helping Ourselves. Princeton: Princeton University Press.

DIE THESE ÜBER DEN „ZERFALL DER FAMILIE"

Rosemarie Nave-Herz

Zusammenfassung: Den Diskurs über die Familie kann man mit einem Diskurs über die Krise oder den Zerfall der Familie gleichsetzen. Er reicht zurück bis zu den Anfängen der Soziologie und somit auch bis zu den Anfängen der Familiensoziologie und verläuft in drei Richtungen: Die ältere Argumentation besagt, daß der Ehe und Familie durch Eingriffe des Staates, durch Funktionsverluste, durch die Veränderung gesamtgesellschaftlicher Bedingungen (wie z.B. durch Armut, durch die Produktionsverhältnisse) die Existenzgrundlagen entzogen würden. In der neueren Diskussion wurde die Repression des Individuums durch die Familie beklagt und es galt, die Familie selbst abzuschaffen, da sie Ort aller Entfremdungen bis hin zur Ursache von neurotischen Störungen sei. In den neuesten Abhandlungen wird die gesunkene Gravitation der Ehe und Familie durch den ablaufenden Modernisierungsprozeß betont. Durch das wohlfahrtsstaatliche Absicherungssystem, den allgemeinen Wertewandel, durch die ökonomische Wohlstandssteigerung, durch die veränderte Rolle der Frau u.a.m. hätten Ehe und Familie an Bedeutung verloren und seien in Konkurrenz zu anderen – „anpassungsfähigeren" – Lebensformen geraten. Diese drei „Argumentationsmuster" werden in ihrem jeweiligen historischen Kontext beschrieben und kritisch beleuchtet. Methodische Probleme der Erfassung familialen Wandels werden erörtert. Schließlich wird die These begründet, daß von ihrer strukturellen Verfestigung statt von einem „Zerfall" der Familie ausgegangen werden muß. Der Beitrag konzentriert sich nicht nur auf die Zeitspanne der letzten 50 Jahre, sondern es wird auch ein Rückblick auf die Lebensformen und Familienbeziehungen früherer historischer Epochen eingefügt.

I. Die „frühen" soziologischen Thesen über den „Zerfall der Familie"

Das Wort „déconstitution" (Zerrüttung) der Familie stammt von Louis A. V. de Bonald (Anfang des 19. Jahrhunderts). Er schreibt: „Gesetzgeber, Ihr habt gesehen, wie die Scheidung Demagogie hervorrief und wie die Zerrüttung der Familie aus der des Staates hervorging ..., die Familie verlangt nach Sitten, und der Staat verlangt nach Gesetzen" (zit. in Segalen 1990: 23). Auch Auguste Comte vertrat eine Theorie der „crise de la famille". Seiner Meinung nach lag die Gefahr im Schwund der väterlichen Autorität und in der Schwächung der Bereitschaft zum Gehorsam. Ebenso führte Frederic Le Play die „Dekadenz" der Familie auf den Staat und den code civil zurück, nämlich Urheber der Zerstörung der väterlichen Autorität zu sein: „Unser schwerwiegendster Fehler ist es, durch die Eingriffe des Staates die Autorität des Familienvaters zu zerrütten, diese natürlichste und fruchtbarste aller Eigengesetzlichkeiten, die am besten das soziale Band erhält, indem sie die ursprünglichste Verderbtheit unterdrückt und die jungen Generationen zu Respekt und zu Gehorsam erzieht. Dieser Fehler besteht darin, daß der Haushalt, die Werkstatt und das Familienpersonal der Autorität der Rechtsgelehrten, der Federfuchser und ihrer privilegierten Vertreter unterstellt wird", schreibt Le Play in „Organisation de la famille" (Vorwort 1871).

Wie in Frankreich herrschte in Deutschland, gerade auch bei den Begründern der Familiensoziologie im vorigen und am Anfang dieses Jahrhunderts, eine ausgesprochen skeptische und negative Bewertung des Weiterbestandes von Ehe und Familie vor. So schreibt z.B. Riehl in seinem Buch „Die Familie", das siebzehn Auflagen erreichte: „Durch die Fessellosigkeit des Individuums droht die Familie schier aufgehoben zu werden" (1881: 140).

Andere Forscher sahen die Gefahr, die der Familie damals drohte, vor allem in der in jener Zeit zunehmenden Armut. Segalen schreibt: „Es handelte sich nicht ... darum, im Namen eines rein moralischen Prinzips einzugreifen, sondern den Pauperismus zu bekämpfen, der eine Quelle familialer Zwietracht darstellt" (1990: 24).

Schließlich wurde dann im marxistischen Denken die Entwicklung der Familie mit den Produktionsverhältnissen verknüpft. In diesem Zusammenhang sei nur an Engels Abhandlung über den „Ursprung der Familie, des Privateigentums und des Staates" von 1884 erinnert. Diese Überlegungen stützten sich auf die in jener Epoche geläufigen evolutionistischen Theorien und auf die These, der industrielle Kapitalismus sei für den Verfall der Arbeiterfamilie verantwortlich.

Man war allgemein der Meinung, die Familie würde den Belastungen durch die moderne Wirtschaftsgesellschaft nicht gewachsen sein. Gelegentlich betrachtete man sie als bloßes Relikt aus vergangenen Zeiten. „Bankruptcy of Marriage" – Bankrott der Ehe – war nur eines der Schlagworte jener Zeit (König 1969: 172).

Auch die ersten in Deutschland durchgeführten empirischen Erhebungen waren von der Sorge um den Zerfall der Familie getragen, wie aus dem Vorwort der bekannten Familienbiographien der Deutschen Akademie für soziale und pädagogische Frauenarbeit (hrsg. von Salomon ab 1930) zu entnehmen ist. So wird hier betont: „Es ist notwendig, einmal festzustellen, ob in Deutschland noch mit Recht vom Familienleben gesprochen werden kann" (Baum und Westerkamp 1931: 6).

Es stellt sich die Frage: War diese – damals weit verbreitete – „Verfallsdiagnose" gerechtfertigt?

Wenn wir die soziale Realität des 19. Jahrhunderts betrachten, so bleibt zunächst festzustellen, daß der allgemeine soziale Wandel in jener Zeit auch zu sozialen Problemen (Anstieg der Ehescheidungen, Jugendkriminalität usw.) und zu Veränderungen der Lebensformen (Beschränkung der Mütter auf den Familienbereich im kulturellen und besitzenden Bürgertum, Aufnahme von „Schlafgängern" in der proletarischen Familie u.a.m.) führte. Jene Zeit war gekennzeichnet durch die voll einsetzende industrielle Revolution infolge neuer technischer Entwicklungen, durch die Bevölkerungsexplosion infolge der Abnahme der Sterblichkeitsquote, durch die Landflucht und damit durch die Zunahme von Bevölkerungsballungsräumen, durch die großen Abwanderungswellen, weiterhin durch die soziale Umschichtung u.a.m., alles Faktoren, die sich gegenseitig bedingten und stützten.

Hinzu kam, daß durch die Wissensexplosion im vorigen Jahrhundert, vor allem durch die Zunahme an ethnologischem Material, gerade auch die Familie zum zentralen Gegenstand von Untersuchungen gewählt wurde; denn die Familie, vor allem die monogame Ehe, galt bis dahin – entsprechend der christlichen Lehre – als Teil der göttlichen Ordnung. Diese tragende „Säule" wurde durch das ethnographische Material zunächst in ihrer bis dahin gültigen Sinnzuschreibung in Frage gestellt. Es galt also entweder nach ihrer „Entwicklung" oder ihrem „Ursprung" neu zu fragen und ihre gesellschaftliche Bedeutung sowie ihre Einordnung in den allgemeinen gesellschaftlichen Entwicklungsprozeß erneut zu definieren oder sie zu verteidigen, wobei es sich stärker um die Verteidigung eines normativen Leitbildes von „Ehe und Familie" handelte. Denn tatsächlich hatte der Familientyp des „christlichen Hausstandes" und der „Haushaltsfamilie", für deren Weiter-Existenz man sich einsetzen wollte, in der Realität nie eine derartige Verbreitung besessen, wie von ihren Verteidigern unterstellt wurde und wie selbst heute noch vielfach behauptet wird: „The wish to believe in the large and extended household as the ordinary institution of an earlier England and an earlier europe, or as a standard feature of an earlier non-industriel world, is indeed a matter of ideology" (Laslett 1972: 73). Das galt auch für die in der vorindustriellen Zeit de facto selten gegebenen Drei-Generationen-Familien (vgl. Mitterauer und Sieder 1977 und 1982; Rosenbaum 1982; Hubbard 1983: 13; Mitterauer 1989: 179ff.; Hareven 1996: 16).

So verabsolutierten auch die Gründungsväter der Familiensoziologie, nämlich Le Play und Riehl – aber ebenso andere Soziologen in dieser Zeit – den Familientyp der „Haushaltsfamilie" und wählten ihn zum Maßstab ihrer Bewertung und Analyse: Le Play den des bodenbesitzenden Bauerntums, Riehl den des mittelständischen Bürgertums. Beide betrachteten – wie es der „christliche Hausstand" vorsah – die familiale patriarchalische Autoritätsstruktur als Ideal; und deshalb wandten sie sich gegen eine formalrechtliche Stärkung des Staates gegenüber der Familie. Ferner ist bei beiden – zwar versteckt – eine naturrechtliche Konstruktion von Familie zu erkennen, wie René König (1969: 175) betonte.

Ihre Aussagen basierten vornehmlich auf qualitativem Material, z.B. auf Experteninterviews sowie auf eigenen Reiseberichten (z.B unternahmen Riehl und Le Play ausgedehnte Wanderungen und führten hierbei teilnehmende Beobachtungen, Experteninterviews usw. durch). Le Play stellte ferner „Haushaltsbudgets" auf, die er als Indikatoren zur Diagnose sozialer Verhaltensweisen benutzte (v. Schweitzer 1989: 117; Schwägler 1970). Für alle diesbezüglichen Veröffentlichungen aber galt, daß die Interpretationen weit über das zugrundeliegende Material hinausgingen.

Riehl und Le Play fanden in ihrer Zeit mit ihren Abhandlungen große Resonanz, zumindest bei bestimmten Bevölkerungsgruppen. Ihre Fehlinterpretationen, nämlich von einem historischen Typus von Familie, also von einer bestimmten Familienform, die allgemeine Anerkennung genoß, als Maßstab der Beurteilung von familialem Wandel unreflektiert auszugehen und von zufälligen subjektiven Beobachtungen, vor allem auch des eigenen kulturellen Milieus, auf die Gesamtheit zu schließen, sind auch heute noch weit verbreitet.

Bereits in den 20er – und vor allem in den 30er Jahren in den USA – mehrten sich dann die Stimmen, die die Veränderung der Institution „Familie" von der Haushaltsfamilie zur Gattenfamilie – ein Begriff, den Durkheim geprägt hatte – und schließlich zur „modernen Kernfamilie" (wie sie Parsons beschrieb) als Prozeß des Funktionsverlustes thematisierten. Dagegen wurde von einigen Vertretern auf die unpräzise Begrifflichkeit hingewiesen, nämlich auf die mangelnde semantische Differenzierung zwischen Verwandtschaft und Familie. In der Familiensoziologie wird Verwandtschaft als ein spezifischer Kooperations- und Solidaritätsverband definiert, dessen Existenz und dessen Grenzen durch das Erbschaftsrecht, Inzesttabu und durch Rollenbezeichnungen (Tante, Neffe, Schwager, Schwippschwager u.a.m.) erkennbar sind. Zuweilen aber wird in der allgemeinen Literatur auch die Drei- und Mehr-Generationen-Familie mit „Verwandtschaft" betitelt und das Wort „Familie" synonym mit dem der Kernfamilie gesetzt. Daraus resultiert beispielsweise mancher falsch diagnostizierte „Funktionsverlust der Familie" (= Kernfamilie), weil bestimmte Funktionen (z.B. die Kultfunktion, die Schutz- und Fürsorgefunktion) – historisch gesehen – gar nicht Aufgaben der Kernfamilie waren, sondern des erweiterten Familienverbandes oder sogar der Verwandtschaft. So wurde etwa das frühere korporative Verwandtschaftssystem in seiner Funktion für die Unterstützung von Einzelmitgliedern in Notsituationen durch das komplexe soziale Versicherungssystem ersetzt.

Andere Autoren folgten zwar der These vom Funktionsverlust der Familie, doch bewerteten sie diese Entwicklung positiv, weil dadurch die Familie von allen nicht-familialen Aufgaben entlastet würde, die durch andere Institutionen der Gesamtgesellschaft besser wahrgenommen werden könnten, und wodurch sie auf ihre ureigenste Funktion verwiesen sei. Von Robert McIver stammt der berühmte Satz: „As the familiy lost function after function it found its own. It became an association, the primary association within which husband and wife became father and mother, bound by a simple tie, animated by a clarified emotion which begins in the love of the sexes and develops into the affection, intimacy, and devotion of parents and children. Only in the unitary family can these emotions find free expression, and as the community grows the family takes the unitary form. What it looses in extent it may more than regain in quality" (1921: 162).

Diesen Gedankengang hat René König in seinem Buch „Materialien zur Soziologie der Familie" von 1946 aufgegriffen und für diese Entwicklung den Begriff „Desintegration" geprägt. Er wollte hiermit die Entflechtung und Ausdifferenzierung familialer Handlungszusammenhänge, also die institutionelle und faktische Verselbständigung des kernfamilialen Zusammenhangs gegenüber Verwandtschaft, Gemeinde und Erwerbswirtschaft betonen. Eine gestiegene „Verselbständigung" und größere Autonomie von Subsystemen (z.B. im Hinblick auf die erweiterte Familie) ist aber nicht mit dem „Zerfall" des Gesamtsystems gleichzusetzen.

Erst sehr viel später, nämlich als sich die historische Familienforschung Ende der 60er/Anfang der 70er Jahre stärker durchsetzte, wurde zudem betont, daß es sich bei der o.a. historischen Abfolge von Familientypen nicht nur – wie bereits betont – bei der Haushaltsfamilie, sondern auch bei den anderen (der Gatten- und der Kernfamilie) um einen Wandel der in der sozialen Realität vorfindbaren quantitativ dominanten familialen Realtypen gehandelt hätte, sondern um Veränderungen von Familienleitbildern.

René König erklärt die nachhaltige Wirkung dieser „Verfallsdiagnostiker" von Ehe und Familie, indem er schreibt: „Man spürt die Wirkung dieser pessimistischen Einstellung noch immer, selbst in eigentlich wissenschaftlichen Darstellungen in der Familiensoziologie, mehr noch in den populären Erörterungen dieser Problematik und in der allgemeinen öffentlichen Meinung, die sich gern an kristallisierte Stereotype anklammert, ohne sich zu fragen, ob diese noch der Wirklichkeit entsprechen" (1969: 172).

Nach dem Zweiten Weltkrieg, wiederum ausgelöst durch umwälzende gesamtgesellschaftliche Veränderungen der Kriegs- und Nachkriegszeit, wurde bereits Ende der 40er Jahre und verstärkt in den 50er Jahren das Problem der Stabilität von Ehe und Familie erneut diskutiert, weil man einen „Zerfall der Familie" durch die Kriegsfolgen (Vertreibung, Abwesenheit der Väter durch Kriegsgefangenschaft, Arbeitslosigkeit, Armut u.a.m.) vermutete (Thurnwald 1948; Wurzbacher 1951; Schelsky 1953; Baumert 1954). Man ging also wiederum – was kritisch anzumerken ist – von unifaktoriellen Hypothesen aus. Im Zuge der anglo-amerikanischen Bemühungen um Re-Edukation wurden Forschungsgelder aus den USA für Untersuchungen über die Veränderungen und Auflösungen der familialen Beziehungen durch Kriegsschicksale zur Verfügung gestellt, die gleichzeitig auch den Zusammenhang von familialer Sozialisation und autoritären Persönlichkeitsstrukturen, die kennzeichnend für einen „deutschen Nationalcharakter" sein sollten, zu überprüfen hatten (Baumert 1954; Wurzbacher 1987: 223ff.). Wieder zeigte sich, daß den theoretischen Erörterungen, vor allem den zeitkritischen Abhandlungen, die empirischen Befunde widersprachen. Die moderne Kernfamilie – selbst die Verwandtschaft – entpuppte sich – gerade auch in Notzeiten – als stabiler als allgemein in der Öffentlichkeit, aber auch in der Wissenschaft angenommen wurde.

Fassen wir zusammen: Die ersten soziologischen theoretischen Abhandlungen über familialen Wandel, ihre düsteren Prognosen, basierten auf einer z.T. naturrechtlichen Konstruktion von Familie, auf der Glorifizierung eines bestimmten Familienmodells, das ihren Autoren als beispielhaft galt, auf einer Generalisierung von Einzelphänomenen und einer zu starken uni-linearen Sichtweise. Die ersten umfangreichen, systematischen empirischen Erhebungen wurden in den 20er Jahren und später nach dem Zweiten Weltkrieg durchgeführt. Alle diese Daten bestätigten – trotz Krieg und Vertreibung, trotz hoher regionaler Mobilität, Arbeitslosigkeit, Depression, u.a.m. – nicht den zuvor von ihren Verfassern vermuteten „Zerfall" von Ehe und Familie; sie belegten aber dennoch einen vielfältigen Wandel im Hinblick auf verschiedene Dimensionen des Familiensystems (Wandel im Eltern-Kind-Verhältnis, in der ökonomischen Lage u.a.m.), in den Beziehungen zwischen dem Familiensystem und anderen gesellschaftlichen Teilbereichen (z.B. zum Schulsystem).

II. Die Forderung nach Abschaffung von Ehe und Familie

Wurden zunächst der Staat mit seiner Gesetzesmacht, die ökonomischen Bedingungen, der Funktionsverlust, aber auch der wachsende Individualismus als „Bedrohung" für die Ehe und die Familie betrachtet, so wird schließlich – umgekehrt – die Stärke der Familienstrukturen betont, die durch ihre Repressionen keine Individualisierung zuließen, aber gerade hierdurch die Familie „von innen her" ausgehöhlt hätten. Seit Mitte der 60er Jahre wird deshalb, ausgelöst durch die Protestbewegung im Rahmen der Studentenunruhen und der Entstehung der Neuen Frauenbewegung, die Abschaffung der modernen Kernfamilie gefordert. Sie wäre „überholt", würde nur noch „künstlich" aufrechterhalten, sei vielfach eine „Fassaden-Familie", weil sie nämlich nur noch nach außen hin als intakt gelten könne (Gastager und Gastager 1973), und sie wäre ein „Ort aller Entfremdung", insbesondere der sexuellen. Neue Formen des nicht-familialen Zusammenlebens galten sowohl für das Individuum als auch für die Gesellschaft als erstrebenswert (vgl. Haensch 1973; Claessens und Menne 1973; Laing 1974; Pieper und Pieper 1975; Korczak 1979; Ostermeyer 1979). In einigen soziologischen und psychologischen Veröffentlichungen, die sich der Psychoanalyse verbunden fühlten, wurde in den 70er Jahren mit Rückgriff auf Freud (1905) und Reich (1933) die Forderung nach „Zerschlagung der traditionellen Ehe und Familie" zur Vorbeugung der Entstehung psychischer Störungen intensiv erörtert. Weiterhin wurde die Frage gestellt, inwieweit die Ehe- und Familientherapie durch die

Aufrechterhaltung familialer Strukturen zu emotionalen Defiziten der Familienmitglieder, der Kinder und der Eltern, führen würden und mögliche Individualisierungsprozesse sogar verhinderten (Richter 1970; Gastager und Gastager 1973; Richter et al. 1976).

Diese Diagnose hat eine neuere Tendenz des Wandels der Familie richtig erkannt: Die moderne Kernfamilie birgt durch die Emotionalisierung und Intimisierung ihrer familialen Binnenstruktur in viel stärkerem Maße als andere Familienformen die Gefahr der Ausprägung neurotischer Beziehungen und das Scheitern der Ehe in sich. Die Schlußfolgerungen wurden aber zu radikal formuliert. Obwohl ihre Aussagen zumeist nur auf Fallanalysen aus der psychoanalytischen Praxis basierten, nahmen diese in manchen Veröffentlichungen unzulässigerweise generalisierenden Charakter an. Mit ihrer Argumentation verfochten die Autoren vor allem politische Ziele, wie es in jener Zeit dem wissenschaftlichen Diskurs entsprach; die soziologische Analyse war sekundär. Im Rahmen der vorliegenden Veröffentlichung sind sie statt als „Verfallsdiagnostiker" eher als „Verfallsforderer" von Ehe und Familie zu bezeichnen.

III. Die „Konkurrenz-These" zwischen der Familie und anderen Lebensformen: Die neuzeitliche Wiederholung der These des „Zerfalls" der Familie

Seit Ende der 70er Jahre mehrten sich erneut die Veröffentlichungen, die wiederum aus den sozio-demographischen Veränderungen – wie am Anfang des Jahrhunderts – nunmehr aber der letzten dreißig Jahre und aufgrund alltagsweltlicher Beobachtungen ohne soziologische Differenzierungen düstere Prognosen für die Zukunft von Ehe und Familie ableiteten und in denen von Bedeutungsverlust oder von „Krise", „Zerfall" der Familie gesprochen wurde. Ihre Autoren waren zunächst größtenteils Journalisten; dann erst meldeten sich Soziologen zu Wort. Daß die Familiensoziologen in Deutschland eine so lange Forschungsabstinenz gegenüber diesen statistischen Trends praktizierten, hatte zur Folge, daß sie sich dann nicht mehr nur in ihren Analysen auf die demographischen Veränderungen selbst beziehen konnten, sondern sie sich zugleich mit den bereits existierenden massenkommunikativen Deutungsmustern über die „Auflösung von Ehe und Familie" auseinandersetzen mußten.

In der Wissenschaft formulierten zunächst die Vertreter des bedürfnistheoretischen Ansatzes eine – so möchte ich sie kennzeichnen – „Konkurrenzthese" zwischen Ehe/Familie und anderen Lebensformen, die eine neuzeitliche Wiederholung bzw. Variante der These des „Zerfalls" von Ehe und Familie darstellte. Sie gingen Anfang der 80er Jahre in Anlehnung an Maslow davon aus, daß es eine Bedürfnishierarchie gäbe und daß die zunehmende Differenzierung der Gesellschaft für die verschiedenen zu befriedigenden Bedürfnisse jeweils spezialisierte Subsysteme ausgebildet hätte. Durch einen Wertwandelprozeß, der gekennzeichnet sei durch stärkere demokratische, emanzipatorische und individualistische Orientierungen, wäre zwar in der Präferenzordnung von Lebensbereichen die Familie gegenüber dem Beruf „aufgestiegen", aber gleichzeitig hätte sich auch die Attraktivität von neuen Lebensformen erhöht. Ausgelöst wurde dieser Prozeß der Bedürfnisverschiebung zu postmaterialistischen Werten durch den gestiegenen ökonomischen Wohlstand und die zunehmende ökonomische Sicherheit, aber auch durch die gestiegene Bildungsbereitschaft. Schulz zieht daraus den Schluß: „Von Familie im alten, traditionellen Sinn, mit dem

Verpflichtungscharakter einer Institution, ist daher immer weniger zu sehen. Vom Standpunkt des entscheidenden Individuums ‚paßt' die Institution für die Befriedigung eigener Ansprüche oder sie ‚paßt nicht' – dann empfindet man sie auch nicht mehr als verbindlich ... In diesem Zusammenhang hat auch die Eheschließung einen neuen Symbolwert; nicht mehr für ‚alle Zeit', sondern legitimiert durch ein befriedigendes Leben" (Schulz 1983: 418). Hieraus werden der Anstieg der nichtehelichen Lebensgemeinschaften, der alleinerziehenden Familien und der Ehescheidungen erklärt. Letztere Trends wurden von ihren Vertretern als ein Indikator für den „Zerfall" der Familie gesehen, resultierend aus ihrem Familienbegriff, der als essentielles Kriterium das Vorhandensein von beiden Elternteilen enthielt, sonst galt die Familie als „unvollständig" (Neidhardt 1975: 9).

Die demographisch anhaltenden familienstatistischen Entwicklungstrends wurden und werden gegenwärtig ferner vor allem unter dem Aspekt der De-Institutionalisierung (Tyrell 1985) und im Rahmen der Diskussion über die Individualisierungsthese und der zunehmenden Pluralität von Lebensformen in der Soziologie thematisiert. Dieser Wandel resultiere u.a. aus einem gestiegenen Traditionsverlust, der heutigen Möglichkeit der leichteren Revisionen von Entscheidungen und (ebenso wie der Wertewandel) aus der ökonomischen Wohlstandssteigerung, aus dem sozialstaatlichen Absicherungssystem, dem Wandel des Erwerbssystems sowie vor allem auch aus der höheren Bildungsbeteiligung von Frauen. Ihre Autoren betonen nicht nur die heute gegebene Vielfältigkeit von Lebensformen, sondern auch die damit verbundene Abnahme der Entscheidung für die Ehe (vor allem im Hinblick auf die nichtehelichen Lebensgemeinschaften) und für die Familie, also für Kinder, und die gestiegenen Auflösungszahlen von Familien durch Ehescheidung. Sie sprechen von einer abgenommenen Attraktivität von Ehe und Familie, da diese in eine Konkurrenzsituation zu anderen Lebensformen geraten sei, die dem modernen Wirtschaftssystem und Arbeitsleben mit ihrer hohen Anforderung an Mobilität, Flexibilität, psychische und physische Arbeitskraft-Intensität u.a.m. adäquater wären (Meyer 1992; Huinink 1995; Vaskovics und Rupp 1995). Beck betont aus der Perspektive der Anforderungen des Arbeitsmarktes: Dieser fordere „Mobilität unter Absehung von den persönlichen Umständen. Ehe und Familie erfordern das Gegenteil. In dem zu Ende gedachten Marktmodell der Moderne wird die familien- und ehelose Gesellschaft unterstellt. Jeder muß selbständig, frei für die Erfordernisse des Marktes sein, um seine ökonomische Existenz zu sichern. Das Marktsubjekt ist in letzter Konsequenz das alleinlebende, nicht partnerschafts-, ehe- oder familien-‚behinderte' Individuum. Entsprechend ist die durchgesetzte Marktgesellschaft auch eine kinderlose Gesellschaft" (1986: 191).

Andere Autoren betonen, daß die Familie durch die stattgefundene Teil-Kollektivierung ihrer Leistungen durch das korporative Versicherungssystem, bei gleichzeitig beibehaltener Privatisierung der „gesellschaftlichen Reproduktionskosten" durch die Eltern immer mehr an „Attraktivität" – im Sinne rationaler Kosten-Nutzen-Erwägungen – gegenüber anderen Lebensformen verloren hätte, weswegen der Staat stärker korrigierend eingreifen müßte. Hier wird also erneut der Staat – wie in den „frühen" soziologischen Thesen (vgl. Abschnitt I) – als „Urheber" des „Zerfalls der Familie" im Sinne ihrer quantitativen Abnahme, schließlich ihres „Verschwindens" bezeichnet, nunmehr wegen seiner Einführung der Daseinsvorsorge durch soziale Sicherungssysteme mit einer einseitigen Belastung der Familie. Aber gleichzeitig wird jetzt der Staat (im Gegensatz zu den frühen Forderungen nach „staatlicher Enthaltsamkeit") um Gerechtigkeit angerufen, in dem er zur Erhaltung der

Familie für entsprechenden materiellen Ausgleich zwischen den Bevölkerungsgruppen sorgen sollte.

Im folgenden soll nunmehr begründet werden, warum die These vom „Verfall oder Zerfall" der Familie – auch für die Gegenwart – unzutreffend ist und in welche Fallgruben ihre Vertreter bei der Erfassung von familialem Wandel „hineingeschlittert" sind.

IV. Ausgewählte methodische Probleme der Erfassung des „Zerfalls der Familie"

Die Antwort auf die Frage nach dem „Zerfall der Familie" ist selbstverständlich zunächst vom gewählten Begriff von Familie abhängig, was bereits in bezug auf die früheren Soziologen, die einen Zerfall der Familie konstatierten, betont wurde. Nehmen wir z.B. – entsprechend dem lange Zeit vorherrschenden struktur-funktionalistischen Ansatz in der Familiensoziologie – den Familienbegriff, wie er vor allem von Parsons geprägt wurde. Unter Zugrundelegung eines so engen Familienbegriffes, der von sehr spezifischen Interaktionsmustern zwischen den Ehepartnern und den Eltern und Kindern ausgeht sowie eine eindeutige differenzierte Rollenstruktur voraussetzt, die heute kaum noch in dem Maße gegeben ist, ist de facto eine starke quantitative Abnahme – fast ein „Untergang" – gegeben.

Dieser Familienbegriff beschränkte sich auf ein bestimmtes, zeitlich begrenztes Kern-Familienmodell, das seine größte Verbreitung in den 50er und 60er Jahren dieses Jahrhunderts hatte. Man könnte diese Definition von Parsons – in Anlehnung an Merton – als einen Familienbegriff „mittlerer Reichweite" betiteln (Nave-Herz 1989: 2).

Mit der Verwendung eines so engen Familienbegriffes blendet man genau das aus, was man untersuchen will, nämlich familialen Wandel; nimmt bestimmte Veränderungen, evtl. sogar neu entstandene Familienformen, also stattgefundene Differenzierungsprozesse von verschiedenen Familientypen oder den Wandel im bisherigen Familiensystem, nicht wahr. Untersuchungen über sozialen Wandel setzen in ihrer Logik Begriffe mit höherem Abstraktionsniveau voraus, um Dynamiken erfassen und nicht nur statische Zustände beschreiben zu können, weil sonst Prozesse immer nur als „Zerfall" erkennbar sind.

Schon seit Mitte der 70er Jahre gibt es in der Familiensoziologie nicht mehr die Unterscheidung zwischen vollständiger und unvollständiger Familie, sondern beide Familienformen werden mit dem Begriff Familie gleichgesetzt (zur Begriffsproblematik vgl. Hoffmann-Riem 1989; Clason 1989). Zu differenzieren ist aber zwischen dem Begriff der „Lebensform" als übergeordnetem Begriff und dem der „Familie" als eine von vielen Lebensformen, deren essentielles Kriterium die Generationsdifferenzierung aufgrund von biologischer und/oder sozialer Elternschaft ist. Neben den bereits genannten Familienformen, nämlich dem Zusammenleben von Familien mit beiden Eltern oder mit der Mutter bzw. dem Vater (= Kernfamilie), gibt es die Mehr-Generationen-Familie, auf die einleitend im nächsten Abschnitt ausführlicher eingegangen wird.

Bei einer statistischen Querschnittsbetrachtung ist de facto der Anteil der Familien (der Zwei-Eltern- plus der Ein-Eltern- plus der Mehr-Generationen-Familien) in Deutschland im Vergleich zu anderen Lebensformen in den letzten Jahrzehnten stark gesunken und die Familien sind quantitativ in eine Minoritätenstellung geraten. Nur ein Drittel aller Haushalte sind heute Familienhaushalte. Man spricht in der Literatur von dem "schrumpfenden Familiensektor" (Strohmeier 1993: 11), von der Polarisierung zwischen Familien und Kinderlosen, der gestiegenen Singularisierung in unserer Gesellschaft u.a.m.

In einer Analyse über familialen Wandel muß aber immer die Künstlichkeit der Ausgrenzung einer bestimmten Zeitepoche mitbedacht und die Möglichkeit diskutiert werden, daß, je nachdem, welcher Vergleichszeitpunkt gewählt wird, unterschiedliche Diagnosen möglich sind. So gehen viele heutige Autoren, die die Ehe und Familie z.B. als „Auslaufmodell" bezeichnen, von den statistischen Trendverläufen seit Mitte der 60er bzw. Anfang der 70er Jahre aus, ohne aber zu betonen, daß andere Autoren gerade diesen Zeitraum zu Recht als „golden age of marriage" bezeichnen, weil noch nie in der Geschichte unseres Kulturkreises – wie in jener Zeit – so viele Menschen verheiratet waren, so wenige Ehen geschieden wurden, eine relativ hohe Kinderzahl pro Familie gegeben war und nichteheliche Lebensgemeinschaften so gut wie unbekannt waren. Gehen wir in der Geschichte weiter zurück, z.B. in die vorindustrielle Zeit, so war der Anteil an Ein-Eltern-Familien, an Stief- und Adoptionsfamilien, an Ledigen, an Pflegefamilien usw. weit höher als heute. Die Mehr-Generationen-Familie war dagegen – entgegen weit verbreiteter Vorstellungen – eine Seltenheit (vgl. Abschnitt V). Auch in der Zeit unmittelbar nach dem Zweiten Weltkrieg gab es hohe Anteile von ledigen Erwachsenen, Alleinerziehenden, Geschiedenen, nichtehelichen Lebensgemeinschaften (sog. „Onkel-Ehen" wegen des damals gegebenen Kuppeleiparagraphens) usw.

Insbesondere Moore hat auf die Verbindung des Zeitsinns und der Wahrnehmung von Wandel hingewiesen. Er schreibt: „Man kann Wandel nicht denken, ohne zugleich auch den Begriff ‚Zeit' hinzuzudenken und zumindest ein gewisses Empfinden vom Zeitablauf zu haben" (Moore 1973: 46). Bei der Analyse von sozialem Wandel denken wir häufig in viel zu einfachen dichotomen Kategorien (früher/heute) und – infolge der Grammatik unserer Sprache – nehmen wir Zustände wahr, wo es sich um Prozesse handelt. Zu Recht spricht Moore von der „Allgegenwart von Wandlungen in Systemen" (Moore 1973: 48).

Zudem werden von den Verfechtern der These über den „Zerfall der Familie" Querschnittsdaten für lebenslaufspezifische Aussagen benutzt. De facto ist bei einer Querschnittsbetrachtung – wie bereits erwähnt – die Familie gegenüber den anderen Lebensformen in eine Minoritätenstellung geraten. Aber Längsschnittuntersuchungen zeigen, daß dennoch fast alle Bürger in Deutschland in ihrem Leben irgendwann einmal eine Familie bilden. Wenn auch die Kinderlosigkeit hierzulande in den letzten Jahren gestiegen ist, so sind dennoch von den Jüngeren, z.B. von denen, die 1955 geboren wurden, bis zu ihrem 50. Lebensjahr über 82 Prozent (Huinink 1995: 294) mindestens einmal in ihrem Leben eine Ehe eingegangen und fast 80 Prozent der Frauen dieser Altersgruppe sind Mütter (BMFS/5. Familienbericht 1994: 36). Die Längsschnittdaten zeigen, daß die Familienphase, also das Zusammenleben mit Kindern, im Lebensverlauf des einzelnen zeitlich abgenommen hat, einerseits wegen der gestiegenen Lebenszeit und andererseits wegen der geringeren Kinderzahl pro Familie. Diese Zeitspanne macht derzeit nur noch ein Viertel des gesamten Lebens aus, vor hundert Jahren nahm sie noch über die Hälfte, in noch früheren Zeiten sogar drei Viertel des gesamten Lebens ein (vgl. Imhof 1981; Nave-Herz 1988b: 76, 1994: 17). Das Zusammenleben mit Kindern ist im Leben des Einzelnen zu einer „transitorischen Phase" geworden; und insofern sind die Familienhaushalte – querschnittsmäßig betrachtet – in eine Minoritätenstellung gerutscht, obwohl – um es noch einmal zu betonen – die weit überwiegende Mehrheit unserer Bevölkerung in ihrem Leben eine Familie bildet, auch wenn in den letzten Jahren der Anteil etwas abnimmt.

Wenn ich hervorhob, daß „in-Familie-leben" stärker als je zuvor zu einer transitorischen Lebensphase für den einzelnen geworden ist, bleibt davon selbstverständlich unberührt, daß in der subjektiven Perspektive viele die Definition von Familie mit einem lebenslangen Zugehörigkeitsgefühl verbinden (Schneider 1994: 20), die Familie als lebenslanges Unterstützungssystem gilt (Schneewind 1991: 1), als psychischer Einfluß- und Wirkungsfaktor usw., und daß – wie Ruppert (1955: 47) es formulierte – sie „unser unausweichliches lebenslanges Schicksal" ist.

Durch die Verschiebung der Familienzyklen hat sich vor allem die nachelterliche Phase ausgedehnt. Während vor ca. hundert Jahren die mangelnde semantische Differenzierung zwischen Ehe und Familie noch in etwa der sozialen Realität entsprach, weil beide Lebensphasen fast zeitgleich verliefen, gilt dieser Sachverhalt heute nicht mehr.

Die Ehezeit ist heutzutage weit länger als die Familienzeit. Noch nie in unserer Geschichte gab es so viele Ehepaare, die ihre „Goldene", ihre „Eiserne" und sogar ihre „Gnaden-Hochzeit" gemeinsam feiern können, trotz aller heutigen steigenden Ehescheidungsquoten.

Die These über den „Zerfall der Familie" könnte aber auch als eine metaphorische Aussage interpretiert werden. Sie könnte dann – wissenschaftlich gesehen – eine Existenzberechtigung besitzen, wenn mit ihrer Hilfe soziale Realität differenzierter als mit anderen Begriffen erfaßbar bzw. durch sie vermittelbarer wird. Da sie sich auf einen empirischen Sachverhalt bezieht („Zerfall der Familie"), bleibt sie so lange inhaltsleer oder „vage" bis feststeht, welcher konkrete empirische Sachverhalt beschrieben werden soll bzw. welcher empirische Sachverhalt durch sie eine bildhafte Übertragung erfährt. Insofern ist sie als heuristisches Konstrukt zu handhaben, das durch Auflösung in Indikatoren mit der sozialen Realität konfrontierbar und damit überprüfbar wird.

Im folgenden soll deshalb geprüft werden, ob jenseits aller methodischen Probleme dennoch, inhaltlich gesehen, von einem „Zerfall der Familie" gesprochen werden könnte, wenn der Versuch unternommen wird, den Terminus „Zerfall" nach möglichen inhaltlichen Kriterien zu sondieren.

V. Die These über den „Zerfall der Familie": Ein Konstrukt der Wissenschaft oder soziale Realität?

Bei der Bildung von Indikatoren für einen „Zerfall der Familie" soll von den in der Literatur genannten ausgegangen werden. Wiederum müssen die unterschiedlichen Interpretationen des Begriffs der „Familie" berücksichtigt werden. So beziehen sich einige „Zerfallsdiagnostiker" auf die Auflösung der Mehr-Generationen-Familie, andere auf die moderne Kernfamilie. Der Zerfall *des erweiterten Familienverbandes* wäre bedingt durch seine Aufsplitterung in kleinere autonome Familiensysteme, ein Prozeß, der mit der Ausprägung der Norm der freien Partnerwahl und Liebesheirat mit ihrem Intimitäts- und Exklusivanspruch vor ca. 200 Jahren begann und sich bis heute immer stärker durchsetzte, was an der quantitativen Abnahme der Mehrgenerationen-Haushalte und der Aufkündigung des erweiterten Familienverbandes als Solidargemeinschaft ablesbar wäre. Der Zerfall *der mo-*

dernen Kernfamilie wird als Folge der heutigen egozentrierten Einstellung diagnostiziert, wodurch eine frühe Ablösung seitens der Jugendlichen vom Elternhaus erfolge und überhaupt die Familie als Gemeinschaftsverband kaum mehr gelten könne. Er wird ferner – wie bereits betont – mit dem Hinweis auf die steigende Zahl nichtehelicher Lebensgemeinschaften und der Scheidungsquoten begründet, aus denen ein Infragestellen, eine Abkehr von Ehe und Familie interpretierbar wäre. Insofern gehen manche „Verfallsdiagnostiker" von statistischen Indikatoren aus, leiten ihre Diagnose über den „Zerfall der Familie" aus amtlichen Zahlenreihen ab. Aber aus derartigen statistischen Daten sind keine Motivzurechnungen möglich. Deshalb sollen im folgenden diese Annahmen, nämlich die Aufkündigung der Haushalts- und Solidargemeinschaft innerhalb der Mehr-Generationen-Familie sowie zwischen Jugendlichen und ihren Eltern, der Bedeutung der nichtehelichen Lebensgemeinschaften und der gestiegenen Scheidungsquoten im Hinblick auf Ehe und Familie, mit Hilfe der Ergebnisse empirischer Untersuchungen nacheinander geprüft werden.

1. Auflösung der Mehr-Generationen-Familie?

Da sich das Wort „Zerfall" nur auf etwas „Ganzes" (= das „zerfällt") beziehen kann, liegt die Assoziation zum „ganzen Haus" (Brunner 1956) nahe. Der Annahme über eine Aufsplitterung der Mehr-Generationen-Familie, also des „ganzen Hauses", in autonome Einheiten als Produkt der historischen Entwicklung liegt eine uni-lineare evolutionistische Sichtweise zugrunde, wie sie bereits für das „Kontraktionsgesetz" von Durkheim kennzeichnend war. Inzwischen hat die historische Familienforschung belegt (vgl. Abschnitt I), daß unterschiedliche Familienformen zu allen Zeiten immer nebeneinander bestanden (König 1969; Hajnal 1983: 68ff.; Mitterauer 1989), auch wenn sie durch den gesellschaftlichen Kontext, in dem sie eingebettet waren, kaum mit unseren heutigen vergleichbar sind; denn z.B. waren sie als Subsystem innerhalb eines erweiterten Familienverbandes oder innerhalb der großen Haushaltsfamilie mit Produktionsfunktion organisiert. Zudem sollten Haushalt und Familie nicht identisch gesetzt werden, weil unter „Haushalt" eine räumliche, soziale und ökonomische Einheit verstanden wird, was jedoch kein essentielles Kriterium für Familie ist. Weiterhin entspricht die Vorstellung, die Drei-Generationen-Familie bzw. das „ganze Haus" sei der Strukturtyp der vorindustriellen Gesellschaft gewesen, nicht der damaligen sozialen Realität. Sie ist – wie Mitterauer und Sieder (1977: 38ff.) betonen – als ein Mythos zu etikettieren. Wegen der damaligen geringen Lebenserwartung, wegen des zumeist – mit regionalen Abweichungen – geltenden relativ hohen Heiratsalters (dem „West-European Marriage Pattern", Hajnal 1965: 101ff.; vgl. hierzu aber auch Lee 1981: 94; Ehmer 1991: 15ff.) sowie wegen der schlechten ökonomischen Lage der breiten Bevölkerung war die Mehr-Generationen-Familie damals selten. Heute dagegen nimmt die Zahl sogar der Vier-Generationen-Familien immer mehr zu, eine historisch völlig neuartige Erscheinung.

Ferner bildeten die Drei-Generationen-Familien in der vorindustriellen Zeit – wenn sie überhaupt gegeben waren – nicht immer einen gemeinsamen Haushalt, wie häufig unterstellt wird (Chvojka 1992; Laslett 1995: 159). Rosenbaum (1982) kommt aufgrund ihres Quellenstudiums zu dem Schluß, daß unsere „Altvordern" um das konfliktreiche

Zusammenleben der Generationen sehr wohl wußten und deshalb viele Altbauern nach der Hofübergabe den Hof verließen und woanders wohnten, um jene Konflikte und Spannungen zu vermeiden, die mit der Einrichtung eines Altenteiles sehr oft verbunden waren. Die vielfach sehr detaillierten Regelungen der Altenteil-Verträge lassen nämlich keineswegs immer auf ein harmonisches Zusammenleben der Generationen auf dem Lande schließen. So weisen Dokumente nach, daß z.B. genau schriftlich festgelegt wurde, daß der Alt-Bauer weiterhin durch den Vordereingang gehen, welchen Sessel er benutzen dürfe, wieviele Eier er bekäme usw. Alte Bauernsprichwörter spiegeln drastisch das Empfinden der Betroffenen wider (Mitterauer und Sieder 1977: 198).

Dagegen wurden bzw. mußten kinderlose Verwandte – vor allem Frauen des gehobenen Bürgertums – nach dem Tod der Eltern von Seitenverwandten aufgenommen werden, vor allem wenn sie mehr oder weniger mittellos waren. Sie nahmen damit eine allgemein bemitleidete Zwitterstellung zwischen dem Dasein als Familienangehörige und als Dienstboten ein (Braun 1901: 117ff.; Nave-Herz 1997a: 13).

Vor allem im vorigen Jahrhundert war es nicht die Regel, daß die alten Eltern im Haushalt ihrer Kinder lebten. Wenn es die ökonomischen Bedingungen nur in etwa gestatteten sowie eher in städtischen als in ländlichen Gebieten, nahmen die ökonomisch besser Gestellten Dienstboten und/oder ledige ältere Verwandte auf, die sie versorgen sollten; sie vermieden es also – wie heute –, Unterkunft bei ihren Kindern, in deren Familien, gewährt zu bekommen (Ehmer 1990: 184ff.).

Selbst die ärmere ältere Bevölkerung verlebte im vorigen Jahrhundert nicht in dem Maße, wie häufig heute angenommen, ihren Lebensabend mit ihren eigenen Kindern. Deren Wohnungsenge sowie die damals gegebene hohe regionale Mobilität, verursacht durch die gravierenden gesellschaftlichen Veränderungsprozesse im 19. Jahrhundert, die wir mit den Worten „Industrialisierung", „Landflucht", „Verstädterung" beschreiben, trennte viele Eltern von ihren Kindern und nur ein kleinerer Teil fand Aufnahme bei ihnen. Manche Älteren lebten allein oder gingen in den Städten Untermietverhältnisse als Schlaf- und Kostgänger in fremden Haushalten ein. Vor allem auf dem Lande galt ferner, daß ihnen nach langjähriger arbeitsmäßiger Zugehörigkeit zum Anwesen das Verbleiben auf einem ‚Stübchen' – wie es hieß – gestattet wurde (Mitterauer und Sieder 1977; Ehmer 1990). Insofern hat – im historischen Vergleich – vor allem die Fähigkeit von Familie und Haushalt, sich auszudehnen und „Fremden" eine Ersatzfamilie zu bieten, abgenommen (Hareven 1996: 21).

Die Daseinsformen der älteren Familienmitglieder in früheren Zeiten waren also gegenüber heute vielfältiger und erst Ende des vorigen und am Anfang dieses Jahrhunderts setzte sich das Zusammenleben der Generationen im breiteren Ausmaße durch: 1910 umfaßten von 100 Haushalten 68 Prozent drei und mehr Generationen, 1925 waren es 77 Prozent und 1939 schließlich 78 Prozent (Hubbard 1983: 132). Nimmt man diesen Zeitpunkt zum Vergleichsmaßstab der Bewertung des heutigen Anteils an Mehr-Generationen-Familien, der z.Z. 1,05 Prozent beträgt (Stat. Bundesamt, FS 1, Wiesbaden 1996: 183), dann haben wir de facto eine „Zerfallserscheinung", aber nur in dieser Hinsicht; denn zuvor lebten die Familienmitglieder – wie betont – ebenso nicht „unter einem Dach". Die heutigen Drei- und Vier-Generationen-Familien sind also weit überwiegend als multilokale Familien organisiert (vgl. auch Marbach 1996: 36).

Das verbreitete Zusammenwohnen der Generationen seit Anfang des Jahrhunderts wurde seit den 70er/80er Jahre verstärkt abgelöst durch das selbständige Wohnen im eigenen Haushalt auch im hohen Alter, eine Folge der verbesserten ökonomischen Lage und der Wohnungsbedingungen, der Verringerung und physischen Erleichterung der Haushaltstätigkeiten durch die technische Entwicklung, der gestiegenen Rüstigkeit im Alter. Von allen 75jährigen und Älteren wohnten im Jahre 1995 zwei Drittel (BMFSFJ 1998) in einem Ein-Personen-Haushalt, selbstverständlich weit mehr Frauen als Männer. Die geschlechtsspezifischen Unterschiede ergeben sich aus dem Sachverhalt, daß Männer selbst im hohen Alter noch verheiratet, Frauen dagegen zumeist verwitwet, geschieden und in der jetzigen „Kriegsfolge-Generation" mit ihrem disproportionalen Bevölkerungsaufbau viele ledig und kinderlos (vgl. Maas, Borchelt und Mayer 1996: 124ff.) sind. Ferner ist die Lebenserwartung bei Frauen höher als bei Männern (Bundesinstitut für Bevölkerungsforschung 1992: 11).

Die Multilokalität der Mehr-Generationen-Familie bedeutet aber keinesfalls eine Aufkündigung der familialen Mehr-Generationen-Solidargemeinschaft.

Verschiedene Untersuchungen (vgl. Kohli 1997: 278ff.; Vaskovics et al. 1992: 395ff.; Mayer und Baltes 1996) zeigen, wie stark – auch bei getrennten Haushalten – die Transferleistungen in den Familien zwischen den Generationen sind. Selbst bei geringen Ressourcen werden vor allem in absteigender Linie materielle Leistungen an die nächste Generation weitergegeben. Für den Fall der Pflegebedürftigkeit zieht über 90 Prozent der Bevölkerung eine Pflege in der Familie vor (Stosberg 1995: 187). Aus einer Umfrage des Eurobarometers geht hervor, daß de facto ca. 2/3 der Hilfs- und Pflegedienste von den Familienangehörigen geleistet werden (Statistisches Bundesamt 1994: 73). Nur ca. 6 Prozent der 65jährigen und Älteren (BMFSFJ 1998) befinden sich in Heimen (in Berlin 26 Prozent aller 70jährigen und Älteren; Mayer und Wagner 1996: 271), wobei diese statistischen Angaben verschweigen, wieviele von ihnen keine Familie besitzen, z.T. noch durch den Zweiten Weltkrieg bedingt.

Die Hilfs- und Pflegetätigkeiten führen in der Regel die selbst alt gewordenen Töchter und manchmal die Söhne sowie die Schwiegertöchter durch, sogar gleichgültig in welchem emotionalen Verhältnis sie zu ihren Eltern standen oder z.Z. stehen (Schütze und Wagner 1991). Konkret: Auch bei aktueller und/oder früherer konfliktreicher und negativer Beziehung der Töchter und Söhne bzw. Schwiegertöchter zu ihren Eltern unterstützen sie diese im Alter. Damit wird natürlich nichts über die Qualität der Hilfe ausgesagt, vor allem auch nichts darüber, mit welcher emotionalen Zuwendung diese Tätigkeit ausgeführt wird, ob mit positiven oder mit negativen Gefühlen, ausgelöst z.B. durch dauernde starke Belastung.

Die subjektive Bewertung, von Angehörigen überfordert zu werden, kommt am häufigsten bei den jungen Erwachsenen gegenüber ihren Eltern auf, selten über zwei Generationen hinweg zwischen Enkeln und Großeltern (Bien 1996).

Die Daten des DJI-Surveys (Deutsches Jugend Institut) zeigen ferner, wie stark die Generationen innerhalb des erweiterten Familienverbandes als „care-taker" fungieren. So nehmen z.B. Frauen in der mittleren Generation ihre erwachsenen Kinder für Gespräche über persönliche Dinge in Anspruch. Die Großeltern – wiederum vor allem die (länger lebenden) Frauen – wenden sich mit ihren Sorgen an ihre inzwischen selber älteren Kinder. Subjektiv wird das Geben und Nehmen über alle Generationen hinweg als ausgeglichen erlebt, wie aus den „Bilanzen" von Befragten hervorgeht (Bien 1996).

Wenn also konstatiert wird, daß sich die Wohlstandsgesellschaft der Gegenwart zu einer egozentrierten Gesellschaft entwickelt hätte, in der die Individuen zugunsten von Freiheit und Selbstverwirklichung Aversionen gegen langfristige „Commitments" hätten (Rossi 1987), und daß auch die Familie in diesen Prozeß einbezogen worden wäre, so bestätigen die vorhandenen empirischen Daten – wie gezeigt – diese These nicht. Wegen der materiellen und immateriellen Unterstützungsleistungen innerhalb der Mehr-Generationen-Familie kann auch bei getrenntem Wohnen von ihrem „Zerfall" jedenfalls nicht gesprochen werden.

Wenn man auch nicht den „Zerfall der Familie" diagnostizieren kann, so könnte man dennoch ihren „Untergang" durch die Nichtfortsetzung der familialen Generationenfolge (dem Abbruch der „Ahnenreihe") durch die zunehmende Kinderlosigkeit prophezeien. Denn seit Ende des vorigen Jahrhunderts nimmt der Anteil kinderloser Ehen in fast allen Industriestaaten kontinuierlich zu. Die Bundesrepublik hat hierbei im europäischen Vergleich eine sehr hohe Quote, was übrigens nicht für die DDR galt (Höpflinger 1991: 81ff.). 1989 blieben in Westdeutschland 8,4 Prozent aller Ehen kinderlos. Heute sind es in Deutschland 18 Prozent. Nach Modellrechnungen wird für die nach 1970 geschlossenen Ehen sogar mit einem Anteil von 20 Prozent endgültig kinderlos bleibender Ehen gerechnet. Die ansteigende Kinderlosigkeit in Deutschland läßt sich noch deutlicher bei kohortenspezifischen Betrachtungen aller Frauen erkennen: Während von den Frauen des Geburtsjahrganges 1935 nur 9 Prozent kinderlos blieben, gilt dieser Sachverhalt für 20 Prozent der 1955 geborenen und für ca. 24 Prozent des Geburtsjahrganges 1961, wobei aber bei diesen Frauen die fertile Phase noch nicht abgeschlossen ist, zumal sich das Alter der Mütter bei der Geburt ihres ersten Kindes nach oben verschoben hat (vgl. hierzu Schwarz 1994: 98ff. und 1995: 244; Onnen-Isemann 1995: 474; Kaufmann 1996: 19).

Die Gründe für die Kinderlosigkeit können medizinischer oder psychosomatischer Art sein. Die bewußt gewählte freiwillig kinderlose Ehe scheint in Deutschland selten zu sein; dagegen hat die befristete Kinderlosigkeit stark zugenommen, d.h. der Kinderwunsch wird zeitlich aufgeschoben, wie wir in zwei diesbezüglichen Forschungsprojekten feststellen konnten (Nave-Herz 1988a; Nave-Herz et al. 1996). Die Daten dieser Erhebungen zeigen, daß die weit überwiegende Mehrzahl der Kinderlosen mit der Eheschließung sehr wohl einen Wunsch nach Kindern verbanden, dessen Einlösung sie aber zunächst verschoben hatten, und zwar wegen ihres hohen Berufsengagements bei gleichzeitigem Wunsch nach einem traditionellen Familienleben, das die Erwerbstätigkeit der Mutter von Kleinstkindern ausschließt. Beide Wertorientierungen sind antagonistisch und müssen zu Entscheidungskonflikten führen. Als Konfliktlösungsstrategie wurde – häufig unbewußt – zunächst eine befristete Kinderlosigkeit gewählt, zuweilen in der Hoffnung, zu einem späteren Zeitpunkt den Widerspruch lösen zu können.

Der Entscheidungskonflikt zwischen divergenten Wertorientierungen – Berufsorientierung versus traditioneller Familienorientierung – ist letztlich Ausdruck dafür, daß bei jenen „befristet" kinderlosen Ehepaaren auf der individuellen Handlungsebene makroperspektivische Veränderungen „sichtbar" werden, nämlich der unterschiedliche Wandel von gesellschaftlichen Teilsystemen. Denn das Schul-, Ausbildungs- und Berufssystem hat sich für Frauen zeitgeschichtlich verändert und damit ist ihr Berufsengagement gestiegen; das Familiensystem, einschließlich der Mutter-Rollendefinition und der geschlechtsspezifischen Arbeitsteilung, hat für Frauen keine Veränderung in gleich starkem Maße erfahren. Kinderlosigkeit ist somit ein Indikator für einen gegebenen cultural lag in unserer Gesellschaft. Durch Sozialisation werden aber u.U. beide Einstellungsmuster (Berufsengagement und das Ideal der traditionellen Mutter-Rolle) internalisiert, was dann – wie betont – zu Konflikten im Hinblick auf die Entscheidung zum Kind und zunächst zur zeitlich befristeten, schließlich durch zwischenzeitliche gynäkologische oder andrologische Veränderungen zu einer lebenslangen ungewollten Kinderlosigkeit führen kann.

Die Reproduktionsmedizin hat somit einen paradoxen Effekt bewirkt: Sie hat durch die Entwicklung der Anti-Konzeptiva zunächst die Möglichkeit der zuverlässigen Verhinderung einer Schwangerschaft geboten, aber bei einem Teil der Frauen um den Preis, daß nunmehr wieder nur mit ihrer Hilfe die inzwischen eingetretene Zeugungs- und Konzeptionsunfähigkeit aufgehoben werden kann. Die Behandlungszahlen von Kinderlosigkeit – trotz hoher psychischer Belastung (vgl. Onnen-Isemann 1995: 343ff.) – zeigen vor allem auch, wie groß der Wunsch nach einer „eigenen" Familie ist. Die steigende Kinderlosigkeit ist also kein Indikator für die Ablehnung einer Familiengründung, sondern – im Gegenteil – für die noch immer hohe Akzeptanz des bürgerlichen Familienideals.

2. Die Auflösung der Kernfamilie wegen fehlender Solidarität?

Im folgenden soll der Topos „Zerfall der Familie" nicht auf den erweiterten Familienverband, sondern auf die Kernfamilie (Eltern mit ihren ledigen Kindern/Jugendlichen) bezogen und zunächst wiederum geprüft werden, ob diese noch aufgrund gegenseitiger Anerkennung und Unterstützungen als Solidargemeinschaft zu bewerten ist.

Mehrere, in unterschiedlichen Jahren durchgeführte Untersuchungen zeigen eine sehr positive Einstellung der Kinder und Jugendlichen zu ihren Eltern. Sie – vor allem die Mutter – werden als Ratgebende, Vertraute usw. benannt und ihre Wichtigkeit und prägnanter Einfluß betont (Emnid-Jugendstudie 1975 und 1986; Seidenspinner und Burger/Brigitte-Studie 1982; Shell-Studie 1982; Schmid-Thannenwald und Urdze 1983; Sinus-Studie 1985; Büchner et al. 1996). Ferner belegt eine Panel-Erhebung aus den Jahren 1975 und 1986 das „solidarische" Verhältnis zwischen Jugendlichen und ihren Eltern in bezug auf die Schule: Sie zeigen, wie stark die Familie als Einheit operiert, wenn es darum geht, die zukünftigen Sozialchancen der Kinder zu sichern. Schule und Beruf wurden immer stärker Thema und führten immer seltener zu Konflikten in der Familie (Meulemann 1989: 434). Es erfolgte „der Zusammenschluß der Familie im Dienste des sozialen Aufstiegs durch Bildung" (Meulemann 1989: 435).

Zusammenfassend bleibt mit Oswald festzuhalten: „Ein seit Jahrzehnten in unterschiedlichen westlichen Ländern stabiles Ergebnis soziologischer Jugendbefragung besteht darin, daß die überwiegende Mehrheit der Kinder angibt, ein gutes Verhältnis zu ihren Eltern zu haben ... Emotional dominiert die Mutter, sie ist vor dem Vater die bevorzugte Vertrauensperson, die hilft, Konflikte löst, tröstet und geliebt wird" (1989: 368ff.). Damit wird gleichzeitig die Behauptung über die repressive Wirkung der modernen Kernfamilie auf ihre Mitglieder (vgl. Abschnitt II) zwar nicht widerlegt, aber zumindest in ihrer Generalisierung fragwürdig.

Wenig hat sich auch in bezug auf die Inhalte familialer Konflikte geändert. Die Konfliktgespräche sind über die Jahrzehnte zwischen Eltern und Kindern gleich geblieben und beziehen sich überwiegend auf die Themen: Hilfe im Haushalt, Unordentlichkeit (vor allem im Hinblick auf das eigene Zimmer), Geschwisterstreit (Oswald 1989; Pikowsky und Hofer 1992: 213; Büchner et al. 1996: 166).

Die materiellen Transferleistungen und die Unterstützungen seitens der Eltern sind im Vergleich zu denen, die ihnen von den Kindern gewährt werden, weit umfangreicher. Nicht nur die Kosten des Lebensunterhalts übernehmen die Eltern, sondern die Mehrzahl der Jugendlichen erhält noch bis ins hohe Jugendalter ihr frei verfügbares Taschengeld von ihnen. Durch die Verlängerung der Ausbildungszeiten seit den 70er Jahren haben die finanziellen Unterstützungsleistungen der Eltern gegenüber ihren Kindern sogar zeitgeschichtlich zugenommen (Vaskovics und Schneider 1989: 405; Fend 1990; Büchner et al. 1996: 58ff.). Rechtlich gesehen müssen die Kinder zwar Gegenleistungen erbringen, denn in § 1619 des Bürgerlichen Gesetzbuches (BGB) heißt es: „Das Kind ist, solange es dem elterlichen Hausstand angehört und von den Eltern erzogen oder unterhalten wird, verpflichtet, in einer seinen Kräften und seiner Lebensstellung entsprechenden Weise den Eltern in ihrem Hauswesen und Geschäft Dienste zu leisten." Die Wirklichkeit sieht jedoch entgegen dem § 1619 BGB anders aus. Wie ältere und neuere Untersuchungen zeigen, räumt die überwiegende Mehrzahl der Kinder – selbst im Jugendalter – nicht einmal ihr eigenes Zimmer selbst auf. Vor allem die westdeutschen Jungen sind im Vergleich zu den ostdeutschen und zu den Mädchen sowie bei höherer sozialer Stellung der Eltern an der Mithilfe im Familienalltag kaum beteiligt (Seidenspinner und Burger/Brigitte-Studie 1982; Shell-Studie 1982; Büchner et al. 1996: 165).

Hier ist zweifellos ein zeitgeschichtlicher Wandel zu konstatieren; denn in den Nachkriegsfamilien – wie z.B. die Untersuchung von Thurnwald (1948) zeigt – war die Mithilfe von Kindern im Haushalt eine Selbstverständlichkeit, und in späteren Untersuchungen aus den 50er Jahren wird ebenso noch – wenn auch abnehmend – über die „Gegenleistung" der Kinder für ihren Unterhalt berichtet. Vor allem Geschwister hatten sie zu betreuen (Wurzbacher 1951; Baumert 1954).

Diese gestiegene Einseitigkeit in den materiellen Unterstützungsleistungen setzt sich dann im Jugendalter noch im Hinblick auf das Zusammenwohnen zwischen Eltern und ihren jugendlichen Kindern fort.

Vor dem 18. Lebensjahr wohnen nach einer standardisierten repräsentativen Befragung von 4.005 Jugendlichen (Shell-Studie 1992: 384ff.) und nach der Auswertung der repräsentativen Daten des Familien-Surveys vom Deutschen Jugendinstitut (Keiser 1992: 183; Nauck 1993: 151) fast alle Jugendlichen (über 92 Prozent) in Deutschland mit ihren Eltern zusammen, 82 Prozent sogar mit ihren beiden Elternteilen. Das ist keineswegs immer so gewesen. Denn werfen wir einen Blick zurück in die Vergangenheit, so war es in der alt-europäischen Gesellschaft keineswegs selbstverständlich, daß junge Leute in der Herkunftsfamilie verblieben. Auch im 18. und 19. Jahrhundert lebten nur 53 Prozent der 15- bis 19jährigen bei ihren Eltern (Mitterauer 1986: 98). Bereits 1984 waren es 90 Prozent, die in diesem Alter bei beiden Eltern oder bei einem Elternteil wohnten (Lenz 1989: 30). Bezogen auf diese Altersgruppe, nämlich der jüngsten Jugendlichen, kann man also von einer gestiegenen „Familisierung" sprechen.

Das Erreichen der Volljährigkeit, der 18. Geburtstag, und der Auszug aus der elterlichen Wohnung fällt für einen Teil der Jugendlichen zusammen, vor allem in den neuen Bundesländern. Für Ost- und Westdeutschland gilt übereinstimmend, daß die jungen Frauen nach Volljährigkeit und auch im späteren Alter eher als die Männer das Elternhaus verlassen. Dieser geschlechtsspezifische Unterschied im Auszugsverhalten wurde durch mehrere empirische Untersuchungen belegt (Mayer und Wagner 1989: 25; Wagner und Huinink 1991; Hullen 1995: 145; Zinnecker et al. 1996: 291; Alt und Weidacher 1996: 15ff.).

Betrachtet man die älteste Gruppe der Jugendlichen, so wohnen noch nach dem 25. Lebensjahr von den männlichen Jugendlichen 24 Prozent im Westen und 15 Prozent im Osten, von den weiblichen Jugendlichen 10 Prozent im Westen und 6 Prozent im Osten mit den Eltern zusammen. Mit anderen Worten: Unter den „Nesthockern" dominieren quantitativ die jungen Männer der (alten) Bundesländer (Buba et al. 1992: 386).

Diese Querschnittsdaten können jedoch mögliche Rückwanderungen in den elterlichen Haushalt nicht ermitteln und suggerieren damit eine Kontinuität im Zusammenwohnen der Eltern mit ihren jugendlichen Kindern, die heutzutage nicht mehr gegeben sein könnte. Denn eine De-Standardisierung des Lebensverlaufes im Jugendalter infolge der Reversibilitätsmöglichkeit von Entscheidungen ist heutzutage bei vielen Jugendlichen gegeben: Junge Erwachsene, die bereits aus dem Elternhaus ausgezogen waren, kehren wieder in die elterliche Wohnung zurück (Wagner und Huinink 1991: 42; Zinnecker et al. 1996). Ferner berücksichtigen diese Querschnittsdaten nicht die Möglichkeit von zwei Wohnsitzen, also das sog. „Pendlertum".

Mit Lebenslaufstudien können derartige Meßfehler vermieden werden; die vorhandenen (vgl. z.B. Mayer et al. 1991; Hullen 1995: 145) zeichnen dennoch das gleiche Bild, das die Querschnittsdaten widerspiegeln: Trotz Pendlertum hat der Anteil vor allem der jungen Männer, die bis ins hohe Jugendalter im Elternhaus wohnen, zugenommen.

Die verursachenden Bedingungen für ein Verbleiben in der elterlichen Wohnung (heute sogar im elterlichen Haus) haben sich zeitgeschichtlich verändert. Blieb man noch vor ca. 25 Jahren bis zur Heirat traditionellerweise, wenn auch manchmal unfreiwillig, bei den Eltern wohnen, so handelt es sich heute um eine überwiegend freiwillige Entscheidung; ein Auszug wird sogar heutzutage durch sozialpolitische Maßnahmen (Wohngeld) staatlicherseits unterstützt. Wenn dennoch von Jugendlichen eine Wahl zugunsten des Zusammenwohnens mit den Eltern getroffen wird, so sind verursachend hierfür: die bessere Wohnqualität und Versorgung im Elternhaus, die gewandelten elterlichen Erziehungsziele und das veränderte elterliche Erziehungsverhalten (vgl. Nave-Herz 1994). Hinzu kommt, daß sich die öffentlich bekundete Einstellung zur Sexualität zeitgeschichtlich liberalisiert hat. Im Sinne des Rational-Choice-Ansatzes kann vermutet werden, daß zumindest für einen Teil vor allem der männlichen Jugendlichen heute die „Kosten-Nutzen-Bilanz" ganz einfach zugunsten des Elternhauses, für das „Hotel Mama" (Herms-Bohnhoff 1994) ausfällt. Dagegen zeichnet sich bei Frauen ein stetiger Trend zur eigenen Haushaltsführung ab.

Für die Mütter jedoch stellen nach einer zwar nicht repräsentativen Erhebung (N = 260) zu Hause wohnende junge Erwachsene nach eigenem Bekunden relativ häufig eine gewisse Belastung dar, und zwar arbeitsmäßig und finanziell. Ferner sehen sie sich zu persönlichen Einschränkungen genötigt. Bei Müttern, deren Kinder teilweise ausgezogen sind (sog. „Pendler"), verringert sich das wahrgenommene bzw. berichtete Belastungspotential. Umgekehrt gilt entsprechend: Mütter, deren Kinder den Haushalt verlassen haben, fühlen sich in dieser Hinsicht überdurchschnittlich oft entlastet (Zinnecker et al. 1996: 303). Das Empty-Nest-Syndrom stellt eher – wenn überhaupt – bei Vollzeit-Hausfrauen ein psychisches Problem dar (Wissenschaftlicher Beirat für Frauenpolitik 1993). Die Väter gaben unabhängig vom Wohnstatus ihrer Kinder keine entsprechende Belastung an (Zinnecker et al. 1996: 303).

Insgesamt überwiegt – quantitativ gesehen – heute eine Entkoppelung zwischen dem Verlassen der elterlichen Wohnung und der – noch vor ca. 25 Jahren hiermit gegebenen – Familiengründung bzw. Eheschließung. Bei der weit überwiegenden Mehrheit der Männer, aber auch gerade bei den Frauen, ist das Fehlen des Zusammenfallens der „klassischen" biographischen Ereignisse charakteristisch. Der Auszug wird heutzutage zunehmend als eigenständiger biographischer Schritt begründet und vollzogen.

Juristisch gesehen, wurde den Kindern und Jugendlichen auch für spätere Lebensabschnitte fast ein Unkündbarkeitsrecht auf Versorgung und auf Erbansprüche an die Eltern eingeräumt. Den Eltern stehen – im Gegenzug – bei Armut, sei sie selbst verschuldet oder nicht, indirekt (über das Sozialamt) Abtretungsansprüche an den Lohn bzw. an das Gehalt der Kinder zu. Nur Kinderlose haben sofortige Sozialhilfeansprüche. Mit anderen Worten, die Eltern-Kind-Beziehung ist heutzutage unter rechtlich materiellem Aspekt fast unauflösbar geworden; auch in diesem Sinne kann vom „Zerfall der Familie" nicht die Rede sein.

Doch die Rechtslage und das faktische Verhalten brauchen nicht automatisch übereinzustimmen; deswegen wäre es falsch, Gesetzestexte als Auskunftsquellen über soziale Realitäten zu benutzen. Limbach betont: „Der Zwangscharakter des Rechts ist gerade im Familienrecht in besonderem Maße eingeschränkt. Ehepflichten können allenfalls eingeklagt, aber nicht mit Hilfe der Vollstreckungsbehörden durchgesetzt werden. So können der untreue Ehemann oder die untreue Ehefrau nicht mit Hilfe des Gerichtsvollziehers oder eines Zwangsgeldes an den heimischen Herd zurückgeholt werden. Gerichtlich durchsetzbar sind nur vermögensrechtliche Pflichten wie etwa die Unterhaltspflicht. Selbst diese wird während bestehender Ehe nur äußerst selten gerichtlich eingeklagt. Schaut man sich die Sachverhalte der wenigen veröffentlichten Urteile näher an, dann bestätigt sich eine alte rechtssoziologische Einsicht: Wenn sich Familienmitglieder auf den Rechtsstandpunkt stellen, ist die Familie bereits von dem Zerfall bedroht; rufen sie den Richter an, dann gehen sie auch schon auseinander. Das alte Rechtssprichwort ‚Recht scheidet wohl, aber es freundet nicht' gilt in besonderem Maße für dauerhafte intime soziale Beziehungen wie die der Familie. In deren Bereich dient das Recht weitgehend nur als Konfliktordnung" (Limbach 1988: 11).

Was das Erbschaftsrecht anbetrifft, zeigen empirische Untersuchungen, daß in Deutschland sogar über den Pflichtteil, also über die Rechtsnorm hinaus, die Vermögensweitergabe innerhalb der Kern-Familie erfolgt (Lüschen 1988). Nach der Untersuchung von Lauterbach und Lüscher scheint zudem häufig das Muster der „vorgezogenen Erbschaft", also abgekoppelt vom Tod des Aszendenten, praktiziert zu werden (Lauterbach und Lüscher 1996: 91), vermutlich z.T. eine Folge des deutschen Erbschaftssteuergesetzes. Also nicht nur juristisch, sondern faktisch wird auch heute noch der Familienverband als Erbengemeinschaft definiert.

3. Die nicht-ehelichen Lebensgemeinschaften: Funktionale Äquivalente zu Ehe und Familie?

Die Ehe hat zwar ihre kulturelle Selbstverständlichkeit für die Familiengründung eingebüßt, sie wird faktisch aber noch immer vorwiegend in bezug auf Kinder in Deutschland eingegangen bzw. die nichteheliche Lebensgemeinschaft in eine Ehe mit ihrem gegenseitigen Verpflichtungscharakter überführt (Nave-Herz 1984, 1988b; Burkart et al. 1989; Simm 1991; Tölke 1993; Vaskovics und Rupp 1995; Matthias-Bleck 1997), sekundär können weitere Gründe hinzukommen (vgl. ausführlicher Nave-Herz 1997b: 42ff.). Die nichteheliche Lebensgemeinschaft hat also die Ehe und Familie nicht verdrängt, sondern nur wieder – wie in der Vergangenheit – in ein höheres Lebensalter verschoben. Huinink und Mayer betonen aufgrund ihrer Kohortenanalysen von Lebensverlaufsdaten: „The delay of marriage does not imply its disappearance, but it does increase the likelihood that a higher proportion of women and men will never marry for lack of suitable partners (exhaustion of the marriage pool). Delays in marriage also increase the likelihood that a higher proportion will never become parents for biological reasons. Thus, in contrast to expectations raised by the economic theory of the family, highly qualified and professionally employed women do not reject marriage altogether; rather, they appear to try to establish their independence before marriage and having their first child. There are good reasons for this, since in the German context combining work and children is very difficult for women. School hours are unfavourable for full-time work, and husbands have so far shown little inclination to contribute a major, or even equal, share of housework and child care" (Huinink und Mayer 1995: 194). Schließlich heiraten dann aber doch bis zum 50. Lebensjahr über 82 Prozent zumindest einmal in ihrem Leben und fast 80 Prozent haben Kinder (Nauck 1991: 389ff.).

Die nichteheliche Lebensgemeinschaft stellt in Deutschland überwiegend eine neue Daseinsform während der Postadoleszenz dar und ist als neuer Systemtyp beschreibbar. Makroperspektivisch gesehen, hat die Ehe ihren Monopolanspruch, nämlich das einzige soziale System mit Spezialisierung auf „emotionale Bedürfnislagen" (Luhmann 1982) zu sein, verloren. Nunmehr erfüllt auch die nichteheliche Lebensgemeinschaft diese Funktion. Sie wird gewählt, solange noch keine dauerhafte Partnerbeziehung angestrebt und Kinder noch nicht gewünscht werden bzw. geplant sind bzw. man sich noch nicht in der Lage sieht, die Verantwortung für Kinder – z.B. auch aus ökonomischen Gründen – zu übernehmen. Andere möchten sich bislang noch leichtere „Rückzugsmöglichkeiten" offen lassen (Nave-Herz 1997b: 35ff.). Es gibt also heute zwei – öffentlich mehr oder weniger anerkannte – Subsysteme, denen beide die gleiche spezialisierte Leistung zugeschrieben wird; sie unterscheiden sich aber – so wurde bereits betont – zumeist im Gründungsanlaß, da überwiegend nur die emotionale kindorientierte Partnerschaft zur Eheschließung führt. Daraus können wir ferner folgern, daß der Prozeß der funktionalen Spezialisierung der Ehe weiter fortgeschritten zu sein scheint und daß Ehe und Familie zu einer bewußten und erklärten Sozialisationsinstanz für Kinder wurden, wie es bereits McIver 1921 diagnostizierte (vgl. Abschnitt I). Zudem scheinen die verschiedenen Lebensformen mit bestimmten Lebensphasen zu korrespondieren.

4. Die Zunahme der Ehescheidungen als Indikator des „Zerfalls der Familie"?

Im Hinblick auf die Scheidungszahlen muß zunächst betont werden, daß diese eine Abnahme des Verpflichtungs- und Verbindlichkeitscharakters der Ehe, weniger der Familie, im Zeitablauf signalisieren. Denn in bezug auf das Problem der Instabilität kann eine mangelnde Begriffsdifferenzierung irreführend sein, weil sie zur Folge haben kann, daß mit „Zerfall der Familie" ein Sachverhalt etikettiert wird, der eigentlich ein Bedeutungsverlust der Ehe ist. Die Ehescheidung ist nämlich nur eine „Vertragskündigung" an den Ehepartner, keine Auflösung der Familie. Tyrell hat diesen Tatbestand prägnant formuliert: „‚Gekündigt' wird nur dem Ehepartner, mit dem das Zusammenleben nicht länger erträglich ist, gekündigt wird nicht den Kindern" (1983: 365). Das Ehesystem kann sich also in unserer Gesellschaft auflösen, das Eltern-Kind-System nicht. Es kann – und wird – seine Form verändern; vor allem durch die reduzierten Kontaktmöglichkeiten mit dem aus der Haushaltsgemeinschaft ausgeschiedenen Elternteil. Gleichzeitig scheint häufig – wie eine qualitative Erhebung zeigt – eine Intensivierung des Kontaktes zwischen Großeltern und ihren Enkelkindern stattzufinden (Fthenakis 1998).

Wenn also nicht von einem „Zerfall der Familie" gesprochen werden kann, so bleibt zu prüfen, ob ein Bedeutungsverlust der Ehe zu diagnostizieren ist. So paradox es klingen mag, die Ergebnisse unserer eigenen Erhebung über verursachende Bedingungen von Ehescheidungen (Nave-Herz et al. 1990) zeigen das Gegenteil und bestätigen gleichzeitig die von König bereits 1969 vermutete Annahme: Die Zunahme der Ehescheidungen ist nicht die Folge eines gestiegenen Bedeutungsverlustes der Ehe, ebenso hat nicht die Zuschreibung der „Sinn"-Losigkeit von Ehen das Ehescheidungsrisiko erhöht und läßt Ehepartner heute ihren Eheentschluß eher revidieren, sondern der Anstieg der Ehescheidungen ist vielmehr Folge gerade ihrer hohen psychischen Bedeutung und Wichtigkeit für den einzelnen, so daß die Partner unharmonische eheliche Beziehungen heute weniger als früher ertragen können, und sie deshalb ihre Ehe schneller auflösen, zuweilen in der Hoffnung auf eine spätere, bessere Partnerschaft. Hinzu kommt, daß familienexogene Belastungen Verstärkereffekt bei bereits vorhandenen ehelichen Spannungen besitzen können. So wirken z.B. physische und psychische Arbeitsbelastung, Arbeitslosigkeit, lange Arbeitszeiten, finanzielle Schwierigkeiten, Alkoholmißbrauch und/oder andere Suchtprobleme eines Partners u.a.m. als Stressoren im Eheauflösungsprozeß; d.h. bei bereits vorhandenen ehelichen Konflikten verstärken die genannten Faktoren das Ehescheidungsrisiko, sind selbst aber nicht allein verursachend für eine Ehescheidung. Bei Nichtvorhandensein von Spannungen können sie – umgekehrt – die Gruppenidentität stärken. Mit anderen Worten, derselbe Tatbestand, z.B. Arbeitslosigkeit, wird in den einzelnen Familien unterschiedlich verarbeitet.

Weiterhin sei erwähnt, daß von den Geschiedenen die Ehe als Institution nicht generell in Frage gestellt bzw. abgelehnt wird; in Frage gestellt wird nur die eigene Ehe. Man löst zuweilen die Ehe auf, gerade weil man die Hoffnung auf Erfüllung einer idealisierten Vorstellung und hohen emotionalen Erwartung an die Ehe nicht aufgibt.

VI. Ausblick

Zusammenfassend bleibt zu konstatieren, daß die These über den „Zerfall der Familie" auch in der Gegenwart nicht der sozialen Realität entspricht: Zwar ist Kennzeichen der heutigen Mehr-Generationen-Familie ihre Multilokalität, gemessen an den psychischen Zuschreibungen an die Familie und an den materiellen und immateriellen Transferleistungen zwischen den Familienmitgliedern kann jedoch nicht von einer Auflösung oder Aufkündigung der Solidargemeinschaft gesprochen werden. Selbst die Zwei-Generationen-Familie ist entgegen aller vermuteten Evidenz kein „Auslaufmodell". Der Anstieg der Ehescheidungen ist ebenso kein Indikator für einen „Zerfall der Familie", sondern für die hohe psychische Bedeutung der Ehepartnerbeziehung heute. Was die Länge des Verbleibens der Jugendlichen im elterlichen Haushalt anbetrifft, ist sogar eine zugenommene Familisierung gegeben.

Parallel zu dieser Entwicklung ging mit der Einführung des BGB um die Jahrhundertwende bis heute eine zunehmende Verrechtlichung der Eltern-Kind-Beziehungen vonstatten. In der gegenwärtigen Diskussion über die Besuchsrechte nicht-ehelicher Väter, der Veränderung des Sorgerechts bei Ehescheidung, ferner über die Frage des einklagbaren Wissens der eigenen Abstammung u.a.m. erfährt sogar die biologische im Vergleich zur sozialen Elternschaft wieder eine besondere Betonung. Doch nicht nur das formale Recht, sondern die allgemein gesellschaftlichen normativen Prinzipien in bezug auf die Elternschaft haben sich in Richtung auf eine strukturelle Verfestigung (und nicht Auflösung) der Eltern-Kind-Beziehung entwickelt, vor allem durch die Ausprägung des Postulats der „verantworteten Elternschaft" (Kaufmann 1988: 395ff.). Dieses beinhaltet: Sich nur dann für Kinder zu entscheiden, wenn man glaubt, die elterliche Verantwortung in ökonomischer und psychischer Hinsicht übernehmen zu können. Das Prinzip der verantworteten Elternschaft konnte sich erst mit der zuverlässigen Planbarkeit von Kindern und der pränatalen Diagnostik durchsetzen. Gleichzeitig haben die Erwartungen an die Eltern-Rolle durch neue Leistungsanforderungen zugenommen, vor allem seitens des Bildungs-, Medizin- und Rechtssystems (vgl. ausführlicher Nave-Herz 1996).

Trotz dieses Sachverhalts und des Dilemmas, in das insbesondere Frauen heutzutage durch die Familiengründung geraten, weil sie einerseits bei Aufgabe oder Reduzierung der Erwerbstätigkeit finanziell von ihrem Ehemann während der Ehezeit abhängig sind und sie Nachteile in der Erwerbsbiographie (z.B. in der Höhe der späteren Rentenzahlungen, im Karriereverlauf usw.) hinnehmen müssen und andererseits die Aufrechterhaltung der Erwerbstätigkeit für sie die bekannte Doppelbelastung bedeutet, entscheiden sich dennoch fast 80 Prozent für Kinder. Die Mutter-Rolle und die Familiengründung hat also – jedenfalls für die weit überwiegende Mehrheit der Bevölkerung – kaum an normativer Kraft eingebüßt, trotz aller Verfallsdiagnosen, was Ehe und Familie anbetrifft, und trotz gestiegener Leistungsanforderungen an die Eltern (Kaufmann 1995; Nave-Herz 1996; Herzog, Böni und Guldimann 1997).

In bezug auf die Familie ist zudem eine Gegenläufigkeit zum allgemeinen Modernisierungsprozeß gegeben. Wenn nämlich als ein Charakteristikum des Modernisierungsprozesses die Zunahme der Revisionsmöglichkeit von individuellen Entscheidungen genannt wird, dann gilt dies zwar im Hinblick auf die Ehe (hier ist – wie betont – eine Vertragskündigung gegenüber dem Partner möglich); aber die Entscheidung zum Kind (vor allem für Mütter) wurde so gut wie irreversibel. Noch im vorigen Jahrhundert hätte z.B. die Weggabe von Kindern an vermögende kinderlose Verwandte oder an die Kirche keine Verletzung einer sozialen Norm bedeutet, die Pensions- und Internatserziehung genoß Prestige u.a.m.

Die Frage bleibt offen: Warum entscheiden sich noch immer ca. 80 Prozent für eine Familiengründung entgegen allen Zerfallsdiagnosen in bezug auf Ehe und Familie und trotz aller Belastungen? Mayer (1996: 15) hat darauf hingewiesen, daß – historisch gesehen – „das Binnengefüge von Familien ein weithin unergründetes, ungesichertes Terrain, zumindest was Zeitvergleiche angeht", ist.

Doch hat die bekannte „value-of-children"-Forschung eine Antwort auf diese Frage zu geben versucht. Durch kulturvergleichende Erhebungen erklärt sie aus dem Funktionswandel von Kindern die Abnahme der Geburtenquote und damit gleichzeitig die Entscheidung für Kinder in den Industriestaaten als Folge ihres heutigen immateriellen Nutzens. So tragen Kinder zur Befriedigung emotionaler Bedürfnisse bei: durch die von ihnen ausgehende expressive Stimulation, durch die Stärkung ehelicher bzw. partnerschaftlicher Beziehungen, durch die Chance zur persönlichen (Weiter-)Entwicklung usw. In dieser Theorie-Tradition wird neuerdings zudem Elternschaft und Ehe in modernen Gesellschaften „als Strategien zur Reduktion von Planungs- und Gestaltungsunsicherheiten in bezug auf den weiteren Lebensverlauf" angesehen; so erhöhen z.B. fehlende Aussichten auf stabile und erfolgreiche berufliche Karrieren bei Frauen die Bereitschaft zur Elternschaft (Huinink 1996: 79ff.). Weiterhin werden wieder sozial-normative Nutzenerwartungen an Kinder im Sinne des Statusgewinns aktuell: Da Kinder eine finanzielle Belastung bedeuten, kann Elternschaft zwar einerseits zur sozialen Deprivation führen, aber andererseits auch einen Symbolwert für ökonomischen Wohlstand besitzen. So weist die Statistik bereits einen Zusammenhang zwischen Kinderzahl und Einkommenshöhe aus: von allen Familien mit drei und mehr Kindern haben diejenigen, die über ein Haushaltseinkommen unter 2.500 DM verfügen, nur 5,6 Prozent diese Kinderzahl, aber diejenigen mit 10.000 DM und mehr zu 20 Prozent (Hertel 1997: 50).

Subjektiv verspricht ferner die Ehe dem einzelnen eine Kompensation zur Arbeitswelt, die mit ihren zunehmenden Großorganisationsformen, ihrer gestiegenen Anonymität, Zweckrationalität u.a.m. beim einzelnen das Bedürfnis nach Kleingemeinschaften weckt, in der er sich nicht als Rollenträger definiert, die eine ganzheitliche Lebenswelt, Überschaubarkeit, ein personales Angenommensein, versprechen. Diese Sehnsuchtserwartungen und Bedürfnisse an die Ehe und Familie nach Kompensation der heute gegebenen hochspezialisierten, differenzierten und komplexen Gesellschaftsstruktur mögen einerseits gerade durch die Emotionalisierung und Intimisierung der heutigen familialen Binnenstruktur erfüllt werden, andererseits können diese hohen Ansprüche an sie die Ausprägung neurotischer Störungen beim Individuum und das Scheitern der Ehe begünstigen.

Aber nicht nur die Nutzen-Theorie bietet Erklärungsmöglichkeiten für das Nicht-Eintreffen des „Zerfalls der Familie" und ihr Weiterbestehen mit gewandelter Sinnzuschreibung und in veränderter Form. Im Sinne des symbolischen Interaktionismus kann man ferner vermuten, daß bei uns weiterhin die Bedeutung der Familie als Solidaritäts- und Loyalitätsgemeinschaft in Form eines Postulats von Generation zu Generation weitergetragen wird und in dieser Hinsicht sich traditionelle Vorgaben nicht auflösen. Wenn Giddens betont, daß Traditionen heute nur insoweit überleben, wie sie sich diskursiv zu rechtfertigen vermögen, so hat – wie gezeigt – gerade seit den 60er Jahren durch die Forderung der Abschaffung von Ehe und Familie gleichzeitig ein – z.T. sehr kontroverser – Diskurs über diese Lebensform insgesamt eingesetzt, der bis heute andauert. Er zeigte, daß nicht nur die Tendenz einer Verinnerlichung des bürgerlichen Familienideals als Gegenmodell zur zweckrationalen Arbeitswelt noch immer aktuell ist, sondern daß die Familie als die adäquateste Sozialisationsinstanz gilt und mit diesem Argument ihre Existenz von der Mehrheit der heutigen Bevölkerung weiterhin begründet wird. Man könnte sogar behaupten, daß dieses Modell der sozialen Beziehungen dabei sei, sich zu universalisieren, sogar entgegen dem ersten Anschein.

Es ist keine neue Erkenntnis, wenn betont wird, daß gesamtgesellschaftliche und familiale Entwicklungstendenzen jeweils ihre gegenseitige Entsprechung finden, zuweilen zwar mit hohen „Anpassungskosten" für eine oder sogar beide Seiten, wie am Beispiel der zunehmenden Kinderlosigkeit in Deutschland gezeigt wurde. Aber in der Soziologie sollte man bestimmte soziale Probleme nicht gleich pathologisieren (König 1969). Zu Recht betont auch Mitterauer (1996: 39), daß es wichtig ist, immer wieder auf den wechselseitigen gesamtgesellschaftlichen und familialen Zusammenhang hinzuweisen, um Familie nicht als eine „naturhafte Gemeinschaft" aufzufassen und jede Änderung als ein Zeichen des Zerfalls zu deuten statt als Wandel.

Literatur

Alt, Christian, und *Alois Weidacher,* 1996: Lebensphasen und Wohnungssituation junger Menschen in West und Ost, Diskurs 2: 15–20. München: DJI-Verlag.
Baumert, Gerhard, 1954: Deutsche Familien nach dem Kriege. Darmstadt: Roether.
Baum, Marie, und *Alix Westerkamp,* 1931: Rhythmus des Familienlebens. Deutsche Akademie für soziale und pädagogische Frauenarbeit. Bd. 5. Berlin: Herbig Verlag.
Beck, Ulrich, 1986: Risikogesellschaft. Auf dem Weg in eine andere Moderne. Frankfurt a.M.: Suhrkamp.
Bien, Walter (Hg.), 1996: DJI-Familiensurvey 6, 1996: Familie an der Schwelle zum neuen Jahrtausend. Opladen: Leske + Budrich.
Braun, Lilly, 1979 (zuerst 1901): Die Frauenfrage. Berlin/Bonn: Verlag J.H.W. Dietz, Nachf. GmbH.
Brunner, Otto, 1956: Neue Wege der Sozialgeschichte. Vorträge und Aufsätze. Göttingen: Vandenhoeck & Ruprecht.
Buba, Hans Peter, Laszlo A. Vaskovics und *Frank Früchtel,* 1992: Wohnformen bei Jugendlichen und in der Postadoleszens. S. 381–394 in: *Jugendwerk der Deutschen Shell* (Hg.): Jugend '92. Lebenslagen, Orientierungen und Entwicklungsperspektiven im vereinigten Deutschland. Bd. 2: Im Spiegel der Wissenschaft. Opladen: Leske + Budrich.
Buba, Hans Peter, und *Norbert F. Schneider* (Hg.), 1996: Familie – zwischen gesellschaftlicher Prägung und individuellem Design. Opladen: Westdeutscher Verlag.
Büchner, Paul, Burkhard Fuhs und *Heinz-Hermann Krüger,* 1996: Vom Teddybär zum ersten Kuß. Wege aus der Kindheit in Ost- und Westdeutschland. Opladen: Leske + Budrich.
Bundesinstitut für Bevölkerungsforschung (BiB), 1992: BiB-Mitteilungen. Heft 3. Wiesbaden: Statistisches Bundesamt/Eigenverlag.
Bundesministerium für Familie und Senioren (BMFS), 1994: Fünfter Familienbericht: Familie und Familienpolitik im geeinten Deutschland – Zukunft des Humanvermögens. Bonn: Eigenverlag.
Bundesministerium für Familie, Senioren, Frauen und Jugend (BMFSFJ), 1998: Wohnen im Alter – 2. Altenbericht. Bonn: Eigenverlag.

Burkart, Günter, Beate Fietze und *Martin Kohli,* 1989: Liebe, Ehe, Elternschaft. Eine qualitative Untersuchung über den Bedeutungswandel von Partnerbeziehungen und seine demographischen Konsequenzen. Materialien zur Bevölkerungswissenschaft. Bd. 60. Wiesbaden: Boldt Verlag.
Chvojka, Erhardt (Hg.), 1992: Großmütter. Wien/Köln/Weimar: Böhlau Verlag.
Claessens, Dieter, und *Ferdinand W. Menne,* 1973: Zur Dynamik der bürgerlichen Familie und ihrer möglichen Alternativen. S. 313–346 in: *Dieter Claessens* und *Petra Milhoffer* (Hg.): Familiensoziologie – ein Reader als Einführung. Frankfurt a.M.: Fischer Taschenbücher.
Clason, Christine, 1989: Die Ein-Eltern-Familie oder die Ein-Elter-Familie? S. 413–422 in: *Rosemarie Nave-Herz* und *Manfred Markefka* (Hg.): Handbuch der Familien- und Jugendforschung. Bd. I: Familienforschung. Neuwied: Luchterhand Verlag.
Cooper, David, 1972: Tod der Familie. Hamburg: Rowohlt-Verlag.
Ehmer, Josef, 1990: Sozialgeschichte des Alters. Frankfurt a.M.: Suhrkamp.
Ehmer, Josef, 1991: Heiratsverhalten, Sozialstruktur, ökonomischer Wandel. Göttingen: Vandenhoeck & Ruprecht.
Engels, Friedrich, 1974 (zuerst 1884): Der Ursprung der Familie, des Privateigentums und des Staates. 12. Aufl. Berlin: Dietz.
Evans, Richard J., und *Robert Lee,* 1981: The German Family – Essays on the Social History of the Family in Nineteenth and Twentieth Century Germany. London: Croom Helm.
Fend, Helmut, 1990: Vom Kind zum Jugendlichen. Der Übergang und seine Risiken. Bern/Stuttgart/Toronto: Huber Verlag.
Freud, Sigmund, 1940/1965 (zuerst 1905): Gesammelte Werke. London: Imago Publications.
Freyer, Hans, 1955: Theorie des gegenwärtigen Zeitalters. Stuttgart: Deutsche Verlags-Anstalt.
Fthenakis, Wassilios E., 1998: Intergenerative familiale Beziehungen nach Scheidung und Wiederheirat aus der Sicht der Großeltern, Zeitschrift für Sozialisationsforschung und Erziehungssoziologie (im Druck).
Gastager, Heimo, und *Susanne Gastager,* 1973: Die Fassadenfamilie. Ehe und Familie in der Krise – Analyse und Therapie. München: Kindler.
Giddens, Anthony, 1996: Leben in einer post-traditionalen Gesellschaft. S. 113–194 in: *Ulrich Beck, Anthony Giddens* und *Scott Lash:* Reflexive Modernisierung – eine Kontroverse. Frankfurt a.M.: Suhrkamp.
Gilberg, Reiner, 1997: Hilfe und Pflegebedürftigkeit und die Inanspruchnahme von Hilfe- und Pflegeleistungen im höheren Lebensalter (Dissertation, hektographiertes Manuskript). Berlin.
Goode, William J., 1967: Soziologie der Familie. München: Juventa Verlag.
Haensch, Dieter, 1973: Zerschlagt die Kleinfamilie. S. 363–374 in: *Dieter Claessens* und *Petra Milhoffer* (Hg.): Familiensoziologie – ein Reader als Einführung. Frankfurt a.M.: Fischer Taschenbücher.
Hajnal, John, 1965: European Marriage Patterns in Perspective. S. 101–143 in: *David Victor Glass* und *David Edward Charles Eversley:* Populations in History. London: Arnold.
Hajnal, John, 1983: Two Kinds of Pre-industrial Household Formation System. S. 65–104 in: *Richard Wall, Jean Robin, Peter Laslett:* Family Forms in Historic Europe. Cambridge: University Press.
Hareven, Tamara K., 1996: Formen, Funktionen und Werte. S. 14–38 in: *Tamara K. Hareven* und *Michael Mitterauer* (Hg.): Entwicklungstendenzen der Familie. Wien: Picus-Verlag.
Herms-Bohnhoff, Elke, 1994: Hotel Mama. Warum erwachsene Kinder heute nicht mehr ausziehen. 6. Aufl. Zürich: Kreuz Verlag.
Hertel, Jürgen, 1997: Einnahmen und Ausgaben der privaten Haushalte 1993, Wirtschaft und Statistik 1997: 45–58.
Herzog, Walter, Edi Böni und *Joana Guldimann,* 1997: Partnerschaft und Elternschaft – die Modernisierung der Familie. Bern/Stuttgart/Wien: Paul Haupt.
Höpflinger, François, 1991: Neue Kinderlosigkeit. Demographische Trends und gesellschaftliche Spekulationen, Acta Demographica/Deutsche Gesellschaft für Bevölkerungswissenschaft 1: 81–100.
Hoffman, Lois Wladis, und *Martin L. Hoffman,* 1973: The Value of Children to Parents. S. 19–77 in: *James T. Fawcett* (Hg.): Psychological Perspectives on Population. New York: Basic Books.

Hoffmann-Riem, Christa, 1989: Elternschaft ohne Verwandtschaft: Adoption, Stiefbeziehung und heterologe Insemination. S. 389–412 in: *Rosemarie Nave-Herz* und *Manfred Markefka* (Hg.): Handbuch der Familien- und Jugendforschung. Bd. I: Familienforschung. Neuwied: Luchterhand Verlag.
Hondrich, Karl Otto, 1982: Sozialer Wandel als Differenzierung. Frankfurt a.M.: Campus Verlag.
Hubbard, William H., 1983: Familiengeschichte. Materialien zur deutschen Familie seit dem Ende des 18. Jahrhunderts. München: Beck'sche Verlagsbuchhandlung.
Huinink, Johannes, 1991: Familienentwicklung in der Bundesrepublik Deutschland. S. 239–317 in: *Karl Ulrich Mayer, Jutta Allmendinger* und *Johannes Huinink* (Hg.): Vom Regen in die Traufe – Frauen zwischen Beruf und Familie. Frankfurt a.M.: Campus Verlag.
Huinink, Johannes, 1995: Warum noch Familie? Zur Attraktivität von Partnerschaft und Elternschaft in unserer Gesellschaft. Frankfurt a.M.: Campus Verlag.
Huinink, Johannes, 1997: Elternschaft in der modernen Gesellschaft. S. 79–90 in: *Karl Gabriel, Alois Herlth* und *Klaus Peter Strohmeier:* Modernität und Solidarität. Konsequenzen gesellschaftlicher Modernisierung. Freiburg/Basel/Wien: Herder Verlag.
Huinink, Johannes, und *Karl Ulrich Mayer,* 1995: Gender, Social Inequality, and Family Formation in West Germany. S. 168–199 in: *Karen Oppenheim Mason* und *An-Magritt Jensen* (Hg.): Gender and Family Change in Industrialized Countries. Oxford: Clarendon Press.
Hullen, Gert, 1995: Der Auszug aus dem Elternhaus im Vergleich von West- und Ostdeutschland, Zeitschrift für Bevölkerungswissenschaft 2: 141–158.
Imhoff, Arthur, 1981: Die gewonnenen Jahre. München: Verlag C. H. Beck.
Inglehart, Ronald, 1979: Wertewandel in den westlichen Gesellschaften: Politische Konsequenzen von materialistischen und postmaterialistischen Prioritäten. S. 279–316 in: *Helmut Klages* und *Peter Kmieciak* (Hg.): Wertewandel und gesellschaftlicher Wandel. Frankfurt a.M.: Campus Verlag.
Kaufmann, Franz-Xaver, 1988: Familien und Modernität. S. 391–416 in: *Kurt Lüscher, Franz Schultheis* und *Michael Wehrspaun:* Die „postmoderne" Familie. Familiale Strategien und Familienpolitik in einer Übergangszeit. Konstanz: Universitätsverlag.
Kaufmann, Franz-Xaver, 1995: Zukunft der Familie im vereinten Deutschland: gesellschaftliche und politische Bedingungen. München: Verlag C.H. Beck.
Kaufmann, Franz-Xaver, 1996: Zur Lage der Familie und der Familienpolitik. S. 13–33 in: *Friedrich Wilhelm Busch* und *Rosemarie Nave-Herz* (Hg.): Ehe und Familie in Krisensituationen. Oldenburg: BIS-Verlag.
Klages, Helmut, 1984: Wertorientierungen im Wandel – Rückblick, Gegenwartsanalyse, Prognosen. Frankfurt a.M.: Campus Verlag.
Keiser, Sarina, 1992: Zusammenfassende Darstellung zentraler Ergebnisse des Familiensurveys-Ost. S. 151–186 in: *Hans Bertram* (Hg.): Die Familie in den neuen Bundesländern, DJI: Familien-Survey 2. Opladen: Leske + Budrich.
Kohli, Martin, 1997: Beziehungen und Transfers zwischen den Generationen: Vom Staat zurück zur Familie? S. 278–288 in: *Laszlo A. Vaskovics* (Hg.): Familienleitbilder und Familienrealitäten. Opladen: Leske + Budrich.
König, René, 1946: Materialien zur Soziologie der Familie. Bern: Francke Verlag.
König, René, 1969: Soziologie der Familie. S. 172–305 in: *René König* (Hg.): Handbuch der empirischen Sozialforschung. Bd. 2. Stuttgart: Enke Verlag.
Korczak, Dieter, 1979: Neue Formen des Zusammenlebens: Erfolge und Schwierigkeiten des Experiments „Wohngemeinschaft". Frankfurt a.M.: Fischer Verlag.
Laing, Ronald D., 1974: Die Politik der Familie. Köln: Kiepenheuer & Witsch.
Laslett, Peter (Hg.), 1972: Household and Family in Past Time. London/New York/Melbourne/Cambridge: University Press.
Laslett, Peter, 1995: Das dritte Alter – historische Soziologie des Alters. Weinheim/München: Juventa Verlag.
Lauterbach, Wolfgang, und *Kurt Lüscher,* 1996: Erben und die Verbundenheit der Lebensverläufe von Familienmitgliedern, Kölner Zeitschrift für Soziologie und Sozialpsychologie 48: 66–95.

Lee, Robert, 1981: Family and Modernisation: The Peasant Family and Social Change in Nineteenth-Century Bavaria. S. 84–119 in: *Richard J. Evans* und *Robert Lee:* The German Family – Essays on the Social History of the Family in Nineteenth and Twentieth Century Germany. London: Croom Helm.
Lenz, Karl, 1989: Jugendliche heute. Lebenslagen, Lebensbewältigung und Lebenspläne. Linz: Veritas Verlag.
Le Play, Frederic, 1879 (zuerst 1871): Les Ouvriers Européens. 2. Aufl. Paris: Mame.
Lepsius, M. Rainer, 1983: Die Bundesrepublik Deutschland in der Kontinuität und Diskontinuität historischer Entwicklungen: Einige methodische Entwicklungen. S. 11–19 in: *Werner Conze* und *M. Rainer Lepsius* (Hg.): Sozialgeschichte der Bundesrepublik Deutschland. Stuttgart: Klett-Cotta.
Limbach, Jutta, 1988: Die Entwicklung des Familienrechts seit 1949. S. 11–35 in: *Rosemarie Nave-Herz:* Wandel und Kontinuität der Familie in der Bundesrepublik Deutschland. Stuttgart: Enke Verlag.
Lüschen, Günther, 1988: Familial-verwandtschaftliche Netzwerke. S. 145–172 in: *Rosemarie Nave-Herz:* Wandel und Kontinuität der Familie in der Bundesrepublik Deutschland. Stuttgart: Enke Verlag.
Lüscher, Kurt, Franz Schultheis und *Michael Wehrspaun* (Hg.), 1988: Die „postmoderne" Familie. Familiale Strategien und Familienpolitik in einer Übergangszeit. Konstanz: Universitätsverlag.
Luhmann, Niklas, 1982: Liebe als Passion: Zur Codierung von Intimität. Frankfurt a.M.: Suhrkamp.
Maas, Ineke, Markus Borchelt und *Karl Ulrich Mayer,* 1996: Kohortenschicksale der Berliner Alten. S. 109–134 in: *Karl Ulrich Mayer* und *Paul B. Baltes* (Hg.): Die Berliner Altersstudie. Berlin: Akademieverlag.
Marbach, Jan, 1996: Familiale Lebensformen im Wandel/Einführung. S. 23–37 in: *Walter Bien* (Hg.): Familie an der Schwelle zum neuen Jahrtausend. DJI: Familien-Survey 6. Opladen: Leske + Budrich.
Maslow, Abraham H., 1977 (zuerst 1954): Motivation und Persönlichkeit. Reinbek: Rowohlt-Verlag.
Matthias-Bleck, Heike, 1997: Warum noch Ehe? Erklärungsversuche der kindorientierten Eheschließung (Dissertation). Bielefeld: Kleine Verlag.
Mayer, Karl Ulrich, 1996: Familie im Wandel in Ost und West am Beispiel Deutschlands. S. 13–29 in: *Wolfgang Edelstein, Kurt Krepner* und *Dietmar Sturzbecher* (Hg.): Familie und Kindheit im Wandel. Potsdam: Verlag für Berlin/Brandenburg.
Mayer, Karl Ulrich, und *Michael Wagner,* 1989: Wann verlassen Kinder das Elternhaus? – Hypothesen zu den Geburtsjahrgängen 1929–31, 1931–41, 1949–51. S. 17–37 in: *Alois Herlth* und *Klaus Peter Strohmeyer* (Hg.): Lebenslauf und Familienentwicklung. Opladen: Leske + Budrich.
Mayer, Karl Ulrich, Jutta Allmendinger und *Johannes Huinink* (Hg.), 1991: Vom Regen in die Traufe: Frauen zwischen Beruf und Familie. Frankfurt a.M./New York: Campus Verlag.
Mayer, Karl Ulrich, und *Paul B. Baltes* (Hg.), 1996: Die Berliner Altersstudie. Berlin: Akademieverlag.
Mayer, Karl Ulrich, und *Michael Wagner,* 1996: Lebenslagen und soziale Ungleichheit im hohen Alter. S. 221–275 in: *Karl Ulrich Mayer* und *Paul B. Baltes* (Hg.): Die Berliner Altersstudie. Berlin: Akademieverlag.
McIver, Robert, 1921: The Elements of Social Science. London.
Meulemann, Heiner, 1989: Jugend im allgemeinbildenden Schulsystem. S. 421–446 in: *Rosemarie Nave-Herz* und *Manfred Markefka* (Hg.): Handbuch der Familien- und Jugendforschung. Bd. II: Jugendforschung. Neuwied: Luchterhand Verlag.
Meyer, Thomas, 1992: Modernisierung der Privatheit. Differenzierungs- und Individualisierungsprozesse des familialen Zusammenlebens. Opladen: Westdeutscher Verlag.
Mitterauer, Michael, 1986: Sozialgeschichte der Jugend. Frankfurt a.M.: Suhrkamp.
Mitterauer, Michael, 1989: Entwicklungstrends der Familie in der europäischen Neuzeit. S. 179–194 in: *Rosemarie Nave-Herz* und *Manfred Markefka* (Hg.): Handbuch der Familien- und Jugendforschung. Bd. I: Familienforschung. Neuwied: Luchterhand Verlag.
Mitterauer, Michael, und *Reinhard Sieder,* 1977: Vom Patriarchat zur Partnerschaft. Zum Strukturwandel der Familie. München: Beck'sche Verlagsbuchhandlung.

Mitterauer, Michael, und *Reinhard Sieder* (Hg.), 1982: Historische Familienforschung. Frankfurt a.M.: Suhrkamp.
Moore, Wilbert Ellis, 1973: Strukturwandel der Gesellschaft. 3. Aufl. München: Juventa Verlag.
Nauck, Bernhard, 1989: Individualistische Erklärungsansätze in der Familienforschung: Die Rational-Choice-Basis der Familienökonomie, Ressourcen- und Austauschtheorien. S. 45–61 in: *Rosemarie Nave-Herz* und *Manfred Markefka* (Hg.): Handbuch der Familien- und Jugendforschung. Bd. I: Familienforschung. Neuwied: Luchterhand Verlag.
Nauck, Bernhard, 1991: Familien- und Betreuungssituationen im Lebenslauf von Kindern. S. 389–428 in: *Hans Bertram* (Hg.): DJI: Familien-Survey 1. Die Familie in Westdeutschland. Opladen: Leske + Budrich.
Nauck, Bernhard, 1993: Sozialstrukturelle Differenzierung der Lebensbedingungen von Kindern in West- und Ostdeutschland. S. 143–163 in: *Manfred Markefka* und *Bernhard Nauck* (Hg.): Handbuch der Kindheitsforschung. Neuwied: Luchterhand Verlag.
Nauck, Bernhard, und *Hans Bertram* (Hg.) 1995: Kinder in Deutschland. Lebensverhältnisse von Kindern im Regionalvergleich. DJI: Familien-Survey 5. Opladen: Leske + Budrich.
Nave-Herz, Rosemarie, 1984: Familiale Veränderungen in der Bundesrepublik Deutschland seit 1950, Zeitschrift für Sozialisationsforschung und Erziehungssoziologie 1: 45–63.
Nave-Herz, Rosemarie (Hg.), 1988a: Kinderlose Ehen – Eine empirische Studie über kinderlose Ehepaare und die Gründe für ihre Kinderlosigkeit. Weinheim: Juventa Verlag.
Nave-Herz, Rosemarie (Hg.), 1988b: Wandel und Kontinuität der Familie in der Bundesrepublik Deutschland. Stuttgart: Enke Verlag.
Nave-Herz, Rosemarie, 1989: Gegenstandsbereich und historische Entwicklung der Familienforschung. S. 1–18 in: *Rosemarie Nave-Herz* und *Manfred Markefka* (Hg.): Handbuch der Familien- und Jugendforschung. Bd. I: Familienforschung. Neuwied: Luchterhand Verlag.
Nave-Herz, Rosemarie, 1992: Frauen zwischen Tradition und Moderne. Bielefeld: Kleine Verlag.
Nave-Herz, Rosemarie, 1994: Familie heute: Wandel der Familienstrukturen und Folgen für die Erziehung. Darmstadt: Wissenschaftliche Buchgesellschaft.
Nave-Herz, Rosemarie, 1996: Zeitgeschichtliche Differenzierungsprozesse privater Lebensformen – am Beispiel des veränderten Verhältnisses von Ehe und Familie. S. 60–77 in: *Lars Clausen* (Hg.): Gesellschaften im Umbruch. Verhandlungen des 27. Kongresses der Deutschen Gesellschaft für Soziologie in Halle an der Saale 1995. Frankfurt a.M.: Campus Verlag.
Nave-Herz, Rosemarie, 1997a: Die Geschichte der Frauenbewegung in Deutschland. 5. Aufl. Hannover: Niedersächsische Landeszentrale für politische Bildung.
Nave-Herz, Rosemarie, 1997b: Die Hochzeit. Ihre heutige Sinnzuschreibung seitens der Eheschließenden: eine empirisch-soziologische Studie. Würzburg: Ergon Verlag.
Nave-Herz, Rosemarie, Marita Daum-Jaballah, Silvia Hauser, Heike Matthias und *Gitta Scheller,* 1990: Scheidungsursachen im Wandel. Bielefeld: Kleine Verlag.
Nave-Herz, Rosemarie, Corinna Onnen-Isemann und *Ursula Oßwald,* 1996: Die hochtechnisierte Reproduktionsmedizin. Struktuelle Ursachen ihrer Verbreitung und Anwendungsinteressen der beteiligten Akteure. Bielefeld: Kleine Verlag.
Nave-Herz, Rosemarie, und *Dirk Sander,* 1998: Ledige Erwachsene. Opladen: Campus Verlag.
Neidhardt, Friedhelm, 1975: Die Familie in Deutschland. Gesellschaftliche Stellung, Struktur und Funktion. 4. Aufl. Opladen: Leske + Budrich.
Onnen-Isemann, Corinna, 1995: Ungewollte Kinderlosigkeit und moderne Reproduktionsmedizin. S. 443–488 in: *Bernhard Nauck* und *Corinna Onnen-Isemann* (Hg.): Familie im Brennpunkt von Wissenschaft und Forschung. Neuwied: Luchterhand Verlag.
Ostermeyer, Helmut (Hg.), 1979: Ehe – Isolation zu zweit? Mißtrauen gegen eine Institution. Frankfurt a.M.: Fischer Taschenbücher.
Oswald; Hans, 1989: Intergenerative Beziehungen (Konflikte). S. 367–382 in: *Rosemarie Nave-Herz* und *Manfred Markefka* (Hg.): Handbuch der Familien- und Jugendforschung. Bd. II: Jugendforschung. Neuwied: Luchterhand Verlag.
Parsons, Talcott, 1964: Beiträge zur soziologischen Theorie. Neuwied: Luchterhand Verlag.
Pieper, Barbara, und *Michael Pieper,* 1975: Familie. Stabilität und Veränderung. München: Ehrenwirth.

Pikowsky, Birgit, und *Manfred Hofer*, 1992: Die Familie mit Jugendlichen – ein Übergang für Eltern und Kinder. S. 194–216 in: *Manfred Hofer, Elke Klein-Allermann* und *Peter Noack*: Familienbeziehungen. Göttingen: Verlag für Psychologie Hogrefe.
Reich, Wilhelm, 1969 (zuerst 1966): Die sexuelle Revolution. Frankfurt a.M.: Europäische Verlagsanstalt.
Reich, Wilhelm, 1970 (zuerst 1933): Charakteranalyse. Köln/Berlin: Kiepenheuer & Witsch.
Richter, Horst-Eberhard, 1970: Patient Familie. Entstehung, Struktur und Therapie von Konflikten in Ehe und Familie. Hamburg: Rowohlt-Verlag.
Richter, Horst-Eberhard, Hans Strotzka und *Jürg Willi*, 1976: Familie und seelische Krankheit. Hamburg: Rowohlt-Verlag.
Riehl, Wilhelm Heinrich, 1881 (zuerst 1855): Die Familie. Stuttgart: Cotta'sche Buchhandlung.
Rosenbaum, Heidi, 1982: Formen der Familie. Untersuchungen zum Zusammenhang von Familienverhältnissen, Sozialstrukturen und sozialem Wandel in der deutschen Gesellschaft des 19. Jahrhunderts. Frankfurt a.M.: Suhrkamp.
Rossi, Alice S., 1987: Parenthood in Transition: From Lineage to Child, to Self-Orientation. S. 31–81 in: *Jeanne Altmann* et al. (Hg.): Parenting Across the Life Span, Biosocial Dimensions. New York: de Gruyter.
Ruppert, Johann Peter, 1955: Sozialpsychologie im Raum der Erziehung. Weinheim: Beltz Verlag.
Salomon, Alice, (Hg.), 1931: Bestand und Erschütterung der Familie in der Gegenwart, Deutsche Akademie für soziale und pädagogische Frauenarbeit. Berlin: Herbig Verlag.
Schelsky, Helmut, 1960 (zuerst 1953): Wandlungen der deutschen Familie in der Gegenwart. 4. Aufl. Stuttgart: Enke Verlag.
Schmid-Thannenwald, Ingolf, und *Andrejs Urdze*, 1983: Sexualität und Kontrazeption aus der Sicht der Jugendlichen und ihrer Eltern. Schriftenreihe des Ministeriums für Jugend, Familie und Gesundheit. Bd. 132. Berlin: Kohlhammer.
Schneewind, Klaus, 1991: Familienpsychologie. Stuttgart: Kohlhammer.
Schneider, Norbert F., 1994: Familie und private Lebensführung in West- und Ostdeutschland. Eine vergleichende Analyse des Familienlebens 1970/1992. Stuttgart: Enke Verlag.
Schubert, Hans J., 1987: Zur Rolle der sozialen Beziehungsnetze in der Altenpflege, Zeitschrift für Gerontologie 5: 292–299.
Schütze, Yvonne, 1989: Individualisierung und Familienentwicklung im Lebensverlauf. S. 57–66 in: *Bundesministerium für Frauen, Familie Frauen und Gesundheit* (Hg.): 40 Jahre Bundesrepublik – zur Zukunft von Familie und Kindern. München: Verlag Deutsches Jugendinstitut e.V.
Schütze, Yvonne, und *Michael Wagner*, 1991: Sozialstrukturelle normative und emotionale Determinanten der Beziehungen zwischen erwachsenen Kindern und ihren alten Eltern, Zeitschrift für Sozialisationsforschung und Erziehungssoziologie 11: 295–313.
Schulz, Wolfgang, 1983: Von der Institution „Familie" zu den Teilbeziehungen zwischen Mann, Frau und Kind. Zum Strukturwandel von Ehe und Familie, Soziale Welt 34: 401–419.
Schulze, Hans-Joachim, Hartmut Tyrell und *Jan Künzler*, 1989: Vom Strukturfunktionalismus zur Systemtheorie der Familie. S. 31–44 in: *Rosemarie Nave-Herz* und *Manfred Markefka* (Hg.): Handbuch der Familien- und Jugendforschung. Bd. I: Familienforschung. Neuwied: Luchterhand Verlag.
Schumacher Jürgen, und *Randolph Vollmer*, 1982: Differenzierungs- und Entdifferenzierungsprozesse im Familiensystem. S. 213–345 in: *Karl Otto Hondrich* (Hg.): Soziale Differenzierung. Frankfurt a.M.: Campus Verlag.
Schwägler, Georg, 1970: Soziologie der Familie. Ursprung und Entwicklung. Tübingen: J. C. B. Mohr.
Schwarz, Karl, 1994: Untersuchungen und Ergebnisse der Familienforschung. S. 95–104 in: *Deutsche Nationalkommission für das Internationale Jahr der Familie*. Familienreport. Trier: Paulinus Druck.
Schwarz, Karl, 1995: Gefährdet der demographische Wandel die Altenpflege?, Sozialer Fortschritt 44, 10: 243–244.

Schweitzer, Rosemarie von, 1989: Vom Alt-europäischen hauswirtschaftlichen Denken zu statistisch repräsentativen Erhebungsmethoden in der Familienforschung. S. 115–130 in: *Rosemarie Nave-Herz* und *Manfred Markefka* (Hg.): Handbuch der Familien- und Jugendforschung. Bd. I: Familienforschung. Neuwied: Luchterhand Verlag.

Segalen, Martine, 1990: Die Familie. Geschichte, Soziologie, Anthropologie. Frankfurt a.M.: Campus Verlag.

Seidenspinner, Gerlinde, Angelika Burger und *Angelika Schretter,* 1982: Brigitte-Studie, Mädchen '82. Eine repräsentative Untersuchung über die Lebenssituation und das Lebensgefühl 15- bis 19jähriger Mädchen in der Bundesrepublik Deutschland. Hamburg, München: Deutsches Jugendinstitut/Verlag Gruner + Jahr.

Shell-Studie, 1982: Jugend '82. Lebensentwürfe, Alltagskulturen, Zukunftsbilder. 2. Aufl. Opladen: Leske + Budrich.

Shell-Studie, 1992: Jugend '92. Lebenslagen, Orientierungen und Entwicklungsperspektiven im vereinigten Deutschland. Opladen: Leske + Budrich.

Simm, Regina, 1991: Partnerschaft und Familienentwicklung. S. 318–340 in: *Karl Ulrich Mayer, Jutta Allmendinger* und *Johannes Huinink* (Hg.): Vom Regen in die Traufe: Frauen zwischen Beruf und Familie. Frankfurt a.M.: Campus Verlag.

Sinus-Institut, 1985: Sinus-Studie. Jugend privat – verwöhnt? Bindungslos? Hedonistisch? Bericht über die „verunsicherte Generation". Opladen: Westdeutscher Verlag.

Statistisches Bundesamt, 1994: Im Blickpunkt. Ältere Menschen in der Europäischen Gemeinschaft. Wiesbaden: Hermann Leins Verlag.

Statistisches Bundesamt, 1996: Fachserie 1 – Privathaushalte. Wiesbaden: Hermann Leins Verlag.

Stosberg, Manfred, 1995: Alter und Familie: zur sozialen Integration älterer Menschen – theoretische Konzepte und empirische Befunde. Frankfurt a.M.: Peter Lang Verlag.

Strohmeier, Klaus Peter, 1993: Pluralisierung und Polarisierung der Lebensformen in Deutschland, Aus Politik und Zeitgeschichte/Beilage zur Wochenzeitschrift „Das Parlament" (B 17): 11–29.

Thurnwald, Hilde, 1948: Gegenwartsprobleme Berliner Familien. Berlin: Weidmannsche Verlagsbuchhandlung.

Tölke, Angelika, 1993: Partnerschaft und Eheschließung – Wandlungstendenzen in den letzten fünf Jahrzehnten. S. 113–158 in: *Hans Bertram* (Hg.): Die Familie in Westdeutschland. DJI: Familien-Survey 1. Opladen: Leske + Budrich.

Tyrell, Hartmann, 1976: Probleme einer Theorie der gesellschaftlichen Ausdifferenzierung der privatisierten modernen Kleinfamilie, Zeitschrift für Soziologie 5: 393–417.

Tyrell, Hartmann, 1983: Zwischen Interaktion und Organisation – Die Familie als Gruppe. S. 362–390 in: *Friedhelm Neidhardt* (Hg.): Gruppensoziologie, Perspektiven und Materialien, Sonderheft 25 der Kölner Zeitschrift für Soziologie und Sozialpsychologie. Opladen: Westdeutscher Verlag.

Tyrell, Hartmann, 1985: Literaturbericht – Nichteheliche Lebensgemeinschaften in der Bundesrepublik Deutschland. S. 93–140 in: Schriftenreihe des *Bundesministerium für Jugend, Familie, Frauen und Gesundheit.* Bd. 170. Stuttgart: Kohlhammer.

Vaskovics, Laszlo A. (Hg.), 1997: Familienleitbilder und Familienrealitäten. Opladen: Leske + Budrich.

Vaskovics, Laszlo A., und *Norbert F. Schneider,* 1989: Ökonomische Ressourcen und Konsumverhalten. S. 403–418 in: *Rosemarie Nave-Herz* und *Manfred Markefka:* Handbuch der Familien- und Jugendforschung. Bd. II: Jugendforschung. Neuwied: Luchterhand Verlag.

Vaskovics, Laszlo A., Hans Peter Buba und *Frank Früchtel,* 1992: Postadoleszenz und intergenerative Beziehungen in der Familie. S. 395–408 in: *Jugendwerk der Deutschen Shell* (Hg.): Jugend '92: Lebenslagen, Orientierungen und Entwicklungsperspektiven im vereinigten Deutschland. Bd. 2: Im Spiegel der Wissenschaft. Opladen: Leske + Budrich.

Vaskovics, Laszlo A., und *Martina Rupp,* 1995: Partnerschaftskarrieren: Entwicklungspfade nichtehelicher Lebensgemeinschaften. Opladen: Westdeutscher Verlag.

Wagner, Michael, und *Johannes Huinink,* 1991: Neuere Trends beim Auszug aus dem Elternhaus, Acta Demographica/Deutsche Gesellschaft für Bevölkerungswissenschaft 1: 39–62.

Wissenschaftlicher Beirat für Frauenpolitik, 1993: Frauen im mittleren Lebensalter, Schriftenreihe des Bundesministerium für Frauen und Jugend. Bd. 13. Stuttgart/Berlin/Köln: Kohlhammer.

Wurzbacher, Gerhard, 1951: Leitbilder gegenwärtigen deutschen Familienlebens. Stuttgart: Enke Verlag.

Wurzbacher, Gerhard, 1987: Zur bundesdeutschen Familien- und Sozialisationsforschung in den Nachkriegsjahren, Zeitschrift für Soziologie: 223–231.

Zinnecker, Jürgen, Christine Strzoda und *Werner Georg*, 1996: Familiengründer, Postadoleszente und Nesthocker – eine empirische Typologie zu Wohnformen junger Erwachsener. S. 289–306 in: *Hans Peter Buba* und *Norbert F. Schneider* (Hg.): Familie – zwischen gesellschaftlicher Prägung und individuellem Design. Opladen: Westdeutscher Verlag.

DIE INTEGRATION ETHNISCHER MINORITÄTEN*

Hans-Joachim Hoffmann-Nowotny

Zusammenfassung: Die soziologische Frage nach der Integration ethnischer Minderheiten steht für eine Reihe gesellschaftlich brisanter Probleme, mit denen sich westliche Einwanderungsgesellschaften gegenwärtig konfrontiert sehen. Entsprechende Probleme traten allerdings in unterschiedlichen Kontexten auch bereits in der Vergangenheit auf, doch wurden sie von einer Soziologie, welche sich im klassisch modernisierungstheoretischen ‚main stream' bewegte, über weite Strecken ignoriert. Nicht zuletzt unter dem Druck gravierender Integrations- und Assimilationsprobleme, wie sie sich zuerst in amerikanischen Großstädten und schließlich auch in Europa stellten, entwickelte sich eine auf allgemeinen soziologischen Theorien fußende Migrationssoziologie, die das geschichtsphilosophische Modernisierungstheorem mit seinen ‚Prophezeiungen' durch bedingte, auf zunehmend gesicherten Diagnosen beruhende Prognosen ersetzte. Diese Entwicklung soziologischer Analyse wird in diesem Beitrag nachgezeichnet.

I. Einleitung

Die Soziologie muß sich den Vorwurf gefallen lassen, in ihren Analysen häufig nur Arrièregarde gesellschaftlicher Entwicklungen gewesen zu sein. Dies gilt auch für das Gebiet ethnischer Bewegungen und Minoritäten – ihrer selbst bewußter Vergemeinschaftungsformen also, die sich durch das auszeichnen, was einst Max Weber in seiner Begriffsbestimmung von Nationalismus und Ethnizität „Gemeinsamkeitsglaube" (Weber 1964: 305ff.) nannte.

Da es trotz eines verbreiteten Diktums doch richtig ist, daß man aus Fehlern und aus der Geschichte lernen kann, ist für die Soziologie die Antwort auf die Frage, wie es um soziologische *Diagnosen* und *Prognosen* im Bereich ethnischer Minderheiten bestellt war und ist, eine unabdingbare Voraussetzung, dem genannten Vorwurf in Zukunft besser begegnen zu können.

Beginnend mit den europäischen Klassikern der Soziologie werden im folgenden *theoretische Positionen* bis in die jüngste Vergangenheit und Gegenwart skizziert, die das Phänomen der ethnischen Minoritäten unter dem Aspekt ihrer Entstehung sowie ihrer Integration (bzw. Segregation) behandelt haben, und zwar mit Blick darauf, inwieweit die Soziologie Genese und Karriere ethnischer Minderheiten und den Verlauf interethnischer Beziehungen mehr oder weniger korrekt diagnostiziert und/oder auch prognostiziert hat. Eingeschlossen ist der Versuch zu ergründen, warum Diagnosen nicht gelangen oder Pro-

---

* Für die produktive Zusammenarbeit bei der Vorbereitung dieses Beitrages danke ich meinen Mitarbeitern, den Herren Andreas Gisler und Kurt Imhof, herzlich. Allfällige Mängel habe ich selbstverständlich allein zu vertreten.

gnosen falsch waren, oder schließlich auch, warum jedenfalls ex post konstatierbare Phänomene gar nicht erst ins Blickfeld der Soziologie gerieten.

Es sei jedoch vorweggenommen, daß die europäischen Klassiker der Soziologie (und im Anschluß an sie auch Parsons) auf der Basis ihrer Forschungsperspektive einen ‚major trend' prognostizierten, der dem Phänomen der ethnischen Minoritäten implizit keine Zukunft einräumte und die Virulenz interethnischer Beziehungen verkannte. Heute ist klar, daß sich das diskontinuierliche Aufleben von Ethnizität als gemeinschaftskonstituierende Ressource und nicht als bloßes Relikt der Vormoderne bzw. als Indikator für das Vergangene in der Gegenwart bezeichnen läßt (vgl. Abschnitte II und III). Dies gilt insbesondere für die im Lichte modernisierungstheoretischer Perspektiven und des ‚Melting-Pot-Paradigmas' formulierten Prognosen (vgl. Abschnitte IV und V). Mit der Relativierung des Modernitätsparadigmas im Kontext ethnischer Minderheitsphänomene, einer Relativierung, wie sie zuerst in der nordamerikanischen Minderheitenforschung zu beobachten ist und etwas später in Europa im allgemeineren Kontext der Migrationsforschung weitergetrieben wurde, geht eine nunmehr adäquate Analyse von Ethnisierungsprozessen einher, welche aber ‚bloß' noch bedingte Prognosen zu formulieren vermag (vgl. Abschnitte VI bis VIII).

II. Minderheitenproblematik in der Analyse der Klassiker

In der Begründung der *frühneuzeitlichen Staaten* spielte die *ethnische* Zusammensetzung der Untertanen – mit Ausnahme der Legitimation der ständischen Vorrechte des Adels – keine konstitutive Rolle. Die Inklusion der Untertanen basierte auf dem Prinzip der ständischen Stratifikation der Gesellschaft, die dem Einzelnen seinen Platz zuschrieb (Geiss 1988; Sundhaussen 1994). Die Legitimität der vormodernen Herrschaftsformen beruhte auf Erbverträgen, dem ‚göttlichen Recht' und dem ‚Recht des Eroberers'. Zwischen der charismatischen und der traditionalen Herrschaft – so kann man es mit Max Weber auf den Punkt bringen – oszilliert der *vor*moderne Vergesellschaftungsprozeß.

Dagegen sind die für die Konstitution *moderner Gesellschaften* wesentlichsten Differenzsemantiken *horizontal* orientiert. Sie begründen die Gesellschaften in der Moderne im Gegensatz zu den horizontal *und* vertikal orientierten ständisch-konfessionellen Differenzsemantiken der frühen Neuzeit als territorial fundierte, *nationalstaatliche* Sozietäten. Der Übergang von einer ständisch stratifizierten, religiös legitimierten *ungleichen* Sozietät zu einer *politisch verfaßten* und auf der staatsbürgerlichen *Gleichheit* ihrer Mitglieder beruhenden, bürgerlichen Gesellschaft erforderte mit der Definition *der*jenigen, welche gleich sind, und *des*jenigen, in welchem sie sich gleich sind, nun auch die säkulare Bestimmung *der*jenigen, welche dieser Gleichheit nicht teilhaftig werden.[1]

Historisch gesehen erwies sich der *Nationalismus* in seinen verschiedensten Färbungen einerseits als äußerst integrationsfähige Ideologie, die sowohl in der Form einer eher auf-

---

[1] Weil Identität („worin sie sich gleich sind") auf Differenz verwiesen ist, konstituiert sie – als ein auf der Basis von ‚Ideen' und ‚Interessen' gewachsenes historisches Produkt – eine affirmative Zugehörigkeit und damit einen Loyalitätsverband gegenüber dem „Fremden" in Form von In-Group/Out-Group-Relationen, die alle Vergesellschaftungsformen kennzeichnen. Zum Begriff der „Loyalität" im Kontext der Fremdbegegnung vgl. Schütz (1972: 67f.).

klärungsliberalen, demotischen Definition des Volksbegriffs, als auch in ihrer ethnisch-sprachnationalistischen Fassung ‚materielle Gewalt' annehmen konnte, andererseits forcierte er durch seine Differenzsemantiken ebenso entsprechende Exklusion. Nationalistische Differenzsemantiken bestimmten den modernen Nationalstaat mitsamt den bereits historisch gegebenen oder anzustrebenden Grenzen als kollektives Telos und integrierten die Untertanen zum Staatsvolk.[2] Damit erreicht das Nationalstaatsprinzip als gleichzeitiger Ausdruck der *Staats- und Volkssouveränität* in doppelter Hinsicht ‚universale Geltung'.

Diese Wirkmächtigkeit des Nationalstaats bzw. seine faktische Höherrangigkeit gegenüber anderen sozialen Organisationsformen läßt sich mit Max Weber durch die Verbindung der *Vergemeinschaftungsidee* der Nation mit der *Ordnungsidee* und den *Machtmitteln* des Staates begründen (Lepsius 1990: 233). Beide Ideen ergänzen sich insofern, als die Idee der Nation als Bezugskern der sozial wirksamsten Differenzsemantiken in der Moderne – gleich dem „ethnischen Gemeinsamkeitsgefühl" – „die Vorstellung der Abstammungsgemeinschaft und einer Wesensähnlichkeit (unbestimmten Inhalts) einschließt" (Weber 1964: 675f.). An der Konzeptualisierung des modernen Nationalstaats läßt sich – wie etwa Esser (1988) bereits herausgearbeitet hat – exemplarisch zeigen, wie in der Gegenüberstellung von „rational versachlichtem Gesellschaftshandeln" (Weber 1964: 307) und „affektuellem" bzw. „emotionalem" (ebd.: 17f.) Gemeinschaftshandeln Max Weber die ‚Kulturentwicklung' verzeitlicht. Je geringer die Verbreitung „rational versachlichten Gesellschaftshandelns", desto mehr sieht Weber die Sozietät auf ein „übergreifendes Gemeinschaftsbewußtsein" auf der Basis eines „ethnischen Gemeinsamkeitsglaubens" angewiesen (ebd.: 307). In dieser Interpretation wird der „ethnische Gemeinsamkeitsglaube" zu einem irrationalen Überbleibsel (Weber 1964: 307; Sigmund und Utz 1994: 34), mehr noch: Ethnizität wird zu einem *Indiz* für die voranschreitende Rationalisierung, da Max Weber ethnische Gemeinschaftsbildungen als Fluchtversuche vor der ständig zunehmenden Versachlichung aller Sozialbeziehungen deutet. Ethno-nationalistische Konstrukte werden so zur *regressiven Kompensation* in einer in den „kalten Skeletthänden rationaler Ordnungen" (Weber 1973: 469) erstarrten Welt,[3] sind aber nicht auf Dauer gestellt. Der Nationalstaat, so könnte man Weber mit Tönnies übersetzen, schafft so die Kohabitation von „Gemeinschaft" und „Gesellschaft".

Die auch bei Tönnies noch sich abfolgenden Interaktionsformen[4] von Gemeinschaft

---

2 Die Devise „Jede Nation ein Staat – jeder Staat ein nationales Wesen" (Bluntschli 1875: 107) bildet den Kern der Staats- und Völkerrechtslehre.

3 Dazu: Habermas (1981: 201ff.), Lepsius (1990: 44ff.). Evident wird die Verbindung der Rationalisierungstheorie mit einer Entwicklungsperzeption auch darin, daß Max Weber im Unterschied zu seinem religionssoziologischen Werk die Dialektik von Ideen und Interessen zugunsten der Interessen verschiebt. Wenn man Webers Gesamtwerk anhand seiner Behandlung des Spannungsverhältnisses von Ideen und Interessen betrachtet, dann fällt sofort auf, daß er in der Religionssoziologie bzw. bis zum Durchbruch der Moderne das Verhältnis von Ideen und Interessen mehrheitlich reduktiv zugunsten der Wertsphäre auflöst (Tenbruck 1975: 685f.; Joas 1992: 38).

4 Auch Tönnies diagnostiziert für die soziale Entwicklung in der zweiten Hälfte des 19. Jahrhunderts eine immer größer werdende Dominanz des ausschließlich nach Vernunftkriterien ausgerichteten Zusammenlebens. Doch in Wahrheit – und dies steht für Tönnies bereits mit der Formulierung des Ursprungsmotivs seines Denkens fest – benennt dieser Befund nur eine Seite der sozialen Wirklichkeit. Die uns aus der Geschichte des Mittelalters entgegentretenden Lebensformen seien für „uns als Volk" zwar „unwiderbringlich verloren", und doch führe auf sie, als der Verkörperung

und Gesellschaft prägten die Soziologie. Die Dialektik von Gemeinschaft und Gesellschaft wurde von den Klassikern ebenso wie – in deren Nachfolge – von der Soziologie des 20. Jahrhunderts sukzessive zugunsten letzterer aufgelöst, auf diese Weise die soziologische Grundfrage nach den *gemeinschaftlichen Voraussetzungen* moderner funktional differenzierter *Gesellschaften* (Honneth 1993; Merz-Benz 1995) vom Zentrum an die Peripherie soziologischer Reflexion drängend (Imhof 1996, 1997).

Auch Durkheim diagnostizierte in seinem Werk zur Arbeitsteilung, daß das Kollektivbewußtsein (im Sinne der mechanischen Solidarität) „in dem Maß schwächer und undeutlicher wurde, in dem sich die Arbeitsteilung entwickelte" (Durkheim 1992: 344). Die Integration moderner Gesellschaften basiert nach Durkheim deshalb auf der Entstehung einer neuen Moral, welche sich aus den immer vielfältiger werdenden (vertraglichen) Beziehungen (im Kontext der fortschreitenden Arbeitsteilung) ergibt. Zwar räumt Durkheim ein, daß der von ihm konstatierte evolutionäre Prozeß durch ein bestehendes starkes (mechanisches) Kollektivbewußtsein gebremst werden kann, doch in keiner Weise ist in seinem Gesellschaftsmodell die gegenläufige Entwicklung vorgesehen, wonach eine Verstärkung, Revitalisierung oder gar die Bildung eines Kollektivbewußtseins entstehen kann (vgl. Durkheim 1992: 314ff.).

Entgegen dieser Forschungsperspektive der Soziologie erreichte die Problematik der *nationalen* Minderheiten im Zeitalter des (ethnisch unterlegten) sekundären Nationalismus (vgl. Alter 1985; Winkler 1985) bzw. im Imperialismus (Mommsen 1969) in ganz Europa, insbesondere jedoch in den Vielvölkerstaaten, eine massiv erhöhte Bedeutung, die sich mit dem Ersten Weltkrieg noch steigerte. In Anlehnung an völkerrechtliche Minderheitenschutzbestimmungen, die in der Regelung der Diasporaproblematik ihren Ursprung haben (erstmals bezüglich der inkorporierten Einwohner Livlands im Frieden von Oliva 1660), wurde nach dem Ersten Weltkrieg das ‚Minderheitenproblem' verstärkt unter dem Aspekt des politischen und rechtlichen Schutzes der *nationalen* Minderheiten behandelt. Mit dem Ende des Ersten Weltkrieges verstärkt sich allerdings auch die ungelöste Ambivalenz, die der Problematik der nationalen Minderheiten seit der Genese der national konstituierten Flächenstaaten eigen ist: Das Prinzip des kulturell-sprachlichen Schutzes der nationalen Minderheiten und das zuerst von Lenin propagierte und danach von Wilson aufgenommene *Selbstbestimmungsrecht der Völker* prägt in Europa die Diskussion der Minderheitenproblematik bis in die Gegenwart, wie das Beispiel des ehemaligen Jugoslawien zeigt.

III. Migrationsbedingte Minderheitenproblematik in der Analyse der Klassiker

Minderheiten entstanden allerdings nicht nur im Rahmen der Etablierung von Nationalstaaten – auch wenn sie dort *unübersehbar* in Erscheinung traten –, sondern ebenso durch Wanderungen im Zuge der Industrialisierung. Bereits Francis (1965: 123) wies darauf hin, daß es sich bei ethnischen Minderheiten nicht um ein „homogenes Phänomen" handelt, „sondern daß sich deutlich mehrere Arten von Minderheiten unterscheiden lassen". Auf einer allgemeinen Ebene läßt sich zwischen primären und sekundären (Lepsius 1986)

---

der „Wachstums- und Blütezeit unseres Volkes", unsere jetzige Existenz vollumfänglich zurück (vgl. Tönnies und Paulsen 1961: 61; sowie gesamthaft Merz-Benz 1995: 48ff.).

bzw. traditionellen und neuen Minderheiten (Heckmann 1991) unterscheiden.[5] Primäre Minderheiten stellen in einem bestimmten Territorium die Mehrheit und zeichnen sich durch ein tradiertes Minderheitenbewußtsein aus. Sie verfügen über eigene Institutionen, sind politisch und kulturell organisiert und sind oft durch ausdifferenzierte Repräsentationsformen in die Gesellschaft integriert. Sekundäre – durch Migration entstandene – Minderheiten hingegen sind in all diesen Merkmalsausprägungen *grundsätzlich* defizient. Allerdings können auch sekundäre Minderheiten im Laufe der Zeit (etwa durch Ghettobildung und funktionale Segregation) Züge von primären Minderheiten annehmen. Der Fokus dieses Beitrages richtet sich auf moderne Migrationsgesellschaften und damit auf entsprechende ‚sekundäre' Minderheitenphänomene. Solche waren nun durchaus auch zu Zeiten der Klassiker zu beobachten. Z.B. lebten in Deutschland zu Beginn des Ersten Weltkrieges rund zwei Millionen Arbeiter, insbesondere aus Polen, daneben aber auch aus Rußland, Österreich-Ungarn und Italien[6] (Spaich 1991: 102).

Bei Weber, Tönnies oder Durkheim läßt sich keine adäquate Auseinandersetzung mit diesem Phänomen finden. Die Mobilisierung des Produktionsfaktors Arbeit trat (außer bei Weber) nicht als etwas in den Fokus der Analysen, das potentiell interethnische Konflikte schafft oder zur Minderheitenbildung Anlaß gibt. Der junge Max Weber wurde zwar 1892 vom Verein für Socialpolitik damit beauftragt, die Untersuchungen zur Lage der Landarbeiter im Deutschen Reich (Erhebung Dez. 1891 – Feb. 1892) auszuwerten; allerdings liegt in dieser Arbeit keine systematische Auseinandersetzung mit Migrations- und Integrationsphänomenen vor. Das Projekt hatte primär eine ökonomische Orientierung und wollte Licht in die Probleme der bäuerlichen Landwirtschaft bringen.

Vor allem in den Ostprovinzen war die sogenannte ‚Leutenot' – bewirkt durch die Aus- und Abwanderung deutscher Landarbeiter – ein vordringliches Problem und führte zu einem verstärkten Zuzug polnischer Wanderarbeiter.[7] Insbesondere Max Weber forderte,

---

5 Heckmann (1992) schlägt in seiner Typologie neben nationalen und migrationsbedingten Minderheiten noch eine dritte Kategorie vor, welche im Kontext des Kolonialismus entstanden ist.

6 Von besonderer Bedeutung für Deutschland war damals die Zuwanderung der sogenannten ‚Ruhrpolen'. Die ersten Gruppen kamen bereits 1870/71 aus dem preußischen Osten in das Ruhrgebiet, wobei die Wanderung durch eine gezielte Anwerbung der Bergbauindustrie initiiert wurde. Der Zuwanderungsstrom riß bis zum Beginn des ersten Weltkrieges nicht ab und umfaßte neben Bergarbeitern aus Oberschlesien bald auch Landarbeiter aus den agrarischen Provinzen Ostpreußen, Westpreußen und Posen. Die Zahl dieser Zuwanderer belief sich auf 350.000–500.000. Trotz der relativ guten Rechtsstellung als preußische (und damit auch reichsdeutsche) Staatsbürger waren die ‚Ruhrpolen' Schikanen und Diskriminierungen ausgesetzt und fristeten somit ein klassisches Minderheitendasein. Gerade weil ihre Rechtsstellung die Möglichkeit zur Organisation und Interessenwahrnehmung eröffnete, war zwar einerseits die Erhaltung und Bestärkung einer polnischen Identität möglich; andererseits führten die gewerkschaftlichen, politischen und kirchlichen Aktivitäten letztlich aber auch zu einer wachsenden sozialen Integration der ‚Ruhrpolen', was sich auch deutlich in einer steigenden Zahl deutschpolnischer Mischehen und Namensänderungen ausdrückte (vgl. Kleßmann 1992).

7 Die grundsätzlichen Ursachen der Wanderungsbewegungen waren für Weber rein ökonomischer Natur, Stichwort: Lohnniveau. Die deutschen Landarbeiter konnten bei ihren höheren Lebenskosten (ganzjährig) nicht mit den nur saisonal angestellten polnischen Arbeitern konkurrieren und wanderten sukzessive ab. Weber machte – in Anbetracht der von ihm ausgewerteten Daten – im wesentlichen den Großgrundbesitz für diese Entwicklung verantwortlich und bezeichnete ihn als den ‚gefährlichsten Feind unserer Nationalität', da er unser ‚größter Polonisator' sei (Weber, MWG 1993, I/4/1, S. 177).

daß diese Situation nicht nur aus der Warte der Wirtschaft (polnische Landarbeiter sind billiger als deutsche), sondern vorrangig aus der Sicht der Nationalitätenpolitik betrachtet werde. In seiner Rolle als politischer Wortführer in dieser Angelegenheit machte Max Weber denn auch kein Hehl daraus, daß es ihm hier in erster Linie um den drohenden Verlust deutscher Kultur ging, den es seiner Meinung nach zu verhindern galt. Seine bedingte Prognose (sofern keine staatlichen Schritte unternommen würden) lautete in diesem Sinne: „Auf die Dauer ist die Polonisierung des Ostens, wenn es so weitergeht, absolut nicht auszuschließen, wir mögen noch so viel Grundbesitz in deutsche Hände überführen. Die Entscheidung der Frage der Nationalität des platten Landes hängt auf die Dauer nicht von der Abkunft der besitzenden Schichten, sondern von der Frage ab, welcher Nationalität das Landproletariat angehört. Wir werden im Osten denationalisiert, und das ist keineswegs eine bloße Nationalitätensorge, sondern das bedeutet: es wird unser Kulturniveau, der Nahrungsstand der Landbevölkerung und ihre Bedürfnisse herabgedrückt auf das Niveau einer tieferen, östlicheren Kulturstufe" (Weber, MWG 1993, I/4/1, S. 176).

Zumindest als Marginalie und immerhin im Rahmen seiner soziologischen Theorie finden die Wanderungen und ihre Konsequenzen bei Emile Durkheim Erwähnung (1992: 2. und 3. Kapitel). Durkheim macht diese Ausführungen zur Illustration des durch eine Abnahme der individuellen und sozialen Bindungen sowie durch eine Schwächung der sozialen Kontrolle gekennzeichneten, auf „organischer Solidarität" beruhenden Gesellschaftstyps. Nach Durkheims Meinung verstärken Wanderungen den Prozeß der „Schwächung aller Traditionen" (1992: 355), und zwar einmal, weil die von ihm beobachteten Wanderungen vor allen Dingen in die Städte führen, in denen „der Mensch viel weniger dem Joch des Kollektivs unterworfen" ist (1992: 360), und zum anderen, weil durch Wanderungen die Stränge der Übermittlung von Traditionen geschwächt oder zerschnitten werden. Die Bedingungen der „Revitalisierung" solcher Traditionen im Rahmen einer Minderheitenbildung kommen jedoch nicht zur Sprache.

Bei Georg Simmel (1992) finden sich zwar sehr subtile Bemerkungen über den „Fremden", auf die das Konzept des „marginal man" zurückgeht, d.h. eine Analyse der komplexen Verhaltensdispositionen von Migranten zwischen der Herkunftskultur und der Kultur im Migrationsland (vgl. dazu auch Stonequist 1937). Auf die zu seiner Zeit stattfindenden Massenwanderungen und das Problem der Integration der Einwanderer geht er aber nicht ein.

Dies unternimmt, allerdings auch nur kursorisch, Ferdinand Tönnies (1926: 1–18), wenn er auf die Wanderungen der Polen vom Osten in den Westen des Deutschen Reiches sowie auf die Überseewanderung zu sprechen kommt. Eine naheliegende Einbettung des Integrationsthemas in die Theorie von „Gemeinschaft und Gesellschaft" findet jedoch nicht statt. Immerhin vermerkt Tönnies bei seiner Beschreibung des Fremden als eines Typs des individuellen Menschen, daß es dereinst ein „besonderer und wichtiger Gegenstand soziologisch-historischer Forschung" sein werde, „den Wanderungen überhaupt, ihren Ursachen und Wirkungen generell – empirisch ‚naturwissenschaftlich' – nachzugehen" (Tönnies 1935: 311).

Gewissermaßen (noch) nicht im ‚major trend' der Klassiker standen die Österreicher Gumplowicz und Ratzenhofer.[8] Beide waren in Comtes Tradition einer ‚sozialen Physik'

---

8 In Ratzenhofers Sicht stellen alle (kosmischen) Erscheinungen (natürliche und soziale) letztlich

zu einem ‚sozialen Darwinismus' vorgestoßen, mit der Vorstellung, daß die Naturgesetze in entsprechender Auffassung auch soziologische Gesetze seien (vgl. Knoll et al. 1981: 62). So liegt Vergesellschaftungsprozessen nach Gumplowicz kein linearer Fortschrittsgedanke zugrunde; was auftritt, sind bloß neue Gedankenformen, während der Gedankeninhalt stets derselbe bleibt. Auf den ‚Rassenkampf' bezogen bedeutet dies für Gumplowicz, daß stets neue ethnische Elemente emporkommen, ihren Einfluß geltend machen, einen Einfluß, „der immer und überall kulturbringend, zivilisatorisch ist – indem er amalgamiert, das Heterogene verschmilzt, Teilung der Arbeit durchführt, Kultur fördert, Rassen bildet. Und immer wieder dasselbe Sichausleben der einen Kultur, ihr Verfall unter den Streichen aufstrebender ‚Barbarei' und von neuem wieder derselbe Prozeß auf höherer ethnischer Staffel mit höheren, sozial und national potenzierten Gesamtheiten" (Gumplowicz 1986: 142). Gumplowicz betont explizit, daß das Resultat dieses Prozesses jeweils weder als ‚Fortschritt' noch als ‚Verfall und Rückschritt' zu deuten sei. „In Wahrheit ist's nicht das eine und nicht das andere, es ist immer dasselbe – wie könnte es auch anders sein? – es ist immer derselbe Naturprozeß, dessen Formen wohl unwesentliche Änderungen aufweisen, dessen Szenerie in verschiedenen Weltgegenden zu verschiedenen Zeiten sein kann, dessen Wesen aber immer dasselbe bleibt" (Gumplowicz 1986: 143). Die Triebfeder dieses Prozesses, den Gumplowicz als ‚Kreislauf der Entwicklung' umschrieben hat, ist letztlich die Abhängigkeit des Menschen von physischen Bedürfnissen.

Ausschlaggebend für den *geringen Stellenwert*, den im allgemeinen ethnische Minderheiten und im speziellen wanderungsbedingte ethnische Minderheiten im Kontext nationalistischer Kollektividentitäten in den klassischen Gesellschaftstheorien einnehmen, ist allem Anschein nach die *modernisierungstheoretische Perspektive*, in die zentrale Begriffspaare der klassischen Makrotheorie eingelassen sind. Zu denken ist hier an Marxens Konzept der „religiösen", „politischen" und „menschlichen Emanzipation", wie er es für die Arbeiterbewegung richtungweisend in der Thematisierung der Judenfrage entwickelt hat,[9] an Tönnies „Gemeinschaft und Gesellschaft" (mit Einschränkungen), an Durkheims „mechanische und organische Solidarität" und an Webers Begriffe der „traditionalen und charismatischen Herrschaft" gegenüber der modernen „legalen Herrschaft". Diese Entwicklungsbegriffe und Dualismen konzipieren den sozialen Wandel als „Emanzipation", „Kulturentwicklung", „Entzauberung", „Rationalisierung", „Differenzierung" oder „Vergesellschaftung", mit anderen Worten: als *Fortschrittsprozeß*, der das Individuum sukzessive von seinen ethnisch-partikulären Bindungen befreit.

Wir sind also mit dem bemerkenswerten Sachverhalt konfrontiert, daß das Phänomen

---

Entwicklungsformen der Schöpfung in einem umfassenden Sinne dar. Ratzenhofer wollte hier den „entscheidenen Schritt" tun, um diesen „inneren Zusammenhang der Erscheinungen zu zeigen" und insofern darzulegen, daß „soziale Erscheinungen ebenso Entwicklungsformen der biologischen Wesenheit sind wie z.B. die physiologischen Erscheinungen Entwicklungsformen des Chemismus" (Ratzenhofer 1898: 108). Diese Vorstellung eines Hervorgehens von ‚weltlichen' Realitäten aus einem höheren Zusammenhang (Schöpfung) hat Merz-Benz (1991) treffend als ‚biologischen Emanatismus' bezeichnet.

9 Die Arbeiterbewegung orientierte sich auch im Kontext des sekundären Nationalismus hauptsächlich an einem klassenantagonistisch orientierten Universalismus. Gegen das in der Tradition der Marxschen Thematisierung der Judenfrage stehende Emanzipationskonzept der Sozialdemokratie (religiöse, politische und menschliche Emanzipation: Marx 1972) konnten sich die insbesondere im Austromarxismus ausgearbeiteten Ansätze, die den national-kulturellen Minderheiten Autonomie zubilligten, nicht durchsetzen.

‚ethnische Minoritäten' von den Klassikern der Soziologie in ausgeprägtem Maße in einer Weise thematisiert wurde, die offensichtlich im Gegensatz zu der zu ihrer Zeit faktisch *wachsenden* politischen Virulenz ethnischer – insbesondere ethno-nationalistischer – Ein- und Ausgrenzungen stand. Marx, Durkheim, Weber und Tönnies analysierten Minderheiten ethnischen wie religiösen Typs – soweit sie solche überhaupt explizit ansprachen – in erstaunlicher Konsequenz durchgängig auf der Basis eines *Modernisierungsparadigmas* und verzeitlichten dadurch das Phänomen als Vergangenheit in der Gegenwart.[10]

Kurz: Den soziologischen Klassikern ist sowohl eine unzureichende Diagnose als auch eine falsche Prognose der faktischen Entwicklungen im Bereich der Minderheiten zu bescheinigen.

IV. Die Fortsetzung der „klassischen" Perspektiven bei Talcott Parsons

Der bei den Klassikern angelegte *Entwicklungsdeterminismus* fand nach dem Zweiten Weltkrieg durch das Werk von Talcott Parsons seine klarste Ausformulierung. Mit Rückgriff auf Weber und Durkheim verknüpfte Parsons die *Rationalisierung* des Handelns und der sozialen Beziehungen, die *funktionale Differenzierung* der Gesellschaft in spezialisierte Teilsysteme und die *Individualisierung* zu einer noch weiter vorangetriebenen *Modernisierungsaxiomatik.*

Vorweg sei erwähnt, daß sich auch Parsons in seinem Werk kaum mit der Frage nach der Integration ethnischer Minderheiten befaßte, obwohl auch er durch die aktuellen Ereignisse der Bürgerrechtsbewegung und des ‚Ethnic Revival' mit diesem Phänomen konfrontiert war. Nun darf man Parsons jedoch nicht vorwerfen, er habe die Möglichkeit einer gesellschaftlichen Ausgrenzung von ethnischen Minderheiten in einer modernen Gesellschaft per se ausgeschlossen. Es ist bei ihm theoretisch durchaus vorgesehen, daß das soziale System, welches zuständig ist für die Integration der anderen Teilsysteme, nicht in der Lage ist, alle ‚Funktionsstörungen' für alle Mitglieder befriedigend zu lösen. So können einzelne Individuen oder auch ganze Gruppen durch solche Funktionsstörungen (bzw. aus der Balance geratene Handlungssysteme) einer Spannung ausgesetzt werden, die schließlich zu ihrer Desintegration führt (vgl. Parsons 1991: 29). Eisenstadt (1954) hat in seinen Ausführungen über die Auswanderungsmotive von Migranten auf solche Funktionsstörungen eines sozialen Systems hingewiesen.[11]

Wichtiger im Kontext unserer Fragestellung ist jedoch der Umstand, daß nicht alle Gesellschaften gleichermaßen differenziert sind, d.h. nicht alle Gesellschaften die gleiche

---

10 Dabei handelt es sich hier evidentermaßen um die eine Hälfte des generellen zentralen Problems der Soziologie, nämlich das *Dilemma* zwischen „gemeinschaftlicher" Sozialintegration einerseits und „gesellschaftlich" individueller Entfaltung andererseits, das Thomas Hobbes einst (‚Leviathan' 1651) in Reaktion auf den religiösen Bürgerkrieg für die Theoriegeschichte der Soziologie richtungweisend definiert hat.

11 So kann etwa die ungenügende Befriedigung der rein physischen Bedürfnisse Hauptursache für Migration sein. Aber auch das Gefühl, seine Ziele nicht erreichen zu können, der Verlust von solidarischen Beziehungen oder die Unmöglichkeit, sein Leben nach eigenen Wertvorstellungen zu gestalten, können Wanderungsmotive sein (vgl. Eisenstadt 1954: 3). Letztlich stellen diese Motive allesamt unerfüllte Erwartungen dar. Die Herkunftsgesellschaft hat in diesem Falle als soziales System eine nicht für alle Mitglieder genügende Integrationsleistung erbracht.

Struktur aufweisen. Gerade dieses Problem stellt sich oftmals bei der Integration einer (eingewanderten oder bereits seit längerer Zeit ansässigen) ethnischen Minderheit, was Parsons (1991: 188) durchaus erkannt hat, wenn er betont: „Ethnic subdivisions within such a society [industrialisierte Gesellschaft; H.-N.] are not, as such, in harmony with its main structural patterns and hence create strains." Trotz dieser Einschätzung gelangt Parsons dann bei der konkreten Frage nach der Integration der Schwarzen in den USA überraschend auf einen schon fast kommunitaristischen Argumentationspfad, indem für ihn „the healthiest line of development will not be only the preservation, but the actual building up, of the solidarity of the Negro community and of the sense that being a Negro has positive value" (Parsons 1967: 464). Zu diesem Schluß kommt Parsons allerdings nicht durch eine konsequente Anwendung seiner Theorie, sondern vielmehr durch einen soziologisch-historischen Vergleich mit den Integrationsprozessen anderer Minderheiten in den USA, wie den Juden und den Katholiken.

Grundsätzlich ist zu betonen, daß Integration bei Parsons letztlich durch die theoretische Prämisse der Systemerhaltung (Fortbestehen und Stabilität der Gesellschaft) determiniert wird. Diese allgemeine Annahme – in Verbindung mit der Parsonsschen Modernisierungsaxiomatik – reicht allerdings kaum aus, den Integrationsprozeß ethnischer Minderheiten in ausreichender Weise zu diagnostizieren bzw. zu prognostizieren. Einerseits entziehen in dieser Perspektive die modernen ‚Systemzwänge' den als ‚irrational' geltenden Ein- und Ausgrenzungen ethnischen und nationalistischen Typs sukzessiv die Basis. Andererseits soll die Modernisierung auch dafür sorgen, daß die Verteilung von Macht- und Statuspositionen immer mehr gemäß erwerbbaren, also universalistischen *Leistungs*kriterien erfolgt (Esser 1988: 237).

Damit hat sich die Modernisierung vom *problemverursachenden* Faktor, der bei Durkheim und Weber noch soziale Spannungen und Fluchtbewegungen erzeugt, zur *Problemlösung* verwandelt. Soziale Schließungsprozesse auf der Basis nicht erwerbbarer, askriptiver Kriterien sind nun endgültig Indikatoren für das *Vergangene in der Gegenwart*. Das westliche Gesellschaftsmodell steht in dieser Perspektive in einem kontinuierlichen Fortschrittsprozeß, während es für den ‚Rest der Welt' gleichzeitig die *Zukunft in der Gegenwart* verkörpert.[12] Im Anschluß an Parsons' Modernisierungstheorie unterzieht Bendix (1967) die ‚mechanistische' Modernisierungsthese in seinem Essay ‚Tradition and Modernity Reconsidered' einer differenzierteren Betrachtung, indem Industrialisierung und Demokratisierung nun nicht mehr als unabdingbare Modernisierungsschritte im Evolutionsprozeß schlechthin verstanden werden, sondern im Gegenteil auf die „Große Dichotomie" – wie Hans-Ulrich Wehler (1975: 16) es nannte – von *Traditionalität und Modernität* verwiesen wird.

---

[12] Es ist wohl nicht nur Zufall, daß die Verbreitung dieser Sicht der Moderne in das Zeitalter des Kalten Krieges fällt. Im ‚Kampf der Systeme' steht der ‚gute' Nationalstaat des Westens für die universalistische und freiheitliche Gesellschaft, die es in der Dritten Welt im Prozeß des ‚Nation Building' nachzubauen gilt (Richter 1994: 304). Im Ost-West-Dualismus wird, mit anderen Worten, die Weltgesellschaft entdeckt, deren Nationalstaaten einem *Modernisierungsprozeß* unterliegen, der sie allesamt zu *universalistischen Staatsbürgernationen* formen wird.

V. Integrationsforschung im Banne des amerikanischen Assimilationsparadigmas

Auf der Basis der fortschritts- und modernisierungstheoretischen Annahmen dominierte in der nordamerikanischen Forschung bis in die 60er Jahre das Melting-Pot-Paradigma (Park und Burgess 1970). Und dementsprechend stellte sich in den USA – im Gegensatz zu Europa – die Minderheitenproblematik auch nicht als Frage des ‚Selbstbestimmungsrechts der Völker‘, ihrer ethnisch begründeten nationalen Souveränität oder zumindest als Frage eines rechtsförmig gesicherten Minderheitenschutzes. Die von den 20er bis in die 60er Jahre vorherrschende Vorstellung, daß die gegenseitige Durchdringung dazu führe, daß sich die Erinnerungen, Empfindungen und Einstellungen der Individuen und Gruppen immer mehr angleichen würden, ist eng mit Turners „Frontier-These" verknüpft (Turner 1987). Turner ging davon aus, daß die Immigranten an der „Frontier"[13] ihre alten Gewohnheiten ablegen mußten. Das Ergebnis des stetigen Zivilisierungs- und Vergesellschaftungsprozesses war nach Turner eine neue moderne demokratische Gesellschaft. „In the crucible of the frontier the immigrants were Americanized, liberated, fused into a mixed race" (Turner 1987: 83). In historischer wie auch soziologischer Hinsicht steht Turners These am Anfang einer Theorie-Tradition, welche über Jahrzehnte hinweg prägend war.

Obwohl Turners Antwort auf die Frage, wie sich Menschen verschiedener Herkunft zu einer neuen (modernen) Gesellschaft arrangieren, durch eine sich abzeichnende ethnische Schichtung in den Großstädten und die Zuspitzung der Rassenproblematik widerlegt wurde, hielten auch neuere Ansätze an dieser grundsätzlich mikrosoziologischen Perspektive fest. Am augenfälligsten läßt sich dies an Parks ‚Marginal Man-Modell‘ beobachten. Auch Park versteht Migration als einen Bruch mit der Vergangenheit, durch den das Individuum frei werde, „but he [das freigewordene Individuum; H.-N.] is more or less without direction and control" (Park 1964: 350). Park konstatiert nun (in Analogie zu Turner), daß in der explosionsartigen Expansion der amerikanischen Großstädte ein Zivilisierungsprozeß in Gang gesetzt wurde, der gerade durch diese Freiheit und Losgelöstheit der Individuen gekennzeichnet ist. „In these great cities, where all the passions, all the energies of mankind are released, we are in position to investigate the process of civilization, as it were, under the microscope" (Park 1964: 353). Dieser Zivilisierungsprozeß zeichnet sich nach Park durch eine rationale Organisation aus, aufgrund dessen sich jedes Individuum auf seine spezifischen Fähigkeiten konzentriert (Arbeitsteilung und Spezialisierung) und sich in diesem Sinne unabhängig von irgendwelchen Bindungen emanzipieren kann. Nach Park ist dieser Prozeß (im Sinne des Melting-Pot-Paradigmas) durch eine (wechselseitige) Akkulturation und Assimilation gekennzeichnet. Den Grund für die offensichtlichen ‚Assimilationsprobleme‘ der Schwarzen sieht Park in den physischen Unterschieden der Rassen, welche es verhindern, daß Individuen in der „Masse der ununterscheidbaren Kosmopoliten" (ebd.; Übersetzung v. Verfasser) untertauchen. Trotz dieser Hemmnisse ist Park jedoch der Meinung, daß beim Zusammenleben von Völkern und Rassen innerhalb desselben Wirtschaftssystems früher oder später eine ‚Vermischung‘ stattfinden wird.[14] Park und

---

13 Die ‚Frontier‘ wird meist als Grenze zwischen Zivilisation und Wildnis beschrieben.
14 Als Ausnahme verweist Park hier auf die Juden, um ihn als typisches Beispiel für einen ‚marginal man‘ zu bezeichnen: als einen, der sich nie ganz von seinen (kulturellen) Wurzeln lösen wollte oder konnte und somit eine Persönlichkeit entwickelt, welche Park (1964: 354) als ‚cultural hybrid‘ umschreibt.

Burgess gehen weiter davon aus, daß es sich bei all diesen sozialen Prozessen um einen endlosen Zyklus handelt, der sich als Abfolge von *Kontakt, Konflikt, Akkommodation* und (vielleicht) *Assimilation* darstellen läßt (vgl. Janowitz, Vorwort in Park und Burgess 1970: XVI).

Die Vorhersage, nach der sich Gesellschaft generell in diesem Sinne verändert bzw. der Integrationsprozeß von Immigranten sich *zwangsläufig* wie beschrieben abspielt, ist empirisch relativ schwer zu überprüfen, da keine zeitlichen Rahmenbedingungen gegeben sind. Es läßt sich jedoch mit Sicherheit sagen, daß ein solcher Integrationsprozeß in bezug auf die ethnischen Minderheiten in den USA in vielen Fällen kaum die Stufe der Akkommodation, geschweige denn diejenige der Assimilation erreicht hat.

Die aktuelle soziale Realität in den USA zeigt, daß sich weder die Melting-Pot-These noch Parks Assimilationsparadigma als generell erklärungskräftig erwiesen hat. Während diese Szenarien vor allem für frühere europäische Einwanderergruppen Gültigkeit beanspruchen können (vgl. Glazer und Moynihan 1963: 311) und vermutlich auch auf die jüngere Einwanderung aus dem asiatischen Raum zutreffen, geben sie für die aktuelle Situation z.B. der Schwarzen oder Hispanics kaum eine befriedigende prognostische Grundlage ab. So läßt sich aus ihnen schwerlich erschließen, weshalb es etwa zu einer Stabilisierung einer ethnischen Schichtung gekommen ist oder weshalb sich einzelne ethnische Gruppen trotz primärer Differenzmerkmale (z.B. Asiaten) schneller integriert haben als andere Gruppen. Eine Fülle von späteren Arbeiten zur Melting-Pot-These und zur amerikanischen Integrationsproblematik geben Hinweise darauf, welche Kontextvariablen zu berücksichtigen wären.[15]

VI. Vom ‚melting-pot' zur ‚salad-bowl'

Als Hauptbereich und mithin als Krux der neueren US-amerikanischen Minderheitenforschung erwiesen sich ab den späten 50er Jahren die „Race Relations". Der Widerspruch zwischen der Entwicklungsprognostik einerseits und dem nicht mehr zu übersehenden hartnäckigen Widerstand von Gemeinschaftsbildungen und Ausgrenzungen auf der Basis eines ethnischen „Gemeinsamkeitsglaubens" andererseits führte nun zu einer verstärkten Auseinandersetzung mit der Minderheitenproblematik, die im Zuge des „Ethnic Revival" in den 60er Jahren noch einmal intensiviert wurde. Bereits in den 40er Jahren prägte Myrdal (1944) den Begriff des „American Dilemma" und brachte damit den Kontrast zwischen dem amerikanischen Gleichheitsideal und der Rassendiskriminierung auf den Punkt. Bis in die 60er Jahre wurde dann die Minderheitenforschung vorwiegend durch die Untersuchung der ‚Rassenbeziehungen' geprägt. Im Kontext der Bürgerrechtsbewegungen der 60er Jahre wird die Minderheitenforschung einerseits ausgedehnt (Civil Rights Movements, Frauenbewegung, Mobilisierung der ‚Ur'bevölkerung) und andererseits auf die Minderheiten selbst konzentriert. Das ‚Ethnic Revival' erschütterte das Melting-Pot-Paradigma und förderte *Versuche* zur theoretischen Neufassung der Minderheitenproblematik.

---

15 Vgl. hierzu Francis (1965), Glazer und Moynihan (1963) oder aus einer mehr historischen Perspektive Ricard (1987), Mikesell (1968), Billington (1971) oder Jones (1994).

Es erstaunt wenig, daß diese Versuche gerade jene sozialen Phänomene fokussierten, welche mit den herkömmlichen Konzepten nicht adäquat erklärt werden konnten. So widmet sich Gordon (1964: 3) explizit den Problemen „of prejudice and discrimination arising out of differences in race, religion, and national background among the various groups which make up the American people", wobei er die Absicht hegte, ein Konzept zu entwerfen, das nicht nur für die Situation in den USA Gültigkeit beanspruchen konnte. Insbesondere konstatiert Gordon, daß sich die wissenschaftliche Diskussion stets nur mit der Frage des Kulturkontaktes auseinandergesetzt habe, „but the question of social structure is one of equal importance, and the most fruitful approach is one which considers them together" (Gordon 1964: 6/7).

Auf dieser Grundlage entwickelt Gordon ein Konzept, das den Assimilierungsprozeß entlang von sieben Dimensionen beschreibt (vgl. Gordon 1964: 71 oder Heckmann 1992: 177), wobei der *strukturellen Assimilation* eine zentrale Bedeutung zukommt, da sie nach Gordon zwangsläufig Akkulturation ‚produziert'. „Structural assimilation, then, rather than acculturation, is seen to be the keystone of the arch of assimilation. The price of such assimilation, however, ist the disappearance of the ethnic group as a separate entity and the evaporation of its distinctive values" (Gordon 1964: 81).

Die melting-pot-These geht gewissermaßen davon aus, daß der von Gordon konzipierte Assimilationsprozeß in idealtypischer Weise vonstatten ging. Daß dem aber nicht so ist, legt Gordon ausführlich dar, indem er betont, daß die strukturelle ebenso wie die kulturelle Vision eines „single melting pot" in Amerika „something of an illusion" waren (Gordon 1964: 129). Viel eher ist Gordon der Ansicht, daß die amerikanische Gesellschaft aus einer Reihe verschiedener ‚Töpfe' bestehe und so gesehen treffender von einem ‚multiple melting pot' gesprochen werden müsse. „All these containers, as they bubble along in the fires of American life and experience are tending to produce, with somewhat differing speeds, products which are culturally very similar, while at the same time they remain structurally separate" (Gordon 1964: 131).

Gordons Ansatz liefert eine Reihe von fruchtbaren Anstößen für das genauere Verständnis von Integrations- und Assimilationsprozessen. Der vielleicht fruchtbarste liegt in der Erkenntnis, daß „*social structure,* man's crystallized social relationships, is one side of the coin of human life, the other side of which is *culture*" (Gordon 1964: 32). Die zentrale Schwäche in Gordons Ansatz liegt bei seiner (bezogen auf amerikanische Verhältnisse) *problemorientierten* Vorgehensweise. Sein Vorhaben, mit seiner spezifischen Analyse *allgemeingültige* Aussagen über Integrations- und Assimilationsprozesse zu gewinnen, kann als nur partiell gelungen bezeichnet werden, weil die Entwicklung eines theoretischen Konzeptes vor dem Hintergrund der amerikanischen Integrationsproblematik in einem anderen Kontext nur beschränkt Gültigkeit beanspruchen kann.

In „Beyond the Melting Pot" dementieren Glazer und Moynihan (1963) in ähnlicher Weise die Annahmen der Assimilationstheorien und thematisieren ethnische Gruppen auch als *Interessengruppen* im politischen Kampf mit einer, aus äußeren und inneren Gründen, notwendigen Eigenidentität (Ethnizitätsparadigma). Damit wird jedoch Ethnizität – nach wie vor konform mit den modernisierungstheoretischen Grundannahmen – zum Mittel der Modernisierung, weil aus dieser Perspektive gesehen die Minderheiten ihren Status interessenorientiert zur Verbesserung ihrer *Integrationschancen* im gesellschaftlichen

Positionssystem nutzen. Ethnizität erscheint auch hier als Transformationsphänomen im Übergang zur Moderne.

In den Fokus der Forschung tritt nun mehr und mehr die *Identitätsproblematik:* „sense of identity/sense of difference" wie Glazer und Moynihan formulierten. In dieser Perspektive setzen ethnische Differenzierungsprozesse an strukturellen Lagen an, um über kulturelle Mobilisierung Statusgewinn zu erzielen (vgl. auch Rex 1990).

Einen weiteren theoretischen Differenzierungsschritt erfährt die Minderheitensoziologie durch Blalock (1967). Er verbindet in seinem Kausalmodell sowohl *Struktur-* als auch *Kontext*variabeln und erklärt ökonomische Interessen und Statusinteressen der Mehrheit zu den Hauptdeterminanten der Diskriminierung und der Minderheitengenese. Durch die Beachtung unterschiedlicher Kontexte rückt nun mehr und mehr der soziale Wandel in den Vordergrund. In den 70er Jahren wird die Genese und Entwicklung der Minderheiten verstärkt im Zusammenhang mit Prozessen ökonomischer und sozialer Entwicklung analysiert und der Minderheitenbegriff nochmals ausgedehnt (rassische, ökonomische, religiöse, sexuelle, kulturelle, verhaltensspezifizierte [behavioral] Minoritäten). Kinloch (1979) sieht die Genese und die Virulenz des Minderheitenbewußtseins in Abhängigkeit von demographischen Entwicklungen, Migration und ökonomischem Wachstum.

Insbesondere seit den 80er Jahren wird nicht nur die Assimilationsthese problematisiert, sondern auch die mit der Assimilationsvorstellung verbundene Forschung an sich zurückgewiesen (dagegen Alba 1995). Herkunftsbestimmte Identität wird im sogenannten Minderheitendiskurs und im Rahmen der Kommunitarismusdebatte positiv gewertet. Das melting-pot-Paradigma ist hier nicht nur nicht mehr forschungsleitend, sondern es wird auch als Ausdruck des Herrschaftsanspruchs einer dominierenden Kultur zurückgewiesen. Erst in diesem Diskurs gerät die modernisierungstheoretische Axiomatik der soziologischen Klassiker unter den Druck einer normativ orientierten Fundamentalkritik. Integration und Assimilation erscheinen nun nicht mehr als legitime Gegenstände einer sozialwissenschaftlichen Analyse oder Prognostik, die basierend auf Annahmen funktionaler Differenzierung, Rationalisierung und Individualisierung die „Moderne" begrifflich zu erfassen sucht, sondern als Verkörperung des Herrschaftsanspruchs des Nordens über den Süden oder gar als Inbegriff des Herrschaftsanspruchs der „weißen Rasse".

VII. ‚Europäische' Relativierung des Modernitätsparadigmas

Von wenigen Ausnahmen abgesehen (Braun 1970; Hoffmann-Nowotny 1973), reagierte die Minderheitenforschung relativ spät auf die in den 60er Jahren massiv einsetzende Einwanderung in die Länder Westeuropas. Durch die intensive Rezeption der nordamerikanischen Soziologie seitens der europäischen Nachkriegssoziologie kam jedoch die bei den europäischen Klassikern angelegte Modernisierungsperspektive verstärkt nach Europa zurück. An vorderster Front der europäischen Auseinandersetzung mit der Minderheitenproblematik steht entsprechend auch die Assimilationsperspektive und mit ihr die Vorurteilsforschung (vgl. dazu die Übersicht in Heckmann 1981).

Stereotypenbildung wird dabei vorwiegend sozialpsychologisch erklärt (Frustrations-Aggressionsthese/These vom autoritären Charakter). Diese sozialisationstheoretischen und sozialpsychologischen Ansätze begründen die abwertende Fremdtypisierung durch sozialisationsbedingte Prägungen, die sich im autoritären Charakter in einem schwachen Ich, einem externalisierten Über-Ich und einem Ich-fremden Es konkretisieren. Die ausgeprägte Identifikation mit der Eigengruppe, die starre Anlehnung an die darin herrschenden Normen und Werte und die kritiklose Unterwerfung unter Autoritäten wird insbesondere dann mit einer Affinität zur Abwertung von Fremdgruppen in Zusammenhang gebracht, wenn die an sich schwach ausgebildete personale Identität des ‚autoritären Charakters' durch äußere Einflüsse tangiert wird.

Bei aller konzeptuellen und methodischen Bereicherung (Ethnozentrismusskala, Faschismusskala, später: Dogmatismusskala), die die klassische Vorurteilsforschung durch die im Rahmen des ‚Instituts für Sozialforschung' während seines Exils in den USA erarbeiteten „Studies in Prejudice" erfährt, übernimmt doch „The Authoritarian Personality" (Adorno et al. 1950) die pathologisierenden Konnotationen im Begriff des Vorurteils.

Erst in den 60er Jahren beginnt sich die Vorurteilsforschung in Europa wie in den USA von einer Erklärungsperspektive zu lösen, die Stereotypen als Merkmale defizienter Persönlichkeitsstrukturen wertet. Damit erfährt die Minderheitenforschung in soziologischer Hinsicht eine Vertiefung: Indem ‚Vorurteile' oder Attitüden weniger als Produkt sozialisationsbedingter Prägungseffekte, sondern vermehrt als komplexitätsreduzierende, orientierungs- und identitätsstiftende Kategorien konstruierter Wirklichkeit gesehen werden, können Tendenzen zur abwertenden Stereotypisierung von (virtuellen) Minderheiten in Kombination zu anomietheoretischen Ansätzen treten. Dadurch erweitert sich die Minderheitensoziologie in strukturalistischer wie kulturalistischer Hinsicht: Relative Deprivationsprozesse, anomieträchtige Schichtlagen, Auswirkungen der raschen ökonomischen und sozialen Entwicklung in strukturalistischer Perspektive und tradierte ideologische Ressourcen der Kollektividentität in kulturalistischer Perspektive beginnen die minderheitensoziologische Theoriebildung zu bereichern. Gleichzeitig entwickelt sich die Migrationssoziologie sowohl bezüglich der Determinanten der Wanderung als auch bezüglich deren Auswirkungen in Zielgesellschaften in ähnlicher Richtung. Insbesondere werden die Einwanderungsminderheiten in der Folge von den autochthonen Minderheiten (vgl. Heckmann 1981, 1991) und regionalistischen Bewegungen stärker unterschieden (vgl. Blaschke 1985) und die Bedingungen ihrer Assimilation und Integration bzw. Dissimilation und Ausgrenzung untersucht (vgl. Hoffmann-Nowotny 1973, 1990; Esser 1980, 1990).

Auch die in den 60er und 70er Jahren insbesondere in Westeuropa auftretenden regionalistischen Bewegungen trieben die Minderheitensoziologie weiter in Richtung umfassender gesellschaftstheoretischer Erklärungsansätze. Der Zugang erfolgt hierbei über die Kritik am klassischen Modernisierungsparadigma, dem regionalistische, sezessionistische oder autonomistische Bewegungen widersprechen. In den Vordergrund der Diskussion treten nicht-intendierte Effekte der Modernisierung und Industrialisierung, d.h. der Erosion traditionaler Gesellschaftsstrukturen einerseits, der ungleichen Entwicklung andererseits. Orientierungsprobleme und Sinnverlust zum einen, Interessenklüfte zwischen Regionen zum anderen gelten als Hauptdeterminanten von konfliktiven Ethnisierungsprozessen (vgl. Gellner 1964). Insbesondere die französische Ethnizitätsforschung weist dabei auf die Bedeutung tradierter ideologischer Ressourcen hin, die bei der Kulturalisierung struktureller Interessengegensätze revitalisiert werden (vgl. Lafont 1971). Strukturelle Interessengegensätze können allerdings die *Gleichzeitigkeit* ethnischer Mobilisierungsprozesse (‚Ethnic Revival') nicht erklären. Diesbezüglich werden Ansätze wichtig, die Ethnisierungsprozesse in

Zusammenhang mit gesellschaftlichen *Krisen* betrachten (vgl. Kreckel et al. 1986; Esser 1988).

Dies bedingt nun allerdings, daß Ethnisierungsprozesse zunächst in den Lichtkegel einer allgemeinen Gesellschaftstheorie gestellt und nicht vorab auf problemorientierte Fragestellungen reduziert werden, welche letztlich als politisch-normative Konzepte ihre Auslegung finden.[16] Hoffmann-Nowotny löst diese Forderung durch die Anwendung der „Theorie struktureller und anomischer Spannungen" auf die Analyse von Migrationsprozessen ein. Im Zuge dieser Anwendung wird der Ansatz durch die Theorie sozialer Systemregelung erweitert, deren Grunddimensionen ‚Struktur' (Rang- bzw. Positionsstruktur) und ‚Kultur' (Symbolstruktur) sind. Integration und Assimilation von Ausländern soll dabei primär als deren objektiv meßbare Teilhabe an Statusdimensionen der Struktur des Einwanderungslandes bzw. als Teilhabe an dessen Kultur verstanden werden (vgl. Hoffmann-Nowotny 1973; Hoffmann-Nowotny und Hondrich 1981: 591ff.). Diesem theoretischen Konzept liegt die Vorstellung eines sozietalen Systems zugrunde, welches sich als Netzwerk verschiedener Teilsysteme denken läßt, die sich gegenseitig beeinflussen. Als Zielgröße sozialer Regelung wird nun jedoch nicht die Parsonssche Systemerhaltung gesehen, sondern die Bedeutung einer solchen Größe kommt kollektiven Interessen zu.[17]

Im Zentrum von Essers Konzeption steht die Person-Umgebungs-Relation, wobei die Handlungstendenz eines Individuums durch Motivationen, kognitive Erwartungen, Attribuierungsgewohnheiten und mögliche Nebenfolgen (Kosten) bestimmt wird, während auf der Seite der Umgebung Handlungsopportunitäten, Handlungsbarrieren und Handlungsalternativen als zentrale Faktoren angesehen werden.[18] Auch Esser geht von einer Interdependenz zwischen struktureller und sozialer Plazierung bzw. Assimilation aus. Trotz begrifflicher Unterschiede liegt indes den Ansätzen von Esser und Hoffmann-Nowotny eine vergleichbare kausale Modellvorstellung zugrunde, nach der jeder Eingliederungsprozeß in erster Linie bei der Aneignung instrumenteller Fähigkeiten einsetzen muß. Dies stellt bei Hoffmann-Nowotny einen Bestandteil der (strukturellen) Integration (in Verbindung mit einer minimalen Assimilation; Hoffmann-Nowotny 1992) dar. Esser nennt dies „kognitive Assimilation" und begründet die Primärsetzung der Aneignung instrumenteller Fähigkeiten mit seinem handlungs- (und lern-)theoretischen Konzept: „Da Wertänderungen erst nach kognitiver Umorientierung stattfinden können, ist die kognitive Assimilation als Voraussetzung der identifikativen Assimilation anzusehen" (Esser 1982: 282). Beide Ansätze kommen demnach zum Schluß, daß eine Assimilation ohne Integration (Hoffmann-Nowotny) bzw. eine identifikative ohne kognitive Assimilation (Esser) nicht denkbar ist.

---

16 Vgl. hierzu etwa Hoffmann-Nowotny (1970: 11) oder Esser (1980: 11).
17 Kollektive Interessen werden dabei nicht als Summe, sondern als gemeinsamer Nenner aller individuellen Partikularinteressen gesehen (vgl. Hoffmann-Nowotny und Hondrich 1981: 614).
18 Nauck kritisiert, daß in Essers Modell bei einer streng handlungstheoretischen Interpretation die personalen und situationalen Faktoren nicht unabhängig seien. „Umgebungsbedingungen werden dadurch zu Handlungsbarrieren, daß sie als Widerstände kogniziert werden. In gleicher Weise sind Handlungsopportunitäten als Situationsattribuierungen bzw. als situationsspezifische Ergebniserwartungen interpretierbar" (Nauck 1985: 199). Die Hypothese, daß Umgebungsfaktoren einen (unabhängigen) Einfluß auf den Integrationsprozeß ausüben, läßt sich nur dann aufrechterhalten, wenn diese Faktoren nicht in einem handlungstheoretischen Sinne interpretiert, sondern als *strukturelle* Erklärungen akzeptiert werden (ebd.).

Allerdings lassen solche kontextuell orientierten Ansätze keine *absoluten*, sondern ‚bloß‘ *bedingte* Prognosen im Hinblick auf die Veränderung der relevanten Determinanten zu. Dies ist gewissermassen der Preis, der für den Verzicht auf eine lineare Fortschrittsperspektive zu zahlen ist.

Es läßt sich zusammenfassend festhalten, daß die in diesem Kapitel behandelten Ansätze in ihrer Diagnose des Eingliederungsprozesses von Minderheiten die Interdependenz von (struktureller) Integration und (kultureller) Assimilation ins Zentrum stellen. Die konkrete Diagnose der Situation in westeuropäischen Ländern nach den enormen Einwanderungsschüben der 60er Jahre lautet, daß der Integrationsprozeß ausländischer Minderheiten zunächst eine Tendenz zur Unterschichtung bei behinderter Assimilation erkennen ließ und sich diese Unterschichtung erst im Zuge einer verstärkten Integration verflüchtigte.[19] Daran schließt nun die durch etliche Arbeiten mit empirischer Evidenz versehene bedingte Prognose an, daß bei einer fortschreitenden Immigration von Migranten aus distanteren Kulturen die Wahrscheinlichkeit der Bildung einer *ethnisch geschichteten* Gesellschaft steigt, da eine Überwindung der strukturellen wie kulturellen Distanzen schwieriger wird.

VIII. Multikultur der Minderheiten: Postmoderne Vision mit prämoderner Ideologie?

Obwohl die auf den Gesichtspunkt der Linearität fixierte Fortschrittsperspektive in der soziologischen Theoriebildung im Zuge der Auseinandersetzung mit den Modernisierungstheorien in den 70er Jahren (z.B. Giddens 1976; Wehler 1975) und nochmals unter den Stichworten ‚Risikogesellschaft‘ und ‚reflexive Modernisierung‘ (etwa: Beck 1986, 1991) seit Ende der 80er Jahre tiefgreifender Kritik ausgesetzt gewesen ist, gehört sie weiterhin hartnäckig zum Grundbestand gesellschaftstheoretischen Denkens. Auch das in aller Deutlichkeit ausgewiesene ‚Ethnic Revival‘ in den USA der 60er Jahre und die erste Nachkriegswelle der Fremdenfeindlichkeit im Zusammenhang mit der Arbeits- und Kolonialmigration in Europa in den 60er und 70er Jahren änderten daran nichts Grundsätzliches. Dasselbe gilt für die Welle des Regionalismus, Autonomismus und Sezessionismus seit den frühen 70er Jahren und für die Resonanz ethnischer, nationalistischer und multikulturalistischer Positionen[20] seit den späten 80er Jahren. Die multikulturelle Gesellschaft, so ‚argumentieren‘ etwa Cohn-Bendit und Schmid (1992: 11), sei nur „ein anderes Wort für die Vielfalt und Uneinheitlichkeit aller modernen Gesellschaften, die offene Gesellschaften sein wollen. Diese Tendenz ist nicht umkehrbar."

Das modernisierungstheoretische *Problem* wird zur *Lösung*, die *Not* der Desintegration von ethnischen Minoritäten wird zur *Tugend* der multikulturellen Gesellschaft. Im „Miteinander mit Minderheitenkulturen (wird) eine Chance zur Förderung des europäischen und weltweiten friedlichen Zusammenlebens und für den gegenseitigen kulturellen Austausch" gesehen (Micksch 1989: 33). Die Bevölkerung und die Institutionen der Einwanderungsländer sollen nicht nur dazu angehalten werden, kulturellen Pluralismus zu *akzeptieren* und zu *tolerieren*, sondern als *Bereicherung* der Kultur der Einwanderungsländer schätzen zu lernen. Es wird erwartet, daß in der multikulturellen Gesellschaft den Ein-

---

19 Als Beispiel ist hier etwa die 2. Generation der Italiener/innen in der Schweiz zu nennen.
20 Vgl. etwa Leggewie (1994).

heimischen „der Reichtum fremder Kulturen" (Stern 1990, Nr. 10: 66) vermittelt werde und sie dazu führe, daß „unsere Städte ... bunter, lebhafter und menschlicher" (Tichy 1990: 162) würden. Daß allerdings eine als Folge von unbewältigter Einwanderung und mangelnder Integration auftretende ethnisch-kulturelle Separation, die mit struktureller Segregation einhergeht, zu ethnisch verkleideten Konflikten geführt hat, wird auf der Basis des Multikulturalismus-Paradigmas erst in jüngster Zeit und unter dem Einfluß der Kommunitarismusdebatte reflektiert.

Die Ursachen für die Entstehung einer ethnisch verfestigten Einwanderungsgesellschaft und ihrer Probleme lassen sich primär als eine interdependente Konfiguration von Situationen und strukturellen sowie kulturellen Prozessen in den Einwanderungsgesellschaften darstellen.[21] Wenn die herkunftsbedingten strukturellen und kulturellen Distanzen zum Einwanderungsland vom Einwanderer bzw. vom Einwanderungsland nicht reduziert werden können (aus welchen Gründen auch immer), also eine Unterschichtung stattfindet, und/oder wenn eine *strukturelle* Benachteiligung und *kulturelle* Zurückweisung von Einwanderern im Einwanderungsland zu verzeichnen ist, dann sind *anomische Reaktionen* unausweichlich: Reaktionen auf Destrukturierung, Entwurzelung, Unsicherheit, Entfremdung und Orientierungslosigkeit.[22] *Eine* Möglichkeit der Auseinandersetzung damit ist der Rückgriff auf kulturell verfügbares Strukturierungs- und Orientierungswissen, d.h. eine ausdrückliche Betonung oder Wiederbelebung tradierter kultureller Identität.[23]

Die empirisch gesicherten Resultate einer Reihe von Arbeiten aus der Migrationsforschung[24] zeigen denn auch, daß eine geringe (kulturelle) Assimilation – und damit ‚Mul-

---

21 Die Entstehung von ‚Multikultur' kann allerdings zusätzlich gefördert werden (und dies ist ein sekundärer Variablenkomplex), wenn auch in den *Herkunftsländern* starke anomische Rückzugsreaktionen zu verzeichnen sind. Der in vielen islamischen Ländern zunehmende Fundamentalismus z.B. ist ebenso eine anomische Erscheinung wie der Fundamentalismus unter den Einwanderern in westlichen Ländern. Bassam Tibi (1991: 2) bezeichnet ihn deshalb zu Recht als eine defensiv-kulturelle Bewegung (vgl. zum folgenden auch von Grunebaum 1963; Reinert 1984; Leggewie 1993; insbesondere Kauz 1994; Tibi 1994, 1996; Kepel 1996).
22 Heitmeyer (1996: 42) bemerkt hier treffend, daß anstelle der früheren „Utopie", wonach „die Vielfältigkeit von Kultur Individuum und Gesellschaft bereichere, ... inzwischen angesichts der *Unübersichtlichkeit der Differenzen* zum Teil verängstigte Resignation [herrscht]. Die Lust auf das Fremde, soweit sie überhaupt kulturell gespeist wird und das Miteinanderleben nicht nur Folge ökonomischer Zwänge ist, scheint vielfach der Angst vor der desintegrierten Gesellschaft gewichen."
23 Kulturell verfügbares Strukturierungs- und Orientierungswissen wird – wie schon frühe Studien (Hoffmann-Nowotny 1973; Braun 1970) gezeigt haben – bei Schweizern durch Rückbesinnung auf die „nationale Eigenart" mobilisiert; bei den seinerzeit ebenfalls untersuchten italienischen Fremdarbeitern war es die „italianità", in der sich die Betonung oder Wiederbelebung ihrer kulturellen Identität ausdrückte. Bei Einheimischen wie bei Fremdarbeitern erfüllten diese Reaktionen denselben Zweck: aus strukturellen Spannungen resultierende anomische Spannungen abzubauen.

Die Re-Islamisierung von Teilen der eingewanderten Nordafrikaner oder Türken ist ein bei diesen Gruppen sichtbarer Ausdruck der beschriebenen universellen Tendenz (Blaschke 1989). Die explizite Betonung der Religion (sowie der Sitten und Gebräuche) des Herkunftskontextes bei Türken z.B. ist also in erster Linie nicht ‚mitgebracht', sondern meist erst Produkt ihrer Ansiedlung in der Fremde, in der eine (fast) verlorene Tradition wieder zum Leben erweckt wird.
24 Vgl. hierzu etwa die Arbeiten von Esser, Heitmeyer, Mehrländer, Nauck, Schultze, Seifert und Hoffmann-Nowotny.

tikultur' – als Folge einer geringen (strukturellen) Integration verstanden werden muß. „Selbst bei längerer Aufenthaltsdauer nehmen Assimilation und Assimilationsbereitschaft nicht zu, wenn der Einwanderer strukturell marginal bleibt" (Hoffmann-Nowotny 1973: 266).[25]

Auch Esser (1990) kommt – ebenso wie Nauck und Diefenbach (1996) – in seiner Analyse von Eingliederungsprozessen[26] zum Schluß, daß für die erste Generation die „Modernität der Herkunftsregion" die wichtigste strukturelle, die „Bildung der Eltern" die wichtigste individuelle Hintergrundvariable sei (Esser 1990: 46f.). Im folgenden stellt Esser dann fest: „Bei der ersten Generation verschwindet nach Einführung der Hintergrundvariablen jeder direkte Einfluß der Nationalität auf die Eingliederung. Die kognitive Assimilation ist ebenso wie die soziale Assimilation ausschließlich eine Frage der individuellen Bildung" (Esser 1990: 47), die allerdings herkunftsbedingt variieren kann. Auch für die zweite Generation kann Esser nur einen indirekten Einfluß der Nationalität auf den Eingliederungsprozeß feststellen. Wichtigste Hintergrundvariablen sind hier (wiederum) die Bildung der Eltern, das Einreisealter und das kulturelle Milieu im Elternhaus. Zusammenfassend hält Esser fest, daß es weder eine Automatik hin zur Assimilation bzw. Integration gibt, noch – was im Zusammenhang unserer Argumentation besonders wichtig ist – „daß die ethnische Eigenständigkeit der Gruppen ebenso unausweichlich wäre" (Esser 1990: 49). Das heißt also, daß mangelnde Integration in erster Linie eine Frage struktureller Defizite ist und daß die die Integration gefährdenden Konflikte nicht – jedenfalls nicht primär – die Folge der unterschiedlichen Kultur sind, „sondern der Konkurrenz um gleichzeitig beanspruchte knappe Ressourcen" (Esser 1990: 50).[27]

„Integration ohne Assimilation" hat offenbar zur Konsequenz, daß Migranten gezwungen werden, strukturelle Benachteiligungen zu ‚akzeptieren' und damit das Schicksal Unterschichtung hinzunehmen (vgl. dazu Hoffmann-Nowotny 1973). Damit geht dann oftmals auch eine räumliche Segregation einher.

Das desintegrationsbedingte Auftreten von Ethnizität[28] als Unterscheidungskriterium in einer funktional differenzierten Gesellschaft hat gravierende Folgen: Soziale Segregation der Einwanderer heißt nicht nur, daß die Struktur der Einwanderungsgesellschaft ethnisch unterschichtet wird, sie heißt auch, daß eine Vielzahl von ethnischen Substrukturen im Bereich von Wirtschaft, Politik und Gemeinschaften entstehen. Dies bedeutet die Bildung

---

25 Elwert (1982) vertritt hier die spezifische These, daß Binnenintegration (in die eigene fremdkulturelle Minderheit) einen positiven Faktor für die gesamtgesellschaftliche Integration darstelle, da so gewissermaßen der ‚Kultur-Schock' durch solidarische Beziehungen zu bereits (strukturell) integrierten Mitgliedern dieser Subkultur abgefedert werde. Es ist jedoch zu betonen, daß Elwert damit nicht die Erhaltung oder Förderung von *kultur-autonomen Minderheiten* im Sinne eines Multikulturalismus bejaht, sondern die integrative Kraft von (strukturell integrierten) *Subkulturen* betont.

26 Vgl. hierzu Essers Prozeßmodelle für die Eingliederung der 1. und 2. Generation auf den Seiten 47 und 48.

27 Treffend bemerkt Radtke (1993: 86) zu dieser Problematik, daß der Multikulturalismus das Konzept der Pluralität von Interessen in ein Konzept der Pluralität von ethnischen Herkünften übersetze.

28 Ich verwende hier den Begriff ‚Ethnizität', da er als häufigstes Synonym für Kultur gebraucht wird und sich Radtkes Kritik an entsprechende Konzepte einer multikulturellen Gesellschaft richtet. Für eine detaillierte und differenzierte Betrachtung des Konzepts der ‚Ethnizität' vgl. Heckmann (1992).

ethnischer und religiöser Eliten, welche ihrerseits ein Interesse an der Perpetuierung solcher Strukturen haben (vgl. Abandan-Unat 1994) und nicht nur konfliktdämpfend wirken – insbesondere dann nicht, wenn Konfliktlagen des Auswanderungslandes und die darin involvierten Organisationen in die Einwanderungsländer transferiert und die Konflikte dort (oft gewaltsam) ausgetragen werden. Generell weist Esser (1990: 51) zu Recht darauf hin, daß „ethnische Gruppierungen eine sehr effiziente Grundlage zur Mobilisierung von kollektiven Aktionen dar(stellen)". Es würde so leicht erklärlich, „warum gerade derzeit in ‚modernen' Gesellschaften ethnische Bewegungen in besonderem Ausmaß zu verzeichnen" seien.

IX. Konklusion und Ausblick

Die hier zum Thema der Integration von migrationsbedingten ethnischen Minderheiten angestrengte professionsgeschichtliche Analyse zeigt über weite Strecken ein ernüchterndes Bild. Soziologische Klassiker wie Max Weber, Durkheim, Tönnies oder auch Simmel (und im Anschluß an sie auch Parsons) setzten sich nicht oder nur marginal mit diesem Thema auseinander, obwohl zu jener Zeit entsprechende ethno-nationalistische Ein- und Ausgrenzungsprozesse von politischer Brisanz waren. Doch wurde dieses Phänomen auf der Basis eines allen Ansätzen inhärenten Modernisierungsparadigmas gewissermaßen als Teil der Nachwehen eines Fortschrittsprozesses gesehen. Damit blieben soziologische Diagnosen unzureichend und führten konsequenterweise auch zu falschen Prognosen, wie die faktische Entwicklung im Bereich der Minderheiten belegt.

Erst im Kontext der enormen Integrations- bzw. Assimilationsproblematik amerikanischer Großstädte entstand ein Forschungsstrang, der sich des Minderheitenphänomens in differenzierter Weise annahm. Vor dem Hintergrund eines allzu idealisierten Vergesellschaftungsprozesses im Sinne eines ‚melting pot' begründeten Park und Burgess (1924) eine Minderheitenforschung, mit der das deterministische Modernisierungsparadigma durch ein nicht minder deterministisches Assimilationsparadigma abgelöst wurde. Immerhin forcierte dieser Zugang eine kritische Auseinandersetzung mit den Determinanten von Integrations- und Assimilationsprozessen, so daß hier eine Theorieentwicklung anschließen konnte, welche Ansätze hervorbrachte (z.B. Gordon), die zumindest das Minderheitenphänomen in den USA einigermaßen adäquat zu diagnostizieren vermochten. Als einen weiteren fruchtbaren Differenzierungsschritt in dieser Entwicklungstradition kann man schließlich die Verbindung von Struktur- und (kulturellen) Kontextvariablen im Rahmen einer allgemeinen Gesellschaftstheorie bezeichnen, mit der nun gleichsam die Determinanten der Genese und Entwicklung von Minderheiten einem *diskontinuierlichen* sozialen Wandel unterworfen werden. Integrationsprozesse von (ethnischen) Minderheiten lassen sich damit nicht mehr als lineare Kausalitätsketten, sondern vielmehr als zirkuläre (interdependente) Abläufe in sozialen Systemen begreifen.

Erst wenn es gelingt, die relevanten Determinanten von Integrationsprozessen theoretisch zu bestimmen und empirisch nachzuweisen, erhöhen sich die Chancen, das Diagnosepotential zu steigern. Doch gerade mit dem Aufkommen neuartiger, vorwiegend durch ethnische Merkmale bestimmter Gemeinschaftsformen wird die modernisierungsorientierte Gegenwartssoziologie wieder auf die Tatsache von Gemeinschaft in der Gesellschaft gestoßen.

In der Migrationssoziologie finden sich ermutigende Ansätze, die das geschichtsphilosophische Modernisierungstheorem mit seinen „Prophezeiungen" durch „bedingte Prognosen" ersetzen und deren „Diagnosen" als zunehmend gesichert erscheinen. Daß diese Diagnosen die Zukunft des Problems ethnischer Minoritäten nicht gerade hoffnungsfroh erscheinen lassen, könnte vielleicht zu einer rational begründeten Migrationspolitik Anlaß geben – einer Migrationspolitik, die weder auf Automatismen vertraut, noch in Fatalismus verfällt.

Die zentralen Fragen – hier als Forschungsdesiderate verstanden – richten sich auf die Bedingungen, welche für eine ökonomische und politische Integration und für eine kulturelle Assimilation relevant waren und sind und dabei von Fall zu Fall eine Auflösung oder aber auch eine Bewahrung einer ethnischen Minderheit zur Folge hatten. Dies sind Problemkomplexe, welche nach den unterschiedlichen Assimilations- und Integrationsfähigkeiten und -bereitschaften der ethnischen Minderheiten, aber auch nach den Integrationsfähigkeiten und -bereitschaften der autochthonen Bevölkerungen fragen.[29] Ganz offensichtlich verfügen nicht alle Migrantengruppen über die gleichartig kompatible kulturelle Voraussetzung der Leistungsorientierung der westlichen Zielgesellschaften. Weshalb konnten sich die Farbigen in den USA bis zum heutigen Tage nicht im gleichen Maße in die Gesellschaft integrieren wie etwa asiatische Gruppen? Weshalb haben sich die Juden in den USA zwar politisch und ökonomisch voll integriert, besitzen aber weiterhin ein starkes Minderheitenbewußtsein? Weshalb haben sich in der Schweiz die Tamilen nahezu reibungslos in den Arbeitsmarkt integriert, während dies den Albanern viel schwerer fällt? Diese Fragen und eine Reihe empirischer Resultate weisen darauf hin, daß sich die Minderheitenforschung einerseits auch mit der Integrations- und Assimilationsbereitschaft von Minderheiten und der entsprechenden Mehrheit und andererseits mit kulturellen Hintergrundsbedingungen auseinandersetzen muß. Vergleichende Analysen familiärer Netzwerkstrukturen und Leistungsorientierungen und allgemein von entsprechenden Werten und Normen könnten hier Antworten geben.

Mit Blick auf einen zentralen Teil des soziologischen „main streams" muß allerdings ein ernüchternder Schluß gezogen werden: Die vielleicht nicht zu Unrecht als „geschichtsphilosophisch"[30] zu bezeichnende modernisierungstheoretische makrosoziologische Prognostik hat sich nicht bewährt. Die Soziologie sieht sich hinsichtlich der dieser Prognostik zugrundeliegenden Annahmen über die Integration ethnischer Minderheiten widerlegt. Inzwischen haben die Irritationen innerhalb der soziologischen Expertenkulturen jedoch ein Maß erreicht, das eine Paradigmendiskussion ermöglicht. Aufgrund der Bedeutung der Modernisierungsaxiomatik für die Soziologie insgesamt wird diese die Profession für einige Zeit und sehr grundsätzlich beschäftigen.

---

29 Eine Reihe von entsprechenden empirischen Hinweisen liefert die Studie von Wimmer und Piguet (1997) über die Arbeitsintegration von Flüchtlingen in der Schweiz.
30 Zu Sinn und Unsinn der Geschichtsphilophie vgl. u.a. Burckhardt (1905) und insbesondere Popper (1965).

Literatur

Abandan-Unat, Nermin, 1994: Ethnic Business, Ethnic Communities. Ethnopolitics Among Turks in Europe. University of South Carolina CH.
Adorno, Theodor W., Else Frenkel-Brunswik, Daniel J. Levinson und *R. Nevitt Sanford,* 1950: The Authoritarian Personality. New York: Harper.
Alba, Richard D., 1995: Assimilation's Quiet Tide, The Public Interest, Frühjahr: 3–18.
Alter, Peter, 1985: Nationalismus. Frankfurt a.M.: Suhrkamp.
Beck, Ulrich, 1986: Risikogesellschaft. Auf dem Weg in eine andere Moderne. Frankfurt a.M.: Suhrkamp.
Beck, Ulrich, 1991: Der Konflikt der zwei Modernen. S. 40–53 in: *Wolfgang Zapf* (Hg.): Die Modernisierung moderner Gesellschaften. Verhandlungen des 25. Deutschen Soziologentages in Frankfurt. Frankfurt a.M/New York: Campus.
Bendix, Reinhard, 1967: Tradition and Modernity Reconsidered, Comparative Studies in Society and History IX: 292–346.
Billington, Ray A., 1971: The Genesis of the Frontier Thesis. A Study in Historical Creativity. San Marino: Kingsport Press.
Blalock, Hubert M., 1967: Toward a Theory of Minority-Group Relations. New York: Wiley.
Blaschke, Jochen, 1985: Volk, Nation, Interner Kolonialismus, Ethnizität. Konzepte zur politischen Soziologie regionalistischer Bewegungen in Westeuropa. Berliner Institut für vergleichende Sozialforschung.
Blaschke, Jochen, 1989: Islam und Politik unter türkischen Arbeitsmigranten. S. 295–366 in: *Jochen Blaschke* und *Martin v. Bruinessen* (Hg.): Islam und Politik in der Türkei. Berlin: Parabolis.
Bluntschli Johann K., 1875: Allgemeine Staatslehre, Bd. 1. Stuttgart: Cotta.
Braun, Rudolf, 1970: Sozio-kulturelle Probleme der Eingliederung italienischer Arbeitskräfte in der Schweiz. Zürich: Rentsch.
Burckhardt, Jacob, 1905: Weltgeschichtliche Betrachtungen. Historisch-kritische Gesamtausgabe. Mit einer Einleitung und textkritischem Anhang von Rudolf Stadelmann. Berlin/Stuttgart: Kröner.
Cohn-Bendit, Daniel, und *Thomas Schmid,* 1992: Heimat Babylon: Das Wagnis der multikulturellen Demokratie. Hamburg: Hoffmann und Campe.
Durkheim, Emile, 1992 (zuerst 1893): Über soziale Arbeitsteilung. Frankfurt a.M.: Suhrkamp.
Eisenstadt, Samuel N., 1954: The Absorption of Immigrants. London: Routledge + Kegan Paul.
Elwert, Georg, 1982: Probleme der Ausländerintegration. Gesellschaftliche Integration durch Binnenintegration?, Kölner Zeitschrift für Soziologie und Sozialpsychologie 34: 717–731.
Esser, Hartmut, 1980: Aspekte der Wanderungssoziologie. Assimilation und Integration von Wanderern, ethnischen Gruppen und Minderheiten. Eine handlungstheoretische Analyse. Darmstadt: Luchterhand.
Esser, Hartmut, 1988: Ethnische Differenzierung und moderne Gesellschaft, Zeitschrift für Soziologie 17: 235–248.
Esser, Hartmut, 1990: Prozesse der Eingliederung von Arbeitsmigranten. S. 33–53 in: *Charlotte Höhn* und *Detlev B. Rein* (Hg.): Ausländer in der Bundesrepublik Deutschland. Boppard: Harald Boldt Verlag.
Francis, Emerich K., 1965: Ethnos und Demos. Soziologische Beiträge zur Volkstheorie. Berlin: Duncker und Humblot.
Friedrichs, Jürgen, 1995: Stadtsoziologie. Opladen: Leske + Budrich.
Geiss, Immanuel, 1988: Geschichte des Rassismus. Frankfurt a.M.: Suhrkamp.
Gellner, Ernest, 1964: Nationalism in Thought and Change. London: Weidenfeld and Nicolson.
Gellner, Ernest, 1991: Nationalismus und Moderne. Berlin: Rotbuch.
Giddens, Anthony, 1976: Functionalism: Après la lutte, Social Research 43: 325–345.
Glazer, Nathan, und *Daniel Patrick Moynihan,* 1963: Beyond the Melting Pot. The Negroes, Puerto Ricans, Jews, Italians and Irish of New York City. Cambridge MA: MIT Press.
Gordon, Milton M., 1964: Assimilation in American Life. New York: Oxford University Press.

Grunebaum, Gustav E. von, 1963: Der Islam. S. 21–179 in: *Golo Mann* und *Alfred Heuss* (Hg.): Propyläen Weltgeschichte. Band 5: Islam – die Entstehung Europas. Frankfurt a.M.: Propyläen Verlag.
Gumplowicz, Ludwig, 1986: Ludwig Gumplowicz oder die Gesellschaft als Natur. Herausgegeben von *Emil Brix*. Wien: Böhlau.
Habermas, Jürgen, 1981: Theorie des kommunikativen Handelns, 2 Bde. Frankfurt a.M.: Suhrkamp.
Heckmann, Friedrich, 1981: Die Bundesrepublik: Ein Einwanderungsland? Zur Soziologie der Gastarbeiterbevölkerung als Einwanderungsminorität. Stuttgart: Enke Verlag.
Heckmann, Friedrich, 1991: Ethnos, Demos und Nation oder Woher stammt die Intoleranz des Nationalstaats gegenüber ethnischen Minderheiten? S. 51–78 in: *Uli Bielefeld* (Hg.): Das Eigene und das Fremde. Neuer Rassismus in der Alten Welt? Hamburg: Junius.
Heckmann, Friedrich, 1992: Ethnische Minderheiten, Volk und Nation. Soziologie inter-ethnischer Beziehungen. Stuttgart: Enke Verlag.
Heitmeyer, Wilhelm, 1996: Ethnisch-kulturelle Konfliktdynamiken in gesellschaftlichen Desintegrationsprozessen. S. 31–63 in: *Wilhelm Heitmeyer* und *Rainer Dollase* (Hg.): Die bedrängte Toleranz. Ethnisch-kulturelle Konflikte, religiöse Differenzen und die Gefahren politisierter Gewalt. Frankfurt a.M.: Suhrkamp.
Hoffmann-Nowotny, Hans-Joachim, 1970: Migration. Ein Beitrag zu einer soziologischen Erklärung. Stuttgart: Enke.
Hoffmann-Nowotny, Hans-Joachim, 1973: Soziologie des Fremdarbeiterproblems. Eine theoretische und empirische Analyse am Beispiel der Schweiz. Stuttgart: Enke.
Hoffmann-Nowotny, Hans-Joachim, 1990: Integration, Assimilation und ‚plurale Gesellschaft'. Konzeptuelle theoretische und praktische Überlegungen. S. 15–31 in: *Charlotte Höhn* und *Detlev B. Rein* (Hg.): Ausländer in der Bundesrepublik Deutschland. Boppard: Harald Boldt Verlag.
Hoffmann-Nowotny, Hans-Joachim, 1992: Chancen und Risiken multikultureller Einwanderungsgesellschaften. Schweizerischer Wissenschaftsrat, FER 119.
Hoffmann-Nowotny, Hans-Joachim, und *Karl Otto Hondrich*, 1981: Zur Funktionsweise sozialer Systeme – Versuch eines Résumés und einer theoretischen Integration. S. 569–635 in: *Dies.* (Hg.): Ausländer in der Bundesrepublik Deutschland und in der Schweiz. Segregation und Integration: Eine vergleichende Untersuchung. Frankfurt a.M./New York: Campus.
Honneth, Axel (Hg.), 1993: Kommunitarismus: Eine Debatte über die moralischen Grundlagen moderner Gesellschaften. Frankfurt a.M./New York: Campus.
Imhof, Kurt, 1996: Intersubjektivität und Moderne. S. 200–292 in: *Kurt Imhof* und *Gaetano Romano*: Die Diskontinuität der Moderne. Zur Theorie des sozialen Wandels. Reihe „Theorie und Gesellschaft" (hrsg. von *Axel Honneth, Hans Joas* und *Claus Offe*), Bd. 36.: Frankfurt a.M./New York: Campus.
Imhof, Kurt, 1997: Gemeinschaft und Gesellschaft: Minderheitensoziologie und soziale Integration. S. 861–875 in: *Stefan Hradil* (Hg.): Differenz und Integration. Kongreßband I zum 28. Kongreß der Deutschen Gesellschaft für Soziologie 1996. Frankfurt a.M./New York: Campus.
Joas, Hans, 1992: Die Kreativität des Handelns. Frankfurt a.M.: Suhrkamp.
Jones, Mary Ellen (Hg.), 1994: The American Frontier. Opposing Viewpoints. San Diego: Greenhaven Press.
Kauz, Marie-Luise, 1994: Die „Islamisierung" der Gesellschaft: Identitätsmanagement im Globalisierungsprozeß, Konzept für eine Dissertation. Zürich: Universität Zürich.
Kepel, Gilles, 1996: Allah im Westen. Die Demokratie und die islamische Herausforderung, München/Zürich: Piper.
Kinloch, G. C., 1979: The Sociology of Minority Group Relations. Englewood Cliffs NJ: Prentice-Hall.
Kleßmann, Christoph, 1992: Einwanderungsprobleme im Auswanderungsland: das Beispiel der ‚Ruhrpolen'. S. 303–310 in: *Klaus J. Bade* (Hg.): Deutsche im Ausland – Fremde in Deutschland. Migration in Geschichte und Gegenwart. München: C.H. Beck.

Knoll, Reinhold, Gerhard Majce, Hilde Weiss und *Georg Wieser*, 1981: Der österreichische Beitrag zur Soziologie von der Jahrhundertwende bis 1938. S. 59–101 in: *M. Rainer Lepsius* (Hg.): Soziologie in Deutschland und Österreich 1918–1945. Sonderheft 23 der Kölner Zeitschrift für Soziolgie und Sozialpsychologie. Opladen: Westdeutscher Verlag.
Kreckel, Reinhard, Friedrich v. Krosigk, Georg Ritzer, Roland Schütz und *Gerhard Sonnert,* 1986: Regionalistische Bewegungen in Westeuropa. Opladen: Leske + Budrich.
Lafont, Robert, 1971: Décoloniser en France. Les Régions face à l'Europe. Paris: Gallimard.
Leggewie, Claus, 1993: Alhambra – Der Islam im Westen. Reinbek bei Hamburg: Rowohlt.
Leggewie, Claus, 1994: Space – not Time? Raumkämpfe und Souveränität. Skizzen zu einer ‚Geopolitik' multikultureller Gesellschaften, Transit 7: 27–42.
Lepsius, M. Rainer, 1986: „Ethnos" und „Demos" – Zur Anwendung zweier Kategorien von Emerich Francis auf das nationale Selbstverständnis der Bundesrepublik und auf die europäische Einigung, Kölner Zeitschrift für Soziologie und Sozialpsychologie 38: 751–759.
Lepsius, M. Rainer, 1990: Interessen, Ideen und Institutionen. Opladen: Westdeutscher Verlag.
Marx, Karl, 1972: Zur Judenfrage. Bd. II, Kap. VI. S. 82–151 in: Marx-Engels-Werke. Berlin: Dietz.
Merz-Benz, Peter-Ulrich, 1991: Die logische Analyse sozialer Gebilde. Zu Ferdinand Tönnies' Kritik an Gustav Ratzenhofer. S. 183–195 in: *Lars Clausen* und *Carsten Schlüter* (Hg.): Ausdauer, Geduld und Ruhe: Aspekte und Quellen der Tönnies-Forschung. Hamburg: Rolf Fechner Verlag.
Merz-Benz, Peter-Ulrich, 1995: Tiefsinn und Scharfsinn. Ferdinand Tönnies' begriffliche Konstitution der Sozialwelt. Frankfurt a.M.: Suhrkamp.
Micksch, Jürgen, 1989: Kulturelle Vielfalt statt nationaler Einfalt. Eine Strategie gegen Nationalismus und Rassismus. Frankfurt a.M.: Otto Lembeck Verlag.
Mikesell, Marvin W., 1968: Comparative Studies in Frontier History. S. 152–171 in: *Richard Hofstadter* und *Seymour M. Lipset* (Hg.): Turner and the Sociology of the Frontier. New York: Basic Books.
Mommsen, Wolfgang J., 1969: Das Zeitalter des Imperialismus. Frankfurt a.M.: Fischer.
Nauck, Bernhard, 1985: Arbeitsmigration und Familienstruktur. Eine Analyse der mikrosozialen Folgen von Migrationsprozessen. Frankfurt a.M.: Campus.
Nauck, Bernhard, und *Heike Diefenbach,* 1996: Discrimination, Family Networks and Social Integration of Turkish Immigrant Families (Manuskript), Beitrag vorgestellt am XIII Congress of the International Association for Cross-Cultural Psychology, Montréal (Kanada), 12.–16. August 1996.
Park, Robert E., 1964: Human Migration and the Marginal Man. S. 345–356 in: *Ders.* (Hg.): Race and Culture. London: The Free Press.
Park, Robert E., und *Ernest W. Burgess,* 1970 (zuerst 1924): Introduction to the Science of Sociologie. Chicago/London: University of Chicago Press.
Parsons, Talcott, 1967: Sociological Theory and Modern Society. New York: The Free Press.
Parsons, Talcott, 1991 (zuerst 1951): The Social System. London: Routledge.
Popper, Karl R., 1965: Das Elend des Historizismus. Tübingen: Mohr.
Radtke, Frank-Olaf, 1993: Politischer und kultureller Pluralismus. Zur politischen Soziologie der multikulturellen Gesellschaft. S. 79–95 in: *Caroline Y. Robertson-Wensauer* (Hg.): Multikulturalität – Interkulturalität? Probleme und Perspektiven der multikulturellen Gesellschaft. Baden-Baden: Nomos.
Ratzenhofer, Gustav, 1898: Sociologische Erkenntnis. Positive Philosophie des socialen Lebens. Leipzig: Brockhaus.
Reinert, Benedikt, 1984: Das neue Selbstverständnis nicht-christlicher Religionen gegenüber der westlichen Kultur am Beispiel des Islams. S. 67–84 in: *Hans-Jürg Braun* (Hg.): Weltreligionen heute herausgefordert. Zürich: vdf.
Rex, John, 1990: „Rasse" und „Ethnizität" als sozialwissenschaftliche Konzepte. S. 141–153 in: *Eckhard J. Dittrich* und *Frank-Olaf Radtke* (Hg.): Ethnizität. Wissenschaft und Minderheiten. Opladen: Westdeutscher Verlag.
Ricard, Serge, 1987: Westward Expansion and the Melting Pot Fallacy: Immigrant and Native Pioneering on the Frontier. S. 31–45: 1803–1860 in: *Wolfgang Binder* (Hg.): Westward Expansion in America. Erlangen: Palm + Enke.

Richter, Dirk, 1994: Der Mythos der „guten" Nation. Zum theoriegeschichtlichen Hintergrund eines folgenschweren Mißverständnisses, Soziale Welt 45: 304–321.
Schütz, Alfred, 1972: Der Fremde. Ein sozialpsychologischer Versuch. S. 53–69 in: *Alfred Schütz*: Gesammelte Aufsätze, Bd. 2: Studien zur soziologischen Theorie. Den Haag: Nijhoff.
Sigmund, Steffen, und *Richard Utz*, 1994: Religion und Nationalismus in Irland, Berliner Journal für Soziologie 4: 33–53.
Simmel, Georg, 1992 (zuerst 1908): Exkurs über den Fremden. S. 764–771 in: *Otthein Rammstedt* (Hg.): Georg Simmel Gesamtausgabe, Bd. 11. Soziologie: Untersuchungen über die Formen der Vergesellschaftung. Frankfurt a.M.: Suhrkamp.
Spaich, Herbert, 1991: Fremd in Deutschland. Auf der Suche nach Heimat. Weinheim/Basel: Beltz Quadriga.
Stonequist, Everett V., 1937: The Marginal Man. A Study in Personality and Culture Conflict. New York: Scribner's.
Sundhaussen, Holm, 1994: Ethnonationalismus in Aktion: Bemerkungen zum Ende Jugoslawiens, Geschichte und Gesellschaft, Heft 3: 402–423.
Tenbruck, Friedrich H., 1975: Das Werk Max Webers, Kölner Zeitschrift für Soziologie und Sozialpsychologie 27: 685–709.
Tibi, Bassam, 1991: Fundamentalismus – eine hausgemachte Krise, Tages-Anzeiger, 17.7.91: 2.
Tibi, Bassam, 1994: Im Schatten Allahs. Der Islam und die Menschenrechte. München/Zürich: Piper.
Tibi, Bassam, 1996: Multikultureller Werte-Relativismus und Werte-Verlust, Aus Politik und Zeitgeschichte. Beilage zur Wochenzeitung ‚Das Parlament', B 52 – 53/96: 27–36.
Tichy, Roland, 1990: Ausländer rein! Warum es kein „Ausländerproblem" gibt. München: Piper.
Tönnies, Ferdinand, 1926: Soziologische Studien und Kritiken (2. Sammlung). Jena: G. Fischer.
Tönnies, Ferdinand, 1935: Geist der Neuzeit. Leipzig: Hans Buske Verlag.
Tönnies, Ferdinand, 1988: Gemeinschaft und Gesellschaft. Grundbegriffe der reinen Soziologie (8. unveränd. Auflage von 1935). Darmstadt: Wissenschaftliche Buchgesellschaft.
Tönnies, Ferdinand, und *Friedrich Paulsen*, 1961: Briefwechsel 1876–1908. Herausgegeben von *Olaf Klose, Eduard Georg Jacoby* und *Irma Fischer*. Kiel: Ferdinand Hirt Verlag.
Turner, Frederick J., 1987 (zuerst 1883): The Significance of the Frontier in American History. S. 80–85 in: *M. Thomas Inge* (Hg.): A Nineteenth-Century American Reader. Washington: Greenwood Press.
Weber, Max, 1964: Wirtschaft und Gesellschaft. Tübingen: Mohr.
Weber, Max, 1973: Soziologie, Universalgeschichtliche Analysen, Politik (hg. von *Johannes Winkelmann*). Stuttgart: Kröner.
Weber, Max, 1993: Landarbeiterfrage, Nationalstaat und Volkswirtschaftspolitik. Schriften und Reden 1892–1899. Gesamtausgabe I, Bd. 4. Tübingen: Mohr.
Wehler, Hans-Ulrich, 1975: Modernisierungstheorie und Geschichte. Göttingen: Vandenhoeck & Ruprecht.
Winkler, Heinrich August (Hg.), 1985: Nationalismus. Königstein: Athenäum.

IV.
Soziale Bewegungen

„ILLEGITIME TÖCHTER"

Das komplizierte Verhältnis zwischen Feminismus und Soziologie*

Ute Gerhard

Zusammenfassung: Das Verhältnis von Frauenbewegung bzw. Feminismus und Soziologie ist durch interessante Parallelen und Wechselwirkungen, aber auch Distanzierungen und Mißverständnisse gekennzeichnet. Die Gegenüberstellung zeigt, daß die beiden Hochphasen der Frauenbewegung in Deutschland, die historische Frauenbewegung um die Jahrhundertwende sowie der neue Feminismus seit dem Ende der 1960er Jahre, nicht zufällig mit Entwicklungsschritten im Modernisierungsprozeß korrespondieren, die die soziologische Theorie als erste und zweite Krise der Moderne bzw. einfache und reflexive Moderne diagnostiziert hat. Doch während das von der Frauenbewegung problematisierte Geschlechterverhältnis – so die hier untersuchte Hypothese – in den Gesellschaftstheorien der soziologischen Klassiker (z.B. bei Tönnies, Durkheim und Simmel) zumindest einen zentralen Stellenwert einnahm, hat die feministische Gesellschaftskritik in der gegenwärtigen soziologischen Theorie bisher keinen systematischen Niederschlag gefunden, ist die Geschlechtsdifferenz als eine die Gesellschaftsanalyse strukturierende Perspektive angesichts der Gleichberechtigung der Geschlechter anscheinend verschwunden.

Erst kürzlich ist das Verhältnis, oder besser, die wechselseitige Wahrnehmung von Frauenbewegung und Soziologie in einer anregenden Studie von Theresa Wobbe mit der Metapher der „Wahlverwandtschaft" charakterisiert worden. In ihrem so betitelten Buch über die Anfänge der „Soziologie und die Frauen auf dem Weg zur Wissenschaft" (1995) wird die Affinität zwischen den ersten Akademikerinnen der Jahrhundertwende und den Anfängen der Soziologie als neue, um Anerkennung ringende Disziplin in einer wissenschaftshistorischen wie -theoretischen Studie eindrücklich entwickelt. Die Metapher von der sog. Wahlverwandtschaft ist ein Zitat, das die Autorin einem Klassiker der sozialwissenschaftlichen Frauenforschung entnommen hat, dem zuerst 1946 erschienenen Buch „The Feminine Character" von Viola Klein. In dieser von Karl Mannheim an der London School of Economics angeregten wissenssoziologischen Untersuchung hatte Viola Klein die These von der ‚Wahlverwandtschaft' mit einem doppelten Argument begründet: Zum einen, sowohl die sog. Frauenfrage als auch die sozialen Krisenphänomene, auf die die Soziologie spezifische, in den ‚sozialen Tatsachen' begründete Antworten suchte, haben ihre Ursache in der gleichen problematisch gewordenen Entwicklung der Moderne. D.h. die Geschlechterfrage als Kern und Teil der ‚sozialen Frage' „traf gewissermaßen ins Herz der soziologischen Klärungsversuche über das Verhältnis von Tradition und Moderne, von

---

* Anja Weckwert sei herzlich gedankt für ihre umsichtige und unentbehrliche Mithilfe bei der Erstellung der Bibliographie und Renate Niekant für ihr kritisches Gegenlesen.

Gemeinschaft und Gesellschaft, von sozialer Differenzierung und Integration" (Wobbe 1995: 13). Zum anderen wies bereits Viola Klein daraufhin, daß die ersten Akademikerinnen, die zugleich Vertreterinnen der Frauenbewegung waren, ihr Engagement auf dem Feld sozialer Reform, in gemeinnütziger, von der Frauenbewegung organisierter sozialer Arbeit, aber auch ihre Mitwirkung als „Spezialistinnen" bei den ersten sozialwissenschaftlichen Enquêten dazu genutzt haben, um quasi „durch die Hintertür" in den ihnen verwehrten Bereich der Wissenschaften und der Öffentlichkeit zu schlüpfen.[1]

Was den Zugang der Frauen zu Universität und Wissenschaften betrifft, gibt es speziell in Deutschland nichts zu beschönigen, schließlich wurden Frauen hier im Gegensatz zu anderen Ländern der westlichen Welt erst mit einer Verspätung von mehr als zwei Generationen, erst 1908 offiziell zum Universitätsstudium zugelassen.[2] Frauen, die vorher studieren wollten, mußten also entweder ins Ausland gehen oder waren auf die persönliche Zulassung zu einzelnen Vorlesungen durch einen Professor angewiesen. Die These von der Wahlverwandtschaft ist trotzdem, gerade was die Soziologie betrifft, überaus anregend und soll im folgenden in bezug auf die Geschichte und die Diagnose der Frauenbewegung sogar noch zugespitzt werden:

Zugrunde liegt ein Konzept von Frauenbewegung als sozialer Bewegung, deren unterschiedliche Mobilisierungsphasen, Richtungen, Themen oder Streitpunkte in historischer Perspektive und damit in ‚langen Wellen' betrachtet werden (Gerhard 1995). Dies ist eine Betrachtungsweise, die in der internationalen Frauenbewegungsforschung längst üblich ist (vgl. Banks 1981; Buechler 1990; Rupp und Taylor 1990 u.a.), zumal sie im angloamerikanischen Sprachgebrauch durch die Kennzeichnung als „First" oder „Second Wave Feminism" nahegelegt wird. Damit soll nicht einer Vereinheitlichung der Zielsetzungen oder der historischen Kontinuität das Wort geredet werden, jedoch sowohl die Gleichförmigkeit der unerledigten Anliegen („the broken promise") als auch der von den Frauen benannten Widersprüche moderner Gesellschaften betont werden. Zudem legt der Vergleich unterschiedlicher Phasen und Strömungen auch im internationalen Kontext die Besonderheiten, Brüche und die Traditionslinien frei. Voraussetzung hierfür ist ein weiter, undogmatischer Begriff von Frauenbewegung bzw. Feminismus. Als *Frauenbewegung* bezeichne ich daher die Zusammenfassung aller Bestrebungen von Frauen, die sich gemeinsam, als Gruppe oder Kollektiv, für die Verbesserung ihrer gesellschaftlichen Stellung und Veränderungen im Geschlechterverhältnis einsetzen mit dem Ziel, Frauen in Staat, Gesellschaft und Kultur gleichen gesellschaftlichen Einfluß und eine dem Manne gleichberechtigte Stellung zu verschaffen. Um von Bewegung zu sprechen, müssen folglich zwei Voraussetzungen erfüllt sein (vgl. Raschke 1991): Es muß eine Gruppe, ein kollektiver Akteur erkennbar sein, der weitere Anhänger gewinnen will bzw. die Bildung oder Erweiterung der Netzwerke

---

1 Vgl. Klein (1971: 17): „... the humanitarian interests which formed the starting-point of social research, and practical social work itself, actually provided the back-door through which women slipped into public life."

Eine ähnliche Paralle zwischen Frauenbewegung und Soziologie zieht Terry R. Kandal (1988: 4); vgl. auch Barbara L. Marshall (1994); zu den ersten Sozialwissenschaftlerinnen vgl. Helga Milz (1994) sowie Claudia Honegger und Theresa Wobbe (1998).

2 Gegenüber den USA, wo es seit den 1830er Jahren Women's Colleges gab, oder der Universität Zürich, wo Frauen aus ganz Europa seit den 1840er Jahren studierten; im Vergleich auch zu Frankreich mit der Zulassung des Frauenstudiums seit 1863, den skandinavischen Ländern seit 1870, Niederlande seit 1878 etc.

anstrebt.³ Zudem impliziert der Begriff „Bewegung" die gezielte Veränderung wesentlicher Strukturen des gesellschaftlichen Zusammenhangs. D.h. soziale Bewegungen sind Akteure sozialen Wandels und im so verstandenen Sinn zugleich Phänomen und Produkt moderner Gesellschaften (vgl. Rucht 1994: 77; Raschke 1985). Denn sie „berufen sich auf die Machbarkeit der Geschichte" (Koselleck 1979: 270) und – das gilt insbesondere für die modernen Frauenbewegungen und soll im folgenden erläutert werden – setzen mit ihrer sozialen oder/und politischen Einmischung an spezifischen Widersprüchen und Krisenphänomenen der modernen Gesellschaften an.

Die hier zu begründende These nun lautet: Die beiden großen Phasen der Frauenbewegung in Deutschland, die alte oder historische Frauenbewegung mit einer Hochphase der Mobilisierung um die Jahrhundertwende wie auch die neue Frauenbewegung mit ihrem Aufbruch am Ende der 1960er Jahre, korrespondieren nicht zufällig mit gesellschaftlichen Entwicklungen und einem besonderen Krisenbewußtsein, das die sog. soziologischen Klassiker angeleitet hat und auch das soziologische Denken bis zum Ende dieses Jahrhunderts bestimmt. D.h. das Auftreten oder ‚Lautwerden' der Frauenbewegung erfolgte gleichzeitig mit Entwicklungsschritten im Modernisierungsprozeß, die in soziologischen Analysen als erste und zweite Krise der Moderne bzw. einfache und reflexive Moderne thematisiert werden (vgl. Beck 1986; Wagner 1995; Beck, Giddens und Lash 1996). Unterschiede im Hinblick auf den hier behandelten Gegenstand ergeben sich jedoch daraus – und hierin liegt die oben angedeutete Zuspitzung –, daß die Geschlechterproblematik in den Gesellschaftstheorien der soziologischen Klassiker einen zentralen Stellenwert einnahm, während die Gesellschaftskritik des neuen Feminismus trotz einer weitverbreiteten Gleichberechtigungsrhetorik in der gegenwärtigen soziologischen Theorie bisher keinen systematischen Niederschlag gefunden hat.

Um diese ebenso kühne wie weitreichende These zu begründen, werden hier zunächst die Gesellschaftstheorien der soziologischen Klassiker daraufhin untersucht, welche Antworten sie auf die Problematisierung des Geschlechterverhältnisses durch die Frauenbewegung ihrer Zeit gegeben haben. Da diese Fragestellung in der Geschichte der Soziologie bisher bis auf wenige bemerkenwerte Ausnahmen[4] weitgehend vernachlässigt wurde, muß auch mein Beitrag im Hinblick auf die Auswahl der Theoretiker und der Argumente in diesem Rahmen unvollständig bleiben. Gleichwohl scheint sich „die zeitlose Modernität der soziologischen Klassiker" (Dahme und Rammstedt 1984: 449f.) am Beispiel Emile Durkheims, Ferdinand Tönnies', Max Webers und besonders Georg Simmels gerade deshalb zu erweisen, weil die Geschlechterdifferenz nicht nur in ihren Zeitdiagnosen, sondern auch für ihre Theoriebildung eine Rolle gespielt hat. Die Affinität bzw. Distanz der gegenwärtigen Soziologie kann im Rahmen dieses Beitrags lediglich in der Form eines Ausblicks skizziert werden. Den Stellenwert der Geschlechterverhältnisse bzw. die von der neuen Frauenbewegung thematisierten Probleme in der gegenwärtigen soziologischen Theorie auszuloten, muß weiteren Arbeiten vorbehalten bleiben.

---

3 Vgl. Neidhardt (1985: 197), der aus diesem Grund von Bewegung als „mobilisierten Netzwerken sozialer Gruppen – genauer noch: von mobilisierten Netzwerken von Netzwerken" spricht.
4 Eine rühmliche Ausnahme bilden Coser (1984), Dahme (1986), Tyrell (1986), Greven (1991), Meurer (1992), Lichtblau (1992) und die verschiedenen Arbeiten zu Simmel (dazu weiter unten); bemerkenswert sind auch einige neuere Monographien aus dem angloamerikanischen Sprachraum z.B. Kandal (1988), Wallace (1989), Marshall (1994).

Um die wechselseitige Wahrnehmung bzw. Nichtwahrnehmung, die Affinitäten oder die Distanz zwischen Feminismus und Soziologie diskutieren zu können, wird es notwendig sein, über den Stand der Frauenbewegung zu informieren und die von ihr benannten sozialen Probleme und Zielsetzungen für den jeweiligen Zeitabschnitt zu resümieren. In dieser Zusammenfügung oder Parallelisierung der Geschichte und Theorie von Soziologie und Feminismus liegt die Schwierigkeit, aber auch der Reiz der Fragestellung, die m.E. eine weitergehende Perspektive auf die grundsätzliche Bedeutung der Handlungs- und Strukturkategorie Geschlecht in modernen Gesellschaften eröffnet.

I. Feminismus und Soziologie um die Jahrhundertwende

1. „Die Frauenfrage" – Vorläufer in der sozialwissenschaftlichen Diskussion

In den Politik- und Gesellschaftsanalysen der zweiten Hälfte des 19. Jahrhunderts firmierte die Frauenbewegung, wenn sie berücksichtigt und als soziale Problematik behandelt wurde, unter dem Stichwort ‚Frauenfrage'. Sie wurde einerseits als Folge der wirtschaftlichen und gesellschaftlichen Veränderungen und also als Broterwerbsfrage der unverheirateten Frauen des bürgerlichen Mittelstands behandelt. Anderseits belegen die Quellen, daß sich die Zeitgenossen durchaus der grundsätzlichen gesellschaftlichen Problematik bewußt waren, die die emanzipatorischen Bestrebungen von Frauen für die bürgerliche Gesellschaftsordnung insgesamt, die Organisation von Haushalt und Betrieb, ihren Bestand und ihre Regeneration bedeutete. Aus diesem Grund wurde die seit den 1860er Jahren zunehmend in der Öffentlichkeit diskutierte Frauenfrage – unter dem Eindruck erster Organisierungsschritte einer Frauenbewegung – speziell im Bürgertum als gesellschaftliche Krisenerscheinung thematisiert. Sie erwies sich in Anbetracht des Modellcharakters der bürgerlichen Familie insbesondere als „ein innerbürgerliches Problem, das die eigenen Verhaltensnormen und Lebensweise" infragestellte (vgl. Bussemer 1985: 11f.). Die ‚Frauenfrage' war insoweit wichtiger Teil der ‚sozialen Frage', für die auf der anderen Seite vor allem die Arbeiterbewegung stand.

Denn als Prototyp für eine „soziale Bewegung" und *die* treibende Kraft in der Geschichte galt seit Lorenz v. Steins Schriften zu den „sozialen Bewegungen der Gegenwart" (1848) und seiner „Geschichte der sozialen Bewegungen in Frankreich" (1850/1921) die Arbeiterbewegung, „die Idee des Proletariats mit seinen beiden Forderungen, der Forderung auf Theilnahme am Staatswillen und auf angemessenen und gesicherten Lohn" (1848/1974: 6). Seine Aufmerksamkeit für „das systemsprengende Potential der sozialen Bewegungen" (Pankoke 1974: VIII) diente dem Ziel einer antizipierenden Sozialreform im Sinne einer konservierenden Korrektur der bürgerlichen Gesellschaft, um deren mit der Französischen Revolution verkündetete Prinzipien mit Hilfe einer „Wissenschaft der Gesellschaft" zu retten (ebd.: V). Stein hat dabei durchaus das Neue und Spezifische der modernen sozialen Bewegungen auf den Begriff gebracht. In seiner Definition gilt als „allgemeinster Grund" für eine soziale Bewegung: der „fortwährende Widerspruch", den „eine Gesellschaft der Ungleichen ... mit dem Begriffe des Menschen" bildet (v. Stein 1848/1974: 3).

Bezeichnenderweise hat v. Stein die Frauenbewegung seiner Zeit nicht im Kontext seiner Bewegungsanalysen thematisiert. Dennoch spielt die Frauenfrage in seiner Gesellschaftstheorie als Medium einer konservativen Sozialreform eine große Rolle, da er angesichts veränderter Produktions- und Reproduktionsweisen gerade auch der Frau, genauer, der Hausfrau mit ihrer den Konsum und die Reproduktion bewahrenden Tätigkeit in der Hauswirtschaft eine unverzichtbare Rolle „auf dem Gebiete der Nationalökonomie"[5] zuweist. Mit diesen Ansichten über die Rolle der Frau in der und für die Familie als Basisinstitution der bürgerlichen Gesellschaft, ja, Grundpfeiler jedweder staatlicher Ordnung nun stand v. Stein keineswegs allein, sondern vertrat den ‚mainstream' aller Staats- und Gesellschaftslehren des 18. und 19. Jahrhunderts[6] mit der Besonderheit, den Adressatinnen seiner expliziten Frauen-Schriften[7] das Konzept von der Differenz der Geschlechter als *den* alles bestimmenden „Unterschied, das größte Geheimnis in einer Welt, die auf der Idee der Gleichheit beruht" (v. Stein 1886: 9), überaus praktisch angedient zu haben.[8]

Andere waren direkter, unverblümter patriarchalisch. Für die empirische Sozialforschung ebenso wie für eine normative Familiensoziologie nachhaltige Maßstäbe gesetzt hat insbesondere Wilheim Heinrich Riehl, dessen vielzitiertes Buch „Die Familie", der 3. Band seiner „Naturgeschichte des Volkes als Grundlage einer deutschen Socialpolitik" (Riehl 1855),[9] eine ausdrückliche Reaktion auf die Anfänge der Frauenbewegung um die 1848er Revolution war. Wegen der Gefahren für die bürgerliche Ordnung wird die Bewegung der Frauen, „weibliche Demagogen ... Blaustrümpfe, die ihr Geschlecht verläugnen", als „verrufene Emanzipation" abgewehrt und denunziert. Der Gegensatz der Geschlechter als gottgewolltes Verhältnis der Abhängigkeit und Unterordnung der Frau, nicht etwa eine kulturell geprägte Geschlechterdifferenz, war für Riehls „Lehre von der Familie" ein nicht weiter zu begründendes Naturgesetz. „Die Familie muß emanzipiert werden, dann sind auch die Frauen emanzipiert" (Riehl 1855: 18, 10, 91).

Hatten sich noch an der Wende vom 18. zum 19. Jahrhundert Fürsprecher der Frauen für gleiche Rechte stark gemacht,[10] so waren solche Advokaten zur Mitte des 19. Jahrhunderts rar geworden. Nun wurden die vereinzelten Protagonistinnen radikaler Gleich-

---

5 Vortrag in der Lesehalle der deutschen Studenten (Wien 1875), der bis 1886 in 6. Auflage, als goldschnittverziertes Büchlein erscheint.
6 Zur Kritik der Sozialphilosohpien und politischen Theorien der bürgerlichen Gesellschaft und ihrer „Meisterdenker" (Frevert 1988) von Locke, über Kant, Rousseau und Fichte bis zu Hegel oder Marx gibt es eine Fülle feministischer Expertisen und Literatur, weshalb ich hier nur einige weiterführende Beispiele nennen möchte, vgl. Okin (1979), Lloyd (1985), Steinbrügge (1987), Pateman (1988), Honegger (1991), Gerhard (1978, 1990b).
7 Dazu gehört auch die bereits 1851 und zwar zunächst anonym erschienene Schrift „Die Frau, ihre Bildung und Lebensaufgabe" (3. Aufl. Berlin/Dresden 1890); vgl. auch vom gleichen Autor „Die Frau auf dem socialen Gebiete" (Stuttgart (Cotta) 1880), aber auch hier wünscht sich der Verf. die Frau allenfalls als Gehilfin, betont die wesentliche Verschiedenheit von Mann und Frau.
8 Nachgerade literarisch liest sich etwa die Beschreibung der „Schwelle" seines Arbeitszimmers als nicht überschreitbare Trennungslinie zwischen öffentlichem (den Männern vorbehaltenem) Wirken und privater Sphäre oder, in seiner Diktion, zwischen „Welt" und „Haus" (1886: 93).
9 ... das bis 1935 nicht weniger als 17 Auflagen erlebte. Zur familiensoziologischen Bedeutung Riehls vgl. Schwägler (1970: 33f.; 1973: 15ff.); zu seiner Soziologie der Frauen im einzelnen Gerhard (1978: 148f.); eine besondere Rehabilitation erlebte sein Werk in einer gekürzten Ausgabe unter dem Titel „Naturgeschichte des deutschen Volkes" aus dem Jahr 1939 mit einem Vorwort von G. Ipsen (Leipzig 1939).
10 Z.B. Th.G. von Hippel (1977 [zuerst 1792]), J.A. Condorcet (1979 [1789]) oder der ungewöhnlich vorbehaltslose bayrische Staatsrechtler W.J. Behr (1804).

berechtigungsforderungen wie Flora Tristan oder George Sand, die sich in ihrer Kritik an die französischen Frühsozialisten (insbesondere Fourier 1966) und Saint-Simonisten anlehnten, weitgehend auf das Klischee und Schreckbild einer Zigarre rauchenden „femme libre" reduziert (Möhrmann 1977: 45f.). Immerhin beeinflußte der Fouriersche Hinweis auf die gesellschaftliche Stellung der Frauen als „Gradmesser" sozialen Fortschritts nachhaltig die sozialistische und marxistische Diskussion.[11]

In Schrifttum und Gelehrtenmeinung aber hatte sich in der Mitte des 19. Jahrhunderts[12] ein spezifisch bürgerlicher Patriarchalismus als Handlungsorientierung und Legitimationsmuster für die bürgerliche Ordnung der Ehe etabliert, den René König sehr treffend als „Sekundärpatriachalismus" (König 1974: 218f.) gekennzeichnet hat, weil er in Reaktion auf die Auflösung ständischer Verhältnisse und deren Geschlechterordnung neu begründet werden mußte (im einzelnen Gerhard 1978: 143ff.). Erst John St. Mills zusammen mit Harriett Taylor verfaßte Schrift „Die Hörigkeit der Frau" (1869/1976),[13] in der aus dem Vorrang der Freiheit als tragendem Prinzip einer liberalen Gesellschaft ein Plädoyer für das Recht der Frau auf Ausbildung ihrer Individualität begründet wurde, nicht etwa Hedwig Dohms ebenso engagierte Gesellschaftskritik in jener Zeit,[14] haben der Frauenfrage im wissenschaftlichen Diskurs wieder zu jener Seriosität verholfen, die mehrere wissenschaftliche Entgegnungen provozierte.[15] Nicht zu unterschätzen ist schließlich die Bedeutung, die August Bebels Buch „Die Frau und der Sozialismus" (zuerst 1879) in der Folge für die politische Diskussion der Frauenfrage und den Zusammenhang von Sozialismus und Feminismus gestiftet hat.

Trotz dieser Vorläufer einer sozialwissenschaftlichen Diskussion ist für diesen Zeitabschnitt festzuhalten, daß die Frauenfrage als Problemanzeige zwar präsent, jedoch, abgesehen von Ausnahmen wie John Stuart Mill, eher ein besonderes Interesse von akademischen Außenseitern gewesen ist.[16] Ob und inwiefern sich dies mit der Ausdifferenzierung der Soziologie als neuer wissenschaftlicher Disziplin änderte, soll im weiteren untersucht werden.

2. Frauenbewegung als Anzeige einer Krise der Moderne

„Die Krisis, die wir mit der modernen Frauenfrage augenblicklich erleben", so Helene Lange in ihrer Studie ‚Die Frauenbewegung in ihren modernen Problemen' (Lange 1908:

---

11 Vgl. die Nachweise bei Thönnessen (1969).
12 Um den Stand des Wissens und die herrschende Meinung abzufragen vgl. insbesondere die Stichworte „Frauen", „Ehe" oder „Geschlechtsverhältnisse" in den Konversationslexika der Zeit, z.B. Carl Welcker (1847, Bd. 5: 654f. (vgl auch 670 und 668)).
13 „The Subjection of Women". Die erste deutsche Übersetzung erschien im gleichen Erscheinungsjahr wie die englische Ausgabe und wurde von Jenny Hirsch, einer Mitstreiterin der Frauenbewegung und Herausgeberin der Vereins-Zeitschrift des Lette-Vereins „Der Frauen-Anwalt" besorgt.
14 Vgl. Hedwig Dohm (1873, 1874, 1876).
15 Vgl. z.B. Treitschke (1897, zit.n. Twellmann 1972, Bd. II: 190ff. und weitere Nachweise in Bd. I: 203ff.); vgl. auch H.v. Sybel (1870).
16 Vgl. auch die interessante Annotierung der bibliographischen Angaben zur Frauenfrage in Gertrud Bäumers Einleitung zum „Handbuch der Frauenbewegung" hg. von H. Lange und G. Bäumer (1901, Bd. I: 1f.).

10), ist aus zwei „Tendenzen" der gesellschaftlichen Entwicklung zu erklären, die „als Grundschema für unsere Kulturentwicklung" erscheinen. Die eine waren die Bildungsbestrebungen der Frauen, ein lange aufgestauter „intellektueller Wissensdurst", „eine geistige Bewegung der Zeit" (Bäumer 1904: 11), die auf Teilhabe an Wissenschaften und Kultur, auf Individualisierung auch der Frauen drängen. Lange bezieht sich zur Begründung auf die neuzeitliche Doktrin vom Recht des Individuums. Die Bildungsbewegung unter den Frauen im Zeitalter des Rationalismus war danach Wegbereiterin einer „weiblichen Kultur", die Romantik „Wachswetter für weibliche Individualität" (ebd.: 23). „Auch die Frau hat an diesem Vorgang der Individualisierung teilgenommen, freilich in weitem Abstand hinter dem Manne, da ihre Lage und ihre Aufgaben weit größere Hemmnisse boten. Und was wir heute als eigentlichen Kern der Frauenbewegung erkennen, das ist das Streben, diesen Prozeß der Individualisierung zu einem Abschluß zu bringen" (Lange 1908: 19).

Die andere, die Verhältnisse bewegende Tendenz waren die „wirtschaftlichen Verhältnisse oder objektiv gesellschaftlichen Zustände", eine Erklärung, die sie wie auch andere Autorinnen mit einer weitreichenden Gesellschaftsdiagnose und -kritik verknüpfte.[17] Die kritische Ambivalenz gegenüber den Krisenerscheinungen modernen Lebens in Langes Ausführungen erscheint in einer Terminologie, die auch den soziologischen Diskurs bestimmt.[18] Dadurch nämlich, daß der Prozeß der „sozialen Differenzierung, der immer mehr verzweigten Arbeitsteilung" auch „den Lebenskreis der Frau" ergriff, entstanden Konflikte, die die moderne Problemlage kennzeichnen und zwar „Konflikte, weil die(se) Verteilung der Frauenkraft auf Haus und Erwerb, auf familienwirtschaftliche und volkswirtschaftliche Werterzeugung durch das einzelne Frauenleben, durch Millionen von einzelnen Frauenleben einen klaffenden Riß gezogen hat ... Das Dasein der Frau gehört von nun an zwei Systemen an, von denen jedes sein eigenes Leben hat, seine eigenen Zwecke verfolgt, von seinen eigenen Gesetzen beherrscht wird. Im Schicksal der Frau steigert sich der Gegensatz zwischen Familieninteresse und Produktionsinteresse heute zur grellsten Dissonanz; ihr Leben wird der Schauplatz des schärfsten Zusammenstoßes zwischen den beiden Tendenzen unserer Kulturentwicklung, wird wirklich ‚zweier Zeiten Schlachtgebiet'" (Lange 1908: 11).

Die verschärfte Wahrnehmung der Widersprüche zwischen traditioneller Frauenrolle und wirtschaftlicher, industriekapitalistischer Entwicklung bildete somit den Hintergrund für den Aufschwung der Frauenbewegung um 1890, der sich außerdem einer neuen „politischen Gelegenheitsstruktur"[19] verdankte: Dazu gehörten u.a. die Entlassung Bismarcks, die Aufhebung der Sozialistengesetze, ein neues sozialpolitisches Problembewußtsein, das vorübergehend auf die Befriedung der gesellschaftlichen Konflikte setzte, die kurzzeitige Hoffnung auf eine Ära gesellschaftlicher Reformen. Eine Vielzahl neuer politischer Vereinigungen entstand, nicht nur in der Frauenbewegung. Doch diese selbst war gut vorbereitet zu einem qualitativen Sprung.

Die Anfänge der Frauenbewegung in Deutschland gehen auf die politische Einmischung der Frauen um die 1848er Revolution zurück. Das erste Netz politischer, sog. demokra-

---

17 Vgl. auch Bäumer (1901), Freudenberg (1911); v. Zahn-Harnack (1928).
18 So wird u.a. auch Simmels ‚Die Philosophie des Geldes' zitiert (1908: 18).
19 Zu dem Konzept „political opportunity structure" vgl. hier nur beispielhaft Kitschelt (1986), Tarrow (1991), Katzenstein (1987).

tischer Frauenvereine und eine erste eigene Frauenpresse,[20] wurden jedoch wie alle anderen demokratischen Initiativen, insbesondere auch die ersten Arbeitervereine, von der politischen Reaktion verfolgt, die Frauenvereine in ganz besonderem Maße, weil die Vereinsgesetze der verschiedenen Staaten des Deutschen Bundes nach 1850 ein explizites Verbot politischer Betätigung für Frauen enthielten, die größtenteils bis 1908 in Kraft blieben.[21] Als sich die Frauenbewegung um 1865, gleichzeitig mit der sozialdemokratischen Arbeiterbewegung, im ‚Allgemeinen Deutschen Frauenverein' (ADF) neu organisierte, standen deshalb weniger politische Zielsetzungen als soziale Forderungen im Vordergrund, insbesondere „Das Recht der Frauen auf Erwerb"[22] und im Zusammenhang damit das „Recht auf Bildung und Ausbildung".[23] Im Klima der Reaktion vollzog sich aber auch eine zunehmende Entfremdung zwischen der bürgerlichen und proletarischen Frauenbewegung. Während es der bürgerlichen gelang, durch ein Netzwerk von Lokalvereinen eine solide Organisationsbasis aufzubauen, hatten die Initiativen der Arbeiterinnenvereine seit 1878 bis 1890 ganz besonders unter Verfolgung durch die Sozialistengesetze zu leiden.[24] Der Kampf der Proletarierinnen gegen die „Beschränkung der Frauenarbeit"[25] wurde von den eigenen Genossen vor allem als „Schutz vor Frauenarbeit" diskutiert (vgl. Thönessen 1969) und zeigt, wie ungeklärt noch in den 1880er Jahren war, ob sich die Klassen- oder die Geschlechtssolidarität als politisch tragfähiger erweisen würde.

Um 1890 also verfügte die Frauenbewegung bereits in der zweiten Generation über Netzwerke, Organisationen und Medien und hatte die Verständigung über ihre Unrechtserfahrungen und gesellschaftlichen Widersprüche weit vorangetrieben. Neue Ansprüche und Erwartungen erwuchsen aus der zunehmend in die Erwerbstätigkeit oder den Frauenberuf drängenden Frauengeneration. Neben dem Allgemeinen deutschen Frauenverein, ja, oft genug aus dem Kreis seiner Mitglieder entstand eine Vielzahl von Initiativen und Vereinen,[26] die sich neuer Mittel der Propaganda bedienten und neue Themen und Diskussionen generierten. Nicht zuletzt die Einbindung in eine international organisierte Frauenbewegung mit ihren verschiedenen Richtungen[27] hat auch national den Anstoß zur Bildung

---

20 Vgl. „Dem Reich' der Freiheit werb' ich Bürgerinnen" – Die Frauen-Zeitung von L. Otto 1849–1850, neu hg. v. U. Gerhard et al. (1979).
21 Zur Geschichte der Frauenbewegung hier nur einige Titel mit weiterführenden Hinweisen: Lange/Bäumer (Handbuch) Bd. I (1901), Magnus-Hausen (1922), Lion (1926), Twellmann, 2. Bde (1972), Boetcher Joeres (1983), Bussemer (1985), Gerhard (1990a).
22 So der Titel einer Schrift von Louise Otto (Hamburg 1866).
23 Seit 1866 wurde von L. Otto und A. Schmidt die Vereinszeitschrift „Neue Bahnen" herausgegeben, die die Aktivitäten dieser bürgerlichen Richtung der Frauenbewegung bis 1919 dokumentiert.
24 Im einzelnen vgl. Hilde Lion (1926).
25 Vgl. z.B. G. Guillaume-Schack, Die Beschränkung der Frauenarbeit (in: Die Staatsbürgerin, 1886, Nr. 5: 17).
26 Z.B. der „Verein Frauenwohl", der auf Initiative der Deutschen Akademischen Vereinigung, einer Gruppe liberaler Wissenschaftler, von Minna Cauer gegründet wurde; vgl. Else Lüders (1904: 16f.) sowie Pommerenke (1996).
27 Die bürgerlich gemeinnützige oder „gemäßigte" Richtung, seit 1894 zusammengeschlossen im Dachverband des „Bundes deutscher Frauenvereine", war Mitglied im International Council of Women (ICW). Die proletarische Frauenbewegung war eingebettet in den im Kontext der II. Internationale (seit 1889), und die bürgerlich Radikalen waren zusammen mit den Amerikanerinnen die Avantgarde der Stimmrechtsbewegung, seit 1904 zusammengeschlossen in der International Alliance for Women's Suffrage (IAW).

einer festgefügten Organisationstruktur gegeben; so 1894 zur Gründung des Bundes Deutscher Frauenvereine, der als Dachverband aller „gemeinnützigen Frauenvereine" gegründet wurde, „um ihre Arbeit erfolgreich in den Dienst des Familien- und Volkswohls zu stellen, um der Unwissenheit und Ungerechtigkeit entgegenzuwirken und um eine sittliche Grundlage der Lebensführung für die Gesamtheit zu erstreben" (§ 2 der Satzung).[28] Diese Gründung spiegelte zugleich die politischen Gegensätze, insbesondere die Klassengegensätze, weil die Vertreterinnen der proletarischen Frauenbewegung aus Furcht vor der Verfolgung durch die Vereinsgesetze ausgeschlossen wurden.[29]

Die Hauptanliegen hatten die Führerinnen der beiden Richtungen, der bürgerlichen und proletarischen, unabhängig voneinander vor 1890 auf die politische Tagesordnung gebracht: Helene Lange hatte 1887 in der sog. Gelben Broschüre (1928a), einer Petition an das preußische Unterrichtsministerium, pointiert die preußische Schulpolitik und den Grundsatz der Mädchen- und Frauenbildung „um des Mannes willen" kritisiert und als durchaus bürgerliches Emanzipationskonzept – „Wissen ist Macht" – das Eigenrecht der Frau auf Bildung eingeklagt. Sie verband ihre Kritik überaus geschickt mit der Forderung nach Partizipation und Gestaltung der gesellschaftlichen Verhältnisse durch die Frauen, um – wie es im Programm des Allgemeinen Deutschen Frauenvereins hieß – „den Kultureinfluß der Frau (auf allen gesellschaftlichen Gebieten) zu voller innerer Entfaltung und freier sozialer Wirksamkeit zu bringen". In nuce enthielt die Petition bereits das Programm eines auf die Geschlechterdifferenz gegründeten Konzepts „geistiger" und „organisierter Mütterlichkeit".[30]

Clara Zetkin hielt auf dem Gründungskongreß der Zweiten Internationale 1889 in Paris vor einer Weltöffentlichkeit ihre große, vielbeachtete Rede über den notwendigen Zusammenhang von Sozialismus und Frauenfrage, der die Emanzipation der Arbeiterin an das Schicksal der Arbeiterklasse band und ein politisches Programm für die Umsetzung ihrer sozialistischen Frauenemanzipationstheorie begründete.[31]

Trotz aller Meinungesverschiedenheiten ging es in beiden Konzepten um die Eigenrechte der Frau und um die Veränderung des Status quo in den Geschlechterverhältnissen als Teil gesellschaftlicher Reform oder gar Revolution. Denn die traditionelle Frauenrolle mit der dreifachen Bestimmung zur Gattin, Hausfrau und Mutter war für die Arbeiterin ohnehin, aber auch für die bürgerliche Frau am Ende des 19. Jahrhunderts kein identitätsstiftendes Angebot mehr. Weder die materielle Versorgung der Frauen war durch die Orientierung auf Ehe und Familie weiterhin gewährleistet, noch vertrug sich die ökonomische und persönliche Abhängigkeit und Bevormundung der Frau in der Ehe mit dem Selbstverständnis der modernen Frau. Das 1900 in Kraft getretene Bürgerliche Gesetzbuch wurde von den Vertreterinnen beider Richtungen der Frauenbewegung einmütig als „unwürdig, als unzeitgemäß und kulturhemmend"[32] verworfen. Die Einlösung der Versprechen bürgerlicher Freiheiten und Gleichberechtigung aber forderten sie nicht nur um ihrer

---

28 Vgl. Bäumer (1921: 21).
29 Vgl. im einzelnen Gerhard (1990a: 170ff.) mit weiteren Nachweisen.
30 Vgl. auch Lange (1908: 31), v. Zahn-Harnack (1928: 76f.).
31 Vgl. Zetkin (1957: 1–11).
32 So in einem Aufruf der Rechtskommission des Bundes Deutscher Frauenvereine (abgedr. in: Die Frauenbewegung 1896, Nr. 12: 114/115); auch von Clara Zetkin, vgl. Antrag an den Sozialdemokratischen Parteitag (in: Die Frauenbewegung 1895: 126).

selbst, sondern – wie Lily Braun in einer ersten öffentlichen und politischen Versammlung im Kampf um das Stimmrecht im Jahr 1894 erklärte – „um der leidenden Menschheit willen." U.a. hieß es da: „Wir verlangen Anwendung der Prinzipien des modernen Staates – der allgemeinen Menschenrechte – auch auf die Hälfte der Menschheit, die Frauen. Wir, eine Armee von Millionen und Abermillionen Frauen, die wir unsere Kräfte in den Dienst der Allgemeinheit stellen so gut wie der Mann, verlangen unser Recht, an der Gestaltung der Allgemeinheit mitzuarbeiten" (Braun 1895: 18).

Tatsächlich stellten die Aktivistinnen der Frauenbewegung nicht nur Forderungen, sondern eröffneten und bestellten nun in der neuen Ära der Sozialpolitik, die durch das Erstarken der Sozialdemokratie und den Einfluß des Kathedersozialismus vorbereitet war, ganz neue Arbeitsfelder. „The social history of nineteenth century is full of women pioneers in all fields of social reform" (Viola Klein 1971: 17). Soziale Arbeit war für die bürgerliche Frauenbewegung mehr als ein Programm zur Selbstverwirklichung, vielmehr der Ansatzpunkt, mit dem die Weichen gestellt werden sollten zu gesellschaftlich notwendiger Reform und einer neuen Form gesellschaftlicher Solidarität zwischen den Geschlechtern und zwischen den Klassen. Beispielhaft und auch international bahnbrechend war die Professionalisierung der sozialen Arbeit durch Alice Salomon, die ausgehend von den 1893 gegründeten „Frauen und Mädchengruppen für soziale Hilfstätigkeit" die Einrichtung von sozialen Frauenschulen und der Deutschen Akademie für soziale und pädagogische Frauenarbeit in den 1920er Jahren betrieb (vgl. Salomon 1983). Ihr Konzept sah die Verbindung von „theoretischer Unterweisung in den Sozialwissenschaften" mit „praktischer sozialer Hilfsarbeit" vor. Max Weber war einer der Professoren, der in den ersten Kursen dieser „Gruppen" 1893/94 in Berlin eine Vorlesung übr „Grundzüge der modernen sozialen Entwicklung" hielt.[33] Die in solcher Sozialarbeit erfahrenen ersten Akademikerinnen avancierten mit ihren Sozialenquêten und Doktorarbeiten auch bald zu „Spezialistinnen" in einem sensiblen Forschungsfeld, zu dem Männern der Zugang verwehrt oder erschwert war (vgl. Milz 1994: 28).

Eine große Zahl von Frauenprojekten und -initiativen entfaltete bereits vor der Jahrhundertwende öffentliche Wirksamkeit: Z.B. die 1893 als private Initiative eingerichteten Real- und Gymnasialkurse, mit denen Frauen bis zur Reifeprüfung geführt wurden (Bäumer 1906); die Ausbildung zu neuen kaufmännischen Berufen (Nienhaus 1982); die Einrichtung von Arbeitsnachweisen und Berufsberatungsstellen und eines sog. Frauenberufsamts (1911), das vorbildlich für die Einrichtung von Arbeitsämtern wurde (vgl. Preller 1978: 34f., 61f.); Rechtsberatungs- und Rechtsschutzstellen; die Umsetzung von Mutter- und Frauenarbeitsschutz in der Fabrik- und Gewerbeinspektion; die Kampagnen gegen die

---

33 Salomon (1913: 64f.); vgl. auch Peyser (1958). Mitglied im Komitee zur Leitung dieser „Gruppen" war u.a. Gustav Schmoller (vgl. Peyser 1958: 9).

Übrigens gab es noch weitere Kontakte zwischen den Vorkämpferinnen der Frauenbewegung und Soziologen, die ausführlicher zu recherchieren wären: Eine Brutstätte sozialpolitischer Zusammenarbeit war zweifellos die Deutsche Gesellschaft für ethische Kultur, die 1892 von Georg von Gizycki gegründet wurde, dem Ehemann von Lily von Gizyzki, spätere Braun, und Autor in der Zeitschrift „Die Frauenbewegung". Die Leiterin der Auskunftstelle der Gesellschaft für ethische Kultur, der späteren Zentrale für private Fürsorge, war Jeanette Schwerin, die zugleich Begründerin der Mädchen- und Frauengruppen für soziale Hilfstätigkeiten war. Alice Salomon übernahm die Leitung nach deren Tod 1899. F.Tönnies war Mitglied in der Gesellschaft für ethische Kultur.

staatlich reglementierte Prostitution in der sog. Sittlichkeitsbewegung, schließlich der über Jahre organisierte Protest gegen die Kodifikation eines patriarchalischen Ehe- und Familienrecht im Bürgerlichen Gesetzbuch von 1900. Die Frauenfrage wurde nun in der politischen Öffentlichkeit des Deutschen Kaiserreichs nicht mehr ‚nur' als „Nahrungsfrage" oder „Kulturfrage", sondern ausdrücklich und sehr konkret auch als „Rechtsfrage" verhandelt.[34] Die Frauenbewegung, so stellten auch die männlichen Zeitgenossen am Ende des Jahrhunderts fest, war zu einen „Faktor im öffentlichen Leben" geworden (Ziegler 1901: 560f.; vgl. Gerhard 1997).

3. Das Geschlechterverhältnis in den Theorien der soziologischen Klassiker

Gleichzeitig mit diesem Öffentlichwerden der Frauenfrage als Frauenbewegung erschienen grundlegende Werke soziologischer Theorie, in denen eine neue Wahrnehmung der Widersprüche und der Krisenphänome der industriellen Moderne aus der Perspektive und im Blick auf den sozialen Zusammenhalt der Gesellschaft, das Soziale oder die „faits sociaux" zur Sprache kommt. Gegenüber früheren soziologischen Theorien eines Auguste Comte oder Herbert Spencer, die die gesellschaftliche Dynamik als Fortentwicklung, Evolution verstanden, verband die Autoren eine besondere „Skepsis gegenüber der Selbstverständlichkeit von Fortschritt" und die Besorgnis über die Konsequenzen des Modernisierungsprozesses (vgl. Rammstedt 1988: 279). Weil – so das Gemeinsame und Besondere ihres Ansatzes – das kompliziert und problematisch gewordene Verhältnis von Individuum und Gesellschaft weder in den Kategorien der politischen Ökonomie oder politischen Theorie des Liberalismus noch als Naturgesetz oder mithilfe einer Individualpsychologie, vielmehr „das Soziale nur durch Soziales" (Durkheim, vgl. König 1970: 21) zu erklären war, wurde es zum Gegenstand einer eigenen Disziplin, der Soziologie.

a) Ferdinand Tönnies. Ferdinand Tönnies' „Gemeinschaft und Gesellschaft" (zuerst 1887, 2. Aufl.1912; hier zit. n. 1963), gilt als das Buch, das die Begründung und Durchsetzung der Soziologie als eigenständiger Fachwissenschaft entscheidend förderte (Meurer 1991: 375). In seiner „Analyse der Grundprobleme des sozialen Lebens" (Vorrede zur 1. Auflage) wird die gesellschaftliche Entwicklung interpretiert als Ablösung der Formen der „Gemeinschaft" durch gesellschaftliche Sozialformen. Bemerkenswert ist nun, daß das Gegensatzpaar Gemeinschaft – Gesellschaft nicht nur zufällig oder illustrierend geschlechtsspezifisch konnotiert ist, sondern auf allen Ebenen der Analyse, der theoretischen, begrifflichen wie in seiner empirischen Bedeutung, der prinzipielle Dualismus der Geschlechter konstitutiv ist für die Kennzeichnung von „zwei Typen sozialer Verhältnisse", denen „zwei Typen individueller Willensgestaltungen" entsprechen (Tönnies 1963: XXXV), „Wesenwille und Kürwille" (ebd.: 85ff.). Dabei werden die anscheinend abstrakt, als „reine Theorie" entwickelten Gegensatzpaare erst im 3. Abschnitt dieses Buchs auf ihre „empirische Bedeutung" (ebd.: 146f.) hin befragt. D.h. Tönnies wollte das Gegensatzpaar nicht als Idealtypen im später Weberschen Sinne, sondern auch als „Tatsachen der Erfahrung" und damit als eine Form der Gegenwartsanalyse verstanden wissen (Frisby 1988: 203). Zur

---

34 Augspurg (Nr. 1); vgl. auch Stritt (1901).

Erläuterung des Kürwillens im Unterschied zum Wesenwillen heißt es da: „Es ist eine verbrauchte Wahrheit, um so mehr aber wichtig, als der Niederschlag einer allgemeinen Erfahrung: daß die Weiber durch ihr Gefühl zumeist sich leiten lassen, die Männer ihrem Verstande folgen. Die Männer sind klüger. Sie allein sind des Rechnens, des ruhigen (abstrakten) Denkens, Überlegens, Kombinierens, der *Logik* fähig; die Weiber bewegen sich in der Regel nur auf mangelhafte Weise in diesen Bahnen. Also fehlt ihnen die wesentliche Voraussetzung des Kürwillens ..." (Tönnies 1963: 146).

Obwohl bei der Darstellung des Typus Gemeinschaft, für den das weibliche Geschlecht in seiner Differenz zum Mann als konstituierende Bezugsgröße gilt, eine rückwärtsgewandte, die gesellschaftlichen Verhältnisse idealisierende und romantisierende Interpretation dominiert, weil „Eintracht oder Familien-Geist, ... herzliche Verbundenheit" (ebd.: 21) vorausgesetzt werden, sieht Tönnies keinen Widerspruch darin, die so gekennzeichneten „Urverhältnisse" als Herrschaftsverhältnisse zu rechtfertigen, eben „weil die Herrschaft des Mannes im Kampf und Arbeit als die zweckmäßigere sich erhebt" (ebd.: 11). Gegenüber diesem „natürlichen Zustande" der Gemeinschaft, deren „einfachster Ausdruck" das häusliche Leben ist, ist Gesellschaft „die Öffentlichkeit, ist die Welt" (ebd.: 3). Der Mann und seine Lebensform stehen für die Dynamik und die Gefährdungen dieser modernen Gesellschaft, für Individualisierung, Trennung, Feindseligkeit, Macht und Tausch, für „Kontrakt als Resultante divergierender Einzelwillen" (ebd.: 47), aber auch für abstrakte Vernunft und, mit Bezugnahme auf die Marxsche Analyse, für „Arbeit als Quelle aller Werte" (ebd.: 79). Da, wo auch die Frau durch die gesellschaftliche Entwicklung zu industrieller Arbeit gezwungen, „in den Ringkampf um die Lebensfristung hineingestellt wird", so Tönnies, wird „das Weib aufgeklärt, wird herzenskalt, bewußt. Nichts ist ihrer ursprünglichen, trotz aller erworbenen Modifikationen immer wieder *angeborenen* Natur fremdartiger, ja schauderhafter" (ebd.: 164). An dieser Stelle aber verbindet sich mit seiner pessimistischen Analyse eine „Zukunftshoffnung" (Meurer 1992: 349f.; vgl. auch Lichtblau 1992: 197), ein Gedanke, den Tönnies später – mit Blick auf die Frauenbewegung – noch ausführen wird. Da heißt es: „Durch diese Entwicklung (die Einbeziehung der Frauen in den ‚gesellschaftlichen Bildungs- und Auflösungsprozeß des gemeinschaftlichen Lebens') wird erst der ‚Individualismus', der Voraussetzung der Gesellschaft ist, zur Wahrheit. Darin liegt aber auch die Möglichkeit seiner Überwindung und der Rekonstruktion gemeinschaftlicher Lebensformen. Längst ist die Analogie des Loses der Frauen mit dem Lose des Proletariats erkannt und behauptet worden. Ihre steigende Bewußtheit kann sich, wie die des isolierten Denkers, zum sittlich-humanen Bewußtsein entwickeln und erheben" (ebd.: 164).

In einem kleinen Büchlein über die „Entwicklung der sozialen Frage" in England, Frankreich und Deutschland kommt in der Schlußbetrachtung auch die „Frauenfrage" vor mit ihren Problemanzeigen im Bereich „weiblicher Arbeit", mit ihrem Kampf um politische Rechte als auch den Forderungen der Sittlichkeitsbewegung nach Abschaffung staatlich reglementierter Prostitution, in der sich „das soziale Übel in einer Weise, die schon keine ‚Frage' mehr ist, ... bemerklich macht" (Tönnies 1907: 147). Tönnies setzt in diesem Zusammenhang auf die Frauenbewegung, „die organisierte und planmäßige Arbeit denkender und sittlich empfindender Frauen", als Verbündete im Werk sozialer Reform (Tönnies 1907: 147f.).

Nun ist Tönnies' Typisierung von Gemeinschaft und Gesellschaft schon verschiedentlich als „prototypische" Problemformulierung eines „auf der Geschlechterpolarität aufbauenden

Gesellschaftsmodells" vorgeführt worden (vgl. Hausen 1976: 380; vgl. auch Greven 1991; Meurer 1991 und 1992). Bemerkenswerter noch als die Festlegung auf einen in jener Zeit üblichen Geschlechterdualismus ist aber die Tatsache, daß ‚Geschlecht' als tragende Kategorie seiner Gesellschaftsanalyse in der Rezeption und Bezugnahme auf diesen Klassiker bisher so ganz unkommentiert geblieben ist (vgl. hierzu auch Greven 1991: 361) bzw. anscheinend für die soziologische Theoriebildung keine Bedeutung gehabt hat.

b) Emile Durkheim. Emile Durkheims expliziter Antifeminismus ist an anderer Stelle inzwischen gründlich kritisiert worden (vgl. Sydie 1987; Kandal 1988: 79ff.; Lehmann 1990, 1995a, 1995b; Roth 1992). Seine Position als einer der Gründungsväter moderner Soziologie soll dennoch nicht völlig übergangen werden, weil Durkheims Geschlechtertheorie in ihrer Bedeutung und Langzeitwirkung auf die soziologische Theoriebildung nicht zu unterschätzen ist. Am deutlichsten ist die Bezugnahme bei Talcott Parsons (1937/1968), nicht zuletzt in dessen Modell der „pattern variables" (Parsons 1951; vgl. Tyrell 1986: 450). René König thematisiert nicht ausdrücklich seine Geschlechtersoziologie, betont jedoch den Stellenwert der familiensoziologischen Arbeiten Durkheims, die nicht nur eine „beliebig angewandte Soziologie", einen Gegenstand unter anderen darstellten, sondern als „zentrale Teildisziplin von Soziologie ... Soziologie par excellence" seien (König 1978: 126).

Was Durkheims Arbeit „Über soziale Arbeitsteilung" (zuerst 1893) von den früheren Gesellschaftstheorien (von Marx, Comte oder Spencer) unterscheidet, in denen ebenfalls die fortschreitenden Prozesse der Arbeitsteilung als Strukturprinzip moderner Gesellschaften im Zentrum stehen, ist seine genuin soziologische These über den Zusammenhang von Arbeitsteilung und sozialer Integration oder „Solidarität". Während Comte davon ausging, daß die zunehmende Arbeitsteilung zwangsläufig zur Zersplitterung führe, Marx den Klassenkonflikt vorprogrammiert sah, betont Durkheim, daß Arbeitsteilung „etwas anderes sei, als ein rein ökonomisches Phänomen". Seiner Meinung nach stützen „beobachtete Tatsachen ... die sehr legitime Annahme, daß sich gerade die großen Gesellschaften nur dank der Spezialisierung der Aufgaben im Gleichgewicht halten können; daß Arbeitsteilung die, wenn nicht einzige, Quelle der sozialen Solidarität ist" (Durkheim 1992: 109). Durkheim unterscheidet die „einfachen" und die „höheren" Gesellschaftsformationen nach der Struktur ihrer Solidarität und charakterisiert sie als mechanische bzw. organische Solidarität, deren sichtbarer Ausdruck das Recht sei. Recht als gemeinsames Wert- und Regelsystem dient ihm mithin zum Nachweis seines sog. Kollektivbewußtseins, eines das Handeln des einzelnen regulierenden Moralcodes. Die *mechanische Arbeitsteilung* ist durch den geringeren Differenzierungsgrad primitiver Gesellschaften gekennzeichnet und basiert auf einer Solidarität, „die aus Ähnlichkeiten entsteht" (ebd.: 181). Höhere Gesellschaften hingegen mit einer komplexen und differenzierten Arbeitsteilung funktionieren wie hochgradig differenzierte Organismen, weshalb die dadurch entstehende Solidarität von Durkheim als *organische* bezeichnet wird (ebd.: 237). Interessant ist, daß Durkheim als zentrales Beispiel für den gesellschaftlichen Prozeß zunehmender Spezialisierung und Ausbildung der höheren organischen Solidarität die sexuelle oder eheliche Arbeitsteilung einführt, wofür ihm das Eherecht der Völker die anthropologischen wie historischen Belege liefert. Die Ausdifferenzierung der Geschlechtscharaktere ist dabei der Beleg für den höheren Grad von Arbeitsteilung auf höherer Zivilisationsstufe. U.a. dienen ihm auch die neuesten Ergebnisse zur geringeren Gehirngröße der Frauen von Gustave Lebon dazu, die immer stärkere Ausdifferenzierung, soll heißen, den „Stillstand und sogar die Regression der weiblichen Gehirne" zu illustrieren. Gleichwohl „gerade weil Mann und Frau sich voneinander unterscheiden, suchen sie sich mit Leidenschaft" (ebd.: 103–107).

Jennifer Lehmann hat am Beispiel der Untersuchung über den „Selbstmord" ausführlich die Widersprüche in Durkheims Geschlechtertheorie herausgearbeitet (Lehmann 1995a: 566ff.; 1995b: 904ff.). Obwohl Frauen schon aufgrund der sexuellen Arbeitsteilung weniger vergesellschaftet, quasi a-soziale Wesen seien und also auch eher zu abweichendem Verhalten neigen müßten, muß Durkheim im Vergleich der Selbstmordraten von Männern und Frauen das Gegenteil feststellen. Frauen sind im großen und ganzen weniger gefährdet, Selbstmord zu begehen, allerdings liegt die Anfälligkeit bei den Verheirateten höher, während die Ehe und Familie auf Männer einer sozial integrierende und moralisierende Funktion ausübe. Durkheim muß zugeben, daß die Frau offensichtlich „weniger Vorteile vom Familienleben hat als der Mann" (Durkheim 1983: 207). Und so führen ihn der Vergleich der Selbstmord- und Ehescheidungsraten zu einer rigiden Ehemoral, die die Funktion der Ehe nur deshalb so einseitig an männlichen Interessen orientieren kann, weil die Frau als „instinktiveres Wesen" mit einem „weniger geistigen Charakter" (ebd.: 313) vorausgesetzt ist. Immerhin hat Durkheim die soziale und den gesellschaftlichen Zusammenhalt tragende Bedeutung der monogamen Ehe, für die er den Begriff der „Gattenfamilie" (famille conjugale) geprägt hat, in den Mittelpunkt seiner Studien über die Organisation primitiver wie moderner Gesellschaften gestellt.[35] Aus diesem Grund hat er auch Marianne Webers Werk „Ehefrau und Mutter in der Rechtsentwicklung" aus dem Jahr 1907 (1971) rezensiert, allerdings gegen Webers „moderne Ehekritik" an der „heutigen patriarchalen Rechtsform der Ehe" (Marianne Weber 1971: 513) „die Religion des Herdes" vehement verteidigt mit dem Argument: „Der Respekt, welcher der Frau bezeugt wird und der im Laufe der Zeit gewachsen ist, hat zum großen Teil seinen Ursprung in der Verehrung, welche der häusliche Herd erheischt" (Durkheim 1906–1909, zit.n. Roth 1992: 183).

c) Zwischenbemerkung: Das Konzept der Geschlechterdifferenz in der bürgerlichen Frauenbewegung. In den bisher vereinzelten Erörterungen der Geschlechterproblematik bei den soziologischen Klassikern wird immer wieder hervorgehoben, daß schließlich die Frauenbewegung der Jahrhundertwende selbst die Theorie polarisierter Geschlechterrollen und eine Politik segregierter Sphären vertreten habe (vgl. Hausen 1976: 380; vgl. auch Dahme 1986). Das ist jedoch nur teilweise richtig bzw. entscheidend zu differenzieren. Verblüffend ist zunächst, wie aktuell und differenziert sich die Vordenkerinnen der Frauenbewegung in ihrer Kritik an den gesellschaftlichen Verhältnissen in jener Zeit auf die soziologischen Theorien und Zeitdiagnosen bezogen haben. Beispielhaft hierfür ist Helene Langes programmatischer Vortrag „Intellektuelle Grenzlinien zwischen Mann und Frau", der „auf Veranlassung des Sozialwissenschaftlichen Studentenvereins in Berlin gehalten" und noch im gleichen Jahr 1897 in der Zeitschrift „Die Frau" abgedruckt wurde.[36]

---

35 Vgl. hierzu König, Art. Familie (1958: 63–73; 1978: 345f.); vgl. auch Durkheim, Einführung in die Soziologie der Familie (1981: 53–76).
36 Lange (928b: 197–216), hier findet sich auch die interessante Anmerkung, daß die Veranstaltung in den Universitätsräumen vom Rektor verboten wurde, weshalb Vortragende und Studentenschaft sich an einem neutralen Ort (im Berliner Rathaus) treffen mußten (ebd.: 197).

In diesem Text entwickelt Lange ihre Theorie der Geschlechterdifferenz, die die Grundlage des bürgerlich feministischen Konzepts „weiblicher Eigenart" oder der Politik „geistiger Mütterlichkeit" bilden wird. Doch sie zieht in ihrer kritischen Untersuchung der neuesten wissenschaftlichen Befunde über den physischen und psychischen Unterschied der Geschlechter[37] andere Schlußfolgerungen, mit denen die intellektuellen Fähigkeiten der Frauen nicht abgewertet, sondern ihre besonderen Qualitäten betont und berücksichtigt werden. Sie anerkennt neben der körperlichen „eine durchgängige geistige Differenz, die nicht auf einer anatomisch nachweisbaren Verschiedenheit der Hirnstruktur beruht, sondern auf der Verschiedenheit der Interessen und Gefühlsrichtung", die aus ihrer Bestimmung zur Mutterschaft folge. Jedoch: „Anstatt die Mutterschaft als eine Qualität des Weibes anzusehen, die sein Wesen bedingt, eigenartig färbt, in seinen Bestrebungen bestimmt und der Menschheit einen durch keinen anderen zu ersetzenden Kulturfaktor sichert, sah man die physische Mutterschaft als alleinigen Endzweck des Weibes an, auf den sie zu harren, dem sie ausschließlich zu leben haben, ... ohne zu bedenken, daß man es damit aus der Reihe der Vernunftwesen strich" (ebd.: 204).

Lange karikiert die „Auffassung der Masse", die aufgrund dieser Differenz „das Weib unaufhörlich am häuslichen Herde mit der Produktion und Verwertung von Gefühlen beschäftigt sein läßt, während der Mann die Welt der Ideen beherrscht", denn die Gemeinsamkeit im „Gattungsnamen ‚Mensch'" ist ihrer Meinung nach größer. Doch sie benutzt das Argument, daß die Verschiedenheit der Geschlechter „sie so vorzüglich zur gegenseitigen Ergänzung geeignet macht" (ebd.: 207), um die Beteiligung der Frauen am öffentlichen Leben als gesellschaftliche Notwendigkeit und Gegensteuerung gegen die Einseitigkeit der Kultur zu begründen. Wie zur Replik auf Durkheim, doch ohne ihn als Autor zu nennen,[38] bezieht sie sich dabei auf seine Theorien zu sozialer Arbeitsteilung und verwendet seine Terminologie mechanischer und organischer Solidarität, um eine entgegengesetzte, die Widersprüche moderner Geschlechtertheorien aufhebende Antwort zu geben. Für Lange ist die Teilung, wonach „man der Frau das Haus, dem Manne die Welt gab", eine „mechanische", die einer niederen Kulturstufe angehört, während die Gegenwart eine neue, „der geistigen Differenzierung entsprechende Arbeitsteilung" der Geschlechter erfordert. „Gebt die *mechanische* Arbeitsteilung auf, damit die *organische, die wesensgemäße* Arbeitsteilung sich vollziehen kann. Gebt der Eigenart beider Geschlechter nebeneinander vollen Raum auf allen Kulturgebieten ..." (ebd.: 211).

d) Max Weber. Max Webers wissenschaftliche Zurückhaltung, ja, sein Schweigen zu Frauenfrage und Frauenbewegung in seiner Soziologie wird im allgemeinen mit einer „stillschweigenden Arbeitsteilung zwischen ihm und seiner Frau Marianne" erklärt (vgl. Lichtblau 1992: 201). Tatsächlich hat Max Weber nicht nur das frauenpolitische Engagement und die wissenschaftliche Arbeit seiner Ehefrau, sondern auch das Frauenstudium und

---

37 Zitiert werden Havelock Ellis, Herbert Spencer, aber auch die vielzitierten Vermessungen des unterschiedlichen Hirnvolumens von Mann und Frau, auf die sich auch Durkheim bezog (Lange 1928b: 200f.).
38 Es ließ sich nicht feststellen und erscheint eher unwahrscheinlich, daß Lange Durkheims 1893 französisch erschienene Dissertation 1897 gelesen hat, möglicherweise aber Gustav Schmollers Rezension des Werkes im Jahrbuch für Gesetzgebung, Verwaltung und Volkswirtschaft im Deutschen Reich (18. Jg. 1894: 286–289). Bemerkenswert ist die intelligente Bezugnahme allemal.

die Frauenrechtlerei überhaupt (vgl. Marianne Weber 1926: 241f.) und – wie oben bereits erwähnt – auch die sozialpolitischen Initiativen und Bildungsprojekte der Frauenbewegung höchst persönlich unterstützt. D.h. er hat in der Frauenfrage offensichtlich neben einer geschlechtsspezifischen Arbeitsteilung vor allem auch die prinzipielle Trennung von Wissenschaft und Politik durchzuhalten versucht. Dennoch bedeutet dies noch nicht, daß Max Webers Beitrag zur soziologischen Theorie „geschlechtsneutral" wäre (Mülder-Bach 1987: 115). Während nun einige Autoren und Autorinnen das Verhältnis „Max Weber und die Frauen" biographisch oder individualpsychologisch aufzuklären versuchen,[39] sind andere daran interessiert, die Vernachlässigung nicht nur als „maskuline Perspektive" (Bologh 1987: 154), sondern als systematische Leerstelle seiner Modernisierungs- und Rationalisierungsthese auszumachen. Tatsächlich stellt sich die Frage, warum die Veränderungen und Probleme im Geschlechterverhältnis in seiner Gegenwartsanalyse nicht zur Sprache kommen, warum z.B. in seiner Untersuchung der Formen „legitimer Herrschaft" patriarchale Herrschaft, deren Typisierung vielfältige begriffliche und analytische Anknüpfungspunkte auch im Hinblick auf die bürgerliche Eheverfassung des 19. Jahrhunderts bietet, bei Max Weber nur in der Vergangenheitsform diagnostiziert wird (Weber 1972: 130ff., 580ff.)[40] – ganz im Gegensatz zu den rechtssoziologischen Untersuchungen Marianne Webers, die in der gleichen Begrifflichkeit und auf der Basis des gleichen ethischen Rigorismus das „‚System' des Patriarchalismus" im geltenden Recht wie auch in seinem „Alltagscharakter" scharf kritisiert (Marianne Weber 1971: 495f., 500).

Bärbel Meurer weist darauf hin, daß sich Max Webers Grundsatz wissenschaftlicher Objektivität im Falle seiner historischen Analyse der Familie zumindest als „Rationalitätsgewinn" erweise (Meurer 1992: 11), da der historisch durchaus vieldeutige Begriff (Familie) nicht als „Naturtatsache" eingeführt werde. Weber zufolge ergibt sich ihre Bedeutung erst historisch situiert, aus der Verknüpfung sexueller, verwandtschaftlicher und insbesondere ökonomischer Motive (vgl. Weber 1972: 212f.). Sein wertneutraler Ansatz und die Überzeugung einer nicht umkehrbaren Entwicklung setzten Weber in die Lage, sowohl die Emanzipations- und Individualisierungsbestrebungen der Frauen[41] als Teil des gesellschaftlichen Rationalisierungsprozesses zu betrachten, als auch „die formale Geschlossenheit der Familie (als) Quelle gewisser meist ziemlich dunkel vorgestellter irrationaler Werte" zu hinterfragen (Weber 1972: 413f.). Gleichwohl ist Hartmann Tyrells Gesamteinschätzung zuzustimmen, wonach für Webers „opus magnum" ‚Wirtschaft und Gesellschaft' von „invisible women" die Rede sein muß (Tyrell 1992: 399).

Inka Mülder-Bach kritisiert Max Webers Blindstellen im Geschlechterverhältnis deshalb erkenntnistheoretisch und grundsätzlicher. Danach ist der „Geist des asketischen Protestantismus" ein „männlicher Geist", der Puritaner „ein Berufsmensch", dessen „rationale

---

39 Gilcher-Holtey (1988), insbes. auch Kandal (1988: 126–156); mit Blick auf die „persönliche ‚Betroffenheit' des Ehepaars Weber" durch die sog. „erotische Bewegung" und mit interessanten Folgerungen für Webers veränderte Werthaltung siehe Lichtblau (1992).
40 Vgl. hierzu Gerhard (1991, 1990c) mit der Verwunderung darüber, warum Webers Patriarchalismusanalysen in der Frauen- und Geschlechterforschung kaum Anschluß gefunden haben.
41 Die Geschlechterfrage ist im Kapitel „Rechtssoziologie" allenfalls sehr indirekt angesprochen im Plädoyer für die „Scheidungsfreiheit", die als „Rückkehr zur sexuellen Vertragsfreiheit" „heute ferner gerückt ist als je". In diesem Kontext tauchen die gleichen kritischen Stichworte zum Ehepatriarchalismus auf, die auch Marianne Weber (1971: 412, 500f.) benutzt hat, z.B. die „Geschlechtseitelkeit" und „autoritären Instinkte" des Mannes (Weber 1972: 413f.).

Lebensführung" – durch das Maß an Affektkontrolle, Triebunterdrückung und Eindämmung von Spontaneität – nur als „forcierte Männlichkeit" (Mülder-Bach 1987: 125) vorstellbar ist. Er bildet die Grundlage nicht nur der modernen kapitalistischen Wirtschaft, sondern der modernen Kultur überhaupt. Dagegen pflegt „der Fraueneinfluß nur die emotionellen, hysterisch bedingten Seiten der Religiosität zu steigern" (Weber 1972: 298). Das „stahlharte Gehäuse", die Metapher für die „unentrinnbare Macht über den Menschen", in das dieser Berufsmensch „im siegreichen Kapitalismus" eingeschlossen ist (Weber 1956a: 379), ist in allen Ausformulierungen Webers männlich besetzt. „Das Weibliche", so Mülder Bach, „ist in Webers Theorie der Moderne ortlos" (1987: 125).

e) Georg Simmel. Georg Simmel ist der Soziologe unter den Klassikern, der nicht nur der Frauenbewegung seiner Zeit am weitesten entgegengekommen und mit ihr in einen wissenschaftlichen und gesellschaftspolitischen Diskurs eingetreten ist, sondern dessen soziologische Analysen an den im Geschlechterverhältnis aufbrechenden Widersprüchen und den Krisenerscheinungen der Moderne ansetzen. Diese besondere Rolle, aber auch seine Geschlechtersoziologie sind erst in neuerer Zeit[42] vielseitig und ausführlich gewürdigt worden (vgl. insbes. Coser 1984; Dahme und Rammstedt 1984; Wolfer-Melior 1985; Tyrell 1986; Dahme 1986, 1988; Klinger 1988; Lichtblau 1992, 1997; Cavana 1991; Wobbe 1995). Deshalb sollen für diesen Zusammenhang lediglich drei Aspekte seiner Soziologie der Geschlechter skizziert werden, die zugleich eine „Wechselwirkung" zwischen Soziologie und Feminismus aufzeigen.

1. In seiner Theorie gesellschaftlicher Differenzierung, die ebenfalls an den gesellschaftlichen Veränderungen der Arbeitsteilung in der Moderne und ihren problematischen Folgen ansetzt, steht die Geschlechterdifferenz im Zentrum der Agumentation. Und zwar sind die Frauen im gesellschaftlichen Prozeß der Evolution (insoweit in Anlehnung an Spencers Theorie und auch Soziologie der Geschlechter)[43] bei der Trennung von „Produktion für den Markt und die Hauswirtschaft" (Simmel 1985d: 144) in ein Verhältnis der Ungleichheit und Ungleichzeitigkeit geraten. Im Gegensatz zum arbeitsteilig-sachlich spezialisierten Mann sind die Frauen demgemäß das „undifferenzierte" Geschlecht, deren „Wesen" durch den „Charakter der Einheitlichkeit" geprägt ist (Simmel 1985e: 28, 34: vgl. hierzu Tyrell 1986: 450; Dahme und Köhnke 1985: 7f.).

Insoweit ist Simmels Geschlechtertheorie nicht allzu weit von Spencers evolutionstheoretischer Begründung, aber auch nicht von Tönnies' oder Durkheims dualistischer Konzeption entfernt. Was Simmel jedoch unterscheidet, ist die Tatsache, daß er diese Entwicklung nicht nur für problematisch hält, sondern die Unabwendbarkeit der fortschreitenden Differenzierung und Individualisierung auch der Frauen akzeptiert und als Dilemma und zentralen Konflikt in der Moderne kennzeichnet.[44]

---

42 Coser (1984:80) wundert sich, daß Simmels fruchtbare Einsichten hinsichtlich der Stellung der Frau „erst vor kurzem wiederentdeckt wurden". Cornelia Klinger (1988: 143) kommentiert diesen Tatbestand mit der These, daß offenbar nicht nur die Beiträge von Frauen in der Wissenschaft verdrängt oder verschwiegen wurden, sondern auch die von Männern, die sich mit der Frauenfrage befaßt haben und verweist auf J. St. Mill und dessen Arbeiten zur Frauenfrage.
43 Vgl. Spencer (1887, 2. Bd.: 326–348).
44 Gewiß ist es müßig, darüber zu streiten, wie zentral die Geschlechterdifferenz in Simmels Werk ist oder ob „die Frauenfrage wie die damit zusammenhängenden Probleme" eine Tendenz des

2. Deshalb ist auch die Frauenbewegung als soziale Bewegung, die „eine parteimäßige Differenz gegen die Männer, die Interessensolidarität der Frauen untereinander betont" (Simmel 1995: 500), der Musterfall seiner Theorie sozialer Differenzierung und eines neuen Vergesellschaftungsmodus, wonach die Bildung und „Kreuzung sozialer Kreise" die Differenziertheit („Gradmesser der Kultur", ebd.: 456ff., vgl. a. 464) steigert. Die Frauenbewegung hat somit die Frauen aus ihrer häuslichen Isolierung gelöst, „die das Hinausgreifen über die durch Ehe, Familie, Geselligkeit, allenfalls durch Wohltätigkeit und Religion gegebenen Beziehungskreise unterband", und damit „die genossenschaftliche Ausnutzung der Gleichheit hindert(e)" (ebd.: 499). Simmel spricht hiermit ein Problem der Gruppenbildung oder Interessenvertretung von Frauen an, das in der Bewegungsforschung erst neuerdings wieder erkannt und berücksichtigt wird, die Frage nämlich, wie überhaupt Frauenbewegung jenseits von Klasse oder Schicht oder über andere soziale Differenzierungen hinweg möglich ist (vgl. Buechler 1990: 10f.). Aus diesem Grund waren auch die gegensätzlichen Zielsetzungen von bürgerlicher und proletarischer Frauenbewegung für Simmel kein Grund zur Irritation, sondern erklärten sich aus ihrer unterschiedlichen sozialen Stellung im Prozeß „moderner Industrialisierung": „Die industrielle Produktionsart der Gegenwart hat einerseits die Proletarierfrau der hauswirtschaftlichen Tätigkeit entrissen und andererseits der darauf beschränkt gebliebenen bürgerlichen Frau die Wirkungssphäre verkümmert. So gehören beide Erscheinungen gleichmäßig zu jenen typischen Fällen, die wohl das ganze Leiden der Gegenwart ausmachen: daß die Entwicklung der objektiven Verhältnisse schneller vorgeschritten ist als die Entwicklung und Anpassung der Individuen" (Simmel 1985a: 137).[45]

Simmel hatte 1896 keine Prognose, wie sich „die verlorene Anpassung auf höherer Stufe zurückgewinnen ließe". Wichtig war ihm die Feststellung, „daß die bürgerliche und die proletarische Frauenfrage, trotz oder wegen ihrer scheinbaren Divergenz, doch nur die Seiten derselben sozialen Gesamterscheinung sind" (ebd.: 138).

3. Strittig bleibt, wie Simmels Beitrag zur Kulturtheorie aus der Geschlechterperspektive zu bewerten ist (vgl. hierzu Wobbe 1995 mit weiteren Nachweisen, ebenso Lichtblau 1997). Die Spannungen im modernen Geschlechterverhältnis finden in Simmels Theorie ihren Ausdruck in einer „objektiven", männlich geprägten, ja, „durchaus männlichen" Kultur und einem allenfalls subjektiven Beitrag der Frauen, mit dem diese nicht an dem „Vollendungsprozeß von Subjekten" und der Fähigkeit zur Objektivation und Spezialisierung teilhaben (Simmel 1983: 205).[46] In den verschiedenen, seit 1890 kontinuierlich veröffentlichten Arbeiten zum Geschlechterproblem hat Simmel sehr einfühlsam die „Fremdheit" der Frauen in einer von der „Machtstellung der Männer" getragenen Kultur,

---

modernen Lebens neben vielen anderen darstellt, die Simmel „als Theoretiker und Deuter der Moderne häufig aufgreift und publizistisch bearbeitet", vgl. Dahme (1986: 501).

45 Dies schrieb Simmel in der Zeitschrift ‚Zukunft' unter dem Titel „Der Frauenkongreß und die Sozialdemokratie" (1896) anläßlich des „Internationalen Kongresses für Frauenwerke und Frauenbestrebungen", der 1896 unter letztmaliger Beteiligung aller Richtungen der Frauenbewegung und großer Beachtung durch die Medien in Berlin abgehalten wurde, vgl. Gerhard (1990a: 181f.).

46 Vgl. auch Simmel (1985c: 159f.): Es gibt zwei Essays unter dem Titel ‚Weibliche Kultur', die sich jedoch unterscheiden in wichtigen Nuancen, was beim Zitieren Verwirrung schaffen mag. Leider ist in der Edition von 1983 kein Nachweis angegeben.

die „Doppelheit der Maßstäbe" und die Folgen der Verabsolutierung des Männlichen zum Allgemein-Menschlichen als „Tragödie von Verhältnissen" (Simmel 1985b: 201f.) analysiert. Simmels Pointe liegt darin, daß er diesen Konflikt in der Kultur einerseits „als epochale Eigenart des gegenwärtigen Zeitalters" interpretiert (vgl. Lichtblau 1997: 100) – insoweit gesteht er der Frauenbewegung eine „objektive Kulturbedeutung" (Simmel 1985c: 160) zu. Andererseits intendiert er mit dieser Diagnose eine Aufwertung von Weiblichkeit, wonach Frauen nicht „als bloße Korrelativwesen zu den Männern", sondern als „Einheit dem Manne gegenüber, der in die Vielheit des zersplitterten Lebens verflochten ist", als „Wesensgeschlossenheit" betrachtet werden.[47] Diese Definition der „Relation der Geschlechter, durch die sie sich gegenseitig ihre Eigenart gewähren", diese „um den Preis des Dualismus gewonnene normative Höhe über aller Subjektivität und aller Gegensätzlichkeit" (Simmel 1985b: 223) sprengt freilich den Rahmen einer Soziologie der Geschlechter, ist in Simmels Worten eine „Art Identitätsverhältnis zu dem Sein überhaupt, mag man dies nun als den Urgrund der Natur oder als das übernatürlich Mystische oder als das Metaphysische im reinen Sinne bezeichnen" (Simmel 1985b: 222).

f) Entgegnungen aus der Frauenbewegung. Was Wunder, daß Simmel den Vertreterinnen der Frauenbewegung in vieler Hinsicht „aus der Seele" sprach, insbesondere da er mit der Konzeption eines „radikalen Dualismus" ihre Kritik an der „Männlichkeit" der Kultur unterstrich und genau den Ausgangspunkt zu neuem Selbstbewußtsein, das Wissen um den eigenen und besonderen Kulturbeitrag der Frauen, „weibliche Kultur", ins Zentrum seiner Kultur- und Gesellschaftsanalyse gestellt hat. Doch es wäre eine Überschätzung und Fehlinterpretation Simmels, wollte man ihn zum ‚geistigen Vater' bestimmter Konzepte oder ‚Chefideologen' der bürgerlichen Frauenbewegung stilisieren, der „zentrale Argumente einer ‚feministischen Gesellschaftstheorie' vorweg" genommmen habe (Dahme 1986: 502). In dieser Außenansicht gehen nicht nur die unterschiedlichen Standpunkte und Richtungen der Frauenbewegung selbst, sondern auch ihr spezifischer Beitrag zur Diagnose der gesellschaftlichen Probleme, nicht zuletzt die feministische Kritik an Simmels Geschlechterphilosophie verloren.

Marianne Weber war nicht die erste, doch diejenige, die am differenziertesten auf Simmels Geschlechterphilosophie einging (vgl. Wobbe 1995: 29ff.) und „die Idee der metaphysischen Wesenheit, eines jenseits aller Erfahrungen liegenden, allgemeinsten Seins und Sinnes von Mann und Weib" nicht akzeptieren wollte. Sie widerspricht Simmels „psychologischer Analyse und normgebendem Philosophieren", da sich in der Verbindung von empirischen Eigenschaften mit dem „eigentlich ‚Wesentlichen'" immer normgebendes Erkennen beimische: „das als ‚Wesen' Geschaute ist immer zugleich ein Gesolltes" (Weber 1919: 98f.). Überaus vorsichtig, aber luzide argumentierend widerlegt sie seine Ergänzungstheorie der Geschlechter, wonach die Frau auch in der Kulturarbeit *„ausschließlich"* als „Nuance weiblicher Produktivität" die „Lücken" ausfüllen dürfe, „die männliches Schaffen gelassen hat". Statt dessen beansprucht sie die „Vervollkommnung ihres persönlichen

---

47 Im Aufsatz „Weibliche Kultur" (1902) hieß es hierzu: „Die wunderbare Beziehung, die die weibliche Seele noch zu der ungebrochenen Einheit der Natur zu haben scheint und die die ganze Formel ihres Daseins von dem vielspältigen, differenzierten, in die Objektivität aufgehenden Mann scheidet – eben diese trennt sie auch von der auf sachlicher Spezialisierung ruhenden Arbeit unserer Kultur" (1985c: 162).

Seins" durch „sachliches Tun" für alle diejenigen, „die den Trieb zur Bewährung im Objektiven besitzen" (ebd.: 118). „Denn jedenfalls ein Teil des Geschlechts hat auch auf das Objektive weisendende Anlage empfangen" (ebd.: 132). Dem Weibsein oder den weiblichen Sonderpflichten diesen Teil ihres Wesens zu opfern, „bleibt deshalb doch ein Opfer, eine Verstümmelung" (ebd.: 118). Dann steckte ja „in der natürlichen Organisation zahlloser Frauen ein großer metaphysischer Unsinn" (ebd.: 115). Marianne Weber ist klar, daß diese Form der Verwirklichung als Mensch mit der weiblichen Sonderbestimmung erheblich schwerer zu vereinbaren ist. Doch dies ist für sie ein „individuell zu bewältigendes Problem" (ebd.: 119). Und sie unterscheidet klassenspezifisch zwischen Arbeit, „unvermeidlicher Fabrikarbeit" der unteren Schichten, und Arbeitsarten, die zugleich Spielraum auf höheren sozialen Stufen gewähren, die als „Dienst" zu bezeichnen sind (ebd.: 123). „Sein und Wirken in Einklang zu bringen" aber fordert sie auch vom „berufstätigen Mann", der „heute ... durch das unentrinnbare Zuviel täglicher Anforderungen eines Apparats ... im Sachlichen ‚untergeht'" (ebd.: 130). So endet ihre Kritik an der Weiblichkeitstheorie Simmels, die „letztlich doch irgendwie am Manne orientiert" sei, mit einem Konzept von Männlichkeit: „Ein ‚echter Mensch' zu sein bedeutet auch für den Mann reichere Vollkommenheit als Mannsein – eine Synthese von Qualitäten, die der bloßen Mannheit fehlen würden" (ebd.: 133).

Welche Bedeutung die Geschlechterdifferenz im gesellschaftlichen Diskurs der Zeit gehabt haben muß, jenseits der Sozialwissenschaften, insbesondere auch in den Naturwissenschaften, in der Biologie und Medizin und in der Psychologie, ist heute allein an der „Blütenlese" von Zitaten zu erkennen, die in vielen feministischen Antworten auf's Korn genommen werden; die Palette umfaßt u.a. Namen wie Virchow, Lombroso, Krafft-Ebbing, Ellis sowie immer wieder Schopenhauer oder Weininger (vgl. Mayreder 1923). Die Vielfalt der wissenschaftlichen Auslassungen zur Geschlechterpsychologie verweist auf Irritationen und offensichtlich ein Problem. „Es ist ein Verdienst der Frauenbewegung", schreibt Rosa Mayreder bereits 1907, „daß sie den Anstoß zu einer kritischen Beleuchtung dieses ganzen Gebietes gegeben hat" (ebd.: 13). Man übersehe, daß Männlichkeit und Weiblichkeit „bloße Kulturprodukte sind, nichts Feststehendes, noch etwas allgemein Zutreffendes", und sie wehrt sich entschieden dagegen, „Mann und Weib nach ihrem geistigen Charakter einfach als Paraphrasen des Geschlechtsapparates aufzufassen" (ebd.: 24f.). Erst später (Mayreder 1923) wird sie unter Bezugnahme auf Simmel sehr viel schärfer entgegnen, daß „die Arbeitsteilung kein Produkt der Geschlechtsunterschiede, sondern unter dem Druck eingeschlechtlicher Vorherrschaft entstanden" sei (Mayreder 1982: 201).

Anders Gertrud Bäumer: In ihrer Schrift „Die Frau in der Kulturbewegung der Gegenwart" (1904) diskutiert Bäumer u.a. ebenfalls die Frage, inwieweit die Frau „schöpferisch" sein könne, um „ihre Persönlichkeit in großen gedanklichen und Werken zu verkörpern". Ihre Antwort ist dunkel und dennoch eindeutig. Gegenüber einem „alten Prinzip der Frauenbewegung", die im Zuge der wirtschaftlich-sozialen Umwälzungen für Menschenrechte und Berufsfreiheit kämpfte, plädiert sie dafür, daß die Frau „ihres Weibtums eingedenk bleibe" (Bäumer 1904: 42). Bäumer geht noch weiter, und es ist nicht von ungefähr, daß sie diejenige Vertreterin der Frauenbewegung war, die auf dem bürgerlich gemäßigten Flügel ab 1910 die Führung übernahm: „Der moderne Feminismus, der (gegenüber dem frauenrechtlerischen Programm des ‚alten' Feminismus) nicht Menschenrechte, sondern das Recht zur Liebe und Mutterschaft an die Spitze stellt, ist geneigt, den Ausschluß der Frau von Gemeinde und Staat im Sinne einer *Arbeitsteilung* (Hervorh. i. Orig.) aufzufassen, die dem Wesen der Frau entspricht und mit der sie deshalb zufrieden sein kann" (ebd.: 48).

Emma Oekinghaus, die in ihrer rechtshistorischen und soziologischen Dissertation aus dem Jahr 1925[48] Entwicklung und Konzepte der ersten Frauenbewegung analysiert, diagnostiziert deshalb zwei Richtungen, für die sich bei allen Grundsatzfragen die ‚Geister scheiden': „... die eine, von der Voraussetzung einer psychischen Gegensätzlichkeit der Geschlechter ausgehend, stellt die Frage nach dem *Wesen der Frau* in den Mittelpunkt; nach diesem Wesen bestimmt sie die Aufgaben der Frau und ihre Stellung in der Gesellschaft ... Die Anhänger der zweiten Richtung werden lediglich von dem Bestreben geleitet, die Frauen *rein als Menschen* zur Geltung gelangen zu lassen" (Oekinghaus 1925: 31).

Ihre Studie, die ebenso die soziologischen Klassiker Tönnies, Weber und Simmel wie auch rechtshistorische Arbeiten (z.B. Andreas Heuslers ‚Institutionen des Deutschen Privatrechts, 1886) und das juristische Schrifttum für die Untersuchung der Stellung der Frau fruchtbar macht, ist m.W. ein einmaliges frühes Beispiel gelungener Integration soziologischer und feministischer Theorie. Ihre Arbeit wurde bis zur neuen Frauenforschung nicht rezipiert. Simmels dualistische Geschlechterkonzeption und der Hinweis auf „die Doppelheit der Maßstäbe" hilft ihr, „die Rechtsfremdheit" der Frauen und „ihre problematische Lage in der Gegenwart" (Oekinghaus 1925: 22), aber auch die Schwierigkeiten der Verwirklichung von Gleichberechtigung zu erklären, und bietet damit wichtige Anknüpfungspunkte für eine feministische Rechtssoziologie (vgl. Gerhard 1984).

Tatsächlich kommt die Breite und Lebendigkeit der Frauenbewegung nach 1900 gerade in ihren großen Auseinandersetzungen um „Prinzipienfragen" zum Ausdruck. Im Zentrum der Meinungsverschiedenheit über Maß und Ziel der Rechtsgleichheit bzw. über die Berücksichtigung der Eigenarten, die „Wesensbestimmtheit" der Frau, aber stand nach der Jahrhundertwende die Diskussion über die Ehe als Institution und die Auseinandersetzungen über Sexualität und Sexualreform. Damit brachen die Widersprüche der Moderne genau an dem Dreh- und Angelpunkt auf, um den herum die Unterdrückung der Frau in der Ehe und ihr Ausschluß aus der bürgerlichen Öffentlichkeit ideologisch wie institutionell (z.B. mithilfe des Eherechts) organisiert war. Die Auseinandersetzungen bezeichnen den nach wie vor ‚wunden Punkt' im Geschlechterverhältnis, demgegenüber sich die Soziologie der Jahrhundertwende tatsächlich auffallend abstinent verhielt (Dahme 1986: 504). Der Auslöser für die öffentliche Thematisierung des Problems waren die Diskurse um Ehe, Prostitution, Sexualmoral und ihre sozialen Folgeprobleme. Getragen von der sog. Sittlichkeitsbewegung, die auch international für die Abschaffung staatlich reglementierter Prostitution kämpfte (‚Abolitionismus'), nur partiell einig mit der sozialistischen Ehekritik, aber auch in Koalition mit aufklärerischen Sexualwissenschaftlern und Sozialreformern hatte der ‚linke Flügel' in der bürgerlichen Frauenbewegung, die sog. Radikalen, die Frage nach der Moral im Geschlechterverhältnis zu einem Politikum gemacht. Zu den zahlreichen Initiativen und politischen Aktionen gehörte z.B. ein „Aufruf zum Eheboykott", weil nach dem Scheitern der feministischen Proteste gegen das Eherecht im

---

48 Es handelt sich um eine „mit Auszeichnung" bewertete staatswiss. Dissertation der betr. Königsberger Fakultät, nur teilweise veröff. als erster Band der Königsberger sozialwissenschaftlichen Forschungen, Jena (Gustav Fischer) 1925. (Nachweis aus der Zeitschrift „Die Frau", 33. Jg. 1925, H. 2: 123.)

BGB die „freie Ehe" noch mit der Selbstachtung und Würde einer modernen Frau vereinbar wäre (Augspurg 1905), ein Propagandakt, der einen großen Aufruhr verursachte (vgl. hierzu auch Marianne Weber 1971: 513). Die Auseindersetzungen erreichten ihren Höhepunkt mit der Propagierung einer „neuen Ethik" durch Helene Stöcker und dem von ihr gegründeteten „Bund für Mutterschutz", an dem sich prominente Wissenschaftler, Künstler und Intellektuelle beteiligten (u.a. Werner Sombart, Max Marcuse, Magnus Hirschfeld). Denn die noch weitergehenden Forderungen waren neben der „freien", verantwortungsbewußten Ehe (heute als „nichteheliche Lebensgemeinschaften" in der Diskussion), die Gleichstellung unehelicher Kinder, die Einführung einer staatlichen Mutterschaftsversicherung ohne Rücksicht auf den Ehestand, Sexualaufklärung und Empfängnisverhütung, schließlich auch schon die Abschaffung des § 218 StGB. Insbesondere aber Helene Stöckers Radikalisierung weiblicher Subjektivität als Versuch „ihr Recht auf Freiheit" mit „ihrem Recht auf Liebe" (Stöcker 1906: 20) zu verbinden, war Provokation. Der bürgerlich gemäßigte Flügel, die Mehrheit der Frauenbewegung, reagierte aufgeregt und ungewöhnlich polemisch[49] und verteidigte nun die bürgerliche monogame Ehe als „die höchste sittliche und die allein der sozialen Verantwortlichkeit voll genügende rechtliche Norm" (Bäumer et al. 1909: VII) und „höchsten Kulturwert" (Lange 1909: 85; ebenso Marianne Weber 1971: 513ff.). Erst in dieser Auseinandersetzung werden die Fronten deutlich, wird trotz der Aufhebung „intellektueller Grenzlinien" (so Lange 1928) der Selbstbestimmung und Individualisierung der Frauen „unverrückbar" Halt geboten: „an einem Stück Natur, das wie Urgestein, wie ein unzerstörbarer Kern dieser Insel übrig bleiben muß ... : das ist die Mutterschaft" (Lange 1908: 9; vgl. Bäumer 1904).

In Recht und Politik konnten die Konzepte der gemäßigten Mehrheit der Frauenbewegung mühelos vereinnahmt werden, dienten sie doch zur Fundierung der traditionellen Geschlechterrollen mit der Variante der Anerkennung einer „weiblichen Kultur". Bemerkenswert ist, daß die proletarische bzw. sozialdemokratische Frauenbewegung – und zwar nicht nur unter der Führung Clara Zetkins bis 1917, sondern auch darüber hinaus – im Bereich Ehe, Familie und Sexualität keine kritischen Positionen vertrat, sondern ‚Schulter an Schulter' im Klassenkampf „die heiligen Verpflichtungen der Mutterschaft"[50] nicht infragestellen wollte und sich auch international mit ihrer spezifischen Mutterschutzpolitik exponierte. Dagegen blieben die Anliegen der Radikalen auf Veränderung der privaten wie öffentlichen Beziehungen der Geschlechter unerledigt liegen, um schließlich in der neuen Frauenbewegung als konstitutive Widersprüche der Moderne neu aufzubrechen.

4. Zusammenfassung

Insgesamt zeigt die Gegenüberstellung der soziologischen und feministischen Gesellschaftsanalysen in der Hochphase der ersten Frauenbewegung in Deutschland um 1900 bemer-

---

49 Vgl. hierzu den Sammelband „Frauenbewegung und Sexualethik. Beiträge zur modernen Ehekritik," hg. v. Gertrud Bäumer, Agnes Bluhm, Ika Freudenberg, Anna Kraußneck, Helene Lange, Anna Pappritz, Alice Salomon, Marianne Weber, mit dem die Wortführerinnen der Gemäßigten Stellung bezogen (Bäumer u.a. 1909). Ungewöhnlich polemisch insbes. Helene Lange, die einen ihrer Aufsätze mit dem Titel „Feministische Gedankenanarchie" überschrieb (ebd.: 45ff.).
50 Zetkin (in: Die Gleichheit 1905, Nr. 6: 37), vgl. Richebächer (1982), Gerhard (1990a: 200).

kenswerte Parallelen in der Wahrnehmung der Geschlechterprobleme als gesellschaftlich zentralem Focus einer Krise der modernen Gesellschaft. Es sind Wechselwirkungen zwischen der Frauenbewegung und Soziologie bei der Problemformulierung zu beobachten, in manchen Fällen sogar ein Dialog (z.B. zwischen Simmel und Marianne Weber). Allerdings kritisierten die Frauen durchweg die ganz und gar nicht objektiven, sondern deutlich interessegeleiteten Grenzziehungen zwischen Männlichem und Weiblichem und die nur funktionale gesellschaftliche Verortung des weiblichen Geschlechts, dessen grundsätzlich dem Manne nachgeordnete soziale Bestimmung gleichwohl den sozialen Zusammenhalt garantieren und die offensichtlichen Krisenerscheinungen der Moderne kompensieren sollte (z.B. bei Tönnies und Durkheim). D.h. die frühen Soziologen erkannten und diskutierten ausführlich die mit der Frauenfrage und dem Emanzipationsstreben aufgeworfenen sozialen Probleme, aber verhielten sich indifferent bzw. abwehrend gegenüber den politischen Zielen der Frauenbewegung. Obwohl insbesondere Simmels Analysen zur Krise der Kultur und der gesellschaftlich verursachten Geschlechterprobleme den Konzepten der Frauenbewegung entgegenkam, von der Frauenbewegung rezipiert wurden und der Positionsbestimmung dienten, wurden doch seine soziologischen und philosophischen Angebote zur Lösung der Probleme, die Grenzziehung zwischen männlicher und weiblicher Kultur und Kompetenz, auch von den gemäßigten Frauenrechtlicherinnen nicht akzeptiert. Max Webers wissenschaftliches Schweigen zur Geschlechterfrage trotz seines politischen Engagements in der Sache und wichtiger Hinweise für eine Patriarchalismuskritik aber hat schließlich der Soziologie, insbesondere der empirischen Sozialforschung den Weg geebnet, unter dem Vorzeichen wissenschaftlicher Objektivität und fortschreitender Rationalisierung von den Herrschaftsbeziehungen zwischen den Geschlechtern im privaten wie öffentlichen Bereich zu abstrahieren, so daß der „homo sociologicus" bei aller Vielfalt der Rollen nicht nur grammatikalisch, sondern in soziologischer Theorie und Empirie grundsätzlich männlichen Geschlechts war (vgl. alle Beispiele bei Dahrendorf 1965).

Schließlich ist in der ersten Frauenbewegung zwischen sehr unterschiedlichen Positionen und Politiken zu unterscheiden. Wenn in der Rezeption lediglich die bürgerlich gemäßigte Mehrheit berücksichtigt wird, gerade weil sie mit ihren Ergänzungstheorien zur Geschlechterdifferenz den Status quo der Arbeitsteilung und Geschlechterordnung nicht antastete, entsteht ein falsches Bild, werden ihre gesellschafts-kritischen Potentiale einmal mehr verkannt.

Festzuhalten bleibt, daß die Theorien der sog. Klassiker der Soziologie nicht zuletzt wegen ihrer Thematisierung der problematisch gewordenen Geschlechterverhältnisse als „klassisch" zu bezeichnen sind, weil ihre Problemstellung „fortlebt" und Anknüpfungen ermöglicht (vgl. Luhmann 1992: 19f.).

II. Neuer Feminismus und Soziologie heute

Im Ausblick auf die Gegenwart kann das Verhältnis von Frauenbewegung und ‚Soziologie heute'[51] nur skizziert werden, um die These von der besonderen und veränderten Beziehung zwischen Femininismus und Soziologie – zwischen Affinität und Zurückweisung – we-

---

51 In Anspielung auf das Buch „Soziologie heute" von René König (1949).

nigstens anzudeuten. Dabei müssen auch wichtige Zwischenschritte sowohl in der Darstellung der Geschichte soziologischer Theorie wie im Hinblick auf den neuen Feminismus übersprungen werden, obwohl sich interessante Parallelen auftun zwischen der Nachkriegssoziologie, die Frauenfragen in der Familiensoziologie einschloß und ‚aufhob', und der Politik der nach Kriegsende etablierten Frauenverbände, die sich auch heute noch als Erben der ersten bürgerlichen Frauenbewegung verstehen. Nach der Verankerung der staatsbürgerlichen (1918), aber auch der privatrechtlichen Gleichberechtigung im Grundgesetz von 1949 gingen die Beteiligten davon aus, daß es *die* Frauenfrage nicht mehr gebe, allenfalls noch einzelne Frauenfragen (Strecker 1965: 67). Die Re-Etablierung der Frauenverbände aus dem bürgerlichen Lager[52] war von den Siegermächten in ihren Re-Edukationsprogrammen als Schule politischer Bildung ganz besonders gefördert worden (vgl. hierzu Rupieper 1991; Both 1993: 175f.). Entsprechend erfolgte die Wiedergründung und Konsolidierung der Soziologie als akademischer Disziplin, die einerseits institutionell und personell an ihre Repräsentanten im Wissenschaftsbetrieb der 1920er Jahre anknüpfte, andererseits auf die Unterstützung amerikanischer Mittel und die empirische Forschung anleitende Impulse rechnen konnte (vgl. Lepsius 1979). Nicht unwesentlich aber war der Beitrag, den die Familiensoziologie in den 1950er Jahren zur Legitimation einer reaktionären Familienpolitik leistete (vgl. Haensch 1969; Rosenbaum 1973). Erst der ‚Bericht der Bundesregierung über die Situation der Frauen in Beruf, Familie und Gesellschaft' aus dem Jahr 1966 (Bundestags-Drucksache 5/909), an dem über 100 Wissenschaftler, u.a. Soziologen wie René König und Elisabeth Pfeil mitwirkten, bot gesellschaftspolitischen Reformen im Sinne einer nachholenden Modernisierung das Material. Doch die Defizitanalysen zur Stellung der Frau (im Bereich Bildung, Arbeitsmarkt, politischer Partizipation) und die politischen Strategien zur Kompensation von Benachteiligungen kamen zu spät. Die Erwerbstätigkeit von Müttern z.B. hatte sich seit 1950 nahezu verdreifacht (vgl. Frauen in der BRD 1984: 21), damit auch die Probleme der sog. Doppelrolle, weil unter Beibehaltung der geschlechtsspezifischen Arbeitsteilung die Vereinbarkeit von Familie und Beruf einseitig den Frauen zugemutet wurde. Trotz verbesserter Chancen beim Zugang auf dem Arbeitsmarkt und gerade wegen des höheren Bildungs- und Ausbildungsniveaus der Frauen waren die Erwartungen und Ansprüche gewachsen, war auch die Sensibilität für Benachteiligungen und die Verhinderung von Lebenschancen größer geworden. Immer deutlicher wurde die Diskrepanz zwischen dem Versprechen formaler Gleichberechtigung und tatsächlich anhaltender Benachteiligung der Frauen. Der von Betty Friedan noch als „Problem ohne Namen" gekennzeichnete „Weiblichkeitswahn" (1966) bedurfte nur der Artikulation.

1. Die Frauenbewegung als neue soziale Bewegung

Der Aufbruch zu einer neuen Frauenbewegung am Ende der 1960er Jahre verdankt sich abermals einer besonderen ‚politischen Gelegenheitsstruktur', zu der internationale Anstöße, die Bürgerrechtsbewegung in den USA, die Studentenunruhen in Frankreich ebenso

---

[52] Z.B. des Deutschen Frauenrings und die Einrichtung des Informationsdienstes für Frauenfragen, fortgesetzt als „Informationen für die Frau" seit 1951, die 1969 zur Gründung des Deutschen Frauenrates führte, vgl. Wischermann et al. (1993).

wie die westdeutsche Studentenbewegung den Boden bereitet hatten. Auch für die westdeutsche Frauenbewegung war das Vorbild der französischen wie der amerikanischen Feministinnen, deren Radikalität über die Medien, persönliche Kontakte und über bald zu Bestsellern avancierte Bücher oder Veröffentlichungen transportiert wurde, von großer Bedeutung. Neu war, daß über das Geschlechterverhältnis Intimstes ausgeplaudert wurde und gesellschaftliche Tabus zur Sprache kamen, die gerade im Klima angeblich befreiter Sexualität als Macht- und Gewaltbeziehungen diagnostiziert wurden (vgl. Millet 1974; Firestone 1975; Schwarzer 1975; Stefan 1975 u.a.). Die Erkenntnis, daß auch die ‚Linken' die Männerdominanz praktisch nicht infragestellten oder die Frauenfrage lediglich als ‚Nebenwiderspruch' behandelten, war der Auslöser für eine autonome Bewegung der Frauen und zwar für Autonomie in einem doppelten Sinn: als individuelle Selbstbestimmung und institutionelle Unabhängigkeit von den bisherigen Formen und Institutionen der Politik.

„Zunächst meint Autonomie der Frauenbewegung ihre *Selbstorganisation, Separierung* von der männerdominierten Linken und Männern überhaupt. Darüber hinaus bezieht sie sich auf das Verhältnis der Bewegung zum *Staat* und seinen *Institutionen*, die, als patriarchalische und systemstabilisierende erkannt, abgelehnt werden" (Knäpper 1984: 120).

Alternative Formen politischer Einmischung, dezentrale und basisdemokratische Protest- und Aktionsformen waren auch von der außerparlamentarischen Opposition, der Studentenbewegung und anderen neuen Bewegungen aufgebracht und praktiziert worden (vgl. Brand 1982: 40). Eine neue Problematisierung des Verhältnisses von Individuum, Gesellschaft und Staat, ein „neues politisches Paradigma" (Offe 1985: 817f.) kennzeichnet danach das „Neue" an den neuen sozialen Bewegungen, die gezielt Probleme der „Lebenswelt" außerhalb der Formen institutionalisierter Politik und jenseits der sog. Produktionssphäre aufgegriffen haben. Das gilt insbesondere auch für die neue Frauenbewegung, die sich nun als Feminismus versteht.[53] Dennoch wurde das Prinzip der Autonomie in der Frauenbewegung rigider umgesetzt und ist in seiner bekenntnishaften Bedeutung besonders charakteristisch für die westdeutsche Frauenbewegung (vgl. Ferree 1990: 290f.). Selbsterfahrung, in zahllosen Frauengruppen geübt,[54] war dabei die spezifische Methode eines kollektiven Lernprozesses, in dem ‚private' Probleme, insbesondere die Gewaltförmigkeit sexueller Beziehungen als strukturelle Gewalt, aber auch die geschlechtshierarchische Arbeitsteilung, als ‚politische' diagnostiziert wurden. Nicht ‚nur' Gleichberechtigung,

---

53 Der Begriff ‚Feminismus' hat sich im Deutschen erst mit der neuen Frauenbewegung durchgesetzt und bezeichnete hier von Anbeginn eine radikale Abkehr von etablierter Frauenpolitik und die Anknüpfung an die neuen Ziele der internationalen Bewegung. Dabei ist das Wort Feminismus zum erstenmal im Jahr 1896 auf dem Internationalen Kongreß für Frauenwerke und Frauenbestrebungen in Berlin von einer französischen Delegierten in die internationale und auch die deutsche Öffentlichkeit eingeführt worden und hat von hier aus sehr schnell seinen Siegeszug um die Welt, insbesondere bis in die USA angetreten (vgl. Offen 1993: 106f.). Im angelsächsischen und französischen Sprachgebrauch wird der Begriff daher auch eher synonym zu ‚Frauenbewegung' gebraucht.

54 Sie waren als ‚consciousness-raising-groups' bereits in der amerikanischen Frauenbewegung erprobt (vgl. die Anweisungen im Frauenjahrbuch 1975: 192f., sowie MacKinnon 1989: 91). In ihrer dezentralen und diffusen Organisationsweise unterscheidet sich die neue auch grundsätzlich von der alten Frauenbewegung, die ihre Interessenvertretung durch eine zentral organisierte Vereinstätigkeit und Verbandspolitik regelte.

sondern Emanzipation; nicht nur Teilhabe, sondern ein neuer Politikbegriff, der die systematische, die Geschlechter polarisierende Gegenüberstellung von Produktion und Reproduktion, System und Lebenswelt überwinden sollte, waren die sehr grundsätzlich formulierten politischen Ziele dieser Bewegung. Pointiert wurden sie in dem Motto „das Private ist politisch" zum Ausdruck gebracht.[55]

Es ist kein Zufall, sondern eine Bestätigung der gesellschaftlichen Bedeutung der Geschlechterfrage, daß die ‚neue Welle' der Frauenbewegung mit der Wahrnehmung einer nicht nur ökonomischen, sondern gesellschaftlichen Krise zusammentrifft, deren Tragweite erst im Nachhinein erkennbar und je nach soziologischer Perspektive als neuer Modernisierungsschub (vgl. Zapf 1991), als ‚zweite' oder ‚reflexive Moderne' oder als ‚Postmoderne' (vgl. Welsch 1988) gekennzeichnet wird. Aus der Geschlechterperspektive zentral ist insbesondere die Tatsache, daß auch der wohlfahrtsstaatliche Kompromiß der westlichen Demokratien, der auf nationalstaatlicher Basis nicht nur der Befriedung des Klassengegensatzes diente, sondern auch das traditionelle Familienmodell mit dem Mann als Familienernährer voraussetzte und trug (vgl. Gerhard et al. 1988), inzwischen aufgekündigt wurde bzw. als untauglich gilt zur Besänftigung der Widersprüche und neuen sozialen und transnationalen Probleme.

Die Modernisierung des Geschlechterverhältnisses, und das heißt, die Einbeziehung auch der Frauen in den Prozeß der Individualisierung, Rationalisierung und Demokratisierung der gesellschaftlichen Beziehungen erweist sich somit nicht nur als ein alltagspraktisches oder theoretisches Problem persönlicher und politischer Emanzipation, sondern auch als eine gar nicht so neue ‚soziale Frage' von „hoher Kulturbedeutung", deren Beantwortung, so Max Weber, „ausschließlich und allein das letzte Ziel ist, dem, neben anderen Mitteln, *auch* die begriffsbildende und begriffskritische Arbeit (sozialwissenschaftlicher Erkenntnis) dienen soll" (Weber 1956b: 261; vgl. auch Nunner-Winkler 1994: 43-46).

2. Feminismus als theoretische Perspektive

Aus dem Interesse an Gesellschaftsveränderungen hat sich die von der neuen Frauenbewegung angestoßene und getragene Frauenforschung zuerst an die Sozialwissenschaften gewandt und dort auch erste Institutionalisierungserfolge verbuchen können.[56] Als theoretische, gesellschaftskritische Perspektive hat die sozialwissenschaftliche Frauen- und Geschlechterforschung seit den 1970er Jahren jedoch einen weiten und mit viel Skepsis und Widerständen beschwerten Weg zurückgelegt. Das genuin soziologische Erkenntnisinteresse an der Erforschung der Ursachen und Strukturen sozialer Ungleichheit im Geschlechterverhältnis und das Vorhaben, methodenkritisch und selbstreflexiv die Erfahrungen und

---

55 Zur Beschreibung des Verlaufs, der Höhepunkte und Streitfragen der westdeutschen neuen Frauenbewegung ist auf ein breites Spektrum von Erfahrungsberichten, Dokumentationen und Verständigungstexten zu verweisen, vgl. z.B. Doormann (1979), Schenk (1981), Frauenjahrbücher (1975ff.), Knäpper (1984) u.a.; vgl. auch aus der Bewegungsforschung Brand (1982) und Brand, Büsser und Rucht (1984), Dackweiler (1995); zur aktuellen Einschätzung vgl. Gerhard (1996).
56 Vgl. die Etablierung einer Sektion Frauenforschung in der Deutschen Gesellschaft für Soziologie, 1979, sowie die Einrichtung von Frauenprofessuren für Soziologie seit 1987.

Erkenntnisinteressen von Frauen in den wissenschaftlichen Diskurs einzubringen, wurden überwiegend als unwissenschaftlich und parteilich abgewehrt. Gewiß wurde da in den Anfängen im Stil einer ‚großen Erzählung' gelegentlich zu grob ‚gehobelt', weshalb in beide Richtungen ‚Späne flogen'. Zudem verstand sich Frauenforschung am Anfang vor allem anderen als interdisziplinäre Aufgabe,[57] um gezielt die disziplinären Grenzziehungen zu überschreiten, die zum Ausschluß der Frauen und ihrer Forschungsinteressen (bzw. zum Einschluß in sog. Bindestrich-Soziologien, vgl. Pross 1975) geführt hatten. Nach nunmehr 20 Jahren intensiver Forschung und Diskussion haben sich die verschiedenen Forschungsrichtungen und Ansätze inzwischen ausdifferenziert, hat insbesondere innerhalb der Disziplinen ein Prozeß der Professionalisierung und Spezialisierung eingesetzt, weshalb es sich – nicht nur im Blick auf die Sozialwissenschaften – verbietet, von *der* Frauen- und Geschlechterforschung bzw. *einer* feministischen Perspektive zu reden. Aus der polemischen Kampfansage an ‚das Patriarchat' auch im Betrieb der Wissenschaften haben sich überaus lebhafte Auseinandersetzungen[58] und eine Vielfalt von Diskursen entwickelt, die jeder für sich als kritische Anregung zu einem Perspektivenwechsel von der Partikularität des männlichen Blicks auf eine erst zu verwirklichende ‚Objektivität' bzw. Angemessenheit soziologischer Erkenntnis in den verschiedenen Gegenstandsbereichen zu denken ist (z.B. im Hinblick auf Arbeit in Produktion und Reproduktion, den Arbeitsbegriff oder das sog. weibliche Arbeitsvermögen).[59] Im Zeitverlauf ist eine Verschiebung der Schwerpunktsetzungen und Aufmerksamkeiten festzustellen:
- von der Focussierung auf die besondere und benachteiligte Stellung der Frau hin zur Analyse der Geschlechterverhältnisse,
- von der Untersuchung der historischen Entwicklungen und sozialen Ursachen für die hierarchische Strukturierung der Geschlechterverhältnisse hin zur Analyse von Bedeutungen, Sprache und Interpretation von Texten, Bildern und kulturellen Repräsentationen,
- von der Behandlung sozialer Probleme der Ungleichheit hin zur Problematisierung der Geschlechterdifferenz und zur Anerkennung von Differenzen auch unter Frauen.

Insgesamt ist die feministische Perspektive somit nicht nur eine gesellschaftskritische, sondern auch eine wissenschaftskritische, die – so kann nun in Anknüpfung an Simmel gefolgert werden – die Männlichkeit der ‚objektiven' Kultur und bisheriger wissenschaftlicher Erkenntnis konstatiert und – anders als Simmel – gerade wegen dieser Einseitigkeit und männlichen Voreingenommenheit ihre Objektivität und Rationalität, zumindest Validität infragestellt. „Die Feststellung, daß Asymmetrie und Herrschaftlichkeit im Geschlechterverhältnis sich nicht *gegen* das Objektivitätsideal durchsetzen, sondern gerade *mit* seiner Hilfe, ja, sogar auf seiner Grundlage, ist möglicherweise die wichtigste Einsicht der rationalitätskritischen Ansätze der Neuen Frauenbewegung" (Klinger 1988: 156).

Diese Denkbewegung und Form der Kritik hat Vorgehensweisen provoziert, für die

---

57 Zur Einlösbarkeit dieses Postulats heute vgl. den Dialog von Gudrun-Axeli Knapp und Hilge Landwehr (1995: 5–38), vgl. auch Stacey (1995: 38–58).
58 Zu Patriarchalismus vgl. z.B. Hausen (1986), Beer (1990), Gerhard (1991, 1995); Scott (1988).
59 Vgl. Beck-Gernsheim und Ostner (1978), Ostner (1978), Eckart et al. (1979), Kontos und Walser (1979), Beck-Gernsheim (1980), Becker-Schmidt et al. (1983) usw.; zur Übersicht über die verschiedenen Diskurse und Gegenstandsbereiche vgl. Deutsche Forschungsgemeinschaft (Hg., 1994).

Sandra Harding eine Systematisierung auf drei Ebenen anbietet (Harding 1990: 145ff.): Den ersten Schritt nennt sie *feministischen Empirismus*, er umfaßt alle die Untersuchungen der Frauen- und Geschlechterforschung, die die Leerstellen und blinden Flecken im Hinblick auf Weiblichkeit, Geschlechtsspezifik und Stellung der Frau zu füllen oder zu ergänzen suchen, um durch ihre Berücksichtigung die Ergebnisse zu verbessern, nun erst als allgemeingültige anzuerkennen. Eine zweite Reaktion auf die Männlichkeit der Wissenschaft ist die Aufwertung und Privilegierung des Weiblichen, weiblicher Erfahrungen und Erkenntnisinteressen im Sinne einer Selbstvergewisserung weiblicher Identität oder sog. Identitätspolitik. Harding faßt diesen Zugang unter dem Stichwort *Standpunkttheorien* zusammen. Die dritte und radikalste Form der Kritik und Selbstreflexion will hingegen mit der Dekonstruktion von Geschlecht als soziologisch nicht weiter hinterfragter ‚Natur'-Kategorie und askriptivem Merkmal die Festlegung auf ein binäres Geschlechterverhältnis auflösen (Butler 1991) und entlarvt damit den biologischen Unterschied zwischen männlichem und weiblichem Körper als Rechtfertigungsstrategie für einen gesellschaftlich konstruierten Unterschied zwischen den Geschlechtern (vgl. Bourdieu 1997: 169). Diese Form der *poststrukturalistischen* oder auch ‚*postmodernen*' Kritik, die sich vom Subjekt ‚Frau' gerade in dem Augenblick zu verabschieden scheint, als ihm in der Emanzipationsbewegung der Frauen Aufmerksamkeit und Stimme verliehen wird, hat unter feministischen Theoretikerinnen verschiedenster Disziplinen zunächst Irritationen und zugleich eine weltweite und überaus produktive Debatte ausgelöst (vgl. Benhabib et al. 1993) und einen Rahmen geschaffen für die Analyse der Machtdiskurse und Mechanismen zur Aufrechterhaltung von Herrschaftsbeziehungen in der Gesellschaft (vgl. Foucault 1983). Neben der Geschlechterdifferenz als „difference that makes a difference" (di Stefano 1990) geht es in dieser Perspektive um die Differenzen auch unter Frauen, die von vielfältigen anderen sozialen Unterschieden wie Klasse, Milieu oder Ethnie beeinflußt werden. Der spezifisch soziologische Beitrag zu diesen Analysen besteht darin, „die diskursiven Analysen der Bedeutungen von Geschlecht in den historischen und gesellschaftlichen Zusammenhang zu stellen, sie nach Zeit und Ort situativ zu bestimmen ... (und diese Untersuchungen) mit strukturellen Analysen der Institutionen und der politischen Ökonomie zusammenzubringen" (Fraser 1994: 149).

M.E. ist dies ein der klassischen Soziologie verwandtes und eben noch radikaleres Nachdenken über das Verhältnis von Individuum und Gesellschaft oder Subjekt und sozialer Welt, bei dem die Geschlechterverhältnisse, ihre gesellschaftliche Struktur wie symbolische und normative Ordnung, als ‚soziale Tatsache', d.h. „nicht nur als etwas historisch Entstandenes, sondern als etwas im alltäglichen Handeln immer wieder neu Konstruiertes, in vielen Variationen neu Befestigtes" (Dölling und Krais 1997: 8; vgl. auch Gildemeister und Wetterer 1992) verstanden werden. Da Vergeschlechtlichung ein Organisationsprinzip speziell moderner Gesellschaften ist („Engendering Modernity", vgl. Marshall 1994), das alle Bereiche des sozialen Zusammenhangs betrifft, erfordert die Einbeziehung der feministischen Perspektiven letztlich ein Überdenken beinahe aller Konzepte und Kategorien der Sozialwissenschaften wie Rolle, Individualisierung, Arbeitsteilung, Familie, Politik, Staat und Moderne. Insofern teilt eine feministische Soziologie ohne Zweifel die „Neigung zur Übertreibung", der auch postmoderne Theoretiker angesichts der Dimensionen sozialen Wandels und ihrer Behauptung von der Unangemessenheit der etablierten sozialwissenschaftlichen Konzepte erliegen (vgl. Wagner 1995: 221), weshalb letztere teilweise sensibler auf die Frauenfrage bzw. die Bedeutung der Geschlechterprobleme in der Gegenwart reagieren und dazu beigetragen haben, „Fragen wieder zu öffnen, die die modernistische Sozialwissenschaft verschlossen und versiegelt hatte" (Wagner 1995: 224; vgl. ders. 1992; Lash 1996: 195ff.).[60]

3. Die Diagnosefähigkeit der Soziologie heute?

Die theoretische Herausforderung, aber auch die empirisch-analytische Reichweite der feministischen Perspektiven auf die Geschlechterverhältnisse als Focus der Gesellschaftsanalyse sind insbesondere in der deutschen Soziologie heute – im Gegensatz zur Soziologie am Ende des vorigen Jahrhunderts – bis auf wenige Ausnahmen (z.B. Tyrell 1986; Treibel 1995) nicht erkannt, geschweige denn an zentraler Stelle thematisiert worden. Grundsätzliche Vorbehalte beruhen in der Regel auf einer breiten Skala von Mißverständnissen, weil nicht abstrahiert wird von eigener Betroffenheit und nicht differenziert wird, z.B. auch nicht zwischen der Frauenbewegung als sozialer und politischer Bewegung und feministischer Theorie im Sinne einer kritischen wissenschaftlichen Perspektive auch in den Sozialwissenschaften.

Allein die abwehrende und verspätete Wahrnehmung der Frauenbewegung durch die Bewegungsforschung bestätigt beispielhaft die von Friedhelm Neidhardt formulierte These, wonach „soziale Bewegungen in den Gesellschaften, in denen sie aufkommen, störende Ereignisse (sind) ... Den Schwierigkeiten der Gesellschaft im Umgang mit sozialen Bewegungen entsprechen Schwierigkeiten der Soziologie, sich einen Begriff davon zu bilden" (Neidhardt 1985: 193). Selbst im Rahmen der sozialen Bewegungsforschung ist die Bedeutung der alten wie auch der neuen Frauenbewegung im Vergleich zu anderen sozialen Bewegungen lange Zeit unterschätzt oder allenfalls am Rande behandelt worden (vgl. z.B. Raschke 1985; dagegen Rucht 1994).[61]

Im Vergleich zu anderen Disziplinen wie der Geschichtswissenschaft oder Ethnologie attestieren Stacey und Thorne der Soziologie eine „besondere Resistenz" und ein „zwiespältiges Verhältnis" zu feministischer Theorie, da sie feministische Fragestellungen ebenso

---

60 Zur feministischen Postmoderne-Diskussion vgl. z.B Nicholson (1990), Young (1990), Benhabib et al. (1993), Evans (1993: 125ff.).

61 Zur Kritik an der bundesrepublikanischen Bewegungsforschung im einzelnen Kontos (1986), Wiener (1992), Gerhard (1995). Beispielhaft für diese Unterschätzung, die zögerlichen Zugeständnisse, aber auch den gleichbleibend paternalistischen Gestus ist die Karriere, die das Thema Frauenbewegung in den Gesellschaftsanalysen von Jürgen Habermas erfahren hat, von der vielzitierten bloßen Fußnote 15 in den „Stichworten zur ‚Geistigen Situation der Zeit'", in der der Frauenbewegung ein „eigentümlicher Konkretismus, das Festkrallen an natürlichen, askriptiven Merkmalen wie ... Geschlecht" attestiert wird (Habermas 1979: 28), zu einem „Feminismus", dem „in der Tradition der bürgerlich-sozialistischen Befreiungsbewegungen" ... und im Gegensatz zu allen übrigen (neuen) Bewegungen doch die „Schubkraft einer offensiven Bewegung" zugesprochen wird, „freilich" mit einem „partikularistischen Kern" (1982: II, Bd. 578f.). Ja, noch in seiner Diskurstheorie des Rechts geht der Autor – vor dem Hintergrund einer mehr als 150jährigen Geschichte der Frauenbewegungen und ihrer Kämpfe um Recht – davon aus, daß die „Hinsichten" der Geschlechterdifferenz und die entsprechenden Rechtsforderungen von Frauen „erst in öffentlichen Diskussionen geklärt" werden müßten, bevor sie als allgemeine zu verhandeln sind (1992: 513).

kooptiere wie ghettoisiere (etwa in bestimmten Bindestrich-Soziologien), andererseits dadurch die vorherrschenden Paradigmen weitgehend unverändert blieben (Stacey und Thorne 1985: 119).

Ohne Zweifel besteht das Problem einer Gesamteinschätzung der Soziologie in der Ausdifferenzierung und Vielfalt der Ansätze, die zugleich zu einer Arbeitsteilung zwischen empirischer Forschung und Theorien über Gesellschaft geführt haben. Auf diese Weise kann die Variable Geschlecht zwar Berücksichtigung finden, doch eben nur als Variable unter anderen, als „immer partikular" und „askriptive Zugehörigkeit" zu einer Person (vgl. Kreckel 1991: 374), nicht als die gesellschaftlichen Beziehungen organisierendes Prinzip oder strukturierende Kategorie. D.h. es gibt im deutschen main stream keine systematische Behandlung der Geschlechterfrage, allenfalls ein sehr vereinzeltes Zugehen auf die feministisch aufgeworfenen Fragen (vgl. dagegen Bourdieu 1997: 153ff; auch Giddens 1996: 331f.), berühmte Fußnoten oder Zitate in einzelnen Bereichen: etwa des „weiblichen Arbeitsvermögens" (Beck-Gernsheim und Ostner 1977) in der Berufs- oder Arbeitsmarktforschung, schon immer in der Familiensoziologie und anderen Bereichen, insoweit das weibliche Geschlecht ausdrücklich Untersuchungsgegenstand ist (z.B. in der Sozialpolitik oder Sozialstrukturanalyse). Dagegen spielt die Geschlechterdifferenz in den Gegenwartsanalysen keine Rolle: weder in der Kritischen Theorie,[62] noch in den Modernisierungs- oder Individualisierungstheorien,[63] erst recht nicht in der Systemtheorie. Niklas Luhmanns späte, eher beiläufige Antwort auf das Problem (Luhmann 1988) verheddert sich nicht nur in der üblichen Indifferenz und Undifferenziertheit gegenüber Bewegung und wissenschaftlicher Perspektive, sondern auch in dem Paradox, das den neuzeitlichen Feminismus von Anbeginn begleitet und seine gesellschaftliche Dynamik und theoretische Brisanz ausmacht: Der Code, die Unterscheidung von Frau und Mann, scheint mit dem Programm der Gleichheit unvereinbar. Die feministische Theorie hat dies das Wollstonecraft-Dilemma genannt. D.h. spätestens seit Mary Wollstonecrafts ‚Vindication of the Rights of Women' (1792) waren sich Frauen der paradoxen Situation bewußt, gleichzeitig Gleichheit und die Berücksichtigung und Anerkennung von Differenz im Verhältnis der Geschlechter zu fordern (vgl. Pateman 1992: 54f; Gerhard 1990b). Die noch anhaltende weltweite feministische Diskussion um Gleichheit und/oder Differenz steht daher nicht für die „Selbstreferenz der Frauenforschung" (Luhmann 1988: 48), vielmehr für ihre Fähigkeit zur Reflexivität, Selbstbeobachtung und Kritik, die auch die Soziologie bestimmen in ihrem Unterfangen, krisenhafte Entwicklungen der Moderne zu diagnostizieren und zu deuten.

Wenn ich – bei aller Vorläufigkeit dieser Schlußfolgerungen – das Verhältnis von Feminismus und Soziologie heute in Anlehnung oder Abgrenzung zum Bild von der ‚Wahlverwandtschaft' ebenfalls in einer Metapher beschreiben sollte, so ist zuzugeben,

---

62 Zu Habermas vgl. Fußnote 61; anders dagegen in der frühen Frankfurter Schule, vgl. insbesondere Horkheimer u.a. (1988); zur feministischen Kritik vgl. Rumpf (1989), Benhabib (1982), Benjamin (1982), Fraser (1994).

63 Das gilt auch für Ulrich Becks Risikogesellschaft (1986), so anschaulich hier die Veränderungen im Geschlechterverhältnis diskutiert werden, es fehlt eine theoretische Verortung der Geschlechterdifferenz auch in dieser soziologischen Theorie. Das Krisenszenario der Folgen weiblicher Individualisierung unterscheidet sich nicht wesentlich von W.H. Riehls (1855) Lamento über die Folgen weiblicher Emanzipation für Familie und Gesellschaft.

daß die Beziehung keineswegs unproblematischer geworden ist, im Gegenteil: Auch wenn die mittlerweile emanzipierten Enkelinnen der Gründungsväter bereit wären, weder das „Erbe der Mütter" (Chodorow 1986) auszuschlagen noch die „Vaterschaft der Väter" (de Gouges 1791, vgl. Gerhard 1990b) zu leugnen, werden sie doch von Seiten der soziologischen Disziplin allenfalls als „illegitime Töchter" behandelt – und dies, obwohl „la recherche de la paternité n'est plus interdite."[64]

Literatur

Augspurg, Anita, 1895: Gebt acht, solange noch Zeit ist!, Die Frauenbewegung 1: 4.
Augspurg, Anita, 1905: „Offner Brief", Die Frauenbewegung 11: 81.
Banks, Olive, 1981: Faces of Feminism. A Study of Feminism as a Social Movement. Oxford/Cambridge: Martin Robertson.
Barrett, Michèle, und *Anne Phillips* (Hg.), 1992: Destabilizing Theory. Contemporary Feminist Debates. Stanford: Stanford University Press.
Bäumer, Gertrud, 1904: Die Frau in der Kulturbewegung der Gegenwart. Wiesbaden: J.F. Bergmann.
Bäumer, Gertrud, 1906: Geschichte der Gymnasialkurse für Frauen zu Berlin, hg. vom Vorstand der Vereinigung zur Veranstaltung von Gymnasialkursen für Frauen. Berlin: Moeser.
Bäumer, Gertrud et al., 1909: Frauenbewegung und Sexualethik. Beiträge zur modernen Ehekritik, 2. Aufl. Heilbronn: Eugen Salzer.
Bäumer, Gertrud, 1921: Die Geschichte des Bundes Deutscher Frauenvereine. S. 15–64 in: *E. Altmann-Gottheimer* (Hg.): Jahrbuch des BDF. Leipzig und Berlin: Teubner.
Bebel, August, 1964 [zuerst 1879]: Die Frau und der Sozialismus. Berlin: Dietz.
Beck, Ulrich, 1986: Risikogesellschaft. Auf dem Weg in eine andere Moderne. Frankfurt a.M.: Suhrkamp.
Beck, Ulrich, Anthony Giddens und *Scott Lash*, 1996: Reflexive Modernisierung: Eine Kontroverse. Frankfurt a.M.: Suhrkamp.
Becker-Schmidt, Regina, Uta Brandes-Erlhoff, Mechthild Rumpf und *Beate Schmidt*, 1983: Arbeitsleben – Lebensarbeit. Konflikte und Erfahrungen von Fabrikarbeiterinnen. Bonn: Verlag Neue Gesellschaft.
Beck-Gernsheim, Elisabeth, 1980: Das halbierte Leben. Männerwelt Beruf, Frauenwelt Familie. Frankfurt a.M.: Fischer.
Beck-Gernsheim, Elisabeth, und *Ilona Ostner*, 1977: Der Gegensatz von Beruf und Hausarbeit als Konstitutionsbedingung weiblichen Arbeitsvermögens. S. 25–53 in: *Ulrich Beck* und *Michael Brater* (Hg.): Die soziale Konstitution der Berufe: Materialien zu einer subjektbezogenen Theorie der Berufe. Frankfurt a.M./New York: Campus.
Beer, Ursula, 1990: Geschlecht, Struktur, Geschichte. Soziale Konstituierung des Geschlechterverhältnisses. Frankfurt a.M./New York: Campus.
Behr, Wilhelm Joseph, 1804: System der allgemeinen Staatslehre zum Gebrauche für seine Vorlesungen. Bd. 1. Bamberg: Goebhardt.
Benhabib, Seyla, 1982: Die Moderne und die Aporien der Kritischen Theorie. S. 127–175 in: *Wolfgang Bonß* und *Axel Honneth* (Hg.): Sozialforschung als Kritik. Frankfurt a.M.: Suhrkamp.
Benhabib, Seyla, Judith Buter, Drucilla Cornell und *Nancy Fraser*, 1993: Der Streit um Differenz: Feminismus und Postmoderne in der Gegenwart. Frankfurt a.M.: Fischer.

---

64 Paraphrase auf Art. 340 des französischen Code civil von 1804, der die Ansprüche nichtehelicher Kinder an die Väter ausschloß, gültig bis in die 1930er Jahre. Er kennzeichnet eine fundamentale Unrechtserfahrung von Frauen, die schon in der Frauenrechtserklärung von Olympe de Gouges aus dem Jahr 1791 im Recht auf Meinungsäußerung (nämlich die Vaterschaft der Väter öffentlich zu machen) zur Sprache kam (vgl. Gerhard 1990b: 49ff.).

Benjamin, Jessica, 1982: Die Antinomien des patriarchalen Denkens. Kritische Theorie und Psychoanalyse. S. 426–455 in: *Wolfgang Bonß* und *Axel Honneth* (Hg.): Sozialforschung als Kritik. Frankfurt a.M.: Suhrkamp.
Boetcher Joeres, Ruth-Ellen, 1983: Die Anfänge der deutschen Frauenbewegung. Louise Otto Peters. Frankfurt a.M.: Fischer.
Bologh, Rosalyn Wallach, 1987: Marx, Weber, and Masculine Theorizing. A Feminist Analysis. S. 145–168 in: *Norbert Wiley* (Hg.): The Marx-Weber Debate. Newbury Park u.a.: Sage.
Both, Waltraut, 1993: Zur sozialen und politischen Situation von Frauen in Hessen und zur Frauenpolitik der amerikanischen Besatzungsmacht. S. 151–191 in: *Ulla Wischermann, Elke Schüller* und *Ute Gerhard* (Hg.): Staatsbürgerinnen zwischen Partei und Bewegung. Frauenpolitik in Hessen 1945 bis 1955. Frankfurt a.M.: Ulrike Helmer.
Bourdieu, Pierre, 1997: Die männliche Herrschaft. S. 153–217 in: *Irene Dölling* und *Beate Krais* (Hg.): Ein alltägliches Spiel. Geschlechterkonstruktion in der sozialen Praxis. Frankfurt a.M.: Suhrkamp.
Brand, Karl-Werner, 1982: Neue soziale Bewegungen. Entstehung, Funktion und Perspektive neuer Protestpotentiale. Eine Zwischenbilanz. Opladen: Westdeutscher Verlag.
Brand, Karl-Werner, Detlef Büsser und *Dieter Rucht*, 1984: Aufbruch in eine andere Gesellschaft. Neue soziale Bewegungen in der Bundesrepublik. Frankfurt a.M./New York: Campus.
Braun, Lily, 1895: Die Bürgerpflicht der Frau. Berlin: Dümmler.
Buechler, Steven M., 1990: Women's Movements in the United States. Women Suffrage, Equal Rights, and Beyond. New Brunswick/London: Rutgers.
Bussemer, Herrad-Ulrike, 1985: Frauenemanzipation und Bildungsbürgertum. Sozialgeschichte der Frauenbewegung in der Reichsgründungszeit. Weinheim/Basel: Beltz.
Butler, Judith, 1991: Das Unbehagen der Geschlechter. Frankfurt a.M.: Suhrkamp.
Cavana, Maria Luisa P., 1991: Der Konflikt zwischen dem Begriff des Individuums und der Geschlechtertheorie bei Georg Simmel und Jose Ortega y Gasset. Pfaffenweiler: Centaurus.
Chodorow, Nancy, 1986: Das Erbe der Mütter: Psychoanalyse und Soziologie der Geschlechter. 2. Aufl. München: Frauenoffensive.
Concordet, Jean Antoine de, 1979: Über die Zulassung der Frauen zum Bürgerrecht (1789). S. 55–65 in: *Hannelore Schröder* (Hg.): Die Frau ist frei geboren. Bd. 1. München: Beck.
Coser, Lewis A., 1984: Georg Simmels vernachlässigter Beitrag zur Soziologie der Frau. S. 80–90 in: *Heinz-Jürgen Dahme* und *Otthein Rammstedt* (Hg.): Georg Simmel und die Moderne. Neue Interpretationen und Materialien. Frankfurt a.M.: Suhrkamp.
Dackweiler, Regina, 1995: Ausgegrenzt und eingemeindet. Die neue Frauenbewegung im Blick der Sozialwissenschaften. Münster: Westfälisches Dampfboot.
Dahme, Heinz-Jürgen, 1986: Frauen- und Geschlechterfrage bei Herbert Spencer und Georg Simmel. Ein Kapitel aus der Geschichte der ‚Soziologie der Frauen', Kölner Zeitschrift für Soziologie und Sozialpsychologie 38: 490–509.
Dahme, Heinz-Jürgen, 1988: Der Verlust des Fortschrittglaubens und die Verwissenschaftlichung der Soziologie. Ein Vergleich von Georg Simmel, Ferdinand Tönnies und Max Weber. S. 222–274 in: *Otthein Rammstedt:* Simmel und die frühen Soziologen. Nähe und Distanz zu Durkheim, Tönnies und Max Weber. Frankfurt a.M.: Suhrkamp.
Dahme, Heinz-Jürgen, und *Klaus Christian Köhnke*, 1985: Einleitung. S. 7–26 in: *Georg Simmel:* Schriften zur Philosophie und Soziologie der Geschlechter. Frankfurt a.M.: Suhrkamp.
Dahme, Heinz-Jürgen, und *Otthein Rammstedt* (Hg.) 1984: Georg Simmel und die Moderne. Neue Interpretationen und Materialien. Frankfurt a.M.: Fischer.
Dahrendorf, Ralf, 1965: Homo Sociologicus. Köln/Opladen: Westdeutscher Verlag.
Der Erste Bericht der Bundesregierung über die Situation der Frauen in Beruf, Familie und Gesellschaft vom 14.09.1966 (Bundestags-Drucksache 5/909).
Deutsche Forschungsgemeinschaft (Hg.), 1994: Sozialwissenschaftliche Frauenforschung in der Bundesrepublik Deutschland. Berlin: Akademie Verlag.
Dohm, Hedwig, 1873: Der Jesuitismus im Hausstande. Ein Beitrag zur Frauenfrage. Berlin: Wedekind & Schwieger.
Dohm, Hedwig, 1874: Die wissenschaftliche Emancipation der Frau. Berlin: Wedekind & Schwieger.

Dohm, Hedwig, 1876: Der Frauen Natur und Recht. Zwei Abhandlungen über Eigenschaften und Stimmrecht der Frauen. Berlin: Wedekind & Schwieger.
Dölling, Irene, und *Beate Krais*, 1997: Ein alltägliches Spiel. Geschlechterkonstruktion in der sozialen Praxis. Frankfurt a.M.: Suhrkamp.
Doormann, Lottemi, 1979: Keiner schiebt uns weg. Zwischenbilanz der Frauenbewegung in der BRD. Weinheim/Basel: Beltz.
Durkheim, Emile, 1981 [zuerst 1888]: Einführung in die Soziologie der Familie. S. 53–76 in: *Ders.*: Frühe Schriften zur Begründung der Sozialwissenschaft. Darmstadt/Neuwied: Luchterhand (Soziologische Texte, Neue Folge, Bd. 122).
Durkheim, Emile, 1983 [zuerst 1896]: Der Selbstmord. Frankfurt a.M.: Suhrkamp.
Durkheim, Emile, 1992 [zuerst 1893]: Über soziale Arbeitsteilung. Frankfurt a.M.: Suhrkamp.
Eckart, Christel, Ursula G. Jaerisch und *Helgard Kramer*, 1979: Frauenarbeit in Familie und Fabrik. Eine Untersuchung von Bedingungen und Barrieren der Interessenwahrnehmung von Industriearbeiterinnen. Frankfurt a.M./New York: Campus.
Evans, Judith, 1995: Feminist Theory Today. An Introduction to Second-Wave Feminism. London/Thousand Oaks/New Delhi: Sage.
Ferree, Myra Marx, 1990: Gleichheit und Autonomie. Probleme feministischer Politik. S. 283–298 in: *Ute Gerhard, Mechtild Jansen, Andrea Maihofer* et al. (Hg.): Differenz und Gleichheit – Menschenrechte haben (k)ein Geschlecht. Frankfurt a.M.: Campus 1990.
Firestone, Shulamith, 1975: Frauenbefreiung und sexuelle Revolution. Frankfurt a.M.: Fischer.
Foucault, Michel, 1983: Der Wille zum Wissen. Sexualität und Wahrheit I. Frankfurt a.M.: Suhrkamp.
Fourier, Charles, 1966: Theorie der vier Bewegungen und der allgemeinen Bestimmungen. Frankfurt a.M./Wien: Europäische Verlagsanstalt.
Fraser, Nancy, 1994: Widerspenstige Praktiken. Macht, Diskurs, Geschlecht. Frankfurt a.M.: Suhrkamp.
Frauenjahrbuch, 1975. Hg. von Frankfurter Frauen, Nr. 1. Frankfurt a.M.
Freudenberg, Ika, 1911: Die Frau und die Kultur des öffentlichen Lebens. Leipzig: C.F. Amelangs.
Frevert, Ute (Hg.), 1988: Bürgerinnen und Bürger. Geschlechterverhältnisse im 19. Jahrhundert. Göttingen: Vandenhoeck & Ruprecht.
Friedan, Betty, 1966: Der Weiblichkeitswahn oder die Mystifizierung der Frau. Reinbek: Rowohlt (englisch: The Feminine Mystique, 1963).
Frisby, David P., 1984: Georg Simmels Theorie der Moderne. S. 9–79 in: *Heinz-Jürgen Dahme* und *Otthein Rammstedt* (Hg.): Georg Simmel und die Moderne. Frankfurt a.M.: Suhrkamp.
Frisby, David P., 1988: Soziologie und Moderne: Ferdinand Tönnies, Georg Simmel und Max Weber. S. 196–221 in: *Otthein Rammstedt* (Hg.): Simmel und die frühen Soziologen. Nähe und Distanz zu Durkheim, Tönnies und Max Weber. Frankfurt a.M.: Suhrkamp.
Gebhardt, Hartwig, und *Ulla Wischermann* (Hg.), 1988: Die Staatsbürgerin. Offenbach a.M. Originalgetreuer Nachdruck der ersten Arbeiterinnenzeitschrift Deutschlands. Hg. und erläutert von *Hartwig Gebhardt* und *Ulla Wischermann*. München/New York/London/Paris: Saur.
Gerhard, Ute, 1978: Verhältnisse und Verhinderungen. Frauenarbeit, Familie und Rechte der Frauen im 19. Jahrhundert. Frankfurt a.M.: Suhrkamp.
Gerhard, Ute, 1984: Warum Rechtsmeinungen und Unrechtserfahrungen von Frauen nicht zur Sprache kommen? – Ein nicht nur methodisches Problem der Rechtstatsachenforschung, Zeitschrift für Rechtssoziologie 2: 220–234.
Gerhard, Ute, 1990a: Unerhört. Die Geschichte der deutschen Frauenbewegung. Reinbek: Rowohlt.
Gerhard, Ute, 1990b: Gleichheit ohne Angleichung. Frauen im Recht. München: Beck.
Gerhard, Ute, 1990c: Patriarchatskritik als Gesellschaftsanalyse. Ein nicht erledigtes Projekt. S. 65–80 in: *Arbeitsgemeinschaft Interdisziplinäre Frauenforschung und -studien* (Hg.): Feministische Erneuerung von Wissenschaft und Kunst. Pfaffenweiler: Centaurus.
Gerhard, Ute, 1991: „Bewegung" im Verhältnis der Geschlechter und Klassen und der Patriarchalismus der Moderne. S. 418–432 in: *Wolfgang Zapf* (Hg.): Die Modernisierung moderner Gesellschaften. Verhandlungen des 25. Deutschen Soziologentages in Frankfurt am Main 1990. Frankfurt a.M./New York: Campus.

Gerhard, Ute, 1995: Die „langen Wellen" der Frauenbewegung – Traditionslinien und unerledigte Anliegen. S. 247–278 in: *Regina Becker-Schmidt* und *Gudrun-Axeli Knapp* (Hg.): Das Geschlechterverhältnis als Gegenstand der Sozialwissenschaften. Frankfurt a.M./New York: Campus.

Gerhard, Ute, 1996: Atempause: Die aktuelle Bedeutung der Frauenbewegung für eine zivile Gesellschaft. Aus Politik und Zeitgeschichte. Beilage zur Wochenzeitung Das Parlament, B 21–22/96: 3–14.

Gerhard, Ute, 1997: Grenzziehungen und Überschreitungen. Die Rechte der Frau auf dem Weg in die politische Öffentlichkeit. S. 509–546 in: *Ute Gerhard* (Hg.): Frauen in der Geschichte des Rechts. Von der Frühen Neuzeit bis zur Gegenwart. München: C.H. Beck.

Gerhard, Ute, Alice Schwarzer und *Vera Slupik* (Hg.), 1999: Auf Kosten der Frauen. Frauenrechte im Sozialstaat. Weinheim/Basel: Beltz.

Gerhard, Ute, Elisabeth Hannover-Drück und *Romina Schmitter* (Hg.), 1979: „Dem Reich der Freiheit werb' ich Bürgerinnen". Die Frauen-Zeitung von Louise Otto. Frankfurt a.M.: Syndikat.

Giddens, Anthony, 1996: Risiko, Vertrauen und Reflexivität. S. 316–337 in: *Ulrich Beck, Anthony Giddens* und *Scott Lash:* Reflexive Modernisierung. Eine Kontroverse. Frankfurt a.M.: Suhrkamp.

Gilcher-Holtey, Ingrid, 1988: Max Weber und die Frauen. S. 142–154 in: *Christian Gneuss* und *Jürgen Kocka* (Hg.): Max Weber. Ein Symposium. München: dtv.

Gildemeister, Regine, und *Angelika Wetterer,* 1992: Wie Geschlechter gemacht werden. Die soziale Konstruktion der Zweigeschlechtlichkeit und ihre Reifizierung in der Frauenforschung. S. 201–255 in: *Angelika Wetterer* und *Gudrun-Axeli Knapp* (Hg.): Traditionen-Brüche. Entwicklungen feministischer Theorie. Freiburg: Kore.

Greven, Michael Th., 1991: Geschlechterpolarität und Theorie der Weiblichkeit in „Gemeinschaft und Gesellschaft" von Tönnies. S. 357–391 in: *Lars Clausen* und *Carsten Schlüter* (Hg.): Hundert Jahre „Gemeinschaft und Gesellschaft". Opladen: Leske + Budrich.

Guillaume-Schack, Gertrud, 1886: Die Beschränkung der Frauenarbeit. In: Die Staatsbürgerin. Heft 5. hg. und erläutert von *Hartwig Gebhardt* und *Ulla Wischermann.* München/New York/London/Paris: Saur.

Habermas, Jürgen, 1979: Stichworte zur „Geistigen Situation der Zeit". Bd. 1. Frankfurt a.M.: Suhrkamp.

Habermas, Jürgen, 1982: Theorie des kommunikativen Handelns. 2 Bde. Frankfurt a.M.: Suhrkamp.

Habermas, Jürgen, 1992: Faktizität und Geltung. Beiträge zur Diskurstheorie des Rechts und des demokratischen Rechtsstaates. Frankfurt a.M.: Suhrkamp.

Haensch, Dieter, 1969: Repressive Familienpolitik. Reinbek: Rowohlt.

Harding, Sandra, 1990: Feministische Wissenschaftstheorie. Zum Verhältnis von Wissenschaft und sozialem Geschlecht. Hamburg: Argument.

Hausen, Karin, 1976: Die Polarisierung der „Geschlechtscharaktere" – Eine Spiegelung der Dissoziation von Erwerbs- und Familienleben. S. 363–393 in: *Werner Conze* (Hg.): Sozialgeschichte der Familie in der Neuzeit Europas. Stuttgart: Klett-Cotta.

Hausen, Karin, 1986: Patriarchat. Vom Nutzen und Nachteil eines Konzepts für Familiengeschichte und Familienpolitik, Journal für Geschichte 5: 12–21.

Hippel, Theodor Gottlieb von, 1977: Über die bürgerliche Verbesserung der Weiber (1792). Frankfurt a.M.: Syndikat.

Honegger, Claudia, 1991: Die Ordnung der Geschlechter. Die Wissenschaft vom Menschen und das Weib. 1750–1850. Frankfurt a.M./New York: Campus.

Honegger, Claudia, und *Theresa Wobbe* (Hg.), 1998: Frauen in der Soziologie. München: Beck.

Horkheimer, Max, 1988: Autorität und Familie. III. Familie. S. 387–417 in: *Ders.:* Gesammelte Schriften. Hg. von *Alfred Schmidt* und *Gunzelin Schmid Noerr.* Bd 3. Frankfurt a.M.: Suhrkamp.

Kandal, Terry R., 1988: The Woman Question in Classical Sociological Theory. Miami: Florida International University Press.

Katzenstein, Mary F., 1987: Comparing the Feminist Movements of the United States and Western Europe: An Overview. S. 3–43 in: *Mary F. Katzenstein* und *Carol McClurg Mueller* (Hg.): The Women's Movement of the United States and Western Europe. Consciousness, Political Opportunity and Public Policy. Philadelphia: University Press.

Kitschelt, Herbert P., 1986: Political Opportunity Structures and Political Protest: Anti-Nuclear Movements in Four Democracies, British Journal of Political Science 16: 57–85.
Klein, Viola, 1971 [zuerst 1946]: The Feminine Character. History of an Ideology. London: Routledge & Kegan Paul.
Klinger, Cornelia, 1988: Georg Simmels „Weibliche Kultur" wiedergelesen – aus Anlaß des Nachdenkens über feministische Wissenschaftskritik, Studia philosphica 47: 141–166.
Knapp, Gudrun-Axeli, und *Hilge Landwehr*, 1995: „Interdisziplinarität" in der Frauenforschung: Ein Dialog, L'Homme, Zeitschrift für feministische Geschichtswissenschaft 6: 6–38.
Knäpper, Marie-Theres, 1984: Feminismus, Autonomie, Subjektivität. Tendenzen und Widersprüche in der neuen Frauenbewegung. Bochum: Germinal.
König, René, 1949: Soziologie heute. Zürich: Regio Verlag.
König, René, 1958: Stichwort Familie. S. 63–73 in: *Ders.* (Hg.): Soziologie. Das Fischer Lexikon. Frankfurt a.M.: Fischer.
König, René, 1970: Einleitung. S. 21–82 in: *Emile Durkheim:* Regeln der soziologischen Methode. Neuwied und Berlin: Luchterhand.
König, René, 1974: Materialien zur Soziologie der Familie. Köln: Kiepenheuer & Witsch.
König, René, 1978: Emile Durkheim zur Diskussion. Jenseits von Dogmatismus und Skepsis. München und Wien: Hanser.
Kontos, Silvia, 1986: Modernisierung der Subsumtionspolitik? Die Frauenbewegung in den Theorien neuer sozialer Bewegungen, Feministische Studien 2: 34–49.
Kontos, Silvia, und *Karin Walser*, 1979: Weil nur zählt, was Geld einbringt: Probleme der Hausfrauenarbeit. Gelnhausen/Berlin/Stein: Burckhardthaus-Laerte-Verlag GmbH.
Koselleck, Reinhart, 1979: Über die Verfügbarkeit der Geschichte. S. 260–277 in: *Ders.:* Vergangene Zukunft. Frankfurt a.M.: Suhrkamp.
Kreckel, Reinhard, 1991: Geschlechtssensibilisierte Soziologie. Können askriptive Merkmale eine vernünftige Gesellschaftstheorie begründen? S. 370–381 in: *Wolfgang Zapf* (Hg.): Die Modernisierung moderner Gesellschaften. Verhandlungen des 25. Deutschen Soziologentages in Frankfurt am Main 1990. Frankfurt a.M./New York: Campus.
Lange, Helene, 1908: Die Frauenbewegung in ihren modernen Problemen. Leipzig: Quelle & Meyer.
Lange, Helene, 1909: Feministische Gedankenanarchie. S. 45–53 in: *Gertrud Bäumer* et al.: Frauenbewegung und Sexualethik. Heilbronn: Salzer.
Lange, Helene, 1928a: Gelbe Broschüre. S. 7ff. in: *Dies.:* Kampfzeiten. Aufsätze und Reden aus vier Jahrzehnten. Bd. 1. Berlin: Herbig.
Lange, Helene, 1928b [zuerst 1897]: Intellektuelle Grenzlinien zwischen Mann und Frau. S. 197–216 in: *Dies.:* Kampfzeiten. Aufsätze und Reden aus vier Jahrzehnten. Bd. 1. Berlin: Herbig.
Lange, Helene, und *Gertrud Bäumer* (Hg.), 1901: Handbuch der Frauenbewegung. Teil I. Berlin: Moeser.
Lash, Scott, 1996: Reflexivität und ihre Doppelungen: Struktur, Ästhetik und Gemeinschaft. S. 195–286 in: *Ulrich Beck, Anthony Giddens* und *Scott Lash:* Reflexive Modernisierung. Eine Kontroverse. Frankfurt a.M.: Suhrkamp.
Lehmann, Jennifer, 1990: Durkheim's Response to Feminism: Prescriptions for Women, Sociological Theory 8: 163–187.
Lehmann, Jennifer, 1995a: Durkheim's Theories of Deviance and Suicide: A Feminist Reconsideration, American Journal of Sociology 100: 904–930.
Lehmann, Jennifer, 1995b: The Question of Caste in Modern Society: Durkheim's Contradictory Theories of Race, Class, and Sex, American Social Review 60: 566–584.
Lepsius, M. Rainer, 1979: Die Entwicklung der Soziologie nach dem Zweiten Weltkrieg 1945 bis 1967. S. 25–70 in: Sonderheft 21 der Kölner Zeitschrift für Soziologie und Sozialpsychologie. Opladen: Westdeutscher Verlag.
Lichtblau, Klaus, 1992: Eros und Kultur. Zur Geschlechterproblematik in der Deutschen Soziologie der Jahrhundertwende. S. 189–219 in: *Ilona Ostner* und *Klaus Lichtblau* (Hg.): Feministische Vernunftkritik. Ansätze und Traditionen, Frankfurt a.M./New York: Campus:.
Lichtblau, Klaus, 1997: Georg Simmel. Frankfurt a.M./New York: Campus.

Lion, Hilde, 1926: Zur Soziologie der Frauenbewegung. Die sozialistische und katholische Frauenbewegung. Berlin: Herbig.
Lloyd, Geneviève, 1985: Das Patriarchat der Vernunft. „Männlich" und „Weiblich" in der westlichen Philosophie. Bielefeld: Daedalus.
Lüders, Else, 1904: Der ‚Linke Flügel'. Berlin: Loewenthal.
Luhmann, Niklas, 1988: Frauen, Männer und George Spencer Brown, Zeitschrift für Soziologie 17: 47–71.
Luhmann, Niklas, 1992: Arbeitsteilung und Moral. Durkheims Theorie. S. 19–38. Einleitung zu: Emile Durkheim, Über soziale Arbeitsteilung. Frankfurt a.M.: Suhrkamp.
MacKinnon, Catherine A., 1989: Feminismus, Marxismus, Methode und der Staat. Ein Theorieprogramm. S. 86–132 in: *Elisabeth List* und *Herlinde Studer* (Hg.): Denkverhältnisse. Feminismus und Kritik. Frankfurt a.M.: Suhrkamp.
Magnus-Hausen, Frances, 1922: Ziel und Weg in der deutschen Frauenbewegung des XIX. Jahrhunderts. S. 201–226 in: Deutscher Staat und deutsche Parteien. Friedrich Meinecke zum 60. Geburtstag dargebracht. München: Oldenburg.
Marshall, Barbara L., 1994: Engendering Modernity. Feminism, Social Theory and Social Change. Oxford: Polity Press.
Mayreder, Rosa, 1923 [zuerst 1907]: Zur Kritik der Weiblichkeit. 2. Aufl. Jena/Leipzig: Diederichs.
Mayreder, Rosa, 1982: Zur Kritik der Weiblichkeit. Nachdruck und Auswahl auch aus „Geschlecht und Kultur". München: Frauenoffensive.
Meurer, Bärbel, 1991: Die Frau in „Gemeinschaft und Gesellschaft". S. 375–392 in: *Lars Clausen* und *Carsten Schlüter* (Hg.): Hundert Jahre „Gemeinschaft und Gesellschaft". Opladen: Leske + Budrich.
Meurer, Bärbel, 1992: Geschlecht als soziologische Kategorie. Das „Männliche" und das „Weibliche" in der deutschen Kulturgeschichte und die Bedeutung der Kategorie „Geschlecht" für die theoretische Begründung der Sozialwissenschaften durch Tönnies, Simmel und Weber, Ethik und Sozialwissenschaften. Streitforum für Erwägungskultur 3: 343–357.
Mill, John Stuart, und Harriet Taylor Mill, 1976: Die Hörigkeit der Frau und andere Schriften zur Frauenemanzipation. Frankfurt a.M.: Syndikat.
Millet, Kate, 1974: Sexus und Herrschaft. Die Tyrannei des Mannes in unserer Gesellschaft. Reinbek: Rowohlt.
Milz, Helga, 1994: Frauenbewußtsein und Soziologie. Empirische Untersuchungen von 1910–1990. Opladen: Leske + Budrich.
Möhrmann, Renate, 1977: Die andere Frau. Emanzipationsansätze deutscher Schriftstellerinnen im Vorfeld der Achtundvierziger-Revolution. Stuttgart: Metzler.
Mülder-Bach, Inka, 1987: „Weibliche Kultur" und „stahlhartes Gehäuse". Zur Thematisierung des Geschlechterverhältnisses in den Soziologien Georg Simmels und Max Webers. S. 115–140 in: *Sigrun Anselm* und *Barbara Beck* (Hg.): Triumph und Scheitern in der Metropole. Zur Rolle der Weiblichkeit in der Geschichte Berlins. Berlin: Reimer.
Neidhardt, Friedhelm, 1985: Einige Ideen zu einer allgemeinen Theorie sozialer Bewegungen. S. 193–204 in: *Stefan Hradil* (Hg.): Sozialstruktur im Umbruch. Opladen: Leske + Budrich.
Nicholson, Linda J. (Hg.), 1990: Feminism/Postmodernism. New York/London: Routledge.
Nienhaus, Ursula, 1982: Berufsstand weiblich: Die ersten weiblichen Angestellten. Berlin: Transit.
Nunner-Winkler, Gertrud, 1994: Begründungen für die Bedeutsamkeit von Frauenforschung. S. 43–46 in: *Deutsche Forschungsgemeinschaft* (Hg.): Sozialwissenschaftliche Frauenforschung in der Bundesrepublik Deutschland. Berlin: Akademie Verlag.
Oekinghaus, Emma, 1925: Die gesellschaftliche und rechtliche Stellung der deutschen Frau. Jena: Gustav Fischer.
Offe, Claus, 1985: New Social Movements. Challenging the boundaries of Institutional Politics, Social Research 52: 817ff.
Offen, Karen, 1993: Feminismus in den Vereinigten Staaten und in Europa. Ein historischer Vergleich. S. 97–138 in: *Hanna Schissler* (Hg.): Geschlechterverhältnisse im historischen Wandel. Frankfurt a.M./New York: Campus.
Okin, Susan M., 1979: Women in Western Political Thought. Princeton: Princeton University Press.

Ostner, Ilona, 1987: Beruf und Hausarbeit. Die Arbeit der Frau in unserer Gesellschaft. Frankfurt a.M./New York: Campus.
Otto, Louise, 1866: Das Recht der Frauen auf Erwerb. Hamburg: Hoffmann und Campe.
Pankoke, Eckart, 1974: Vorwort. S. VII–XVI in: *Lorenz von Stein*: Schriften zum Sozialismus – 1848, 1852, 1854. Neudruck Darmstadt: Wissenschaftliche Buchgesellschaft.
Parsons, Talcott, 1951: The Social System. Glencoe: The Free Press.
Parsons, Talcott, 1968: The Structure of Social Action. A Study in Social Theory with Special Reference to a Group of Recent European Writers (1937), 2 Bde. 2. Aufl. New York: The Free Press.
Pateman, Carole, 1988: The Sexual Contract. Cambridge: Polity.
Pateman, Carole, 1992: Gleichheit, Differenz, Unterordnung, Feministische Studien 10 (Heft 1): 54–69.
Peters, Dietlinde, 1984: Mütterlichkeit im Kaiserreich. Die deutsche Frauenbewegung und der soziale Beruf der Frau. Bielefeld: Kleine.
Peyser, Dora, 1958: Alice Salomon. Die Begründerin des sozialen Frauenberufs in Deutschland. Köln und Berlin: Heymanns.
Pommerenke, Petra, 1996: Organisation und Bewegung. Die Frauenwohl-Vereine 1888–1914. Magisterarbeit am Fachbereich Gesellschaftswissenschaften der Universität Frankfurt. Frankfurt a.M.
Preller, Ludwig, 1978: Sozialpolitik in der Weimarer Republik. Düsseldorf: Droste.
Pross, Helge, 1975: Die Wirklichkeit der Hausfrau. Die erste repräsentative Untersuchung über nichterwerbstätige Ehefrauen. Wie leben sie? Was denken sie? Wie sehen sie sich selbst. Reinbek: Rowohlt.
Rammstedt, Otthein, 1988: Die Attitüden der Klassiker als unsere soziologischen Selbstverständlichkeiten. Durkheim, Simmel, Weber und die Konstitution der modernen Soziologie. S. 275–307 in: *Ders.*: Simmel und die frühen Soziologen. Nähe und Distanz zu Durkheim, Tönnies und Max Weber. Frankfurt a.M.: Suhrkamp.
Raschke, Joachim, 1985: Soziale Bewegungen. Ein historisch-systematischer Grundriß. Frankfurt a.M./New York: Campus.
Raschke, Joachim, 1991: Zum Begriff der sozialen Bewegung. S. 31–39 in: *Roland Roth* und *Dieter Rucht* (Hg.): Neue soziale Bewegungen in der Bundesrepublik. 2. Aufl. Bonn: Bundeszentrale für politische Bildung.
Richebächer Sabine, 1982: Uns fehlt nur eine Kleinigkeit. Deutsche proletarische Frauenbewegung 1890–1914. Frankfurt a.M.: Fischer.
Riehl, Wilhelm H., 1855: Die Naturgeschichte des Volkes als Grundlage einer deutschen Social-Politik. Bd. 3: Die Familie. Stuttgart und Augsburg: Cotta.
Riehl, Wilhelm H., 1939: Die Naturgeschichte des deutschen Volkes. Hg. und mit einem Vorwort von *Gunther Ipsen*. Leipzig: Kröner.
Rosenbaum, Heidi, 1973: Familie als Gegenstruktur zur Gesellschaft. Kritik grundlegender theoretischer Ansätze der westdeutschen Familiensoziologie. Stuttgart: Encke.
Roth, Guenther, 1992: Emile Durkheim und die Prinzipien von 1789. Zum Problem der Geschlechtergleichheit. S. 167–188 in: *Ilona Ostner* und *Klaus Lichtblau* (Hg.): Feministische Vernunftkritik. Ansätze und Traditionen. Frankfurt a.M./New York: Campus.
Rucht, Dieter, 1994: Modernisierung und neue soziale Bewegungen. Deutschland, Frankreich und USA im Vergleich. Frankfurt a.M./New York: Campus.
Rumpf, Mechthild, 1989: Spuren des Mütterlichen. Die widersprüchliche Bedeutung der Mutterrolle für die männliche Identitätsbildung in kritischer und feministischer Wissenschaft. Frankfurt a.M: Materialis.
Rupieper, Hermann-Josef, 1991: Bringing Democracy to the Frauleins. Frauen als Zielgruppe der amerikanischen Demokratisierungspolitik in Deutschland 1945–1952, Geschichte und Gesellschaft 17 (Heft 1): 61–91.
Rupp, Leila J., und *Verta Taylor*, 1990: Survival in the Doldrums. The American Women's Rights Movement, 1945 to the 1960s. New York: Ohio State University Press.
Sachße, Christof, 1986: Mütterlichkeit als Beruf. Sozialarbeit, Sozialreform und Frauenbewegung 1871–1929. Frankfurt a.M.: Suhrkamp.
Salomon, Alice, 1913: Zwanzig Jahre Soziale Hilfsarbeit. Karlsruhe: Braun.

Salomon, Alice, 1983: Charakter ist Schicksal. Lebenserinnerungen. Weinheim/Basel: Beltz.
Schenk, Herrad, 1980: Die feministische Herausforderung. 150 Jahre Frauenbewegung in Deutschland. München: Beck.
Schwägler, Georg, 1970: Soziologie der Familie: Ursprung und Entwicklung. Tübingen: Mohr.
Schwägler, Georg, 1973: Anfänge einer Familiensoziologie bei Wilhelm Heinrich Riehl und Frédéric Le Play. S. 15–37 in: *Dieter Claessens* und *Petra Milhoffer* (Hg.): Familiensoziologie. Ein Reader als Einführung. Frankfurt a.M.: Athenäum Fischer Taschenbuch.
Schwarzer, Alice, 1975: Der kleine Unterschied und seine großen Folgen. Frankfurt a.M.: Fischer.
Scott, Joan Wallach (Hg.), 1988: Gender: A Usefull Category of Historical Analysis. S. 28–50 in: *Dies.:* Gender and the Politics of History. New York: Columbia University Press.
Simmel, Georg, 1983: Zur Philosophie der Kultur. S. 183–241 in: *Ders.:* Philosophische Kultur. Über das Abenteuer, die Geschlechter und die Krise der Moderne. Gesammelte Essais. Berlin: Wagenbach.
Simmel, Georg, 1985a: Der Frauenkongreß und die Sozialdemokratie (1896). S. 133–138 in: *Ders.:* Schriften zur Philosophie und Soziologie der Geschlechter, hg. von *Heinz-Jürgen Dahme* und *Klaus Christian Köhnke.* Frankfurt a.M.: Suhrkamp.
Simmel, Georg, 1985b: Das Relative und das Absolute im Geschlechter-Problem (1911). S. 200–223 in: *Ders.:* Schriften zur Philosophie und Soziologie der Geschlechter, hg. von *Heinz-Jürgen Dahme* und *Klaus Christian Köhnke.* Frankfurt a.M.: Suhrkamp.
Simmel, Georg, 1985c: Weibliche Kultur (1902). S. 159–176 in: *Ders.:* Schriften zur Philosophie und Soziologie der Geschlechter, hg. von *Heinz-Jürgen Dahme* und *Klaus Christian Köhnke.* Frankfurt a.M.: Suhrkamp.
Simmel, Georg, 1985d: Die Rolle des Geldes in den Beziehungen der Geschlechter (1898). S. 139–156 in: *Ders.:* Schriften zur Philosophie und Soziologie der Geschlechter, hg. von *Heinz-Jürgen Dahme* und *Klaus Christian Köhnke.* Frankfurt a.M.: Suhrkamp.
Simmel, Georg, 1985e: Zur Psychologie der Frauen (1890). S. 27–59 in: *Ders.:* Schriften zur Philosophie und Soziologie der Geschlechter, hg. von *Heinz-Jürgen Dahme* und *Klaus Christian Köhnke.* Frankfurt a.M.: Suhrkamp.
Simmel, Georg, 1995: Soziologie. Untersuchungen über die Formen der Vergesellschaftung. Gesamtausgabe Bd. 11. 2. Auflage. Frankfurt: Suhrkamp.
Spencer, Herbert, 1887: Die Prinzipien der Soziologie. II. Bd. Stuttgart: Nägele & Dr. Sprosser.
Stacey, Judith, 1995: Den Fächern untreu: Eine feministische Grenzüberschreitung, L'Homme, Zeitschrift für feministische Geschichtswissenschaft 6: 39–58.
Stacey, Judith, und *Barrie Thorne*, 1985: Feministische Revolution in der Soziologie? Ein Vergleich feministischer Ansätze in der Geschichte, Literaturwissenschaft, Anthropologie und Soziologie in den USA, Feministische Studien 2: 118–130.
Stefan, Verena, 1975: Häutungen. München: Frauenoffensive.
Stefano, di, 1990: Dilemmas of Difference: Feminism, Modernity, and Postmodernism. S. 63–82 in: *Linda J. Nicholson* (Hg.): Feminism/Postmodernism. New York/London: Routledge.
Stein, Lorenz von, 1880: Die Frau auf dem socialen Gebiete. Stuttgart: Cotta.
Stein, Lorenz von, 1886: Die Frau auf dem Gebiet der Nationalökonomie. 3. Auflage. Stuttgart: Cotta.
Stein, Lorenz von, 1890: Die Frau, ihre Bildung und Lebensaufgabe. Berlin und Dresden: Dieckmann.
Stein, Lorenz von, 1921: Geschichte der sozialen Bewegung in Frankreich von 1789 bis auf unsere Tage. München: Drei Masken Verlag.
Stein, Lorenz von, 1974: Die socialen Bewegungen der Gegenwart. S. 1–15 in: *Ders.:* Schriften zum Sozialismus – 1848, 1852, 1854. Mit einem Vorwort zum Nachdruck von *Eckart Pankoke.* Darmstadt: Wissenschaftliche Buchgesellschaft.
Steinbrügge, Lieselotte, 1987: Das moralische Geschlecht. Theorien und literarische Entwürfe über die Natur der Frau in der französischen Aufklärung. Weinheim und Basel: Beltz.
Stöcker, Helene, 1906: Die moderne Frau. S. 19–29 in: *Dies.:* Die Liebe und die Frauen. Minden: Bruns.
Strecker, Gabriele, 1965: Frausein – heute. Weilheim: Barth.

Stritt, Marie, 1901: Rechtskämpfe. S. 134–153 in: *Helene Lange* und *Gertrud Bäumer* (Hg.): Handbuch der Frauenbewegung. Berlin: Moeser.
Sybel, Heinrich von, 1870: Über die Emancipation der Frauen. Bonn: Cohen.
Sydie, Rosalind, 1987: Natural Women, Cultured Men. A Feminist Perspective on Sociological Theory. Toronto: Methuen.
Tarrow, Sidney, 1991: Kollektives Handeln und politische Gelegenheitsstruktur in Mobilisierungswelllen: Theoretische Perspektiven, Kölner Zeitschrift für Soziologie und Sozialpsychologie 43: 647–670.
Thönnesen, Werner, 1969: Frauenemanzipation. Politik und Literatur der deutsche Sozialdemokratie zur Frauenbewegung 1863–1933. Frankfurt a.M.: Europäische Verlagsanstalt.
Tönnies, Ferdinand, 1907: Die Entwicklung der sozialen Frage. Leipzig: Göschen.
Tönnies, Ferdinand, 1963 [zuerst 1887]: Gemeinschaft und Gesellschaft. Grundbegriffe der reinen Soziologie. Darmstadt: Wissenschaftliche Buchgesellschaft.
Treibel, Annette, 1995: Einführung in soziologische Theorien der Gegenwart. 3. Auflage. Opladen: Leske + Budrich.
Twellmann, Margrit, 1972: Die Deutsche Frauenbewegung. Ihre Anfänge und erste Entwicklung 1843–1889. 2 Bde. Meisenheim: Hain.
Tyrell, Hartmann, 1986: Geschlechtliche Differenzierung und Geschlechterklassifikation, Kölner Zeitschrift für Soziologie und Sozialpsychologie 38: 450–489.
Tyrell, Hartmann, 1992: Unterschätzt/Überschätzt, Ethik und Sozialwissenschaften, Streitforum für Erwägungskultur, 3. Jg., H. 3: 308–400.
Wagner, Peter, 1995: Soziologie der Moderne. Freiheit und Disziplin, Theorie und Gesellschaft 33. Frankfurt a.M./New York: Campus.
Wallace, Ruth A. (Hg.), 1989: Feminism and Sociological Theory. London: Sage.
Weber, Marianne, 1919: Frauenfragen und Frauengedanken. Gesammelte Aufsätze. Tübingen: Mohr Siebeck.
Weber, Marianne, 1926: Max Weber. Ein Lebensbild. Tübingen: J.C. B. Mohr.
Weber, Marianne, 1971 [zuerst 1907]: Ehefrau und Mutter in der Rechtsentwicklung. Aalen: Scientia.
Weber, Max, 1956a: Asketischer Protestantismus und kapitalistischer Geist. S. 357–381 in: *Ders.:* Soziologie. Weltgeschichtliche Analysen. Politik. Hg. von *Johannes Winckelmann.* 2. Aufl. Stuttgart: Kröner.
Weber, Max, 1956b: Die ‚Objektivität' sozialwissenschaftlicher Erkenntnis. S. 186–262 in: *Ders.:* Soziologie. Weltgeschichtliche Analysen. Politik. Stuttgart: Kröner.
Weber, Max, 1972: Wirtschaft und Gesellschaft. Grundriss der verstehenden Soziologie. Tübingen: Mohr.
Welcker, Carl, 1847: Geschlechterverhältnisse. S. 654ff. in: *Carl von Rotteck* und *Carl Welcker* (Hg.): Das Staats-Lexikon. Encyklopädie der sämmtlichen Staatswissenschaften für alle Stände. Bd. 5. Altona: Hammerich.
Welsch, Wolfgang, 1988: Unsere postmoderne Moderne. Weinheim/Basel: Beltz.
Wetterer, Angelika (Hg.), 1995: Die soziale Konstruktion von Geschlecht in Professionalisierungsprozessen. Frankfurt a.M./New York: Campus.
Wiener, Antje, 1992: Wider den theoretischen ‚Kessel'. Ideen zur Sprengung der binären Logik in der Neue Soziale Bewegungen-Forschung, Forschungsjournal Neue Soziale Bewegungen 2: 34–43.
Wischermann, Ulla, Elke Schüller und *Ute Gerhard* (Hg.), 1993: Staatsbürgerinnen zwischen Partei und Bewegung. Frauenpolitik in Hessen 1945–1955. Frankfurt a.M.: Ulrike Helmer.
Wobbe, Theresa, 1995: Wahlverwandtschaften. Die Soziologie und die Frauen auf dem Weg zur Wissenschaft. Frankfurt a.M./New York: Campus.
Young, Iris Marion, 1990: Justice and the Politics of Difference. Princeton: Princeton University Press.
Zahn-Harnack, Agnes von, 1928: Die Frauenbewegung. Geschichte, Probleme, Ziele. Berlin: Deutsche Buch-Gemeinschaft.

Zapf, Wolfgang, 1991: Modernisierung und Modernisierungstheorien. S. 23–39 in: *Ders.* (Hg.): Die Modernisierung moderner Gesellschaften. Verhandlungen des 25. Deutschen Soziologentages in Frankfurt am Main 1990. Frankfurt a.M./New York: Campus.
Zetkin, Clara, 1895: Antrag an den Sozialdemokratischen Parteitag, Die Frauenbewegung 1895: 126.
Zetkin, Clara, 1957: Für die Befreiung der Frau. S. 3–11 in: *Dies.:* Ausgewählte Reden und Schriften. Bd. 1. Berlin: Dietz.
Ziegler, Theobald, 1901: Die geistigen und sozialen Strömungen des 19. Jahrhunderts. Berlin: Bondi.

SOZIALE UNGLEICHHEIT, RESSENTIMENT UND FRAUENBEWEGUNG

Eine unendliche Geschichte?

Ilona Ostner

Zusammenfassung: In diesem Beitrag werden die Frauenbewegung und ihre Strategien mit Hilfe der soziologischen Konzepte von Gleichheit und sozialer Ungleichheit, Vergleich und Ressentiment analysiert. Diese Konzepte sind geeignet, die Wechselwirkung zwischen sozialstrukturellen Veränderungen und den Versuchen gekränkter Gruppen, z.B. der Frauen, ihre Würde wiederherzustellen, in einer modernen, differenzierten Gesellschaft vorauszusagen. Dem jeweiligen Zustand eines Mehr oder Weniger an Gleichheit bzw. Ungleichheit können verschiedene ressentimentgeladene Bewältigungsstrategien entsprechen: Separation und Umwertung der Werte, Beschönigen, Verschweigen oder Wegdrängen im Sprachspiel. Jede dieser auch im Feminismus zu findenden Strategien verändert den Status des Subjekts. Der im Angleichungsprozeß immer wieder neu entstehenden Ungleichheit können jedoch weder Frau noch Mann entkommen.

> „... eines Tages war die Anpassung vollbracht und jene kleinsten Unterschiede in Farbe und Form, in Duft und Reiz der Rosen, mit denen sich die Natur doch als die letzte Instanz über allen Ausgleichungsversuchen erweist, erregten den gleichen Haß und Neid, denselben Hochmut auf der einen Seite, dasselbe Gefühl der Enterbtheit auf der anderen. Und von neuem begannen spitze Theorien sich in die Geister zu bohren."
> *Georg Simmel,* Rosen (1897/1983)

I. Einleitung

Als erstes Land der Welt stellte Dänemark im Jahr 1989 gleichgeschlechtliche Partnerschaften den ehelichen und eheähnlichen Verbindungen zwischen Frauen und Männern rechtlich gleich. Das Parlament hatte das Gesetz mit großer Mehrheit und ohne nennenswerten Widerstand der Opposition oder öffentliche Debatten verabschiedet. Die dänischen Zeitungen räumten dem – für ausländische Beobachterinnen und Beobachter, erst recht für Betroffene und ihre Bewegungen – außergewöhnlichen Ereignis keinen Platz auf der Titelseite ein.

Das Gesetz bildete anscheinend nur ein weiteres fälliges Steinchen beim kontinuierlichen Weiterbau der dänischen Gesellschaftsordnung, die auf den liberalen Prinzipien von gleicher Freiheit und Toleranz aufruht. Seine Verabschiedung rückte die dänische Gesellschaft einen Schritt näher an das allgemein geteilte politische Ziel: ein Gemeinwesen zu schaffen, in dem alle Mitbürger gleichermaßen „ein glückliches, gesundes und angenehmes Leben" führen (Søland 1998: 56). Falls es überhaupt zu einer Diskussion kam, dann drehte sich diese allein um die Frage, ob die rechtliche Gleichstellung das geeignetste

Mittel zur Erreichung dieses Zieles wäre. Der Anspruch wurde nicht in Frage gestellt. Schließlich schaffte eine Gleichstellung aller Partnerschaften – soweit von den Partnern gewünscht und beantragt – „die unbillige und ungerechtfertigte Diskriminierung der Gleichgeschlechtlichkeit" ab (ebd.). Diese stellte in der Sicht von Gesetzgeber und Öffentlichkeit eine der vielen Varianten des normalen Menschseins dar: etwas Zufälliges, Angeborenes. Mit solchen Argumenten hatten die Volksvertreter während der 1980er Jahre den Gesetzesvorschlag im Parlament und schließlich seine Verabschiedung vorbereitet.[1]

Ein happy end also? Das bisher Dargestellte enthält nur die halbe Wahrheit, die Geschichte ist noch nicht zu Ende erzählt, die Folgerung aus ihrer Moral noch nicht gezogen. Die Leserin, der Leser muß sich gedulden. Mein Beitrag erinnert zunächst an klassische soziologische Konzepte, die geeignet sind, den Ausgang – besser: die Fortsetzung – der Geschichte, so die Ideen und Interessen der beteiligten Akteure, ihre Strategien und Reaktionen vorherzusagen. Das Ressentiment ist solch ein klassisches, mit dem Gleichheits-Postulat der Aufklärung und den Gleichheitsansprüchen wie auch Vergleichsmöglichkeiten der modernen Demokratie eng verbundenes Konzept.

„Ressentiment" bezeichnet ein Gefühl derjenigen, die sich im Vergleich unbillig zurückgesetzt fühlen. Montesquieu (1965) und Tocqueville (1987) zufolge gefährdeten die vom Ressentiment und vergleichbaren Gefühlen getragenen Konstellationen das voraussetzungsvolle Projekt einer auf der Gleichheit aller aufbauenden Demokratie. Friedrich Nietzsche (1925) und Soziologen wie Herbert Spencer (1875) oder Vilfredo Pareto (1955: Paragraph 1139) führten die christliche Nächstenliebe, die Klassenvorurteile, oder die Aufforderung, andere menschliche Wesen als ebenso menschlich wie sich selbst anzuerkennen, ebenfalls auf ressentimentträchtige Konstellationen zurück. Max Weber (1988) erkannte im Ressentiment eine Quelle der Pariareligiösität. Georg Simmel (1919) interessierte sich für dem Ressentiment vergleichbare Gefühle, weil sie die Menschen vermittelt über den Vergleich „relationierten", sie zueinander in Beziehung brachten. Er entdeckte das soziale Gesetz, dem der durch den Vergleich in Gang gesetzte Prozeß in einer modernen differenzierten Gesellschaft folgte: Jede Angleichung schärfte unter Umständen die Unterschiedsempfindlichkeit und provozierte die neuerliche Suche nach Differenz. Denn „immer wieder treibt uns die Illusion in die Sisyphusmühe äußerer Angleichung, bis dahin, wo die Natur die Grenze steckt und wo wir erkennen, daß das Leiden, dem wir nach außen entfliehen wollen, uns von innen her nachjagt" (Simmel 1983: 172).

Der Mensch, gleich ob Mann oder Frau, war Simmel ein Unterschiedswesen, ein sich unterscheiden wollendes und gegen Unterschiede angehendes Wesen. Max Scheler (1955) und Arnold Gehlen (1969) borgten solcherlei Überlegungen und verwendeten sie für ihre Zeitdiagnose oder, wie es insbesondere Gehlen tat, für die Verurteilung bestimmter Auswüchse gesellschaftlicher Entwicklung, die dieser um 1968 in der Bundesrepublik zu sehen meinte.

Mein Beitrag knüpft an diese Autoren an. Er versucht, die Entstehung von Frauenbewegungen und feministische Strategien aus dem spannungsreichen Zusammenspiel von Gleichheitspostulat, sozialer Ungleichheit, Angleichungsprozessen und neuer Ungleichheit

---

1 Birgitta Søland, die diese Geschichte erzählt und analysiert, zitiert hier aus den Protokollen des dänischen Parlaments aus den Jahren 1983–84 und 1987–88.

zu erklären. Das für diese konflikttträchtige Dynamik konstitutive Moment ist *der Vergleich*, die Möglichkeit, sich mit anderen als potentiell Gleichen zu vergleichen – *Ressentiment* das Gefühl derjenigen, die meinen, schon wieder vergleichsweise schlecht abzuschneiden. Abschnitt II entwickelt diesen Zusammenhang, der anschließende Abschnitt III konkretisiert das Argument am Beispiel der Entstehung der Frauenbewegung.

Das Auseinanderdriften von Gleichheitsversprechen und Möglichkeiten, die Gleichheit auch zu leben, die immer wieder zu Tage tretende neue Ungleichheit, oft derselben Gruppen, in einer sich differenzierenden und prinzipiell offenen Gesellschaft, geben dem Ressentiment kontinuierlich neue Nahrung. In hochentwickelten modernen Gesellschaften gelingt es zwar immer mehr Frauen, mit Männern in vielerlei Hinsicht gleichzuziehen. Umgekehrt beginnt das Männerleben dem weiblichem zu ähneln. Immer häufiger gehen die weiblichen Zugewinne Hand in Hand mit männlichen Verlusten. Der Vorsprung eines Teils der Frauen steht dann aber um so deutlicher dem Zurückbleiben des anderen Teils gegenüber, wie in Abschnitt IV vor allem mit Blick auf die USA, die zuerst den Anstoß zur Neuen Frauenbewegung gaben, skizziert wird. Mit jeder Angleichung müssen sich die Strategien der Emporgekommenen gegenüber den Zurückgebliebenen in der eigenen Gruppe und gegenüber den Bessergestellten – im Grunde gegenüber der Erinnerung der Kränkung – ändern. Abschnitt V stellt einige aus dem Ressentiment geborene feministische Strategien des Umgangs mit der Persistenz der Schlechterstellung vor: Separation, Umwertung der Werte, Beschönigung der faktischen sozialen Lage einerseits, wie sie z.B. in schwacher Form in dem, was Karl Ulrich Mayer (1972) „Statuskosmetik" nennt, zur Geltung kommt, Sprachlosigkeit oder Sprachspiel andererseits. Strategie und Position im Sozialgefüge hängen eng zusammen. Siege entpuppen sich, Simmel hätte es für den dänischen Fall vorhergesagt, als Etappen-, wenn nicht Pyrrhussiege. Hier schließt sich der Kreis, und die Dynamik setzt sich fort (Abschnitt VI, Ausblick).

II. Gleichheit und Glück, Angleichung, Vergleichung und Ressentiment

Die Argumente der dänischen Politiker kamen nicht überraschend. Gehlen (1969) hätte solche Aussagen in polemischer Absicht auf zwei Sollforderungen, den Humanitarismus und den Masseneudämonismus, zurückgeführt.[2] Erstere stellt der historischen Vielfalt

---

2 Die Gehlensche Zeitkritik beruft sich ebenso selektiv wie polemisch auf die soziologischen Regierungslehren von Montesquieu und Tocqueville. Beiden war die Demokratie als gelebte Gleichheit aller Bürger ein ebenso hehres wie voraussetzungsreiches Projekt, das immer Gefahr lief, ohne mäßigende Kräfte (und Tugenden) in Despotie – und sei es auch nur die der Mehrheit – auszuarten. Das kann aber, was Gehlen ausläßt, auch gelingen, wie im amerikanischen Fall zu Tocquevilles Zeit. Abgeschnitten und unbelastet vom europäischen Erbe ständischer Differenzierungen verwirklichten die USA die organische Gesellschaft durchschnittlicher Gleichheit (sicherlich: der weißen protestantischen Bürger). Frankreich, das hier für Europa steht, schuf dagegen nur Verwirrung: Es setzte Gleichheit gegen die vorhandene ständische Differenzierung durch und damit die Gesellschaft in eine Bewegung andauernder Unzufriedenheit, die aus der Vergleichung, dem Neid und der Konkurrenz rührten. Von Amerika könne Europa allerdings, so Tocqueville (1987, Teil 1: 15; 27), nicht direkt lernen. Die Ausgangsbedingungen für die Verwirklichung der Demokratie seien zu unterschiedlich. Er empfahl aber einen Gradualismus, nicht die Kapitulation.

menschlichen Lebens, der Ungleichheit des Schicksals, des Leides und der Not, von Glück und Reichtum, Unter- und Überordnung im konkreten Gemeinwesen die Gleichheit aller Menschen vor Gott – oder allgemeiner – angesichts eines grenzenlosen Kosmos gegenüber. Die zweite Forderung verwandelt die aristokratische Lebensmaxime

„All things are lawful there that may delight
Nature and unrestrained appetite"

in einen Anspruch aller auf Wohlleben und Wohlfahrt. Gehlen (1969: 61) zitiert hier einen Spruch aus dem Umfeld des englischen Königs Karl I in der ersten Hälfte des 17. Jahrhunderts. Er richtete sich an den Staat, das Private wurde politisch und „die Politik der Idee nach zu einer Technik des Glücks" (ebd.). Die beiden Maximen konnten im Zuge von Aufklärung und sozioökonomischer Umwälzung nun auch faktisch sozial entgrenzend wirken und handlungsleitend werden. Marktfreiheit und gleicher Zugang zum Markt ließen hoffen, daß sich der verallgemeinerte Individualismus zum kollektiven Glück summierte. Der optimistische Utilitarismus eines Bentham hatte hier seine Wurzel. Bald träumte man von einer gleichmäßigen Glücksverteilung. So forderte der Babeufsche Sozialismus, dem Bürger einen Zustand des beständigen Glücks zu garantieren, die Befriedigung der Bedürfnisse aller, ein unveränderliches Auskommen, unabhängig von der Unfähigkeit, der Unmoral und dem schlechten Willen der Machthaber. Gemeint war allerdings das durchschnittliche Glück: Genuß des Notwendigen ohne Überfluß.

Die formulierten Ansprüche, so sinnfällig sie sein mögen, waren hoch und sind es bis heute geblieben: Sie rechnen nur mit dem unzweideutigen Gutsein des Menschen und setzen auf eine Moral der Solidarität, die zunächst in der Familie zuhause und nur bedingt verallgemeinerbar ist.[3] Die „verharmlosende Anthropologie" (Gehlen), auf der die beiden Maximen des Humanitarismus und des Eudämonismus gründen, übersieht die eingangs zitierte Dialektik von Angleichungsprozessen, den von Simmel identifizierten, zur Veränderung treibenden Blick *des Vergleichs* und das diesen begleitende Gefühl, *das Ressentiment*, das sich an die verbleibende oder die neu entstehende Ungleichheit heftet.

Unter „Ressentiment" versteht man bekanntlich die Wiederkehr und das Nacherleben eines früheren Gefühls der Kränkung sowie des damit einmal verbundenen Grolls.[4] Oft bleibt dieser Groll gegen Personen oder Gruppen uneingestanden, von denen man meint, daß sie es besser haben, während man selber zu kurz gekommen und vom Schicksal benachteiligt sei. Man fühlt sich ungerecht behandelt. Das Ressentiment ist für Max Scheler (1955: 42) ceteris paribus stets die Haltung des schwächeren Teils. Er hat die

---

3 So übersetzen die Dänen „citizenship" in Mitbürgerschaft, was tendenziell Gemeinschaft, nicht Gesellschaft konnotiert und die bekannterweise hohe solidarische Besteuerung verständlich macht. Die Schweden wiederum nennen ihre solidarische, sozial relativ homogene wohlfahrtsstaatliche Gesellschaft „Volksheim". Die äußerst heterogene, fragmentierte und segmentierte US-amerikanische Gesellschaft hat dagegen traditionell bestenfalls eine lokale Brüderlichkeitsethik unter Gleichgesinnten und gleichermaßen moralisch Qualifizierten zugelassen.

4 Max Scheler (1955: 36) verweist auf die beiden Elemente, die die französische Wortbedeutung enthält und eine angemessene Übersetzung ins Deutsche erschweren: das wiederholte Durch- und Nacherleben – nicht intellektuelles Erinnern – einer bestimmten Antwortreaktion, die sich durch das wiederholte Nachfühlen tief in die Persönlichkeit einsenkt und dadurch vom Handeln und von den Ausdrucksweisen der Person entfernt; ferner die negative Qualität dieser Emotion, die als eine von der Aktivität des Ich zunächst unabhängige Feindseligkeit näher beschrieben werden kann.

verschiedenen soziopolitischen Bedingungen herausgearbeitet, die die Ausbildung des Ressentiments begünstigen. Im Kontext meines Beitrags interessiert vor allem die seit Aufklärung und Französischer Revolution wiederkehrende Konstellation von Gleichheitsanspruch und Gefühl des Gleichseins bei „nicht angemessener äußerer sozialer Stellung".[5] Erst Idee und Möglichkeit des Gleichseins – einer ansatzweisen Gleichstellung der Gekränkten mit den Verletzenden – öffnen dem Ressentiment Tür und Tor (Conrad 1974): In einer zu Besitzgleichheit tendierenden sozialen Demokratie würde sich das Ressentiment nur wenig artikulieren; ebenso wenig wie in der indischen Kasten- oder einer streng artikulierten ständischen Ordnung, in der die Standes- oder Kastengrenzen rituell immer wieder aufs neue und wechselseitig bestätigt werden. Folglich mußte eine Gesellschaft, in der „wie in der unsrigen" (Scheler) gleiche politische und sonstige Rechte mit großen Differenzen der faktischen Macht, des faktischen Besitzes oder der faktischen Bildung Hand in Hand gingen und gehen – in der „jeder das ‚Recht' hat, sich mit jedem zu vergleichen, und sich doch ‚faktisch nicht vergleichen kann'" – besonders ressentimentgeladen sein (Scheler 1955: 43). Der leise Groll geht um so mehr in Ressentiment über, wie die als kränkend empfundenen Verhältnisse kontinuierlich dem eigenen Willen und Tun entzogen zu sein scheinen, man also der Verletzung ohnmächtig gegenüberzustehen scheint.

Erst die moderne, offene, nurmehr funktional differenzierte – nicht die ständisch segmentierte – Gesellschaft erlaubt also den (massenhaften) Vergleich. Sie beansprucht für sich, allen Bürgern das höchste Maß an gleicher Freiheit zu gewährleisten und Unterschiede der sozialen Positionierung allein dadurch zu rechtfertigen, daß der Zugang zu ungleichheitsrelevanten Positionen im Prinzip allen offen steht. Um ihre Prinzipien zur Geltung zu bringen, wird diese moderne Gesellschaft oft sogar dafür Sorge tragen, daß die Schlechtergestellten von Umverteilungsmaßnahmen ein wenig mehr als die Bessergestellten profitieren, und dadurch ihre Teilhabechancen verbessern. Die Sozialstruktur kann, bzw. wesentliche Merkmale dieser Struktur können zur Mitte tendieren und den Vergleich tendenziell stillstellen. Sie kann sich entdifferenzieren und nivellieren. Aber nur in der Momentaufnahme trifft das Bild des Stillstandes zu.

Kurz über lang setzen neue Prozesse der Differenzierung genau an den Punkten an, die erfolgreich eingeebnet gewesen zu sein schienen. In der Folge werden die Karten neu gemischt: Ehemalige Verlierer haben jetzt vielleicht die besseren Karten gezogen; aber ebenso häufig bleiben sie – auf neue Weise und doch schon wieder – Verlierer. An dieser Stelle kommt *das Ressentiment* ins Spiel: der Groll, der die neue Verliererposition begleitet und der aktiv gewendet wird. Die moderne Gleichheitslehre und die funktional differenzierte Gesellschaft sind deshalb nicht nur eine Bedingung für die Entwicklung von Ressentiment, sondern auch ihr Ergebnis. Dies gilt vor allem dann, wenn diejenigen, die fürchten, im Vergleich zu verlieren, Gleichheit einfordern – und zwar eine nun abwärts gerichtete Gleichheit, die Angleichung an das Niveau der niedriger Stehenden, Schwä-

---

5 Scheler (1955: 42, Fußnote 2) erinnert daran, daß sich der Haß gegen den Adel während der Französischen Revolution gerade deshalb so mächtig entfalten konnte, weil dieser durch Geldheiraten, vergangenen Kauf von adeligen Gütern usw. bürgerlich durchsetzt und „blutmäßig zersetzt" war. Dies verlieh dem Gleichheitsgefühl der Empörer gegen die herrschende Schicht die materielle Basis.

cheren, Benachteiligten.[6] In solchen Reaktionen äußert sich die *aktive Seite des Ressentiments*. Dieses setzt nicht nur ein Gefühl des Besiegt- oder Unterlegenseins voraus, sondern zugleich auch den Willen, mit welchen – nun „ressentimentgeborenen" – Strategien auch immer, die eigene Geltung, die Würde, wiederherzustellen. In dieser aktiven Verarbeitung erfahrener „ohnmächtiger" Unterlegenheit unterscheidet sich das Ressentiment dann auch von der Resignation (Conrad 1974: 13). Es wird schöpferisch und gebiert, wie Nietzsche (1886/1925) es formulierte, Werte.

Nietzsche, Pareto und Scheler reservierten den Begriff des Ressentiments ausdrücklich für Reaktionsweisen der objektiv und/oder subjektiv *Schlechter*gestellten bzw. derjenigen, deren sozialer Status prekär ist oder als prekär empfunden wird. Ein prekärer Status enthält nicht nur Elemente des sozialen Fremd- wie Selbstausschlusses; oft sind an ihn auch bestimmte Vorrechte oder Sonderbehandlungen und Ausnahmeregelungen, z.B. ungestrafte oder milder sanktionierte Normabweichungen geknüpft.[7] Im günstigen Fall eröffnen solche „Sonderchancen" den prekär Situierten die Möglichkeit, die Gleichheitsbarriere zu überspringen. Auf diese Weise gelingt es auch „Fremdlingen", Führungspositionen einzunehmen (sich vom Paria/Außenstehenden zum Parvenu zu verwandeln) und die öffentliche Rede zu beeinflussen.[8] Die moderne differenzierte Gesellschaft bietet solche Chancen sozialer Mobilität. Aber Parvenus fällt es oft schwer, die Erinnerung an ihre Herkunft abzustreifen. Erinnern sie sich nicht selbst, so die Anderen.[9] Im ressentimentgeladenen Prozeß der Verarbeitung von Differenz wird der eigene soziale Status häufig durch Abwertung des Status einer anderen Gruppe – einer minoritären (ethnische oder religiöse Minderheiten) oder einer herrschenden (Anspruch des Ausgewählt- oder moralisch usw. Überlegenseins) – aufgewertet. Dies meinte Nietzsche mit dem Hinweis, das Ressentiment wirke schöpferisch. Jedenfalls kann das Ressentiment auch ein Gefühl der objektiv vergleichsweise gut positionierten, subjektiv aber sich unterlegen fühlenden Individuen und Gruppen sein.

---

6 In diesem Sinne einer abwärtsgerichteten Angleichung lassen sich einige Rahmenrichtlinien für universitäre Frauenförder- oder Gleichstellungspläne interpretieren: Einige sehen z.B. die Sonderregelung vor, eine C-4 Professur dann „unterwertig" zu besetzen, wenn sich nicht ausreichend qualifizierte Bewerberinnen finden lassen. Solche Regelungen harmonieren mit dem im Jahr 1994 in Artikel 3 Abs. 2 GG eingefügten Satz: „Der Staat fördert die tatsächliche Durchsetzung der Gleichberechtigung von Frauen und Männern und wirkt auf die Beseitigung bestehender Nachteile hin". Offen muß dabei bleiben, inwieweit Artikel 3 ein Abwehrrecht oder einen Verfassungsauftrag zur Herstellung von Gleichheit formuliert. Zulässig sind im Prinzip Maßnahmen, die die tatsächliche Chancengleichheit des Individuums herzustellen versuchen. Es bleibt das Problem der entgegenstehenden Rechte der Männer (Döring 1996: 252f.). Quotierung, und dies ist für mein Argument einer Dialektik von Angleichung und Ungleichheit wichtig, kann zu neuen Formen der Frauendiskriminierung und des Ressentiments führen („Quotenfrau").

7 Gehlen (1969: 151) wendet den Sachverhalt der geringeren Verantwortungszumutung, der sich in schwachen Sanktionen ausdrückt, auf Frauen an. Das Wort „Verantwortung", schreibt er, habe nur da einen deutlichen Sinn, wo jemand die Folgen seines Handelns öffentlich „abgerechnet" bekomme. Diese Abrechnung findet im Falle der Frauen nicht oder weniger statt: „Die Frauen haben ihr Frauendenken, orientiert am Schutz des Lebendigen, Frieden, Wohlstand und Sicherheit immer ausleben können, nicht weil sie ‚Parias' waren, sondern weil sie keine politische Verantwortung trugen und somit diese Gefühle zu jedem Grad der Verfeinerung kultivieren konnten".

8 Wieder ließen sich Beispiele aus dem Bereich der US-amerikanischen *affirmative action* oder der aktuellen deutschen Gleichstellungspolitik für Frauen zitieren.

9 Hannah Arendt (1959) entwickelt das Leben Rahel (Levi) Varnhagens um diese Motive herum.

III. Die Entstehung der Frauenbewegung aus Vergleich und Ressentiment

Die Geschichte der Frauenbewegung, ihre Ideen und Ziele sind bekannt.[10] Sie sollen deshalb hier konzentriert auf mein Argument rekapituliert werden. Was versteht man unter „Frauenbewegung"? Und wie läßt sich ihre Entstehung und ihre Ausdehnung erklären? Meine Ausführungen orientieren sich im folgenden an den Überlegungen von Janet Saltzman Chafetz und A. Gary Dworkin (1986).

Wie jede andere soziale Bewegung wird auch die Frauenbewegung üblicherweise durch die Merkmale der Organisation, ihrer wenigstens ansatzweisen Unabhängigkeit von staatlicher oder politischer Kontrolle, in diesem Fall insbesondere männlicher, ferner durch ihren Willen zur Veränderung der gesellschaftlichen Verhältnisse, ihre Verwurzelung in dem Leid oder den Benachteiligungen, die durch politische Aktion aufgehoben werden sollen, wenn nicht sogar durch die eigene Betroffenheit der Akteurinnen definiert. So betrachtet kann erst seit Mitte des 19. Jahrhunderts von einer „Frauenbewegung" gesprochen werden. Untersucht man die Frage, was die Entstehung und Verbreitung der Bewegung zu bestimmten Zeiten und an bestimmten Orten erklärt, begegnet man dem Phänomen der allmählichen Ausweitung der Frauenrolle – zunächst der besitzenden Schichten – über den traditionellen Kreis hinaus. Mit dieser Ausweitung erweiterte sich der Blick der Frauen und damit die Möglichkeit, die eigene weibliche Lage mit anderen zu vergleichen (Chafetz 1989: 147f.). Immer mehr Frauen trafen und treffen auf Männer, deren Rollen, Kompetenzen und Haltungen zwar gleich (manchmal sogar unterlegen) waren oder sind, die sich aber dennoch besserer Chancen und Wertschätzung erfreuten.

Die Bezugsgruppentheorie geht davon aus, daß sich zunächst gleichgelagerte Personen und Gruppen miteinander vergleichen. Mit der Dauer und Intensität des Kontaktes der Frauen, deren Rollen sich ausgeweitet haben, wechselt aber der Bezugspunkt: Für eine wachsende Zahl dieser Frauen werden nun die gleich qualifizierten, aber besser gestellten Männer zur Referenz- und Vergleichsgruppe. Dieser Wechsel der Bezugsgruppe wird bald ein Gefühl relativer Benachteiligung aufkommen lassen. Ein Teil der Frauen wird, gefördert durch die Offenheit einer überwiegend städtischen, sich sozial entgrenzenden Gesellschaft, nun die Gefühle, die die erlebte Benachteiligung begleiten, mit anderen Frauen teilen und verfeinern. Die erfahrene Kränkung wird als gemeinsames, alle Frauen betreffendes, überindividuelles Problem erlebt und einem System ungerechter Benachteiligung angelastet (ebd.). Maßnahmen zur Gleichstellung werden entworfen und durchzusetzen versucht.

Die skizzierte Dynamik setzt, wie gesagt, eine sich öffnende Sozialstruktur, Verkehrsoffenheit und Weltläufigkeit ebenso voraus wie den Übergang vom lokalen Partikularismus zum Postulat kosmopolitischer Gleichheit. Beides läßt sich am entstehenden Feminismus des 17. und 18. Jahrhunderts nachvollziehen. Er adoptierte bereits die skizzierten Maximen von gleicher Freiheit und Glück. In der zweiten Hälfte des 17. Jahrhunderts erhoben zunächst einzelne, den privilegierten Kreisen von Adel und Bürgertum zugehörige Frauen ihre Stimme für gleiche Freiheit, auch für die Freiheit, gleich den Männern nun von Frau zu Frau Freundschaften (Schwesterlichkeit) zu entwickeln und pflegen, „to make ourselves as Free, Happy and famous as Men". Auch sie forderten Gleichheit des Glücks in einer Welt, das der Schäferidylle – dem friedlichen Naturzustand des Grasens – gleicht, „in

---

10 Vgl. Ute Gerhard in diesem Band und Rosemarie Nave-Herz (1993).

which the Wolf and the Lamb shall feed together, and a Tyrannous Domination which Nature never meant, shall no longer render useless if not hurtful, the Industry and Understanding of Half Mankind".[11]

Gegen Ende des 18. Jahrhunderts radikalisierte sich diese Position. Zunächst wurde die Vorstellung eines idyllischen Naturzustandes verworfen, dann die einer Verbesserung der Lage der Frauen durch Erziehung in der bestehenden Gesellschaft. So Mary Wollstonecraft 1792 (1975: 18): „Rousseau exerts himself to prove that all *was* right originally; a crowd of authors that all *is* right now: and I, that all *will* be right".

Die zukünftige Gesellschaft müßte die Unterwerfung der Frau beenden, am besten, indem die Gesellschaft die Geschlechtsunterschiede aufhöbe. Diese sollten nur noch dann zur Geltung kommen, wenn sich zwei Menschen in der Liebe als Mann und Frau begegneten.[12] Wollstonecraft wollte den Bürgerstatus auf beide Geschlechter ausgedehnt wissen, gleichzeitig aber die besonderen Begabungen beider erhalten. So erklärte sie, wie viele Feministinnen nach ihr, Mann und Frau gleichermaßen zuerst zum Bürger, allerdings als Bürger-Mutter und Bürger-Ernährer. Das Dilemma war vorprogrammiert. Der Bürgerstatus setzte das freie, unabhängige, in den Worten Carole Patemans (1988: 235f.) „leiblose" (disembodied) Individuum, eine abstrakte Rechtskonstruktion, voraus. Die Fiktion des immer schon erwachsenen, unveränderlichen Individuums, das die öffentliche Sphäre der Politik bevölkern sollte, stand und fiel mit der Existenz einer privat-häuslichen, in der die Lebendigkeit des Bürgers und mit dieser seine Abhängigkeit aufgehoben war. Der Bürgerstatus der Frau mußte, weil er der abhängigen Mutter und Ehefrau, von deren Sorge Mann und Kinder abhingen, galt, unvollständig bleiben. Er blieb bis weit in unser Jahrhundert hinein unvollständig. Entsprechend unverändert blieben die Strategien, die die Kränkung kompensieren sollten.

Das Zusammenspiel von Gleichheit und Differenz, die Wechselwirkung von Angleichung und Ausdifferenzierung neuer Besonderheiten, war Triebkraft der Frauenbewegung. Es stimulierte auch die Neue Frauenbewegung seit Ende der 1960er Jahre. Diese entstand zuerst und konsequent aus den Bürgerrechtsbewegungen in den USA, sprang aber bald auf das westliche Europa und hier vor allem auf die studentische Jugend über. Der breite Wohlstand sowie die fortschreitende Demokratisierung der Gesellschaft förderten ab Mitte der 1960er Jahre auch in der Bundesrepublik die soziokulturellen Umbrüche, denen sich alle westlichen Gesellschaften konfrontiert sahen: die Infragestellung der traditionellen Autoritätsverhältnisse zwischen den Generationen und Geschlechtern; die Lockerung der geschlechtsspezifischen und sexuellen Normen; die Betonung der Selbstentfaltungs- gegenüber den Pflichtwerten. Die Lebenswelt, vor allem die Arbeitsteilung zwischen Frauen und Männern, geriet unter Veränderungsdruck. Stellvertretend für alle Frauen und als Kritik an den SDS-Genossen formulierte im September 1968 eine Vertreterin des Berliner Aktionsrates (zit. in Nave-Herz 1993: 68): „Wir stellen fest, daß der SDS innerhalb seiner Organisation ein Spiegelbild gesellschaftlicher Verhältnisse ist. Dabei macht man Anstrengungen, alles zu vermeiden, was zur Artikulierung dieses Konfliktes zwischen Anspruch und Wirklichkeit beitragen könnte, da dies eine Neuorientierung der SDS-Politik zur

---

11 Mary Astell, Duchess of Newcastle, um 1660, zitiert in Mitchell (1976: 390f.).
12 „... I do earnstly wish to see the distinction of sex confounded in society, unless where love animates the behaviour" (Wollstonecraft 1970: 63).

Folge haben müßte. Diese Artikulierung wird auf einfache Weise vermieden. Nämlich dadurch, daß man einen bestimmten Bereich des Lebens vom gesellschaftlichen abtrennt und ihm den Namen Privatleben gibt."

Die Rede wurde von den männlichen Genossen übergangen, vielen weiblichen war sie peinlich. Diese Ignoranz wurde mit dem berühmten Tomatenwurf, dem anschließenden „exit", dem Auszug vieler Frauen aus der männlich dominierten Bewegung und der Gründung autonomer Frauengruppen beantwortet. Im selbstgeschaffenen Raum konnte die erfahrene Kränkung wieder als gemeinsames, alle Frauen betreffendes, überindividuelles Problem erlebt werden: als ein Machtproblem, das Frauen anders traf als Männer und das sie deshalb einigen sollte. Die „autonomen" Frauen erkannten in der Sexualität den Bereich, den Frauen auf eine für Männer unbekannte Weise miteinander teilten und der sie von den Männern trennte. Gefordert wurden nun das Recht der Frau, über ihren eigenen Körper alleine zu bestimmen, sowie Maßnahmen gegen die alltägliche Männergewalt: Frauenhäuser, Hilfen für mißhandelte und mißbrauchte Mädchen und Frauen. Richtlinien für korrektes – entsexualisiertes – Verhalten sollten von nun an sicherstellen, daß sich keine Frau gegen ihre Willen in ihrer Sexualität – und allgemeiner: Geschlechtlichkeit – angesprochen fühlen mußte.

Mary Wollstonecrafts Vision einer „ent-geschlechtlichten" Gesellschaft rückte so in greifbare Nähe. Wieder behielt Georg Simmel recht (Ostner 1992). Er hatte vorhergesagt, daß „Geschlecht" und „Geschlechtlichkeit" im sozialen Differenzierungsprozeß allmählich aufhörten, kosmische und kosmisierende Prinzipien zu sein. Wie schon längst für den Mann, würde nun auch für die Frau der für sie so typische Einstieg in ein Gespräch – „ich als Frau" – begründungs- und spezifizierungsbedürftig. Als Individuum gleich dem Mann müsse sie ihr Frausein nur noch in ausgewählten – selbst gewählten – Situationen zur Geltung bringen (können). Die Geschlechtlichkeit realisiere sich nun auch für ein zufällig weibliches Individuum – wenn überhaupt – nur mehr punktuell in seiner Relation zum ebenso zufällig, weil bloß situationsspezifisch männlichen Individuum (Simmel 1919: 64). Aber empfahl es sich nicht, wenigstens *strategisch* immer dann an Kategorien wie „Frau" oder „Geschlecht" festzuhalten, wenn es darum ging, die soziale Position von Frauen relativ zu Männern zu verbessern, und solange, bis eine Gleichverteilung aller Positionen die geschlechterspezifische Rede obsolet machte? Ist solch ein Zustand absehbar? Der nächste Abschnitt konfrontiert die sozioökonische Entwicklung der letzten Jahre mit zwei soziologischen Prognosen und versucht, ein Zwischenfazit zu den Ergebnissen der Angleichungsprozesse zu ziehen.

IV. Angleichung und neue Ungleichheiten

Das vom politischen Liberalismus und vom Hegelianismus entwickelte Ernährer-Modell und die Idee getrennter Sphären konnten erst im Laufe dieses Jahrhunderts für eine kurze Zeit massenhaft verwirklicht werden. Kaum verwirklicht, hat der soziale Wandel beidem inzwischen die materielle Grundlage entzogen. Immer häufiger muß der Wohlfahrtsstaat wenigstens eine Zeit lang die Existenz einer steigenden Zahl von Familien sichern. Die Erwerbstätigkeit selbst von Müttern kleiner Kinder wurde selbstverständlicher. Gleichzeitig erodierten die Erwerbs- und Einkommenschancen. Sich auf ein einziges Einkommen zu verlassen, wurde zunehmend zur riskanten Strategie. Mit der Arbeitsmarktindividualisierung, nun auch der Frauen, wuchs – Dialektik der Individualisierung – zugleich der Anteil der Menschen kontinuierlich, die zu verarmen drohten, wenn sie sich nicht auf die innerfamiliale Ressourcenumverteilung verlassen konnten.

Die Nachkriegssoziologie kaprizierte sich allzu einseitig – mal affektiv neutral, mal kulturpessimistisch und moralisierend – auf die Arbeitsmarktindividualisierung und ihre Effekte für die Frau, die Familie, ihre Moral – letztlich für die Moral der Gesellschaft. Helmut Schelsky sah in der Frauenerwerbstätigkeit nur ein Moment eines allgemeinen, quasi linearen, unaufhaltsamen und alle Unterschiede einebnenden Trends der Industriegesellschaft. So rechtfertigte er bereits in den 1950er Jahren, vor Abschaffung der ehemännlichen Vormundschaft und der Institutionalisierung einer partnerschaftlichen Ehe seine geschlechtsneutrale Rede von „den Jugendlichen" mit der Behauptung einer „grundsätzlichen Tendenz zur Geschlechtsneutralität oder der männlich-weiblichen Konformität gerade der jugendlichen Rolle in Arbeit und Beruf" (Schelsky 1975: 247). Nach wie vor vorhandene „Eigentümlichkeiten und Sonderstellungen" der Mädchen begriff Schelsky als bloße *„Retardierungen einer Anpassung an die industriegesellschaftliche Verhaltensnorm"*, als vor- oder frühindustriellen Überhang und daher als Phasenverspätung. Elternhaus, Umfeld und Betriebe, aber auch die vom weiblichen Interesse geleitete Monopolisierung bestimmter Berufe als Frauenberufe förderten dieses Nachhinken. Das daraus entstehende Dilemma, „den geschlechtsneutralen Sachgesetzen der modernen industriellen Arbeits- und Berufswelt folgen zu müssen und zum anderen dem immer noch vorhandenen Ideal einer spezifisch weiblichen Berufstätigkeit und -art folgen zu können" (ebd.: 252), würde sich Schelskys Nivellierungsthese zufolge bald auflösen.

Simmel, der ältere Soziologe, erwies sich im Vergleich zu Schelsky als der zeitgemäßere, modernere und prognosekräftigere Denker, hatte er doch immer an der Dialektik von Angleichung und Entstehung neuer Ungleichheit festgehalten. Er teilte zwar Schelskys Überzeugung, daß Frauen es den Männern gleichtun könnten, und dies auch tun würden. Aber anders als Schelsky entdeckte Simmel in diesem Gleichtun den Ausgangspunkt für neue Ungleichheiten. Denn im Prozeß der Angleichung würden Frauen vor allem die Differenzierung innerhalb der Gruppe der Frauen vorantreiben, ohne die zwischen Frauen und Männern zu beseitigen. Eine Reihe von Frauen würde Haushalt und Familie hinter sich lassen, um sich den höheren und geistigeren Berufen zuzuwenden. Dies würde aber um den Preis geschehen, daß die übrigen Frauen auf sehr viel engere und spezialisiertere Weise an Haus- und Betreuungsarbeiten gebunden blieben. Simmel nahm mit dieser Aussage die Wirklichkeit fortgeschrittener Industriegesellschaften und ihren Übergang zur Dienstleistungsgesellschaft vorweg. So ahnte er, daß die Integration der Frauen in die Erwerbsarbeit mit einer Segregation von männlichen und weiblichen Beschäftigungsfeldern einhergehen würde; konkret, daß Frauen durch haushaltsbezogene erwerbsförmige Dienste aller Art anderen Frauen helfen würden, erwerbstätig zu sein oder eine Karriere zu machen. (Das Prinzip der Integration durch Segregation traf auf spezifische Weise auch auf planwirtschaftliche Gesellschaften wie die DDR zu.) Ferner sah Simmel voraus, daß der Einzug von Frauen in männerdominierte Bildungsinstitutionen und Berufe dort noch vorhandene geschlechterspezifische Status- und Einkommensunterschiede einebnete; daß diese Entwicklung aber zugleich von einer sich verschärfenden sozioökonomischen Polarisierung zwischen diesen Frauen und jenen in den verbleibenden weiblichen Einsatzfeldern begleitet sein würde.

Die Empirie hat Simmel recht gegeben (Beckmann 1996; Hakim 1996). Allerdings schien die amerikanische Entwicklung, der Musterfall einer von der Idee abstrakter Gleichheit (sameness) getriebenen Arbeitsmarktindividualisierung, zunächst Schelsky und seiner These vom nivellierenden Angleichungsprozeß zu entsprechen. In den USA sind Frauen in vormals männerdominierte Bildungsinstitutionen und Berufe eingezogen, haben Spitzenpositionen erobern können und dort noch vorhandene geschlechterspezifische Status- und Einkommensunterschiede eingeebnet. Offensichtlich wurden Frauen vor allem durch die Ausdehnung der weiblichen Vollzeitbeschäftigung, und dies wiederum vor allem im privatwirtschaftlichen Dienstleistungssektor, in den Arbeitsmarkt integriert. Auf diese Weise wurde der Übergang vom Ein- zum Zwei-Verdienerhaushalt weiter vorangetrieben, der männliche Alleinernährer endgültig verabschiedet. Die Ausdehnung des Dienstleistungssektors einerseits, die steigende Zahl von Frauen, die mit einer College-Ausbildung in den Arbeitsmarkt einmünden, andererseits haben aber auch dazu beigetragen, die Einkommenschancen von Frauen und Männern anzunähern (Newsweek 1995: 47). So erklären sinkende männliche Verdienste einen großen Teil der Annäherung der Verdienstchancen (Oppenheimer 1994: 326f.). Die Mehrheit der Amerikaner erlebte zwischen 1979 und 1995 beträchtliche Einkommenseinbußen. Wiederum trafen die relativen Verluste Männer – auf allen Qualifikationsstufen – im Durchschnitt sehr viel stärker als Frauen, während letztere wesentlich besser abschnitten und dadurch aufholten. Dies gilt vor allem für Arbeiterinnen im oberen Einkommenssegment, für weibliche College Graduates und Professionals. Die zuerst in den USA erstarkenden Männerbewegungen, der antifeministische backlash und das ihn begleitende männliche Ressentiment sind möglicherweise in diesem Kontext zu begreifen.

Die institutionellen Rahmenbedingungen der weiblichen Zugewinne liegen auf der Hand (Ostner 1998): der wenig regulierte Arbeitsmarkt, die fehlenden Mindestsicherungen. Schließlich werden Schwangerschaft und Geburt in den USA als Krankheit wie jede andere behandelt. Eine Sonderbehandlung existiert also nicht, was wiederum die Bereitschaft von Firmen erhöhen dürfte, Frauen einzustellen. Kinderbetreuung gilt in den USA immer noch als Privatsache und bleibt daher der individuellen Wahl zwischen familialer Selbsthilfe oder den Initiativen des Marktes überlassen. Die Zurückhaltung des Staates hat dennoch – entgegen so manchem europäischen Vorurteil – die Expansion der weiblichen (Vollzeit-)Beschäftigung nicht behindert. Die differenzierte Lohnstruktur schafft jedenfalls ein Marktangebot an kostengünstiger, wenn auch qualitativ mit dem Preis variierender Kinderbetreuung. Vollzeitbeschäftigung erhöht die Nachfrage danach.

Der zweite Blick enthüllt die Wechselbeziehung von Angleichung und neuen Ungleichheiten: Nicht mehr nur Frauen, auch immer mehr amerikanische Männer sind auf ein zweites, nun weibliches, Einkommen zu ihrer Existenzsicherung angewiesen. Mit der Verschlechterung ihrer Erwerbs- und Einkommenschancen verschlechterte sich auch die Position der jungen Männer im Heiratsmarkt. Als Folge fehlen gerade denen die Möglichkeiten innerfamilialer Ressourcenumverteilung, die auf diese am dringlichsten angewiesen wären: jungen Männern und jungen, nun ledigen, Müttern. Den weiblichen Zugewinnen im Prozeß abstrakter Angleichung stehen neuartige Verluste anderer Frauen und von Männern gegenüber. Die steigende Erwerbsbeteiligung von Frauen hat – anders als manche Individualisierungskonzepte angenommen haben – nicht zur massenhaften Vermehrung autonomer weiblicher Individuen (mit oder ohne Kind) geführt; sie hat den Großteil der Frauen auch nicht ökonomisch unabhängig gemacht und wird all dies auch nicht in relevantem Umfange bewirken. Statt dessen hat sie die wechselseitige Verwiesenheit von Frauen und Männern, Eltern und Kindern und die Bedeutung sozialer Beziehungen und Institutionen, wie Ehe und Familie, auf die die Frauenbewegung noch in den 1970er Jahren beharrte (Prokop 1976; Beck-Gernsheim und Ostner 1978) auf neue Weise ins Blickfeld gerückt.

Das Zusammenspiel von Entdifferenzierung und neuer sozialer Differenzierung ist immer komplizierter, dynamischer und undurchschaubarer geworden. Es vermochte jedenfalls die Identität der Frauenbewegung in Frage zu stellen: Wer spricht für wen, wenn im Rekurs auf „die Frau" – oder schon angemessener: „der Frau*en*" Diagnosen erstellt und Forderungen erhoben werden? Wenn sich die weiblichen Lebenslagen und Lebensläufe vervielfältigten? Schließlich hatte die Rede von den „Frauen" vorausgesetzt, daß die Frauen etwas gemeinsam haben, Erfahrungen, Orientierungen, Handlungsweisen usw., das sie strikt von Männern trennte. In dem Maße, wie immer mehr Frauen mit den Männern gleichzogen, diese gar überrundeten, verschwand der männliche Komparator. Die Unterschiede zwischen Frauen traten deutlicher hervor. Wieder wechselte die Bezugsgruppe für den Vergleich: diesmal von den Männern weg und zurück zu den Frauen. Statt Einheit der Frauen wurde deren Vielheit betont und all das, was Frauen trotz Gleichheitsversprechen trennt, ins Feld geführt: Ethnizität, sexuelle Orientierung und neue Formen sozioökonomischer Ungleichheit. Das Ressentiment begann, sich zurückzuwenden und (wieder vermehrt) gegen Frauen zu richten.

Bald sollten sich – wiederum zuerst in den USA und wenig überraschend – gerade die individualisiertesten unter den Frauen vom Projekt der Frauenbewegung und -politik abwenden. Sie zogen mit der Ansicht ins Feld, erst die Rede von „der Frau" oder „dem Mann", „den Frauen" oder „den Männern" brächte die Wirklichkeit hervor, an die sich traditionelle Vorurteile heften konnten und diesen Dauerhaftigkeit verlieh. Im „undoing gender" – der unablässigen dekonstruierenden Anstrengung – sahen sie für sich die einzig legitime politische Praxis. Denn wie können wir denn überhaupt wissen, was vorgängig vor der diskursiven Artikulation weiblicher Erfahrung als „weiblich" existiert (Butler 1990: 327)? Der nächste Abschnitt interpretiert diese Frage und die Suche nach dem einenden Weiblichen, die diese beenden will, im Lichte des Ressentiments.

V. Ressentiment und feministische Strategie

Ressentiment wurde als Reaktionsweise der objektiv und subjektiv Unterlegenen bezeichnet. Das bedeutet jedoch nicht, daß nun auch jede Aktion oder jede Strategie der Unterlegenen aus dem Ressentiment geboren und ressentimentgeladen ist. Eine solche Reaktion unterscheidet sich im Ausgangspunkt und Ansatz, im Ziel und in den gewählten Mitteln, schließlich in ihrem Ergebnis von anderen Aktionen und Reaktionen politischer Bewegungen.[13]

---

13 Vgl. Eder (1986) zu einer ähnlichen Unterscheidung zwischen traditionellen politischen und „neuen" sozialen Bewegungen.

Da ist zunächst der Ausgangspunkt des Ressentiments: die Geschichte fortgesetzter Niederlagen. Versuche der Einflußnahme sind permanent gescheitert, durchgesetzte oder gewährte Maßnahmen wirkungslos geblieben, kränkend erlebte Ungleichheiten und Zurücksetzungen wurden nicht beseitigt oder stellten sich auf neue Weise ein. Ressentimentgeladene Strategien haben eine Geschichte der Vergeblichkeit hinter sich, – weil die Zeit für die Forderung noch nicht reif oder diese Forderung nicht oder nur bedingt politikfähig war. Nicht jeder Aspekt des Lebens – und sei dieser für den einzelnen oder eine Gruppe noch so virulent – läßt sich politisch bearbeiten. Nicht politikfähig ist erst recht das, was nicht als Ergebnis einer Wahlhandlung in die Welt gekommen und in der Folge durch Ab- und Anwahl auch nicht wieder beliebig aus der Welt zu schaffen ist: das Geschlecht oder das Alter, das Hineingeborensein in ein bestimmtes Elternhaus. Politikfähig sind dagegen die geschlechter- oder altersspezifischen und anderen Diskriminierungen, die sich an einen bestimmten Status heften.

Setzen politische Strategien typischerweise an ungerechtfertigten ökonomischen und politischen Diskriminierungen an, so ressentimentgeladene am Eigensinnigen, Widerständigen, an der differentia specifica, die aus der Welt zu schaffen ihnen nicht gelungen ist. Nun geht es allein darum, das Gefühl des Unterlegenseins aktiv umzukehren und die eigene Geltung wiederherzustellen. Der Erfolg – das Ziel – bestünde dann in der Wiedergewinnung der Würde durch *veränderte Bewertungen oder Sichten* auf die Differenz. Die von der politischen Bewegung normalerweise angestrebte Verbesserung des ökonomischen und politischen Status würde zweitrangig, wenn sie überhaupt noch verfolgt wird. Setzen politische Bewegungen, die auf eine objektive Statusverbesserung zielen, auf die klassischen Medien der Macht, des Geldes, des Rechts und des Wissens, so ressentimentgeladene auf Umwertung oder Unsichtbarmachen der Differenz.

Damit ist nach meiner Auffassung der Mißerfolg letzterer vorprogrammiert. Eine Politik der Statusverbesserung kann sich – bei aller Dialektik von Angleichung und neuer Ungleichheit – wenigstens von Zeit zu Zeit an ihrem positiven Ergebnis, dem sichtbaren und bleibenden Fortschritt für die vertretene Gruppe, erfreuen. Das bisher vorgetragene Argument, das Konzepte wie Angleichung, neue Ungleichheit und Ressentiment verknüpft, läßt vermuten, daß aus dem Ressentiment geborene Formen der Politik, wie sie von Teilen der Frauenforschungsbewegung erarbeitet und von Teilen der Frauenbewegung angewendet wurden, demgegenüber nur unter Inkaufnahme des Verlustes oder der teilweisen Verdrängung von Wirklichkeit erfolgreich sein können. Der nächste Abschnitt soll diese Vermutung untermauern.

1. Separation, Polarisierung und Umwertung

Mit der sozioökonomischen Basis verschwand im Prinzip die Geschlechterpolarität und mit ihr die Möglichkeit, Eigenschaften der Geschlechter polar zu werten und der Frau die Werke der Liebe, dem Mann die Werke des Lichts zuzuschreiben. Die geschlechterspezifische Aufgabenteilung erwies sich freilich dem Wandel gegenüber resistent. Polarisierende Erklärungen des eigensinnigen Phänomens, wollte man sie noch verwenden, mußten nun subtiler argumentieren. Die Frage hieß: Warum kommt es zur schier endlosen Wiederkehr des weiblichen „Mutterns" (mothering)?

Nancy Chodorow (1978) wollte auf diese Frage endgültig antworten. Sie universalisierte die Aktivitäten der mütterlichen Zuwendung (mothering) so radikal, daß diese über alle Zeiten und Kulturen hinweg den Ursprung zweier kontrastierender Haltungen zum Gegenüber und zum Leben – Bindung/Verbundenheit versus Trennung – schlechthin werden konnten. Ihr Argument reservierte die Gleichheit nun für Frauen allein und verabschiedete Männer unversöhnlich in die Differenz. Es betont zunächst, daß Mutter und Tochter die gleiche Leiblichkeit teilen. Diese bildet bei beiden die Grundlage der weiblichen Identität und wechselseitigen Anerkenung als Gleiche. Der Sohn/Mann steht hier auf verlorenem Posten. Er muß das weibliche Geschlecht geradezu fliehen, um sich selbst als Mann zu finden.[14] Sein Ressentiment – der Sexismus – ist unvermeidlich und unabänderlich. Die ursprüngliche Verbundenheit zwischen Frauen (Mutter und Tochter) wird durch Frauengenerationen hindurch weitergegeben. Damit wiederholt sich auch die Entgegensetzung von mütterlich-weiblich, relational-interaktiv einerseits, männlich-getrennt und trennend andererseits. Der endlosen Mutter-Tochter-Mutter-Reihe gegenüber bleibt das männliche Ressentiment ohnmächtig, weiblicher Groll scheint unbegründet, eine Veränderung der nun neu gewerteten Aufgabenteilung nicht nur überflüssig, sondern auch – Logik der leiblichen Identität – unmöglich. Mutter-Tochter-Konflikte sind in Chodorows Ansatz so wenig vorgesehen wie Anstöße zu Gegenbewegungen: z.B. die kindliche Neugier am Fremden, Anderen, das das Mädchen weg von der Mutter zum Vater, den Vater zu seinen Kindern und den Sohn zur Mutter und anderen Frauen treibt und den unvermeidlichen Prozeß von Vergleich, Ungleichheit, Angleichung in Gang setzt. Die Empirie spricht für solch eine Neugier.

Carol Gilligan (1991), die die Vorstellung einer relativen „moralischen Unterentwicklung" von Frauen anstößig fand, kehrte die Wertigkeit der Stufen moralischer Entwicklung sogar zugunsten von Frauen um (Gildemeister 1992: 222), indem sie zwei moralische Orientierungsmuster inhaltlich unterschied und entgegensetzte: eine – weibliche – Moral persönlicher Anteilnahme und Verbundenheit in zwischenmenschlichen Beziehungen und eine – männliche – Moral der Pflichterfüllung in Institutionen. Dabei interpretierte sie die Lösungen moralischer Dilemmata, die Frauen wählten und die häufiger auf Stufe 3 lagen, während Männer sich öfter für Lösungen der Stufe 4 der Kohlbergschen moralischen Entwicklung entschieden, unter explizitem Rückgriff auf Chodorow auch als Ausdruck unterschiedlicher Persönlichkeitsmerkmale von Frauen und Männern: von Merkmalen der Verbundenheit bzw. der Trennung. Die weibliche Moral erschien menschlicher, weil verbundener, von daher überlegener, die männliche distanzierter, kälter. Wiederum ergab die Empirie bei näherem Hinsehen, daß nicht Weiblichkeit oder Männlichkeit, sondern die Nähe oder Ferne des gestellten Dilemmas zum jeweiligen Lebenszusammenhang (Abtreibung versus Wehrpflicht) die Wahl der Lösungen – Parteinahme oder Distanzierung – beeinflußten (Nunner-Winkler 1991; Nicholson und Fraser 1990; Lugt-Tappeser und Jünger 1994).

Nancy Chodorow hat nicht intentional, aber im Ergebnis die weibliche Verbundenheit des mothering höher bewertet als das von ihr identifizierte männliche Trennungsstreben. Carol Gilligan wollte gezielt die Aufwertung. Beide lieferten der Frauenbewegung und

---

14 Bei Hegel und Simmel darf sich der Mann in der Frau als dem Anderen seiner selbst wiederfinden. Dieser Weg ist bei Chodorow verschlossen.

den Frauen nützliche „moralische" Argumente, die in der privaten wie öffentlichen Auseinandersetzung Elternschaft gegen den Mann und Vater zu monopolisieren und durchzusetzen versuchten. Die Annäherung der weiblichen und männlichen Leben im Zuge der geschilderten fortschreitenden Arbeitsmarktindividualisierung entzog der Umwertung weiblicher Unterlegenheit in mütterliche Macht und überlegenere Moral jedoch zunehmend die Basis. Ein Teil des Feminismus wandte sich statt dessen nun der Identifizierung weiblicher Handlungspotentiale – der weiblichen *agency* – im politischen Raum zu.

Wieder ging es darum, Kränkungen zu verarbeiten: so die Behauptung, zum Aufbau des Wohlfahrtsstaats habe vieles beigetragen, der Klassenkonflikt, die etablierte staatliche Bürokratie, Initiativen von Politikern, Experten und Arbeitgebern; ein weiblicher Einfluß sei dabei aber kaum erkennbar, obwohl Frauen doch in vielfältiger Weise von der Wohlfahrtsstaatlichkeit profitierten. Die feministische Antwort war eine Rekapitulierung der Geschichte des Wohlfahrtsstaates mit Hilfe der Unterscheidung zwischen einer maternalistischen, Frauenbelange vertretenden und einer paternalistischen Wohlfahrtsstaatlichkeit (Koven und Michel 1993). Erstere ging allein aufs Konto weiblicher agency. Ohne Frauen keine Frauenpolitik, hieß es. In solchen vom Machtressourcenansatz inspirierten Arbeiten verwandelten sich Frauen rasch zu Gegenspielerinnen, wenn nicht gar Platzhalterinnen des männlich gedachten Staates und anderer ebenso männlich vorgestellter korporativer Akteure.

Der Fokus „weibliche agency" entsprach dem individualisierteren Leben der meisten amerikanischen und einer wachsenden Zahl europäischer Frauen sowie dem steigenden Koordinationsbedarf im Frauenleben. Er überschätzte aber die Effekte und verstellte den Blick auf die mageren und kleinräumigen (lokalen) Ergebnisse, die dieser agency entsprangen (Lewis 1994). Am mächtigen Sozialversicherungsstaat haben Frauen nicht mitgebaut. Solchen kränkenden Erkenntnissen entgeht vielleicht, wer die Idee des weiblichen Subjekts, das die Rede von der und Suche nach der weiblichen Handlungsfähigkeit (agency) voraussetzt, in Frage stellt.

2. Sprachlosigkeit, Verschweigen und Sprachspiel

Der zweite feministische Ansatz setzt unmittelbar am Geschlecht an. Wieder geht es um die Überwindung der Binarität – der Existenz zweier Geschlechter und der Zweigeschlechtlichkeit –, aber nun nicht mehr durch radikalisierte Vereinseitigung, Separation und Umwertung des Weiblichen, sondern durch Dekonstruktion oder dekonstruierende Parodie (Butler 1990).[15] „Geschlecht" verliert jetzt seinen analytischen Vorrang; es strukturiert auch nicht mehr auf irgendeine grundlegende Weise die aktuelle oder potentielle politische

---

15 Judith Butler (1990: 337f.) bringt die Perspektive am Beispiel des Transvestismus (drag) auf den Punkt. Er zwinge zur Anerkennung der radikalen Kontingenz der Beziehung zwischen sex und gender gegenüber der kulturellen Konstruktion einer einzigen als natürlich und notwendig erachteten Kausalität. Demgegenüber vergegenwärtige der Transvestismus „three separate dimensions of significant corporeality: anatomical sex, gender identity and gender performance". „Geschlecht" wird parodiert, ohne daß ein Original (originäres Geschlecht) vorgestellt wäre. „Indeed, the parody is *of* the very notion of an original."

Identität der Akteure. Es kann aber den Knotenpunkt in einem umfassenderen kulturell konstruierten Spielfeld bilden (Adams 1998: 3).

Die Kreatürlichkeit des Menschen wird zwar nicht abgestritten, bildet sie doch die für die Identitätsentwicklung konstitutive „Dialektik von Körpersein und Körperhaben" (Gildemeister 1992: 226). Zurückgewiesen wird jedoch das rigorose Entweder-Oder der binären Klassifikation. Der Mensch hat von Natur aus nicht zwei, sondern viele Geschlechter. Die Zweigeschlechtlichkeit ist Ergebnis kultureller Konstruktionsprozesse und reziproken Handelns. Die Gründe für die Geschlechterdifferenz können nun nicht mehr in der weiblichen Gebärfähigkeit gesucht werden (ebd.: 221) – diese Suche ist überhaupt sinnlos. „Die Frage ist vielmehr: Wie kommt es, daß aus dieser Differenz eine Generalisierung, Verdichtung und Vermachtung abgeleitet wird, die in alle gesellschaftlichen Bereiche eindringt" (ebd.: 237).

Die Differenz kommt durch das Sprechen, durch sprachliche Konstruktion, in die Welt. Deshalb geht es nun darum herauszufinden, wie die Sprechräume, die diskursiven Felder, konfiguriert sind. Sie müssen vermessen, ausgesprochene Bedeutungen und ihre Beziehung zueinander Schicht für Schicht freigelegt werden. Da diese Artikulationen allerdings als flüssig und veränderlich gedacht sind (Adams 1998: 4), kommt die Dekonstruktion der Differenz der Suche nach dem Goldschatz am Fuß des Regenbogens gleich. Von „Geschlecht" oder gar „Frau" kann schließlich keine Rede mehr sein. Diese Bestimmungen lösen sich in eine verwirrende Vielfalt veränderlicher Differenzen auf (di Stefano 1990: 77).[16]

Dekonstruktion liefert kleine kaleidoskopische Erzählungen rund um einen einzelnen Fall, die soziologisch wichtige Einsichten in die Fabrikation von Geschlecht („doing gender") am Arbeitsplatz, in der Politik, in der Universität usw. ans Licht bringen können. Ressentimentgeladen ist sie erst da, wo sie allein dem Zweck dient, das Sprechen der Differenz und jede Erinnerung an das Nichtverfügbare, Nichtabwählbare, menschlicher Kreatürlichkeit zu tabuisieren und unmöglich zu machen. Unsagbar aus der Sprachpraxis ausgegrenzt wurde zunächst das Wort „Natur". So schrieb Barbara Sichtermann (1987: 71) schon Mitte der 1980er Jahre: „Kein Begriff ist in der neueren feministischen Literatur so unbeliebt wie dieser. Wer die Gebärfähigkeit von Frauen eine natürliche Potenz nennt, gerät sofort in Verdacht, den Paragraphen 218 zu befürworten und berufstätige Mütter moralisch zu verurteilen."

Andere Worte, die in irgendeiner Weise Zweigeschlechtlichkeit und Natur, z.B. natürliche Rekrutierung durch Geburt, konnotieren, traf das gleiche Schicksal. So verschwand die „Familie". Sie tauchte bald als „Lebensgemeinschaft Erwachsener mit Kindern" wieder auf, vielfältig in der Form und immer als Ergebnis einer Wahlhandlung. Die Definition ebnete die Differenz zwischen (ab)wählbaren und nichtverfügbaren Beziehungen (z.B. des Kindes zu seinen zunächst immer leiblichen Eltern) ein.

Die Umdefinition strukturiert das diskursive Feld so, daß Unterschiede zwischen Lebensformen unsagbar werden, wie im eingangs zitierten dänischen Beispiel der Gleichstellung aller Lebensgemeinschaften. So war der Widerstand gegen die dänische Gesetzgebung zwar gering. Das hieß jedoch nicht, daß sich kein Widerstand regte. Er konnte sich in einer Kultur der Toleranz nur nicht artikulieren. Das Postulat der Toleranz, keine

---

16 Politiken für Frauen kann es nach der Dekonstruktion nicht mehr geben.

Unterschiede zu machen und nicht zwischen Unterschieden zu unterscheiden, raubte der Opposition die Sprache. Der Sprachverlust wiederum korrespondierte dem vorgängigen Verlust eines Bezugsrahmens, der es erlaubt hätte, zwischen unerwünscht und wünschenswert, gut und böse zu unterscheiden. Die Frage, ob manche Unterschiede gewichtiger seien als andere, konnte rational nicht beantwortet werden. Was blieb, war ein Unbehagen, eine „Reaktion aus dem Bauch", die, wollte sie den Vorwurf der Intoleranz und öffentliche Diskreditierung vermeiden, unausgesprochen und privat bleiben mußte (Søland 1998: 59f.).

Es ist nur konsequent, wenn sich Judith Butler in ihrem neuesten Buch (1998) gegen jede Sanktionierung geschlechterdiskriminierender Wendungen qua Gesetz oder Verordnung wehrt. Diese setzen die Diskriminierung, zumindest die Erinnerung an diese, auf Dauer. Statt dessen empfiehlt sie für alle das freie Wort und eine radikalisierte Version der Parodie, die damit rechnet, daß kein noch so beleidigendes – die Differenz abwertend identifizierendes – Wort denjenigen, dem es zugedacht ist, in seiner Vielfalt und Kontingenz treffen. Schließlich könne jede zugedachte Beleidigung, ist man wendig genug, umgedeutet werden. Andreas Platthaus (1998: L24) hat die Kurzsichtigkeit dieses Ansatzes auf den Punkt gebracht: „mancher wird sich nicht mehr erheben, wenn er erst im Sprachkampf auf der Matte liegt". Die herabsetzende Rede stößt den Gemeinten/Getroffenen in der Regel erst einmal vor den Kopf.

Die Sprachpolitik der Dekonstruktion überschätzt die Verfügbarkeit und Wählbarkeit des Lebens. Man ist nicht jederzeit seines Lebens frei zu handeln, und oft gelingt es nicht, die Folgen des eigenen Handelns zu kontrollieren. Insofern ist die zweite ressentimentgeladen gegen die Geschlechterdifferenz gerichtete Strategie elitär und ihre Protagonistinnen sind diejenigen, die nichts als Individuen sein können und die nicht auf die Rücksicht der Gesellschaft auf bestimmte Verwundbarkeiten angewiesen sind. Eine Strategie, die auf beliebige Wählbarkeit und Kontingenz setzt, übersieht zugleich deren Dialektik. Wie das Dunkel das Licht begleitet, so tritt nach jedem Zugewinn an Wahlfreiheit das verbliebene Nichtverfügbare um so irritierender hervor.[17]

Zusammengefaßt: Der Hauptmangel der ersten Strategie besteht in ihrer tendenziell abnehmenden Plausibilität. In dem Maße, in dem, nicht zuletzt aufgrund des politischen Druckes der Frauenbewegung, reale Angleichungen zwischen Frauen und Männern in den traditionellen Praxisfeldern von Beruf und Familie stattfinden, büßt eine Position, die die früher einmal offenkundige Besonderheit von Frauen ins Positive steigert, ihre Evidenz ein. Da diese Angleichungen zudem mit *neuen* Ungleichheiten einhergehen, läuft eine Strategie der Überhöhung der althergebrachten Frau-Mann-Differenz doppelt fehl. Die zweite Strategie, selbst Ergebnis von Angleichungsprozessen, hat gegenüber der ersten

---

17 Hondrich (1996: 36) betont, daß die Wählbarkeit, z.B. von sozialen Bindungen, zwar Freiheitsgrade schaffe, die dann aber durch erhöhte Risiken des Abgewählt- oder Verlassenwerdens, also durch einen Verlust an elementarer Sicherheit erkauft würden. Nicht-gewählte Herkunftsbindungen, also Askriptives, springe häufig sicherheitsspendend in die Bresche, die mit der Zunahme riskanter Freiheiten entstanden sei. Tatsächlich greifen arbeitslose Jugendliche oder Alleinerziehende auf ihre Eltern zurück. Und neue Lebensformen versichern sich durch die alte Form der Heirat oder ein Treuegebot, das die traditionelle Ehe wegen der Sicherheit ihrer Form so nie kannte.

den Mangel, daß sie nur von privilegierten Frauen gewählt werden kann, also an der Realität der meisten Frauen vorbeigeht. Nur wer über bestimmte Ressourcen (z.B. ökonomische, kulturelle und soziale Unabhängigkeit) verfügt, kann sich, wie gesagt, ihrer bedienen. Die klassische Frau-Mann-Differenz wird um den Preis der Ignoranz gegenüber der faktischen Verwundbarkeit einer großen Zahl von Frauen eskamotiert. Beide Strategien ließen sich mit soziologischen Konzepten erfassen und vorhersagen, die den sozialen Wandel – im meinem Beitrag: Prozesse der Angleichung und der Individualisierung – unter dem Gesichtspunkt von Wechselwirkung und gegenläufiger Tendenz untersuchen. Ich habe sie vor allem in den Arbeiten von Simmel, Scheler und Gehlen entdeckt.

VI. Ausblick – (K)ein Ende der Geschichte

Das Gleichheitspostulat der Aufklärung und der Eudämonismus der modernen sozialen Demokratie haben den massenhaften Vergleich ermöglicht und Angleichungsprozesse in Gang gesetzt. Kurz über lang, habe ich gesagt, setzen neue Prozesse der Differenzierung genau an den Punkten, die erfolgreich eingeebnet gewesen zu sein schienen, an. Verlierer können zugewinnen oder aufs neue verlieren. Das Ressentiment ist eine Reaktionsweise derjenigen, die sich wieder auf der Seite der Verlierer wähnen. Ressentimentgeladene Strategien setzen an ärgerlichen, nicht leicht verfügbaren Differenzen an. Die Möglichkeiten, diese aus der Welt zu schaffen, sind jedoch begrenzt: Man kann versuchen, sie zu überhöhen oder unsichtbar zu machen. Der Erfolg ist, falls er sich überhaupt einstellt, jedoch nur von kurzer Dauer, selten kostenlos und aufs neue ressentimentträchtig. In der Geschichte der dänischen Gleichstellung gleichgeschlechtlicher Paare lassen sich diese Zusammenhänge wiederfinden.

Die Verabschiedung des Gesetzes wurde zunächst dadurch erleichtert, daß es politischen Aktivisten in einem Klima allgemeiner Gleichheit und Toleranz gelang, die Gleichgeschlechtlichkeit als natürliche biologische (!) Grundausstattung – nicht als Wahlhandlung – einer winzigen Gruppe darzustellen, die Mitgefühl, nicht Verachtung verdiente (Søland 1998: 60f.). Der gesetzgeberische Handlungsbedarf, Rücksichtnahme und Schutz, sollte aber dem Minderheitenstatus, nicht der Gleichgeschlechtlichkeit gelten. Letztere drückte, so die Behauptung, bis auf wenige unwesentliche Details die allgemein menschliche Fähigkeit zur Liebe aus. So würde sich das alltägliche Leben gleichgeschlechtlicher Paare auch in nichts von der notorischen dänischen Gemütlichkeit unterscheiden. Außerdem gewänne die Gesellschaft ganz praktisch, wenn sie das wechselseitige Unterstützungsversprechen gleichgeschlechtlicher Paare positiv sanktionierte.

Damit war die Angleichung erschöpft. Gleichgeschlechtliche Paare blieben vom öffentlichen Heiratszeremoniell ausgeschlossen. Ihr Versprechen sollte hinter mehr oder weniger verschlossenen Amtstüren erfolgen: Ein öffentlicher Kuß auf den Stufen des Standesamtes war nicht vorgesehen. Und ihnen blieb verwehrt, Kinder zu adoptieren, – nicht einmal die leiblichen Kinder der jeweiligen Partner/Partnerin. Lesbische Paare erhielten keinen legalen Zugang zur künstlichen Befruchtung. Die Sonderbehandlung sollte wiederum nicht der gleichgeschlechtlichen Paarbeziehung gelten – diese war ja als gleichermaßen menschlich akzeptiert. Sie argumentierte mit dem Wohl des Kindes, das im allgemeinen Prozeß der Vervielfältigung und Angleichung der Lebensformen nun als der besonders verwundbare Part, eher Objekt als Subjekt des Wandels, in Erscheinung trat (Søland 1998: 62).

Der Angleichungsprozeß, so sehr er die allgemeine Toleranz in der Gesellschaft beförderte, war teuer erkauft. Er schuf neue Trennlinien nicht nur zwischen den wohlgefälligen, ganz normalen Homosexuellen und den anderen, sondern auch zwischen männlichen und weiblichen gleichgeschlechtlichen Paaren. Letztere traf die offizielle Verweigerung der Elternschaft stärker, erstere – oft gut situiert – profitierten eher von der Legalisierung der Paarbeziehung. Sie haben von dieser Möglichkeit bisher auch sehr viel häufiger als weibliche Paare Gebrauch gemacht. So kam in dieser Gruppe die Klage auf (Søland 1998: 65), „that the legislation was merely ‚some equal rights nonsense' designed to benefit wealthy gay male couples".

Literatur

Adams, Julia, 1998: Feminist Theory as Fifth Columnist or Discursive Vanguard? Some Contested Uses of Gender Analysis in Historical Sociology, Social Politics 5: 1–16.
Arendt, Hannah, 1959: Rahel Varnhagen. München: Piper.
Beck-Gernsheim, Elisabeth, und *Ilona Ostner*, 1978: Frauen verändern – Berufe nicht?, Soziale Welt 29: 257–287.
Beckmann, Petra (Hg.), 1996: Gender Specific Occupational Segregation. Beiträge zur Arbeitsmarkt- und Berufsforschung (BeitrAB) 188. Nürnberg: Bundesanstalt für Arbeit.
Butler, Judith, 1990: Gender Trouble, Feminist Theory, and Psychoanalytic Discourse. S. 324–340 in: *Linda J. Nicholson* (Hg.): Feminism/Postmodernism. New York/London: Routledge.
Butler, Judith, 1998: „Haß spricht". Zur Politik des Performativen. Berlin: Berlin Verlag.
Chafetz, Janet Saltzman, 1989: Gender Equality: Toward a Theory of Change. S. 135–160 in: *Ruth Wallace* (Hg.): Feminism and Sociological Theory. Newbury Park: Sage.
Chafetz, Janet Saltzman, und *A. Gary Dworkin*, 1986: Female Revolt: Women's Movements in World and Historical Perspective. Totowa: Rowman and Allanheld.
Chodorow, Nancy, 1978: The Reproduction of Mothering: Psychoanalysis and the Sociology of Gender. Berkeley: University of California Press.
Conrad, Wolfgang, 1974: Ressentiment in der Klassengesellschaft. Zur Diskussion um einen religiösen Aspekt. Göttingen: Verlag Otto Schwartz.
Döring, Matthias, 1996: Frauenquoten und Verfassungsrecht. Berlin: Duncker & Humblot.
Eder, Klaus, 1986: Soziale Bewegung und kulturelle Evolution. Überlegungen zur Rolle der neuen sozialen Bewegungen in der kulturellen Evolution der Moderne. S. 335–357 in: *Johannes Berger* (Hg.): Die Moderne – Kontinuitäten und Zäsuren. Sonderband 4 der Sozialen Welt. Göttingen: Schwartz.
Fraser, Nancy, und *Linda J. Nicholson*, 1990: Social Criticism without Philosophy: An Encounter between Feminism and Postmodernism. S. 19–38 in: *Linda J. Nicholson* (Hg.): Feminism/Postmodernism. New York/London: Routledge.
Gehlen, Arnold, 1969: Moral und Hypermoral. Eine pluralistische Ethik. Frankfurt a.M.: Athenäum Verlag.
Gildemeister, Regine, 1992: Die soziale Konstruktion von Geschlechtlichkeit. S. 220–239 in: *Ilona Ostner* und *Klaus Lichtblau* (Hg.): Feministische Vernunftkritik. Ansätze und Traditionen. Frankfurt a.M./New York: Campus.
Gilligan, Carol, 1991: Moralische Orientierung und moralische Entwicklung. S. 79–100 in: *Gertrud Nunner-Winkler* (Hg.): Weibliche Moral. Die Kontroverse um eine weibliche Ethik. Frankfurt a.M./New York: Campus.
Hakim, Catherine, 1996: Key Issues in Women's Work. London: The Athlone Press.
Hondrich, Karl Otto, 1996: Lassen sich soziale Beziehungen modernisieren?, Leviathan 24: 28–44.

Koven, Seth, und Sonya Michel, 1993: Introduction: „Mother Worlds". S. 1–42 in: Dies.: Mothers of a New World. Maternalist Politics and the Origins of Welfare States. New York/London: Routledge.

Lewis, Jane, 1994: Gender, the Family and Women's Agency in the Building of ‚Welfare states': the British Case, Social History 19: 37–55.

Lugt-Tappeser, Hiltrud, und Iris Jünger, 1994: Moralisches Urteil und Geschlecht oder: Gibt es eine weibliche Moral?, Kölner Zeitschrift für Soziologie und Sozialpsychologie 46: 259–277.

Mayer, Karl Ulrich, 1972: Soziale Mobilität und die Wahrnehmung sozialer Ungleichheit, Zeitschrift für Soziologie 1: 156–176.

Mitchell, Juliet, 1976: Women and Equality. S. 379–399 in: Juliet Mitchell und Ann Oakley (Hg.): The Rights and Wrongs of Women. Harmondsworth: Penguin Books.

Montesquieu, Charles Louis de Secondat, 1965 [zuerst 1748]: Vom Geist der Gesetze. Stuttgart: Reclams Universalbibliothek.

Nave-Herz, Rosemarie, 1993: Die Geschichte der Frauenbewegung in Deutschland. Hannover: Niedersächsische Landeszentrale für politische Bildung.

Newsweek, 1995: The New Providers, Newsweek May 22, 1995: 46–48.

Nietzsche, Friedrich, 1925 [zuerst 1886]: Zur Genealogie der Moral. Eine Streitschrift. In: Ders.: Gesammelte Werke in zeitlicher Reihenfolge, Band 15. München: Musarion.

Nunner-Winkler, Gertrud, 1991: Zur Einführung: Die These von den zwei Moralen. S. 9–27 in: Dies. (Hg.): Weibliche Moral. Die Kontroverse um eine geschlechtsspezifische Ethik. Frankfurt a.M./New York: Campus.

Oppenheimer, Valerie Kincade, 1994: Women's Rising Employment and the Future of the Family in Industrial Societies, Population and Development Review 20: 293–342.

Ostner, Ilona, 1992: Einleitung: Differenzen – unendlich ungleiche? S. 7–25 in: Ilona Ostner und Klaus Lichtblau (Hg.): Feministische Vernunftkritik. Ansätze und Traditionen. Frankfurt a.M./ New York: Campus.

Ostner, Ilona, 1998: Quadraturen im Wohlfahrtsdreieck. Die USA, Schweden und die Bundesrepublik im Vergleich. S. 225–252 in: Stephan Lessenich und Ilona Ostner (Hg.): Welten des Wohlfahrtskapitalismus. Der Sozialstaat in vergleichender Perspektive. Frankfurt a.M./New York: Campus.

Pareto, Vilfredo, 1955 [zuerst 1916]: Allgemeine Soziologie. Tübingen: J.C.B. Mohr.

Pateman, Carole, 1988: The Patriarchal Welfare State. S. 231–260 in: Amy Gutmann (Hg.): Democracy and the Welfare State. Princeton: Princeton University Press.

Platthaus, Andreas, 1998: Glückauf in der Sprachkampfbahn. Alles ist etwas anders: Judith Butler baut auf die Götter der Redekunst, Frankfurter Allgemeine Zeitung, Nr. 70, 24. März 1998, S. L 24.

Prokop, Ulrike, 1976: Weiblicher Lebenszusammenhang. Von der Beschränktheit der Strategien und der Unangemessenheit der Wünsche. Frankfurt a.M.: Suhrkamp.

Scheler, Max, 1955 [zuerst 1915]: Das Ressentiment im Aufbau der Moralen. S. 33–147 in: Ders.: Vom Umsturz der Werte. Abhandlungen und Aufsätze. Bern: Francke Verlag.

Schelsky, Helmut 1975 [zuerst 1957]: Die skeptische Generation. Eine Soziologie der deutschen Jugend. Frankfurt a.M./Berlin/Wien: Ullstein Verlag.

Sichtermann, Barbara, 1987: Gegen eine politische Ökonomie der Hausarbeit. S. 63–73 in: Dies.: Frauenarbeit. Berlin: Wagenbach.

Simmel, Georg, 1919 [zuerst 1911]: Philosophische Kultur. Gesammelte Essais. (Zweite um einige Zusätze vermehrte Auflage von 1911) Leipzig: Alfred Kröner Verlag.

Simmel, Georg, 1983: Rosen. Eine soziale Hypothese (1897). S. 169–172 in: Heinz-Jürgen Dahme und Otthein Rammstedt (Hg.): Georg Simmel: Schriften zur Soziologie. Frankfurt a.M.: Suhrkamp.

Simmel, Georg, 1985: Schriften zur Philosophie und Soziologie der Geschlechter. Herausgegeben von Heinz-Jürgen Dahme und Klaus Christian Köhnke. Frankfurt a.M.: Suhrkamp.

Søland, Birgitta, 1998: A Queer Nation? The Passage of the Gay and Lesbian Partnership Legislation in Denmark, 1989, Social Politics 5: 48–69.

Spencer, Herbert, 1875: Einleitung in das Studium der Sociologie. Zweiter Theil. Leipzig: F. A. Brockhaus.

Stefano, Christine di, 1990: Dilemmas of Difference: Feminism, Modernity, and Postmodernism. S. 63–82 in: *Linda J. Nicholson* (Hg.): Feminism/Postmodernism. New York/London: Routledge.
Tocqueville, Alexis de, 1987 [zuerst 1835]: Über die Demokratie in Amerika, 2 Teile. Zürich: Manesse Verlag.
Weber, Max, 1988 [zuerst 1921]: Gesammelte Aufsätze zur Religionssoziologie III. Tübingen: J.C.B. Mohr (UTB).
Wollstonecraft, Mary, 1975 [zuerst 1792]: A Vindication of the Rights of Women. Harmondsworth: Penguin Books.

ÖKOLOGISCHE FRAGE UND UMWELTBEWEGUNG IM SPIEGEL DER SOZIOLOGIE

Dieter Rucht

Zusammenfassung: Obgleich die gesellschaftliche Bedeutung der Umweltproblematik bereits in den siebziger Jahren erkennbar wurde, hat die Soziologie in Deutschland darauf erst mit großer Verzögerung und bis heute eher eklektisch und beiläufig reagiert. Es überwiegen einerseits essayistische Abhandlungen zur ökologischen Frage und zu Risikoaspekten, andererseits eng geschnittene Bereichsanalysen etwa zur Wahrnehmung bestimmter Umweltprobleme sowie zu einzelnen umweltpolitischen Kommunikationen und Konflikten. Dagegen fehlt es an Arbeiten „mittlerer Reichweite", in denen theoriegeleitet, auf einer systematischen Datenbasis und in kumulativer Anstrengung gesellschaftliche Dimension und Implikationen der Umweltproblematik erkennbar würden. Angesichts dieser Forschungslage, aber auch aufgrund prinzipieller Schwierigkeiten bei der Vorhersage von Entwicklungen in einem so dynamischen Bereich ist es jedoch kein Manko, daß Soziologen bei prognostischen Aussagen zur Zukunft der Umweltfrage und Umweltbewegung zurückhaltend geblieben sind.

I. Einleitung

Die Geburt der Soziologie im 19. Jahrhundert, so ist vielfach bemerkt worden, erfolgte aus dem Geist der Krise. Die „sociale Frage" (Pankoke 1970), ein zentraler Aspekt dieser Krise, bildete den Bezugspunkt einer geschichtsmächtigen sozialen Bewegung, welche die bürgerliche Gesellschaft zu sprengen drohte. Zeitgenössische Soziologen haben darauf vor allem reagiert, indem sie die Ursachen der Krise und weniger die aus ihr hervorgegangene soziale Bewegung analysiert haben.

Seit den siebziger Jahren des 20. Jahrhunderts steht die ökologische Frage auf der historischen Tagesordnung. Auch diese Problematik entwickelte sich zum Bezugspunkt einer eigenen Bewegung: der Umweltbewegung.[1] Wie hat die zu diesem Zeitpunkt längst etablierte, hochgradig professionalisierte und in Themenfelder ausdifferenzierte Soziologie auf die ökologische Frage und die mit ihr verbundene soziale Bewegung reagiert? Steht nicht mit der Natur ein per definitionem außergesellschaftliches Phänomen im Mittelpunkt, das den Naturwissenschaften zur Analyse, der Technik und Politik dagegen zur Lösung überantwortet werden sollte, während sich die Soziologie auf ihren angestammten Bereich zu beschränken hat? Gegen eine derartige Arbeitsteilung spricht, daß die Zerstörung der Natur nicht als ein der Gesellschaft äußerlicher Vorgang anzusehen ist. Diese Zerstörung

---

[1] Die stärker auf zusammenhängende Problemwahrnehmungen und politische Interventionen ausgerichtete Umweltbewegung (synonym: Ökologiebewegung) ist von der älteren Naturschutzbewegung zu unterscheiden. Letztere betrieb einen eher punktuellen Natur- und Artenschutz, war stark naturromantisch geprägt und verstand sich als unpolitisch.

ist gesellschaftlich verursacht, sie schlägt auf die Gesellschaft zurück, sie unterliegt sozialen Deutungen, sie ist Bezugspunkt gesellschaftlicher Mobilisierung und Konflikte. Es gibt also gute Gründe, die ökologische Frage auch als eine „soziale" Frage zu behandeln und zum Gegenstand soziologischer Reflexion und Analyse zu machen.

Die Behandlung der ökologischen Frage durch die Soziologie, so die These dieses Beitrags, erfolgte zumindest in der Bundesrepublik eher zögerlich und bislang in unzureichender Form. Diese Behauptung setzt eine historische Vergewisserung, die Explizierung von Erwartungen und eine Bestandsaufnahme des bisher Geleisteten voraus. Dabei soll bewußt über die Soziologie hinausgegangen und geklärt werden, von welcher Seite die ökologische Frage überhaupt aufgeworfen wurde. Im einzelnen geht es nachfolgend um die Thematisierung von Umweltbelastungen bis zum Beginn der modernen Umweltbewegung, die breiter und zunächst außerhalb der Soziologie einsetzende Problematisierung und Politisierung ökologischer Fragen sowie um Leistungen und Selbstverständnis der Umweltsoziologie. Ich konzentriere mich dabei überwiegend auf Arbeiten im deutschen Sprachraum.

II. Die Thematisierung ökologischer Fragen bis zum Beginn der modernen Umweltbewegung

Die großflächige Zerstörung der Natur als eine Begleiterscheinung von Industrialisierung und raschem Bevölkerungswachstum wurde bereits im 19. Jahrhundert als massives Problem empfunden (Sieferle 1989; Hermand 1991). Im utopisch-kommunistischen „Nirgendwo" eines William Morris gehören „die großen, finsteren, dumpfigen rauchgeschwärzten Städte" (1980: 102) der Vergangenheit an. In den lebensreformerischen Bestrebungen um die Jahrhundertwende wurden ambitionierte, freilich marginal bleibende Experimente einer Rückkehr zu natürlicher Lebensweise und Ernährung unternommen. Dazu gehörte unter anderem die Propagierung von Vegetarismus, Freikörperkultur, Naturheilkunde und Gartenstädten. Aus der sozialistischen Bewegung hervorgegangene Strömungen wie die der Naturfreunde (gegr. 1895) konzentrierten sich auf das in die Freizeit verlagerte Naturerlebnis als Kompensation zum Leben „in grauer Städte Mauern". Dem bürgerlichen Antimodernismus dieser Ära, gekennzeichnet durch Agrarromantik und Großstadtfeindschaft (Bergmann 1970), entsprangen Bemühungen des Heimatschutzes und des ästhetisierenden Naturschutzes, die ein wichtiges Ferment des bürgerlichen Zweigs der späteren Jugendbewegung bildeten.[2] Ebenfalls aus dem bürgerlich-konservativen Milieu stammten die frühen Organisationsversuche eines pragmatisch ausgerichteten verbandlichen Naturschutzes,[3] die in erste staatliche Regelungen zum Naturschutz mündeten[4] und im Reichsnaturschutzgesetz von 1935 einen markanten Abschluß fanden.

---

2 Diese ist bereits als eine Massenbewegung anzusehen. Borinski und Milch (1967: 41) sprechen für die Zeit nach dem 1. Weltkrieg von 300.000 bis 400.000 Angehörigen der Jugendbewegung.
3 Hierzu zählen der 1878 in Köln gegründete Internationale Verein gegen die Verunreinigung der Flüsse, des Bodens und der Luft (Wey 1982: 31), der Verein zum Schutze der Alpenpflanzen und der Tiere (1890), der Deutsche Bund für Vogelschutz (1899), der Verein Naturschutzpark (1894), der Bund Naturschutz in Bayern (1913) und die Gesellschaft zum Schutze der einheimischen Vögel (1914).
4 Dies sind insbesondere Entschädigungsregeln aufgrund von Umweltbeeinträchtigungen im Bür-

Die zeitgenössische Soziologie nahm diese Strömungen nicht oder allenfalls höchst indirekt zur Kenntnis. Für Marx, der durchaus das naturzerstörerische Potential der entfesselten Produktivkräfte erkannte (Romoren und Romoren 1973; Fetscher 1980), und erst Recht seine Nachfolger, stand die Klassenfrage im Vordergrund. Max Weber betonte die Unausweichlichkeit des Rationalisierungsprozesses auch in ökonomisch-technischer Hinsicht. Simmel blieb bei aller Zwiespältigkeit in der Beurteilung des Modernisierungsprozesses ein Liebhaber der Großstadt und befaßte sich nicht mit Natur und Naturzerstörung. Vielleicht hätte man bei Tönnies, der die rücksichtslos auflösenden Kräfte des kapitalistisch-gesellschaftlichen Weltsystems beklagte (1979: 175), am ehesten ein Sensorium für die Naturzerstörung und die sich ihr entgegenstemmenden sozialen Kräfte erwarten können. Jedoch finden sich auch in seinem Werk dazu keine Ausführungen.

In den Jahrzehnten nach dem Zweiten Weltkrieg, zumal in einer Periode des Wiederaufbaus und der Wachstums- und Technikeuphorie, gab es weder eine vitale Naturschutzbewegung noch entsprechende soziologische Abhandlungen. Abgesehen von kritischen Randbemerkungen konservativer Schriftsteller (Jünger 1946) und Kultursoziologen (Freyer 1955) sowie der Besorgnis kleiner, elitärer Kreise[5] des Bildungsbürgertums erfolgten nachdrückliche Hinweise auf die Naturzerstörung als eines letztlich gesellschaftlichen Problems erst durch Naturwissenschaftler, Bevölkerungswissenschaftler und Ökonomen in den sechziger Jahren. Bahnbrechend waren Schriften wie „Silent Spring" (Carson 1962), „The Population Bomb" (Ehrlich 1968), „Population, Resources, Environment" (Paul und Anne Ehrlich 1970), „The Closing Circle" (Commoner 1971) und „Limits to Growth" (Meadows et al. 1972, deutsche Ausgabe 1973).[6] Auf die darin enthaltenen Warnungen haben erstaunlich früh, noch vor dem Aufkommen einer mobilisierungsstarken Umweltbewegung, ausgerechnet die ansonsten als sklerotisch gescholtenen staatlichen Stellen reagiert. Indikatoren dafür sind auf internationaler Ebene die Umweltkonferenz der Vereinten Nationen in Stockholm 1972 und, im nationalen Rahmen der Bundesrepublik, die Etablierung erster umweltpolitischer Institutionen und Programme ab 1970.[7]

---

gerlichen Gesetzbuch 1873, die Einführung einer Genehmigungspflicht derjenigen Anlagen, von denen Nachteile, Gefährdungen oder Belastungen ausgehen, in der Preußischen Gewerbeordnung 1876 und der Reichsgewerbeordnung 1871 sowie Regelungen zum Wasserschutz ab 1887 und zum Immissionsschutz ab 1895.

5 Typisch hierfür waren in der Bundesrepublik die seit 1957 geführten Mainauer Gespräche, aus denen im April 1961 eine Grüne Charta hervorging. Darin heißt es: „Die Grundlagen unseres Lebens sind in Gefahr geraten, weil lebenswichtige Elemente der Natur verschmutzt, vergiftet und vernichtet werden und weil der Lärm uns unerträglich bedrängt. Die Würde des Menschen ist dort bedroht, wo seine natürliche Umwelt beeinträchtigt wird. Zu den unverletzlichen und unveräußerlichen Menschenrechten gehört auch das Recht auf ein gesundes und menschenwürdiges Leben in Stadt und Land." Gleichzeitig wird von Hans Schäfer, einem langjährigen Mentor der Mainauer Gespräche, noch 1985 folgende Auffassung vertreten: „Die Existenzfragen unserer Gesellschaft sind vom Verstand des Durchschnittsbürgers her effektiv nicht zu beurteilen. Wir erbitten vielmehr ein solches Urteil von der wechselseitigen gedanklichen Befruchtung kluger Sachkenner" (Mainauer Gespräche 1987: 9f.).

6 Zu den frühen Protagonisten der Umweltkatastrophe und der Wirkung ihrer Schriften in den USA vgl. Rubin (1994).

7 Zu erinnern ist an das „Umweltsofortprogramm" von 1970 und das „Umweltprogramm" der Bundesregierung von 1971, die Einrichtung von fünf Landesministerien für den Umweltschutz zwischen Dezember 1970 und Dezember 1971 sowie der Arbeitsgemeinschaft für Umweltfragen (1971) und des Sachverständigenrats für Umweltfragen (1971).

III. Thematisierungen jenseits der Soziologie

1. Ökologische Katastrophenliteratur

Naturwissenschaftler, staatliche Stellen und die ab den siebziger Jahren an Dynamik und Breitenwirkung gewinnende moderne Umweltbewegung hatten binnen weniger Jahre die ökologische Frage auf die öffentliche und politische Tagesordnung gesetzt. Damit lag auch ein entsprechendes Interesse von Publizisten sowie Geistes- und Sozialwissenschaftlern auf der Hand. Einzelne Psychologen und Umfrageforscher waren bereits ab den fünfziger Jahren daran beteiligt, die Ängste der Bürger vor der Nutzung der Atomkraft zu analysieren und ihnen mit „mentalhygienischen" Rezepturen zu begegnen (Freund 1956), doch verhielt sich die Zunft der Soziologen gegenüber der später aufkommenden ökologischen Frage sehr zurückhaltend.[8]

Die Gründe für diese Zurückhaltung zu erhellen, wäre eine eigene Studie wert. Ein Faktor könnte darin liegen, daß die ökologische Frage dem Kompetenzbereich der Naturwissenschaften zugeschrieben wurde, vielleicht auch die damit verbundene Besorgnis als etwas angesehen wurde, was Luhmann in anderem Zusammenhang als „Aufregungsschäden" bezeichnet hat, die einer sachlichen Grundlage weitgehend entbehren. Weiterhin stand kein spezifisches begriffliches und analytisches Instrumentarium bereit, um das Umweltproblem als ein fachwissenschaftliches Phänomen der Soziologie aufzugreifen, zumal es bei den soziologischen Klassikern keine Rolle gespielt hatte. Schließlich mag auch der Vorsatz vieler Soziologen eine Rolle gespielt haben, sich nach den negativen Erfahrungen mit einer starken Politisierung der Disziplin in den späten sechziger Jahren möglichst aus dem politischen Schlachtgetümmel herauszuhalten, das etwa mit dem Für und Wider der Atomenergie und anderen umweltbezogenen Konflikten verbunden war. Nicht fehlleitende Analysen, sondern vielmehr allzu große Zurückhaltung wäre somit der Zunft anzukreiden.

Relativ frühe und zum Teil auch hellsichtige Analysen der ökologischen Frage als eines auf die Gesellschaft durchschlagenden Problems kamen dagegen von anderer Seite, von Biologen wie Barry Commoner, Ökonomen wie Ernst-Friedrich Schumacher, Philosophen wie Günter Anders, Pädagogen wie Ivan Illich, Schriftstellern wie Hans Magnus Enzensberger und Carl Amery sowie sozialwissenschaftlichen Autodidakten, darunter André Gorz und Murray Bookchin. Ihnen ging es vor allem darum, die Menschen wachzurütteln und die Möglichkeit oder Wahrscheinlichkeit einer ökologischen Katastrophe, aber zugleich auch die Wege der Rettung vor Augen zu führen.

In der nüchternen Diktion von Natur- und Bevölkerungswissenschaftlern heißt es: „1. Wenn die gegenwärtige Zunahme der Weltbevölkerung, der Industrialisierung, der Umweltverschmutzung, der Nahrungsmittelproduktion und der Ausbeutung von natürlichen Rohstoffen unverändert anhält, werden die absoluten Wachstumsgrenzen im Laufe der nächsten hundert Jahre erreicht. ... 2. Es erscheint möglich, die Wachstumstendenzen zu ändern und einen ökologischen und wirtschaftlichen Gleichgewichtszustand herbeizu-

---

[8] Eine Ausnahme bildet die ganz zu Unrecht vernachlässigte wissenschaftssoziologische Analyse von Wagner (1964; 1959 erstmals erschienen), die historisch weit ausholt und die Problematik der Grenzüberschreitung moderner Wissenschaft vor allem an der Atomphysik demonstriert. Anders als konservative Kulturkritiker verfügt Wagner über eine intime Kenntnis der zu seiner Zeit vorliegenden wissenschaftlich-technischen Fakten.

führen, der auch in weiterer Zukunft aufrechterhalten werden kann. ..." (Meadows u.a. 1973: 17). Für eine Kursänderung, so die abschließende Einschätzung des wissenschaftlichen Berichts durch den Club of Rome, sei unsere heutige Wirklichkeit allerdings „so weit entfernt, daß praktisch eine geistige Umwälzung kopernikanischen Ausmaßes für die Umsetzung unserer Vorstellungen in praktischen Handlungen erforderlich sein dürfte ... Wir glauben, daß eine große Zahl von Menschen jeden Alters und aus den unterschiedlichsten Lebensverhältnissen diese Herausforderung aufnehmen wird" (ebd.: 175).

Ist in dem Bestseller „Die Grenzen des Wachstums" im Grunde nur von physikalisch bestimmten Wachstums- und Kapazitätsgrenzen die Rede, ohne daß daraus ein radikaler Rückbau des Industriesystems abgeleitet würde, so gehen Kritik und Therapievorschläge anderer Autoren viel weiter. Mit der „Rückkehr zum menschlichen Maß", so die deutsche Übersetzung von Schumachers „Small is Beautiful" (1973), wird nicht nur eine Wachstumsbegrenzung, sondern ein qualitativer Umbau der Gesellschaft für notwendig erachtet. Der Sozialist André Gorz plädiert für eine grundlegende Umgestaltung der Produktionsverhältnisse, bei der gleichermaßen ökologischen und sozialen Bedürfnissen Rechnung getragen werden soll. Allerdings sucht Gorz das Heil nicht in den Strukturen der Vergangenheit. In einem erstmals 1973 publizierten Beitrag schreibt er: „Nein, seien sie versichert: Es geht nicht darum, zur Subsistenzwirtschaft zurückzukehren und auch nicht zur Autarkie der Gemeinden, sondern darum, ein Gleichgewicht zwischen institutionalisierter Produktion und Autonomie der Basisgemeinden wiederherzustellen" (Gorz 1977: 88). Carl Amery ist radikaler. Zwar hält er die von anderen Ökologen wie G.R. Taylor, Harvey Wheller und Alfred Goldsmith geforderte „Rückkehr zu ‚para-primitiven', jedenfalls vorchristlichen Verhältnissen" für unmöglich, fordert aber nicht weniger als „die raschestmögliche Zerstörung des Industriesystems, und zwar um fast jeden Preis" (Amery 1976: 184). Er folgert in seiner elften These zum ökologischen Materialismus: „Bisher hat sich der Materialismus begnügt, die Welt zu verändern; jetzt kommt es darauf an, sie zu erhalten" (ebd.: 185). Ivan Illich steht Amery an Radikalität nicht nach. Er sieht eine allgemeine Systemkrise heraufziehen, von der die Umweltkrise nur eine Ausformung darstellt.[9] Doch wo Gefahr ist, so die obligatorische Zugabe zu derartigen Szenarios, wächst auch das Rettende nach: „Ich sehe durchaus noch eine Chance, die Ursachen der globalen Systemkrise zu erkennen und in den Griff zu bekommen ... Wenn wir uns ernsthaft auf die Krise des Industriesystems einstellen wollen, dann müssen wir auch die sozialen und politischen Bewegungen, die sie auslöst, berücksichtigen" (Illich 1975: 181). Und am Ende seiner Schrift weckt Illich vorsichtig Hoffnungen: „Eine Kritik der Technik und ihrer nachgeordneten Institutionen kann zur sozialen Selbstbegrenzung aller Werkzeuge in menschengerechten Dimensionen führen" (ebd.: 190).

Aus heutiger Perspektive wirken die schlichten Forderungen nach der Rückkehr zu „Konvivialität" (Illich) und kleinen Lebenswelten ebenso antiquiert wie die damalige Gegenreaktion, der technokratische Optimismus des Wir-werden-das-schon-in-den-Griff-kriegen. Doch bereits in den frühen siebziger Jahren sind auch Beiträge zur politischen Ökologie

---

9 Neben der Umweltzerstörung nennt er die Bedrohung der Autonomie des Handelns, der Kreativität durch die Überprogrammierung des Menschen, des Rechts auf Mitsprache und schließlich des Rechts auf Tradition. Aus diesen fünf Bedrohungen ergebe sich eine sechste durch die zunehmende Enttäuschung, die eine sich ausbreitende Zwangsbefriedung der Menschen auslösen wird (Illich 1975: 88).

vorgelegt worden, die in vielem noch heute Gültigkeit beanspruchen können. Als ein herausragendes Beispiel dafür steht Enzensbergers Essay „Zur Kritik der politischen Ökologie" (1973). Darauf soll ausführlicher und unter Heranziehung längerer Zitate eingegangen werden.

2. Enzensbergers Essay „Zur Kritik der politischen Ökologie"

Enzensberger thematisiert zunächst die Ökologie als Wissenschaft und ihre zentrale Hypothese eines Zusammenbruchs der industrialisierten Gesellschaften, dann die ökologische Bewegung, die ökologische Debatte und schließlich die Chancen zur Bewältigung der ökologischen Krise. Im Hinblick auf die Zusammenbruchshypothese ist er klug genug, lediglich die unterschiedlichen Positionen zu referieren. Er bilanziert zudem die (notwendig) offenen bzw. strittigen Punkte dieser Prognosen: der Zeitraum des erwarteten ökologischen Kollapses, das ungeklärte Gewicht einzelner Faktoren, die für die Katastrophe verantwortlich gemacht werden, schließlich die Unbestimmtheit dessen, was als Umweltkatastrophe zu gelten hat.

In seiner ideologiekritischen Musterung der ökologischen Debatte hebt Enzensberger eine Reihe von Aspekten hervor, namentlich 1. den Klassencharakter dieser bis ins 19. Jahrhundert zurückreichenden Debatte, 2. die Interessen des öko-industriellen Komplexes, dessen Motive einer „Bündnispolitik von oben" zur Integration der ökologischen Bewegung leicht zu durchschauen seien, 3. politische Interessen an der Kontrolle demographischer Entwicklungen unter Berufung auf neo-malthusianische Argumente, 4. vorschnelle Globalisierungen, die unter dem Primat einer rein biologisch fundierten „Leitwissenschaft Ökologie" reale materielle und soziale Unterschiede verleugnen und die Notwendigkeit einer elaborierten Sozialtheorie und einiger Grundannahmen über den historischen Prozeß verkennen würden.

Am Beispiel der ökologischen Sofortprogramme, wie sie unter anderen von dem amerikanischen Bevölkerungswissenschaftler Paul Ehrlich und dem schwedischen Biochemiker Gösta Ehrensvärd als vielzitierten Vertretern einer ökologischen Wende vorgeschlagen werden, verdeutlicht Enzensberger die Borniertheit solcher Perspektiven. Dazu rechnet er in formaler Hinsicht die missionarische Topik und den merkwürdigen Gegensatz der Entsetzlichkeit von angekündigten Katastrophen und der Harmlosigkeit der Ermahnungen, mit denen der Leser entlassen wird: „Dieser Kontrast ist so augenfällig, so penetrant, daß die beiden Seiten der Argumentation einander wechselseitig beschädigen: mindestens eine von ihnen wirkt unglaubwürdig. Entweder die Schlußpredigt, die uns gut zureden, oder die Analyse, die uns erschrecken will. Man kann sich des Eindrucks nicht erwehren, als hätten es die Warnungen und Drohungen, die uns die Folgen unseres Tuns vor Augen stellen, eben darauf abgesehen, uns weichzumachen für die Umkehr, die der besorgte Prediger uns anschließend abverlangen möchte; umgekehrt soll uns die Zuversicht des Schlußakkords daran hindern, das schwarzgemalte Bild allzu wörtlich zu nehmen und in die Resignation zu versinken" (1973: 32).

In inhaltlicher Hinsicht kritisiert Enzensberger am Beispiel von Ehrlich die Art der Analysen und Rezepturen, die Klassenwidersprüche und Klasseninteressen ausblenden, fundamentale Eingriffe in das gesellschaftliche und politische System nicht ins Auge fassen, politische Interventionen als eine bloße Frage des guten Willens und der richtigen Personenwahl ansehen und mit dem Klischee vom „Raumschiff Erde" die ökologische Frage entpolitisieren, somit ihre gesellschaftlichen Anteile und Konsequenzen vollständig eliminieren. Auch Ehrensvärd, „im scheinradikalen Tonfall des kühl rechnenden Wissenschaftlers", argumentiere „unpolitisch bis zur Groteske. Immerhin reiche sein Realitätssinn so weit, daß er Privilegien für sich und seine Arbeit verlangt, nämlich die ungestörte Fortsetzung seiner Forschungen" (ebd.: 34). Daß Ehrlich, wie er selbst zugesteht, viele seiner Vorschläge für unrealistisch hält, spreche nach Enzensberger immerhin dafür, daß wir es nicht mit einem Verrückten zu tun haben.

Auch gegenüber der ökologischen Bewegung verhält sich Enzensberger durchgängig ideologiekritisch. Das Denken der Gruppen stelle sich meist als trübes, begriffsloses Durcheinander dar. „Bereits in der Vermittlung durch die Medien verliert die Diskussion gewöhnlich ganz erheblich an Stringenz und Gehalt. Teilfragen wie die der Müllaufbereitung oder der ‚Verschmutzung' werden isoliert, Hypothesen für gesicherte Erkenntnisse ausgegeben, spektakuläre Fälle von Vergiftung plakativ ausgebeutet, einzelne Forschungsergebnisse verabsolutiert usw. Der Durchlauf durch das Kloakensystem der industrialisierten Öffentlichkeit hat also gewissermaßen die weitere Verschmutzung eines Problemzusammenhangs zur Folge, der sich von Anfang an einer ‚reinen' Darstellung entzieht" (ebd.: 6).

Enzensberger unterscheidet drei Gruppen, die sich mit Ökologie beschäftigen bzw. der Ökologiebewegung zurechnen lassen: Erstens die „Technokraten, die auf allen Ebenen des Staatsapparats, aber auch in der Industrie, dabei sind, möglichst partikulare Lösungen für partikulare Probleme zu finden und durchzusetzen, und zwar überall dort und nur dort, wo ökonomisch und politisch erhebliche Konfliktpotentiale zu entstehen drohen" (ebd.: 6). Bei dieser Gruppe setzt Enzensberger kein eigentliches Problembewußtsein voraus; er rechnet sie ausschließlich zu den „Manipulatoren und Nutznießern" der ökologischen Bewegung.

Die zweite Gruppe bilden die bürgerinitiativförmigen Zusammenschlüsse überwiegend von Angehörigen der Mittelklasse und des Kleinbürgertums, die in ihren Aktionen und Zielen meist bescheiden seien. Allerdings: „Der harmlose Eindruck, den diese Unternehmungen machen, kann leicht über die Reserven an Militanz hinwegtäuschen, die hier verborgen liegen. Es genügt eine geringfügige Veränderung der Zieldefinition, und schon nehmen diese Gruppen spontan an Größe und Schlagkraft zu. ... Wenn die Hypothesen der Ökologen sich auch nur zu einem Bruchteil bewahrheiten sollten, dann werden die ökologischen Aktionsgruppen zu einem innenpolitischen Faktor ersten Ranges werden, der nicht mehr zu ignorieren ist. Sie drücken einerseits mächtige und durchaus legitime Bedürfnisse derer aus, die sich in ihnen engagieren; sie orientieren sich andererseits meist an Nahzielen, die unpolitisch verstanden werden, und neigen zu einem gesellschaftlichen Illusionismus, der sie zur idealen Beute von Demagogen und interessierten Dritten macht. Die Borniertheit dieser Initiativen sollte nicht darüber hinwegtäuschen, daß in ihnen der Keim einer möglichen Massenbewegung steckt" (ebd.: 7).

Als dritte Gruppe identifiziert Enzensberger „den Teil der ökologischen Bewegung, der sich selbst als harten Kern versteht, aber faktisch eine eher marginale Rolle spielt: das sind die sogenannten *eco-freaks*. Diese Gruppen, meist Abspaltungen aus der amerikanischen Protestbewegung, praktizieren eine Art organisierter Stadt- und Zivilisationsflucht" (ebd.: 8). Sie seien auf der Suche nach einer ‚natürlichen Lebensweise', die man als eine

Simulation vor- oder nachindustrieller Verhältnisse betrachten könne. Ihr Klassenhintergrund entspreche dem der Hippies der sechziger Jahre. Ideologisch neigten sie „zum Obskurantismus und zum Sektierertum".

Mit Recht weist Enzensberger darauf hin, daß angesichts dieser heterogenen Strömungen eher von ökologischen Bewegungen (im Plural!) gesprochen werden sollte. Zusammenfassend charakterisiert er ihre Motivlage als eine äußerst undurchsichtige Verbindung von teils manifesten, teils verborgenen politischen Interessen und Beweggründen, hinter denen aber auch tiefer liegende sozialpsychologische, von den Betroffenen undurchschaute Bedürfnisse stünden: Bekehrungs- und Erlösungshoffnungen, Lust am Untergang, Schuldgefühl und Resignation, Zivilisationsfeindschaft und Eskapismus.

Am Ende seines Essays stellt Enzensberger einige Vermutungen über die weitere Zukunft an, ausdrücklich gekennzeichnet als Hypothesen, die auf der Annahme einer gravierenden ökologischen Bedrohung beruhen. Kern der ökologischen Krise sei das Zerstörungspotential der Produktivkräfte, das in der Bedrohung der natürlichen Lebensgrundlagen den Mangel als eine gesellschaftlich erzeugte Naturgewalt erscheinen läßt. Sofern die kapitalistische Produktionsweise beibehalten werde, führe die Krise zu einer ganzen Reihe von Anpassungs- und Lernprozessen, die jedoch in Form bloßer Symptomkorrekturen neue Lücken aufreißen würden. Die Folge sei eine Erhöhung der Kosten für Wohn- und Erholungsraum, für saubere Luft und Wasser, für Energie und Rohstoffe aller Art, für die Rückwandlung knapper Ressourcen – Kosten, die über Preise und Steuern wiederum auf die abhängigen Massen abgewälzt würden. Zu einer gerechten Verteilung der Knappheit könne es innerhalb des kapitalistischen Rahmens nicht kommen, so daß die Klassenlage über die Lebenslage, ja Leben und Tod des Individuums entscheide.

Über das Tempo, mit dem diese Möglichkeiten ins Bewußtsein der Massen treten, seien keine Vorhersagen möglich. Sobald es jedoch an irgendeinem Punkt des ökologischen Wirkungszusammenhangs zu zahlreichen Toten komme, „wird der Gleichmut, dem die Prognosen der Ökologen heute begegnen, in panikartige Reaktionen, ja sogar in ökologische Aufstände umschlagen" (ebd.: 36). Zu organisatorischen Ansätzen und politischen Konsequenzen werde es allerdings schon früher kommen. Das zeigten die Tendenzen zur Stadt- und Industrieflucht ebenso wie die sich rasch entwickelnden Bürgerinitiativen, denen freilich die Neigung zur bloßen Problemverschiebung anhafte.

Moralistische Aufforderungen an die Bevölkerung der reichen Länder, ihren Lebensstandard zu senken, seien völlig absurd, aussichtslos und zynisch. Die bürgerliche Politik, so Enzensberger, werde die Vorschläge der Ökologen demagogisch aufgreifen, unter Berufung aufs Gemeinwohl Verzicht und Unterordnung fordern, aber auch einen reaktionären Populismus predigen, der den Kapitalismus mit antikapitalistischen Phrasen verteidigen will. Schließlich werde die Wirklichkeit des Kapitalismus die letzten liberalen Illusionen zerstören, denn ohne zunehmende Repression und Reglementierung sei die Administration des Mangels nicht denkbar. Die Fähigkeit der Massen, in einer solchen Lage den Zusammenhang zwischen Produktionsweise und Krise zu durchschauen, sei nicht vorauszusagen; sie hänge vom Grad der Politisierung und Organisation ab, der bis dahin erreicht sei. Wahrscheinlicher als eine kollektiv herbeigeführte Wende sei allerdings eine Steigerung des ‚Imperialismus nach innen'. Sofern die ‚friedlichen' Methoden heutiger Ausbeutung versagten, werde es „vermutlich zu neuen Raubzügen, Konkurrenz- und Rohstoffkriegen kommen. Die strategische Bedeutung der Dritten Welt, vor allem jener Länder, die Öl und Nichteisen-Metalle liefern, wird zunehmen; damit aber auch deren Bewußtsein, daß die Metropolen von ihnen abhängig sind. Die ‚Belagerung' der Metropolen durch die Dörfer, ein Gedanke, der in den fünfziger Jahren verfrüht schien, wird eine ganz neue Aktualität annehmen; er kündigt sich bereits in der Politik mancher Ölländer ... unmißverständlich an. Die imperialistische Politik wird nichts unversucht lassen, um die Bevölkerung der Industrieländer gegen solche angeblichen Außenfeinde aufzuhetzen, deren Politik ihnen als direkte Bedrohung ihres Lebensstandards, ja ihres Überlebens hingestellt werden wird, um ihre Zustimmung für militärische Operationen zu erlangen" (ebd.: 39).

Enzensbergers marxistisch eingefärbte Analyse und seine abschließende Prognose, daß nicht die kapitalistischen Länder des Westens, sondern eher die Sowjetunion und „sicherlich die chinesische Gesellschaft" die besten Chancen für das ökologische Überleben der Menschen böten, soll hier nicht ihrerseits ideologiekritisch abgehandelt werden. Festzuhalten ist jedenfalls, daß der Autor keinem Vulgärmarxismus huldigt, sondern ausdrücklich gegen platte „linke" Erklärungen, Schuldzuweisungen und Patentlösungen Stellung bezieht. Auch wendet er sich dagegen, das Ausmaß der Umweltzerstörung in sozialistischen Ländern zu ignorieren, einem überholten technologischen Optimismus „von links" zu huldigen und mit Marcuse der absurden Vorstellung einer kurzfristigen Abschaffung des Mangels anzuhängen.

Fast beiläufig – ging es ihm doch eher um eine politische Analyse und Kommentierung – hat Enzensberger der politischen Umweltsoziologie den Weg gewiesen. Ohne sich die Prognosen mancher Ökologen zu eigen zu machen, analysierte er – formal unter dem Vorbehalt einer Hypothese – was ökologische Bedrohungen für die Gesellschaft bedeuten, welches Mobilisierungspotential der ökologischen Bewegung zukommt, wie sich diese Bewegung ausdifferenzieren und wie das ökologische Thema zu politischen Zwecken instrumentalisiert werden könnte. Als hellsichtig erwiesen sich auch mache seiner konditional formulierten Erwartungen: Die in Aussicht gestellten „panikartigen Reaktionen" sind im Zusammenhang mit den Katastrophen von Bophal und Tschernobyl tatsächlich eingetreten, wenngleich es nirgends zu „ökologischen Aufständen" kam. „Neue Raubzüge, Konkurrenz- und Rohstoffkriege", das Werben um „Zustimmung für militärische Operationen", welche als eine Garantie der Sicherung westlichen Lebensstandards erscheinen, sind tatsächlich im Ansatz sichtbar geworden. Doch auch hier blieb jene Zuspitzung der Widersprüche aus, die gleichsam zum „genetischen Code" marxistisch inspirierter Analysen gehört. Bei allen Einschränkungen, die aus der retrospektiven Warte zu machen wären, bleibt doch festzuhalten, daß Enzensberger früher als andere solche Themen und Thesen formuliert hat, die zumindest für eine am Schnittpunkt zur politischen Soziologie gelegene Umweltsoziologie bis heute virulent sind und ein stärker empirisch gerichtetes Programm anleiten könnten.

Wie hat sich die breiter angelegte, über den politikbezogenen Blickwinkel Enzensbergers hinausgreifende Umweltsoziologie entwickelt? Welche Erwartungen sind an sie zu richten und welche Erwartungen hatte sie selbst bezüglich der Entwicklung der Umweltfrage?

IV. Ökologische Frage und Umweltbewegung im Blick der Soziologie

1. Erwartungen an die Umweltsoziologie

Wie jede Bereichssoziologie steht auch die Umweltsoziologie bezüglich ihres spezifischen Gegenstandes vor einer Reihe von Anforderungen; dazu gehören:

a) die Bestimmung und Abgrenzung ihres Gegenstandes vor dem Hintergrund der allgemeinen Soziologie und mit Blick auf benachbarte Bindestrich-Soziologien (zum Beispiel Techniksoziologie, Kultursoziologie, Stadtsoziologie, Soziologie sozialer Bewegungen),
b) die Theoretisierung ihres Gegenstandes einschließlich der Formulierung gehaltvoller und überprüfbarer Annahmen über dessen Strukturierung und Entwicklung sowie
c) die systematische und methodisch versierte Erschließung ihres Gegenstandes, sei es in genetisch-kausaler, sei es in hermeneutisch-rekonstruktiver Weise. Hierbei sollten sowohl theoretische Annahmen geprüft als auch nutzbringende Informationen für den praktischen Umgang mit Umweltfragen in der Gesellschaft bereitgestellt werden.

Mit diesen sehr allgemein formulierten Erwartungen wird ein Anspruchshorizont formuliert, an dem die Umweltsoziologie gemessen werden kann. Freilich gilt es dabei erstens zu bedenken, daß sie noch sehr jung ist, anders als viele Bereichssoziologien keine Traditionslinien bis zurück zu den Klassikern des Fachs aufweist und nicht auf einen gut abgesicherten Wissensbestand zurückgreifen kann. Somit ist auch verständlich, daß sich die Umweltsoziologie noch nicht in hohem Maße institutionell gefestigt und elementare Wissensbestände kanonisiert hat. Vielmehr ist davon auszugehen, daß der Gegenstandsbereich zunächst eher von anderen, stärker etablierten Fächern und Teildisziplinen her erschlossen wird. Schließlich gilt es ganz allgemein zu bedenken, daß die wissenschaftliche Reflexion von sich sehr dynamisch entwickelnden gesellschaftlichen Problemfeldern nicht zentral organisiert und verantwortet wird, sondern sich in seinen Stärken und Schwächen als Resultante der Anstrengungen vieler einzelner ergibt. Eine umfassende Liste von Leistungskriterien kann demnach nicht an einzelne Autoren und Veröffentlichungen angelegt werden. Immerhin könnte der Blick auf andere, unter ähnlichen Bedingungen operierende Bereichsdisziplinen, aber auch der Blick auf die Umweltsoziologie in anderen Sprachräumen zeigen, wie es um die Umweltsoziologie in Deutschland bestellt ist.[10] Ein derartiger Vergleich würde allerdings den Rahmen dieser Abhandlung sprengen, so daß nachstehend nur ein grobes Bild der Umweltsoziologie hierzulande präsentiert wird.

2. Entwicklung und Themenschwerpunkte der Umweltsoziologie

Die Produkte von Fachsoziologen zur Umweltthematik in den frühen siebziger Jahren sind dürftig. Ihre vornehmliche Haltung bestand aus Schweigen und Abwarten. Soweit

---

10 Vgl. dazu etwa die konstruktivistische Umweltsoziologie von Hannigan (1995), den theoretisch zurückhaltend bleibenden Ansatz von Yearley (1991) und die breit und pluralistisch angelegten Editionen von Mehta und Quellet (1995) sowie Redclift und Woodgate (1995, 1997).

es um den Realitäts- oder Wahrscheinlichkeitsgehalt ökologischer Katastrophenszenarios ging, war eine derartige Zurückhaltung den Soziologen durchaus angemessen. Unverständlich ist allerdings, warum sie so lange zögerten, sich der Realität des ökologischen Diskurses und der Umweltbewegung als einem „fait social" im Sinne Durkheims zuzuwenden. Gewiß lassen sich einige Ausnahmen finden, zumal wenn man die größere Gruppe von Sozialwissenschaftlern vor Augen hat. So erkannte Kenneth Boulding (1966) frühzeitig die Dimension des ökologischen Problems; so widmeten sich nachfolgend einzelne Autoren – überwiegend Politikwissenschaftler – dem Studium ökologischer Gruppierungen und Konflikte, darunter Steven Cotgrove in England, Lester Milbrath in den USA und Peter C. Mayer-Tasch in der Bundesrepublik.[11]

Trotz des enormen Aufschwungs des Umweltthemas in der Öffentlichkeit und Politik kann jedoch im deutschen Sprachraum bis mindestens Mitte der achtziger Jahre von einer systematischen, über das Interesse von Einzelpersonen hinausgehenden Befassung mit der ökologischen Frage in soziologischen Kreisen keine Rede sein. Noch Anfang der neunziger Jahren vermerkte Rohrmann (1992: 622), die Umweltsoziologie habe sich nicht gleichrangig neben anderen Fachsoziologien etablieren können. Ausdruck davon ist die schwache Repräsentanz dieses Themas auf den Deutschen Soziologentagen[12] sowie in einführenden Werken, Lehrbüchern, soziologischen Lexika und Handwörterbüchern.[13] Erst Mitte der neunziger Jahre konkretisierten sich die Bemühungen um die Etablierung einer Arbeitsgruppe bzw. Sektion Umweltsoziologie innerhalb der Deutschen Gesellschaft für Soziologie, während ein solcher Arbeitsbereich in einer Reihe ausländischer und internationaler Fachvereinigungen längst institutionalisiert war.[14] Obgleich zu vermuten ist, daß auch in Deutschland die meisten Soziologen die Relevanz des Umweltthemas als Gegenstand auch ihres Faches kaum bestreiten werden, sind umweltsoziologische Arbeiten trotz aller modischen Umweltrhetorik dünn gesät. Dies gilt auch dann, wenn einschlägige Arbeiten unter anderen Rubriken, etwa der Techniksoziologie oder der Kultursoziologie, einbezogen werden. Es schien an fruchtbar erscheinenden theoretischen Ansatzpunkten zu fehlen, so daß die soziologische Seite der Umweltproblematik eher von außen kommend gestreift als gleichsam von ihrem Zentrum her entfaltet worden wäre.

Eine Auszählung der Artikel in drei renommierten deutschen Fachzeitschriften – *Kölner Zeitschrift für Soziologie und Sozialpsychologie, Zeitschrift für Soziologie* und *Soziale Welt* – für den Zeitraum von 1970 bis 1996 zeigt, daß selbst bei einer großzügigen Definition der Umweltthematik nur relativ wenige Abhandlungen publiziert wurden (vgl. *Tabelle 1*). Auffällig ist insbesondere die Mißachtung des Themas bis 1980 – einem Zeitpunkt, zu dem die öffentliche und politische Umweltdebatte längst in Gang gekommen war. Die *Soziale Welt* reagierte bis 1985 mit drei Beiträgen. Erst 1986 ziehen die beiden übrigen

---

11 Vgl. auch den von Jänicke (1978) herausgegebenen Band mit dem Titel „Umweltpolitik".
12 Dies gilt selbst für die Soziologentage mit Rahmenthemen wie „Soziologie und gesellschaftliche Entwicklung" (Dortmund 1984), „Technik und sozialer Wandel" (Hamburg 1986) und „Lebensverhältnisse und soziale Konflikte im neuen Europa" (Düsseldorf 1992).
13 Für eine der wenigen Ausnahmen vgl. den Artikel „Umwelt" im Soziologielexikon (Rohrmann 1992).
14 Eine Sektion „Umweltsoziologie" wurde innerhalb der American Sociological Association bereits 1976 eingerichtet. Es folgten analoge Institutionalisierungen zunächst in Japan, Spanien und Großbritannien sowie innerhalb der International Sociological Association und der erst in den neunziger Jahren entstandenen European Sociological Association.

Organe nach, wobei jedoch die *Zeitschrift für Soziologie* das Umweltthema überhaupt nur in den Jahren 1986/87 mit insgesamt vier Beiträgen berücksichtigt. Die bis 1995 ebenfalls nicht sehr eindrucksvolle Bilanz der *Kölner Zeitschrift für Soziologie und Sozialpsychologie* wurde erst durch den Sonderband mit dem Titel „Umweltsoziologie" (Diekmann und Jaeger 1996) schlagartig verbessert.

Tabelle 1: Artikel zu Umweltthemen in deutschsprachigen soziologischen Fachzeitschriften* von 1970–96

Jahr	KZfSS	Soziale Welt	ZfS
1980		1	
1981		1	
1985		1	
1986	1	5	3
1987			1
1988	1	2	
1989		2	
1990	1		
1991		3	
1992	2	4	
1993	2	1	
1994	2	3	
1995	2		
1996	23		
Summe	34	24	4

* einschließlich Sonderbände der KZfSS und der Sozialen Welt.

Womit haben sich die umweltsoziologischen Arbeiten im deutschen Sprachraum befaßt? Unter den insgesamt 39 Abhandlungen, die bis zum Jahr 1995 in *Tabelle 1* aufgelistet sind, dominieren Fragen zum Umweltbewußtsein bzw. Umwelthandeln mit 14 Nennungen, gefolgt von Abhandlungen zur allgemeinen Umwelt- und Risikoproblematik (11), den Themenbereichen Energie einschließlich Atomenergie (5) sowie Bio- und Gentechnik (4). Zieht man zusätzlich das breitere Feld von Monographien, Sammelbänden und sonstigen Zeitschriften mit sozialwissenschaftlichem Einschlag heran, so läßt sich nach meinem Eindruck eine thematische Konzentration auf fünf nachfolgend angesprochene Teilaspekte feststellen.[15]

1. Die auf die Produktion und Analyse von Massendaten ausgerichtete *Umfrageforschung* hat relativ rasch auf das Umweltthema reagiert und dieses in seinen „Warenkorb" aufgenommen. Damit erhalten wir Aufschluß über die perzipierte Wahrnehmung ökologischer Belastungen und Risiken, die einzelnen Gruppen und Institutionen subjektiv zugedachten

---

15 Diese Teilaspekte überschneiden sich nur teilweise mit jenen fünf Feldern, die Buttel (1987) in seinem programmatischen Beitrag der Umweltsoziologie als zu berücksichtigende Schwerpunkte zugewiesen hat, nämlich 1. Ausarbeitung eines theoretischen Kerns, 2. umweltbezogene Werte, Einstellungen und Verhaltensweisen, 3. Umweltbewegungen, 4. Untersuchung technischer Risiken und Risikobewertungen sowie 5. politische Ökonomie der Umwelt und der Umweltpolitik. In Deutschland scheint der erste und fünfte Schwerpunkt vernachlässigt zu werden.

Verantwortlichkeiten und Problemlösungsfähigkeiten, die Bereitschaft zu Veränderungen des Lebens- und Konsumstils, den Zusammenhang zwischen der Sensibilität für Umweltfragen und sozialstrukturellen bzw. ideologischen Merkmalen usw. Teilweise sind solche Fragen Bestandteil einer staatlich initiierten Akzeptanzforschung,[16] teils entspringen sie genuin soziologischer oder politikwissenschaftlicher Neugier. Zunehmend entwickeln sie sich auch zu einem festen Posten im Rahmen größer angelegter Unternehmungen wie Eurobarometer, World Value Survey usw. Im Ganzen handelt es sich um eine hochgradig professionalisierte und routinisierte Forschung, die nützliche Informationen erbringt, jedoch kaum als genuine Umweltsoziologie anzusprechen ist. Sie greift das Umweltthema als eines unter vielen auf und unterscheidet sich darin nicht prinzipiell von der kommerziellen Umfrageforschung.

Dagegen sind Arbeiten, die sich intensiver auf das Umweltthema einlassen, sehr selten. Dies gilt a) für Studien, welche subjektive Einstellungen und Verhaltensweisen im Hinblick auf das Umweltthema nicht nur in Daten-Omnibussen in relativ oberflächlicher Frageform ermitteln, sondern auf einer Massenbasis vertiefend analysieren (z.B. Kessel und Tischler 1984), b) für Arbeiten, die unter primär theoretischen Fragestellungen umweltbezogene Individualdaten in einem ganz bestimmten Konfliktfeld erheben (z.B. Opp et al. 1984), und schließlich c) für primär qualitative Untersuchungen, die lebensweltliche und strukturelle Kontexte als Determinanten umweltrelevanten Handelns behandeln (z.B. Brand und Honolka 1987).

2. Die *Kommunikation über ökologische Fragen* wurde aus sehr unterschiedlichen Perspektiven angegangen. Dazu gehören a) methodisch anspruchsvolle, aber auf schmaler Materialbasis beruhende sprachanalytische Untersuchungen in der phänomenologischen Tradition (z.B. Christmann 1995, 1997), b) die gleichsam auf einer mittleren Abstraktionshöhe angesiedelten Analysen öffentlicher Diskurse über ökologische Fragen (z.B. Brand 1997; Brand et al. 1997; de Haan 1995; Eder 1994, 1996; van den Daele 1997) und schließlich c) allgemeinere, auf keine konkreten Erhebungen gestützte Abhandlungen, wie sie aus systemtheoretischer Perspektive von Luhmann (1986) und Münch (1995) vorgelegt wurden. Bei letzteren überwiegt freilich das Interesse an Gesellschaftstheorie gegenüber einer genuinen Umweltsoziologie.

3. Von hier aus ergeben sich auch fließende Übergänge zur Thematisierung der *Umweltfrage und Risikoproblematik* in modernen Gesellschaften. Ulrich Beck hat in seiner weit über Soziologenkreise hinaus beachteten Schrift zur Risikogesellschaft (1986) und einem nachfolgenden Band mit dem Haupttitel Gegengifte (1988) die Umweltfrage aufs Engste mit soziologischer Zeitdiagnose verbunden. Zwar war die Fokussierung auf die Risikoproblematik nicht neu (vgl. u.a. Lagadec 1981; Douglas und Wildavsky 1982), doch hat Beck dieser Frage eine zentrale, für die Gegenwartsgesellschaft geradezu konstitutive Bedeutung zugesprochen. Entscheidend sei nicht nur die gegenüber herkömmlichen Risiken andere, weil klassenunspezifische Verteilung der Betroffenheiten,[17] sondern die Unmöglichkeit

---

16 Den Anfang hierzu machten Arbeiten im Auftrag des Bundesministeriums für Forschung und Technologie, in denen die Hintergründe des Widerstands gegen Atomkraftwerke ausgeleuchtet werden sollten (Battelle-Institut 1975) und in deren Folge der „Bürgerdialog Kernenergie" initiiert wurde.

17 „Not ist hierarchisch, Smog ist demokratisch" (vgl. Beck 1986: 48).

einer externen, auf außergesellschaftliche Faktoren bezogenen Zuschreibung von Gefahrenlagen. Damit, aber auch infolge der Unsichtbarkeit vieler neuer Risiken, rückten gesellschaftliche Definitionsprozesse über solche Risiken in den Mittelpunkt. In dem darauf bezogenen öffentlichen Definitionsstreit gehe es nicht nur um gesundheitliche Folgeprobleme für Natur und Mensch, sondern vor allem „um die sozialen, wirtschaftlichen und politischen Nebenfolgen dieser Nebenfolgen" (Beck 1986: 31). Becks Überlegungen haben im deutschen Sprachraum weitere, teilweise aus ganz anderen Theorietraditionen kommende Arbeiten zur Risikoproblematik angestoßen, die, wie im Falle von Japp (1993), eine nur schwer verdauliche Kost darstellen und in ihrer Resonanz sehr begrenzt blieben.

4. Der vierte Themenschwerpunkt, die Analyse einzelner *Umweltkonflikte und Umweltbewegungen,* hat vermutlich die meisten Arbeiten hervorgebracht, welche zumindest im weiteren Sinne der Umweltsoziologie zugerechnet werden können. Dabei ist es wohl eine Frage der theoretischen Anknüpfungspunkte, ob bestimmte Analysen von Umweltbewegungen zum Feld der Bewegungsforschung oder dem der Umweltsoziologie gehören. Ebenso werden die Grenzen zur Politikwissenschaft fließend, so daß sich die Ansätze aus der Bewegungsforschung, wenngleich nicht die Umweltsoziologie, zu Recht im Rahmen der politischen Soziologie verorten.

Große Aufmerksamkeit hat der Konflikt um die zivile Nutzung der Atomenergie gefunden, dem auch in Deutschland eine ganze Reihe von eingehenden Studien gewidmet wurde (Kitschelt 1980; Rucht 1980; Radkau 1983; Wagner 1994). Teilweise wurden in diesen Arbeiten auch bewegungssoziologische Fragen abgehandelt. Darüber hinaus wurden Konflikte um andere technisch-industrielle Bauvorhaben, etwa Flughafenprojekte, zum Gegenstand eigener Analysen (Rucht 1984). Eine große Monographie über die Umweltbewegungen steht jedoch bis heute aus. Immerhin wurden diese Bewegungen Gegenstand einzelner Kapitel in breiter angelegten Bänden (Brand, Büsser und Rucht 1986; Rucht 1994) oder in Zeitschriftenartikeln, in denen teilweise auch speziellere Aspekte, etwa Fragen der Organisation der Umweltbewegung (Rucht 1991), abgehandelt wurden. Schließlich haben Umweltkonflikte nicht zuletzt ein politisches und nachfolgend sozialwissenschaftliches Interesse an Konfliktlösungsverfahren stimuliert (z.B. Weidner 1997; Fietkau 1997).

Die Analyse der aus der Umweltbewegung hervorgegangenen Partei „Die Grünen" bzw. ihres Nachfolgers „Bündnis 90/Die Grünen" fiel naturgemäß eher in die Domäne der Politikwissenschaft.[18] Doch wurden selbst Fragestellungen, die jenseits der konventionellen Parteien- und Wahlforschung angesiedelt sind und durchaus im Interessenhorizont der Soziologie lägen, überwiegend von Politikwissenschaftlern abgehandelt. Dies gilt etwa für die These von einem auf sozialstrukturellen Entwicklungen basierenden „inevitable decline of the Greens" (Bürklin 1987) ebenso wie für die Frage, ob die Grünen, deren „Bewegungsherbst" bereits vor Jahren diagnostiziert wurde (Wiesenthal 1988), der Oligarchisierung anheimfallen müssen. Während die erstgenannte Behauptung inzwischen wohl durch die Realität überholt wurde, scheinen die Verfechter der auf Robert Michels zurückgehenden Oligarchisierungsthese Recht zu behalten. Alles deutet darauf hin, daß

---

18 Zu den Politikwissenschaftlern, die sich der Analyse der „Grünen" zugewandt haben, zählen unter anderem Willi Bürklin, Helmut Fogt, Helmut Wiesenthal, Herbert Kitschelt, Thomas Poguntke, Ferdinand Müller-Rommel, Joachim Raschke, Roland Roth, Rüdiger Schmitt-Beck, Richard Stöss, Hans-Joachim Veen und Bodo Zeuner.

sich die Grünen strukturell den etablierten Parteien immer weiter annähern werden. Die Soziologie, die für die Aufdeckung der hierbei wirksamen Mechanismen vielleicht besser als die Politikwissenschaft gerüstet sein dürfte, hat allerdings nach meiner Kenntnis wenig zur Analyse dieses Vorgangs beigetragen.

Über den aktuellen Zustand der Umweltbewegung liegen keine gehaltvollen Analysen vor. Den meisten Beobachtern erscheint evident, daß globale Katastrophenszenarien und daran geknüpfte Aufrufe zur Rettung des „Raumschiffs Erde" ihre mobilisierende Kraft eingebüßt haben. Historisch informierte Bewegungssoziologen neigen ohnehin nicht dazu, eine nach Entstehungszeitpunkt und Quantität überraschende Mobilisierung, wie sie die Umweltbewegung verkörpert, umstandslos in die Zukunft zu extrapolieren. Ermüdungs- und Abnutzungserscheinungen, Zielverschiebungen sowie die Effekte von Teilerfolgen, Kompromißzwängen und Kooptationsangeboten sind auf längere Sicht in Rechnung zu stellen. Allerdings erscheint die These von einem sich bereits seit 1980 anbahnenden Niedergang der Ökologiebewegung in der Bundesrepublik (so Opp 1997: 371) weder durch die infrastrukturelle Entwicklung noch das Protestverhalten der Bewegung gedeckt. Die Mitgliederzahlen der großen Umweltverbände haben im Verlauf der achtziger Jahre zugenommen (Rucht 1991). Auszählungen von sog. Stattbüchern, die kurze Selbstdarstellungen links-alternativer Gruppen enthalten, ergaben uneinheitliche Trends für die Zahl von Umweltgruppen auf lokaler Ebene.[19] Vorläufige Daten aus dem am Wissenschaftszentrum Berlin betriebenen „Prodat-Projekt"[20] zeigen, daß die Zahl von Umwelt- und Anti-Atomprotesten in den achtziger Jahren mit Abstand am höchsten lag, jedoch in den frühen neunziger Jahren stark zurückgegangen war.

Tabelle 2: Umwelt- und Anti-Atomproteste in der Bundesrepublik (West) von 1950–92*

Jahrzehnt	Umwelt	Anti-Atom	Alle Proteste
1950–59	5	2	626
1960–69	3	0	895
1970–79	20	86	1.110
1980–89	104	233	2.023
1990–92	18	16	608
Summe	150	337	5.262

* Nur Proteste an Wochenenden.

Neuere, noch nicht abgeschlossene Erhebungen auf einer anderen Datenbasis[21] lassen jedoch für die jüngste Phase wiederum ein Anwachsen dieser Proteste erkennen. Von

---

19 Bezogen auf die Erscheinungsjahre der jeweiligen Ausgaben von „Stattbüchern" wurden folgende Zahlen von Umweltgruppen ermittelt: Berlin: 96 (Ausgabe 1978), 130 (1980), 130 (1984), 104 (1989); Köln: 32 (1982/83), 45 (1984/85), 33 (1989), 56 (1993/94) (vgl. Rucht, Blattert und Rink 1997, Anhang D).

20 Das Projekt „Dokumentation und Analyse von Protestereignissen in der Bundesrepublik 1950–1993" ist noch nicht abgeschlossen. Es basiert auf einer Auswertung der Frankfurter Rundschau und der Süddeutschen Zeitung. Die Stichprobe bezieht sich auf Ereignisse an allen Wochenenden sowie den Werktagen jeder vierten Woche. Zur Anlage des Projekts vgl. Rucht, Hocke und Oremus (1995).

21 Grundlage ist hier eine vom Verfasser betriebene Auswertung der „tageszeitung", die, im Un-

insgesamt 1.095 Protesten in den alten Bundesländern und Westberlin im Zeitraum von 1995 bis Mitte 1997 entfielen 92 auf den Umweltbereich und weitere 200 auf den Bereich Atomenergie. Das Ende der Umweltbewegung ist somit nicht in Sicht, wenngleich festzustellen ist, daß die vormals ungewöhnlich große Aufmerksamkeit und Erregungsbereitschaft für ökologische Probleme und Konflikte nachgelassen hat.

5. Neben Analysen der Vergangenheit und Gegenwart sind einzelne Soziologen auch mit *prognostischen Aussagen* zur Entwicklung der Umweltproblematik hervorgetreten. Zur Illustration verschiedener Positionen mögen knappe Hinweise auf Niklas Luhmann, Ulrich Beck und Joseph Huber genügen.

Niklas Luhmann mahnt in der ihm eigenen Art zur Nüchternheit im Hinblick auf die ökologische Frage: „Wie nie zuvor alarmiert die heutige Gesellschaft sich selbst, ohne jedoch über zureichende kognitive Mittel der Prognose und der Praxisanleitung zu verfügen. ... Für die Soziologie kam diese Diskussion – wie so vieles – überraschend, und sie traf das Fach theoretisch unvorbereitet" (Luhmann 1986: 11f.). In dieser Situation bestünde die Neigung, das Theoriedefizit mit moralischem Eifer zu kompensieren. Die ökologische Kommunikation, repräsentiert durch die ökologische Bewegung, basiere auf einem grandiosen Mißverständnis. Sie verkenne ihren Status und ihre Positionierung, weil sie die Funktionslogik von Gesellschaft ignoriere. Der Widerstand verzichte auf eigene semantische und strukturelle Stabilität und gründe allein auf abgelehnten Wertsetzungen. „Die blasierte moralische Selbstgerechtigkeit, die man in der ‚grünen' Bewegung beobachten kann, verdeckt nur oberflächlich den jederzeit möglichen Rückfall in die Resignation" (ebd.: 235).

Es ist allerdings zweifelhaft, ob Luhmann der ökologischen Bewegung mehr Stabilität in ihrer Beobachtungsposition, und das heißt wohl: mehr Theorie, wünscht.[22] Sie wäre dann vermutlich keine Protestbewegung mehr, erzeugte also nicht länger das, was Luhmann unter „Angstkommunikation" und „Aufregungsschäden" rubriziert hat.[23] Doch selbst diese Schäden scheinen längerfristig an Bedeutung zu verlieren. „Wie die ‚Roten' (liberalen Theologen, nach einem Diktum von Harnack) werden auch die ‚Grünen' nachdunkeln, sobald sie in Ämter kommen und sich mit den Details konfrontiert finden. Diese Aussicht mag ‚konservative' Beobachter beruhigen. Sie sollte aber nicht verdecken, daß das eigentliche Problem in der Frage liegt, ob die moderne Gesellschaft für Selbstbeschreibung auf die ganz unzulängliche Basis sozialer Bewegungen angewiesen ist" (ebd.: 236). Freilich geht Luhmann nicht so weit, schon die nahe Absorption der Bewegungen in die Funktionssysteme und damit ihr Ende anzunehmen (Luhmann 1996: 198).

Bei Ulrich Beck vermischen sich Bestandsaufnahmen jüngster Entwicklungen, auf die Zukunft gemünzte Trendvermutungen, projektive Folgerungen und politische Ratschläge. Pointierten Aussagen nicht abgeneigt, durchmustert Beck verschiedene gesellschaftliche Bereiche – Familie, Wirtschaft, Arbeitswelt, Politik –, um das, was er bereits zu erkennen glaubt, in die Zukunft zu verlängern. Mit Blick auf die ökologische Frage und die Um-

---

terschied zum Prodat-Projekt, auf einer Vollerhebung beruht und auch den Berliner Lokalteil einschließt.
22 „Den neuen sozialen Bewegungen fehlt Theorie" (Luhmann 1986: 234).
23 Daß Luhmann diese distanzierte Haltung trotz einer versöhnlicheren Tonlage in neueren Schriften beibehalten hat, verdeutlicht seine Antwort auf die Vermutung, er hätte allmählich mit den sozialen Bewegungen seinen Frieden geschlossen: „Wie kann man mit Fehlern ‚Frieden schließen'?" (1996: 199).

weltbewegung bleibt er vage und stellt keine Prognosen an. Jedoch entwirft er Szenarien einer möglichen Zukunft, die sich auf die Gesamtrichtung moderner Gesellschaften beziehen und insofern die ökologische Frage einschließen (Beck 1986: 357ff.).

Eine erste Möglichkeit sieht er im Auswandern der Gestaltungsmacht aus dem Bereich der institutionalisierten Politik in die sog. Subpolitik, vor allem in die Forschungslabors und Vorstandsetagen. Diese setzten – mit gewissen ökologischen Korrekturen – auf die Alternativlosigkeit des industriegesellschaftlichen Entwicklungspfades. Bei gleichzeitiger Zunahme der Risikosensibilität seien sie gezwungen, eine Strategie der Verharmlosung zu betreiben, um am Ende – unter dem Druck ungelöster Folgeprobleme – die Sehnsucht nach einer ‚starken Hand' zu befördern.

Ein alternatives Entwicklungsmodell wird in zwei Varianten vorgestellt. Eine Möglichkeit bestünde im entschiedenen Ausbau parlamentarischer Kontroll- und Entscheidungsbefugnisse einschließlich der Beteiligung von Expertenzirkeln und Bürgergruppen. Hier sieht Beck die Gefahr einer bürokratisch-parlamentarischen Hemmung betrieblicher Rationalisierung und wissenschaftlicher Forschung. Eine andere Variante dieses Modells bestünde in einem ökologisch orientierten Staatsinterventionismus. Dieser würde jedoch nicht nur auf starke Widerstände privater Investoren stoßen, sondern auch „wissenschaftlichen Autoritarismus und überschäumende Bürokratie" begünstigen.

Unter dem Stichwort „differentielle Politik" entwirft Beck schließlich ein drittes Szenario, dem zweifellos seine politische Sympathie gehört. Es besteht in einer Entgrenzung von Politik, bei der die diversen Akteure der Haupt-, Sub- und Gegenpolitik kommunizieren und sich gegenseitig kontrollieren, bei der alternativ und kontrovers über die Risiken bestimmter Schritte und Vorhaben diskutiert würde und damit eine konservierende Wirkung der Politik zur Geltung käme. Die weiteren Attribute dieses Modells – Flexibilität, Reflexität, Dezentralität, Selbstgestaltung, Selbstkontrolle, Selbstkritik – klingen allesamt attraktiv, doch bleiben die Institutionen und Mechanismen dieser „differentiellen Politik" im Nebel. Explizit finden sich lediglich Hinweise auf „starke und unabhängige Gerichte und eine starke und unabhängige Medienöffentlichkeit mit allem, was dies voraussetzt" sowie die Notwendigkeit von Gegenexpertise, alternativer Berufspraxis, innerberuflicher und -betrieblicher Auseinandersetzungen, die (irgendwie?) institutionell abzusichern seien.

Auch Becks nachfolgende Schrift mit dem Haupttitel „Gegengifte" (1988) macht dieses Szenario nicht greifbarer. Dort beklagt er auf den letzten Seiten die merkwürdige Einschnürung der soziologischen Phantasie auf das Ist, aber versieht seine Vision einer „ökologischen Demokratie" nur mit dürren Hinweisen. Die Überlegungen zu Veränderungen der Mehrheitsregel (Claus Offe) und der Schaffung einer lernfähigen Verfassung (Ulrich Preuß) erscheinen ihm „zu hoch" und „zu immanent", die postmoderne Perpektive als „Herrschaft des Zynismus". So bleibt es bei einer Zurückweisung der „halbierten Moderne" und dem wohlfeilen Plädoyer, die historisch entrümpelte Aufklärung „als soziale Bewegung und politische Kraft gegen die industriellen Fiktionen und Borniertheiten zu entfachen" (Beck 1988: 292).

An der ökologischen Bewegung kritisiert Beck – teils zu Recht –, sie bleibe in einem naturalistischen Mißverständnis befangen, glaube der Natur die Prinzipien gesellschaftlicher Organisation entlehnen zu können und mache sich des Vergessens von Gesellschaft schuldig. Eine Antwort darauf, was die Ökologiebewegung zu erwarten hat und worin, sofern sie den Lauf der Dinge beeinflussen will, eine sinnvolle Strategie bestünde, bleibt Beck jedoch schuldig.

Auch Joseph Huber hat in seinem Buch über „Die verlorene Unschuld der Ökologie" (1982) über die Zukunft der gesellschaftlichen Entwicklung spekuliert und dabei die Rolle der Ökologie bedacht. In Anlehnung an die Theorie langer Wellen der wirtschaftlichen Entwicklung legt er die Möglichkeit einer fünften langen Welle, der Welle der „Superindustrialisierung", nahe, die einem Autor wie Enzensberger nicht in den Sinn gekommen wäre. Träger der Superindustrialisierung seien Mikroelektronik, Gentechnologie, Biomasseverarbeitung, alternative Energietechnik sowie Umweltschutz und Ökotechnologien. Als „Erwartungszeitraum" für den Aufschwung der neuen prosperitätsversprechenden Welle nennt er die kommenden neunziger Jahre (ebd.: 46). Trifft diese Entwicklung tatsächlich ein, so würden die ursprünglichen Positionen der Umweltbewegung obsolet. Zwar habe die Bewegung wohl richtig gesehen, daß die Atomtechnik in einer Sackgasse stecke. „Sie scheint sich allerdings geirrt zu haben als sie gleich das ganze Industriesystem in der Sackgasse sah" (ebd.: 99). Diesen Irrtum, das sei nur am Rande vermerkt, teilt die Umweltbewegung nicht nur mit einer Reihe sozialwissenschaftlich gebildeter und politisch engagierter Beobachter (von Johanno Strasser bis Rudolf Bahro), sondern mit einem ganzen Zweig der frühen Umweltsoziologie in westlichen Ländern.

Nach Ansicht von Huber sei der die Zukunft entscheidende Kampf zwischen der Öko-Fraktion ‚Grenzen des Wachstums' und der Techno-Fraktion ‚Wachstum der Grenzen' den Fakten nach ein offenes Rennen, das jedoch in politischer Hinsicht bereits vorentschieden sein dürfte: „Fast alle Weichen sind auf superindustriellen Durchbruch gestellt" (ebd.: 158). Die nächsten Schritte auf diesem Weg seien allerdings problematisch und krisenreich. Hier treffen sich die Erwartungen Hubers mit denen von Enzensberger. Mit teilweise noch verschlimmerten Umweltkrisen, vor allem aber verschärften politischen Spannungen und Wirtschaftskrisen sowie mit harten Verteilungskämpfen müsse gerechnet werden. Dabei gebe es freilich härtere und sanftere Wege. Auf letztere, sozial verträglich, ökologisch und demokratisch, richten sich Hubers Hoffnungen, während Enzensberger eine solche Hoffnung nicht auszusprechen wagte.

Die Ökologiebewegung ist dabei wohl nur ein Faktor unter vielen. Sie komme nicht umhin, sich auf die politische Sitzgeographie von Links, Mitte und Rechts einzulassen und in diesem Sinne ihre politische Unschuld zu verlieren. Über die Frage, welche politische Richtung und welches gesellschaftliche Entwicklungsmodell sich am ehesten durchsetzen wird, schweigt sich Huber aus. Äußerst gefährlich erscheint ihm jedenfalls die zwanghafte Reinhaltung der Ideenwelt und damit auch eine Polarisierung zwischen den Verfechtern von ökologischer Anpassung (Nullwachstum oder Schrumpfung), selektivem Wachstum (die Position der sozialliberalen Öko-Mitte), ökologischer Transformation (die Position der Öko-Linken) und ökologisch angepaßter Superindustrialisierung (die Position der Techno-Fraktionen im gesamten politischen Spektrum). Und wie Luhmann vermutet Huber, die Ökologie sei nicht das Ende der Industrie und zu guter Letzt nicht einmal mehr ein Gegensatz zu ihr (Huber 1982: 208).

Zieht man die Positionen der zitierten Soziologen zusammen, so erscheint als ihr prognostischer Nenner die Entdramatisierung und Konventionalisierung der ökologischen Frage und mit ihr der Umweltbewegung. Zu erwarten sei eine sicher schwierige und problembeladene, aber im Ganzen doch wohl unspektakuläre Verarbeitung der ökologischen Problematik. Ungeachtet der sich tatsächlich ergebenden Dimension dieser Frage im Sinne physikalisch bzw. medizinisch meßbarer Belastungen und Zerstörungen, deren Vorhersage einem Soziologen schlecht ansteht, prognostizieren die hier vorgestellten drei Autoren keine durch ökologische Probleme hervorgerufene tiefgreifende soziale Destabilisierung, wie sie im vergangenen Jahrhundert – voller Angst oder Hoffnung – mit der „socialen Frage" verknüpft wurde. Zumindest implizit wird damit auch den Prognosen über einen zwangsläufigen Zusammenbruch oder einen gebotenen drastischen Rückbau des Industriesystems eine Absage erteilt. Die Vision einer gesellschaftlichen „Wendezeit" bleibt einem Physiker wie Fritjof Capra (1983) überlassen.

Die in der neueren Umweltsoziologie erkennbare Entdramatisierung der Problemsicht ist auf zwei ganz verschiedene, aber gleichsinnig wirkende Gründe zurückzuführen. Zum ersten haben sich einige der globalen Zusammenbruchsprognosen, wie sie von Natur- und Bevölkerungswissenschaftlern um die Wende zu den siebziger Jahren vorgelegt wurden, als überzogen erwiesen, so daß auch eine Abschwächung der sozialen spill over-Effekte erwartet wird. Zum zweiten hat aber auch der aufrüttelnde Effekt dieser Prognosen ihre Treffsicherheit untergraben, insofern sich viele gesellschaftliche Kräfte teilweise erfolgreich daran gemacht haben, die Umweltzerstörung zu verlangsamen, ja in Teilbereichen sogar Verbesserungen der Umweltqualität zu erzielen. Gerade in einem Land wie der Bundesrepublik scheint es, als habe die Umweltproblematik hervorragende Anwälte gefunden, wie es die Medienberichterstattung zu Gruppen wie Greenpeace, aber auch die parlamentarische Präsenz der Grünen suggeriert. Ob freilich diese Teilerfolge nicht zu einer Unterschätzung der (sozialen) Sprengkraft der ökologischen Frage führen, wird sich wohl erst längerfristig und in einer globalen Perspektive erweisen. Hierbei dürfte der objektiven Entwicklung, Wahrnehmung und Kausalattribuierung der Umweltproblematik in den Ländern der südlichen Hemisphäre eine Schlüsselrolle zufallen, zumal der West-Ost-Konflikt derartige Fragen nicht länger überschattet. Enzensberger, ohne die veränderte geopolitische Lage vorhersehen zu können, mag in seiner Zusammenschau der Umweltfrage mit dem Nord-Süd-Konflikt durchaus Recht behalten.

IV. Zum Selbstverständnis der Umweltsoziologie

Umweltsoziologie, so lassen die angedeuteten Themenschwerpunke und Arbeiten erkennen, wird in Deutschland mit ganz unterschiedlichen Ausrichtungen und Akzentuierungen betrieben. Doch ist nicht erkennbar, daß sich über alle einzelnen Bemühungen hinweg ein konzeptueller und programmatischer Kern herausschälen würde. Zumeist wenden sich die einzelnen Autoren ihrer je spezifischen Frage zu, ohne sich der möglichen Besonderheit und Einheit „ihrer" Bereichsdisziplin zu vergewissern und sich darin einzuordnen. Somit existiert in Deutschland allenfalls eine „sociology of environmental issues" als bloße Ansammlung thematisch einschlägiger Arbeiten, nicht jedoch die von Dunlap und Catton (1979, 1994a) geforderte, allerdings nur in Ansätzen konturierte „environmental sociology".

Dieser letztgenannten Vorstellung zufolge müßte die Wechselwirkung von Gesellschaft und Natur in den Mittelpunkt gerückt und eine Reihe traditioneller Vorstellungen überwunden werden, die Dunlap und Catton unter dem Etikett „human exemptionalist paradigm" zusammengefaßt haben. Das alte Paradigma basiere vor allem auf zwei Prämissen:

dem Durkheimschen Postulat, Soziales nur durch Soziales erklären zu wollen, sowie der Ansicht, es gäbe keine exogenen, außerhalb der Gesellschaft liegenden Grenzen gesellschaftlicher Entwicklung. Dagegen setzten die Autoren bereits Ende der siebziger Jahre ein „neues" bzw. „ökologisches Paradigma". In einem jüngeren bilanzierenden und programmatischen Beitrag zur Umweltsoziologie rücken sie den Aspekt des „antropogenic (human-induced) global environmental change" (Dunlap und Catton 1994b: 16) in den Mittelpunkt. Zugleich wenden sich die Autoren gegen den Vorrang konstruktivistischer Ansätze in der Umweltsoziologie (zum Beispiel Buttel und Taylor 1992), in denen lediglich die Deutung von Umweltproblemen und nicht ihr objektiver Gehalt in Form greifbarer Umweltschäden Anerkennung fände. Ein derart radikaler Konstruktivismus führe nach Dunlap und Catton dazu, die Umweltbedingungen moderner Gesellschaften als irrelevant abzutun. Umweltsoziologie bliebe dann auf eine „claim-making analysis" im Rahmen einer Soziologie sozialer Probleme beschränkt; sie würde die Untersuchung der gesellschaftlichen Ursachen und Konsequenzen von Umweltproblemen ebenso wie die Bemühungen zur Verbesserung des Zustands der Umwelt vernachlässigen.

Zwar ist das Engagement der Autoren für eine praxisrelevante Umweltsoziologie zu begrüßen, doch kann sich ein „neues Paradigma" nicht darauf beschränken, die Befassung mit bestimmten Themen zu propagieren. Dunlap und Catton bleiben theoretisch harmlos. Sie weisen der Umweltsoziologie Beschäftigungsprogramme zu, aber liefern keine disziplinäre Fundierung. Der mehrfach erhobenen Kritik, daß der paradigmatische Entwurf zu unspezifisch ausfalle und zu keinen überprüfbaren Hypothesen führe (z.B. Buttel 1978, 1987), begegnen die Autoren mit einer Rückzugsbewegung: „... our proposed ecological alternative represents a set of broad background assumptions ... that ... were never intended to be logically interrelated sets of propositions from which testable hypotheses can be deducted" (Dunlap 1997: 34).

In dem Beitrag von Diekmann und Jaeger zu „Aufgaben und Perspektiven der Umweltsoziologie" (der in dem der Umweltsoziologie gewidmeten Sonderheft der Kölner Zeitschrift für Soziologie und Sozialpsychologie veröffentlicht wurde) ist die Tonlage nüchterner; die emphatische Proklamierung eines neuen Paradigmas im Stile von Dunlap und Catton wird gemieden. In Abgrenzung zur Umweltforschung in den Natur- und Ingenieurwissenschaften gehe es der sozialwissenschaftlichen und speziell soziologischen Umweltforschung um die „Erklärung umweltbezogener Handlungen und aggregierter Handlungsfolgen auf der Ebene sozialer Gruppen und der Makroebene von Gesellschaften" (Diekmann und Jaeger 1996: 11). Ein solches Programm müßte zur Formulierung überprüfbarer Hypothesen führen, was wohl auch dem Selbstverständnis von Diekmann und Jaeger entspricht, die sich an den Standards von „normal science" orientieren.

Freilich wird auch hier, wenngleich eher verhalten, der Umweltsoziologie ein Beitrag zur Lösung praktischer Fragen zugemutet.[24] So bezeichnen die Autoren die „Untersuchung sozial produzierter ökologischer Probleme und der gesellschaftlichen Reaktionen auf diese Probleme (als) ein wesentliches Element wirksamer Umweltforschung" (Diekmann und

---

24 Deutlicher ist dagegen das Plädoyer von Wiesenthal (1995: 370) für eine angewandte Umweltsoziologie, der drei Schwerpunkte zugewiesen werden: „erstens die soziale Wahrnehmung und Interpretation ökologischer Gefahren, zweitens die (Mehrebenen-)Analyse der Problembearbeitung unter Bedingungen komplexer Verursachung und konkurrierender Ziele sowie drittens die Initiierung bzw. Steuerung institutionellen Wandels."

Jaeger 1996: 11). Zudem plädieren sie dafür, die künstliche Zuspitzung des Gegensatzes zwischen eher grundlagentheoretischem Reflexionswissen einerseits und an Politikberatung orientiertem Handlungswissen zu vermeiden. In der Rational Choice-Theorie, der Systemtheorie (nicht unbedingt Luhmannscher Provenienz), der Humanökologie und der Modernisierungstheorie sehen Dieckmann und Jaeger vier Orientierungen, die sich für die Umweltsoziologie als besonders fruchtbar erwiesen hätten und sich zudem keineswegs gegenseitig ausschlössen. Diese integrative, weniger auf Abgrenzung denn auf Vermittlung bedachte Position manifestiert sich auch in dem Plädoyer für eine interdisziplinäre (sozialwissenschaftliche) Umweltforschung, zumal in diesem Gegenstandsbereich die Grenzlinien zwischen den Fachrichtungen ohnehin verschwämmen.

Die auf Vermittlung und Integration bedachten Vorschläge von Dieckmann und Jaeger sollten aber nicht verdecken, daß hier im Kern lediglich *eine* mögliche Konzeption von Umweltsoziologie anvisiert wird, die sehr stark ökonomischen Prämissen, etwa der Vorstellung von Umwelt als eines Kollektivgutes, verhaftet ist und beispielsweise die konstruktivistischen und die konfliktsoziologischen Ansätze auszublenden scheint. Gleichwohl ist eine solche Zuspitzung, sofern sie denn offensiver formuliert wird, zum gegenwärtigen Stand der Debatte nicht von Nachteil. Es könnte gerade für einen in der Formierungsphase befindlichen Forschungsbereich hilfreich sein, sich um Grenzziehungen zu bemühen und Kontroversen auszufechten. Bedarf es einer neuen paradigmatischen Sicht moderner Gesellschaft auf ihre Naturbasis? Kann sich die Umweltsoziologie darauf beschränken, Soziales nur durch Soziales zu erklären? Genügt es, die Umweltproblematik als ein soziales Konstrukt abzuhandeln? Soll Umweltsoziologie in erster Linie als ein wissenssoziologisches Unternehmen angelegt werden? Kann sich die Umweltsoziologie mit einer beschreibenden und diagnostischen Rolle begnügen oder hat sie auch einen Beitrag zur Lösung von Umweltproblemen zu liefern? Könnte einer dieser Beiträge darin bestehen, den Glauben an rein „technische Lösungen" der Umweltprobleme zu demystifizieren? Der Streit um diese insbesondere von Dunlap und Catton aufgeworfenen, aber nicht mit einer profilierten theoretischen Perspektive bearbeiteten Fragen könnte der Selbstvergewisserung und Profilierung der jungen Bereichsdisziplin hilfreicher sein als die Bereitstellung eines bequemen Sammelbehälters, mit dem das „schwierige Projekt der Umweltsoziologie" (Wiesenthal 1995) eher umgangen als angegangen wird. So wie am Übergang zum 20. Jahrhundert um die Grundlegung der Soziologie in Abgrenzung etwa zur Philosophie und Psychologie gerungen wurde, so hätte sich auch eine Umweltsoziologie um ihre fachliche Fundierung zu bemühen und Kontroversen nicht zu scheuen.

V. Schluß

Die Existenz instruktiver und vorzüglicher Einzelstudien sollte nicht darüber hinwegtäuschen, daß sich die Umweltsoziologie in Deutschland vorerst als sehr lose geknüpfter und zudem von großen Löchern durchsetzter Flickenteppich darstellt. Sicherlich ist in Rechnung zu stellen, daß es sich um eine sehr junge, der Dynamik ihres Gegenstandsbereichs zwangsläufig nachhinkende Teildisziplin handelt, die nicht am Reifegrad längst etablierter Bindestrichsoziologien gemessen werden sollte. Gleichwohl zeigt ein Seitenblick auf die Umweltsoziologie in den USA oder die Umweltpolitologie im eigenen Land, daß sich die Umweltsoziologie in Deutschland erst spät formierte und bis heute hinter ihren Möglichkeiten bleibt. Es mangelt an systematischen, über essayistische Abhandlungen hinausgehenden Theoretisierungen des Gegenstandsbereiches ebenso wie an der breit angelegten empirischen Dauerbeobachtung von Kommunikationen, Konflikten und Mobilisierungen zu Umweltfragen.

Was Prognosen über die ökologische Frage und das Schicksal der Umweltbewegung angeht, so haben sich Umweltsoziologen schon aufgrund ihrer Zurückhaltung in diesem Metier kaum blamieren können. Angesichts der von dem Historiker Reinhart Kosseleck aufgezeigten Schwierigkeiten mit Prognosen in heutiger Zeit[25] ist diese Bescheidenheit durchaus angebracht. Die Soziologie sollte sich nicht daran messen lassen, ob sie dies oder jenes richtig vorhergesagt hat. Inzwischen wissen wir, daß viele soziale Prozesse einer nichtlinearen Dynamik folgen, gekennzeichnet durch abrupte Trendwenden, Schwellenwerteffekte, Eskalationen und chaotische Fluktuationen, die sich in ihrer Summen- und Wechselwirkung nicht prognostizieren lassen (Mayntz 1988, 1996). Schwer verständlich ist freilich das bis heute anhaltende Schattendasein einer rekonstruktiv verfahrenden Umweltsoziologie. Hier setzt in seinem analytischen Potential und seiner Hellsicht der frühe Essay des Schriftstellers Hans Magnus Enzensberger noch immer Maßstäbe, die manchen Fachsoziologen beschämen müßten.

Literatur

Amery, Carl, 1976: Natur als Politik. Die ökologische Chance des Menschen. Reinbek: Rowohlt.
Anders, Günter, 1956: Die Antiquiertheit des Menschen. Über die Seele im Zeitalter der industriellen Revolution. München: C.H. Beck.
Battelle-Institut, 1975: Bürgerinitiativen im Bereich von Kernkraftwerken. Bericht für das Bundesministerium für Forschung und Technologie. Bonn.
Beck, Ulrich, 1986: Risikogesellschaft. Auf dem Weg in eine andere Moderne. Frankfurt a.M.: Suhrkamp.
Beck, Ulrich, 1988: Gegengifte. Die organisierte Unverantwortlichkeit. Frankfurt a.M.: Suhrkamp.
Bergmann, Klaus, 1970: Agrarromantik und Großstadtfeindschaft. Meisenheim am Glan: Hain.
Borinksi, Fritz, und *Werner Milch,* 1967: Jugendbewegung. Die Geschichte der deutschen Jugend 1896-1933. Frankfurt a.M.: dipa-Verlag.
Boulding, Kenneth, 1966: The Economics of the Coming Spaceship Earth. S. 3-14 in: *Henry Jarrett* (Hg.): Environmental Quality in a Growing Economy. Baltimore: John Hopkins Press.
Brand, Karl-Werner, 1995: Der ökologische Diskurs. Oder: Wer bestimmt Themen, Formen und Entwicklung der öffentlichen Umweltdebatte? In: *Gerhard de Haan* (Hg.): Umweltbewußtsein und Massenmedien. Perspektiven ökologischer Kommunikation. Berlin: Akademie Verlag.

---

25 Je mehr wir uns der eigenen Zeit nähern, so Koselleck, desto schwieriger wird die Kunst selbst kurzfristiger Prognosen. Neben der gesteigerten Zahl kurzfristiger Faktoren, die in solche Prognosen eingingen, hätten sich auch die längerwährenden Rahmenbedingungen vervielfacht und unterlägen einem beschleunigten Wandel: „Es gibt immer mehr Variablen, die hochzurechnen und aufeinander zu beziehen immer schwieriger wird. Deshalb hat sich, wissenschaftsgeschichtlich gesprochen, aus der Zunft der Historiker die der Soziologen herausdifferenziert. Die Frage danach, wie sich kurze, mittlere und lange Fristen zueinander verhalten, zwingt die Soziologen zur Prognose, ob sie wollen oder nicht" (Koselleck 1985: 58).

Brand, Karl-Werner, 1997: Environmental Consciousness and Behavior: The Greening of Lifestyles. S. 204–217 in: *Michael Redclift* und *Graham Woodgate* (Hg.): International Handbook of Environmental Sociology. Cheltenham: Edgar Elgar.
Brand, Karl-Werner, Detlef Büsser und *Dieter Rucht,* 1986 (zuerst 1983): Aufbruch in eine andere Gesellschaft. Neue soziale Bewegungen in der Bundesrepublik. Frankfurt a.M.: Campus.
Brand, Karl-Werner, und *Harro Honolka,* 1987: Ökologische Betroffenheit, Lebenswelt und Wahlentscheidung. Opladen: Westdeutscher Verlag.
Brand, Karl-Werner, Klaus Eder und *Angelika Poferl,* 1997: Ökologische Kommunikation in Deutschland. Opladen: Westdeutscher Verlag.
Bürklin, Wilhelm, 1987: Governing Left Parties Frustrating the Radical Non-established Left: the Rise and Inevitable Decline of the Greens, European Sociological Review 3: 109–126.
Buttel, Frederick H., 1979: Environmental Sociology: A New Paradigm?, The American Sociologist 13: 252–256.
Buttel, Frederick H., 1987: New Directions in Environmental Sociology, Annual Review of Sociology 13: 465–488.
Buttel, Frederick H., und *Peter J. Taylor,* 1992: Environmental Sociology and Global Environmental Change: A Critical Assessment, Society and Natural Resources 5: 211–230.
Capra, Fritjof, 1983: Wendezeit. Bausteine für ein neues Weltbild. Bern: Scherz.
Carson, Rachel, 1962: Silent Spring. Boston: Houghton Mifflin.
Catton, William R., und *Riley E. Dunlap,* 1978: Environmental Sociology. A New Paradigm, The American Sociologist 13: 41–49.
Christmann, Gabriela B., 1995: Über das Klagen. Die Familie des Klagens im allgemeinen und die spezielle Form des Sich-Beklagens am Beispiel von Ökologiegruppen. Arbeitspapier 15 des Projektes „Formen der kommunikativen Konstruktion von Moral: Gattungsfamilien der moralischen Kommunikation in formellen, institutionellen und massenmedialen Kontexten. Fachgruppe Soziologie". Universität Konstanz.
Christmann, Gabriela B., 1997: Ökologische Moral. Zur kommunikativen Konstruktion und Rekonstruktion umweltschützerischer Moralvorstellungen. Wiesbaden: Deutscher Universitätsverlag.
Commoner, Barry, 1971: The Closing Circle: Nature, Man and Technology. New York: Bantham Books.
Daele, Wolfgang van den, 1997: Objektives Wissen als politische Ressource: Experten und Gegenexperten in Diskurs. S. 297–326 in: *Ders.* und *Friedhelm Neidhardt* (Hg.): Kommunikation und Entscheidung. Politische Funktionen öffentlicher Meinungsbildung und diskursiver Verfahren. Berlin: Edition Sigma.
Diekmann, Andreas, und *Carlo C. Jaeger* (Hg.), 1996: Umweltsoziologie. Sonderheft 36 der Kölner Zeitschrift für Soziologie und Sozialpsychologie. Opladen: Westdeutscher Verlag.
Douglas, Mary, und *Aaron Wildavsky,* 1982: Risk and Culture: An Essay on the Selection of Technical and Environmental Dangers. Berkeley: University of California Press.
Dunlap, Riley, 1997: The Evolution of Environmental Sociology: a Brief History and Assessment of the American Experience. S. 21–39 in: *Michael Redclift* und *Graham Woodgate* (Hg.): The International Handbook of Environmental Sociology. Cheltenham: Eward Elgar.
Dunlap, Riley E., und *William R. Catton,* 1979: Environmental Sociology, Annual Review of Sociology 5: 243–273.
Dunlap, Riley E., und *William R. Catton,* 1994a: Toward an Environmental Sociology: The Development, Current Status, and Probable Future of Environmental Sociology. S. 11–31 in: *Walter V. D'Antonio, Masamichi Sasaki* und *Yosgido Yonebayashi* (Hg.): Ecology, Society and the Quality of Social Life. New Brunswick/London: Transaction.
Dunlap, Riley E., und *William R. Catton,* 1994b: Struggling with Human Exemptionalism: The Rise, Decline and Revitalization of Environmental Sociology, The American Sociologist 25: 5–30.
Eder, Klaus, 1994: Rationality in Environmental Discourse: A Cultural Approach. S. 9–37 in: *Wolfgang Rüdig* (Hg.): Green Politics Three. Edinburgh: Edinburgh University Press.

Eder, Klaus, 1996: The Social Construction of Nature. A Sociology of Ecological Enlightenment. London: Sage.
Ehrlich, Paul R., 1968: The Population Bomb. New York: Ballantine Books.
Ehrlich, Paul R., und *Anne H. Ehrlich*, 1970: Population, Resources, Environment. San Francisco: W.H. Freeman.
Enzensberger, Hans Magnus, 1973: Zur Kritik der politischen Ökologie, Kursbuch 33: 1–42.
Fetscher, Iring, 1980: Karl Marx und das Umweltproblem. S. 110–154 in: *Ders.:* Überlebensbedingungen der Menschheit. Zur Dialektik des Fortschritts. München: Piper.
Fietkau, Hans-Joachim, 1997: Kommunikationsmuster und Kommunikationserwartungen im Mediationsverfahren. S. 275–296 in: *Wolfgang van den Daele* und *Friedhelm Neidhardt* (Hg.): Kommunikation und Entscheidung. Politische Funktionen öffentlicher Meinungsbildung und diskursiver Verfahren. Berlin: Edition Sigma.
Freund, Hugo, 1956: Wir brauchen eine besondere Atompsychologie, Atomwirtschaft 1, Heft 3: 119.
Freyer, Hans, 1955: Theorie des gegenwärtigen Zeitalters. Stuttgart: Deutsche Verlags-Anstalt.
Gorz, André, 1977 (zuerst 1973): Sozialismus oder Öko-Faschismus. S. 75–88 in: *Ders.:* Ökologie und Politik. Beiträge zur Wachstumskrise. Reinbek: Rowohlt.
Haan, Gerhard de (Hg.), 1995: Umweltbewußtsein und Massenmedien. Perspektiven ökologischer Kommunikation. Berlin: Akademie Verlag.
Hannigan, John A., 1995: Environmental Sociology: A Social Constructionist Perspective. London/New York: Routledge.
Hermand, Jost, 1991: Grüne Utopien in Deutschland. Zur Geschichte des ökologischen Bewußtseins. Frankfurt a.M.: Fischer.
Huber, Joseph, 1982: Die verlorene Unschuld der Ökologie. Neue Technologien und superindustrielle Entwicklung. Frankfurt a.M.: S. Fischer.
Illich, Ivan, 1975 (zuerst 1973): Selbstbegrenzung. Eine politische Kritik der Technik. Reinbek: Rowohlt.
Japp, Klaus, 1993: Risiken der Technisierung und die neuen sozialen Bewegungen. S. 375–402 in: *Gotthard Bechmann* (Hg.): Risiko und Gesellschaft. Opladen: Westdeutscher Verlag.
Jänicke, Martin (Hg.), 1978: Umweltpolitik. Opladen: Leske + Budrich.
Jünger, Friedrich Georg, 1946: Die Perfektion der Technik. Frankfurt a.M.: Klostermann.
Kessel, Hans, und *Wolfgang Tischler*, 1984: Umweltbewußtsein. Ökologische Wertvorstellungen in westlichen Industrienationen. Berlin: Edition Sigma.
Kitschelt, Herbert, 1980: Kernenergiepolitik: Arena eines gesellschaftlichen Konflikts. Frankfurt a.M.: Campus.
Koselleck, Reinhart, 1985: Die unbekannte Zukunft und die Kunst der Prognose. S. 45–59 in: *Burkhart Lutz* (Hg.): Soziologie und gesellschaftliche Entwicklung. Verhandlungen des 22. Deutschen Soziologentages in Dortmund 1984. Frankfurt a.M.: Campus.
Lagadec, Patrick, 1981: La civilisation du risque. Catastrophes technologiques et responsibilité sociale. Paris: Seuil.
Luhmannn, Niklas, 1986: Ökologische Kommunikation. Kann die moderne Gesellschaft sich auf ökologische Gefährdungen einstellen? Westdeutscher Verlag: Opladen.
Luhmann, Niklas, 1996: Protest. Systemtheorie und soziale Bewegungen. Hrsg. und eingeleitet von *Kai-Uwe Hellmann*. Frankfurt a.M.: Suhrkamp.
Mainauer Gespräche 1987: Scheitert unsere Demokratie an der ökologischen Herausforderung? Bd. 4. Hrsg. von *Hans Schäfer* und *Johannes Schlemmer*. Mainau: Lennart-Bernadotte Stiftung:
Mayntz, Renate, 1988: Soziale Diskontinuitäten: Erscheinungsformen und Ursachen. S. 15–37 in: *Klaus Hierholtzer* und *Heinz-Günter Wittmann* (Hg.): Phasensprünge und Stetigkeit in der natürlichen und künstlichen Welt. Stuttgart: Wissenschaftliche Verlagsgesellschaft.
Mayntz, Renate, 1996: Gesellschaftliche Umbrüche als Testfall soziologischer Theorie. S. 141-153 in: Gesellschaften im Umbruch. Verhandlungen des 27. Kongresses der Deutschen Gesellschaft für Soziologie in Halle an der Saale 1995. Hrsg. von *Lars Clausen*. Frankfurt a.M.: Campus.
Meadows, Dennis et al., 1973 (zuerst 1972): Die Grenzen des Wachstums. Bericht des Club of Rome zur Lage der Menschheit. Reinbek: Rowohl.

Metha, Michael D., und *Eric Qellet* (Hg.), 1995: Environmental Sociology: Theory and Practice. North York: Captus Press.
Morris, William, 1980 (zuerst 1890): Kunde von Nirgendwo. Hrsg. von *Gerd Selle.* Reutlingen: Schwarzwurzel-Verlag.
Münch, Richard, 1995: Dynamik der Kommunikationsgesellschaft. Frankfurt a.M.: Suhrkamp.
Opp, Karl-Dieter, 1997: Aufstieg und Niedergang der Ökologiebewegung in der Bundesrepublik. S. 350–379 in: *Andreas Diekmann* und *Carlo C. Jaeger* (Hg.): Umweltsoziologie. Sonderheft 36 der Kölner Zeitschrift für Soziologie und Sozialpsychologie. Opladen: Westdeutscher Verlag.
Opp, Karl-Dieter et al., 1984: Soziale Probleme und Protestverhalten. Eine empirische Konfrontation des Modells rationalen Verhaltens mit soziologischen und demographischen Hypothesen am Beispiel von Atomkraftgegnern. Opladen: Westdeutscher Verlag.
Pankoke, Eckart, 1970: Sociale Bewegung – sociale Frage – sociale Politik. Grundfragen der deutschen „Sozialwissenschaft" im 19. Jahrhundert. Stuttgart: Klett.
Radkau, Joachim, 1983: Aufstieg und Krise der deutschen Atomwirtschaft 1945–1975. Reinbek: Rowohlt.
Redclift, Michael, und *Graham Woodgate* (Hg.), 1995: The Sociology of the Environment. Cheltenham: Eward Elgar.
Redclift, Michael, und *Graham Woodgate* (Hg.), 1997: The International Handbook of Environmental Sociology. Cheltenham: Eward Elgar.
Rohrmann, Bernd, 1992: Umwelt. S. 621–624 in: *Gerd Reinhold* (unter Mitarbeit von *Siegfried Lamnek* und *Helga Recker)* (Hg.): Soziologielexikon (2. überarb. Auflage). München/Wien: Oldenbourg.
Romoren, Elisabeth, und *Tor Romoren,* 1973: Marx und die Ökologie, Kursbuch 33: 175–187.
Rubin, Charles T., 1994: The Green Crusade: Rethinking the Roots of Environmentalism. New York: The Free Press.
Rucht, Dieter, 1980: Von Wyhl nach Gorleben. Bürger gegen Atomprogramm und nukleare Entsorgung. München: Beck.
Rucht, Dieter (Hg.), 1984: Flughafenprojekte als Politikum. Die Konflikte in Stuttgart, München und Frankfurt. Frankfurt a.M.: Campus.
Rucht, Dieter, 1991 (zuerst 1987): Von der Bewegung zur Institution? Organisationsstrukturen der Ökologiebewegung. S. 334–358 in: *Roland Roth* und *Dieter Rucht* (Hg.): Neue soziale Bewegungen in der Bundesrepublik Deutschland (2. überarb. Auflage). Frankfurt a.M.: Campus.
Rucht, Dieter, 1994: Modernisierung und neue soziale Bewegungen. Deutschland, Frankreich und USA im Vergleich. Frankfurt a.M.: Campus.
Rucht, Dieter, Peter Hocke und *Dieter Oremus,* 1995: Quantitative Inhaltsanalyse: Warum, wo, wann und wie wurde in der Bundesrepublik demonstriert? S. 261–291 in: *Ulrich von Alemann* (Hg.): Politikwissenschaftliche Methoden. Opladen: Westdeutscher Verlag.
Rucht, Dieter, Barbara Blattert und *Dieter Rink,* 1997: Soziale Bewegungen auf dem Weg zur Institutionalisierung? Zum Strukturwandel „alternativer Gruppen" in beiden Teilen Deutschlands. Frankfurt a.M.: Campus.
Schumacher, Ernst-Friedrich, 1973: Small is Beautiful. London: Blond & Briggs.
Sieferle, Rolf Peter, 1989: Fortschrittsfeinde? Opposition gegen Technik und Industrie von der Romantik bis zur Gegenwart. München: Beck.
Tönnies, Ferdinand, 1979 (zuerst 1887): Gemeinschaft und Gesellschaft. Grundbegriffe der reinen Soziologie. Darmstadt: Wissenschaftliche Buchgesellschaft.
Wagner, Friedrich, 1964 (zuerst 1959): Die Wissenschaft und die gefährdete Welt. Eine Wissenschaftssoziologie der Atomphysik (2. durchgesehene und ergänzte Auflage). München: C.H. Beck.
Wagner, Peter, 1994: Contesting Policies and Redefining the State: Energy Policy-making and the Anti-nuclear Movement in West Germany. S. 264–295 in: *Helena Flam* (Hg.): States and Anti-Nuclear Oppositional Movements. Edinburgh: Edinburgh University Press.

Weidner, Helmut, 1997: Freiwillige Kooperationen und alternative Konfliktregelungsverfahren in der Umweltpolititik. S. 195–231 in: *Wolfgang van den Daele* und *Friedhelm Neidhardt* (Hg.): Kommunikation und Entscheidung. Politische Funktionen öffentlicher Meinungsbildung und diskursiver Verfahren. Berlin: Edition Sigma.

Wey, Klaus-Georg, 1982: Umweltpolitik in Deutschland. Kurze Geschichte des Umweltschutzes in Deutschland seit 1900. Opladen: Westdeutscher Verlag.

Wiesenthal, Helmut, 1988: Die GRÜNEN im Bewegungsherbst. Linksradikale Bekenntnispartei oder Konkurrent um die Mitte?, Gewerkschaftliche Monatshefte 39, Heft 5: 289–299.

Wiesenthal, Helmut, 1995: Zwischen Gesellschaftsdiagnose und Handlungsappell: Das schwierige Projekt der Umweltsoziologie, Soziologische Revue 18: 369–378.

Yearley, Steven, 1991: The Green Case: A Sociology of Environmental Issues, Arguments and Politics. London: Harper-Collins.

V.
Informationsgesellschaft

DIE SOZIOLOGIE UND DIE INFORMATIONSGESELLSCHAFT*

Rudolf Stichweh

Zusammenfassung: Der Aufsatz rekonstruiert die These der Informationsgesellschaft, die vor allem von amerikanischen Ökonomen und japanischen Autoren, die der Politikberatung nahestehen, zwischen dem Anfang der sechziger Jahre und der Mitte der siebziger Jahre formuliert wurde. Der Anteil der Soziologie konzentriert sich auf wenige Namen – Robert E. Lane, Daniel Bell, Talcott Parsons –, von denen nur Bell in die internationale Diskussion hineingewirkt hat. Für die Diagnose *Informationsgesellschaft* wurde eine heterogene Klasse von Umbrüchen geltend gemacht: Dienstleistung und Wissensproduktion als dominant werdende Beschäftigungsmuster; die zentrale Stellung des Computers und informationshaltiger Güter; die Kontrollchancen, die bei denen liegen, die massenmediale Symbole zu handhaben verstehen. Der Aufsatz versucht, die Gründe für die Zurückhaltung der Soziologie zu klären: die geringe Politiknähe des Faches, die Präokkupation mit Schicht, Machtdifferenzen und vergleichbaren Ungleichheiten im Zugang zu Ressourcen; die unzureichende konzeptuelle Klärung der Leitbegriffe Wissen, Information und Kommunikation, wobei die Soziologie diese letztere Schwäche mit den anderen beteiligten Wissenschaften teilt.

I. Zur Karriere der Idee der Informationsgesellschaft

Die These der Informationsgesellschaft ist keine Erfindung der Soziologie. Als Ausgangspunkt läßt sich Fritz Machlups ‚The Production and Distribution of Knowledge in the United States' von 1962 identifizieren. Das ist das Buch eines Ökonomen, der zwei Betrachtungsweisen der Informationsgesellschaft etabliert hat. Einmal geht es bei ihm um den Versuch, die eingeführte Beschäftigungsklassifikation, die „farm, manual, service and white collar workers" unterscheidet, einer Neubestimmung zu unterziehen, die auf den Unterschied von „wissensproduzierenden" vs. „nicht-wissensproduzierenden" Tätigkeiten gerichtet ist. Mit Wissensproduktion sind alle diejenigen Personen befaßt, die Kommunikationen aller Art ‚transportieren, transformieren, verarbeiten, deuten, analysieren und sie schöpferisch hervorbringen' (Machlup 1962: 382f.). Das setzt interessanterweise nicht voraus, daß diejenigen, die hier als Wissensproduzenten gesehen werden, über umfangreiches oder über anspruchsvolles Wissen verfügen. Ihre eigene mentale Ausstattung kann minimal sein, wie Machlup explizit betont. Jemand, der an einer Tür steht und die eintretenden Personen in Abhängigkeit von einer simplen Unterscheidung nach rechts oder nach links verweist (also z.B. Maxwells Dämon), würde hier als Wissensproduzent gelten, während der Chirurg, der sein möglicherweise umfangreiches Wissen primär in manuelle Handhabungen umsetzt, nicht zu dieser Klasse zählt. Unter diesen Vorausset-

---

* Stefan Mosemann danke ich für bibliographische Recherchen.

zungen kommt Machlup zu dem Ergebnis, daß die Wissensproduzenten 1900 10,7 Prozent der amerikanischen Beschäftigten ausmachten. 1959 aber waren es 31,6 Prozent.

Um künftige Entwicklungen abschätzen zu können, führt Machlup eine dritte Gruppe ein (Machlup 1962: 386): diejenigen Amerikaner, die zur Zeit zur Schule gehen und durch den Wissenserwerb in der Schule dokumentieren, daß sie sich auf spätere Wissensproduktion vorbereiten. Wenn man sie in die Klasse der Wissensproduzenten einbezieht, wächst deren Anteil auf 42,8 Prozent der aktuellen und potentiellen amerikanischen Arbeitskräfte im Jahr 1959. Die Inkonsistenz dieses Schritts wird auffallen, da Machlup ja gerade betont hatte, daß es auf die mentale Ausstattung der Wissensproduzenten nicht ankomme, es vielmehr darum gehe, daß das Produkt des Wissensproduzenten die Form eines mentalen Eindrucks habe, den es auf den Empfänger dieses Produkts ausübe.

Machlup verfolgt anschließend eine weitere analytische Strategie (Machlup 1962: 388ff.): Er berechnet das Einkommen der Klasse der Wissensproduzenten zu verschiedenen Zeitpunkten, um auf diese Weise ihren Anteil am amerikanischen Nationaleinkommen abschätzen zu können. Dies vergleicht er mit einer Klassifikation von Branchen, die den Anteil der wissensproduzierenden Branchen am amerikanischen Bruttosozialprodukt zu ermitteln versucht. Auf beiden Wegen erhält er Anteilsziffern und Wachstumsraten für Wissensproduktion, die denen der Beschäftigungsklassifikation ungefähr entsprechen.

Ein Jahr nach Machlups Buch, also 1963, erscheint eine zweite Deutung der Informationsgesellschaft, die man heute klassisch nennen kann, wenn sie auch erst retrospektiv als eine Theorie der Informationsgesellschaft wahrgenommen worden ist. Das ist ein japanischer Essay von Umesao Tadao, erneut nicht der Beitrag eines Soziologen, sondern eher der eines Essayisten und Kulturkritikers, an dem vor allem die Differenz der Perspektive zu Machlup auffällt (zu Umesao siehe Dale 1996: 30–2). Umesao denkt bei Informationsgesellschaft an Medien der Massenkommunikation, vor allem aber an einflußreiche Personen oder Figuren, die Herren der Manipulation von Symbolen sind und die als solche mit Informationen handeln. Wenn man dieser Auffassung folgt, wird einerseits der Begriff der Informationsgesellschaft historisiert, weil es unmittelbar auffällt und auch bei Umesao gesehen wird, daß gerade ältere Gesellschaften Weise, Denker, Rhetoren und Seher hervorbrachten, die der Kunst der immateriellen Manipulation von Symbolen eine außergewöhnliche gesellschaftliche Stellung verdankten. Was die moderne Gesellschaft demgegenüber noch auszeichnet, ist, daß sie die Produktion von nichtsubstantiellen Symbolen zu ihrem Leitprinzip macht, daß also die Zentralität von Informationen in die Selbstbeschreibung der Gesellschaft eintritt.

Der nächste Schritt in der Karriere des Konzepts der Informationsgesellschaft erfolgt erneut in Japan. Zwischen 1969 und 1983 wurden dort fünf größere Regierungsdokumente und Pläne publiziert, in denen es jeweils darum ging, die entstehende japanische Informationsgesellschaft zu beschreiben, zu antizipieren und die Maßnahmen, deren es zu ihrer Verwirklichung bedarf, zu identifizieren (hierzu und zum folgenden Morris-Suzuki 1988, insb. Kap. 2–3). Diese Dokumente wurden entweder an die japanische Planungsbehörde oder an das Ministerium für internationalen Handel und Industrie (MITI) adressiert. Als Autoren fungierten Beratungsgremien dieser Behörden; in einem Fall lag die Autorschaft bei einem von der Industrie finanzierten Institut für die japanische Computerentwicklung. Im Umfeld dieser Dokumente entstanden akademische Publikationen, die Autoren (typischerweise Ökonomen oder Informationswissenschaftler) verdankt waren, die auch diesen

Beratungsgremien angehörten. Drei Bemerkungen sind zu diesen Regierungsdokumenten zu machen. Erstens konsolidiert sich erst in diesen das Wort „Informationsgesellschaft". Zweitens wird die Informationsgesellschaft jetzt als Computerisierung gedacht. Der Computer wird als eine Leittechnologie beschrieben, die Produktionsprozesse in Handel, Dienstleistungen und Industrie durchdringt und die eine Geschwindigkeit von Informationsflüssen erlaubt, die bisher nicht vorstellbar war. Drittens wird diese These mit Vorstellungen über die gesamtgesellschaftliche Verbreitung von Wissen auf die Weise verbunden, daß man die Träger von Wissen in ihrer Rolle als Konsumenten betrachtet und außerdem die Entstehung von komplexen, informationshaltigen Gütern postuliert, die auf der Seite des Konsumenten Wissen zu ihrer sinnvollen Nutzung verlangen und die umgekehrt gerade deshalb als Produkte eine Chance haben, weil es diese Konsumenten, die in ihren Informationsbedarfen und in ihrem Wissen angesprochen werden wollen, in der Gegenwart gibt.

Eine andere bemerkenswerte Entwicklung in der Beschreibung der Informationsgesellschaft vollzieht sich gleichfalls in Japan. Im Auftrag des Ministeriums für Post und Telekommunikation wurde in der ersten Hälfte der siebziger Jahre eine Methodologie zum vergleichenden Studium der quantitativen Entwicklung von Kommunikationsmedien wie Radio, Bücher, Zeitschriften, Telex, Fax, computervermittelte Datenkommunikation und viele andere mehr entwickelt. Die Technik der Analyse war, als gemeinsame Einheit für alle diese Medien das einzelne Wort zu verwenden und dann zu ermitteln, wie viele Wörter beispielsweise von japanischen Radiosendern im Lauf eines Jahres ausgestrahlt wurden. Auf der Basis des Nutzungsverhaltens in Termini von Hörerzahlen und Nutzungszeiten konnte man auch die Zahl der vom einzelnen Nutzer im Radio gehörten Worte abschätzen. Der eigentliche Sinn dieses Vorgehens war es, Daten für die Entwicklung von Medien im Zeitablauf zu gewinnen und die Entwicklung der Medien untereinander vergleichbar zu machen. Dabei war eine zentrale Unterscheidung die von Massenmedien einerseits, Punkt-zu-Punkt oder Person-zu-Person-Medien andererseits. Das Interesse richtete sich darauf, die Hypothese zu prüfen, ob sich eine Verschiebung aus dem einen in den anderen Bereich feststellen läßt.

In den Vereinigten Staaten hat der am MIT lehrende Politologe Ithiel de Sola Pool Anfang der achtziger Jahre in Kooperation mit japanischen Forschern diese Methodik übernommen (siehe Pool 1983). Nach Sola Pools Tod 1983 ist dieser Typus von Forschung meiner Kenntnis nach nicht fortgesetzt worden.[1] Vor allem scheint eine Theoretisierung dieser Methode, eine explizite Bezugnahme auf das Konzept der Informationsgesellschaft oder gar eine von ihr aus denkbare Kritik der Informationsgesellschaft nirgendwo erfolgt zu sein. Eine gut etablierte Tradition, auf die eine solche Kritik hätte zurückgreifen können, ist die in der amerikanischen Geschichtswissenschaft seit den vierziger Jahren präsente Vorstellung einer Kommunikationsrevolution, die seit dem späten 18. Jahrhundert oder seit dem frühen 19. Jahrhundert Amerika geprägt habe und die im amerikanischen Fall der industriellen Revolution vorausgegangen sei. Diese Idee ist zunächst von Albion entwickelt worden (siehe dazu John 1994), und sie arbeitet vor allem mit dem Konzept einer Beschleunigung der Kommunikation und einer daraus resultierenden „Vernichtung" des

---

1 Jürgen Friedrichs weist mich darauf hin, dies sei aber in den Weiterentwicklungen der Inhaltsanalyse geschehen.

Raumes, die auf einem großen Territorium wie dem der Vereinigten Staaten eine unverzichtbare Voraussetzung einer industriellen Revolution gewesen sei. Eine Wahrnehmung dieser historiographischen Diskussion durch den Diskurs über die Informationsgesellschaft hat es offensichtlich nicht gegeben.

In denselben Jahren, in denen sich die gerade skizzierten Entwicklungen in Japan vollzogen haben, erscheinen in den Vereinigten Staaten zwei Bücher, die ein neues Konzept der Informationsgesellschaft vortragen. Das eine ist das 1969 publizierte Buch des Managementtheoretikers Peter F. Drucker „The Age of Discontinuity" (Drucker 1969). Im Unterschied zu der japanischen Diskussion stellt Drucker auf neue Wissenssysteme des 20. Jahrhunderts ab: Quantenphysik, physikalische Chemie, symbolische Logik und andere mehr. Diese neuen Wissenssysteme sind unmittelbare Ressourcen industrieller Produktion und erzeugen ganze neue Industrien. Erst an dieser Stelle kommt dann auch die Informationsverarbeitung vor, als eine der auf der Basis von Wissenssystemen entstehenden neuen Industrien (neben beispielsweise der wirtschaftlichen Nutzung der Weltmeere). D.h. die Informationstechnik ist hier ein Beispielfall eines allgemeineren Musters, das kausal auf die Wissenschaft zurückgerechnet wird.

Das andere Buch ist selbstverständlich Daniel Bells „The Coming of Post-Industrial Society" von 1973 (Bell 1973; vgl. auch Bell 1980). Die These ist im wesentlichen dieselbe wie bei Drucker. Theoretisches Wissen ist das Axialprinzip der modernen Gesellschaft. Diese Auffassung formuliert Bell stärker institutionenbezogen, als es bei Drucker geschieht. Universitäten und Forschungsinstitute als die Orte der Produktion von theoretischem Wissen werden statt der Wirtschaftsunternehmen zu den für die Reproduktion der modernen Gesellschaft entscheidenden Institutionen. Wenn man diesen Akzent setzt, fällt die Parallele zu einem Buch auf, das im gleichen Jahr wie Bells Buch erschienen ist. Talcott Parsons' und Gerald M. Platts „The American University" (Parsons und Platt 1973). Der Stil zweier Bücher könnte kaum verschiedener sein, und dennoch unterscheiden sich die Diagnosen nicht erheblich. Auch für Parsons und Platt ist die Universität und die in ihr institutionalisierte Forschungsorientierung eine, wenn nicht *die* innovative Kernstruktur der modernen Gesellschaft. Für Talcott Parsons ergibt sich diese These konsequent aus seiner seit 1937 entwickelten Theorie der Professionen (siehe die Grundzüge bereits in Parsons 1937), die sich für Professionen immer vor allem unter dem Gesichtspunkt interessierte, daß diese das am deutlichsten von der Orientierung der Wirtschaftsunternehmen divergierende und zugleich für die Emergenz der Moderne zentrale Orientierungsmuster verkörpern. Das können sie aber nur wegen der Rückbindung an und wegen der Verpflichtung auf die Wissenssysteme der Universität.

Eine weitere Gemeinsamkeit von Bell und Parsons ist eine gewisse Zurückhaltung gegenüber der expliziten Hinführung auf die These der „Informationsgesellschaft". Bell verwendet diese Beschreibung zwar neben anderen Beschreibungen; er privilegiert in der Analyse der Umbrüche im System der Berufe aber den Terminus „services" gegenüber dem der „Informationsarbeit". Für Parsons ist die gleiche Option allein wegen seiner Orientierung an Professionen – damit an people-processing, Handeln unter Ungewißheit, Bedingungen der Vertrauensbildung etc. – zwingend. Parsons und Platt analysieren zwar einen Informationssektor, den sie „information-dispensing complex" nennen (Parsons und Platt 1973: 280f.). Gedacht ist dabei aber an Massenmedien wie Zeitschriften, Fernsehen, Buchpublikation und auch an die bildenden Künste. Ich erwähne dieses Buch von Parsons und Platt hier nur deshalb, weil es das analytische Potential der Soziologie zu einem bestimmten Zeitpunkt belegt. Es ist aber in der Diskussion über die Informationsgesellschaft nie wahrgenommen worden und bleibt deshalb im folgenden außerhalb der Betrachtung.

Bevor ich zur Analyse der deskriptiven Befunde übergehe, muß ich eine letzte in der Forschung über die Informationsgesellschaft einflußreiche Entwicklung skizzieren. Diese vollzieht sich in der Mitte der siebziger Jahre und verbindet sich mit dem Namen zweier amerikanischer Ökonomen, Edwin B. Parker und Marc Porat (Parker 1973; Parker und Porat 1975; Porat 1977). Parker und Porat haben in einer Hinsicht den Ansatz von Fritz Machlup fortgesetzt, um zu einer präziseren Abschätzung des Anteils eines Informationssektors am amerikanischen Nationaleinkommen und Bruttosozialprodukt zu kommen. Vor allem Porat hat dafür an einer immer feineren Beschäftigungsklassifikation gearbeitet, die schließlich in einer siebenbändigen Kompilation endete, die er 1977 im Auftrag einer amerikanischen Regierungsbehörde publiziert hat. Blickt man auf die Rezeptionsgeschichte, so kann man auf die Idee kommen, daß sich nach der Publikation niemand mehr dafür interessiert hat.

In theoretischer Hinsicht betonen Parker und Porat einen Gesichtspunkt, der über Machlup hinausführt. Immer wieder wird in ihren Schriften darauf insistiert, daß man den Informationssektor nicht unter dem Gesichtspunkt analysieren dürfe, wie er andere industrielle Branchen in seinen Wirkungen durchdringt und in ihrem Produktivitätswachstum befördert. Das bedeute, den mittlerweile größeren Sektor der Ökonomie auf seine Wirkung für den mittlerweile kleineren Sektor zu funktionalisieren. Viel aussichtsreicher sei es, durch Investitionen in den Informationssektor Produktivitätswachstum in diesem selbst zu suchen und auf diese Weise für die moderne Ökonomie Wachstumsmöglichkeiten freizusetzen, die ohne vermehrten Einsatz der immer knapperen Güter Materie und Energie zu erreichen seien.

II. Stagnation des Konzepts und die Rolle der Soziologie

Was besagen diese deskriptiven Befunde für die Frage nach der Diagnosefähigkeit der Soziologie? Es könnte überraschen, daß die hier präsentierte historische Rekonstruktion in der Mitte oder am Ende der siebziger Jahre abbricht. Das ist natürlich kein Zufall. Meine These ist in der Tat, daß die Theorie der Informationsgesellschaft eine Erfindung der sechziger und siebziger Jahre ist, die in der Gegenwart mit einiger Intensität fortlaufend diskutiert wird, aber mit Leitideen und innerhalb von Unterscheidungen, die im Prinzip 1975 alle präsent waren. Man könnte diese relative Stagnation als Indiz dafür sehen, daß die These der Informationsgesellschaft gescheitert ist. Alternativ wäre es denkbar, daß man strukturelle Schwächen im Nachdenken über die Informationsgesellschaft entdeckt, die die Weiterentwicklung der These blockieren.

Wie aber sieht es mit der Diagnosefähigkeit der Soziologie aus? Eine erste denkmögliche Antwort, die die präzisierten Befunde nahelegen, ist, daß die Soziologie an der Entwicklung der These der Informationsgesellschaft eigentlich gar nicht beteiligt war. Die Parameter der Diskussion wurden durch Ökonomen, Informationswissenschaftler, Politologen und disziplinär schwer zu verortende Intellektuelle fixiert. Aus der Soziologie sind vor allem zwei einflußreich gewordene Beiträge hervorzuheben. Der erste ist Robert E. Lanes Aufsatz von 1966 „The Decline of Politics and Ideology in a Knowledgeable Society" (Lane 1966). Das ist ein deutlich von Fritz Machlup angeregter, aber origineller Text, der Wissen im Sinn wissenschaftlichen Wissens und professioneller Expertise versteht und für diese beiden Typen von Wissen prognostiziert, daß sie den autonomen Spielraum der Politik und der politischen Ideologien zunehmend einengen werden. Information in einem spezifischeren Sinne spielt bei Lane keine Rolle. Dieser Aufsatz ist in der Soziologie immer respektvoll zitiert worden, aber ich sehe keine Anzeichen für einen Einfluß über das Fach hinaus.

Der zweite, weit sichtbarere soziologische Autor ist Daniel Bell, weniger ein originärer Theoretiker, als ein in seinen Auswahlentscheidungen zugriffssicherer Eklektiker. An Bells begrifflichen Entscheidungen ist u.a. interessant, daß er sowohl die These der Dienstleistungsgesellschaft wie auch die der Informationsgesellschaft vertritt, beide aber als Titelformulierungen vermeidet und statt dessen einen durch eine Negation bestimmten Titel wählt – *postindustrielle Gesellschaft*. Dieser Titel ist offener in Hinsicht auf das, was die neue Gesellschaft positiv charakterisiert, und man kann sich einen vergleichbar großen Erfolg eines Buches über die Informationsgesellschaft nur schwer vorstellen. Dennoch wird Bell von der Literatur über die Informationsgesellschaft weitgehend für sich reklamiert. Es liegt eine zitationsanalytische Arbeit zur Literatur der Informationsgesellschaft vor, die 1995 von einem Autor aus Taiwan publiziert wurde (Tsay 1995). Diese beschränkt sich allerdings auf Machlup, Drucker und Bell. In den Ergebnissen zeigt sich eindrücklich, daß Bell in 15 von 16 erfaßten Disziplinen von diesen drei Autoren der weitaus am häufigsten zitierte ist. Nur Ökonomen referieren mit geringfügig größerer Häufigkeit auf Machlup; Drucker erreicht sein absolut und relativ bestes Ergebnis in der disziplinären Kategorie „business" (Tsay 1995: 339).

Neben der disziplinären Zusammensetzung der theoretisch oder methodisch innovativen Beiträge zur Theorie der Informationsgesellschaft ist eine zweite auffällige Eigenschaft dieser Literatur ihre Politiknähe. Mit „Informationsgesellschaft" ist offensichtlich häufig ein Rat und ein Handlungsprogramm gemeint, das man einer Regierung aufgeben will. Oben wurde das am japanischen Beispiel illustriert. Auch in Frankreich (Nora und Minc 1980/1978) und im Staat Québec (Lyotard 1979) gab es 1978 bzw. 1979 prominente Beispiele für derartige Berichte, die jeweils von der Regierung in Auftrag gegeben wurden oder zumindest an sie adressiert wurden. Möglicherweise liegt auch in dieser Politiknähe der Diagnose „Informationsgesellschaft" ein Grund für die geringe Beteiligung der Soziologie. Vermutlich gibt es Gründe im gesellschaftlichen Status, aber auch in der Selbstauffassung des Faches Soziologie, die ihm den Zugang zu bestimmten Beratungsleistungen erschweren. Man kann hier noch ein Aperçu anschließen. Im Dezember 1995 hat der Technologierat der Bundesregierung dieser in programmatischer Absicht eine Informationsgesellschaft nahegelegt (siehe hierzu Kleinsteuber 1996). Seither kehrt in den Äußerungen des Bundeskanzlers, des Wirtschaftsministers und des Forschungsministers das Wort „Informationsgesellschaft" mit hoher Regelmäßigkeit wieder. Wenn man bedenkt, daß dies 26 Jahre nach den entsprechenden japanischen Reports initiiert wird, kann man sich nach der Qualität der Beratung der Bundesregierung fragen. Im übrigen fällt an dieser Bonner Semantik der „Informationsgesellschaft" auf, daß sie typischerweise Dinge wie ISDN oder „Internet für Schulen" meint. Daniel Bell mit seiner Diagnose theoretischen

Wissens als Axialprinzip der modernen Gesellschaft, das in Universitäten und Forschungsinstituten verkörpert ist und deshalb von deren Leistungsfähigkeit abhängig ist, ist in diesen Diskursen – man ist versucht zu sagen „leider" – nicht mehr präsent.

Welche Gründe – außer der gerade angeführten Distanz zur Politik und zu deren Beratung – lassen sich für die geringe innovative Beteiligung der Soziologie an der Literatur der Informationsgesellschaft geltend machen? Ich will zwei weitere Gründe benennen, aber zuvor noch einmal spezifizieren, was ich mit geringer Beteiligung meine. Rein bibliographisch betrachtet, gibt es eine Vielzahl von soziologischen Publikationen, die auf das Konzept der Informationsgesellschaft Bezug nehmen. Bibliographisch fällt allerdings auch auf, daß diese Literatur im Fach relativ marginal ist. In der kleinen Datenbank, die ich dazu besitze, tauchen – mit Ausnahme des gerade schon diskutierten Aufsatzes von Robert E. Lane – die großen soziologischen Zeitschriften nicht auf: Also weder der *American Sociological Review*, noch das *American Journal of Sociology*, noch die *Kölner Zeitschrift für Soziologie und Sozialpsychologie* oder die *Zeitschrift für Soziologie*. Wichtiger aber ist, daß die Beiträge dem Inhalt nach rezeptiv und konservativ wirken. Zwei Gründe dafür möchte ich anführen: Erstens scheint es bei Soziologen eine relativ enge Vorstellung davon zu geben, was das verwendbare konzeptuelle Instrumentarium des Faches ist. Das führt zu einem reduktiven Zugriff auf neue Phänomene, denen nicht eigentlich mit Neugier hinsichtlich dessen, was sie sind, begegnet wird, die vielmehr einer schnellen Subsumtion unterworfen werden, die das Phänomen in seiner potentiellen Neuheit vielleicht auch zum Verschwinden bringt. Ich will das an einem Beispiel erläutern: Frank Webster und Kevin Robins haben 1989 in „Theory and Society" einen Aufsatz mit dem Titel „Plan and Control. Towards a Cultural History of the Information Society" veröffentlicht (Webster und Robins 1989). Sie wehren sich dort gegen die Tendenz, das, was sie die Informationsrevolution nennen (oder auch: die neue Relevanz informationeller Ressourcen) auf informationstechnische Erfindungen zurückzuführen. An die Stelle eines solchen Ansatzes soll einer treten, der den differentiellen Zugang zu Informationsressourcen und die diesen Informationsressourcen verdankten Kontrollmöglichkeiten als Ursachen der Informationsrevolution denkt. Auf diese Weise ist schnell die Informationsrevolution einer Deutung zugeordnet, die sie in die Reproduktion eines etablierten Systems der Ungleichheit und in die Kontinuität eines Macht- und Kontrollzusammenhangs einordnet. Mich irritiert daran zweierlei: Erstens, daß die These der Informationsrevolution selbst eigentlich gar nicht in Frage gestellt wird, nicht wirklich danach gesucht wird, ob es Umbrüche gibt, die einen erhöhten Informationsbedarf erzeugen. Zweitens wird die Subsumtion eines in den Gründen seiner eventuellen Neuheit gar nicht geprüften Phänomens unter ein konzeptuell armes Vokabular vollzogen, das Phänomene wie Macht, Kontrolle und differentiellen Zugang zu Ressourcen als das eigentliche Gebiet der Soziologie ansieht.

Dieser Einwand verbindet sich mit einer zweiten Überlegung, die den Grund für den uninspirierten Beitrag der Soziologie zur Theorie der Informationsgesellschaft auszumachen versucht. Diese Überlegung führt aber auch hin auf eine Kritik des Standes der These der Informationsgesellschaft. Mein Eindruck ist, daß eine der entscheidenden Schwächen der Soziologie ihre mangelnde interdisziplinäre Diskussionsfähigkeit ist. Auch die soziologischen Publikationen zur Informationsgesellschaft begnügen sich mit einer fast alltagssprachlichen Fassung des Informationsbegriffs. Das führt zur Perpetuierung einer Tendenz, die schon bei Fritz Machlup zu beobachten ist. Die Begriffe Information, Wissen und

Kommunikation werden relativ zufällig über die Texte gestreut und so behandelt, als meinten sie ungefähr dasselbe Phänomen. Der am Beginn der modernen Informationstheorie stehende Informationsbegriff von Shannon und Weaver (Shannon und Weaver 1949) wird, wenn er überhaupt erwähnt wird, als ein rein technischer Informationsbegriff verstanden, während das eigentlich produktive Moment, die Analogie zum Entropiebegriff und die damit gegebene Definition von Information über die Zahl der Wahlmöglichkeiten oder die Zahl der Zustände, aus denen eine Information auswählt, gar nicht gesehen wird. Gregory Batesons Informationsbegriff, der auf die Transformation von Differenzen abstellt und damit auf das Phänomen, daß von einer Information nur dann die Rede sein kann, wenn etwas, was in einem ersten System eine Differenz ausmacht, auch in einem zweiten System eine Differenz auslöst (Bateson 1973), ist in der Diskussion nicht bekannt. Statt dessen wird Information wie ein objektiver Sachverhalt behandelt, wie etwas, das für alle das Gleiche ist und das im Zeitablauf stabil bleibt. Der Ereignischarakter von Information, ihre inhärente Instabilität, die impliziert, daß eine Information unmittelbar, nachdem sie kommuniziert worden ist, keine Information mehr ist, spielt in der Diskussion keine Rolle (vgl. dazu Luhmann 1991, 1997).

Entsprechendes gilt für den Wissensbegriff. „Knowledge Society" und „Information Society" scheinen austauschbar zu sein. In den letzten Jahren kann man eine Drift registrieren, die in Richtung „Wissensgesellschaft" geht. Nico Stehr, Karin Knorr-Cetina und Helmut Willke sind einige unter den vielen Autoren, die prononciert für diese letztere begriffliche Option plädieren (siehe Stehr 1994; Willke 1997; Knorr-Cetina 1997). Es bleibt aber ganz unklar, was mit dieser Begriffssubstitution eigentlich entschieden wird. Der Strukturcharakter von Wissen, die Nähe des Wissensbegriffs zum Begriff des Gedächtnisses, bei dem es ja gleichfalls um eine bestimmte Relation von Wiederabrufbarkeit und Vergessensnotwendigkeit geht, bleibt undiskutiert, trotz der umfangreichen kulturwissenschaftlichen Forschungen zur gesellschaftlichen Funktion des Gedächtnisses.

Es fehlt ferner völlig eine angemessene Historisierung des Begriffs der Informationsgesellschaft. Es könnte ja sein, daß Gesellschaften, die in hohem Grade auf Divinationspraktiken, auf Beobachtung des Vogelflugs und die Befragung von Orakeln setzten, in einem strengeren Sinne Informationsgesellschaften waren, weil sie im Entscheidungsvorgang die Wissensstrukturen, über die sie bereits verfügen, ignorieren und die Entscheidungen ganz an eine einzelne Information und die Frage ihrer Verfügbarkeit delegieren.[2] In modernen Gesellschaften sind vielleicht Börsen Systeme dieses Typs, sofern das zutrifft, was die „random walk-Hypothese" besagt, daß alles Wissen über die Organisation immer bereits in die Kurse inkorporiert ist, so daß die jeweils nächste Information unprognostizierbare Effekte auslöst (siehe Malkiel 1989). Auch für eine solche Analyse differenter Informationsbedarfe und Stile des Umgangs mit Information in der modernen Gesellschaft sehe ich kaum erfolgreich durchgeführte Beispiele.

Schließlich kann man eine angemessene Berücksichtigung des Zusammenhangs von Information und Ökologie als Desiderat anmelden. Es ist ja eine klassische Vorstellung – in den letzten Jahren ist sie u.a. von Boyd und Richerson wiederaufgenommen worden –,

---

2 Siehe interessant Pauer (1995: 205–207), der bereits das Japan der frühen Neuzeit als Informationsgesellschaft behandelt, weil es in hohem Grade am Import von Wissen und Kenntnissen orientiert war.

daß Information den Sachverhalt meint, daß man mit relativ geringem energetischem Aufwand relativ große Energien zu steuern oder zu beherrschen imstande ist (siehe Boyd und Richerson 1985: insb. 35).[3] Insofern war in der Theorie der Informationsgesellschaft immer auch die Hoffnung präsent, daß eine Informationsgesellschaft eine ist, die der Begrenztheit der natürlichen Ressourcen Materie und Energie dadurch Rechnung trägt, daß sie statt ihrer der energetisch unaufwendigen Ressource Information eine Zentralstellung einräumt. Man findet dies am deutlichsten bei Porat und Parker (1975) ausgesprochen. Auch das aber ist eine Überlegung, die nicht eigentlich fortgeführt oder ausgearbeitet worden ist und schon gar nicht von Soziologen.

Um ein letztes Defizit anzumelden: Alan Cawkell hat erörtert, daß eigentlich unklar ist, was passiert wäre, wenn man statt Informationsgesellschaft von vornherein den Terminus Kommunikationsgesellschaft gewählt hätte (Cawkell 1987). Schließlich ist jeder informative Akt Teil der umfassenderen sozialen Einheit Kommunikation. Die Soziologie hat bisher offensichtlich die Chance nicht ergriffen, diese Alternative auszuloten.

Es wird aufgefallen sein, daß die Liste von Defiziten, die ich zuletzt vorgetragen habe, zwar zunächst die Soziologie, aber nicht nur die Soziologie betrifft, daß sie vielmehr genereller den interdisziplinären Diskurs über Informationsgesellschaft charakterisiert. Meine Vermutung ist, daß die relative Stagnation, die für das Nachdenken und Forschen über die Informationsgesellschaft nach dem schnellen Start der sechziger und siebziger Jahre zu konstatieren ist, auch mit diesen Defiziten und unbearbeiteten Fragen zu tun hat.

III. Fazit: Diagnostische Enthaltsamkeit der Soziologie

Das angemessenste Fazit für die vorstehenden Überlegungen ist das einer diagnostischen Enthaltsamkeit der Soziologie. Die Soziologie ist an der These der Informationsgesellschaft nicht gescheitert. Sie hat nicht die falschen Diagnosen gestellt, während anderen die überzeugenden Deutungen gelungen sind. Aber sie hat sich ziemlich herausgehalten. An dieser Stelle könnte eingewendet werden, dieser Befund kranke daran, daß er auf das Wort *Informationsgesellschaft* fixiert sei, während die relevanten Beiträge der Soziologie unter anderen Titeln zu finden seien. Diesen eventuellen Einwand aber empfinde ich als Bestätigung meines Befundes.

Es geht hier ja um das Thema der Diagnosefähigkeit. Und Diagnosefähigkeit meint den Sachverhalt, daß über die Forschung in den etablierten Teilgebieten eines Faches hinaus eine synthetische Zusammenschau des Wissens versucht wird und gelingt, die auf Diagnosen mit einem kognitiven Zentralisierungseffekt fokussiert ist. Diagnosen setzten dann die Integration heterogenen Wissens und eine interdisziplinäre Suche nach verwendbarem Material voraus. Es handelt sich um Synthesen, die einen innerwissenschaftlichen Zentralisierungseffekt mit einer öffentliche Diskurse bindenden Suggestivität verbinden. Diagnosen sind vermutlich ebensowenig falsifizierbar, wie dies für komplexe wissenschaftliche Theorien gilt. Aber sie sind – wiederum wie diese – detailliert auf analytischer Ebene

---

3 Für Parsons war dieser Gesichtspunkt bekanntlich entscheidend für die Konzipierung der AGIL-Hierarchie.

und empiriegestützt kritisierbar. In diesen gerade diskutierten Hinsichten ist es nicht gleichgültig, ob die Soziologie sich auf den eine hohe Sichtbarkeit aufweisenden szientifischöffentlichen Diskurs über Informationsgesellschaft explizit bezieht oder ihre Einsichten in Einzelforschungen *versteckt*, deren Zusammenführung aussteht. Und in genau diesen Hinsichten scheint mir die konstatierte Enthaltsamkeit der Soziologie sowohl eine treffende Beschreibung wie zugleich eine Defizitanmeldung. Die Soziologie restringiert dadurch sowohl ihre Öffentlichkeitswirkung wie auch ihre interdisziplinären Lernchancen wie schließlich die Einsicht in die Limitationen ihrer kognitiven Schemata.

Gleichzeitig ist die Stagnation des Diskurses über Informationsgesellschaft bei den Paradigmata der siebziger Jahre erneut zu betonen. Ob sie überwunden wird, muß hier offen bleiben. Die These der „Informationsgesellschaft" ist vermutlich ein interessanter Versuch, auf die Strukturumbrüche der Gegenwartsgesellschaft zu reagieren. Aber es ist auch ein noch nicht wirklich ausprobierter Versuch. Die Soziologie hat dazu bisher nicht viel beigetragen, aber sie hat noch eine Chance.

Literatur

Bateson, Gregory, 1973: Steps to an Ecology of Mind. Collected Essays in Anthropology, Psychiatry, Evolution and Epistemology. London: Paladin Books.

Bell, Daniel, 1973: The Coming of the Post-Industrial Society. New York: Basic Books.

Bell, Daniel, 1980: The Social Framework of the Information Society. S. 500–549 in: *Tom Forester* (Hg.): The Microelectronics Revolution. The Complete Guide to the New Technology and Its Impact on Society. Oxford: Basil Blackwell.

Boyd, Robert, und *Peter J. Richerson*, 1985: Culture and the Evolutionary Process. Chicago und London: University of Chicago Press.

Cawkell, A.E., 1987: Evolution of an Information Society. S. 1–13 in: *Ders.* (Hg.): Evolution of an Information Society. London: Aslib.

Dale, Peter, 1996: Ideology and Atmosphere in the Informational Society, Theory, Culture & Society 13, H. 3, 27–52.

Durham, William H., 1991: Coevolution. Genes, Culture, and Human Diversity. Stanford: Stanford University Press.

John, Richard R., 1994: American Historians and the Concept of the Communications Revolution. S. 98–110 in: *Lisa Bud-Frierman* (Hg.): Information Acumen. The Understanding and Use of Knowledge in Modern Business. London und New York: Routledge.

Kleinsteuber, Hans J., 1996: Das Elend der Informationsgesellschaft. Über wissenschaftliche Begrifflichkeit und politische Funktionalisierung, Forum Wissenschaft 13, Heft 1: 6–10.

Knorr-Cetina, Karin, 1997: Sociality with Objects. Social Relations in Postsocial Knowledge Societies, Theory, Culture and Society 14, Heft 4: 1–30.

Lane, Robert E., 1966: The Decline of Politics and Ideology in a Knowledgeable Society, American Sociological Review 31: 649–662.

Luhmann, Niklas, 1991: Selbstorganisation und Information im politischen System. Selbstorganisation. Jahrbuch für Komplexität in den Natur-, Sozial- und Geisteswissenschaften 2: 11–26.

Luhmann, Niklas, 1997: Entscheidungen in der „Informationsgesellschaft". Ms. Bielefeld.

Lyotard, Jean-François, 1979: Das postmoderne Wissen. Ein Bericht. Wien: Passagen Verlag 1994.

Machlup, Fritz, 1962: The Production and Distribution of Knowledge in the United States. Princeton N.J.: Princeton University Press.

Malkiel, Burton G., 1989: Is the Stock Market Efficient?, Science 243: 1313–1318.

Morris-Suzuki, Tessa, 1988: Beyond Computopia. Information, Automation and Democracy in Japan. London/New York: Kegan Paul International.

Nora, Simon, und *Alain Minc*, 1980: The Computerization of Society. Cambridge, Mass.: MIT-Press.

Parker, Edwin B., 1973: Information and Society. Annual Review of Information Science and Technology 8: 346–371.
Parker, Edwin B., und *Marc U. Porat*, 1975: 2. Background Report. S. 87–129 in: OECD Informatics Studies. Paris: OECD.
Parsons, Talcott, 1937: Education and the Professions, International Journal of Ethics 47: 365–369.
Parsons, Talcott, und *Gerald M. Platt*, 1973: The American University. Cambridge, Mass.: Harvard University Press.
Pauer, Erich, 1995: Japans Weg von der Agrar- zur Informationsgesellschaft: Wie Japan durch Vorgabe von Zielen, Aufstellen von Regeln und Nutzung von Informationen zu den westlichen Industrieländern aufschloß. S. 595–637 in: *Wolfram Fischer* (Hg.): Lebensstandard und Wirtschaftssysteme. Studien im Auftrage des Wissenschaftsfonds der DG Bank. Frankfurt a.M.: Fritz Knapp.
Pool, Ithiel de Sola, 1983: Tracking the Flow of Information, Science 221: 609–613.
Porat, Marc U., 1977: The Information Economy. Bd. 1–7. Washington, D.C.: Department of Commerce.
Shannon, Claude E., und *Warren Weaver*, 1949: The Mathematical Theory of Communication. Urbana Ill. (Reprint 1969).
Stehr, Nico, 1994: Arbeit, Eigentum und Wissen – zur Theorie von Wissensgesellschaften. Frankfurt a.M.: Suhrkamp.
Tsay, Ming-Yueh, 1995: The Impact of the Concept of Post-Industrial Society and Information Society: A Citation Analysis Study, Scientometrics 33, 329–350.
Webster, Frank, und *Kevin Robins*, 1989: Plan and Control. Towards a Cultural History of the Information Society, Theory and Society 18: 323–351.
Willke, Helmut, 1997: Supervision des Staates. Frankfurt a.M.: Suhrkamp.

Die Autorinnen und Autoren

Brose, Hanns-Georg, 1945, Prof. Dr. phil., M.A., Professor für Soziologie am Fachbereich 1 der Gerhard-Mercator-Universität-Gesamthochschule-Duisburg. Forschungsgebiete: Arbeits-, Berufs-, und Organisationssoziologie, industrielle Beziehungen, Lebenslauf- und Biographieforschung. Veröffentlichungen u.a.: Die Erfahrung der Arbeit, Opladen 1983; Berufsbiographien im Wandel (Hg.), Opladen 1986; Vom Ende des Individuums zur Individualität ohne Ende, Opladen 1988 (Hg. mit B. Hildebrandt); Arbeit auf Zeit, Opladen 1990 (mit M. Schulze-Böing und W. Meyer); Soziale Zeit und Biographie, Opladen 1993 (mit M. Wohlrab-Sahr und M. Corsten); Die Regulierung der Deregulierung, Opladen 1994 (mit I. Bode und S. Voswinkel).

Friedrichs, Jürgen, 1938, Prof. Dr., Lehrstuhl für Soziologie an der Universität zu Köln und Direktor des Forschungsinstituts für Soziologie. Forschungsgebiete: Stadtforschung, Methoden der empirischen Sozialforschung, Sozialökologie. Veröffentlichungen u.a.: Methoden der empirischen Sozialforschung, Reinbek 1994 (14. Aufl.); Stadtanalyse, Opladen 1994 (4. Aufl.); Stadtentwicklungen in West- und Osteuropa, Berlin 1985 (Hg.); Die Städte in den 80er Jahren, Opladen 1985 (Hg.); Soziologische Stadtforschung, Opladen 1988 (Hg.); Stadtsoziologie, Opladen 1995; Gentrification, Opladen 1996 (Hg. mit R. Kecskes); Die gewaltsame Legitimierung sozialer Normen, in: T. v. Trotha (Hg.): Soziologie der Gewalt, Sonderheft 37 der KZfSS, Opladen 1997; Do Poor Residents Make their Residents Poorer, in: H.-J. Andreß (Hg.): Empirical Poverty Research in a Comparative Perspective, Aldershot 1998.

Geißler, Rainer, 1939, Prof. Dr., Universität-Gesamthochschule Siegen. Forschungsgebiete: Sozialstrukturanalyse, Erziehungssoziologie/Sozialisationsforschung, Soziologie der Massenkommunikation. Veröffentlichungen: Massenmedien, Basiskommunikation und Demokratie, Tübingen 1973; Junge Deutsche und Hitler, Stuttgart 1981; Sozialer Umbruch in Ostdeutschland, Opladen 1993 (Hg. u. Mitautor); Soziale Schichtung und Lebenschancen in Deutschland, (2. völlig neu bearb. u. aktual. Aufl.) Stuttgart 1994; Die Politisierung des Menschen – Instanzen der politischen Sozialisation, Opladen 1996 (Mitautor u. Hg. zus. mit B. Claußen); Die Sozialstruktur Deutschlands, (2. neu bearb. u. aktual. Aufl.) Opladen 1996.

Gerhard, Ute, 1939, Prof. Dr. phil., Professorin für Soziologie mit dem Schwerpunkt Frauenarbeit und Frauenbewegung am Fachbereich Gesellschaftswissenschaften der Johann Wolfgang Goethe-Universität Frankfurt a.M.; geschäftsführende Direktorin des Interdisziplinären Zentrums für Frauenstudien und die Erforschung der Geschlechterverhältnisse an der Universität Frankfurt. Mitbegründerin der Feministischen Studien und Mitherausgeberin von L'Homme, Zeitschrift für feministische Geschichtswissenschaft. Forschungsgebiete: Geschichte und Theorie des Feminismus, Sozialpolitik, Frauen und Recht. Veröffentlichungen u.a.: Verhältnisse und Verhinderungen, Frankfurt a.M. 1978; Auf Kosten von Frauen, Weinheim 1988 (Hg. mit Schwarzer und Slupik); Gleichheit ohne Angleichung. Frauen im Recht, München 1990; Unerhört. Die Geschichte der deutschen Frauenbewegung, Reinbek 1990; Frauen in der Geschichte des Rechts. Von der Frühen Neuzeit bis zur Gegenwart, München 1997.

Hoffmann-Nowotny, Hans-Joachim, 1934, Prof. Dr., Soziologisches Institut der Universität Zürich. Forschungsgebiete: Internationale Migration und Minderheiten, soziokulturelle Determinanten und Konsequenzen der soziodemographischen Entwicklung, Partnerschaft, Ehe und Familie und ihr Wandel, allgemeine soziologische Theorie. Veröffentlichungen: Migration – Ein Beitrag zu einer soziologischen Erklärung, Stuttgart 1970; Soziologie des Fremdarbeiterproblems – eine theoretische und empirische Analyse am Beispiel der Schweiz, Stuttgart 1973; Chancen und Risiken multikultureller Einwanderungsgesellschaften, Bern 1992; Weltmigration – eine soziologische Analyse, in: Kälin und Moser (Hg.): Migration aus der Dritten Welt, Bern/Stuttgart 1993; Partnerschaft – Ehe – Familie, Ansichten und Einsichten, in: Zeitschrift f. Bevölkerungswiss., Heft 2/1996.

Jagodzinski, Wolfgang, 1943, Prof. Dr. phil., Professor für Soziologie und Direktor des Zentralarchivs für empirische Sozialforschung an der Universität zu Köln. Forschungsgebiete: Politische Soziologie, Religionssoziologie. Veröffentlichungen u.a.: Religious Cognitions and Beliefs, in: J. van Deth und E. Scarbrough (Hg.): The Impact of Values, Oxford 1995 (mit K. Dobbelaere); The Metamorphosis of Life Cycle Change in Longitudinal Studies on Postmaterialism, in: Ch. Hayasi und E.K. Scheuch (Hg.): Quantitative Social Research in Germany and Japan, Opladen 1996; Wahlen und politische Einstellungen im vereinigten Deutschland, (2. Aufl.) Frankfurt a.M. 1996, (Hg. mit H. Rattinger, O.W. Gabriel); Wahlverhalten und Religion im Lichte der Individualisierungsthese. Anmerkungen zu dem Beitrag von Schnell und Kohler, KZfSS 49, 1997 (mit M. Quandt).

Kaase, Max, 1935, Prof. Dr. rer. pol., Professor für Politische Wissenschaft und International Vergleichende Sozialforschung an der Universität Mannheim; dort ab Oktober 1993 zur Wahrnehmung einer Forschungsprofessur am Wissenschaftszentrum Berlin für Sozialforschung beurlaubt. Forschungsgebiete: International vergleichende Sozialforschung; vergleichende Regierungslehre; Massenkommunikationsforschung; Methoden der empirischen Sozialforschung. Zahlreiche Veröffentlichungen mit Schwerpunkten in der politischen Soziologie und der vergleichenden Politikwissenschaft. Neuere Veröffentlichungen: Beliefs in Government, Oxford 1995 (mit K. Newton); Estranged Friends, Gütersloh 1996 (mit A. Kohut); Politisches System. Band 3 der Berichte zum sozialen und politischen Wandel in Ostdeutschland, Opladen 1996 (mit A. Eisen, O.W. Gabriel, O. Niedermayer, H. Wollmann).

Kern, Horst, 1940, Prof. Dr., Professor für Sozialwissenschaften (insb. international vergleichende), Zentrum für Europa- und Nordamerikastudien (ZENS), Universität Göttingen. Forschungsgebiete: Wirtschafts- und Industriesoziologie, sozioökonomische Theorien, internationale Vergleiche. Veröffentlichungen u.a.: Industriearbeit und Arbeiterbewußtsein, 2 Bde., (3. Aufl.) Frankfurt a.M./Köln 1974 (mit M. Schumann); Der soziale Prozeß bei technischen Umstellungen, Frankfurt 1972 (mit M. Schumann); Kampf um Arbeitsbedingungen, Frankfurt 1979; Empirische Sozialforschung, München 1982; Das Ende der Arbeitsteilung? (4. Aufl.) München 1990 (mit M. Schumann).

Lepsius, M. Rainer, 1928, Prof. Dr. Dr. h.c., Professor em. für Soziologie, Universität Heidelberg. Forschungsgebiete: Allgemeine, historische, politische Soziologie. Veröffentlichungen: Strukturen und Wandlungen im Industriebetrieb, München 1960; Denkschrift zur Lage der Soziologie und politischen Wissenschaft, Wiesbaden 1961; Soziologie in Deutschland und Österreich 1918–1945 (Hg.), Opladen 1981; Interessen, Ideen und Institutionen, Opladen 1990; Demokratie in Deutschland. Soziologisch-historische Konstellationsanalysen, Göttingen 1993; Der Plan als Befehl und Fiktion, Opladen 1995 (mit T. Pirker, H.-H. Hertle und R. Weinert); Mitherausgeber der Max-Weber-Gesamtausgabe.

Mayer, Karl Ulrich, 1945, Prof. Dr. rer. soc., Direktor am Max-Planck-Institut für Bildungsforschung, Leiter des Forschungsbereichs ‚Bildung, Arbeit und gesellschaftliche Entwicklung', Honorar-Professor an der Freien Universität Berlin, Mitglied des Wissenschaftsrats seit 1993. Forschungsgebiete: Soziale Ungleichheit und soziale Mobilität, Arbeitsmarktprozesse, Soziologie des Lebensverlaufs, Methoden der empirischen Sozialforschung. Veröffentlichungen: Event Histories in Life Course Research, 1990 (Hg. mit N.B. Tuma); The State and the Life Course, Ann. Rev. Soc., Bd. 15

(mit U. Schöpflin); Kollektiv und Eigensinn, Berlin 1996 (Hg. mit J. Huinink et al.); Lebensverlauf, in: B. Schäfers und W. Zapf (Hg.): Handwörterbuch zur Gesellschaft Deutschlands, Opladen 1998.

Meulemann, Heiner, 1944, Prof. Dr., Universität zu Köln, Institut für Angewandte Sozialforschung. Forschungsgebiete: Bildungssoziologie, Wertewandel, Methodenlehre. Veröffentlichungen u.a.: Bildung und Lebensplanung, 1985; Säkularisierung und Politik, in: Politische Vierteljahresschrift, 1985; Lebenserfolg und Lebenszufriedenheit, in: Kölner Zeitschrift für Soziologie und Sozialpsychologie, 1991; Befragung und Interview, in: Soziale Welt, 1993; Werte und Wertewandel, Weinheim 1996; Werte und nationale Identität im vereinten Deutschland (Hg.), 1998.

Müller, Walter, 1942, Prof. Dr., Professor für Soziologie an der Fakultät für Sozialwissenschaften der Universität Mannheim und Leiter des Arbeitsbereiches I am Mannheimer Zentrum für Europäische Sozialforschung. Forschungsgebiete u.a.: Sozialstruktur moderner Gesellschaften im Vergleich, insbesondere zum Verhältnis von Bildung, Beschäftigung und sozialer Ungleichheit. Veröffentlichungen u.a.: Soziale Ungleichheit (Hg.), Opladen 1997; From School to Work, Oxford 1998 (Hg. mit Y. Shavit); Class Origin, Class Destination and Education. A Cross-National Study of Ten Industrial Nations, American Journal of Sociology 1995 (mit H. Ishida und J. M. Ridge); Bildung in Europa, in: Die westeuropäischen Gesellschaften im Vergleich, Hg. von S. Hradil und S. Immerfall, Opladen 1997 (mit S. Steinmann und R. Schneider).

Nave-Herz, Rosemarie, 1935, Prof. Dr. rer. pol., Dr. phil. h.c., Professorin für Soziologie an der Carl von Ossietzky-Universität Oldenburg, Institut für Soziologie. Veröffentlichungen: Wandel und Kontinuität der Familie in der Bundesrepublik Deutschland, Stuttgart 1988; Handbuch der Familien- und Jugendforschung, Bd. I: Familienforschung; Bd. II: Jugendforschung, Neuwied 1989 (Hg. mit M. Markefka); Familie heute – Wandel der Familienstrukturen und Folgen für die Erziehung, Darmstadt 1994; Die Hochzeit. Ihre heutige Sinnzuschreibung seitens der Eheschließenden: eine empirisch-soziologische Studie, Würzburg 1997.

Ostner, Ilona, 1947, Prof. Dr. phil. Soziologin, Professorin für vergleichende Sozialpolitik an der Georg-August-Universität in Göttingen. Forschungsgebiete: Familie, Arbeitsmarkt und Sozialpolitik; wohlfahrtsstaatliche Entwicklung im Vergleich; europäisches Sozialmodell. Neuere Veröffentlichungen: Welten des Wohlfahrtskapitalismus, Frankfurt a.M. 1998 (Hg. mit S. Lessenich).

Rucht, Dieter, 1946, Prof. Dr. rer. pol., Professor für Soziologie an der University of Kent at Canterbury. Forschungsgebiete: Sozialer Wandel und Modernisierung, soziale Bewegungen, politische Partizipation und politischer Protest. Veröffentlichungen u.a.: Modernisierung und neue soziale Bewegungen, Frankfurt a.M. 1994; Soziale Bewegungen auf dem Weg zur Institutionalisierung, Frankfurt a.M. 1997 (mit B. Blattert und D. Rink).

Scheuch, Erwin K., 1928, war von 1965 bis zu seiner Emeritierung im Jahre 1993 Ordinarius für Soziologie an der Universität zu Köln. Nach seiner Habilitierung 1961 lehrte er 1962–1964 Sozialpsychologie an der Harvard University. Seine Ausbildung in Soziologie, Volkswirtschaftslehre und Statistik erhielt Scheuch in den USA und Deutschland. Zusammen mit Forschungsaufenthalten und Gastprofessuren verbrachte Scheuch etwa 8 Jahre in den USA und übernahm zusätzlich Gastprofessuren in einer Reihe von Ländern. Als quantitativ arbeitender Soziologe versteht sich Scheuch dennoch als besonders beeinflußt durch René König, Talcott Parsons und Max Weber.

Stichweh, Rudolf, 1951, Prof. Dr., Professor für allgemeine Soziologie und soziologische Theorie an der Fakultät für Soziologie der Universität Bielefeld. Buchveröffentlichungen: Zur Entstehung des modernen Systems wissenschaftlicher Disziplinen. Physik in Deutschland 1740–1890, Frankfurt a.M. 1984; Der frühmoderne Staat und die europäische Universität. Zur Interaktion von Politik und Erziehungssystem im Prozeß ihrer Ausdifferenzierung (16.–18. Jahrhundert), Frankfurt a.M. 1991; Wissenschaft, Universität, Professionen. Soziologische Analysen, Frankfurt a.M. 1994.

Vester, Michael, 1939, Prof. Dr. phil., Dipl.-Soziologe, Professor für Politische Wissenschaft an der Universität Hannover. Forschungsgebiete: Soziale Bewegungen, Mentalitäten und Strukturen. Veröffentlichungen u.a.: Unterentwicklung und Selbsthilfe in europäischen Regionen, Hannover 1993 (Hg.); Soziale Milieus im gesellschaftlichen Strukturwandel, Köln 1993 (mit P. v. Oertzen et al.); Soziale Milieus in Ostdeutschland, Köln 1995 (Hg. mit M. Hofmann und I. Zierke); Alte Ungleichheiten – neue Spaltungen, Opladen 1998 (Hg. mit P.A. Berger).

English Summaries

Jürgen Friedrichs, M. Rainer Lepsius and *Karl Ulrich Mayer:* **Diagnosis and Prediction in Sociology,** pp. 9–31.

In their introductory chapter, the editors assess the problems of diagnosis in Sociology. The authors first state that sociology is confronted with the expectation to deliver diagnoses of the state of society. This is what Comte claimed the task of sociology to be: "savoir pour prévoir". The first example is the breakdown of socialist societies. The authors then turn to examples of diagnoses of the Federal Republic of Germany and the different expectations addressed to sociology as a discipline from the public to supply society with statements about their condition and course of change. The next section is devoted to a systematic analysis of the methodological problems of diagnosis and prediction. Using the epistemological model of medical science, it is argued that a diagnosis is a classification based upon an already existing knowledge of patterns into which a given set of phenomena are subsumed. It is further argued that sociology lacks such stock of knowledge and, hence, diagnoses are not based upon theory but on conjectures given to meet societal demand for understanding society. In the final section, the authors argue that even weak predictions have a methodological potential if the context conditions are specified.

Max Kaase: **The Federal Republic of Germany. Prognosis and Diagnosis of Postwar Democratic Development in Retrospect,** pp. 35–55.

The paper begins with an effort to briefly anchor the topic in the context of Robert Dahl's conceptualization of democracy as polyarchy. It is also pointed out that, in general, it is useful to distinguish between the analysis of change in and persistence of systems of political order. This introduction is followed by some methodological reflections on the multi-level properties of democratic development and the challenges originating from this complexity in the study of democratic development. The core part of the paper starts with a look at the important role the American Military Government has played in studying the way the German people's orientations towards the political system evolved between 1945 and 1955. This is followed by the analysis of the contribution German sociology has made to the study of German democracy in general and in the four special subfields of the legitimacy crisis debate, political extremism, elite studies and the so-called participatory revolution. The paper ends with a look at the international state of studies of democracy and a short summary of what the author thinks the contribution of German postwar sociology for the prognosis and diagnosis of democratic development in postwar Germany was.

Erwin K. Scheuch: **The Political System of the Federal Republic of Germany. Changes in Research Topics and Methods,** pp. 56–77.

The diagnostic competence of political sociology is examined for five areas of research. In the immediate post-war area there were continuous surveys on the attitudes towards the former NS-Regime and on the re-orientation towards a new Germany. Parallelly a large number of investigations portraying the attitudes of the population vis-à-vis the NS-Regime were published; according to these ideological convictions they were important for the period of takeover and then for the stability of the regime only for minorities. Continuity of empirical research was greatest for the analysis of elections. Most of these investigations contributed less to theory than was expected, but were most useful for a description of social change. A number of very sophisticated and voluminous studies were guided by a model of a liberal democracy. These empirical studies show the importance of "civil society" for the functioning of the mechanics of a democracy. Research on extremism began with a focus on right wing movements. Later, this was complemented by research on social movements with "left" topics. Decisive for the rise and possible stabilization of such movements are the networks of immediate relations. Research on elites in the Federal Republic pertain to elites during the NS-Regime, studies comparing elites in the Eastern and the Western parts of Germany, and studies of community power structure. Overall, they present the German elite as highly segmented. In retrospect, most publications on political processes portray it in a sterile way and are largely guided in their interpretation by normative models of democracy.

Walter Müller: **Expected and Unexpected Consequences of Educational Expansion**, pp. 81–112.

In the literature, educational expansion is assumed to be associated with a number of consequences in the most diverse societal domains. This essay examines this issue for two domains in particular: the development of social inequality in educational participation in the course of educational expansion, and the development of the consequences of educational qualifications for occupational placement and career prospects. For these areas, the essay contrasts general diagnostic statements and interpretations of consequences of educational expansion with existing, though limited, findings of empirical sociological research. It concludes that in the areas examined, sociology's 'diagnostic ability' has hardly proved reliable. This is partly due to the hardly surmountable difficulty of precisely determining the contribution of a specific factor within multiple-interdependent processes of social change, and partly to the inherent argumentative weaknesses of the diagnoses.

Horst Kern: **Proletarisation, Polarization or Upgrading of Industrial Work? German Industrial Sociology after 1970 and the Polarization Thesis of Occupational Structures**, pp. 113–129.

Studies on the embourgeoisement or levelling thesis which especially built on skill upgrading of industrial work, have traditionally provided the departure point for research in industrial sociology which addressed itself to the change of work. The empirical findings have found their expression in an new thesis: the thesis of polarization. This rapidly became a common theory within industrial sociology, but than suddenly faded loosing its interpretive power. New developments (the "new concepts of production") rendered the polarization thesis obsolete. The article discusses the conditions under which industrial sociology would have been able to anticipate this change. Smarter empirical approaches and particularly stronger theory building would have helped. But even such an improved industrial sociology would have had insufficient predictive resources to anticipate the change.

Hanns-Georg Brose: **Proletarisation, Polarization or Upgrading of the Occupational Structures? The Late and Unintended Consequences of Successful but False Diagnoses**, pp. 130–163.

It is argued that in German industrial sociology first the 'diagnosis' of the polarization of occupational structures in industry and later on the professionalisation thesis focused the scientific discourse too successfully on the question whether the tayloristic division of labour is progressing or loosing importance. Thus types of work-organization that survived or emerged beyond the tayloristic model could not be grasped by its dominant analytical framework. Hence they have not been given enough attention within the boundaries of mainstream industrial sociology. This finally led to thematic differentiation and dispersion within this discipline, since the heterogeneous research topics that were raised consequently, were not approached in a coherent perspective. However, these different topics have a common feature in the way they point to the endogenous and exogenous factors of organizational change and to the different ways of organization's coping with uncertainty and risk in their environment. This perspective offers a deeper understanding of the emerging patterns of the division of labour in and between manufacturing and the services industries, in and between the decentralised organizational units of the firm and between the creation of knowledge and its application. Mainstream industrial sociology is just beginning to approach these changes in a coherent way. This delay can be seen as a late and unintended consequence of a successful but false diagnosis.

Michael Vester: **What Happened to the Working Class? The End of Class Conflict. Problems of an Often-repeated Sociological Prediction, pp. 164–206.**

The author discusses the difficulties of post-marxist class analysis. In 1949, Theodor Geiger analyzed the graduate shift of class cleavages from industrial class polarization and pre-industrial hierarchies towards modern structurations by cultural capital, institutionalized class conflict and welfare state regulations. This "de-proletarisation" gave rise to a long series of controversies between theories of nivellation (Schelsky) and resignation (Bahrdt), of embourgeoisement, fragmentation and manipulation (Marcuse) and also of a new class of low-skill workers with an instrumental consciousness (Goldthorpe/Lockwood) or of high-skill workers with a new militancy (Mallet) etc. While most of these theories were caught in the naive mass-élite schematisms inherent in marxist and non-marxist intellectual perspectives, new studies of class history (Niethammer, Mooser) and new theories of historical class culture (Thompson, Hall) and of differentiated class configurations (Bourdieu) allow to understand that the end of the proletarian way of life did not mean the end of the working class but a metamorphosis and modernization of class culture (Vester). As a conclusion, the author presents recent research on the three modernized cultural family trees of the labouring classes in Germany.

Rainer Geißler: **The Repeated End of Class Society. Diagnoses of the Change of Social Structure, pp. 207–233.**

The article compares five important non-marxist concepts resp. paradigms of the German social structure analysis with regard to their potential for social change. The development of the diagnostic potential reveals a kind of insinuating course. The relatively sound critique of Marx by Theodor Geiger was followed by Helmut Schelsky's ideological misjudgement; in the fifties Schelsky proclaimed, for the first time, the end of class society. Dahrendorf's analyses, which are realistic again, and the useful enlargement of perspective by the multidimensional approach of inequality research (in the seventies) is followed by the narrowing of perspective and the partial errors of recent post class theories (e.g. Beck, Hradil). Obviously, new approaches which increase diagnostic potential (Geiger, Dahrendorf, multidimensional inequality analysis) tend towards radicalizing exaggeration which weakens their diagnostic potential (Schelsky, recent post class theories). In addition, the article shows that the diffusion of sociological theories in social reality does not depend on their "veracity" or "truthfulness". Schelsky's concept of a "levelled middle class society" and the recent theories of classlessness have widely spread because they fit in very well with the needs of social perception and interpretation existing among important classes of the tertiary service class society.

Wolfgang Jagodzinski: **The Diagnostic Potential of Scientific Studies of Religious Change, pp. 237–255.**

The first part of this paper attempts to explicate a concept of diagnosis which is adequate for the social sciences. Three concepts are discussed more closely: diagnosis on the basis of deterministic causal laws, diagnosis on the basis of statistical causal laws, and a third concept according to which diagnosing is nothing but subsuming an observed event or state to a complex predicate. The first concept is too restrictive for the social sciences. The second is too restrictive at least for the sociology of religion because we do not find universal statistical causal laws in this discipline. Many contributions in the sociology of religion, however, can be called diagnoses in the third sense because they apply concepts like functional differentiation, rationalization, or individualization to modern societies. They also discuss the consequences of these processes for the social structure and the individual behavior. The crucial question, however, is whether the whole reconstruction is based on empirically confirmed regularities or not. Particularly, authors like Luhmann, Luckmann, or Dobbelaere base their conceptions on empirical assumptions which are heavily disputed in the sociology of religion. Thus, if we require confirmed empirical regularities for the third concept of diagnosis these important contributions do not have the quality of diagnoses, too.

Heiner Meulemann: **Value Change as a Diagnosis of Social Integration: Imprecise Topics, Insecure Methods, Doubtful Conclusions. Why the Increasing Importance of Self-Determination is not a Decay of Values**, pp. 256–285.

The fact that "value change" is such a popular topic in Germany is explained by a public demand for diagnosis of social change. The value change in Germany since the 50ies is best described as a transition from acceptance to self-determination. Sociology did not explain this development through individual behavior, i.e. through cohort succession, theoretically; rather, it has coined slogans of developmental tendencies. Sociology has been successful with diagnoses rather than with explanations. Therefore, one may ask what constitutes a sociological diagnosis in general and what a sociological diagnosis can achieve in particular. In contrast to medicine and psychology, sociology gives diagnoses without specific methods of diagnostics. A sociological diagnosis evaluates developmental tendencies of societies at large, and these diagnoses are mostly negative. The transition from acceptance to self-determination is interpreted as a decay, as a suppression of communal by individualistic values. Yet communal and individualistic value orientation exclude each other neither conceptually nor empirically. Therefore, this diagnosis not only is not helpful, but desorienting. A therapy cannot be to restrict individualism but to understand communal orientations as a means of self-determination.

Rosemarie Nave-Herz: **The Thesis on the "Disintegration of the Family"**, pp. 286–315.

The discourse on ,The family' can be equated with the discourse on ,The family in crisis' or ,The disintegration of the family'. It dates back to the origins of sociology and thus also to the origins of family sociology. The discourse on the family may be divided into three different lines: While in the past it was argued that marriage and family were deprived of their livelihood by state intervention, by the loss of functions and by changes affecting the community as a whole (e.g. poverty, changes in the conditions of production), other arguments were raised in more recent discussions: It was deplored that the family represses the individual and suggestions were made to abolish family itself because it was considered a source of alienation and a cause for neurotic disorders. In most recent papers the fact that the low gravitation of marriage and the family as a result of ongoing processes of modernization is emphasized. It is pointed out that owing to the security provided by the welfare state, a general change of values, greater prosperity, the changed role of women in society and other developments, marriage and family have lost in importance and have to "compete" with other more "adaptable" lifestyles. In this paper these three lines of ,argumentation' are covered one after the other by considering their respective historical context and by analysing them critically. For reasons of space it is not possible to present the various "diagnoses on the disintegration of marriage and family" in chronological order; instead selected concepts and their main statements are dealt with. Additionally, problems arising from a methodical coverage of changes related to the family are treated and finally reasons are given supporting the thesis that a structural consolidation and not a ,disintegration' of the family must be regarded as the cause of current developments. Therefore this paper not only covers the past 50 years but also illuminates lifestyles and family relationships typical of even more historical epoches.

Hans-Joachim Hoffmann-Nowotny: **The Integration of Ethnic Minorities**, pp. 316–339.

The sociological issue regarding the integration of ethnic minorities stands for a number of explosive societal problems with which western immigration societies currently see themselves confronted. Though corresponding problems also occurred in different contexts in the past, they were ignored for long stretches by sociology which concerned itself with the mainstream of classical modernization theory. Not least under the pressure of grave problems of integration and assimilation, such as those first appearing in American cities and finally in Europe, too, did a sociology of migration develop which is based on general sociological theories. Sociology of migration replaced the historic-philosophical modernization theory and its prophecies with limited prognoses, based increasingly on secure diagnoses. This development of sociological analysis is traced in this contribution.

Ute Gerhard: "Illegitimate Daughters". The Distance and Affinity between Feminism and Sociology, pp. 343–382.

The relationship between feminism and sociology is characterized by interesting parallels and interactions, but also by differences and misunderstandings. The comparison shows that both waves of feminism in Germany, the first at the turn of the century as well as the second or new women's movement, not by chance coincide with developments in the modernization process. In social theory these stages are labelled as first and second crises of modern society or as simple and reflexive modernity. While the problems of gender relations played a crucial role for societal analysis in the so-called sociological classics, feminist critique has had until now almost no impact on mainstream thinking in the discipline. Gender difference – not only as a variable but as a structural perspective – seems to have vanished from current sociology and has been replaced by the rhetoric of equality.

Ilona Ostner: Inequality, Resentment, and the Women's Movement. An Endless Story?, pp. 383–403.

This essay analyzes the women's movement and its strategies through the sociological concepts of equality and social inequality, comparison and resentment. Taken together, these concepts offer the opportunity to predict the interaction between social structural changes and the attempts by aggrieved groups, e.g. women, to re-establish their dignity in a modern differentiated society. Women's prevailing state of more or less equality may correspond to various resentment-driven feminist coping strategies: separation and re-evaluing of values, glossing over, silence or casting aside in the game of language. Each strategy changes the fate of the female subject. However, neither women nor men can escape the new inequality which emerges in the process of equalization.

Dieter Rucht: Environmental Problems and Environmental Movements in a Sociological Perspective, pp. 404–429.

Despite the fact that environmental problems became a relevant question during the 1970s, sociology in Germany reacted to this challenge only after a considerable delay, and for the most part in an eclectic and casual manner. Predominantly, we find very general essays that deal with the environmental question and aspects of risk in modern societies, or alternatively, we are presented with very limited analyses on distinct environmental issues and communications. However, we lack "middle range" studies that are able to reveal the societal dimensions and implications of environmental problems in a manner that is theory-guided, but which at the same time rely on a systematic data base, and build cumulatively upon already existing research. Because of this unfavorable situation, but also due to the fundamental difficulties in predicting trends in such a dynamic area, we should not blame sociologists in being reluctant in forecasting the role of environmental questions and movements in the future.

Rudolf Stichweh: Sociology and the Discourse on Information Society, pp. 433–443.

The essay reconstructs the discourse on *information society* which is mainly due to American economists and Japanese authors involved with advisory councils close to the Japanese administrative apparatus. The decisive formulations were published between the early sixties and around 1975. There are only few sociologists among the relevant contributors – Robert E. Lane, Talcott Parsons,

Daniel Bell – of whom only Bell had a significant influence on the international and interdisciplinary discussion. Heterogeneous transformations are postulated in these writings: Services and knowledge production as the dominant occupational pattern; the centrality of information technology and of information-rich goods; the position of societal control accruing to those who are able to manipulate symbols via mass media. The essay tries to find out the reasons for the reserve of the discipline of sociology: the distance of sociology from politics and its advisory apparatus; the obsession of sociology with strata, classes and differences of power; the lack of conceptual work regarding the core concepts *information*, *knowledge* and *communication*, an intellectual insufficiency sociology shares with the other disciplines involved.

Aus dem Programm
Sozialwissenschaften

Christian Dahme
**Systemanalyse
menschlichen Handelns**
Grundlagen und Ansätze zur Modellbildung
1997. 316 S. Br. DM 54,00
ISBN 3-531-12885-X
Ausgehend von der Definition eines sozialen Systems als Integration von elementaren sozialen Systemen, die eine systemtheoretische Beschreibung von Tätigkeiten darstellen, verknüpft der Autor System- und Selbstorganisationsansätze mit Tätigkeitstheorie zu einem Systemkonzept menschlichen Handelns.

Tamás Meleghy / Heinz-Jürgen Niedenzu / Max Preglau / Franz Traxler / Bettina Schmeikal (Hrsg.)
**Soziologie im Konzert
der Wissenschaften**
Zur Identität einer Disziplin. 14. Österreichischer Kongreß für Soziologie 1995. Tagungsband
1997. 365 S. Br. DM 72,00
ISBN 3-531-12562-1
Die Plenarvorträge thematisieren und reflektieren die theoretische und methodische Selbständigkeit der Soziologie wie auch deren Erklärungskraft bezüglich sozialen Verhaltens in Auseinandersetzung mit Erklärungsmodellen der Ökonomie, der Biologie und der Anthropologie. In den Beiträgen der Sektions- und Forschungsgruppen geht es vor allem um die Kompatibilität und Anschlußfähigkeit ökonomischer, soziologischer, politischer und kulturalistischer Ansätze in den speziellen Soziologien sowie um die Chancen und Grenzen interdisziplinärer Forschung in verschiedenen Forschungsbereichen.

Andreas Reckwitz
Struktur
Zur sozialwissenschaftlichen Analyse von Regeln und Regelmäßigkeiten
1997. 196 S. Br. DM 42,00
ISBN 3-531-13000-5
Die Sozialwissenschaften sind Strukturwissenschaften. Nicht das Individuelle und Besondere bildet ihren Gegenstand, sondern das Allgemeine, das Strukturierte der sozialen Welt. 'Struktur' stellt sich somit als sozialwissenschaftlicher Schlüsselbegriff dar – allerdings als ein in seiner Bedeutung uneindeutiger und umstrittener. Angesichts dieser Situation geht es dem Autor darum, eine Systematik der unterschiedlichen in den Sozialwissenschaften möglichen Strukturvorstellungen zu formulieren und Ansätze zu einer übergreifenden Strukturheuristik zu skizzieren.

Änderungen vorbehalten. Stand: August 1998.

WESTDEUTSCHER VERLAG
Abraham-Lincoln-Str. 46 · D - 65189 Wiesbaden
Fax (06 11) 78 78 - 400 · www.westdeutschervlg.de

Aus dem Programm Politikwissenschaft

Bodo von Greiff / Claus Koch / Helmut König (Hrsg.)
Der Leviathan in unserer Zeit
Der Leviathan im Westdeutschen Verlag
1997. X, 444 S. (Levi-Band zum 50jährigen Bestehen des Westdeutschen Verlages)
Geb. DM 50,00
ISBN 3-531-13148-6
Der 'Leviathan' ist eine der führenden Zeitschriften für Sozialwissenschaft in Deutschland. Aus Anlaß seines 25. Geburtstags, der zugleich der 50. des Westdeutschen Verlages ist, präsentieren die Herausgeber eine Auswahl mit den wichtigsten Aufsätzen der vergangenen Jahre.

Georg Ahrweiler / Rainer Rilling / Rolf Schellhase (Hrsg.)
Soziologische Ausflüge
Festschrift für Hans-Jürgen Krysmanski zum 60. Geburtstag
1997. 353 S. Br. DM 82,00
ISBN 3-531-12887-6
Die 'Soziologischen Ausflüge' sind eine unzeitgemäße Festschrift geworden: über Veränderungen und Fluchten, Folgen und Verantwortung, Einmischung und Anspruch, über eine unternehmerlustige Wissenschaft in krasser Zeit.

Wolfgang Seibel / Monika Medick-Krakau / Herfried Münkler / Michael Th. Greven (Hrsg.)
Demokratische Politik – Analyse und Theorie
Politikwissenschaft in der Bundesrepublik Deutschland
1997. X, 496 S. (PVS-Band zum 50jährigen Bestehen des Westdeutschen Verlages)
Geb. mit Schutzumschlag DM 50,00
ISBN 3-531-13149-4
Die 'Politische Vierteljahresschrift' ist eines der wichtigsten Fachorgane der Politikwissenschaft in Deutschland und ein genauer Spiegel der Entwicklung dieser Diszplin. Dieser Auswahlband repräsentiert die Geschichte der Politikwissenschaft in der BRD in einigen ihrer herausragenden Ergebnissen und bietet einen Einblick in die Grundfragen des Fachs und die Möglichkeiten ihrer Reflexion und Bearbeitung.

Änderungen vorbehalten. Stand: August 1998.

WESTDEUTSCHER VERLAG
Abraham-Lincoln-Str. 46 · D - 65189 Wiesbaden
Fax (06 11) 78 78 - 400 · www.westdeutschervlg.de

GPSR Compliance
The European Union's (EU) General Product Safety Regulation (GPSR) is a set of rules that requires consumer products to be safe and our obligations to ensure this.

If you have any concerns about our products, you can contact us on

ProductSafety@springernature.com

In case Publisher is established outside the EU, the EU authorized representative is:

Springer Nature Customer Service Center GmbH
Europaplatz 3
69115 Heidelberg, Germany

www.ingramcontent.com/pod-product-compliance
Lightning Source LLC
LaVergne TN
LVHW010333260326
834688LV00036B/685